AF535862

DAREDEVIL

IN DEN ARMEN DES TEUFELS

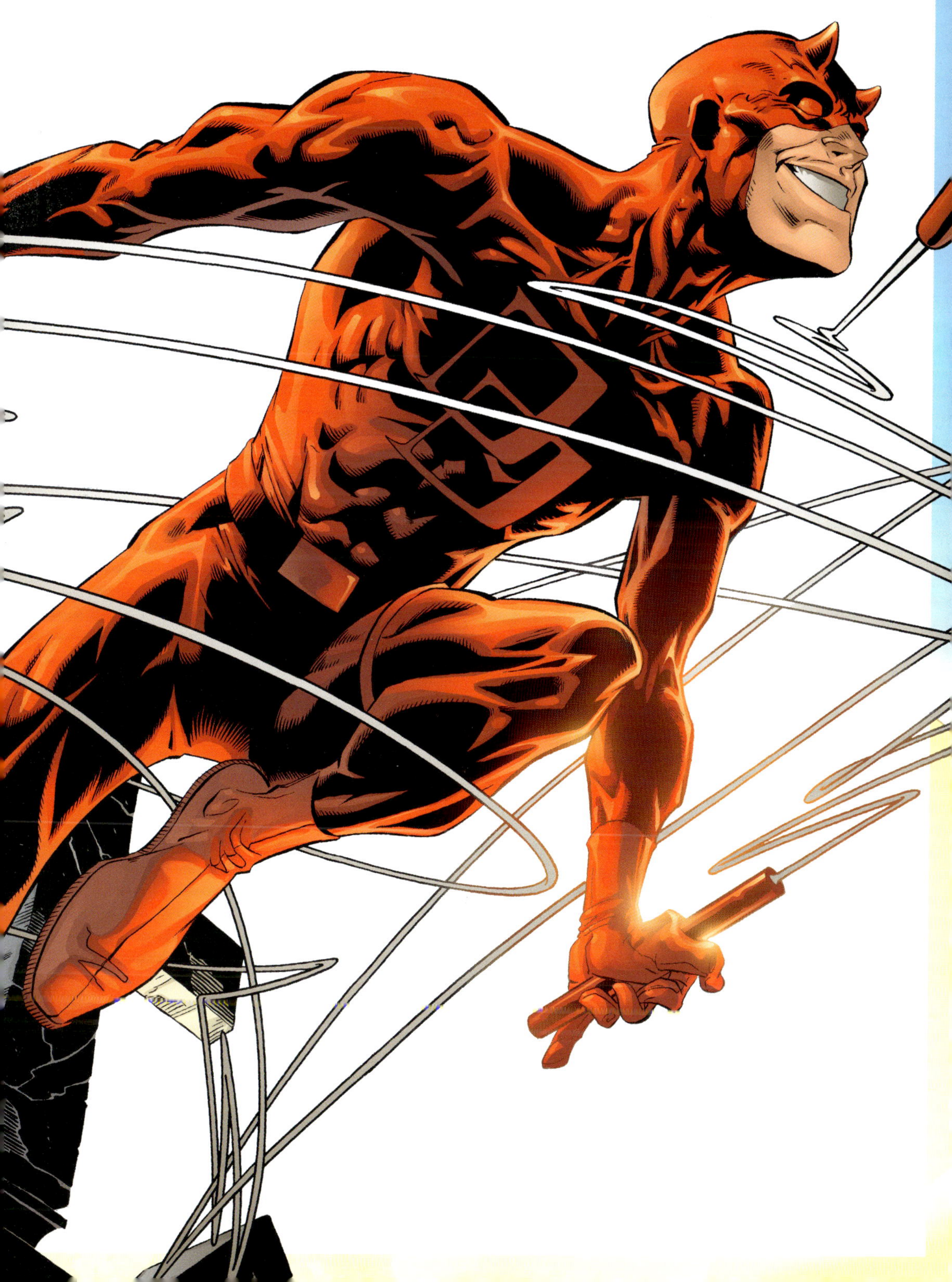

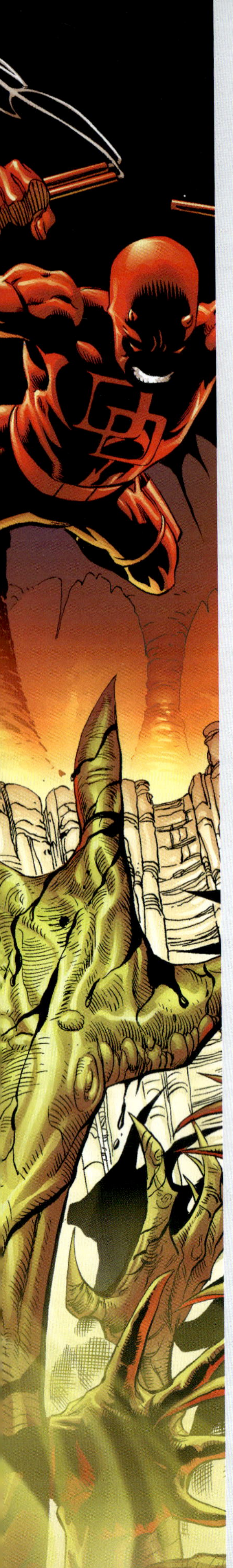

INHALT

© 2021 MARVEL

DAREDEVIL

IN DEN ARMEN DES TEUFELS

KEVIN SMITH
STORY

JOHN CASSADAY (1/2)
AMANDA CONNER (1/2)
STEVE DILLON (1/2)
J. G. JONES (1/2)
JAE LEE (1/2)
DAVID MACK (1/2)
KEVIN NOWLAN (1/2)
JIMMY PALMIOTTI (1/2)
JOE QUESADA (1-8)
JOHN ROMITA SR. (1/2)
ZEICHNUNGEN

JOHN CASSADAY (1/2)
AMANDA CONNER (1/2)
STEVE DILLON (1/2)
J. G. JONES (1/2)
JAE LEE (1/2)
DAVID MACK (1/2)
KEVIN NOWLAN (1/2)
JIMMY PALMIOTTI
JOHN ROMITA SR. (1/2)
TUSCHE

AVALON STUDIOS (2-4)
RICHARD ISANOVE (5-8)
DAN KEMP (1)
CHRIS SOTOMAYOR (1/2)
FARBEN

GIANLUCA PINI (1-8)
FRANCESCA SALVATORI
STUDIO RAM (1/2)
LETTERING

ROBERT SYKSA
ÜBERSETZUNG

NANCI DAKESIAN
REDAKTION USA

C. B. CEBULSKI
CHEFREDAKTEUR USA

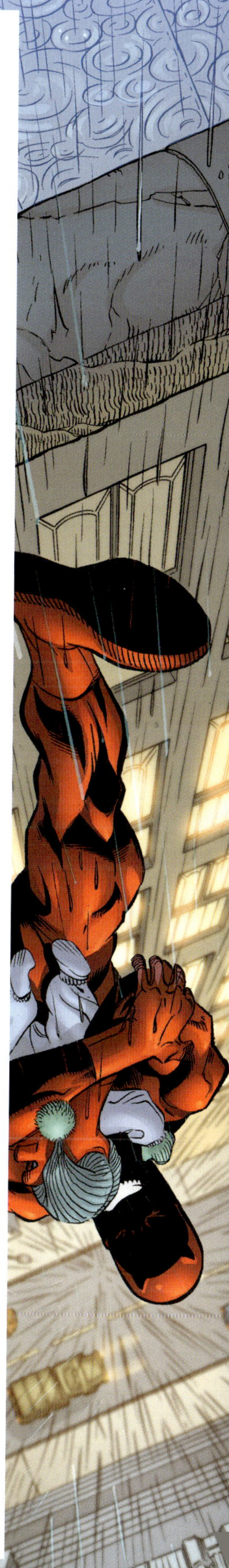

MARVEL MUST-HAVE: DAREDEVIL – IN DEN ARMEN DES TEUFELS erscheint bei **PANINI COMICS**, Schloßstraße 76, D-70176 Stuttgart. Druck: Lito Terrazzi Industria Grafica. Pressevertrieb: Stella Distribution GmbH, D-22297 Hamburg. Direkt-Abos auf **www.paninicomics.de.** Anzeigenverkauf: BLAUFEUER VERLAGSVERTRETUNGEN GmbH, info@blaufeuer.com. Es gilt die Anzeigenpreisliste Nr. 18 vom 01.10.2020. Geschäftsführer **Hermann Paul**, Publishing Director Europe **Marco M. Lupoi**, Finanzen **Felix Bauer**, Marketing Director **Holger Wiest**, Marketing **Fabio Cunetto**, Vertrieb **Alexander Bubenheimer**, Logistik **Ronald Schäffer**, PR/Presse **Steffen Volkmer**, Publishing Manager **Lisa Pancaldi**, Redaktion **Harald Gantzberg**, **Matthias Korn**, **Anja Seiffert**, **Kristina Starschinski**, **Ilaria Tavoni**, **Daniela Uhlmann**, **Thomas Witzler**, Übersetzung **Bernd Kronsbein**, **Robert Syska**, Proofreading **Daniela Uhlmann**, Lettering **Gianluca Pini**, **Francesca Salvatori**, **Studio RAM**, grafische Gestaltung **Marco Paroli**, **Barbara Sarti**, Art Director **Alessandro Gucciardo**, Redaktion Panini Comics **Annalisa Califano**, **Beatrice Doti**, Prepress **Cristina Bedini**, **Andrea Lusoli**, **Nicola Soressi**, Repro/Packager **Alessandro Nalli** (coordinator), **Mario Da Rin Zanco**, **Valentina Esposito**, **Luca Ficarelli**, **Linda Leporati**. Deutsche Edition bei Panini Verlags-GmbH unter Lizenz von Marvel Characters B.V. Cover von **Joe Quesada**, *Daredevil* (1998) 1.

Bibliografische Information der Deutschen Nationalbibliothek
Die Deutsche Nationalbibliothek verzeichnet diese Publikation in der Deutschen Nationalbibliografie; detaillierte bibliografische Daten sind im Internet über dnb.d-nb.de abrufbar.

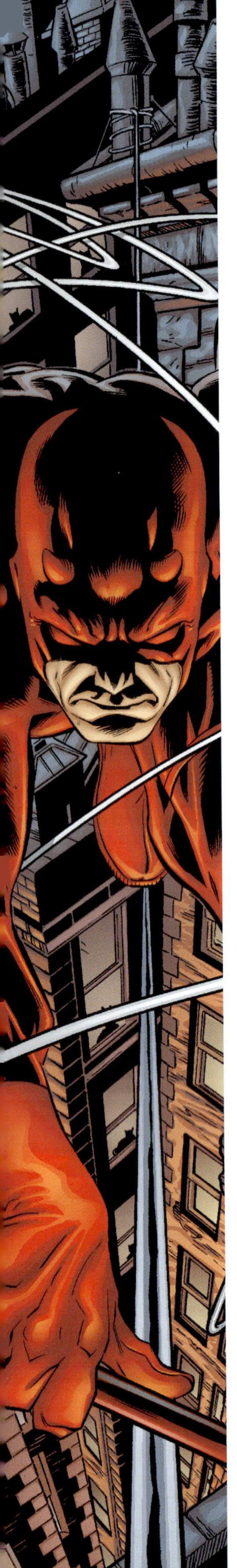

DER TEUFEL STECKT IM DETAIL

Eigentlich war **Daredevil** immer besonders. Das beweist allein die Wertschätzung, die ihm sein Schöpfer entgegenbrachte. **Stan Lee** hat in seiner Karriere einige denkwürdige Charaktere erschaffen. Die Herkunftsgeschichte des blinden Helden bezeichnete er stets als seine beste. Wenn Stan nach seiner Lieblingsstory gefragt wurde, nannte er *Daredevil* 7, wo der Fighter aus Hell's Kitchen versucht, New York vor dem **Sub-Mariner** zu schützen. Ein hoffnungsloses Unterfangen. Doch obwohl ihm **Namor** haushoch überlegen ist, weigert sich der Boxersohn aufzugeben. Am Ende mit Erfolg. Der stolze See-Prinz zieht resigniert von dannen. Damit war die Marschroute für die Zukunft gelegt.

Daredevil ist die einzige Marvel-Figur, für die mit **Joe Orlando** und **Wally Wood** zwei Legenden des berüchtigten EC-Verlags tätig wurden. Bevor **John Romita Sr**. zur **Spider-Man**-Ikone avancierte, zeichnete er den Anwalt im Teufelskostüm. Für **Gene Colan** wurde er gar zum Markenzeichen. Dennoch blieb DD die ganz große Bühne lange verwehrt. Der scharlachrote Haudegen taugte nur bedingt als Identifikationsfigur. Welches Kind träumt schon davon, blind zu sein. Seine Beliebtheit wuchs enorm, als die Superhelden-Comics in den USA erwachsener wurden und **Frank Miller** 1979 das Ruder übernahm. Der damalige Newcomer machte **Bullseye** und **Kingpin** zu Erzfeinden. Mit Auftragskillerin **Elektra** führte er eine neue Liebe von **Matt Murdock** ein. Martial Arts und Ninja waren zentrale Themen. Als Elektra von Bullseye getötet wurde, dachte jeder, der Höhepunkt sei erreicht. Doch der folgte erst Jahre später bei Millers zweitem Anlauf. Matts frühere Flamme **Karen Page** war tief gefallen. Drogensüchtig verdingte sie sich als Prostituierte und verhökerte für einen Schuss die Geheimidentität ihres Ex-Lovers. Die *Born Again*-Saga drehte Daredevil durch den Fleischwolf und setzte ihn Stück für Stück wieder zusammen. Die Kritiker verneigten sich.

Ende der 90er war der Hype um **Millers** hochgelobte Arbeit längst verpufft. Diverse Größen wie **Denny O'Neil** hatten sich versucht. Keinem war es gelungen, dem Erbe des Meisters gerecht zu werden. Peu à peu versank der Titel im kreativen Mittelmaß. Insgesamt steckte der Markt in der Krise. Die Verleger glaubten, populäre Zeichner würden als Verkaufsargument genügen. Die Story war zweitrangig. Natürlich konnte das nicht lange gut gehen. Veränderung lag in der Luft. **Joe Quesada** erkannte die Zeichen der Zeit. In der Hoffnung, für frischen Wind zu sorgen, überließ ihm Marvel einige Charaktere zur freien Verfügung. Der findige Künstler rief prompt einen neuen Verlagszweig ins Leben. Marvel Knights richtete den Fokus auf hochwertige Storys für reifere Leser. Zudem holte Quesada mit **Kevin Smith** eine Kultfigur der Filmszene für die neue *Daredevil*-Reihe an Bord. Das Beispiel machte Schule und animierte weitere Hollywood-Autoren Comics zu schreiben und umgekehrt. Es blieb nicht die einzig wegweisende Neuerung. Smith und Quesada orientierten sich bewusst an Millers Highlight: *Born Again* bildete die Vorlage für ein Abenteuer, das eine neue Zeitrechnung einläutete. Nicht nur für den Mann ohne Furcht, sondern auch für das ganze Haus der Ideen.

Thomas Witzler

VORWORT
von JOE QUESADA

Kevin Smith hat alles verändert.
Als wir 1998 die ersten Serien bei Marvel Knights starteten, war Kevin die Sensation. Er war das Sahnehäubchen auf allem. Und ich sage das nicht, um die Leistung von irgendjemandem sonst zu schmälern. Ich rede vom Einfluss auf uns und die Branche im Allgemeinen. Ich glaube, dass Kevin zu den Comics kam, war einer dieser besonderen, wegweisenden Momente. Falls es mir vergönnt ist, in zwanzig oder dreißig Jahren auf die Comics zurückzuschauen, werde ich die Ankunft von Kevin Smith für die wahrscheinlich wichtigste Entwicklung in dieser Comic-Ära halten, also von den Neunzigerjahren bis heute.

Obwohl es auch einige andere Leute aus Hollywood gab, die zu uns kamen und gute Arbeit ablieferten, besaß niemand ein solches Prestige, ein solches Ansehen wie Kevin. Als Kevin in den Pool sprang, schlug das Wellen bis nach Hollywood. Viele Künstler und Autoren in Hollywood, die schon mal an Comics gedacht hatten, überlegten: „Also, das könnte ich auch machen." Es war deshalb so überaus wichtig – nicht nur für die Marvel Knights, sondern für Marvel und die ganze Comic-Branche –, da die Qualität der Comics, wie wir sie heute kennen, sich damit verbessert hat.

Er war ein Symbol von dem, was noch kommen sollte, und ich liebe und verehre ihn bis ans Ende aller Tage. (Wäre Kevin nicht gewesen, wäre ich nun auch nicht Chefredakteur.) Er ging mit uns ein Wagnis ein – ja, wirklich. Wir waren Freunde, aber man vergisst oft, was für ein Risiko es für ihn war. Schließlich wechselte er vom großen Teich in den kleinen Teich – was unendlich riskanter ist, als vom kleinen Teich in den großen Teich zu wechseln. Kevin besaß in Hollywood einen hervorragenden Ruf: Seine Filme brachten Geld ein, bei seinen Fans genoss er ein hohes Ansehen. Aber was, wenn er in diesen kleinen Teich – die Comics – kommt und die Sache schiefgeht? Was, wenn seine Werke einfach nicht gut sind? Und das wirkt sich dann auch auf seine Arbeit im großen Teich aus, denn nun schauen sie ihn an und sagen: „Du hattest da unten keinen Erfolg? Mit Comics? Soll das ein Scherz sein?" Daher war es ein wirklich gewagter Schritt von ihm, aber er hat ihn getan.

Und er hatte Erfolg.

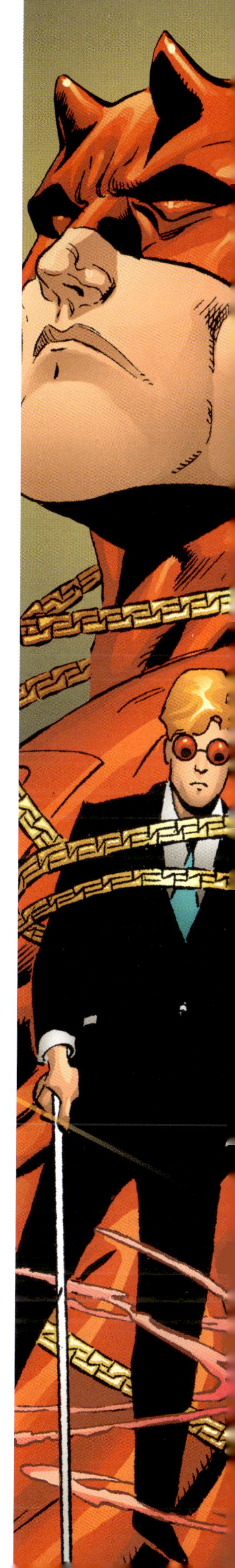

IN DEN ARMEN DES TEUFELS, TEIL 1:
„... UND EIN KIND WIRD SIE FÜHREN."

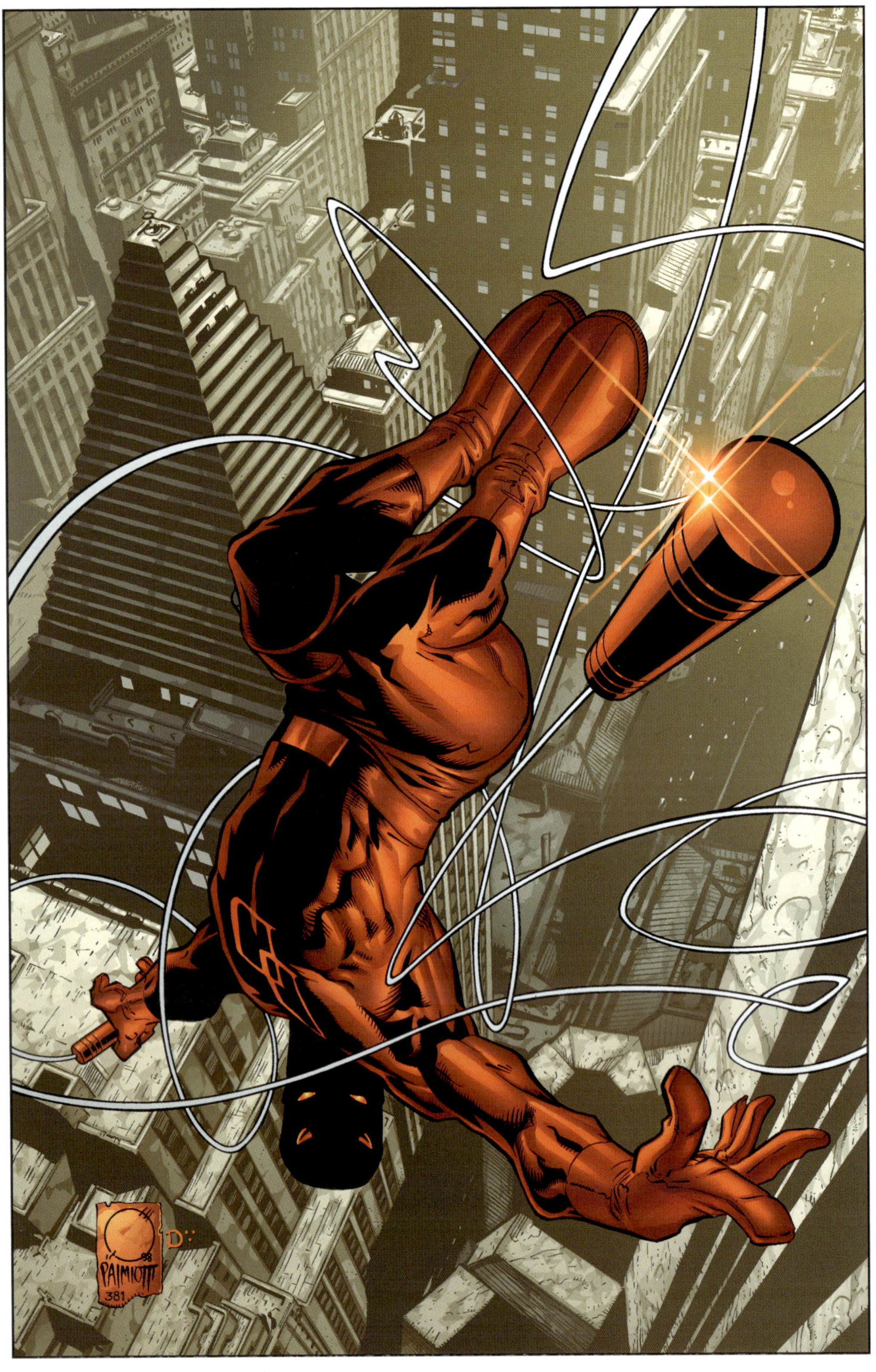

Daredevil (1998) 1
Cover von **JOE QUESADA**

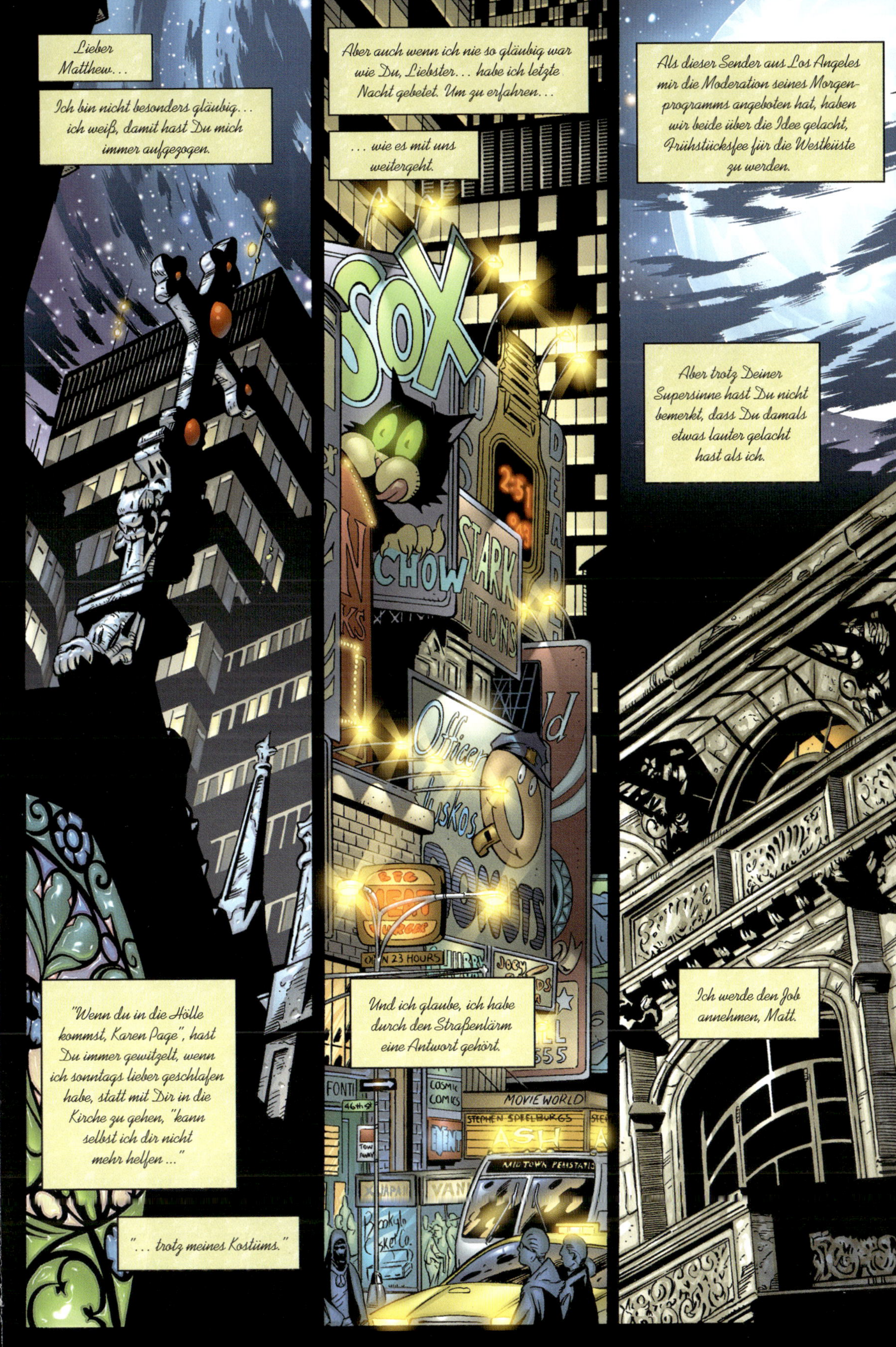
Lieber Matthew…
Ich bin nicht besonders gläubig… ich weiß, damit hast Du mich immer aufgezogen.
"Wenn du in die Hölle kommst, Karen Page", hast Du immer gewitzelt, wenn ich sonntags lieber geschlafen habe, statt mit Dir in die Kirche zu gehen, "kann selbst ich dir nicht mehr helfen …"
"… trotz meines Kostüms."
Aber auch wenn ich nie so gläubig war wie Du, Liebster… habe ich letzte Nacht gebetet. Um zu erfahren…
… wie es mit uns weitergeht.
SOX
CHOW
STARK
Officer
DONUTS
OPEN 23 HOURS
Und ich glaube, ich habe durch den Straßenlärm eine Antwort gehört.
COSMIC COMICS
MOVIE WORLD
46th St
Als dieser Sender aus Los Angeles mir die Moderation seines Morgenprogramms angeboten hat, haben wir beide über die Idee gelacht, Frühstücksfee für die Westküste zu werden.
Aber trotz Deiner Supersinne hast Du nicht bemerkt, dass Du damals etwas lauter gelacht hast als ich.
Ich werde den Job annehmen, Matt.

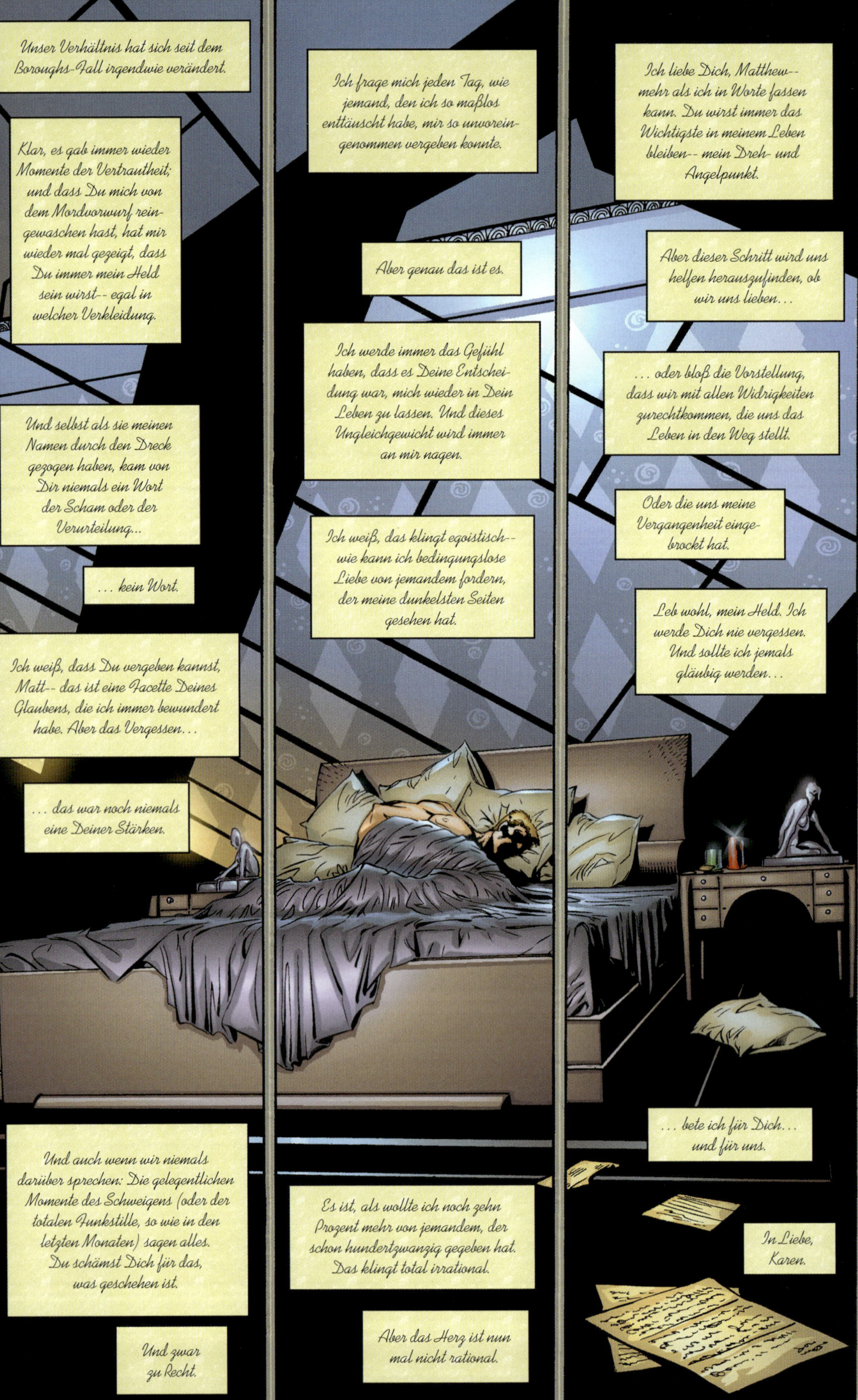

Unser Verhältnis hat sich seit dem Boroughs-Fall irgendwie verändert.
Klar, es gab immer wieder Momente der Vertrautheit; und dass Du mich von dem Mordvorwurf reingewaschen hast, hat mir wieder mal gezeigt, dass Du immer mein Held sein wirst-- egal in welcher Verkleidung.
Und selbst als sie meinen Namen durch den Dreck gezogen haben, kam von Dir niemals ein Wort der Scham oder der Verurteilung...
... kein Wort.
Ich weiß, dass Du vergeben kannst, Matt-- das ist eine Facette Deines Glaubens, die ich immer bewundert habe. Aber das Vergessen...
... das war noch niemals eine Deiner Stärken.
Und auch wenn wir niemals darüber sprechen: Die gelegentlichen Momente des Schweigens (oder der totalen Funkstille, so wie in den letzten Monaten) sagen alles. Du schämst Dich für das, was geschehen ist.
Und zwar zu Recht.
Ich frage mich jeden Tag, wie jemand, den ich so maßlos enttäuscht habe, mir so unvoreingenommen vergeben konnte.
Aber genau das ist es.
Ich werde immer das Gefühl haben, dass es Deine Entscheidung war, mich wieder in Dein Leben zu lassen. Und dieses Ungleichgewicht wird immer an mir nagen.
Ich weiß, das klingt egoistisch-- wie kann ich bedingungslose Liebe von jemandem fordern, der meine dunkelsten Seiten gesehen hat.
Es ist, als wollte ich noch zehn Prozent mehr von jemandem, der schon hundertzwanzig gegeben hat. Das klingt total irrational.
Aber das Herz ist nun mal nicht rational.
Ich liebe Dich, Matthew-- mehr als ich in Worte fassen kann. Du wirst immer das Wichtigste in meinem Leben bleiben-- mein Dreh- und Angelpunkt.
Aber dieser Schritt wird uns helfen herauszufinden, ob wir uns lieben...
... oder bloß die Vorstellung, dass wir mit allen Widrigkeiten zurechtkommen, die uns das Leben in den Weg stellt.
Oder die uns meine Vergangenheit eingebrockt hat.
Leb wohl, mein Held. Ich werde Dich nie vergessen. Und sollte ich jemals gläubig werden...
... bete ich für Dich... und für uns.
In Liebe, Karen.

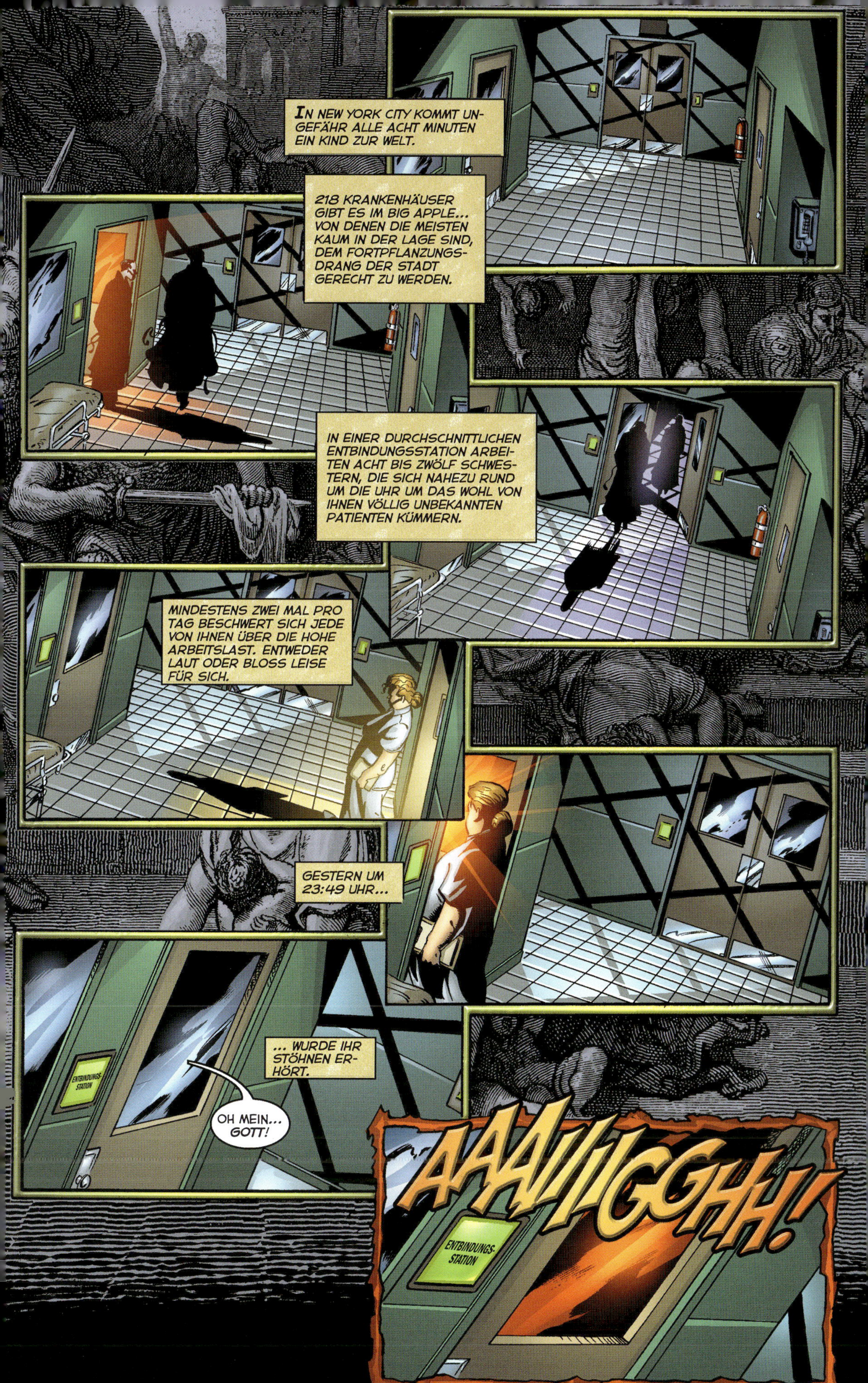
IN NEW YORK CITY KOMMT UNGEFÄHR ALLE ACHT MINUTEN EIN KIND ZUR WELT.
218 KRANKENHÄUSER GIBT ES IM BIG APPLE... VON DENEN DIE MEISTEN KAUM IN DER LAGE SIND, DEM FORTPFLANZUNGSDRANG DER STADT GERECHT ZU WERDEN.
IN EINER DURCHSCHNITTLICHEN ENTBINDUNGSSTATION ARBEITEN ACHT BIS ZWÖLF SCHWESTERN, DIE SICH NAHEZU RUND UM DIE UHR UM DAS WOHL VON IHNEN VÖLLIG UNBEKANNTEN PATIENTEN KÜMMERN.
MINDESTENS ZWEI MAL PRO TAG BESCHWERT SICH JEDE VON IHNEN ÜBER DIE HOHE ARBEITSLAST. ENTWEDER LAUT ODER BLOSS LEISE FÜR SICH.
GESTERN UM 23:49 UHR...
... WURDE IHR STÖHNEN ERHÖRT.
ENTBINDUNGS-STATION
OH MEIN... GOTT!
AAAIIIGGHH!
ENTBINDUNGS-STATION

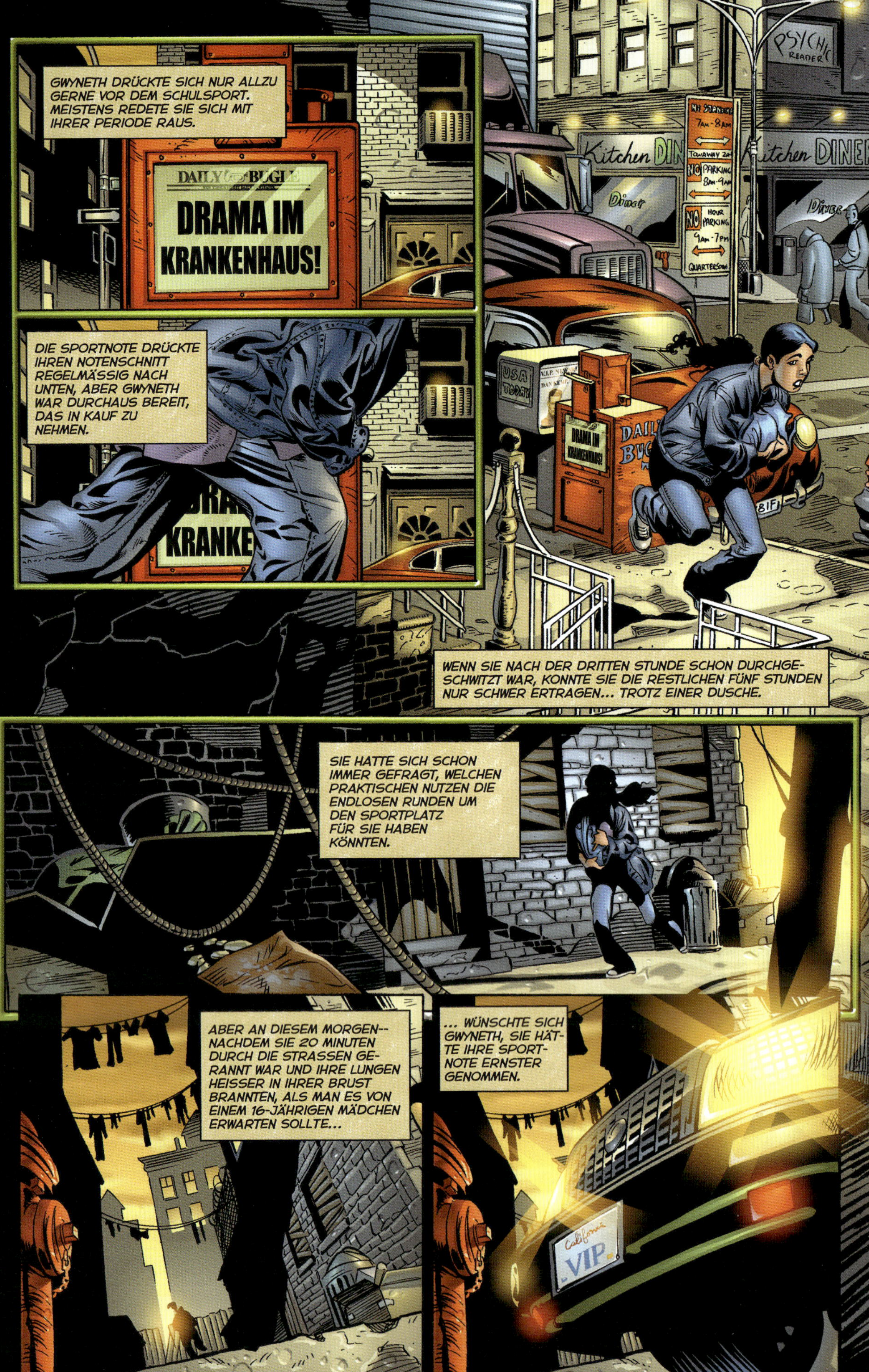
GWYNETH DRÜCKTE SICH NUR ALLZU GERNE VOR DEM SCHULSPORT. MEISTENS REDETE SIE SICH MIT IHRER PERIODE RAUS.
DAILY BUGLE
DRAMA IM KRANKENHAUS!
DIE SPORTNOTE DRÜCKTE IHREN NOTENSCHNITT REGELMÄSSIG NACH UNTEN, ABER GWYNETH WAR DURCHAUS BEREIT, DAS IN KAUF ZU NEHMEN.
PSYCHIC READER
Kitchen DINER
USA TODAY
DRAMA IM KRANKENHAUS!
WENN SIE NACH DER DRITTEN STUNDE SCHON DURCHGESCHWITZT WAR, KONNTE SIE DIE RESTLICHEN FÜNF STUNDEN NUR SCHWER ERTRAGEN... TROTZ EINER DUSCHE.
SIE HATTE SICH SCHON IMMER GEFRAGT, WELCHEN PRAKTISCHEN NUTZEN DIE ENDLOSEN RUNDEN UM DEN SPORTPLATZ FÜR SIE HABEN KÖNNTEN.
ABER AN DIESEM MORGEN-- NACHDEM SIE 20 MINUTEN DURCH DIE STRASSEN GERANNT WAR UND IHRE LUNGEN HEISSER IN IHRER BRUST BRANNTEN, ALS MAN ES VON EINEM 16-JÄHRIGEN MÄDCHEN ERWARTEN SOLLTE...
... WÜNSCHTE SICH GWYNETH, SIE HÄTTE IHRE SPORTNOTE ERNSTER GENOMMEN.
VIP

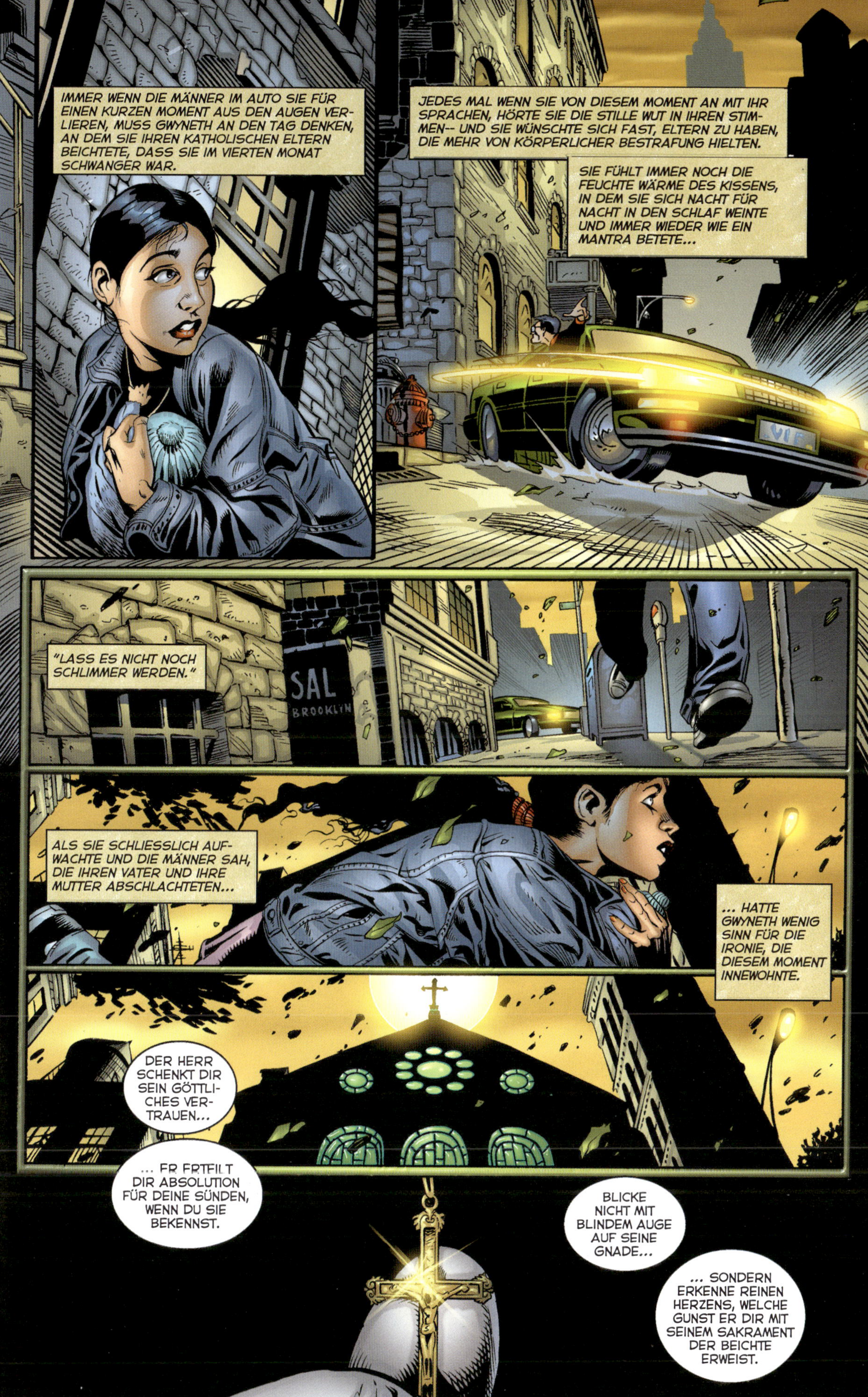

IMMER WENN DIE MÄNNER IM AUTO SIE FÜR EINEN KURZEN MOMENT AUS DEN AUGEN VERLIEREN, MUSS GWYNETH AN DEN TAG DENKEN, AN DEM SIE IHREN KATHOLISCHEN ELTERN BEICHTETE, DASS SIE IM VIERTEN MONAT SCHWANGER WAR.
JEDES MAL WENN SIE VON DIESEM MOMENT AN MIT IHR SPRACHEN, HÖRTE SIE DIE STILLE WUT IN IHREN STIMMEN-- UND SIE WÜNSCHTE SICH FAST, ELTERN ZU HABEN, DIE MEHR VON KÖRPERLICHER BESTRAFUNG HIELTEN.
SIE FÜHLT IMMER NOCH DIE FEUCHTE WÄRME DES KISSENS, IN DEM SIE SICH NACHT FÜR NACHT IN DEN SCHLAF WEINTE UND IMMER WIEDER WIE EIN MANTRA BETETE...
"LASS ES NICHT NOCH SCHLIMMER WERDEN."
SAL
BROOKLYN
ALS SIE SCHLIESSLICH AUFWACHTE UND DIE MÄNNER SAH, DIE IHREN VATER UND IHRE MUTTER ABSCHLACHTETEN...
... HATTE GWYNETH WENIG SINN FÜR DIE IRONIE, DIE DIESEM MOMENT INNEWOHNTE.
DER HERR SCHENKT DIR SEIN GÖTTLICHES VERTRAUEN...
... ER ERTEILT DIR ABSOLUTION FÜR DEINE SÜNDEN, WENN DU SIE BEKENNST.
BLICKE NICHT MIT BLINDEM AUGE AUF SEINE GNADE...
... SONDERN ERKENNE REINEN HERZENS, WELCHE GUNST ER DIR MIT SEINEM SAKRAMENT DER BEICHTE ERWEIST.

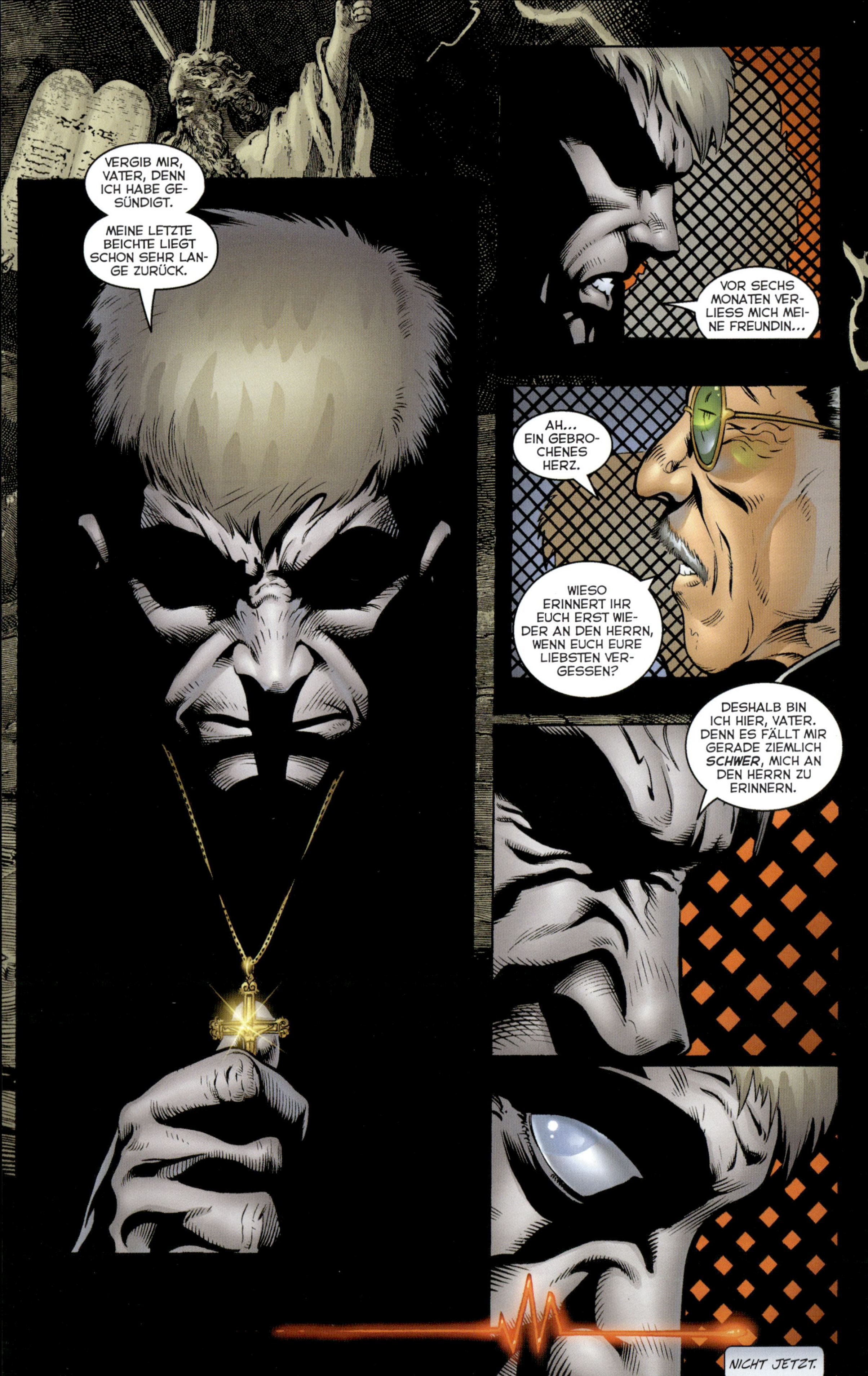
VERGIB MIR, VATER, DENN ICH HABE GESÜNDIGT.
MEINE LETZTE BEICHTE LIEGT SCHON SEHR LANGE ZURÜCK.
VOR SECHS MONATEN VERLIESS MICH MEINE FREUNDIN...
AH... EIN GEBROCHENES HERZ.
WIESO ERINNERT IHR EUCH ERST WIEDER AN DEN HERRN, WENN EUCH EURE LIEBSTEN VERGESSEN?
DESHALB BIN ICH HIER, VATER. DENN ES FÄLLT MIR GERADE ZIEMLICH *SCHWER*, MICH AN DEN HERRN ZU ERINNERN.
NICHT JETZT.

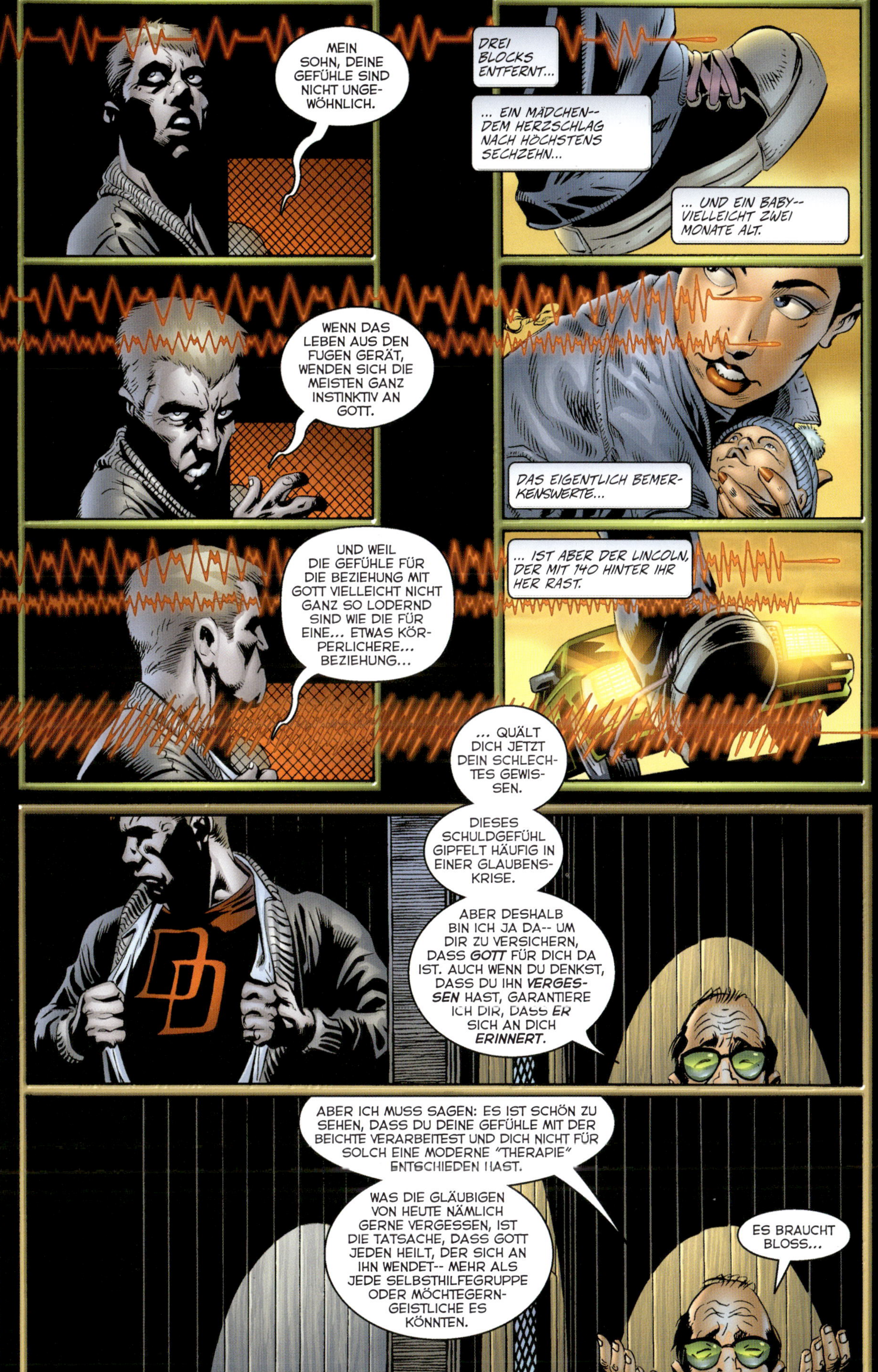
MEIN SOHN, DEINE GEFÜHLE SIND NICHT UNGE-WÖHNLICH.
DREI BLOCKS ENTFERNT...
... EIN MÄDCHEN-- DEM HERZSCHLAG NACH HÖCHSTENS SECHZEHN...
... UND EIN BABY-- VIELLEICHT ZWEI MONATE ALT.
WENN DAS LEBEN AUS DEN FUGEN GERÄT, WENDEN SICH DIE MEISTEN GANZ INSTINKTIV AN GOTT.
DAS EIGENTLICH BEMER-KENSWERTE...
UND WEIL DIE GEFÜHLE FÜR DIE BEZIEHUNG MIT GOTT VIELLEICHT NICHT GANZ SO LODERND SIND WIE DIE FÜR EINE... ETWAS KÖR-PERLICHERE... BEZIEHUNG...
... IST ABER DER LINCOLN, DER MIT 140 HINTER IHR HER RAST.
... QUÄLT DICH JETZT DEIN SCHLECH-TES GEWIS-SEN.
DIESES SCHULDGEFÜHL GIPFELT HÄUFIG IN EINER GLAUBENS-KRISE.
ABER DESHALB BIN ICH JA DA-- UM DIR ZU VERSICHERN, DASS GOTT FÜR DICH DA IST. AUCH WENN DU DENKST, DASS DU IHN VERGES-SEN HAST, GARANTIERE ICH DIR, DASS ER SICH AN DICH ERINNERT.
ABER ICH MUSS SAGEN: ES IST SCHÖN ZU SEHEN, DASS DU DEINE GEFÜHLE MIT DER BEICHTE VERARBEITEST UND DICH NICHT FÜR SOLCH EINE MODERNE "THERAPIE" ENTSCHIEDEN HAST.
WAS DIE GLÄUBIGEN VON HEUTE NÄMLICH GERNE VERGESSEN, IST DIE TATSACHE, DASS GOTT JEDEN HEILT, DER SICH AN IHN WENDET-- MEHR ALS JEDE SELBSTHILFEGRUPPE ODER MÖCHTEGERN-GEISTLICHE ES KÖNNTEN.
ES BRAUCHT BLOSS...

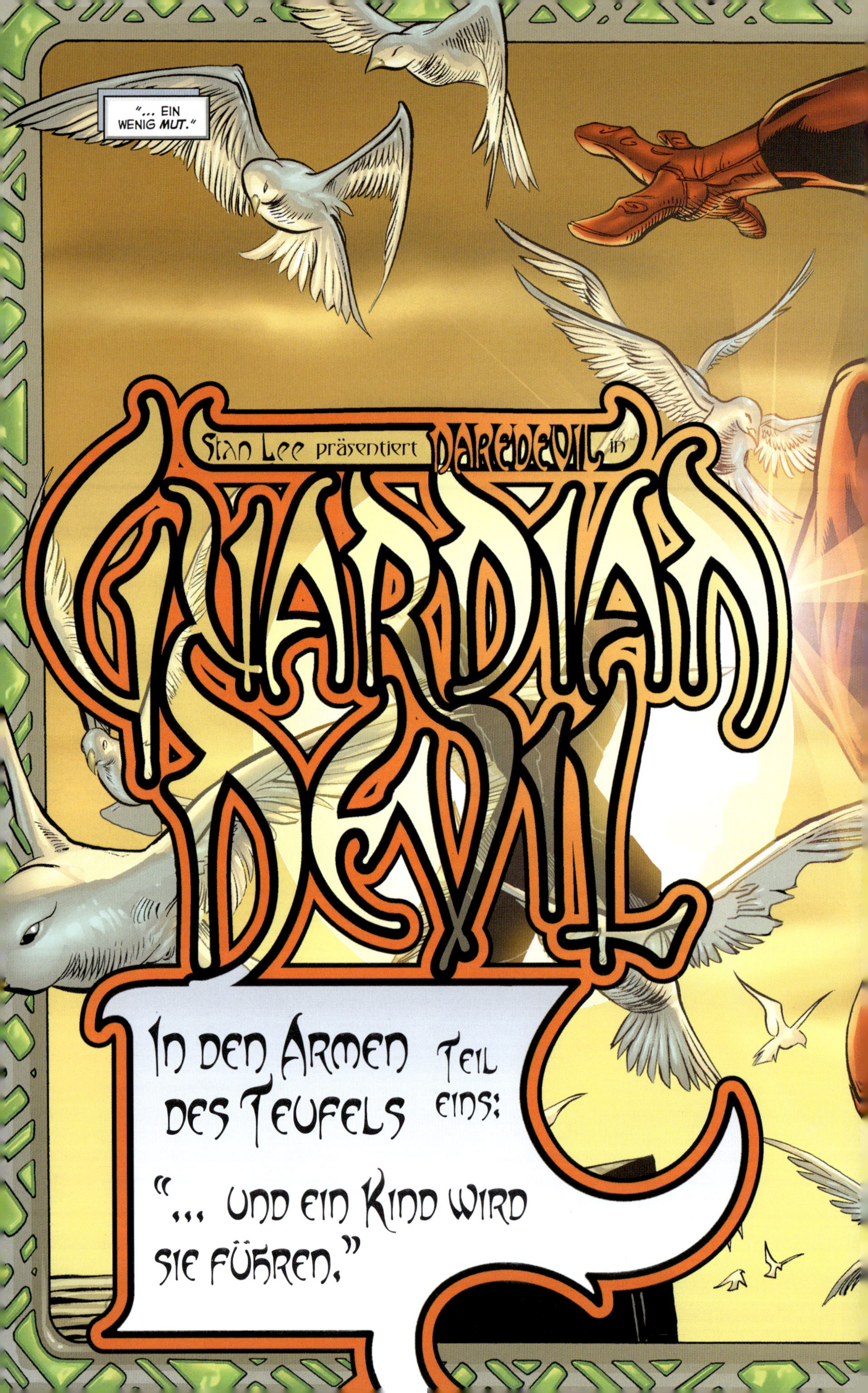
"... EIN WENIG *MUT.*"
Stan Lee präsentiert DAREDEVIL in
GUARDIAN DEVIL
IN DEN ARMEN DES TEUFELS
TEIL EINS:
"... UND EIN KIND WIRD SIE FÜHREN."

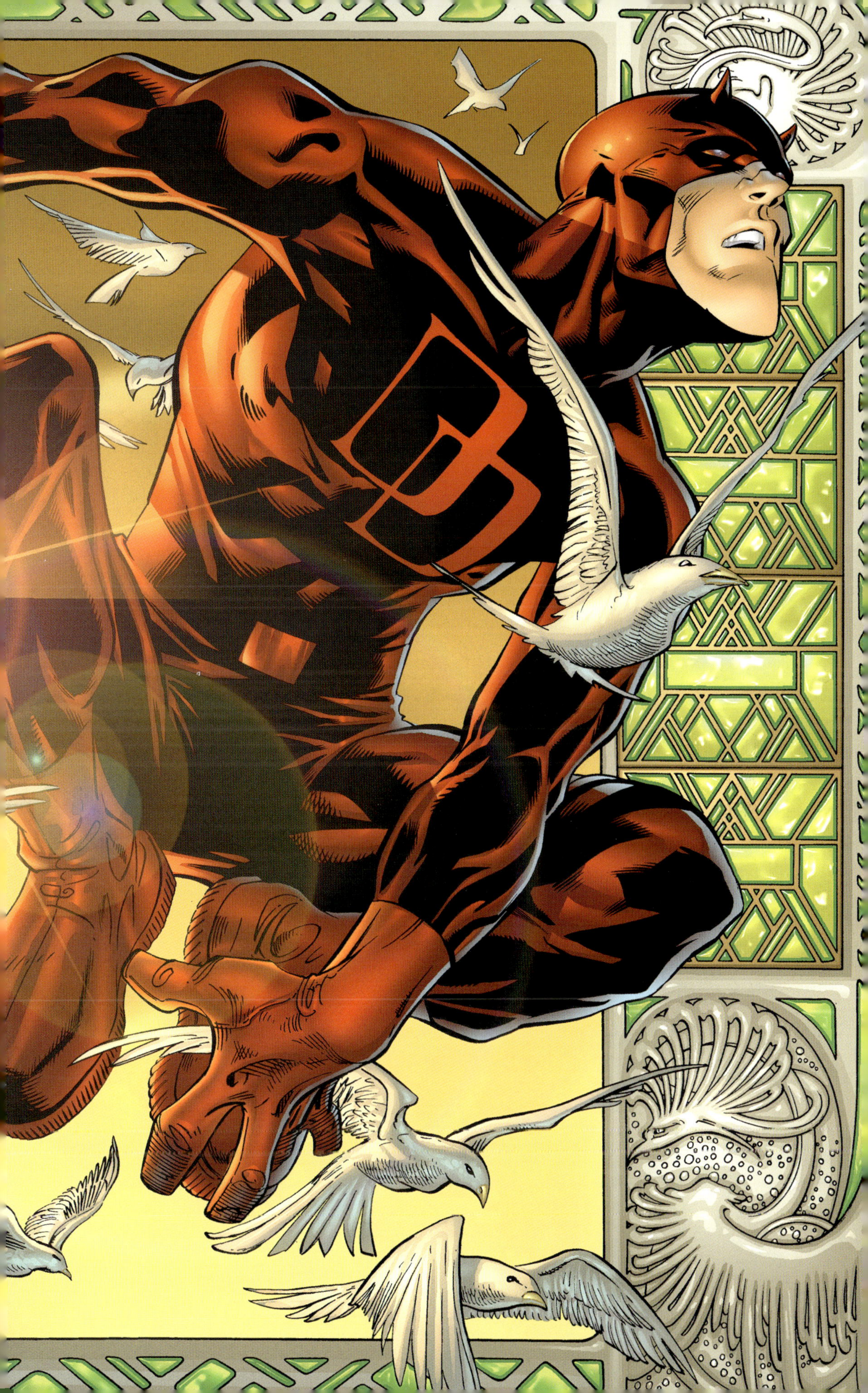

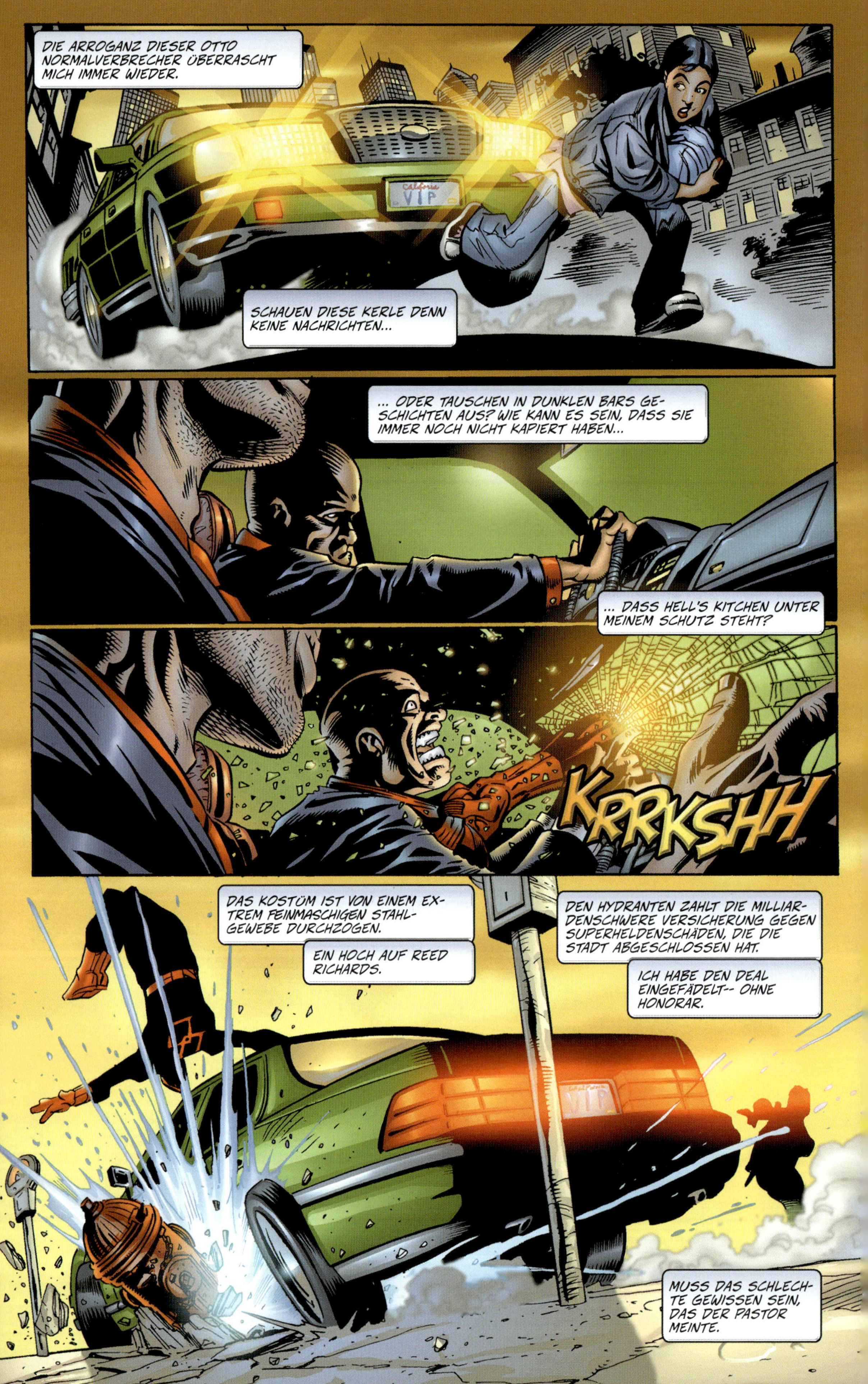
DIE ARROGANZ DIESER OTTO NORMALVERBRECHER ÜBERRASCHT MICH IMMER WIEDER.
SCHAUEN DIESE KERLE DENN KEINE NACHRICHTEN...
... ODER TAUSCHEN IN DUNKLEN BARS GESCHICHTEN AUS? WIE KANN ES SEIN, DASS SIE IMMER NOCH NICHT KAPIERT HABEN...
... DASS HELL'S KITCHEN UNTER MEINEM SCHUTZ STEHT?
KRRKSHH
DAS KOSTÜM IST VON EINEM EXTREM FEINMASCHIGEN STAHLGEWEBE DURCHZOGEN.
EIN HOCH AUF REED RICHARDS.
DEN HYDRANTEN ZAHLT DIE MILLIARDENSCHWERE VERSICHERUNG GEGEN SUPERHELDENSCHÄDEN, DIE DIE STADT ABGESCHLOSSEN HAT.
ICH HABE DEN DEAL EINGEFÄDELT-- OHNE HONORAR.
MUSS DAS SCHLECHTE GEWISSEN SEIN, DAS DER PASTOR MEINTE.

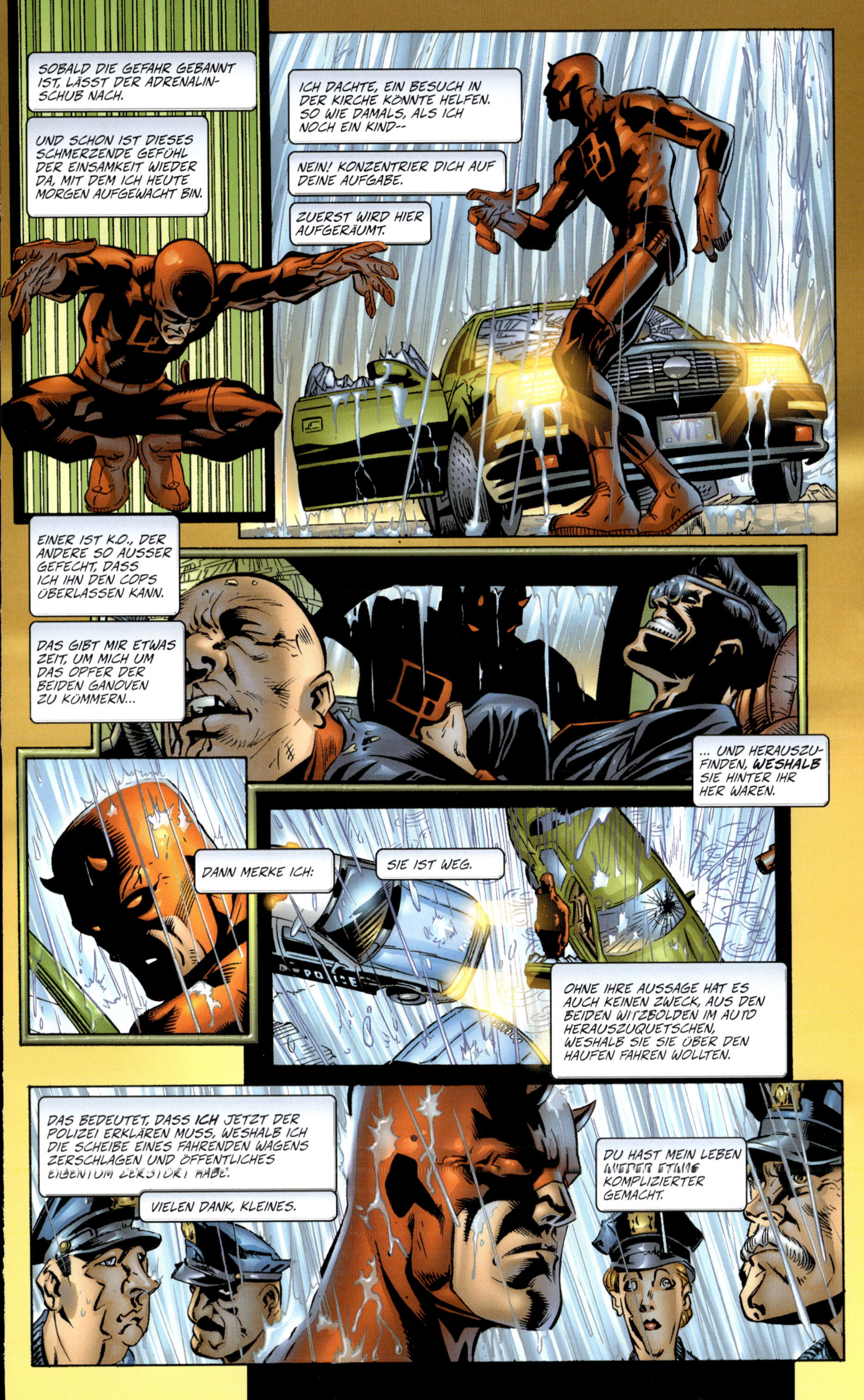
SOBALD DIE GEFAHR GEBANNT IST, LÄSST DER ADRENALIN-SCHUB NACH.
UND SCHON IST DIESES SCHMERZENDE GEFÜHL DER EINSAMKEIT WIEDER DA, MIT DEM ICH HEUTE MORGEN AUFGEWACHT BIN.
ICH DACHTE, EIN BESUCH IN DER KIRCHE KÖNNTE HELFEN. SO WIE DAMALS, ALS ICH NOCH EIN KIND--
NEIN! KONZENTRIER DICH AUF DEINE AUFGABE.
ZUERST WIRD HIER AUFGERÄUMT.
VIP
EINER IST K.O., DER ANDERE SO AUSSER GEFECHT, DASS ICH IHN DEN COPS ÜBERLASSEN KANN.
DAS GIBT MIR ETWAS ZEIT, UM MICH UM DAS OPFER DER BEIDEN GANOVEN ZU KÜMMERN...
... UND HERAUSZUFINDEN, **WESHALB** SIE HINTER IHR HER WAREN.
DANN MERKE ICH:
SIE IST WEG.
OHNE IHRE AUSSAGE HAT ES AUCH KEINEN ZWECK, AUS DEN BEIDEN WITZBOLDEN IM AUTO HERAUSZUQUETSCHEN, WESHALB SIE SIE ÜBER DEN HAUFEN FAHREN WOLLTEN.
DAS BEDEUTET, DASS **ICH** JETZT DER POLIZEI ERKLÄREN MUSS, WESHALB ICH DIE SCHEIBE EINES FAHRENDEN WAGENS ZERSCHLAGEN UND ÖFFENTLICHES EIGENTUM ZERSTÖRT HABE.
VIELEN DANK, KLEINES.
DU HAST MEIN LEBEN
KOMPLIZIERTER GEMACHT.

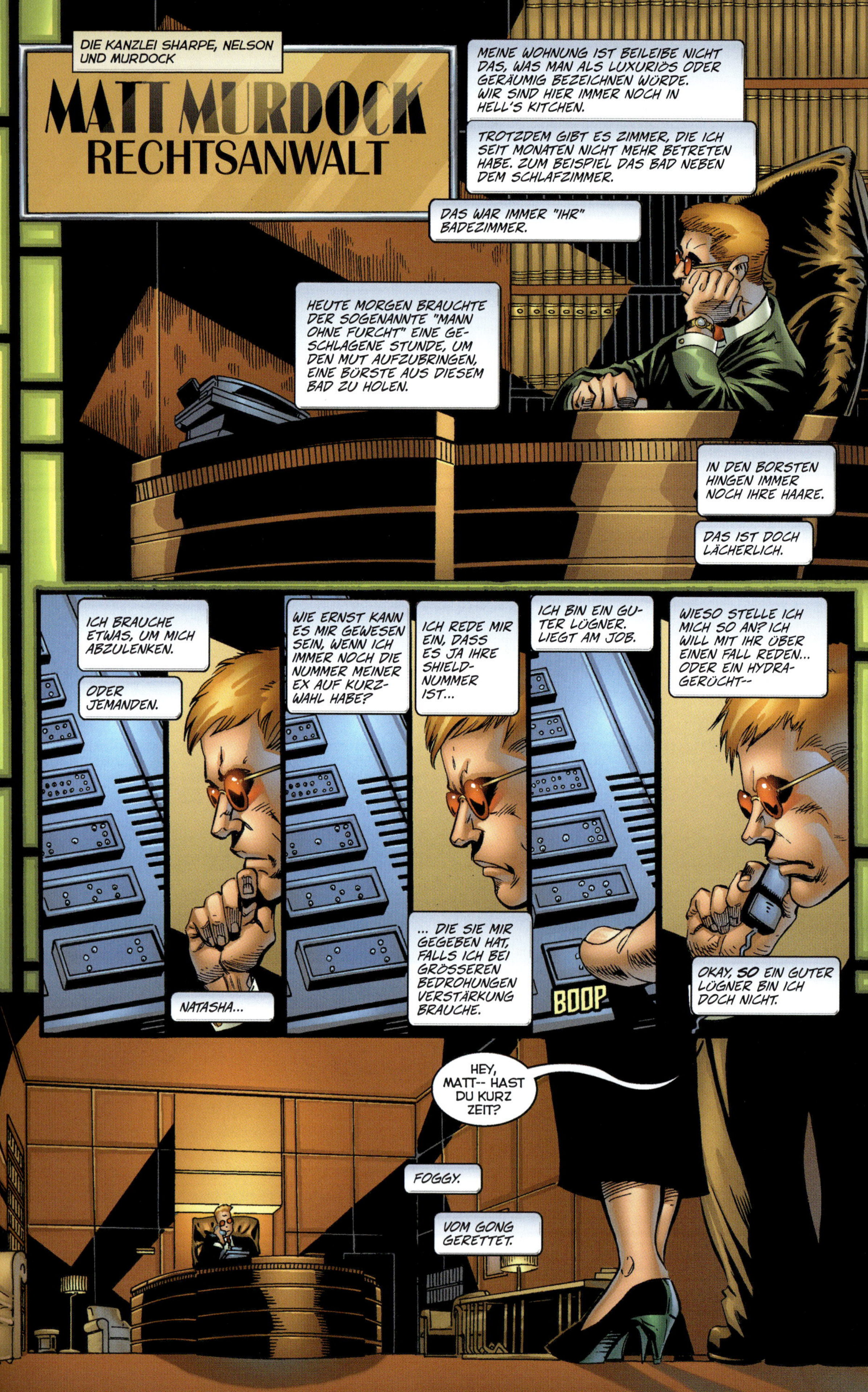
DIE KANZLEI SHARPE, NELSON UND MURDOCK
MATT MURDOCK
RECHTSANWALT
MEINE WOHNUNG IST BEILEIBE NICHT DAS, WAS MAN ALS LUXURIÖS ODER GERÄUMIG BEZEICHNEN WÜRDE. WIR SIND HIER IMMER NOCH IN HELL'S KITCHEN.
TROTZDEM GIBT ES ZIMMER, DIE ICH SEIT MONATEN NICHT MEHR BETRETEN HABE. ZUM BEISPIEL DAS BAD NEBEN DEM SCHLAFZIMMER.
DAS WAR IMMER "IHR" BADEZIMMER.
HEUTE MORGEN BRAUCHTE DER SOGENANNTE "MANN OHNE FURCHT" EINE GESCHLAGENE STUNDE, UM DEN MUT AUFZUBRINGEN, EINE BÜRSTE AUS DIESEM BAD ZU HOLEN.
IN DEN BORSTEN HINGEN IMMER NOCH IHRE HAARE.
DAS IST DOCH LÄCHERLICH.
ICH BRAUCHE ETWAS, UM MICH ABZULENKEN.
ODER JEMANDEN.
NATASHA...
WIE ERNST KANN ES MIR GEWESEN SEIN, WENN ICH IMMER NOCH DIE NUMMER MEINER EX AUF KURZWAHL HABE?
ICH REDE MIR EIN, DASS ES JA IHRE SHIELD-NUMMER IST...
... DIE SIE MIR GEGEBEN HAT, FALLS ICH BEI GRÖSSEREN BEDROHUNGEN VERSTÄRKUNG BRAUCHE.
ICH BIN EIN GUTER LÜGNER. LIEGT AM JOB.
BOOP
WIESO STELLE ICH MICH SO AN? ICH WILL MIT IHR ÜBER EINEN FALL REDEN... ODER EIN HYDRA-GERÜCHT--
OKAY, SO EIN GUTER LÜGNER BIN ICH DOCH NICHT.
HEY, MATT-- HAST DU KURZ ZEIT?
FOGGY.
VOM GONG GERETTET.

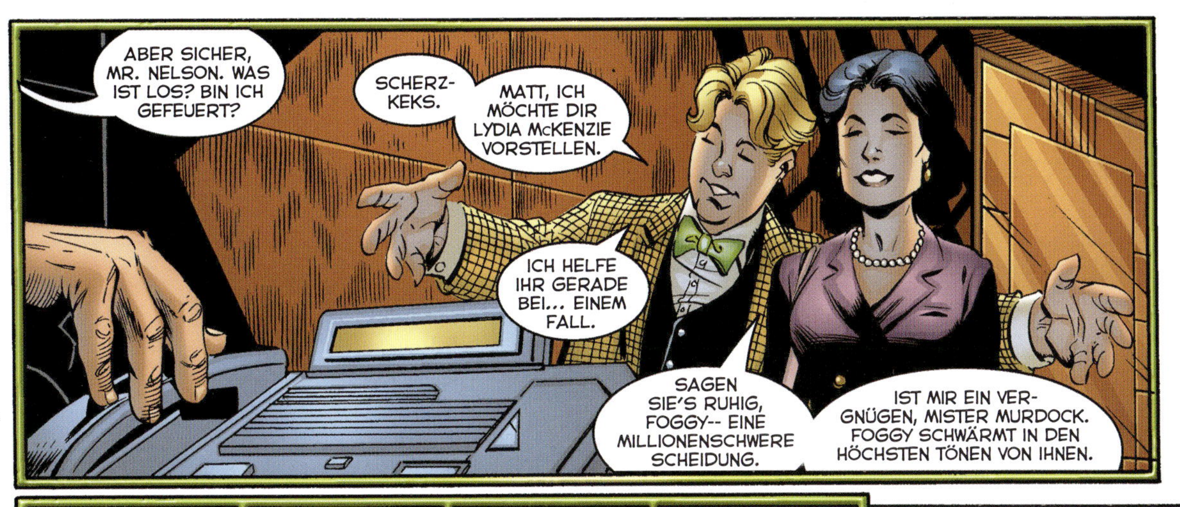
ABER SICHER, MR. NELSON. WAS IST LOS? BIN ICH GEFEUERT?
SCHERZKEKS.
MATT, ICH MÖCHTE DIR LYDIA McKENZIE VORSTELLEN.
ICH HELFE IHR GERADE BEI... EINEM FALL.
SAGEN SIE'S RUHIG, FOGGY-- EINE MILLIONENSCHWERE SCHEIDUNG.
IST MIR EIN VERGNÜGEN, MISTER MURDOCK. FOGGY SCHWÄRMT IN DEN HÖCHSTEN TÖNEN VON IHNEN.
IHR PULS BLEIBT UNVERÄNDERT.
ANSCHEINEND BIN ICH NICHT IHR TYP. FOGGY HINGEGEN SCHON.
KEIN WUNDER, DASS ER MIT SEINER ARBEIT NICHT HINTERHERKOMMT. WENN SIE GEWINNEN WOLLEN, SOLLTEN SIE DEN ANWALT WECHSELN.
ER HAT AUCH GESAGT, DASS SIE EIN CHARMEUR SIND.
ICH HABE EIN PAAR IHRER FÄLLE IN DER ZEITUNG VERFOLGT. SIE BEKOMMEN JA MEHR AUFMERKSAMKEIT ALS JOHNNIE COCHRAN.
DA... SCHON WIEDER DIESER DOPPEL-HERZSCHLAG.
DAS MÄDCHEN MIT BABY VON HEUTE MORGEN.
HINTERHER. MIT IHRER AUSSAGE KÖNNTE ICH DIE BEIDEN GAUNER IMMER NOCH HINTER GITTER BRINGEN.
ICH WÜRDE MICH GERNE MAL MIT IHNEN ÜBER DIESEN HYDE-FALL UNTERHALTEN. ICH WOLLTE SCHON IMMER WISSEN, WIE ES IST, SO EIN MONSTER ZU VERTEIDIGEN.
VIELLEICHT KÖNNEN SIE, FOGGY UND ICH MAL ZUSAMMEN ESSEN...
TOLL, MURDOCK. IM LAUTESTEN TEIL DES BÜROS HÖRST DU SICHER BESSER.
MISTER MURDOCK-- EIN MISTER PARKER VOM BUGLE AUF DER DREI.
ER HAT DIE FOTOS, DIE SIE WOLLTEN-- VON IHNEN UND MISS PAGE AUF DER GOOD WILL HUNTING-PREMIERE. SOLL ER SIE RÜBERSCHICKEN?
MIST.
SCHON WIEDER WEG.

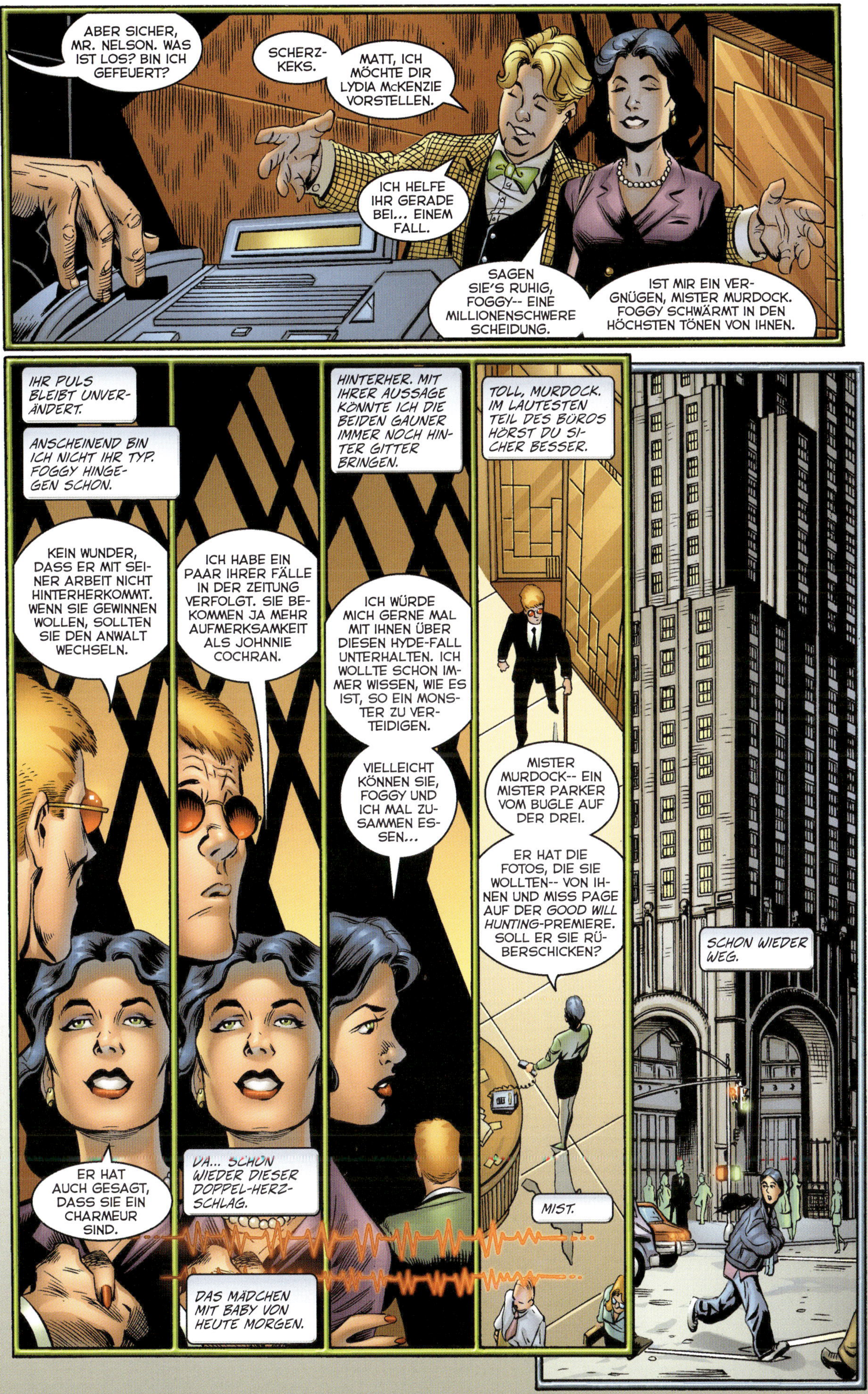

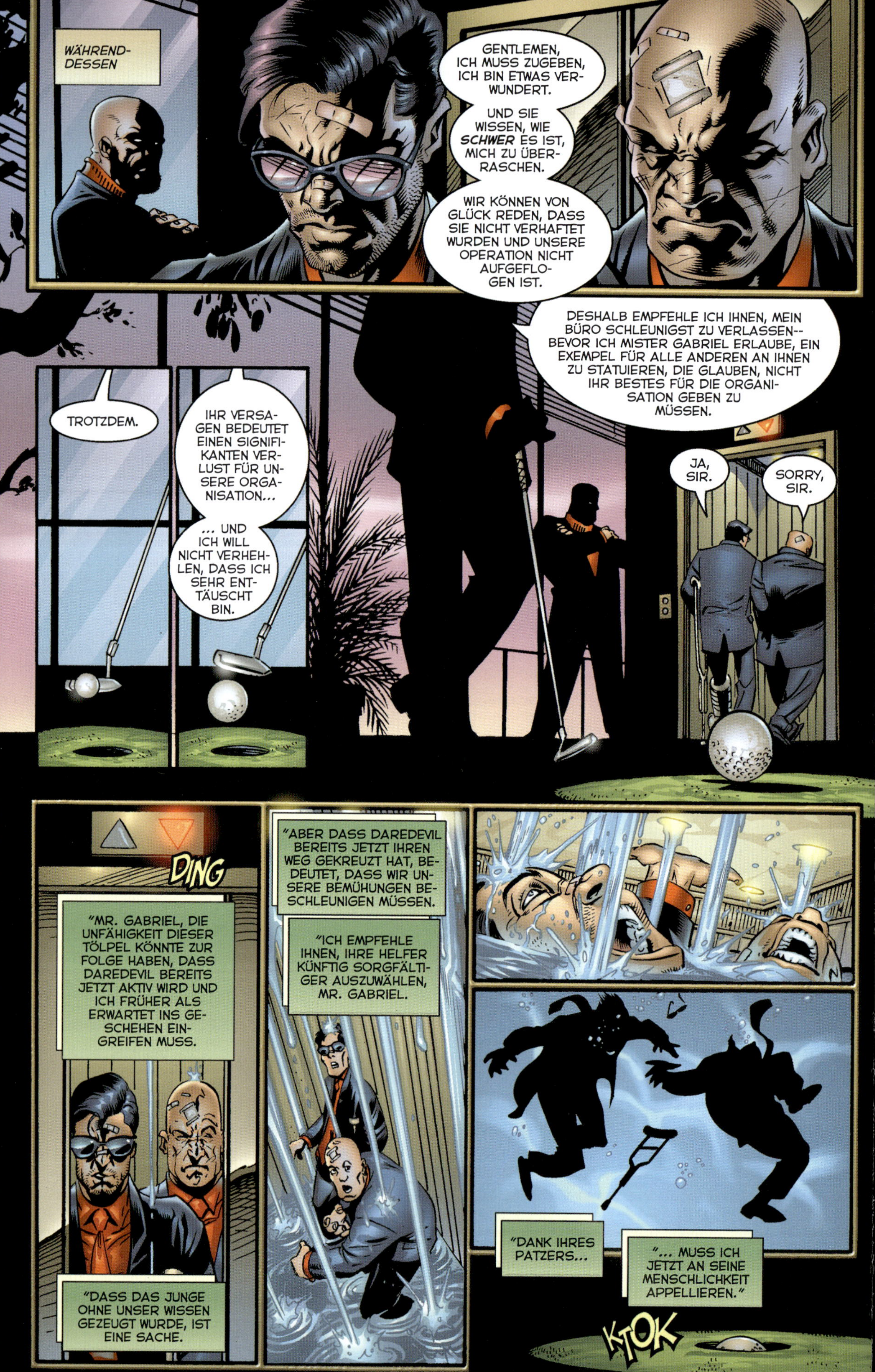

WÄHREND-DESSEN
GENTLEMEN, ICH MUSS ZUGEBEN, ICH BIN ETWAS VERWUNDERT.
UND SIE WISSEN, WIE SCHWER ES IST, MICH ZU ÜBERRASCHEN.
WIR KÖNNEN VON GLÜCK REDEN, DASS SIE NICHT VERHAFTET WURDEN UND UNSERE OPERATION NICHT AUFGEFLOGEN IST.
TROTZDEM.
IHR VERSAGEN BEDEUTET EINEN SIGNIFIKANTEN VERLUST FÜR UNSERE ORGANISATION...
... UND ICH WILL NICHT VERHEHLEN, DASS ICH SEHR ENTTÄUSCHT BIN.
DESHALB EMPFEHLE ICH IHNEN, MEIN BÜRO SCHLEUNIGST ZU VERLASSEN-- BEVOR ICH MISTER GABRIEL ERLAUBE, EIN EXEMPEL FÜR ALLE ANDEREN AN IHNEN ZU STATUIEREN, DIE GLAUBEN, NICHT IHR BESTES FÜR DIE ORGANISATION GEBEN ZU MÜSSEN.
JA, SIR.
SORRY, SIR.
DING
"MR. GABRIEL, DIE UNFÄHIGKEIT DIESER TÖLPEL KÖNNTE ZUR FOLGE HABEN, DASS DAREDEVIL BEREITS JETZT AKTIV WIRD UND ICH FRÜHER ALS ERWARTET INS GESCHEHEN EINGREIFEN MUSS.
"DASS DAS JUNGE OHNE UNSER WISSEN GEZEUGT WURDE, IST EINE SACHE.
"ABER DASS DAREDEVIL BEREITS JETZT IHREN WEG GEKREUZT HAT, BEDEUTET, DASS WIR UNSERE BEMÜHUNGEN BESCHLEUNIGEN MÜSSEN.
"ICH EMPFEHLE IHNEN, IHRE HELFER KÜNFTIG SORGFÄLTIGER AUSZUWÄHLEN, MR. GABRIEL.
"DANK IHRES PATZERS...
"... MUSS ICH JETZT AN SEINE MENSCHLICHKEIT APPELLIEREN."
KTOK

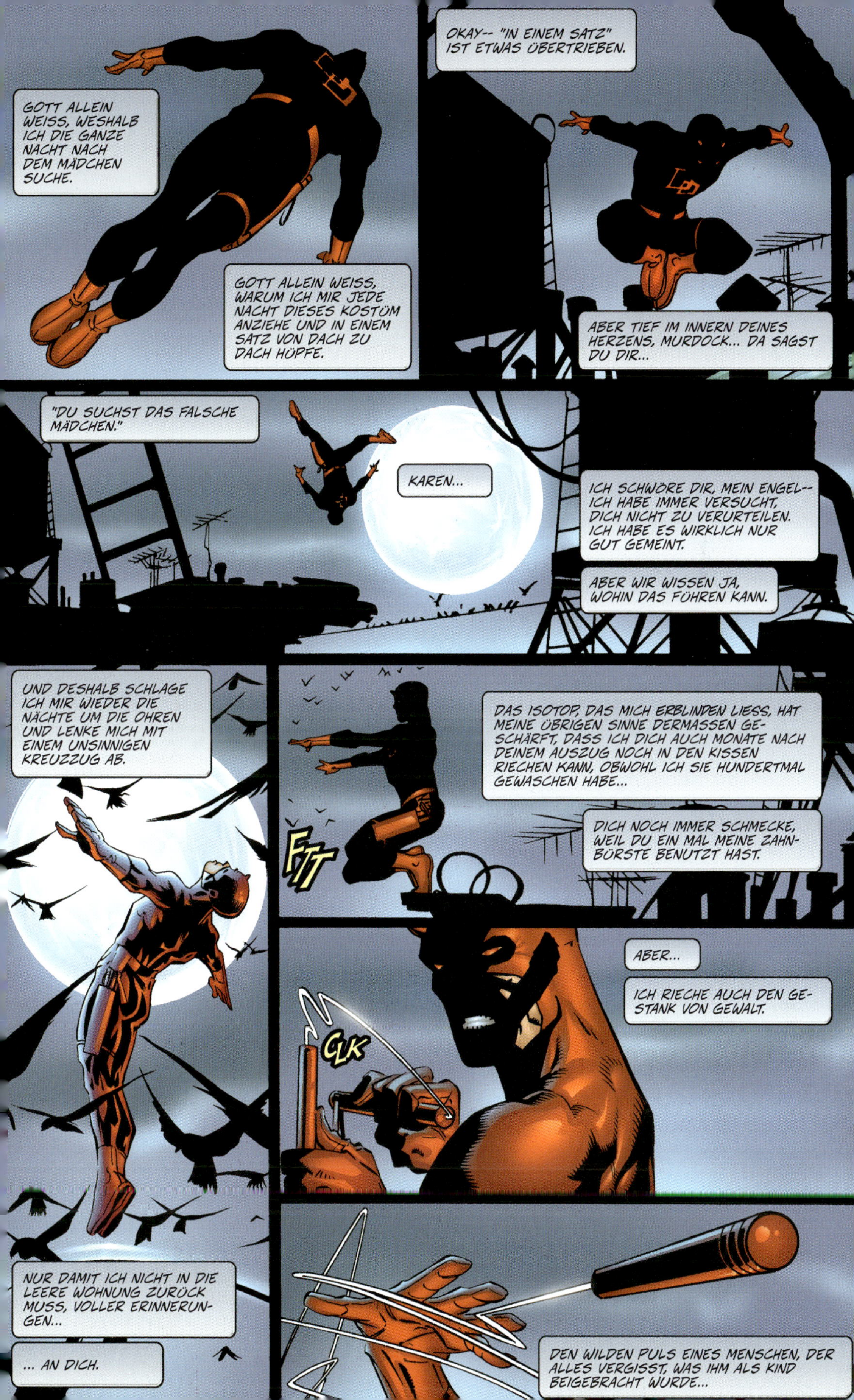
GOTT ALLEIN WEISS, WESHALB ICH DIE GANZE NACHT NACH DEM MÄDCHEN SUCHE.
GOTT ALLEIN WEISS, WARUM ICH MIR JEDE NACHT DIESES KOSTÜM ANZIEHE UND IN EINEM SATZ VON DACH ZU DACH HÜPFE.
OKAY-- "IN EINEM SATZ" IST ETWAS ÜBERTRIEBEN.
ABER TIEF IM INNERN DEINES HERZENS, MURDOCK... DA SAGST DU DIR...
"DU SUCHST DAS FALSCHE MÄDCHEN."
KAREN...
ICH SCHWÖRE DIR, MEIN ENGEL-- ICH HABE IMMER VERSUCHT, DICH NICHT ZU VERURTEILEN. ICH HABE ES WIRKLICH NUR GUT GEMEINT.
ABER WIR WISSEN JA, WOHIN DAS FÜHREN KANN.
UND DESHALB SCHLAGE ICH MIR WIEDER DIE NÄCHTE UM DIE OHREN UND LENKE MICH MIT EINEM UNSINNIGEN KREUZZUG AB.
DAS ISOTOP, DAS MICH ERBLINDEN LIESS, HAT MEINE ÜBRIGEN SINNE DERMASSEN GESCHÄRFT, DASS ICH DICH AUCH MONATE NACH DEINEM AUSZUG NOCH IN DEN KISSEN RIECHEN KANN, OBWOHL ICH SIE HUNDERTMAL GEWASCHEN HABE...
DICH NOCH IMMER SCHMECKE, WEIL DU EIN MAL MEINE ZAHNBÜRSTE BENUTZT HAST.
FTT
ABER...
ICH RIECHE AUCH DEN GESTANK VON GEWALT.
CLK
NUR DAMIT ICH NICHT IN DIE LEERE WOHNUNG ZURÜCK MUSS, VOLLER ERINNERUNGEN...
... AN DICH.
DEN WILDEN PULS EINES MENSCHEN, DER ALLES VERGISST, WAS IHM ALS KIND BEIGEBRACHT WURDE...

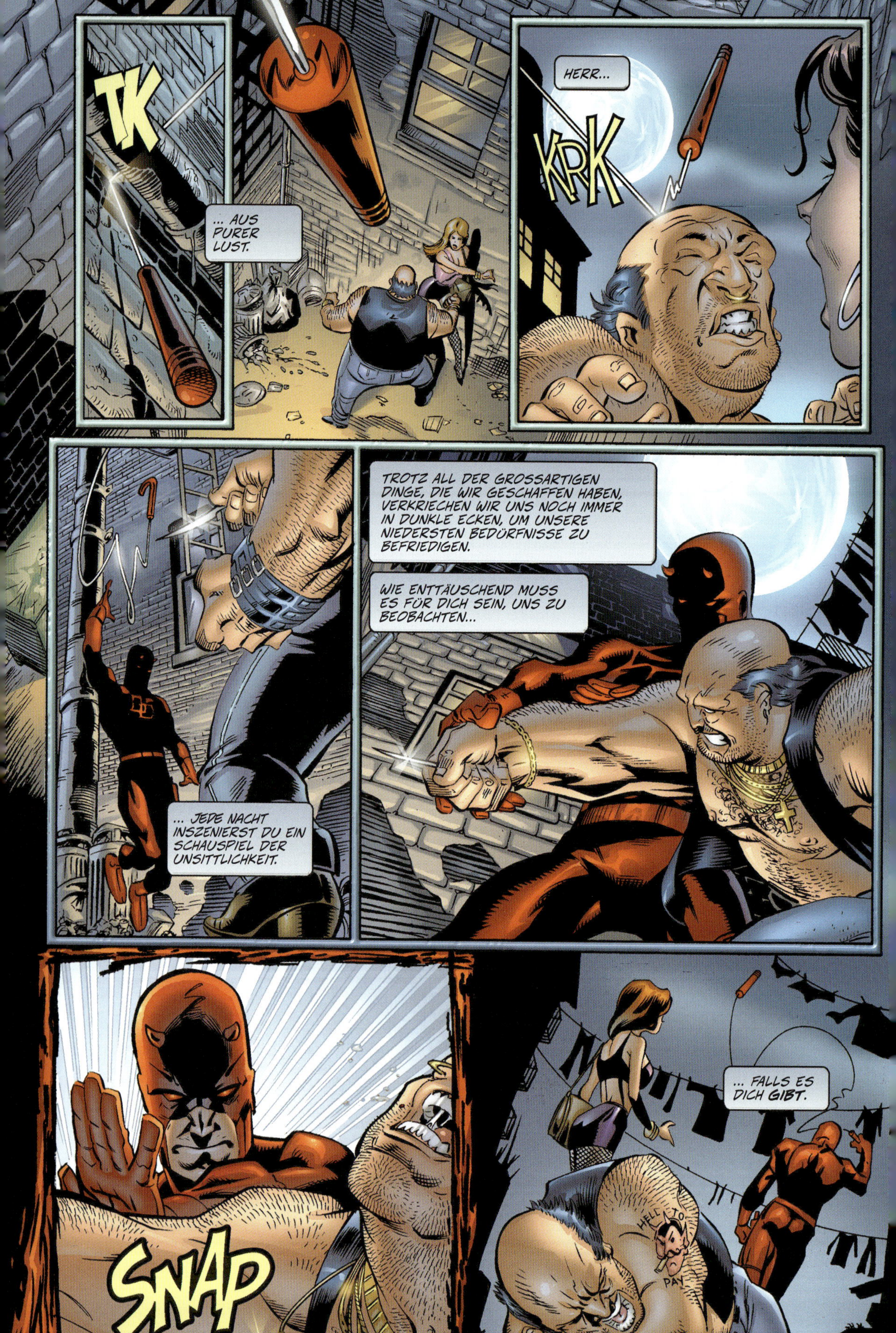
TK
... AUS PURER LUST.
HERR...
KRK
TROTZ ALL DER GROSSARTIGEN DINGE, DIE WIR GESCHAFFEN HABEN, VERKRIECHEN WIR UNS NOCH IMMER IN DUNKLE ECKEN, UM UNSERE NIEDERSTEN BEDÜRFNISSE ZU BEFRIEDIGEN.
WIE ENTTÄUSCHEND MUSS ES FÜR DICH SEIN, UNS ZU BEOBACHTEN...
... JEDE NACHT INSZENIERST DU EIN SCHAUSPIEL DER UNSITTLICHKEIT.
SNAP
... FALLS ES DICH **GIBT**.

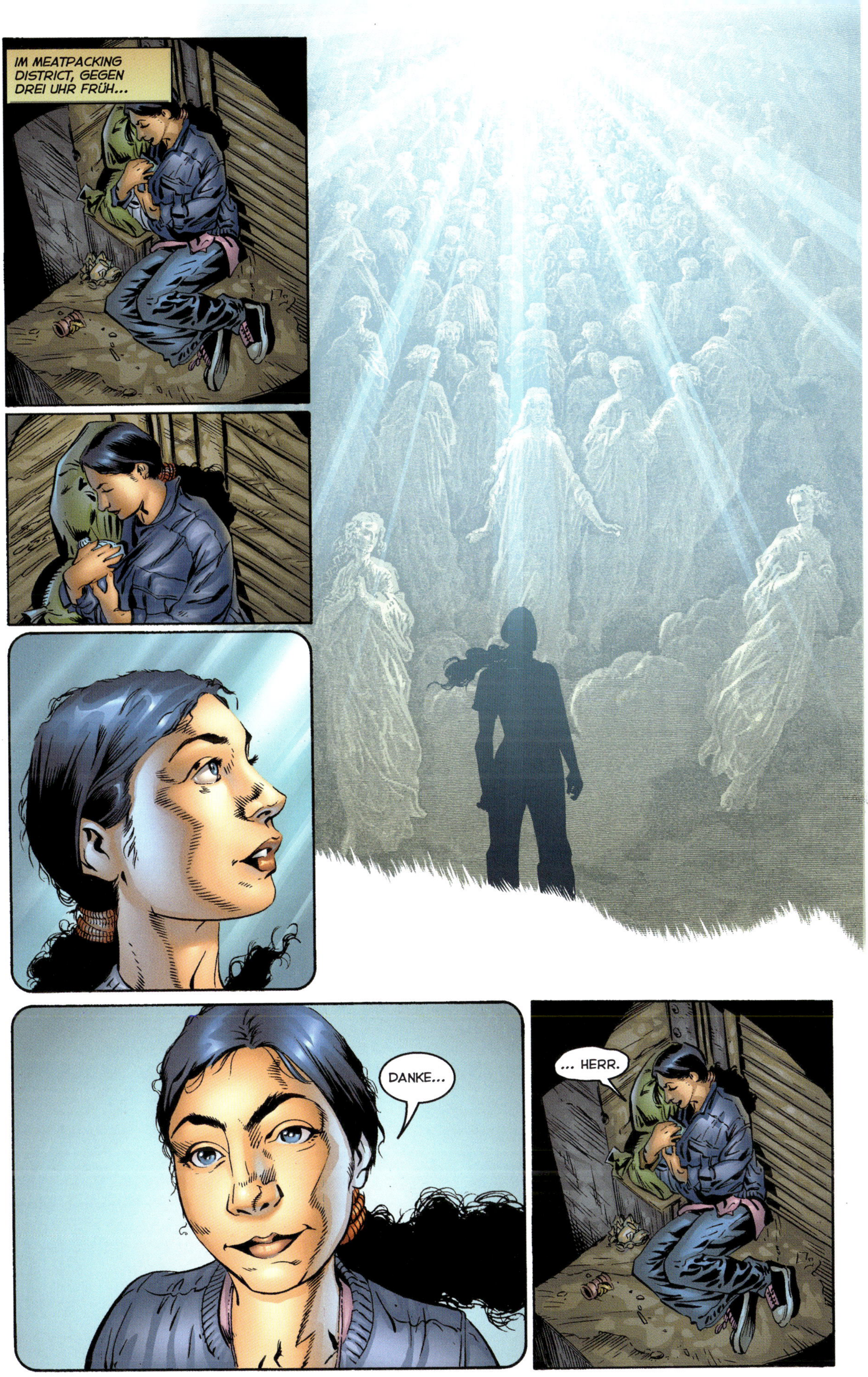

IM MEATPACKING DISTRICT, GEGEN DREI UHR FRÜH...

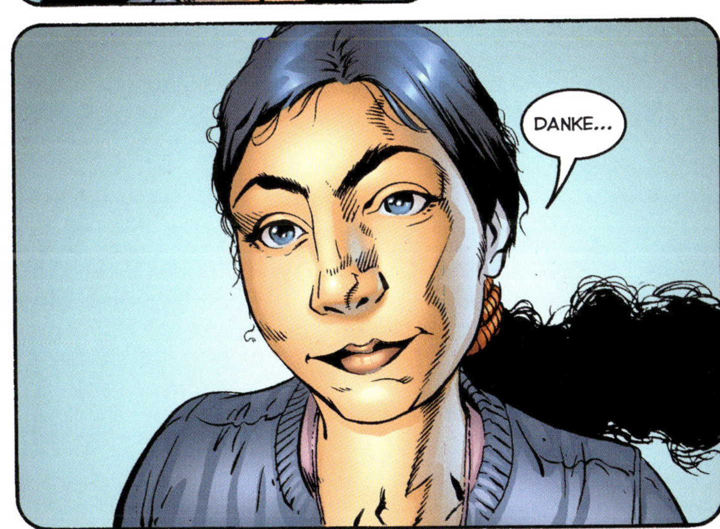

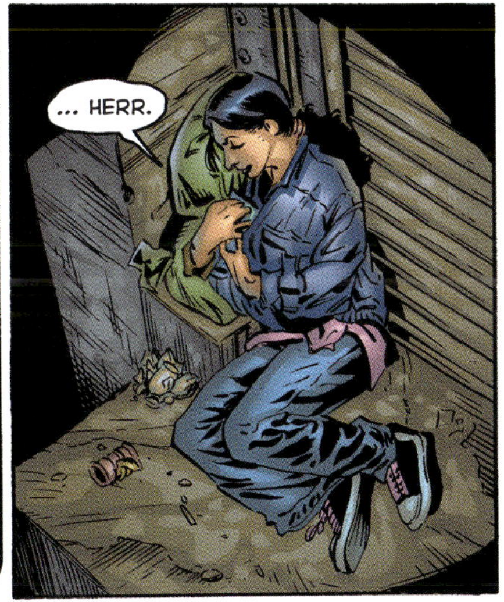

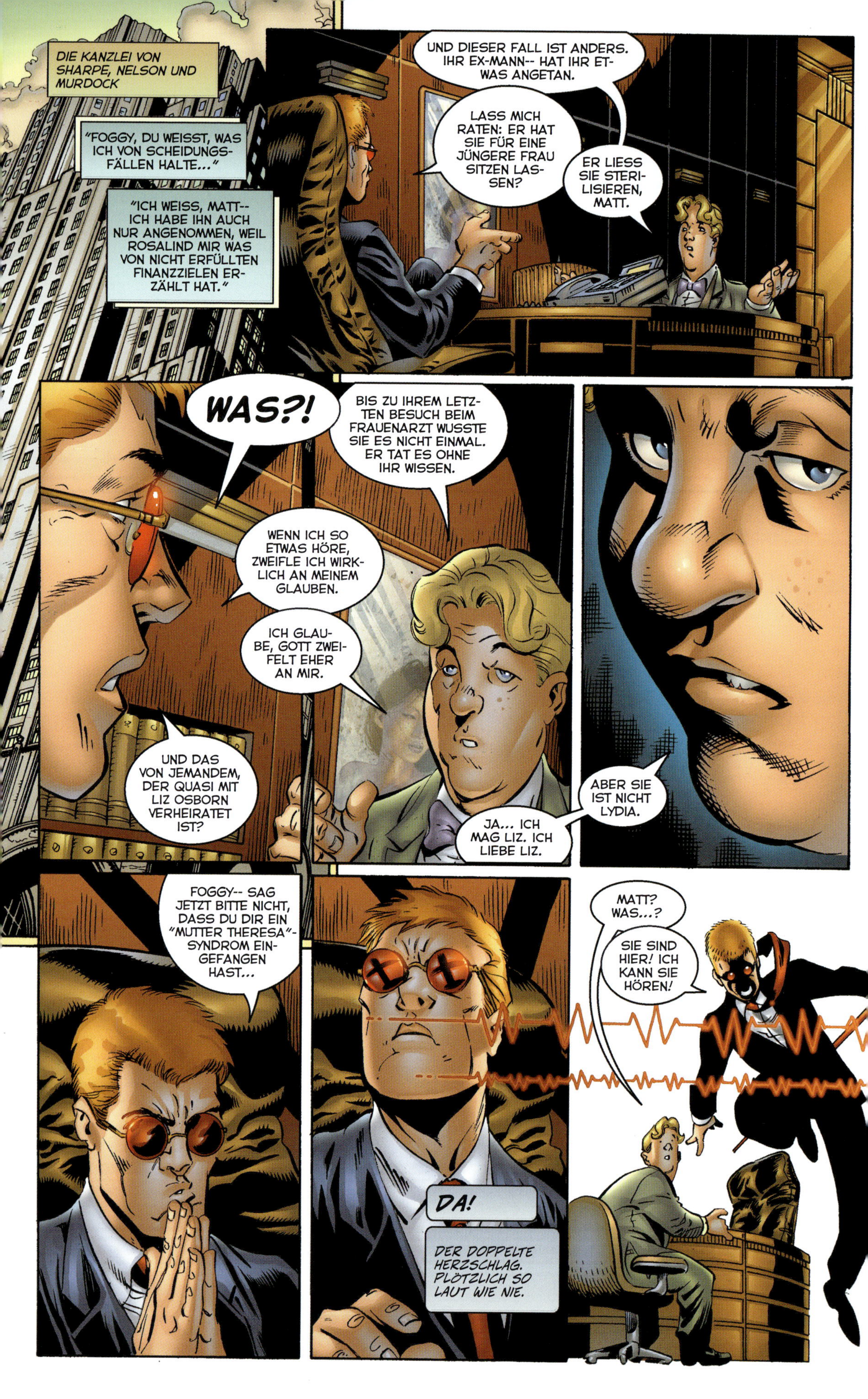
DIE KANZLEI VON SHARPE, NELSON UND MURDOCK
"FOGGY, DU WEISST, WAS ICH VON SCHEIDUNGS-FÄLLEN HALTE..."
"ICH WEISS, MATT-- ICH HABE IHN AUCH NUR ANGENOMMEN, WEIL ROSALIND MIR WAS VON NICHT ERFÜLLTEN FINANZZIELEN ER-ZÄHLT HAT."
UND DIESER FALL IST ANDERS. IHR EX-MANN-- HAT IHR ET-WAS ANGETAN.
LASS MICH RATEN: ER HAT SIE FÜR EINE JÜNGERE FRAU SITZEN LAS-SEN?
ER LIESS SIE STERI-LISIEREN, MATT.
WAS?!
BIS ZU IHREM LETZ-TEN BESUCH BEIM FRAUENARZT WUSSTE SIE ES NICHT EINMAL. ER TAT ES OHNE IHR WISSEN.
WENN ICH SO ETWAS HÖRE, ZWEIFLE ICH WIRK-LICH AN MEINEM GLAUBEN.
ICH GLAU-BE, GOTT ZWEI-FELT EHER AN MIR.
UND DAS VON JEMANDEM, DER QUASI MIT LIZ OSBORN VERHEIRATET IST?
JA... ICH MAG LIZ. ICH LIEBE LIZ.
ABER SIE IST NICHT LYDIA.
FOGGY-- SAG JETZT BITTE NICHT, DASS DU DIR EIN "MUTTER THERESA"-SYNDROM EIN-GEFANGEN HAST...
DA!
DER DOPPELTE HERZSCHLAG. PLÖTZLICH SO LAUT WIE NIE.
MATT? WAS...?
SIE SIND HIER! ICH KANN SIE HÖREN!

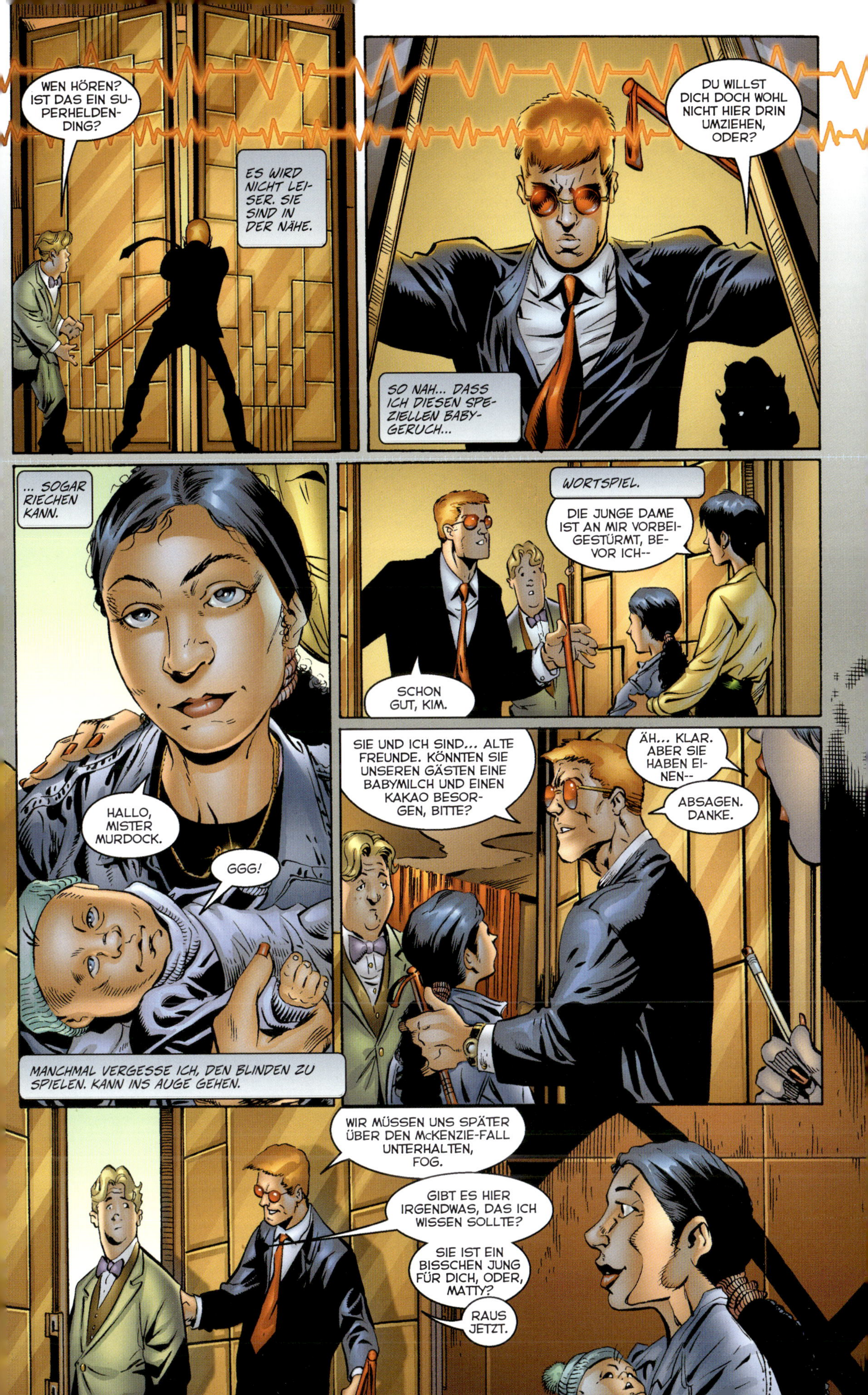
WEN HÖREN? IST DAS EIN SUPERHELDENDING?
ES WIRD NICHT LEISER. SIE SIND IN DER NÄHE.
DU WILLST DICH DOCH WOHL NICHT HIER DRIN UMZIEHEN, ODER?
SO NAH... DASS ICH DIESEN SPEZIELLEN BABYGERUCH...
... SOGAR RIECHEN KANN.
HALLO, MISTER MURDOCK.
GGG!
MANCHMAL VERGESSE ICH, DEN BLINDEN ZU SPIELEN. KANN INS AUGE GEHEN.
WORTSPIEL.
DIE JUNGE DAME IST AN MIR VORBEIGESTÜRMT, BEVOR ICH--
SCHON GUT, KIM.
SIE UND ICH SIND... ALTE FREUNDE. KÖNNTEN SIE UNSEREN GÄSTEN EINE BABYMILCH UND EINEN KAKAO BESORGEN, BITTE?
ÄH... KLAR. ABER SIE HABEN EINEN--
ABSAGEN. DANKE.
WIR MÜSSEN UNS SPÄTER ÜBER DEN McKENZIE-FALL UNTERHALTEN, FOG.
GIBT ES HIER IRGENDWAS, DAS ICH WISSEN SOLLTE?
SIE IST EIN BISSCHEN JUNG FÜR DICH, ODER, MATTY?
RAUS JETZT.

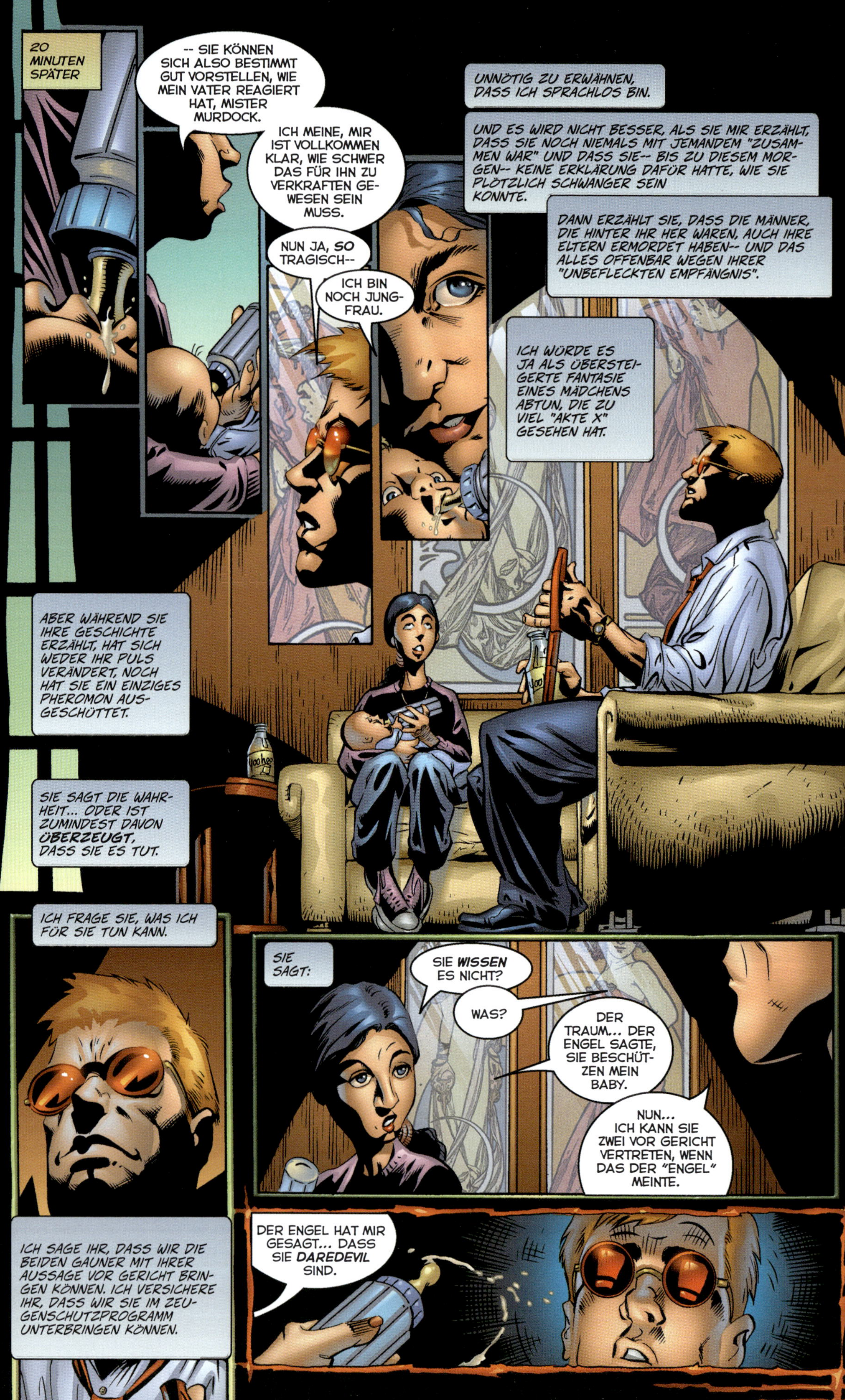

20 MINUTEN SPÄTER
-- SIE KÖNNEN SICH ALSO BESTIMMT GUT VORSTELLEN, WIE MEIN VATER REAGIERT HAT, MISTER MURDOCK.
ICH MEINE, MIR IST VOLLKOMMEN KLAR, WIE SCHWER DAS FÜR IHN ZU VERKRAFTEN GEWESEN SEIN MUSS.
NUN JA, **SO** TRAGISCH--
ICH BIN NOCH JUNGFRAU.
UNNÖTIG ZU ERWÄHNEN, DASS ICH SPRACHLOS BIN.
UND ES WIRD NICHT BESSER, ALS SIE MIR ERZÄHLT, DASS SIE NOCH NIEMALS MIT JEMANDEM "ZUSAMMEN WAR" UND DASS SIE-- BIS ZU DIESEM MORGEN-- KEINE ERKLÄRUNG DAFÜR HATTE, WIE SIE PLÖTZLICH SCHWANGER SEIN KONNTE.
DANN ERZÄHLT SIE, DASS DIE MÄNNER, DIE HINTER IHR HER WAREN, AUCH IHRE ELTERN ERMORDET HABEN-- UND DAS ALLES OFFENBAR WEGEN IHRER "UNBEFLECKTEN EMPFÄNGNIS".
ICH WÜRDE ES JA ALS ÜBERSTEIGERTE FANTASIE EINES MÄDCHENS ABTUN, DIE ZU VIEL "AKTE X" GESEHEN HAT.
ABER WÄHREND SIE IHRE GESCHICHTE ERZÄHLT, HAT SICH WEDER IHR PULS VERÄNDERT, NOCH HAT SIE EIN EINZIGES PHEROMON AUSGESCHÜTTET.
SIE SAGT DIE WAHRHEIT... ODER IST ZUMINDEST DAVON **ÜBERZEUGT,** DASS SIE ES TUT.
ICH FRAGE SIE, WAS ICH FÜR SIE TUN KANN.
SIE SAGT:
SIE **WISSEN** ES NICHT?
WAS?
DER TRAUM... DER ENGEL SAGTE, SIE BESCHÜTZEN MEIN BABY.
NUN... ICH KANN SIE ZWEI VOR GERICHT VERTRETEN, WENN DAS DER "ENGEL" MEINTE.
ICH SAGE IHR, DASS WIR DIE BEIDEN GAUNER MIT IHRER AUSSAGE VOR GERICHT BRINGEN KÖNNEN. ICH VERSICHERE IHR, DASS WIR SIE IM ZEUGENSCHUTZPROGRAMM UNTERBRINGEN KÖNNEN.
DER ENGEL HAT MIR GESAGT... DASS SIE **DAREDEVIL** SIND.

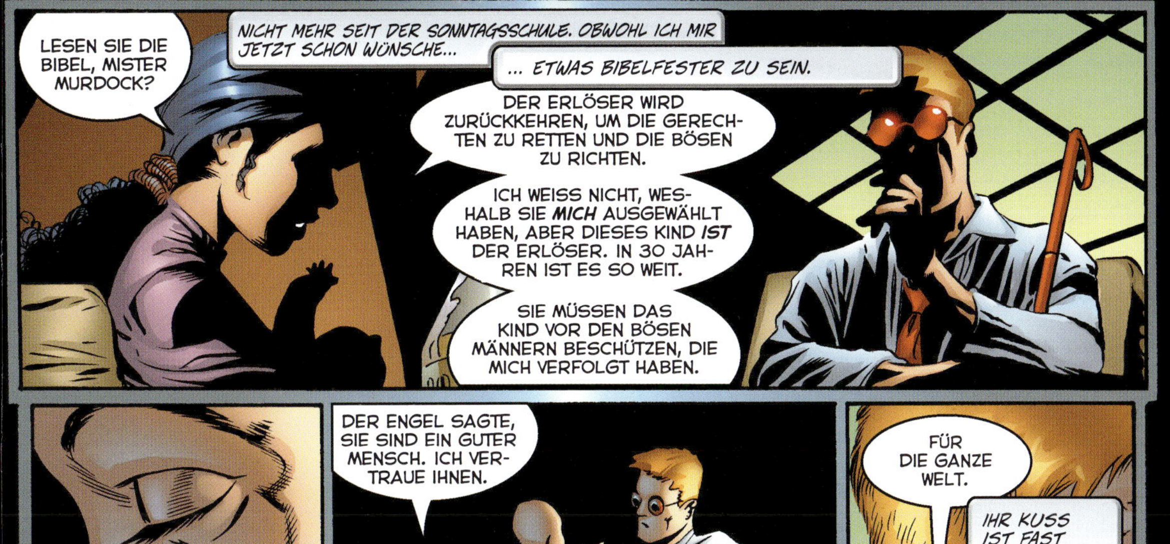
LESEN SIE DIE BIBEL, MISTER MURDOCK?
NICHT MEHR SEIT DER SONNTAGSSCHULE. OBWOHL ICH MIR JETZT SCHON WÜNSCHE...
... ETWAS BIBELFESTER ZU SEIN.
DER ERLÖSER WIRD ZURÜCKKEHREN, UM DIE GERECHTEN ZU RETTEN UND DIE BÖSEN ZU RICHTEN.
ICH WEISS NICHT, WESHALB SIE *MICH* AUSGEWÄHLT HABEN, ABER DIESES KIND *IST* DER ERLÖSER. IN 30 JAHREN IST ES SO WEIT.
SIE MÜSSEN DAS KIND VOR DEN BÖSEN MÄNNERN BESCHÜTZEN, DIE MICH VERFOLGT HABEN.
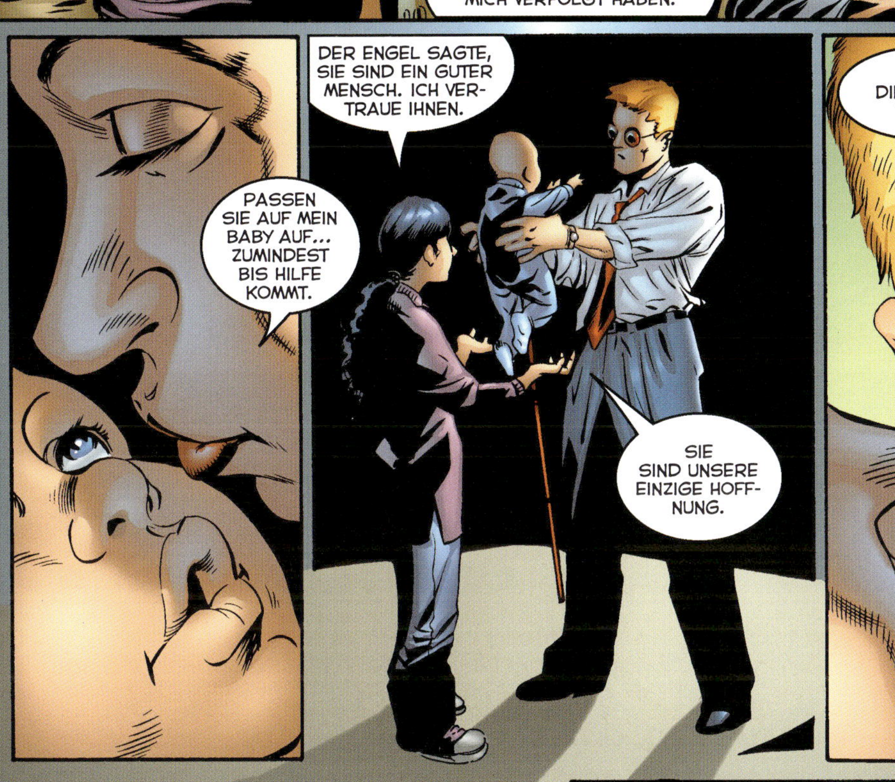
PASSEN SIE AUF MEIN BABY AUF... ZUMINDEST BIS HILFE KOMMT.
DER ENGEL SAGTE, SIE SIND EIN GUTER MENSCH. ICH VERTRAUE IHNEN.
SIE SIND UNSERE EINZIGE HOFFNUNG.
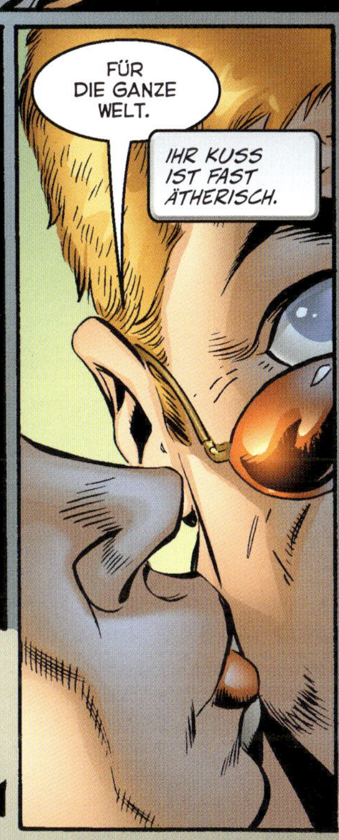
FÜR DIE GANZE WELT.
IHR KUSS IST FAST ÄTHERISCH.
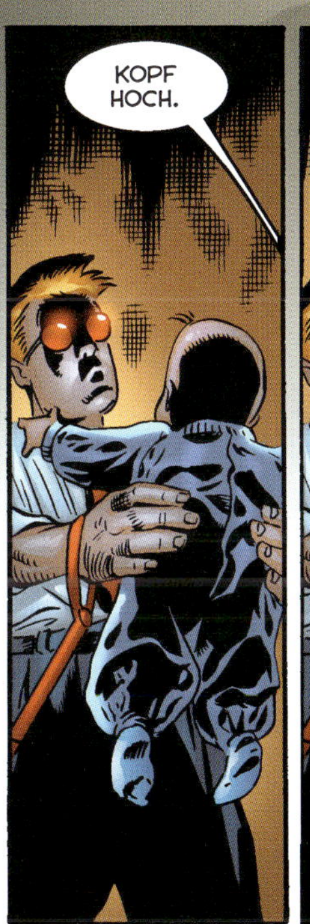
KOPF HOCH.
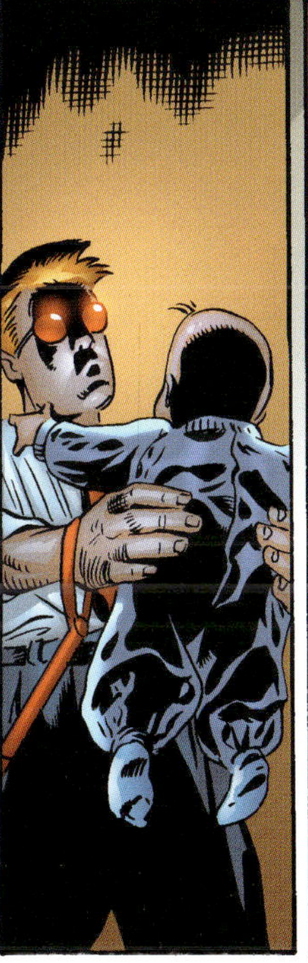
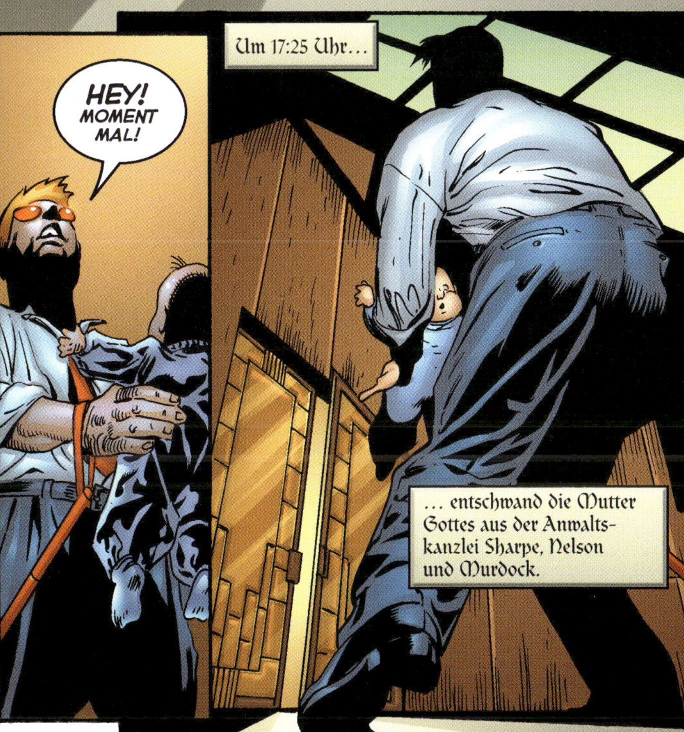
HEY! MOMENT MAL!
Um 17:25 Uhr...
... entschwand die Mutter Gottes aus der Anwalts-kanzlei Sharpe, Nelson und Murdock.

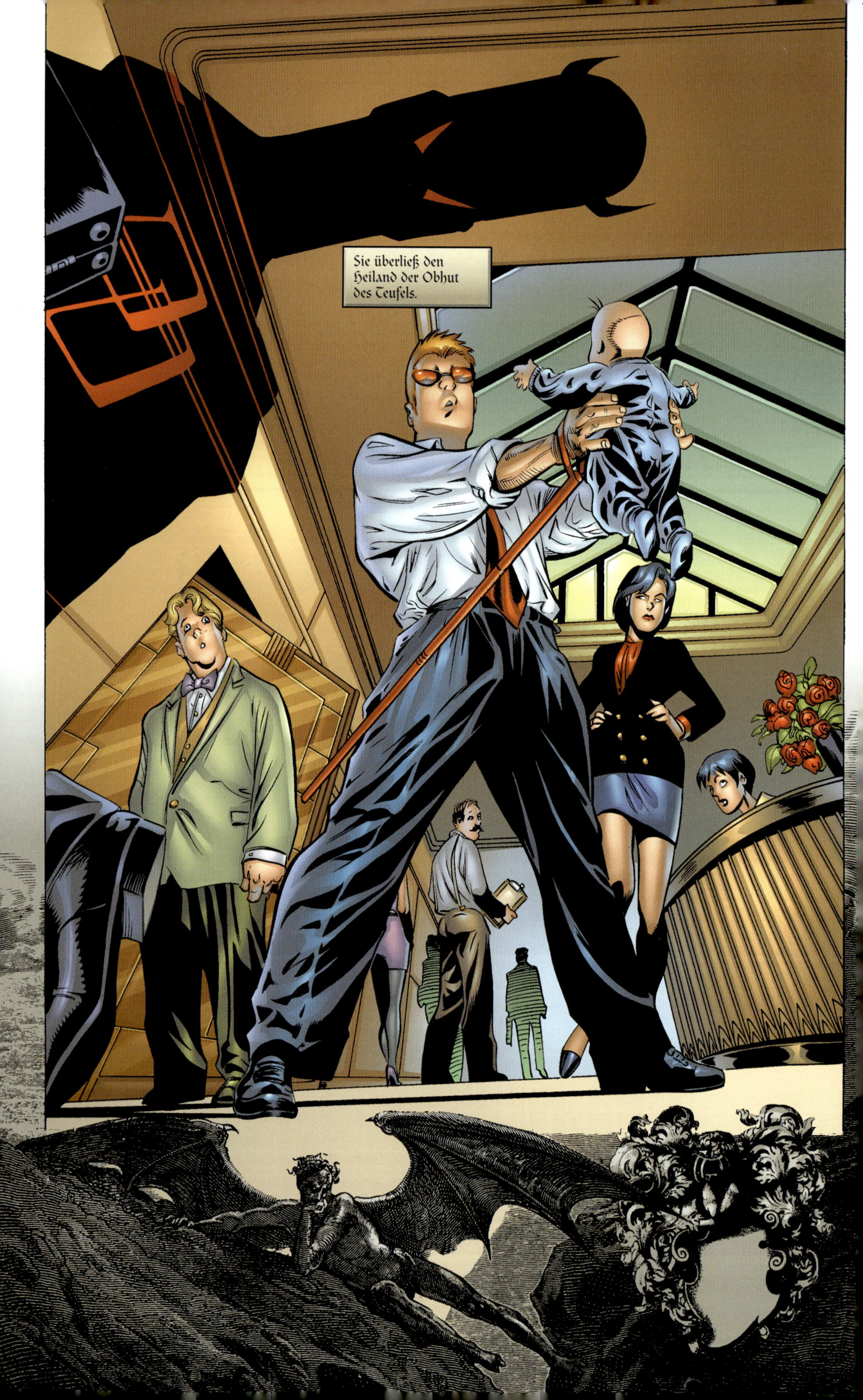
Sie überließ den
Heiland der Obhut
des Teufels.

IN DEN ARMEN DES TEUFELS, TEIL 2: „WER OHNE SÜNDE IST ...“

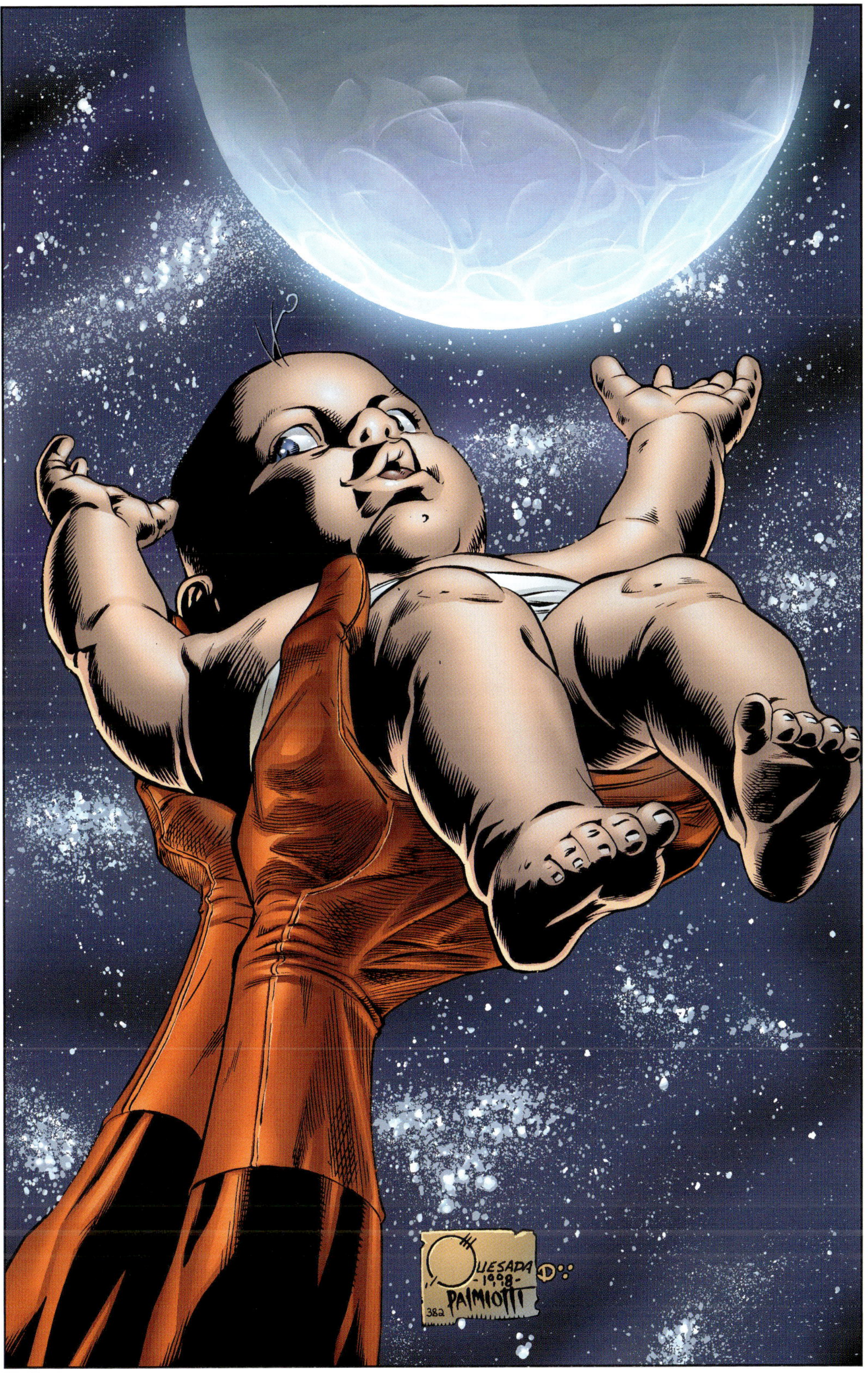

Daredevil (1998) 2
Cover von **JOE QUESADA**

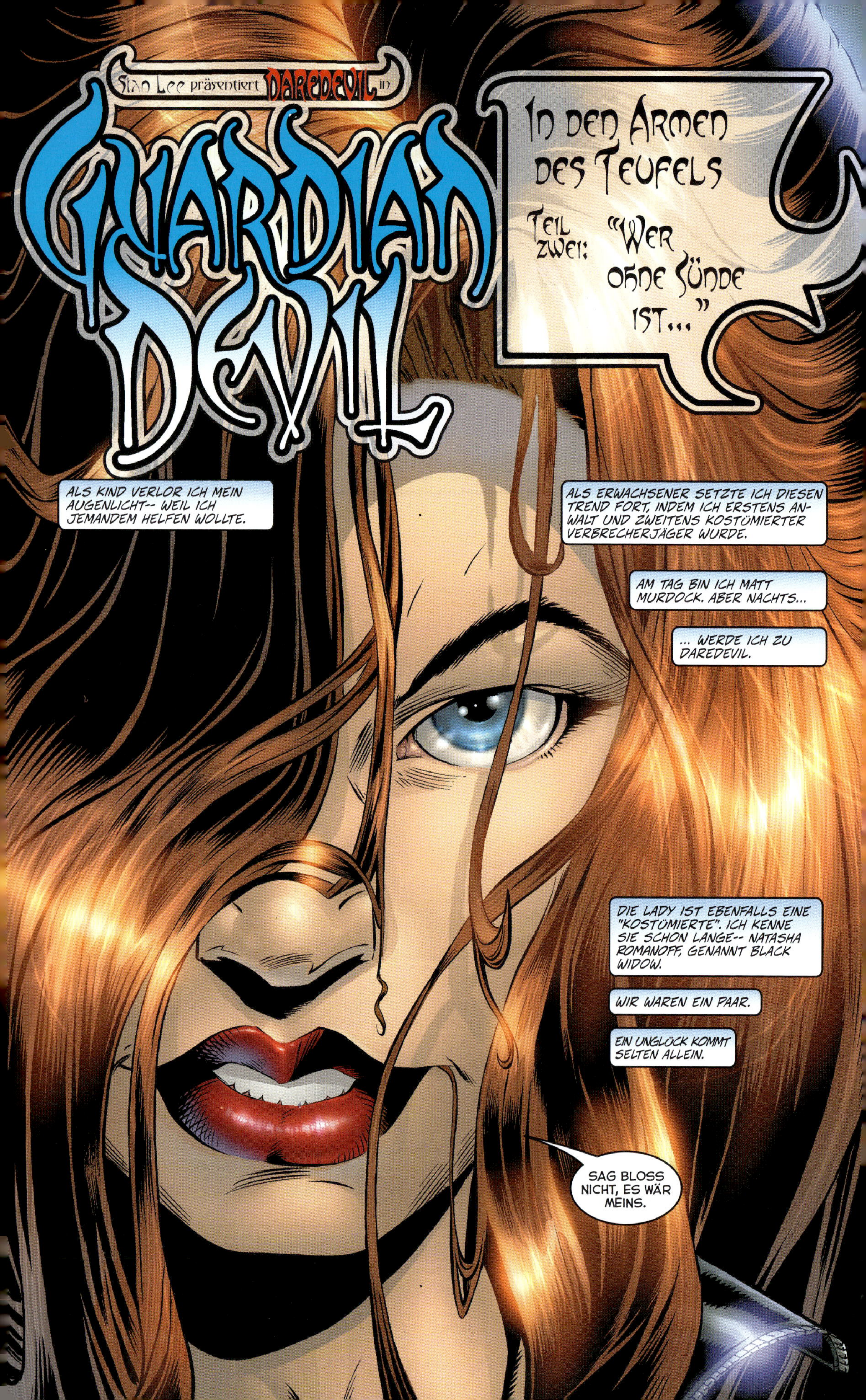
Stan Lee präsentiert DAREDEVIL in
GUARDIAN DEVIL
In den Armen des Teufels
Teil zwei: "Wer ohne Sünde ist..."
ALS KIND VERLOR ICH MEIN AUGENLICHT-- WEIL ICH JEMANDEM HELFEN WOLLTE.
ALS ERWACHSENER SETZTE ICH DIESEN TREND FORT, INDEM ICH ERSTENS ANWALT UND ZWEITENS KOSTÜMIERTER VERBRECHERJÄGER WURDE.
AM TAG BIN ICH MATT MURDOCK. ABER NACHTS...
... WERDE ICH ZU DAREDEVIL.
DIE LADY IST EBENFALLS EINE "KOSTÜMIERTE". ICH KENNE SIE SCHON LANGE-- NATASHA ROMANOFF, GENANNT BLACK WIDOW.
WIR WAREN EIN PAAR.
EIN UNGLÜCK KOMMT SELTEN ALLEIN.
SAG BLOSS NICHT, ES WÄR MEINS.

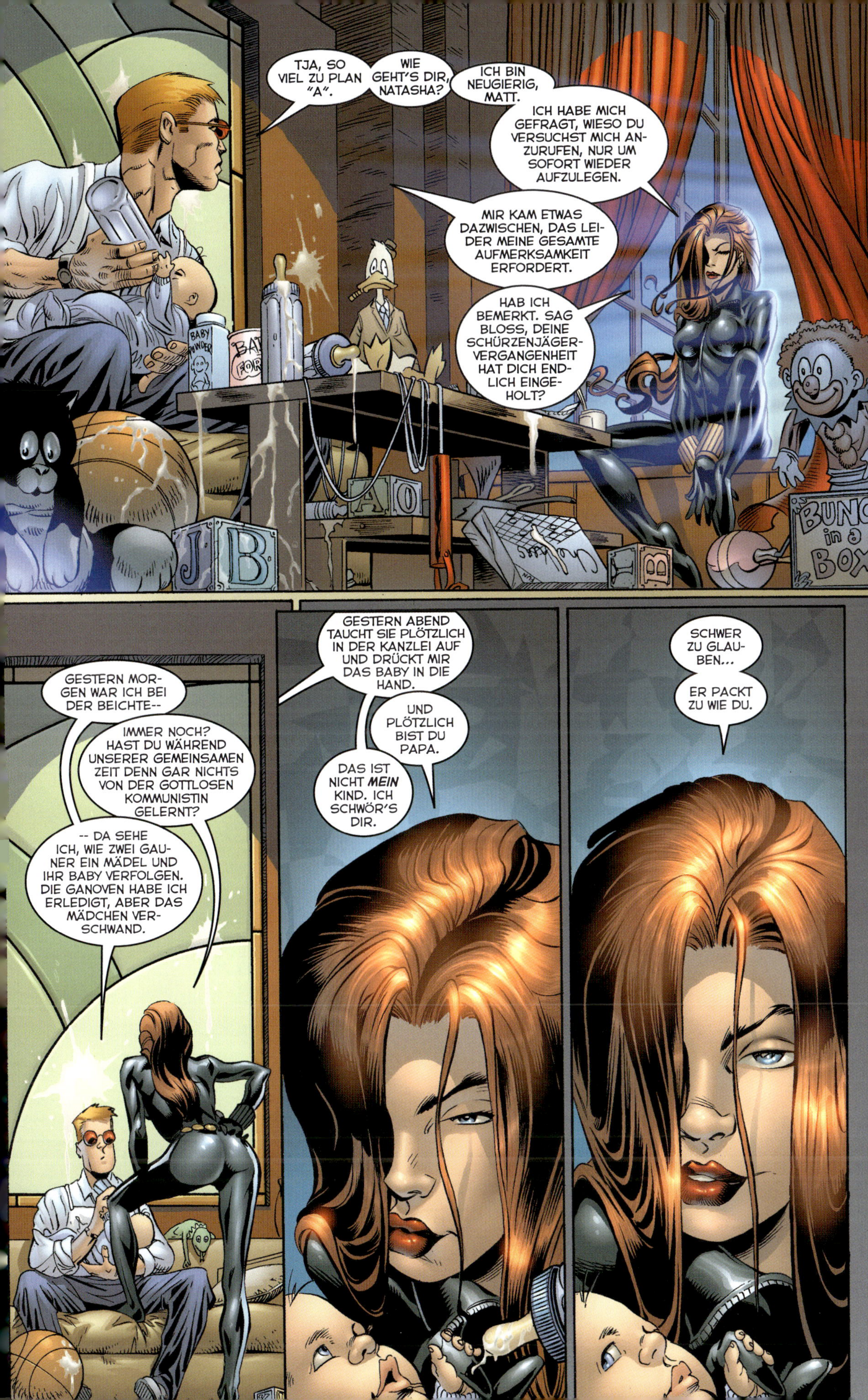
TJA, SO VIEL ZU PLAN "A".
WIE GEHT'S DIR, NATASHA?
ICH BIN NEUGIERIG, MATT.
ICH HABE MICH GEFRAGT, WIESO DU VERSUCHST MICH ANZURUFEN, NUR UM SOFORT WIEDER AUFZULEGEN.
MIR KAM ETWAS DAZWISCHEN, DAS LEIDER MEINE GESAMTE AUFMERKSAMKEIT ERFORDERT.
HAB ICH BEMERKT. SAG BLOSS, DEINE SCHÜRZENJÄGER-VERGANGENHEIT HAT DICH ENDLICH EINGEHOLT?
BUNG in a BOX
GESTERN MORGEN WAR ICH BEI DER BEICHTE--
IMMER NOCH? HAST DU WÄHREND UNSERER GEMEINSAMEN ZEIT DENN GAR NICHTS VON DER GOTTLOSEN KOMMUNISTIN GELERNT?
-- DA SEHE ICH, WIE ZWEI GAUNER EIN MÄDEL UND IHR BABY VERFOLGEN. DIE GANOVEN HABE ICH ERLEDIGT, ABER DAS MÄDCHEN VERSCHWAND.
GESTERN ABEND TAUCHT SIE PLÖTZLICH IN DER KANZLEI AUF UND DRÜCKT MIR DAS BABY IN DIE HAND.
UND PLÖTZLICH BIST DU PAPA.
DAS IST NICHT *MEIN* KIND. ICH SCHWÖR'S DIR.
SCHWER ZU GLAUBEN...
ER PACKT ZU WIE DU.

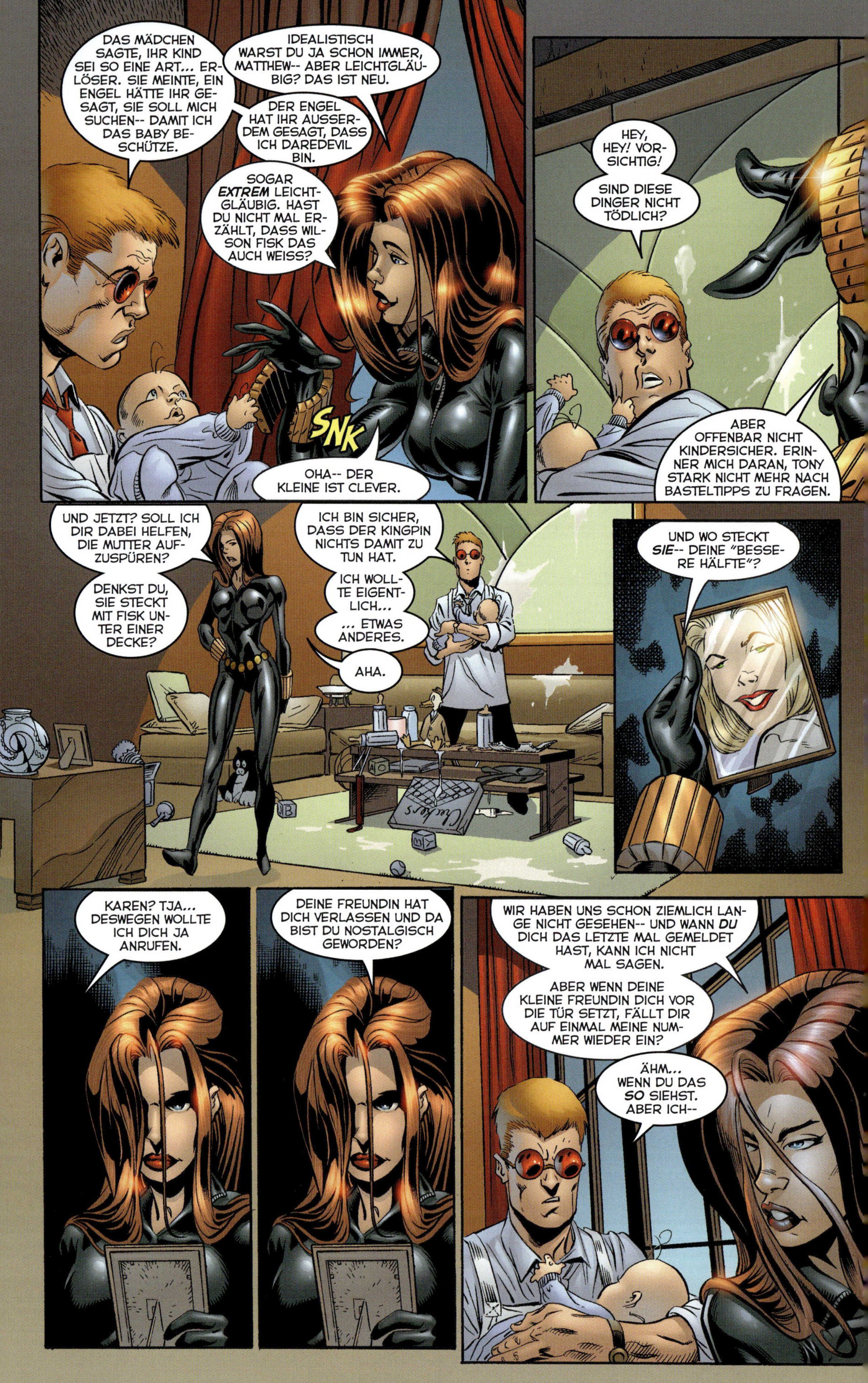
DAS MÄDCHEN SAGTE, IHR KIND SEI SO EINE ART... ERLÖSER. SIE MEINTE, EIN ENGEL HÄTTE IHR GESAGT, SIE SOLL MICH SUCHEN-- DAMIT ICH DAS BABY BESCHÜTZE.
IDEALISTISCH WARST DU JA SCHON IMMER, MATTHEW-- ABER LEICHTGLÄUBIG? DAS IST NEU.
DER ENGEL HAT IHR AUSSERDEM GESAGT, DASS ICH DAREDEVIL BIN.
SOGAR EXTREM LEICHTGLÄUBIG. HAST DU NICHT MAL ERZÄHLT, DASS WILSON FISK DAS AUCH WEISS?
SNK
OHA-- DER KLEINE IST CLEVER.
HEY, HEY! VORSICHTIG!
SIND DIESE DINGER NICHT TÖDLICH?
ABER OFFENBAR NICHT KINDERSICHER. ERINNER MICH DARAN, TONY STARK NICHT MEHR NACH BASTELTIPPS ZU FRAGEN.
UND JETZT? SOLL ICH DIR DABEI HELFEN, DIE MUTTER AUFZUSPÜREN?
DENKST DU, SIE STECKT MIT FISK UNTER EINER DECKE?
ICH BIN SICHER, DASS DER KINGPIN NICHTS DAMIT ZU TUN HAT.
ICH WOLLTE EIGENTLICH...
... ETWAS ANDERES.
AHA.
UND WO STECKT SIE-- DEINE "BESSERE HÄLFTE"?
KAREN? TJA... DESWEGEN WOLLTE ICH DICH JA ANRUFEN.
DEINE FREUNDIN HAT DICH VERLASSEN UND DA BIST DU NOSTALGISCH GEWORDEN?
WIR HABEN UNS SCHON ZIEMLICH LANGE NICHT GESEHEN-- UND WANN DU DICH DAS LETZTE MAL GEMELDET HAST, KANN ICH NICHT MAL SAGEN.
ABER WENN DEINE KLEINE FREUNDIN DICH VOR DIE TÜR SETZT, FÄLLT DIR AUF EINMAL MEINE NUMMER WIEDER EIN?
ÄHM... WENN DU DAS SO SIEHST. ABER ICH--

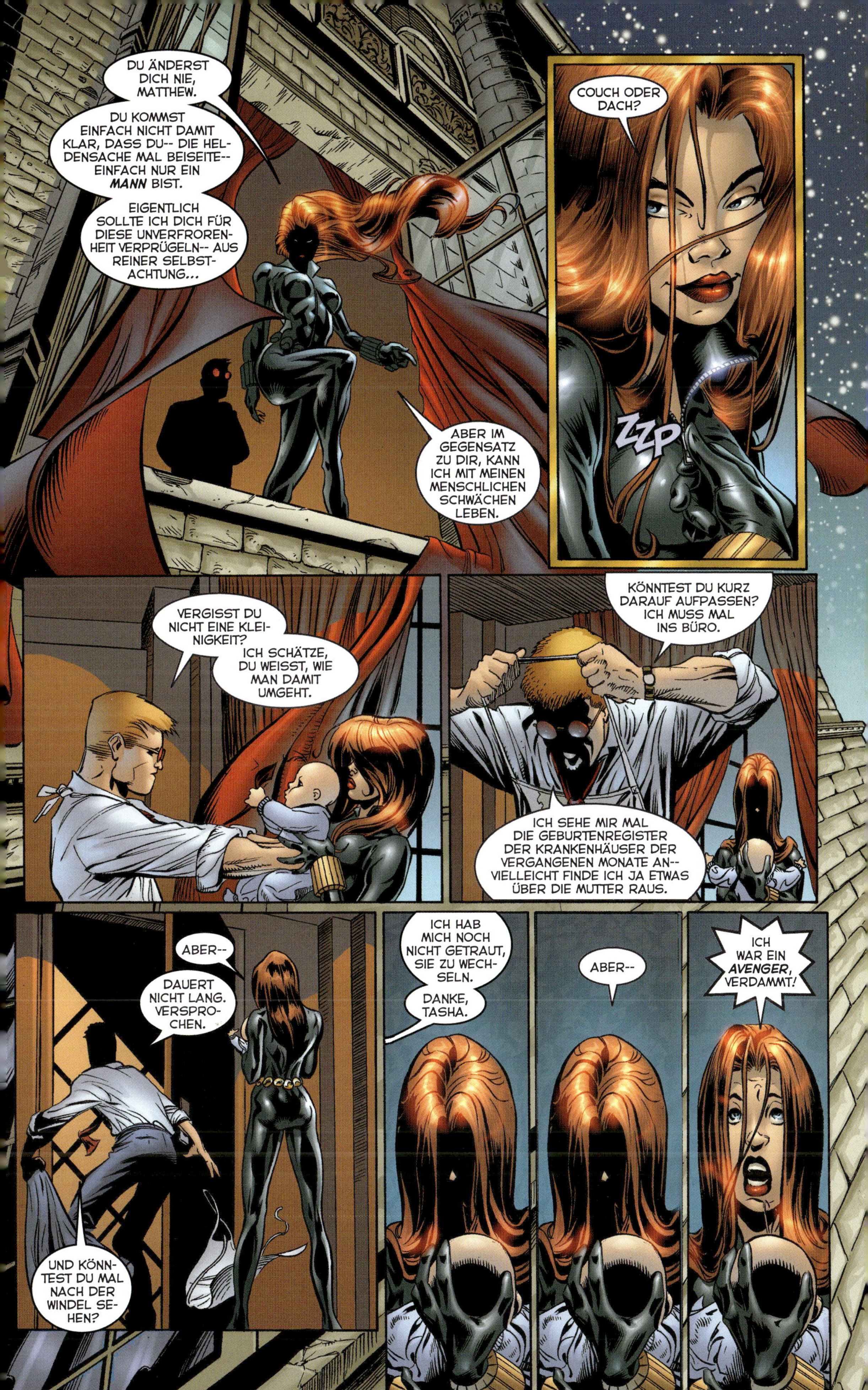
DU ÄNDERST DICH NIE, MATTHEW.
DU KOMMST EINFACH NICHT DAMIT KLAR, DASS DU-- DIE HELDENSACHE MAL BEISEITE-- EINFACH NUR EIN MANN BIST.
EIGENTLICH SOLLTE ICH DICH FÜR DIESE UNVERFRORENHEIT VERPRÜGELN-- AUS REINER SELBSTACHTUNG...
ABER IM GEGENSATZ ZU DIR, KANN ICH MIT MEINEN MENSCHLICHEN SCHWÄCHEN LEBEN.
COUCH ODER DACH?
ZZP
VERGISST DU NICHT EINE KLEINIGKEIT?
ICH SCHÄTZE, DU WEISST, WIE MAN DAMIT UMGEHT.
KÖNNTEST DU KURZ DARAUF AUFPASSEN? ICH MUSS MAL INS BÜRO.
ICH SEHE MIR MAL DIE GEBURTENREGISTER DER KRANKENHÄUSER DER VERGANGENEN MONATE AN-- VIELLEICHT FINDE ICH JA ETWAS ÜBER DIE MUTTER RAUS.
ABER--
DAUERT NICHT LANG. VERSPROCHEN.
UND KÖNNTEST DU MAL NACH DER WINDEL SEHEN?
ICH HAB MICH NOCH NICHT GETRAUT, SIE ZU WECHSELN.
DANKE, TASHA.
ABER--
ICH WAR EIN AVENGER, VERDAMMT!

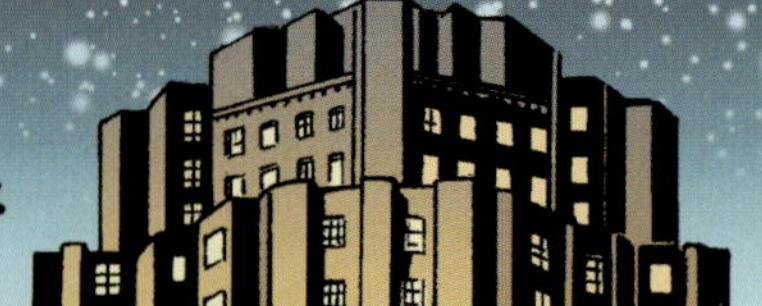
DIE KANZLEI SHARPE, NELSON UND MURDOCK
ZYSK, BRIAN DAVID. MÄNNLICH. GEBOREN AM 2. AUGUST. VATER: JOSEPH Q. -- ALTER: 32; MUTTER: NANCI D. -- ALTER: 29.

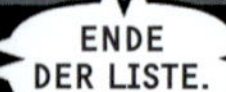
ENDE DER LISTE.

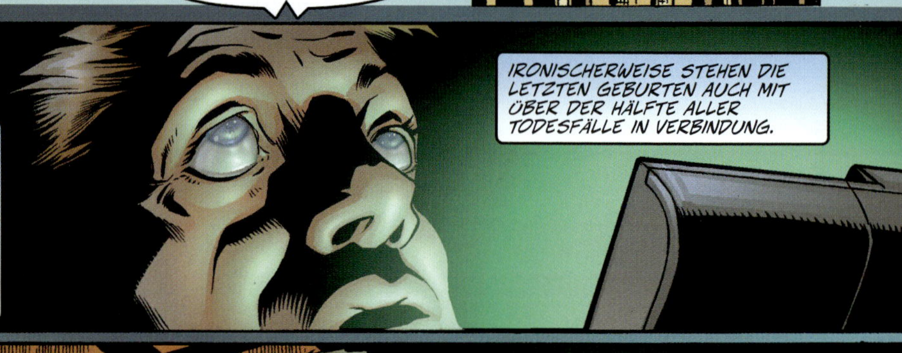
SO VIEL ZUM SAINT ANTHONYS.
DAS IST DAS 212. KRANKENHAUS, DESSEN AKTEN ICH DURCHGEHE-- UND ICH HABE IMMER NOCH KEINE GEBURT GEFUNDEN, DIE AUF GWYNETH ODER DAS BABY PASST.
IRONISCHERWEISE STEHEN DIE LETZTEN GEBURTEN AUCH MIT ÜBER DER HÄLFTE ALLER TODESFÄLLE IN VERBINDUNG.

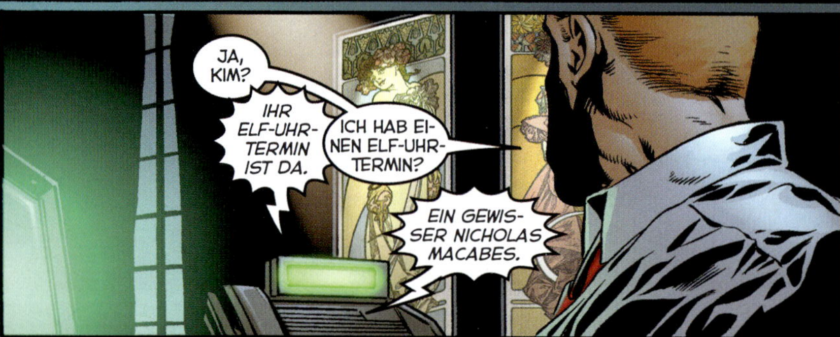
WAS FÜR EIN MASSENSTERBEN... UND KEINERLEI ERKLÄRUNG. WER KÖNNTE DIESE TRAUER JE LINDERN? DAS EINZIGE, WAS BLEIBT, IST DIE VERANTWORTLICHEN ZUR RECHENSCHAFT ZU ZIEHEN.
ICH UND MEINESGLEICHEN VERBRINGEN UNSER GANZES LEBEN DAMIT, ANDEREN ZU HELFEN-- ABER KEINER VON UNS KAM AUF DIE IDEE, EINFACH MAL REGELMÄSSIG AUF EINER BELIEBIGEN GEBURTENSTATION VORBEIZUSCHAUEN.
MANCHMAL FÜHLE ICH MICH WIE EIN PFLASTER AUF EINEM KREBSGESCHWÜR.
MISTER MURDOCK?

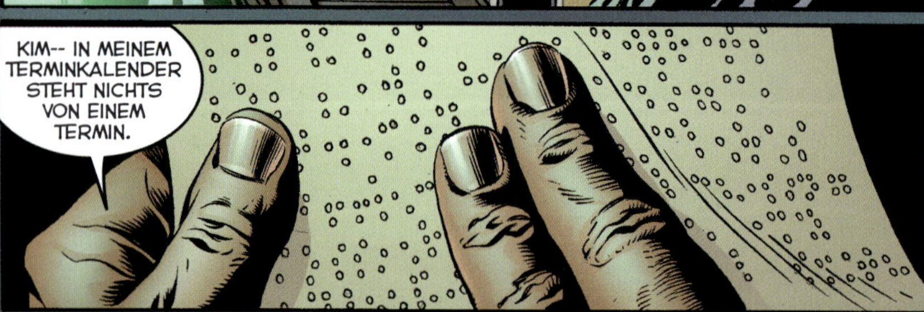
JA, KIM?
IHR ELF-UHR-TERMIN IST DA.
ICH HAB EINEN ELF-UHR-TERMIN?
EIN GEWISSER NICHOLAS MACABES.

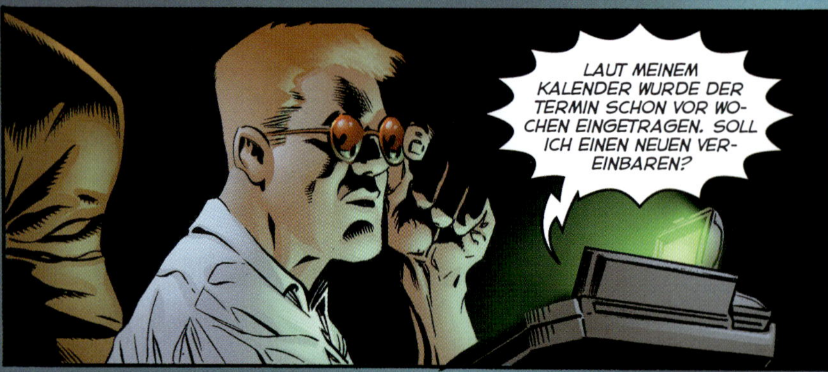
KIM-- IN MEINEM TERMINKALENDER STEHT NICHTS VON EINEM TERMIN.
LAUT MEINEM KALENDER WURDE DER TERMIN SCHON VOR WOCHEN EINGETRAGEN. SOLL ICH EINEN NEUEN VEREINBAREN?

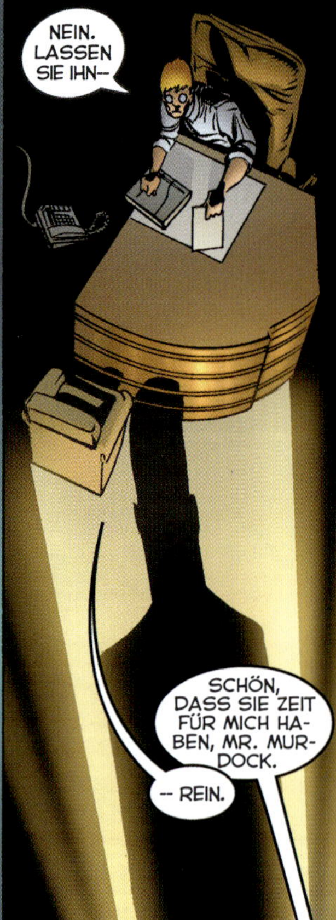
NEIN. LASSEN SIE IHN--
-- REIN.
SCHÖN, DASS SIE ZEIT FÜR MICH HABEN, MR. MURDOCK.
ES SCHEINT, ALS WÄRE ES AUF EINMAL KÄLTER GEWORDEN.

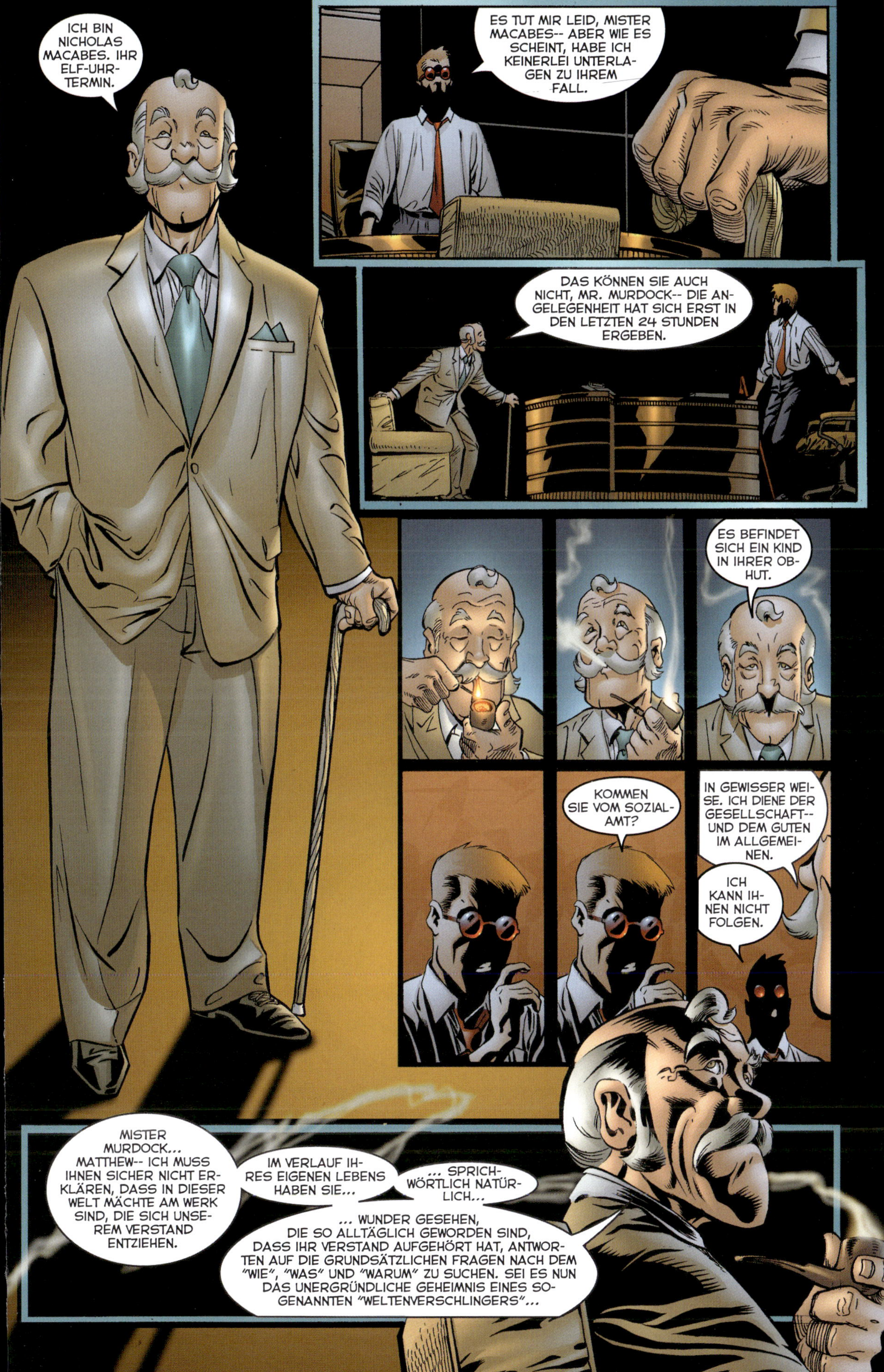
ICH BIN NICHOLAS MACABES. IHR ELF-UHR-TERMIN.
ES TUT MIR LEID, MISTER MACABES-- ABER WIE ES SCHEINT, HABE ICH KEINERLEI UNTERLAGEN ZU IHREM FALL.
DAS KÖNNEN SIE AUCH NICHT, MR. MURDOCK-- DIE ANGELEGENHEIT HAT SICH ERST IN DEN LETZTEN 24 STUNDEN ERGEBEN.
ES BEFINDET SICH EIN KIND IN IHRER OBHUT.
KOMMEN SIE VOM SOZIALAMT?
IN GEWISSER WEISE. ICH DIENE DER GESELLSCHAFT-- UND DEM GUTEN IM ALLGEMEINEN.
ICH KANN IHNEN NICHT FOLGEN.
MISTER MURDOCK... MATTHEW-- ICH MUSS IHNEN SICHER NICHT ERKLÄREN, DASS IN DIESER WELT MÄCHTE AM WERK SIND, DIE SICH UNSEREM VERSTAND ENTZIEHEN.
IM VERLAUF IHRES EIGENEN LEBENS HABEN SIE...
... SPRICHWÖRTLICH NATÜRLICH...
... WUNDER GESEHEN, DIE SO ALLTÄGLICH GEWORDEN SIND, DASS IHR VERSTAND AUFGEHÖRT HAT, ANTWORTEN AUF DIE GRUNDSÄTZLICHEN FRAGEN NACH DEM "WIE", "WAS" UND "WARUM" ZU SUCHEN. SEI ES NUN DAS UNERGRÜNDLICHE GEHEIMNIS EINES SOGENANNTEN "WELTENVERSCHLINGERS"...

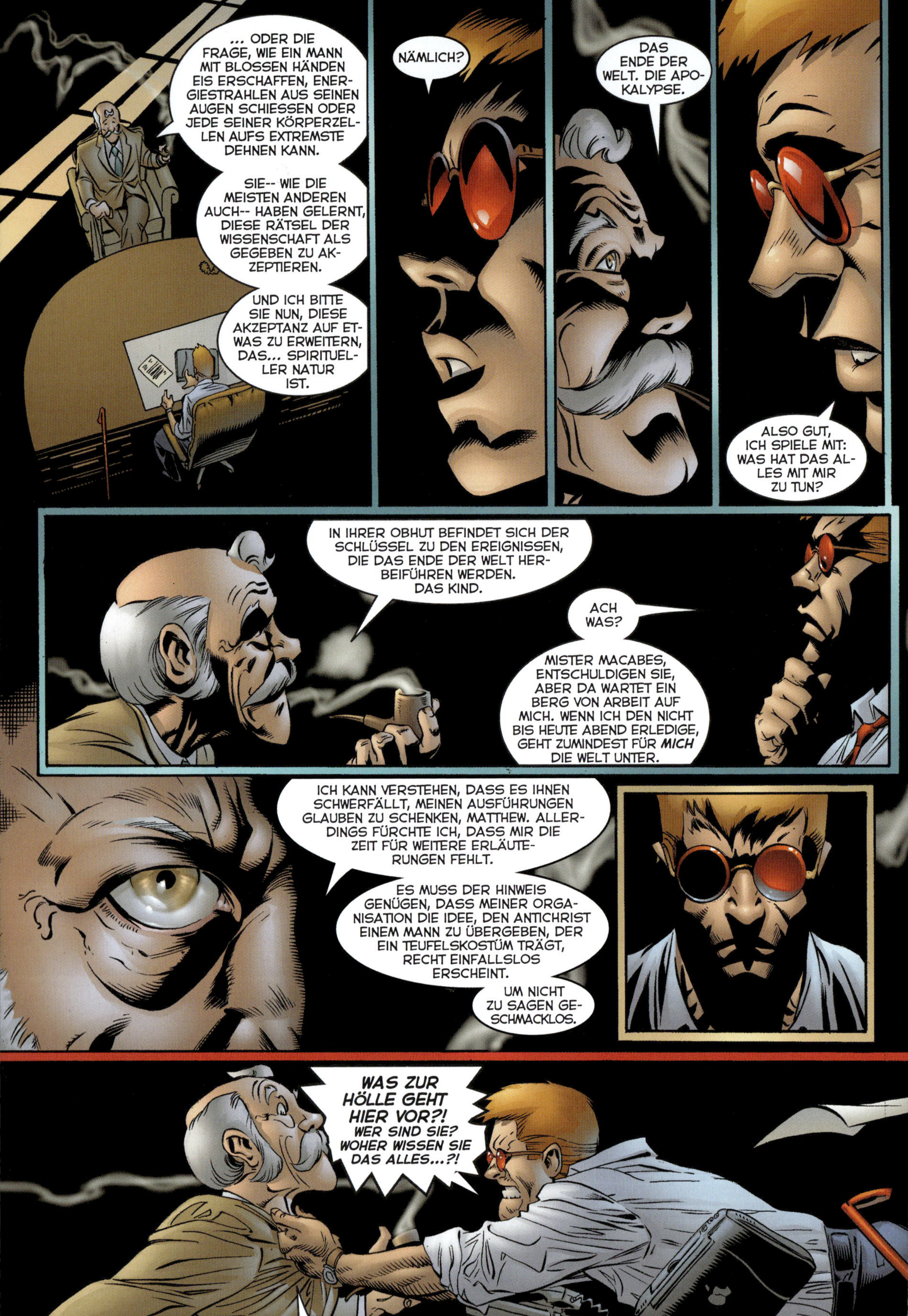
... ODER DIE FRAGE, WIE EIN MANN MIT BLOSSEN HÄNDEN EIS ERSCHAFFEN, ENERGIESTRAHLEN AUS SEINEN AUGEN SCHIESSEN ODER JEDE SEINER KÖRPERZELLEN AUFS EXTREMSTE DEHNEN KANN.
SIE-- WIE DIE MEISTEN ANDEREN AUCH-- HABEN GELERNT, DIESE RÄTSEL DER WISSENSCHAFT ALS GEGEBEN ZU AKZEPTIEREN.
UND ICH BITTE SIE NUN, DIESE AKZEPTANZ AUF ETWAS ZU ERWEITERN, DAS... SPIRITUELLER NATUR IST.
NÄMLICH?
DAS ENDE DER WELT. DIE APOKALYPSE.
ALSO GUT, ICH SPIELE MIT: WAS HAT DAS ALLES MIT MIR ZU TUN?
IN IHRER OBHUT BEFINDET SICH DER SCHLÜSSEL ZU DEN EREIGNISSEN, DIE DAS ENDE DER WELT HERBEIFÜHREN WERDEN. DAS KIND.
ACH WAS?
MISTER MACABES, ENTSCHULDIGEN SIE, ABER DA WARTET EIN BERG VON ARBEIT AUF MICH. WENN ICH DEN NICHT BIS HEUTE ABEND ERLEDIGE, GEHT ZUMINDEST FÜR *MICH* DIE WELT UNTER.
ICH KANN VERSTEHEN, DASS ES IHNEN SCHWERFÄLLT, MEINEN AUSFÜHRUNGEN GLAUBEN ZU SCHENKEN, MATTHEW. ALLERDINGS FÜRCHTE ICH, DASS MIR DIE ZEIT FÜR WEITERE ERLÄUTERUNGEN FEHLT.
ES MUSS DER HINWEIS GENÜGEN, DASS MEINER ORGANISATION DIE IDEE, DEN ANTICHRIST EINEM MANN ZU ÜBERGEBEN, DER EIN TEUFELSKOSTÜM TRÄGT, RECHT EINFALLSLOS ERSCHEINT.
UM NICHT ZU SAGEN GESCHMACKLOS.
WAS ZUR HÖLLE GEHT HIER VOR?! WER SIND SIE? WOHER WISSEN SIE DAS ALLES...?!
LASSEN SIE MICH LOS!

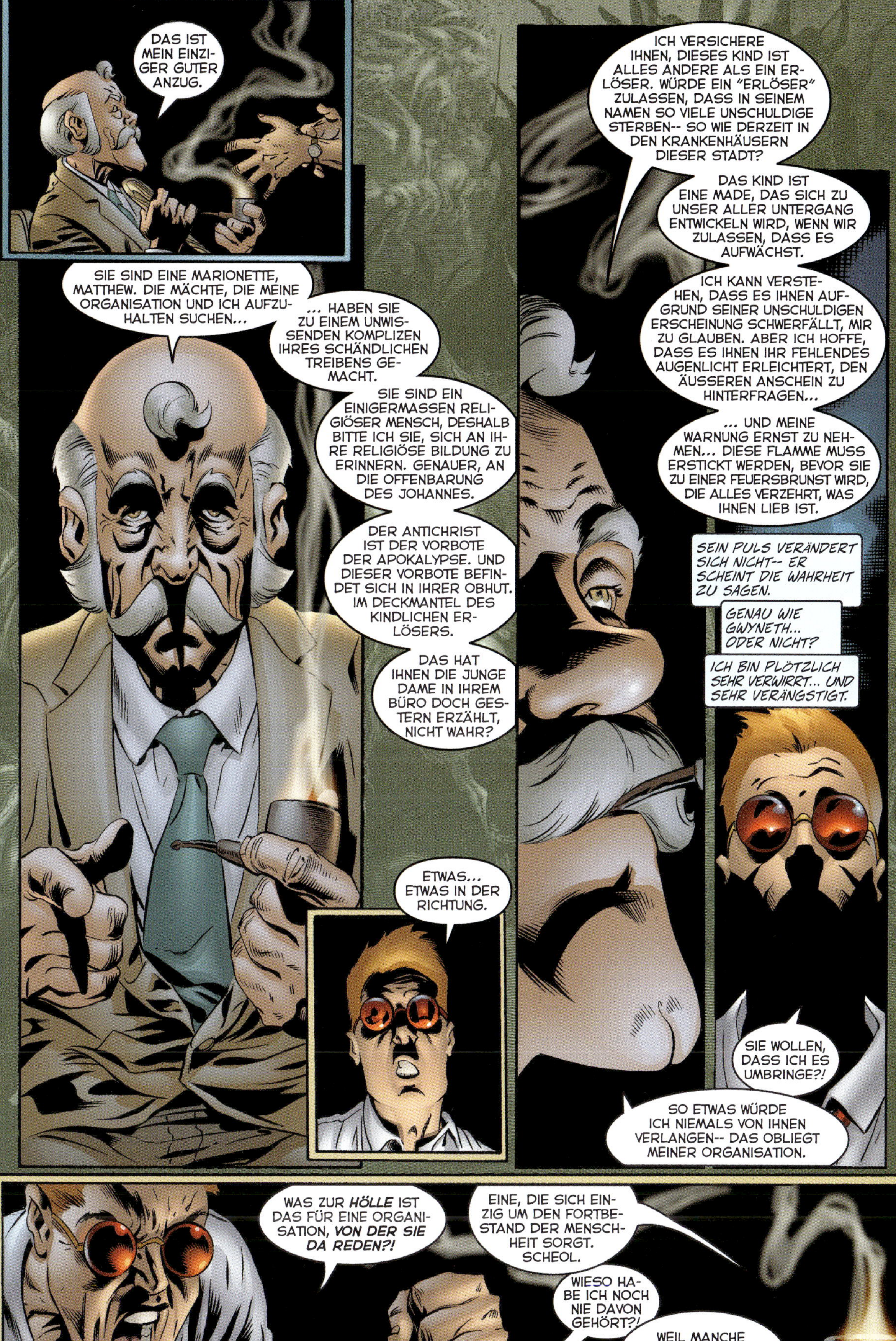
DAS IST MEIN EINZIGER GUTER ANZUG.
SIE SIND EINE MARIONETTE, MATTHEW. DIE MÄCHTE, DIE MEINE ORGANISATION UND ICH AUFZUHALTEN SUCHEN...
... HABEN SIE ZU EINEM UNWISSENDEN KOMPLIZEN IHRES SCHÄNDLICHEN TREIBENS GEMACHT.
SIE SIND EIN EINIGERMASSEN RELIGIÖSER MENSCH, DESHALB BITTE ICH SIE, SICH AN IHRE RELIGIÖSE BILDUNG ZU ERINNERN. GENAUER, AN DIE OFFENBARUNG DES JOHANNES.
DER ANTICHRIST IST DER VORBOTE DER APOKALYPSE. UND DIESER VORBOTE BEFINDET SICH IN IHRER OBHUT. IM DECKMANTEL DES KINDLICHEN ERLÖSERS.
DAS HAT IHNEN DIE JUNGE DAME IN IHREM BÜRO DOCH GESTERN ERZÄHLT, NICHT WAHR?
ETWAS... ETWAS IN DER RICHTUNG.
ICH VERSICHERE IHNEN, DIESES KIND IST ALLES ANDERE ALS EIN ERLÖSER. WÜRDE EIN "ERLÖSER" ZULASSEN, DASS IN SEINEM NAMEN SO VIELE UNSCHULDIGE STERBEN-- SO WIE DERZEIT IN DEN KRANKENHÄUSERN DIESER STADT?
DAS KIND IST EINE MADE, DAS SICH ZU UNSER ALLER UNTERGANG ENTWICKELN WIRD, WENN WIR ZULASSEN, DASS ES AUFWÄCHST.
ICH KANN VERSTEHEN, DASS ES IHNEN AUFGRUND SEINER UNSCHULDIGEN ERSCHEINUNG SCHWERFÄLLT, MIR ZU GLAUBEN. ABER ICH HOFFE, DASS ES IHNEN IHR FEHLENDES AUGENLICHT ERLEICHTERT, DEN ÄUSSEREN ANSCHEIN ZU HINTERFRAGEN...
... UND MEINE WARNUNG ERNST ZU NEHMEN... DIESE FLAMME MUSS ERSTICKT WERDEN, BEVOR SIE ZU EINER FEUERSBRUNST WIRD, DIE ALLES VERZEHRT, WAS IHNEN LIEB IST.
SEIN PULS VERÄNDERT SICH NICHT-- ER SCHEINT DIE WAHRHEIT ZU SAGEN.
GENAU WIE GWYNETH... ODER NICHT?
ICH BIN PLÖTZLICH SEHR VERWIRRT... UND SEHR VERÄNGSTIGT.
SIE WOLLEN, DASS ICH ES UMBRINGE?!
SO ETWAS WÜRDE ICH NIEMALS VON IHNEN VERLANGEN-- DAS OBLIEGT MEINER ORGANISATION.
WAS ZUR *HÖLLE* IST DAS FÜR EINE ORGANISATION, *VON DER SIE DA REDEN?!*
EINE, DIE SICH EINZIG UM DEN FORTBESTAND DER MENSCHHEIT SORGT. SCHEOL.
WIESO HABE ICH NOCH NIE DAVON GEHÖRT?!
WEIL MANCHE DINGE EBEN SCHWER ZU BEGREIFEN SIND.

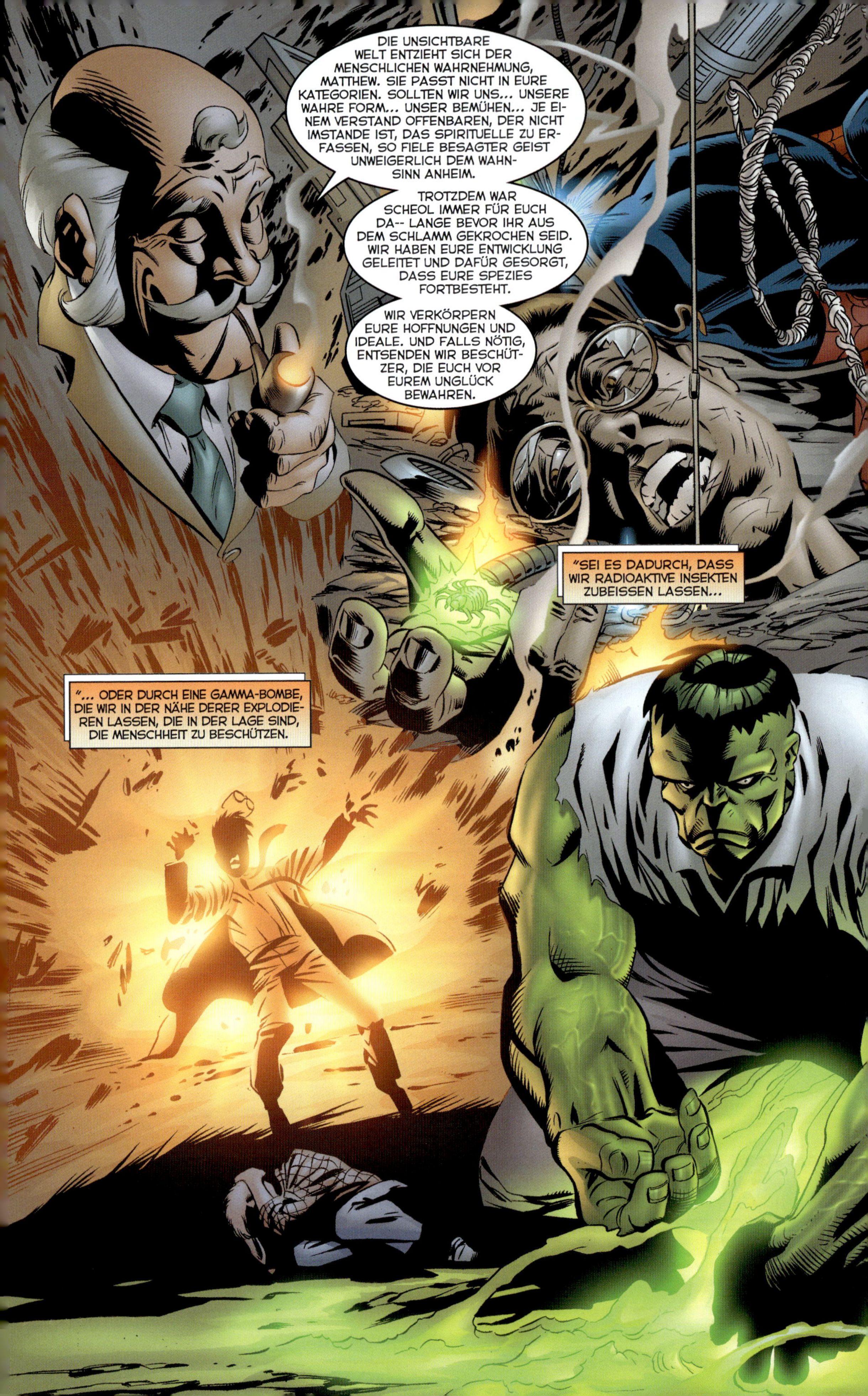
DIE UNSICHTBARE WELT ENTZIEHT SICH DER MENSCHLICHEN WAHRNEHMUNG, MATTHEW. SIE PASST NICHT IN EURE KATEGORIEN. SOLLTEN WIR UNS... UNSERE WAHRE FORM... UNSER BEMÜHEN... JE EINEM VERSTAND OFFENBAREN, DER NICHT IMSTANDE IST, DAS SPIRITUELLE ZU ERFASSEN, SO FIELE BESAGTER GEIST UNWEIGERLICH DEM WAHNSINN ANHEIM.
TROTZDEM WAR SCHEOL IMMER FÜR EUCH DA-- LANGE BEVOR IHR AUS DEM SCHLAMM GEKROCHEN SEID. WIR HABEN EURE ENTWICKLUNG GELEITET UND DAFÜR GESORGT, DASS EURE SPEZIES FORTBESTEHT.
WIR VERKÖRPERN EURE HOFFNUNGEN UND IDEALE. UND FALLS NÖTIG, ENTSENDEN WIR BESCHÜTZER, DIE EUCH VOR EUREM UNGLÜCK BEWAHREN.
"SEI ES DADURCH, DASS WIR RADIOAKTIVE INSEKTEN ZUBEISSEN LASSEN...
"... ODER DURCH EINE GAMMA-BOMBE, DIE WIR IN DER NÄHE DERER EXPLODIEREN LASSEN, DIE IN DER LAGE SIND, DIE MENSCHHEIT ZU BESCHÜTZEN.

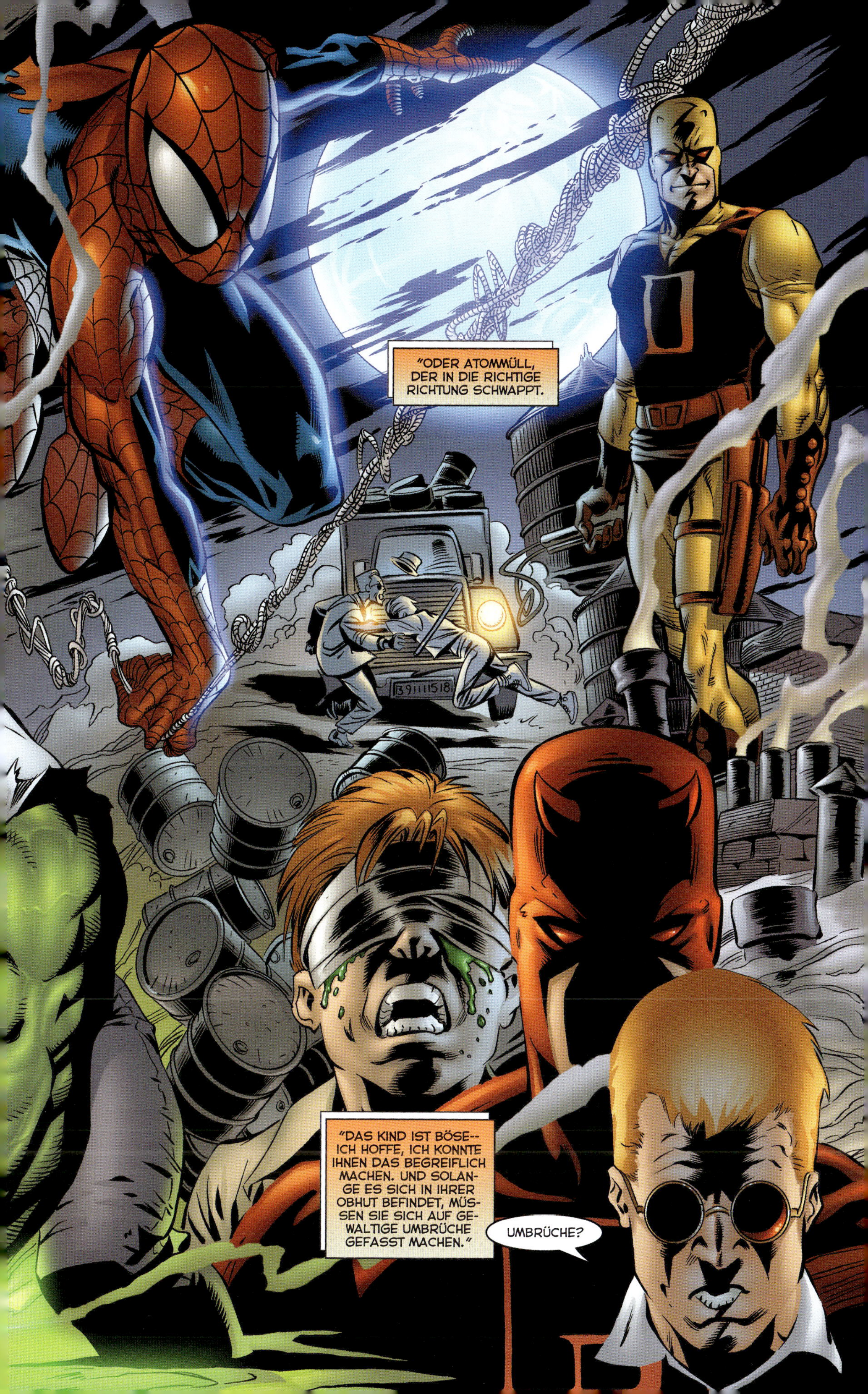
"ODER ATOMMÜLL, DER IN DIE RICHTIGE RICHTUNG SCHWAPPT.
"DAS KIND IST BÖSE--ICH HOFFE, ICH KONNTE IHNEN DAS BEGREIFLICH MACHEN. UND SOLANGE ES SICH IN IHRER OBHUT BEFINDET, MÜSSEN SIE SICH AUF GEWALTIGE UMBRÜCHE GEFASST MACHEN."
UMBRÜCHE?

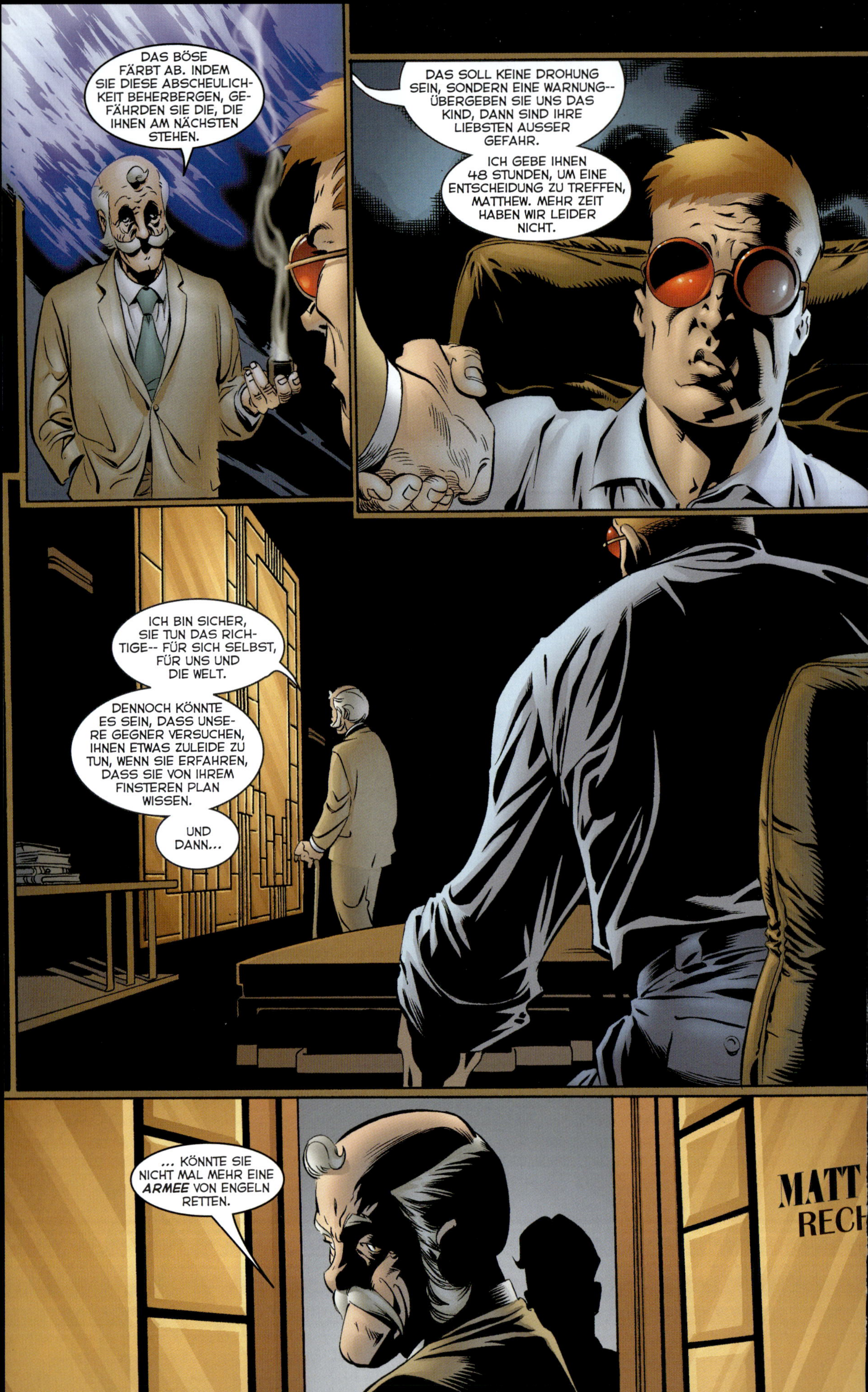

DAS BÖSE FÄRBT AB. INDEM SIE DIESE ABSCHEULICH-KEIT BEHERBERGEN, GE-FÄHRDEN SIE DIE, DIE IHNEN AM NÄCHSTEN STEHEN.
DAS SOLL KEINE DROHUNG SEIN, SONDERN EINE WARNUNG-- ÜBERGEBEN SIE UNS DAS KIND, DANN SIND IHRE LIEBSTEN AUSSER GEFAHR.
ICH GEBE IHNEN 48 STUNDEN, UM EINE ENTSCHEIDUNG ZU TREFFEN, MATTHEW. MEHR ZEIT HABEN WIR LEIDER NICHT.
ICH BIN SICHER, SIE TUN DAS RICH-TIGE-- FÜR SICH SELBST, FÜR UNS UND DIE WELT.
DENNOCH KÖNNTE ES SEIN, DASS UNSE-RE GEGNER VERSUCHEN, IHNEN ETWAS ZULEIDE ZU TUN, WENN SIE ERFAHREN, DASS SIE VON IHREM FINSTEREN PLAN WISSEN.
UND DANN...
... KÖNNTE SIE NICHT MAL MEHR EINE ARMEE VON ENGELN RETTEN.
MATT
RECH

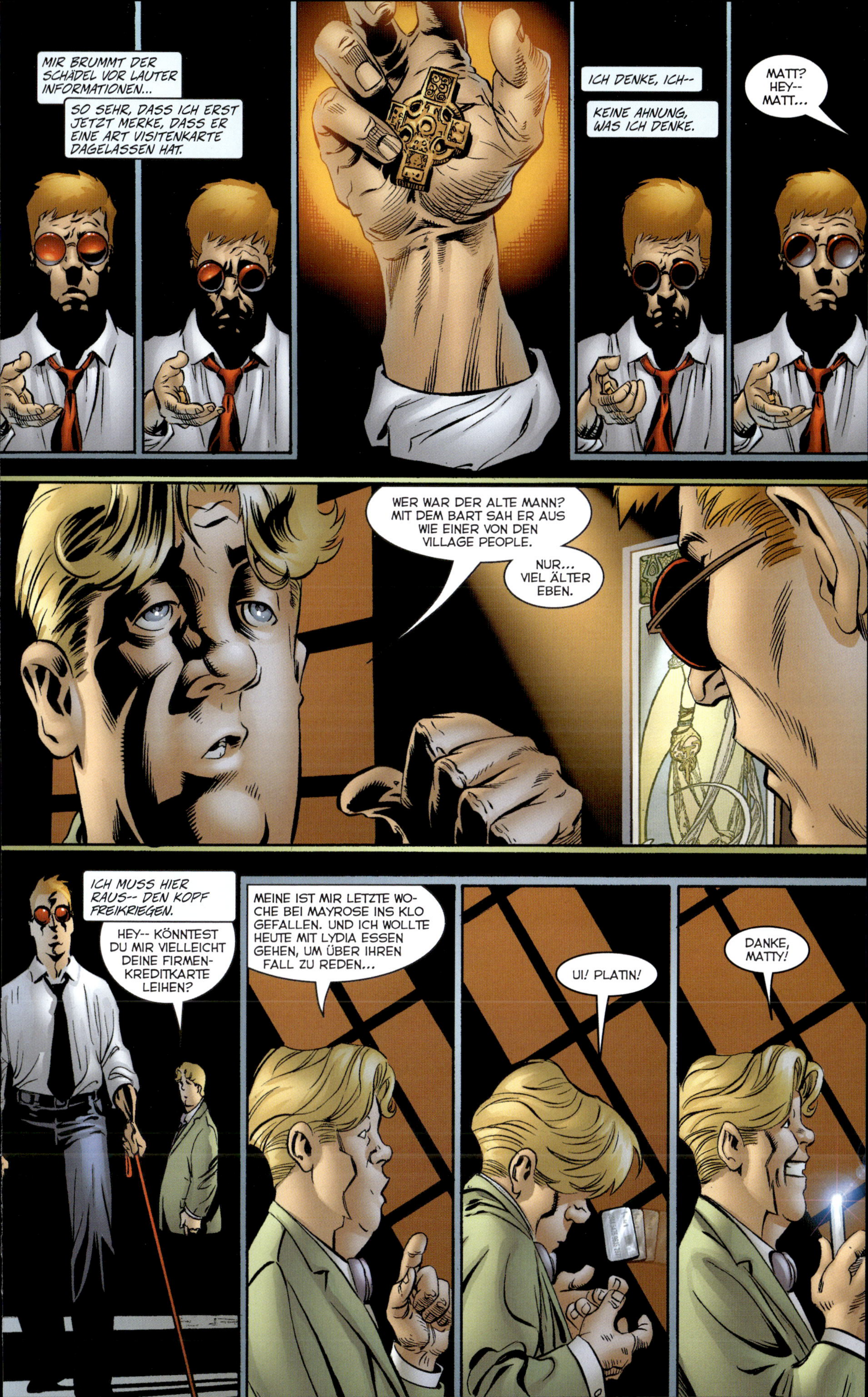

MIR BRUMMT DER SCHÄDEL VOR LAUTER INFORMATIONEN...
SO SEHR, DASS ICH ERST JETZT MERKE, DASS ER EINE ART VISITENKARTE DAGELASSEN HAT.
ICH DENKE, ICH--
KEINE AHNUNG, WAS ICH DENKE.
MATT? HEY-- MATT...

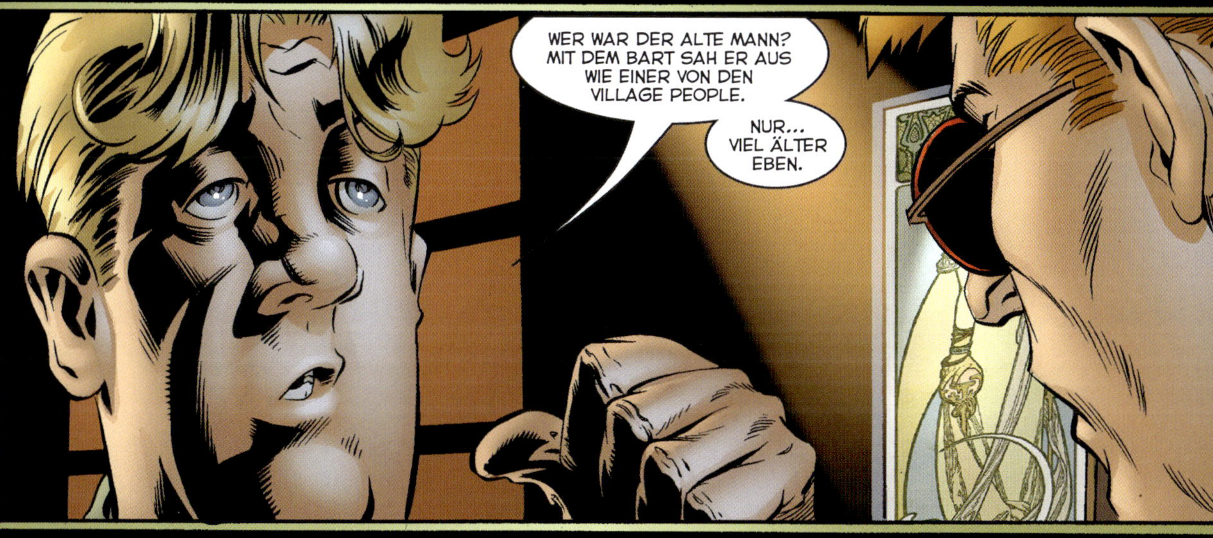

ICH MUSS HIER RAUS-- DEN KOPF FREIKRIEGEN.
HEY-- KÖNNTEST DU MIR VIELLEICHT DEINE FIRMEN-KREDITKARTE LEIHEN?
MEINE IST MIR LETZTE WOCHE BEI MAYROSE INS KLO GEFALLEN. UND ICH WOLLTE HEUTE MIT LYDIA ESSEN GEHEN, UM ÜBER IHREN FALL ZU REDEN...
UI! PLATIN!
DANKE, MATTY!

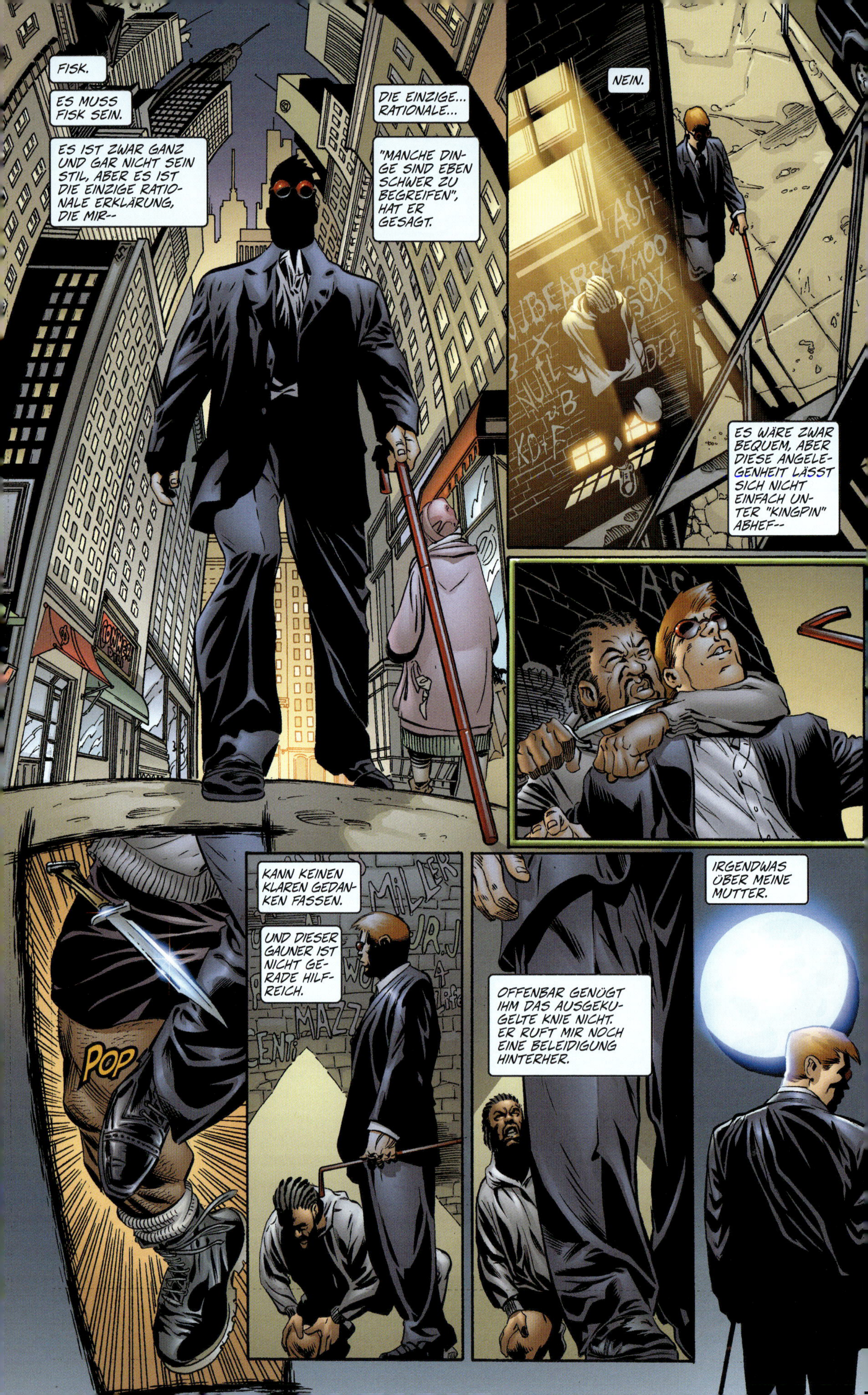
FISK.
ES MUSS FISK SEIN.
ES IST ZWAR GANZ UND GAR NICHT SEIN STIL, ABER ES IST DIE EINZIGE RATIONALE ERKLÄRUNG, DIE MIR--
DIE EINZIGE... RATIONALE...
"MANCHE DINGE SIND EBEN SCHWER ZU BEGREIFEN", HAT ER GESAGT.
NEIN.
ES WÄRE ZWAR BEQUEM, ABER DIESE ANGELEGENHEIT LÄSST SICH NICHT EINFACH UNTER "KINGPIN" ABHEF--
POP
KANN KEINEN KLAREN GEDANKEN FASSEN.
UND DIESER GAUNER IST NICHT GERADE HILFREICH.
OFFENBAR GENÜGT IHM DAS AUSGEKUGELTE KNIE NICHT. ER RUFT MIR NOCH EINE BELEIDIGUNG HINTERHER.
IRGENDWAS ÜBER MEINE MUTTER.

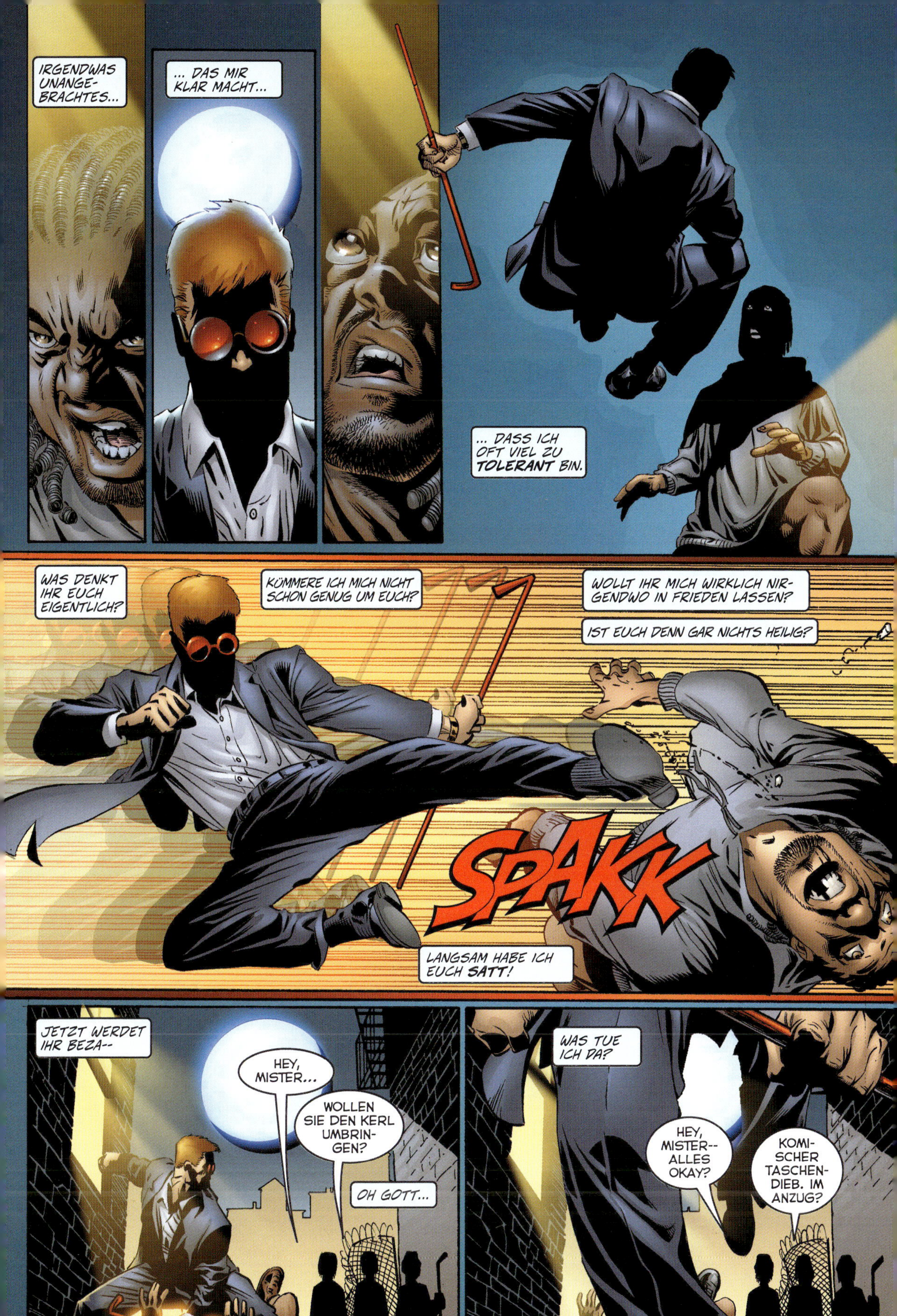
IRGENDWAS UNANGE-BRACHTES...
... DAS MIR KLAR MACHT...
... DASS ICH OFT VIEL ZU TOLERANT BIN.
WAS DENKT IHR EUCH EIGENTLICH?
KÜMMERE ICH MICH NICHT SCHON GENUG UM EUCH?
WOLLT IHR MICH WIRKLICH NIRGENDWO IN FRIEDEN LASSEN?
IST EUCH DENN GAR NICHTS HEILIG?
SPAKK
LANGSAM HABE ICH EUCH SATT!
JETZT WERDET IHR BEZA--
HEY, MISTER...
WOLLEN SIE DEN KERL UMBRINGEN?
OH GOTT...
WAS TUE ICH DA?
HEY, MISTER-- ALLES OKAY?
KOMISCHER TASCHENDIEB. IM ANZUG?

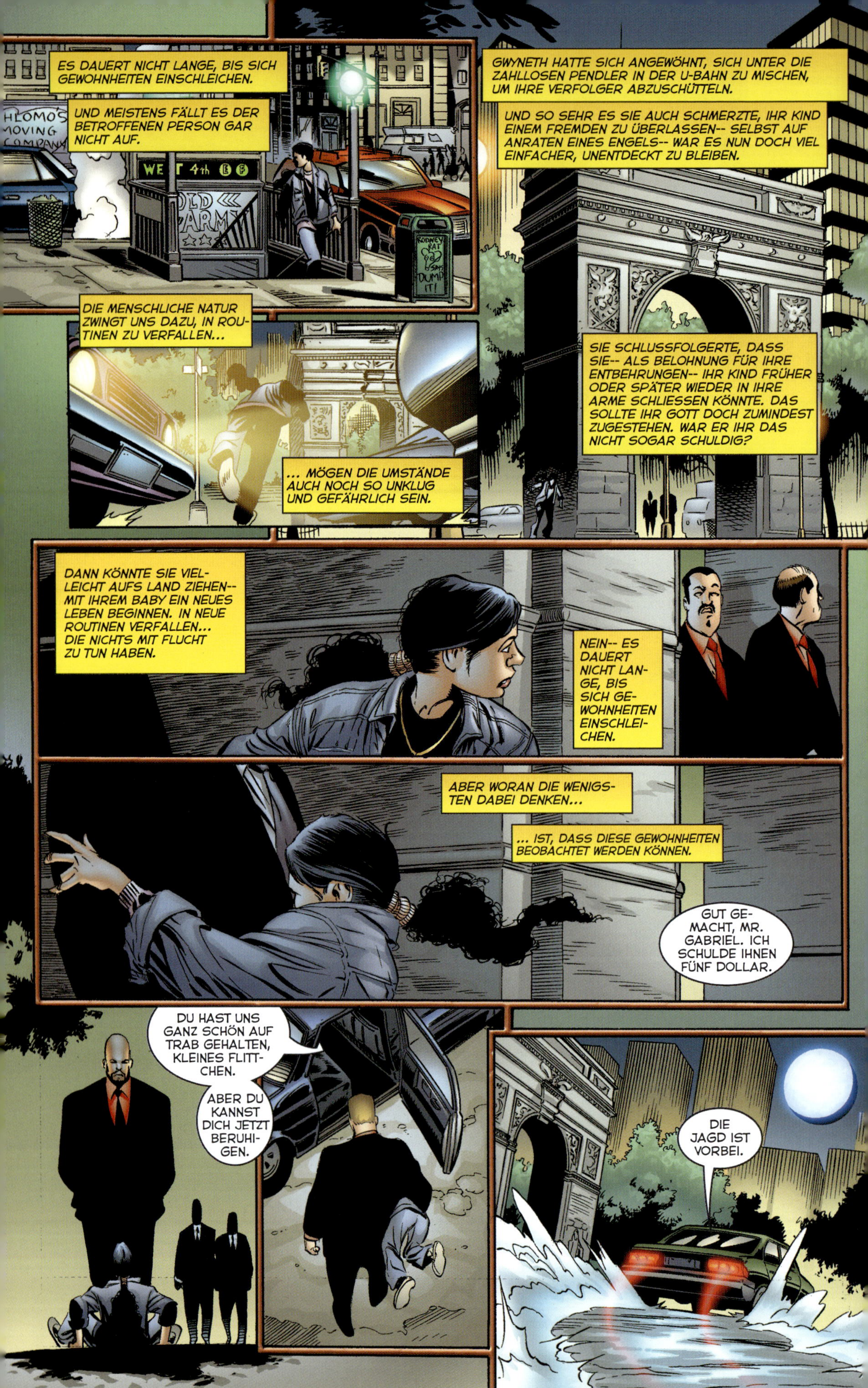
ES DAUERT NICHT LANGE, BIS SICH GEWOHNHEITEN EINSCHLEICHEN.
UND MEISTENS FÄLLT ES DER BETROFFENEN PERSON GAR NICHT AUF.
WEST 4th
GWYNETH HATTE SICH ANGEWÖHNT, SICH UNTER DIE ZAHLLOSEN PENDLER IN DER U-BAHN ZU MISCHEN, UM IHRE VERFOLGER ABZUSCHÜTTELN.
UND SO SEHR ES SIE AUCH SCHMERZTE, IHR KIND EINEM FREMDEN ZU ÜBERLASSEN-- SELBST AUF ANRATEN EINES ENGELS-- WAR ES NUN DOCH VIEL EINFACHER, UNENTDECKT ZU BLEIBEN.
DIE MENSCHLICHE NATUR ZWINGT UNS DAZU, IN ROUTINEN ZU VERFALLEN...
... MÖGEN DIE UMSTÄNDE AUCH NOCH SO UNKLUG UND GEFÄHRLICH SEIN.
SIE SCHLUSSFOLGERTE, DASS SIE-- ALS BELOHNUNG FÜR IHRE ENTBEHRUNGEN-- IHR KIND FRÜHER ODER SPÄTER WIEDER IN IHRE ARME SCHLIESSEN KÖNNTE. DAS SOLLTE IHR GOTT DOCH ZUMINDEST ZUGESTEHEN. WAR ER IHR DAS NICHT SOGAR SCHULDIG?
DANN KÖNNTE SIE VIELLEICHT AUFS LAND ZIEHEN-- MIT IHREM BABY EIN NEUES LEBEN BEGINNEN. IN NEUE ROUTINEN VERFALLEN... DIE NICHTS MIT FLUCHT ZU TUN HABEN.
NEIN-- ES DAUERT NICHT LANGE, BIS SICH GEWOHNHEITEN EINSCHLEICHEN.
ABER WORAN DIE WENIGSTEN DABEI DENKEN...
... IST, DASS DIESE GEWOHNHEITEN BEOBACHTET WERDEN KÖNNEN.
GUT GEMACHT, MR. GABRIEL. ICH SCHULDE IHNEN FÜNF DOLLAR.
DU HAST UNS GANZ SCHÖN AUF TRAB GEHALTEN, KLEINES FLITTCHEN.
ABER DU KANNST DICH JETZT BERUHIGEN.
DIE JAGD IST VORBEI.

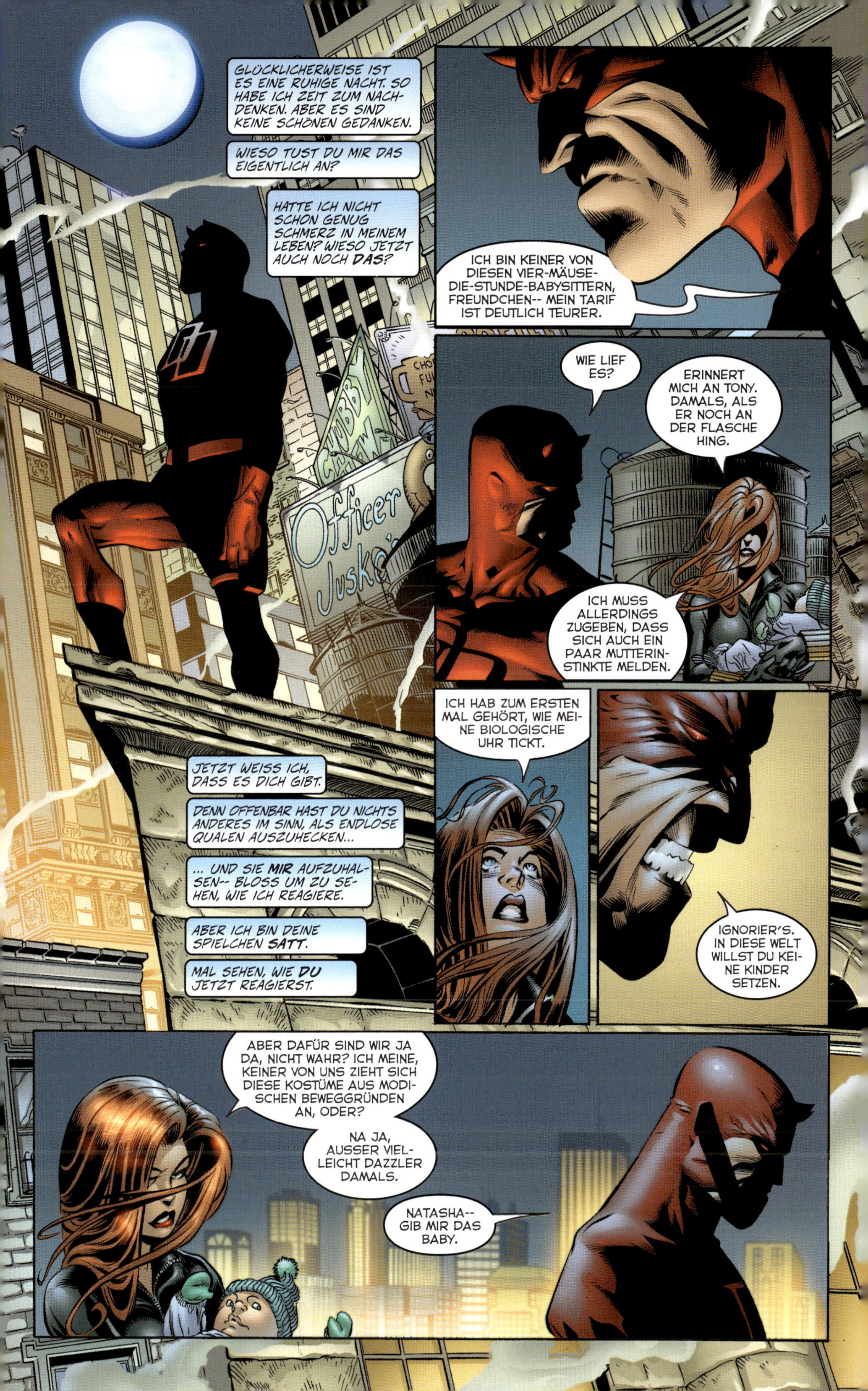
GLÜCKLICHERWEISE IST ES EINE RUHIGE NACHT. SO HABE ICH ZEIT ZUM NACHDENKEN. ABER ES SIND KEINE SCHÖNEN GEDANKEN.
WIESO TUST DU MIR DAS EIGENTLICH AN?
HATTE ICH NICHT SCHON GENUG SCHMERZ IN MEINEM LEBEN? WIESO JETZT AUCH NOCH **DAS**?
ICH BIN KEINER VON DIESEN VIER-MÄUSE-DIE-STUNDE-BABYSITTERN, FREUNDCHEN-- MEIN TARIF IST DEUTLICH TEURER.
WIE LIEF ES?
ERINNERT MICH AN TONY. DAMALS, ALS ER NOCH AN DER FLASCHE HING.
ICH MUSS ALLERDINGS ZUGEBEN, DASS SICH AUCH EIN PAAR MUTTERINSTINKTE MELDEN.
ICH HAB ZUM ERSTEN MAL GEHÖRT, WIE MEINE BIOLOGISCHE UHR TICKT.
IGNORIER'S. IN DIESE WELT WILLST DU KEINE KINDER SETZEN.
JETZT WEISS ICH, DASS ES DICH GIBT.
DENN OFFENBAR HAST DU NICHTS ANDERES IM SINN, ALS ENDLOSE QUALEN AUSZUHECKEN...
... UND SIE **MIR** AUFZUHALSEN-- BLOSS UM ZU SEHEN, WIE ICH REAGIERE.
ABER ICH BIN DEINE SPIELCHEN **SATT**.
MAL SEHEN, WIE **DU** JETZT REAGIERST.
ABER DAFÜR SIND WIR JA DA, NICHT WAHR? ICH MEINE, KEINER VON UNS ZIEHT SICH DIESE KOSTÜME AUS MODISCHEN BEWEGGRÜNDEN AN, ODER?
NA JA, AUSSER VIELLEICHT DAZZLER DAMALS.
NATASHA-- GIB MIR DAS BABY.

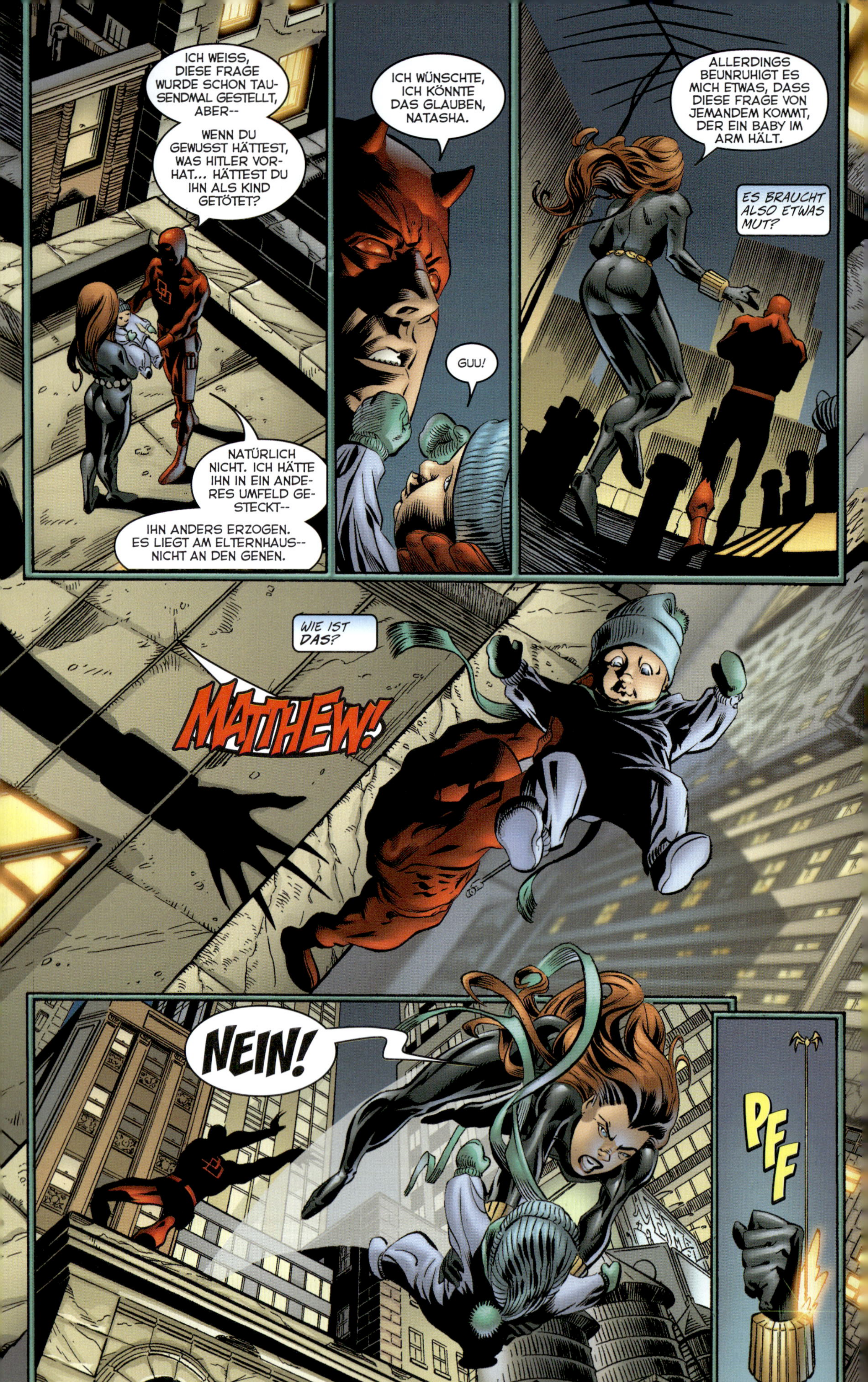
ICH WEISS, DIESE FRAGE WURDE SCHON TAUSENDMAL GESTELLT, ABER--
WENN DU GEWUSST HÄTTEST, WAS HITLER VORHAT... HÄTTEST DU IHN ALS KIND GETÖTET?
NATÜRLICH NICHT. ICH HÄTTE IHN IN EIN ANDERES UMFELD GESTECKT--
IHN ANDERS ERZOGEN. ES LIEGT AM ELTERNHAUS-- NICHT AN DEN GENEN.
ICH WÜNSCHTE, ICH KÖNNTE DAS GLAUBEN, NATASHA.
GUU!
ALLERDINGS BEUNRUHIGT ES MICH ETWAS, DASS DIESE FRAGE VON JEMANDEM KOMMT, DER EIN BABY IM ARM HÄLT.
ES BRAUCHT ALSO ETWAS MUT?
WIE IST DAS?
MATTHEW!
NEIN!
PFF

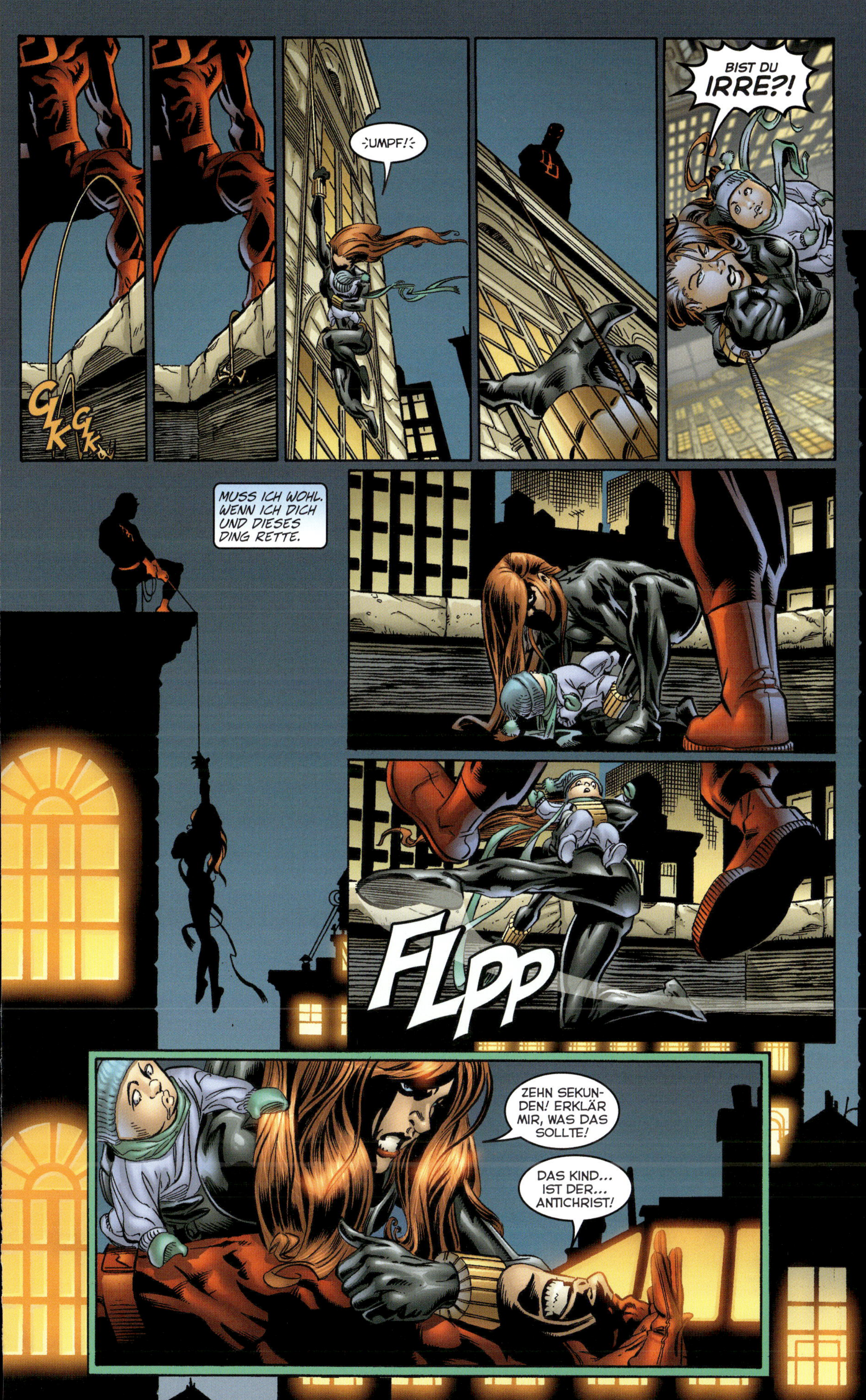
GKGKGK
UMPF!
BIST DU IRRE?!
MUSS ICH WOHL. WENN ICH DICH UND DIESES DING RETTE.
FLPP
ZEHN SEKUNDEN! ERKLÄR MIR, WAS DAS SOLLTE!
DAS KIND... IST DER... ANTICHRIST!

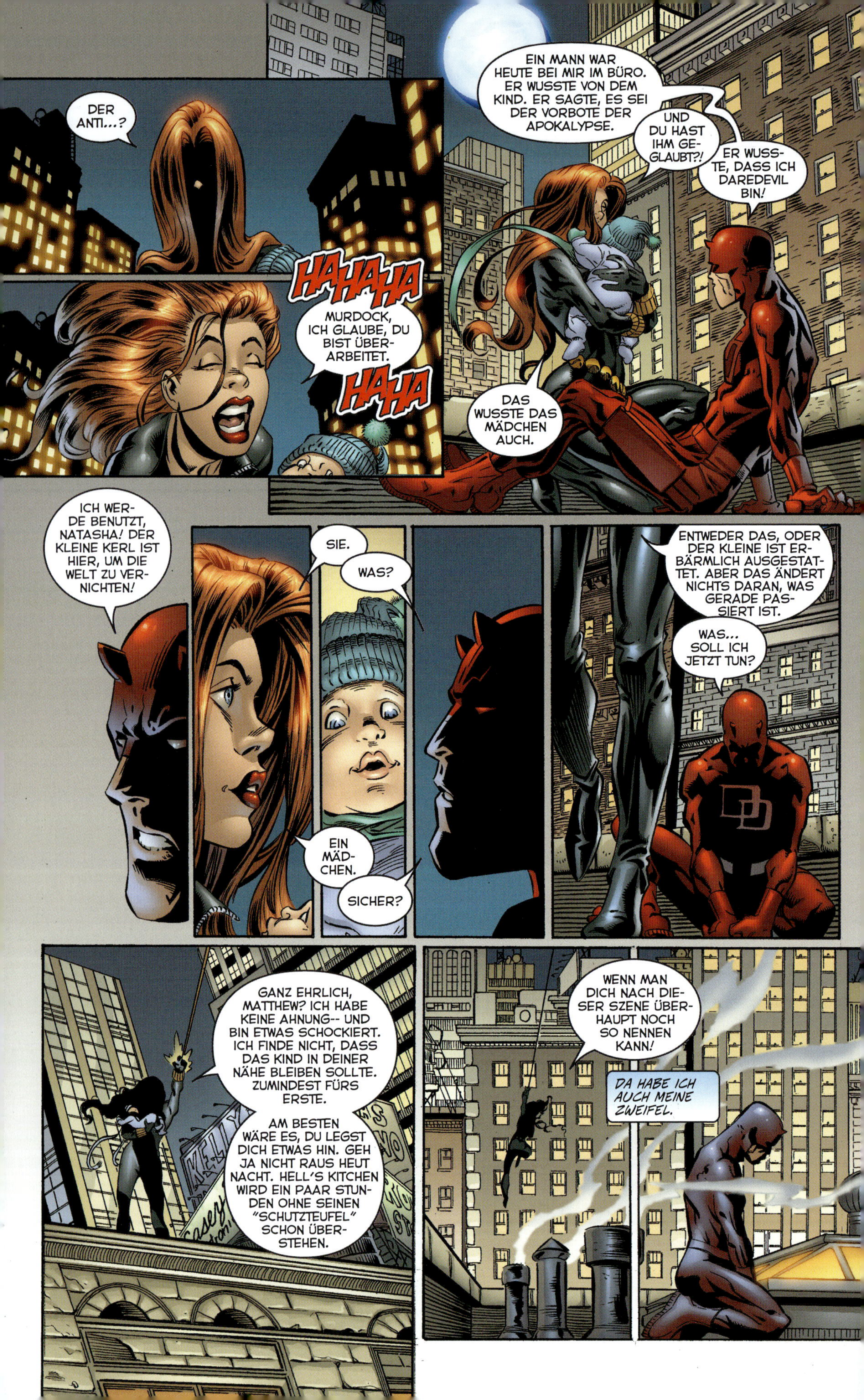

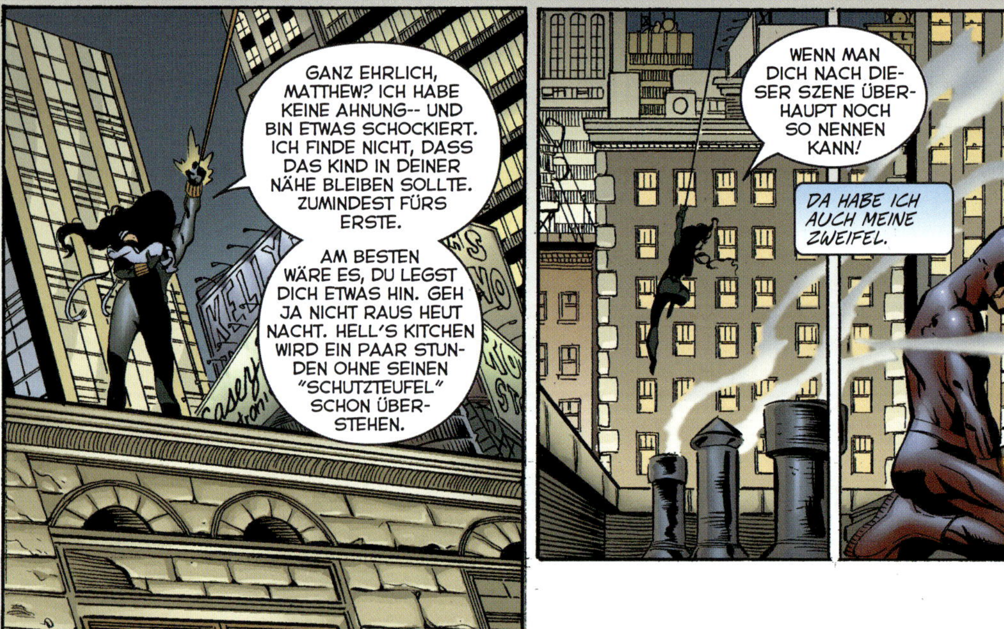
DER ANTI...?
HAHAHA
MURDOCK, ICH GLAUBE, DU BIST ÜBERARBEITET.
HAHA
EIN MANN WAR HEUTE BEI MIR IM BÜRO. ER WUSSTE VON DEM KIND. ER SAGTE, ES SEI DER VORBOTE DER APOKALYPSE.
UND DU HAST IHM GEGLAUBT?!
ER WUSSTE, DASS ICH DAREDEVIL BIN!
DAS WUSSTE DAS MÄDCHEN AUCH.
ICH WERDE BENUTZT, NATASHA! DER KLEINE KERL IST HIER, UM DIE WELT ZU VERNICHTEN!
SIE.
WAS?
EIN MÄDCHEN.
SICHER?
ENTWEDER DAS, ODER DER KLEINE IST ERBÄRMLICH AUSGESTATTET. ABER DAS ÄNDERT NICHTS DARAN, WAS GERADE PASSIERT IST.
WAS... SOLL ICH JETZT TUN?
GANZ EHRLICH, MATTHEW? ICH HABE KEINE AHNUNG-- UND BIN ETWAS SCHOCKIERT. ICH FINDE NICHT, DASS DAS KIND IN DEINER NÄHE BLEIBEN SOLLTE. ZUMINDEST FÜRS ERSTE.
AM BESTEN WÄRE ES, DU LEGST DICH ETWAS HIN. GEH JA NICHT RAUS HEUT NACHT. HELL'S KITCHEN WIRD EIN PAAR STUNDEN OHNE SEINEN "SCHUTZTEUFEL" SCHON ÜBERSTEHEN.
WENN MAN DICH NACH DIESER SZENE ÜBERHAUPT NOCH SO NENNEN KANN!
DA HABE ICH AUCH MEINE ZWEIFEL.

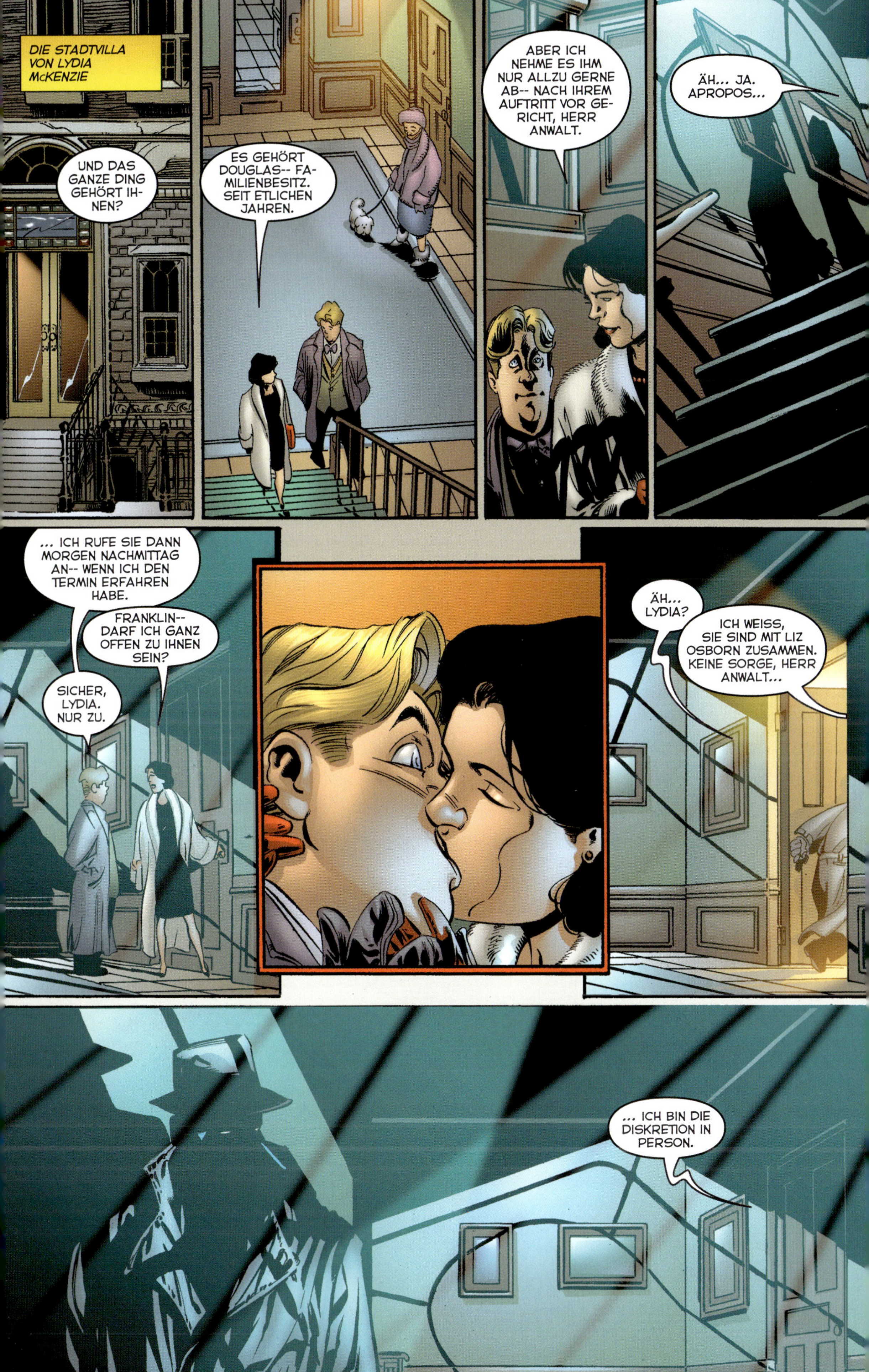
DIE STADTVILLA VON LYDIA McKENZIE
UND DAS GANZE DING GEHÖRT IHNEN?
ES GEHÖRT DOUGLAS-- FAMILIENBESITZ. SEIT ETLICHEN JAHREN.
ABER ICH NEHME ES IHM NUR ALLZU GERNE AB-- NACH IHREM AUFTRITT VOR GERICHT, HERR ANWALT.
ÄH... JA. APROPOS...
... ICH RUFE SIE DANN MORGEN NACHMITTAG AN-- WENN ICH DEN TERMIN ERFAHREN HABE.
FRANKLIN-- DARF ICH GANZ OFFEN ZU IHNEN SEIN?
SICHER, LYDIA. NUR ZU.
ÄH... LYDIA?
ICH WEISS, SIE SIND MIT LIZ OSBORN ZUSAMMEN. KEINE SORGE, HERR ANWALT...
... ICH BIN DIE DISKRETION IN PERSON.

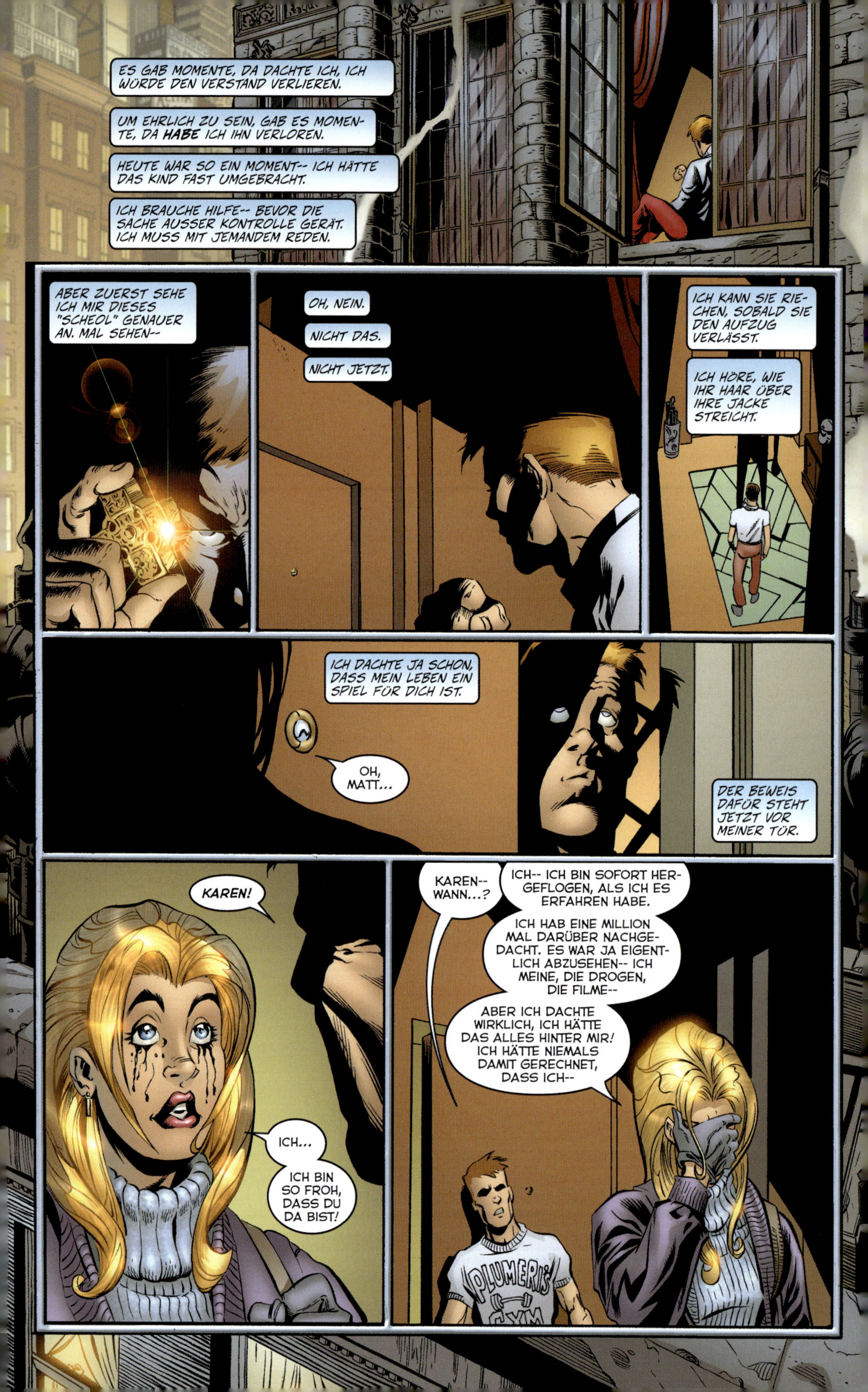

ES GAB MOMENTE, DA DACHTE ICH, ICH WÜRDE DEN VERSTAND VERLIEREN.

UM EHRLICH ZU SEIN, GAB ES MOMENTE, DA **HABE** ICH IHN VERLOREN.

HEUTE WAR SO EIN MOMENT-- ICH HÄTTE DAS KIND FAST UMGEBRACHT.

ICH BRAUCHE HILFE-- BEVOR DIE SACHE AUSSER KONTROLLE GERÄT. ICH MUSS MIT JEMANDEM REDEN.

ABER ZUERST SEHE ICH MIR DIESES "SCHEOL" GENAUER AN. MAL SEHEN--

OH, NEIN.

NICHT DAS.

NICHT JETZT.

ICH KANN SIE RIECHEN, SOBALD SIE DEN AUFZUG VERLÄSST.

ICH HÖRE, WIE IHR HAAR ÜBER IHRE JACKE STREICHT.

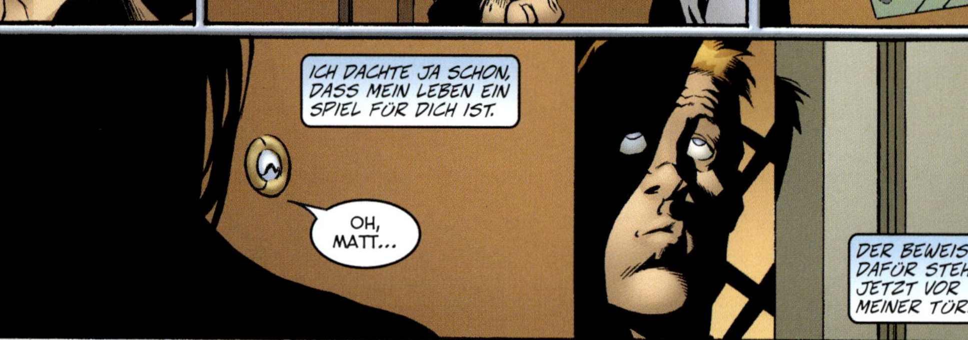

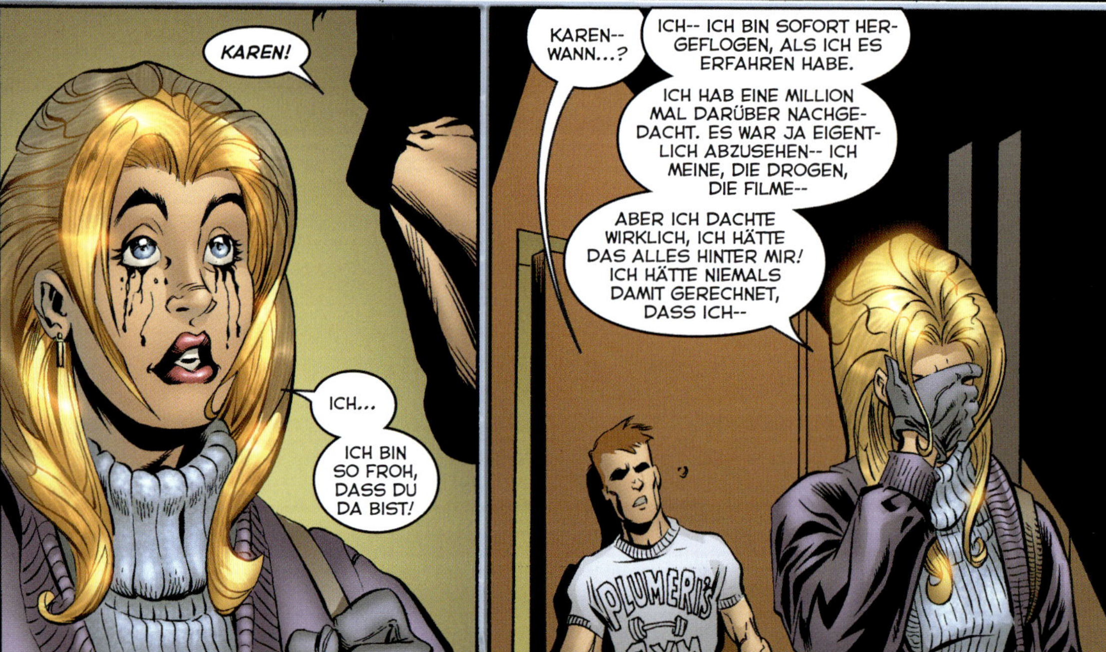

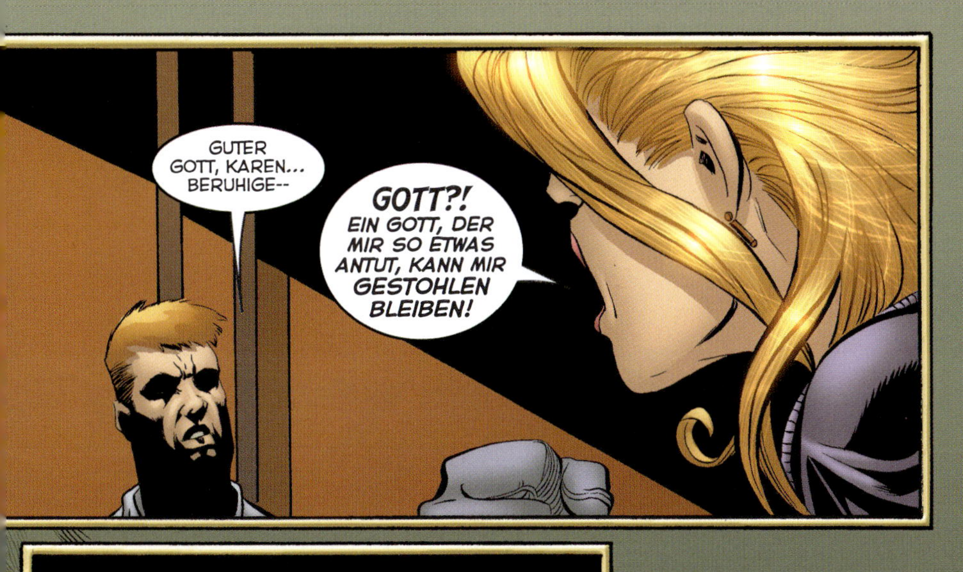
GUTER GOTT, KAREN... BERUHIGE--
GOTT?! EIN GOTT, DER MIR SO ETWAS ANTUT, KANN MIR GESTOHLEN BLEIBEN!

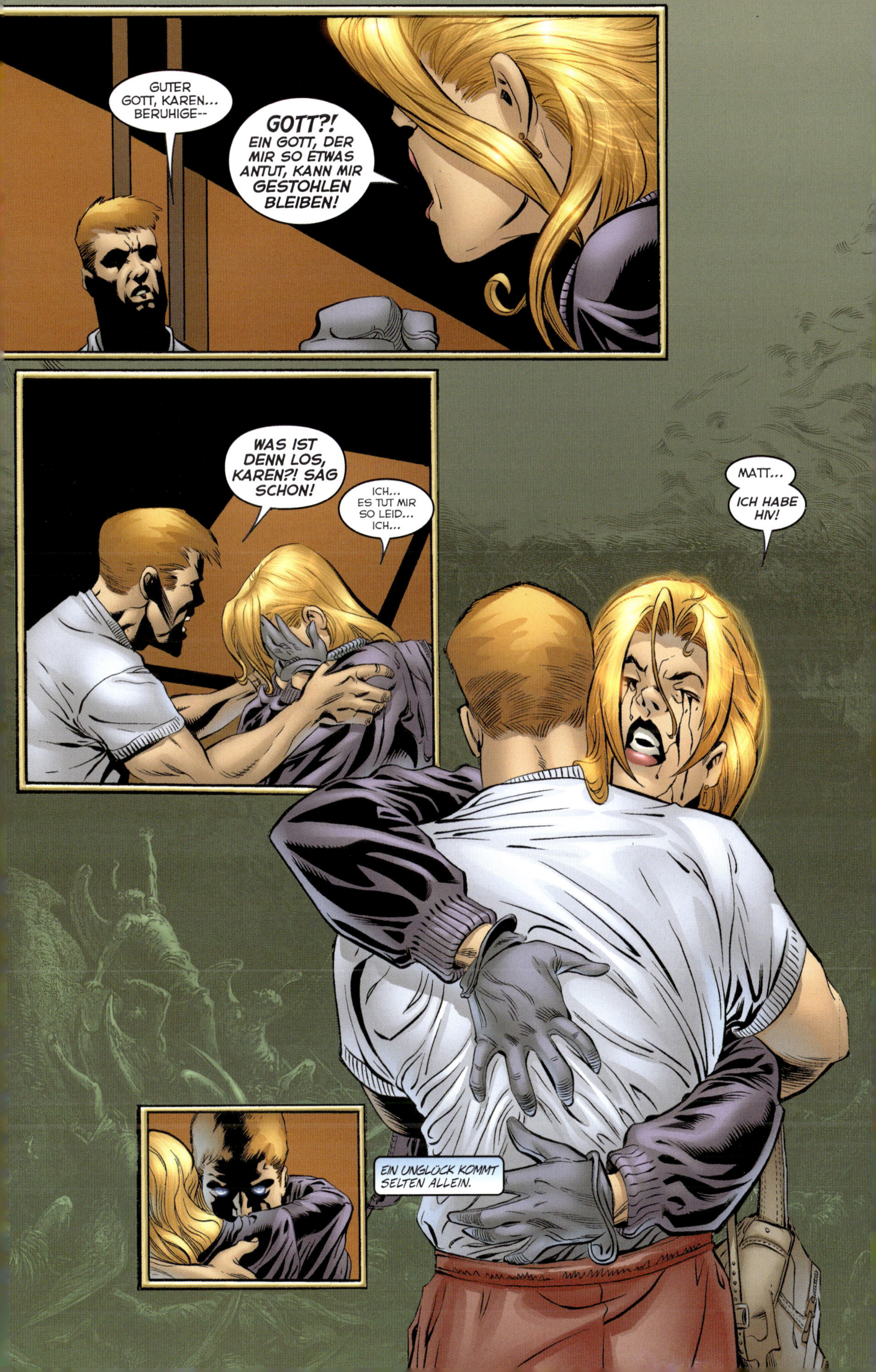

WAS IST DENN LOS, KAREN?! SAG SCHON!
ICH... ES TUT MIR SO LEID... ICH...
MATT...
ICH HABE HIV!
EIN UNGLÜCK KOMMT SELTEN ALLEIN.

IN DEN ARMEN DES TEUFELS, TEIL 3: „DYSTOPIA“

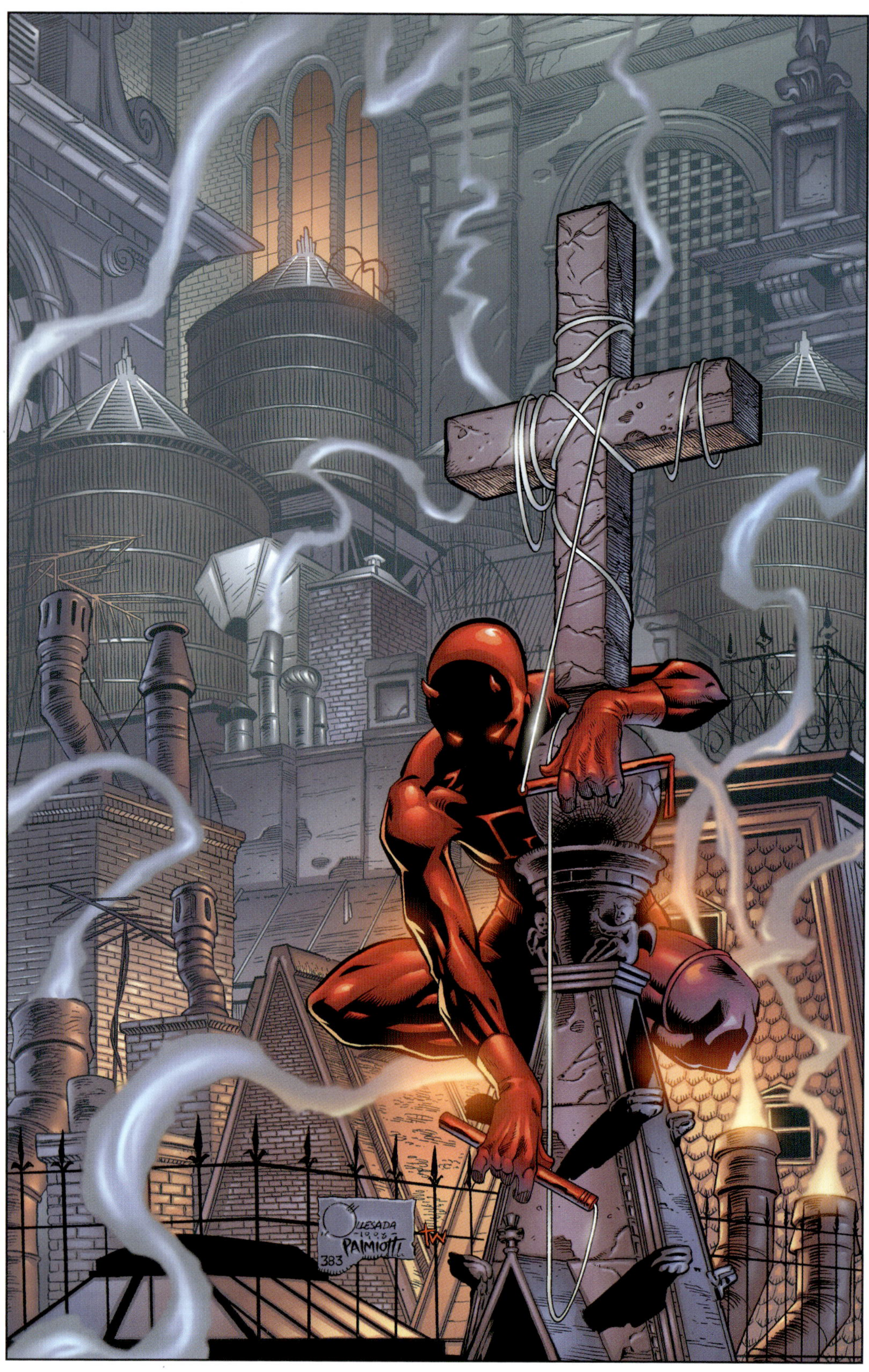

Daredevil (1998) 3
Cover von **JOE QUESADA**

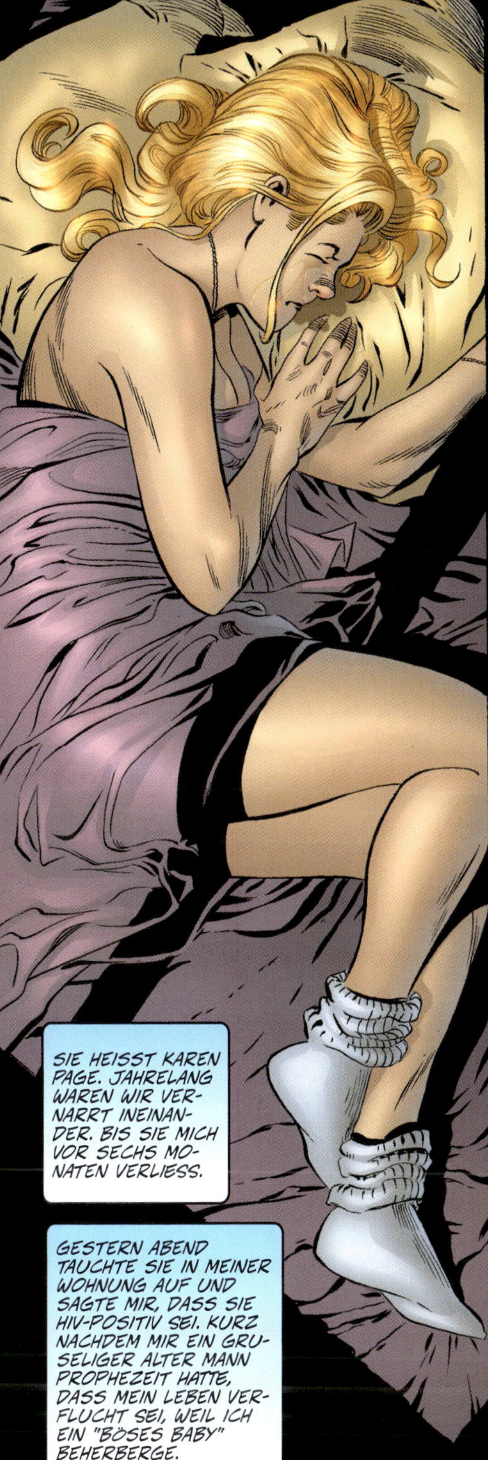

ICH BIN SEIT MEINER KINDHEIT BLIND, DESHALB HABE ICH DIE FRAU, DIE SICH GESTERN NACHT IN MEINEM BETT IN DEN SCHLAF GEWEINT HAT, NOCH NIE GESEHEN.
SIE HEISST KAREN PAGE. JAHRELANG WAREN WIR VERNARRT INEINANDER. BIS SIE MICH VOR SECHS MONATEN VERLIESS.
GESTERN ABEND TAUCHTE SIE IN MEINER WOHNUNG AUF UND SAGTE MIR, DASS SIE HIV-POSITIV SEI. KURZ NACHDEM MIR EIN GRUSELIGER ALTER MANN PROPHEZEIT HATTE, DASS MEIN LEBEN VERFLUCHT SEI, WEIL ICH EIN "BÖSES BABY" BEHERBERGE.
WÄRE ICH ABGEBRÜHTER, WÜRDE ICH SAGEN, ICH HATTE SCHON BESSERE WOCHEN.

ABER BEI DEM ANRUF, DER MICH HEUTE FRÜH AUS DEM BETT GEHOLT HAT, KONNTE MIR AUCH MEIN SINN FÜR HUMOR NICHT WEITERHELFEN.
ICH DACHTE EIGENTLICH, ICH WÜRDE DEN TAG DAMIT VERBRINGEN, KAREN DAVON ABZUHALTEN, SICH ETWAS ANZUTUN. NACH DEM ANRUF ÜBERLEGE ICH, OB ES NICHT BESSER WÄRE, WENN WIR **BEIDE** AUS DEM FENSTER SPRINGEN.

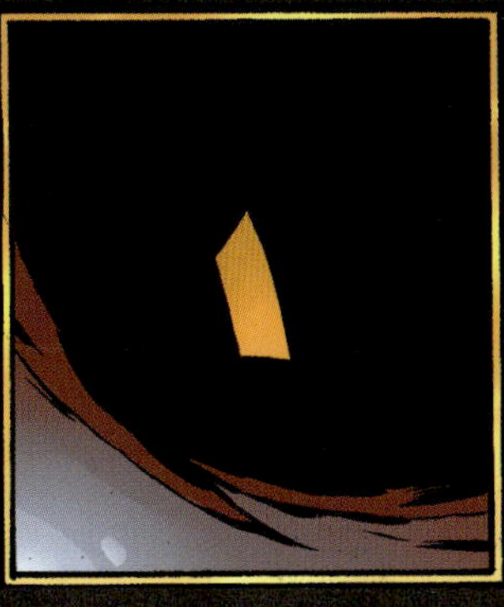

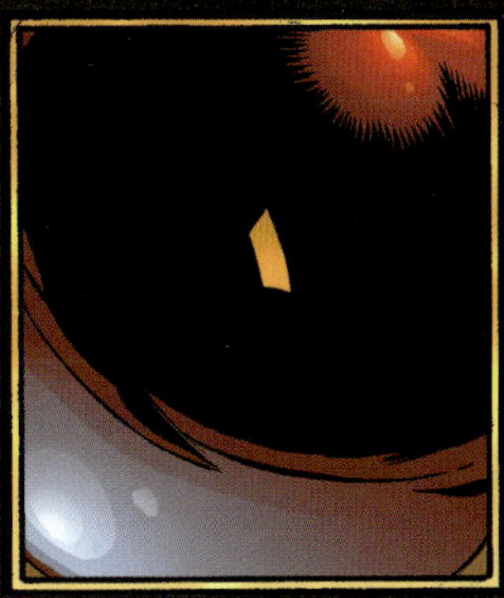

IM JURASTUDIUM VERMITTELN SIE DIR NICHT BLOSS DAS KLASSISCHE LEHRBUCHWISSEN-- MAN LERNT DORT AUSSERDEM AUCH DAS, WAS MAN IN FACHKREISEN DAS "PROFESSIONELLE VAKUUM" NENNT.
ES IST DIE EMOTIONALE LEERE, DIE EIN ANWALT BRAUCHT, WENN ER EINEN MANDANTEN VERTEIDIGT, VON DEM ER GLAUBT, DASS ER NICHT GANZ UNSCHULDIG SEIN KÖNNTE.

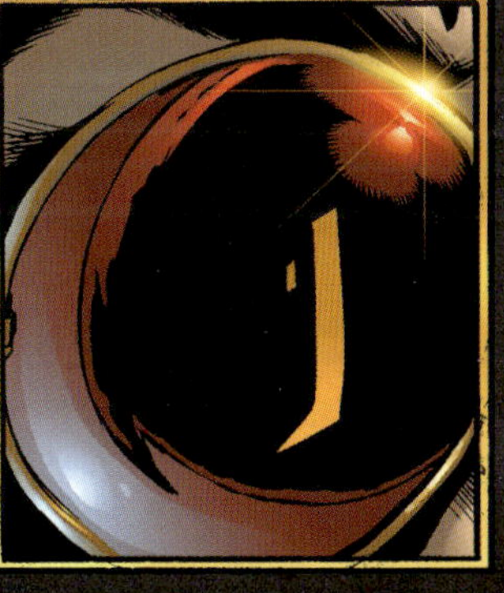

MAN LERNT, WIE MAN DEN SELBSTHASS ÜBERWINDET, OHNE DAS EIGENE MORALEMPFINDEN ZU VERLIEREN-- DAMIT AUCH DER OFFENSICHTLICH SCHULDIGE DIE CHANCE AUF EINEN FAIREN PROZESS HAT. UND MAN LERNT VOR ALLEN DINGEN, MITTEL GEGEN MAGENGESCHWÜRE WERTZUSCHÄTZEN.
DENN SELBST WENN MAN SICH SEINE INTEGRITÄT BEWAHREN KANN, STEHEN DIE CHANCEN GUT, DASS DAS, WAS MAN SEINER SEELE ERSPART HAT, FRÜHER ODER SPÄTER AUF DEN MAGEN SCHLÄGT.

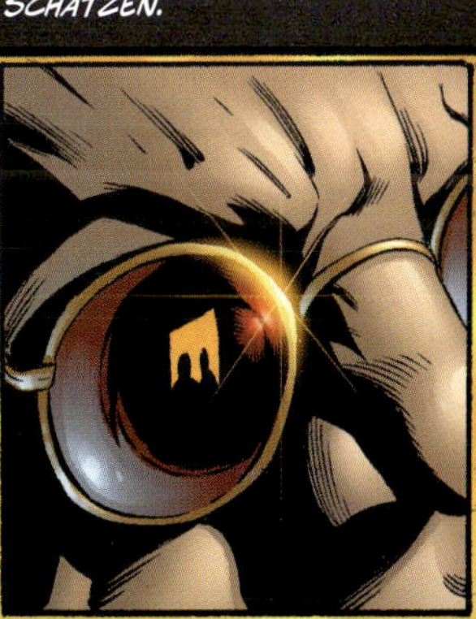

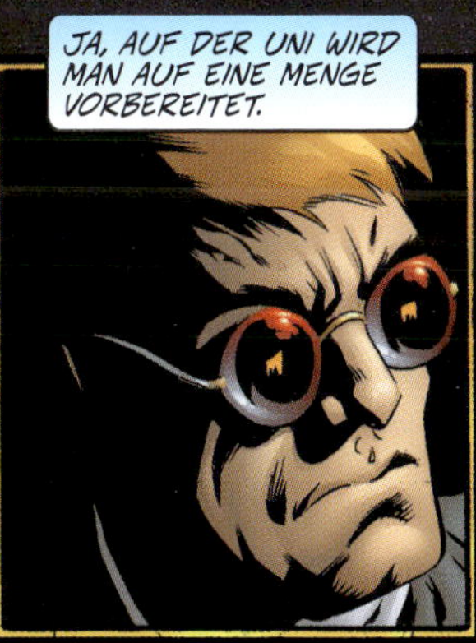

JA, AUF DER UNI WIRD MAN AUF EINE MENGE VORBEREITET.

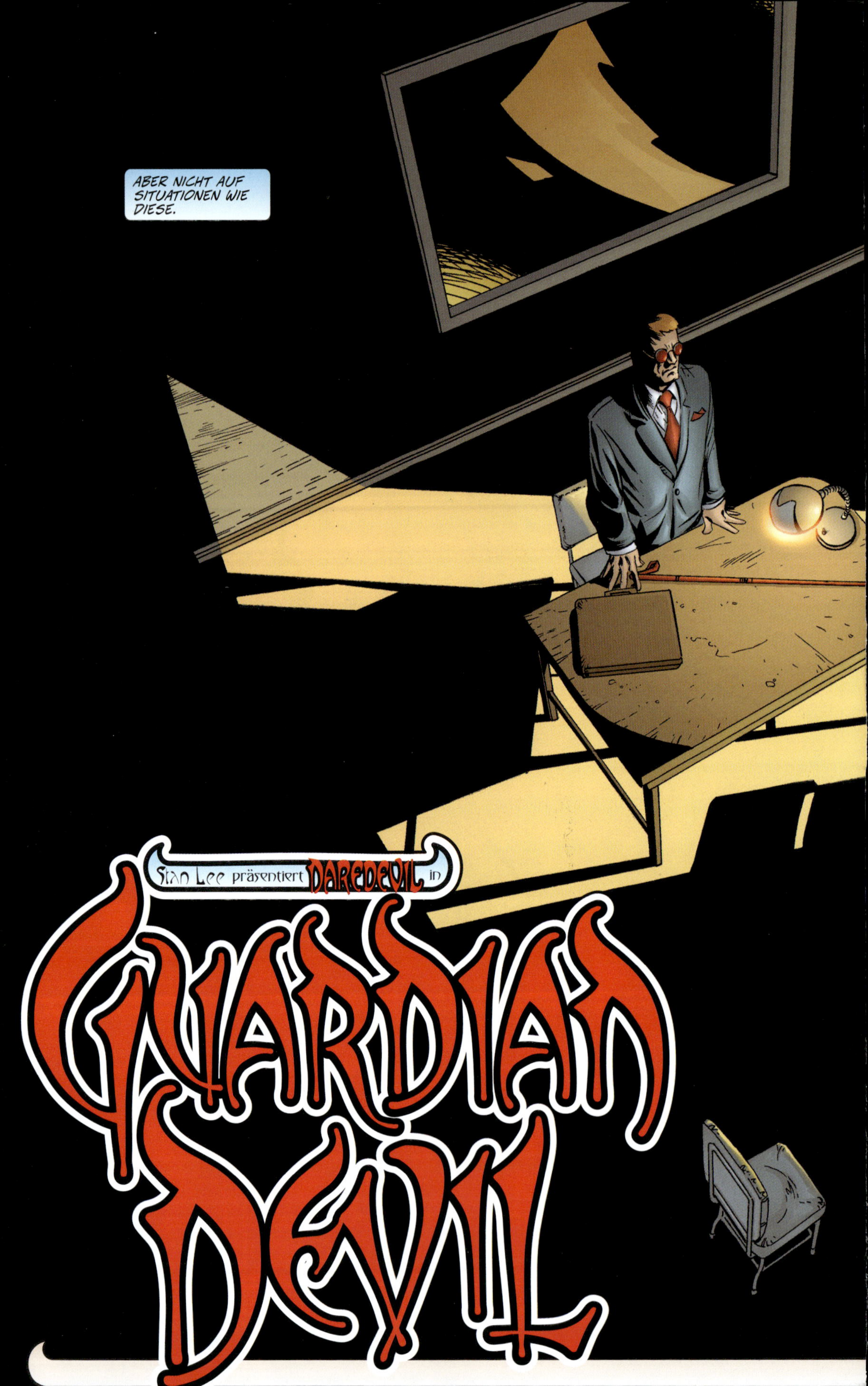

ABER NICHT AUF SITUATIONEN WIE DIESE.

Stan Lee präsentiert DAREDEVIL in

GUARDIAN DEVIL

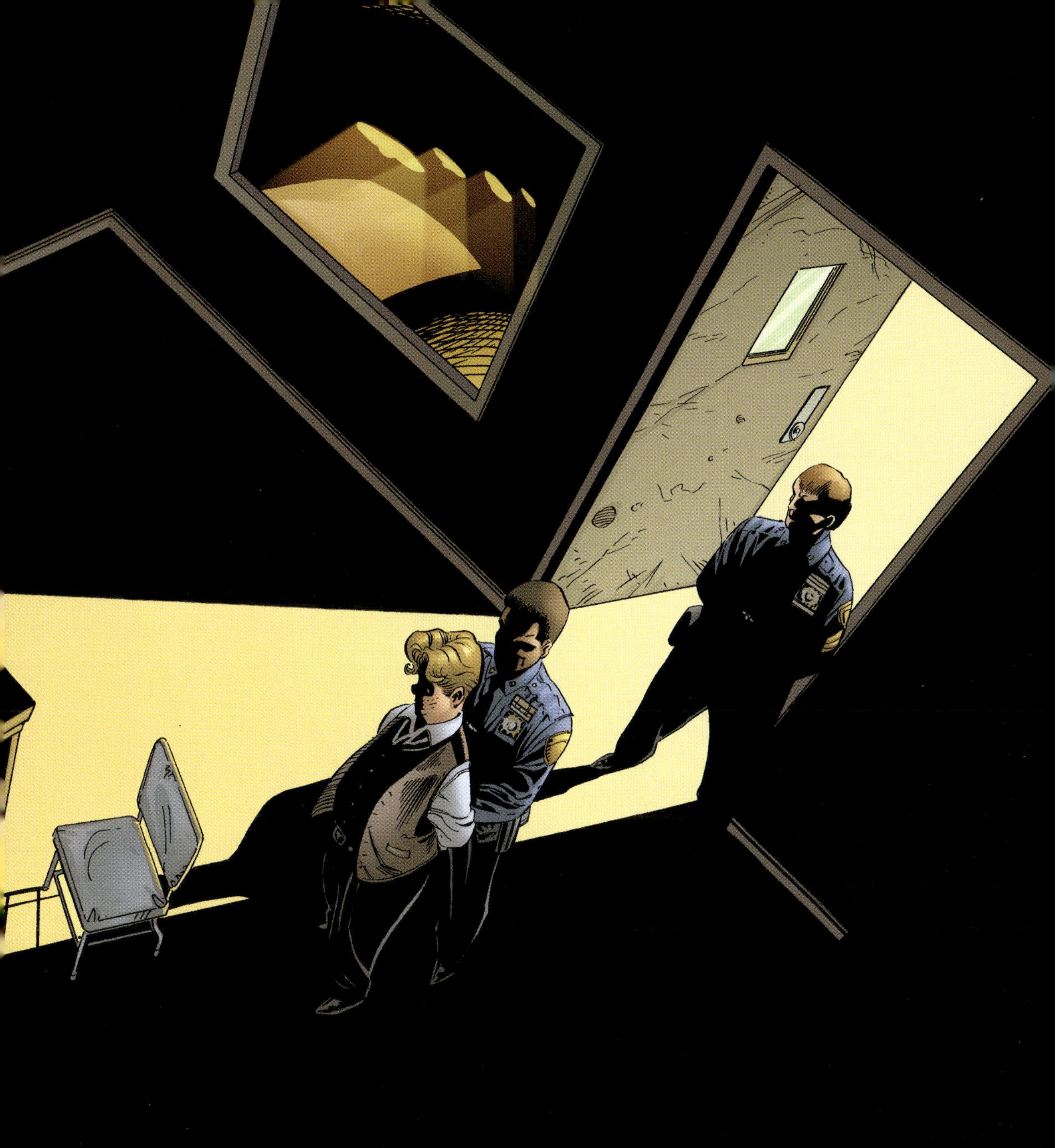

In den Armen des Teufels

Teil drei: „Dystopia“

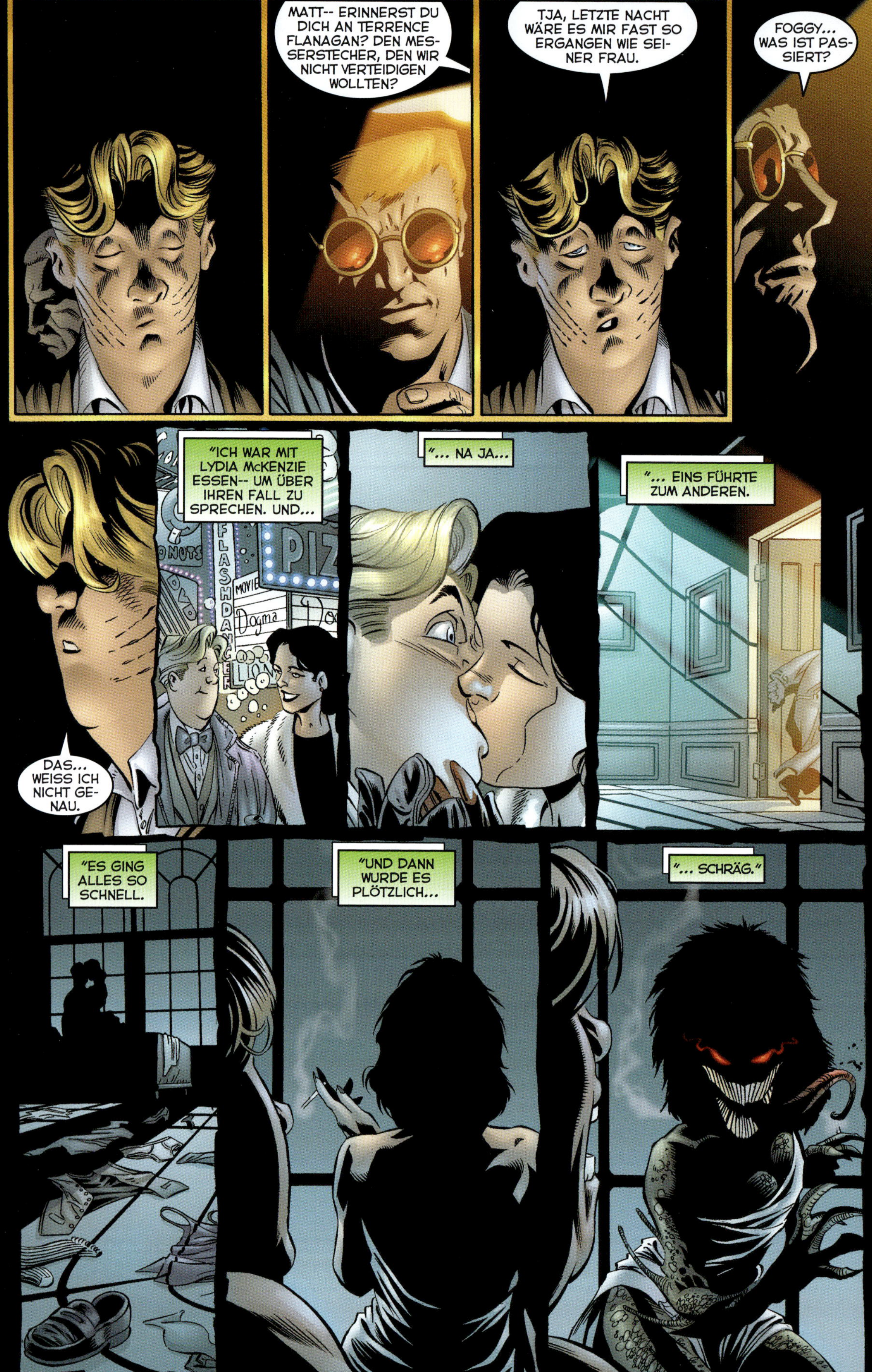

MATT-- ERINNERST DU DICH AN TERRENCE FLANAGAN? DEN MESSERSTECHER, DEN WIR NICHT VERTEIDIGEN WOLLTEN?
TJA, LETZTE NACHT WÄRE ES MIR FAST SO ERGANGEN WIE SEINER FRAU.
FOGGY... WAS IST PASSIERT?
DAS... WEISS ICH NICHT GENAU.
"ICH WAR MIT LYDIA McKENZIE ESSEN-- UM ÜBER IHREN FALL ZU SPRECHEN. UND...
"... NA JA...
"... EINS FÜHRTE ZUM ANDEREN.
"ES GING ALLES SO SCHNELL.
"UND DANN WURDE ES PLÖTZLICH...
"... SCHRÄG."

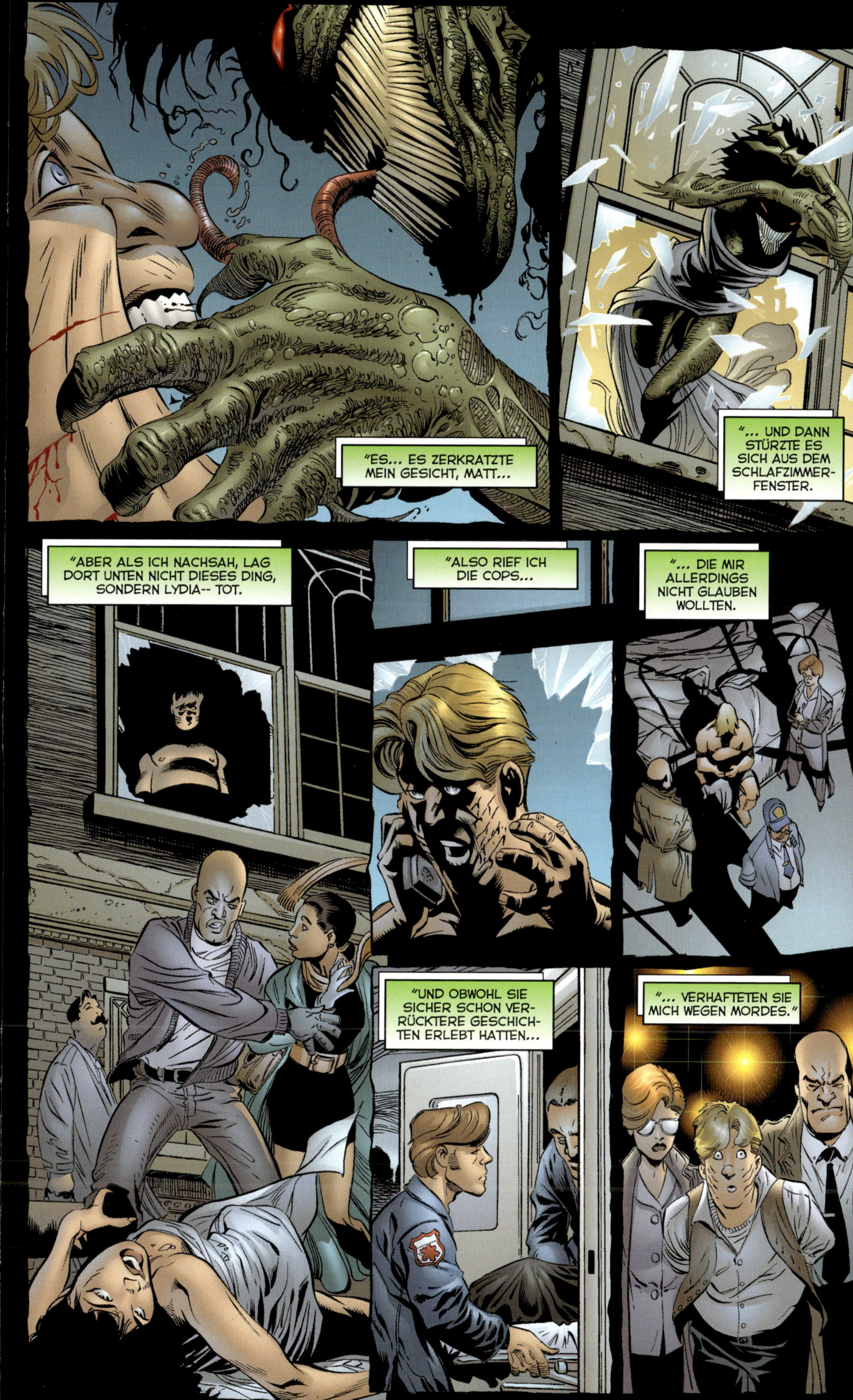
"ES... ES ZERKRATZTE MEIN GESICHT, MATT...
"... UND DANN STÜRZTE ES SICH AUS DEM SCHLAFZIMMER-FENSTER.
"ABER ALS ICH NACHSAH, LAG DORT UNTEN NICHT DIESES DING, SONDERN LYDIA-- TOT.
"ALSO RIEF ICH DIE COPS...
"... DIE MIR ALLERDINGS NICHT GLAUBEN WOLLTEN.
"UND OBWOHL SIE SICHER SCHON VERRÜCKTERE GESCHICHTEN ERLEBT HATTEN...
"... VERHAFTETEN SIE MICH WEGEN MORDES."

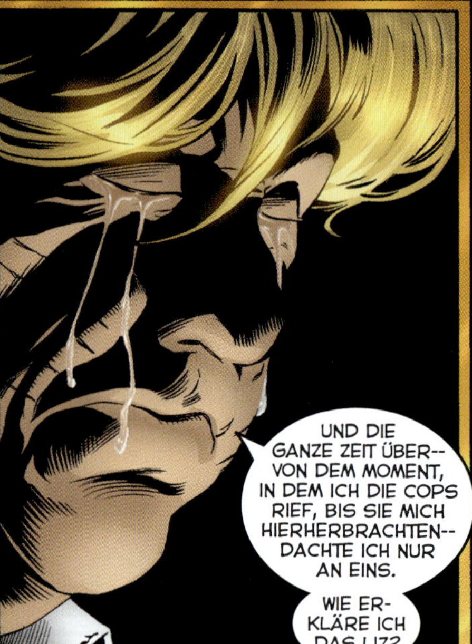
UND DIE GANZE ZEIT ÜBER-- VON DEM MOMENT, IN DEM ICH DIE COPS RIEF, BIS SIE MICH HIERHERBRACHTEN-- DACHTE ICH NUR AN EINS.
WIE ERKLÄRE ICH DAS LIZ?

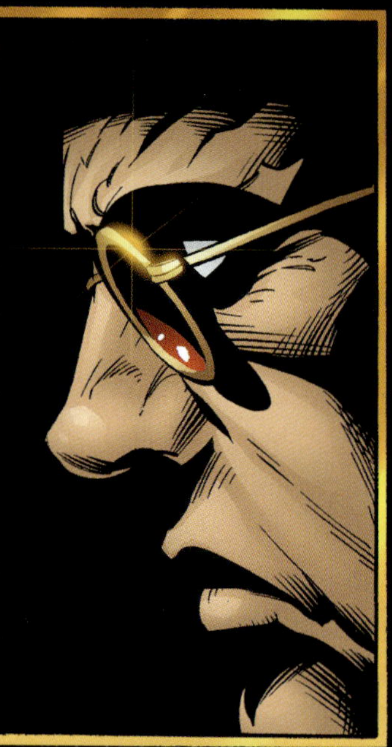
ICH HÖRE AUF SEINEN PULS. ER RAST. VERSTÄNDLICHERWEISE. DIE ANGST UND DER SCHOCK SIND ERKLÄRUNG GENUG.
ABER ER LÜGT NICHT.

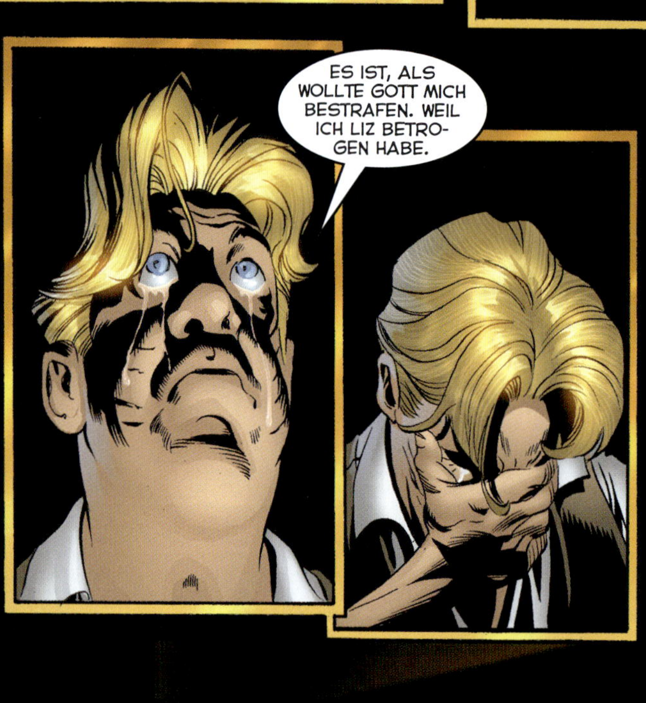
ES IST, ALS WOLLTE GOTT MICH BESTRAFEN. WEIL ICH LIZ BETROGEN HABE.

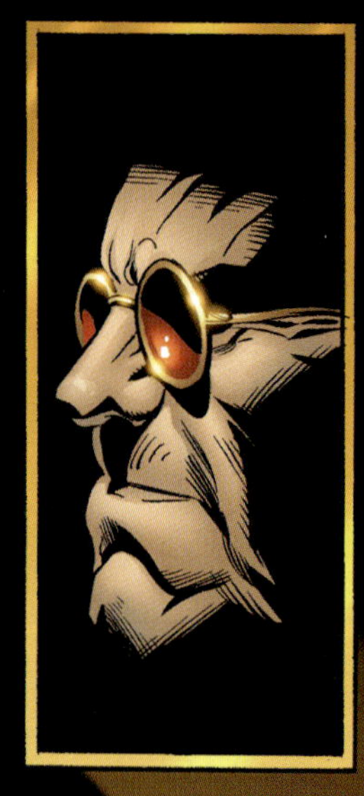
GOTT HAT NICHTS DAMIT ZU TUN.

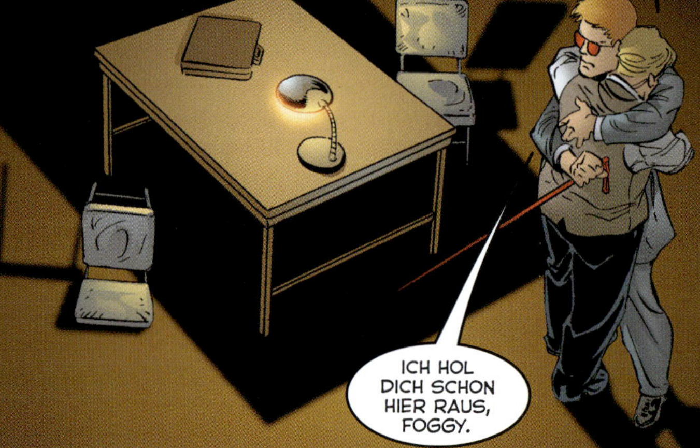
OH, LIZ... ES TUT MIR SO LEID...
ICH HOL DICH SCHON HIER RAUS, FOGGY.

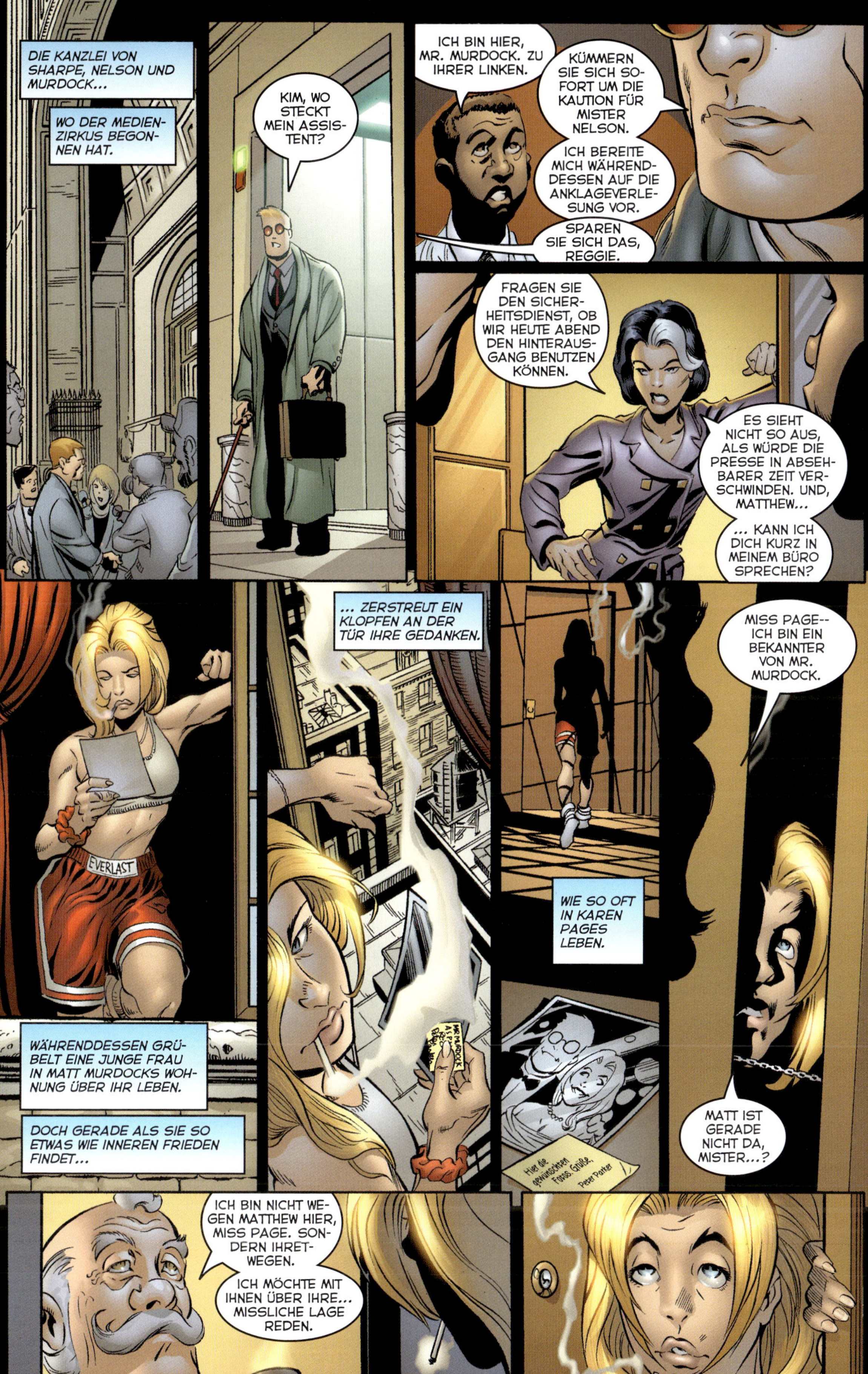
DIE KANZLEI VON SHARPE, NELSON UND MURDOCK...
WO DER MEDIEN-ZIRKUS BEGONNEN HAT.
KIM, WO STECKT MEIN ASSISTENT?
ICH BIN HIER, MR. MURDOCK. ZU IHRER LINKEN.
KÜMMERN SIE SICH SOFORT UM DIE KAUTION FÜR MISTER NELSON.
ICH BEREITE MICH WÄHRENDDESSEN AUF DIE ANKLAGEVERLESUNG VOR.
SPAREN SIE SICH DAS, REGGIE.
FRAGEN SIE DEN SICHERHEITSDIENST, OB WIR HEUTE ABEND DEN HINTERAUSGANG BENUTZEN KÖNNEN.
ES SIEHT NICHT SO AUS, ALS WÜRDE DIE PRESSE IN ABSEHBARER ZEIT VERSCHWINDEN. UND, MATTHEW...
... KANN ICH DICH KURZ IN MEINEM BÜRO SPRECHEN?
WÄHRENDDESSEN GRÜBELT EINE JUNGE FRAU IN MATT MURDOCKS WOHNUNG ÜBER IHR LEBEN.
DOCH GERADE ALS SIE SO ETWAS WIE INNEREN FRIEDEN FINDET...
EVERLAST
... ZERSTREUT EIN KLOPFEN AN DER TÜR IHRE GEDANKEN.
WIE SO OFT IN KAREN PAGES LEBEN.
Hier die gewünschten Fotos. Grüße, Peter Parker
MISS PAGE-- ICH BIN EIN BEKANNTER VON MR. MURDOCK.
MATT IST GERADE NICHT DA, MISTER...?
ICH BIN NICHT WEGEN MATTHEW HIER, MISS PAGE. SONDERN IHRETWEGEN.
ICH MÖCHTE MIT IHNEN ÜBER IHRE... MISSLICHE LAGE REDEN.

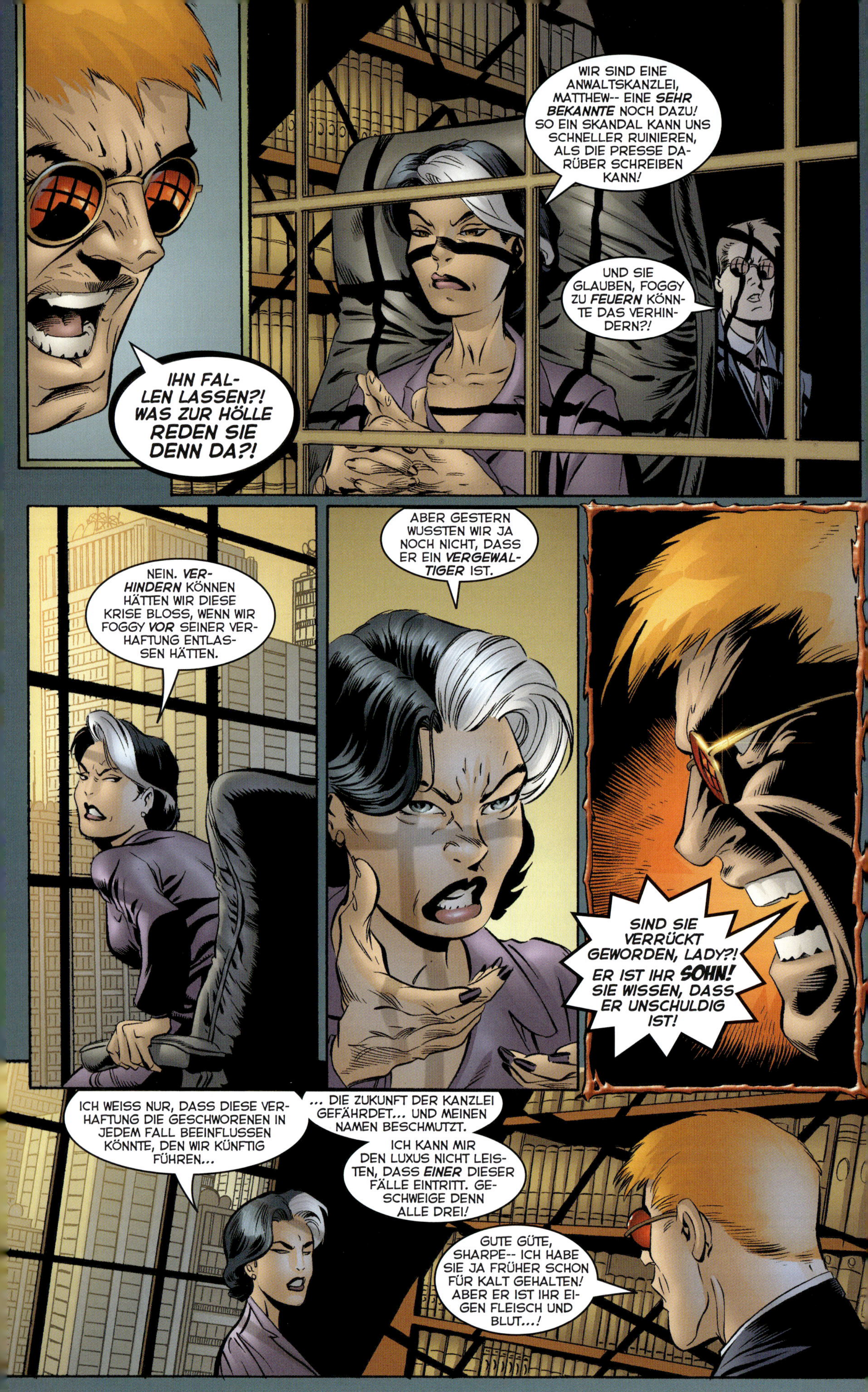
WIR SIND EINE ANWALTSKANZLEI, MATTHEW-- EINE SEHR BEKANNTE NOCH DAZU! SO EIN SKANDAL KANN UNS SCHNELLER RUINIEREN, ALS DIE PRESSE DARÜBER SCHREIBEN KANN!
UND SIE GLAUBEN, FOGGY ZU FEUERN KÖNNTE DAS VERHINDERN?!
IHN FALLEN LASSEN?! WAS ZUR HÖLLE REDEN SIE DENN DA?!
NEIN. VERHINDERN KÖNNEN HÄTTEN WIR DIESE KRISE BLOSS, WENN WIR FOGGY VOR SEINER VERHAFTUNG ENTLASSEN HÄTTEN.
ABER GESTERN WUSSTEN WIR JA NOCH NICHT, DASS ER EIN VERGEWALTIGER IST.
SIND SIE VERRÜCKT GEWORDEN, LADY?! ER IST IHR SOHN! SIE WISSEN, DASS ER UNSCHULDIG IST!
ICH WEISS NUR, DASS DIESE VERHAFTUNG DIE GESCHWORENEN IN JEDEM FALL BEEINFLUSSEN KÖNNTE, DEN WIR KÜNFTIG FÜHREN...
... DIE ZUKUNFT DER KANZLEI GEFÄHRDET... UND MEINEN NAMEN BESCHMUTZT.
ICH KANN MIR DEN LUXUS NICHT LEISTEN, DASS EINER DIESER FÄLLE EINTRITT. GESCHWEIGE DENN ALLE DREI!
GUTE GÜTE, SHARPE-- ICH HABE SIE JA FRÜHER SCHON FÜR KALT GEHALTEN! ABER ER IST IHR EIGEN FLEISCH UND BLUT...!

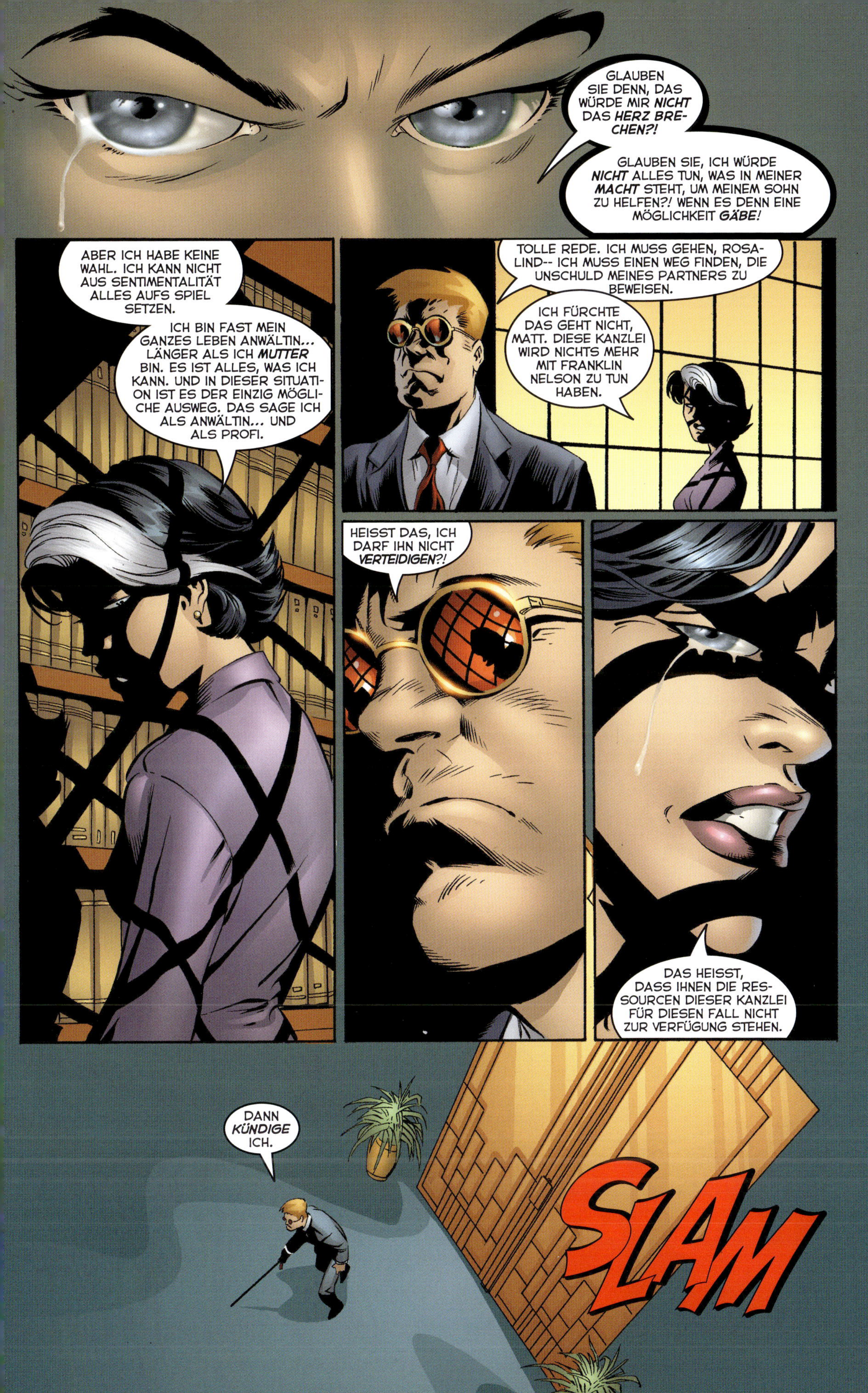
GLAUBEN SIE DENN, DAS WÜRDE MIR *NICHT* DAS *HERZ BRECHEN?!*
GLAUBEN SIE, ICH WÜRDE *NICHT* ALLES TUN, WAS IN MEINER *MACHT* STEHT, UM MEINEM SOHN ZU HELFEN?! WENN ES DENN EINE MÖGLICHKEIT *GÄBE!*
ABER ICH HABE KEINE WAHL. ICH KANN NICHT AUS SENTIMENTALITÄT ALLES AUFS SPIEL SETZEN.
ICH BIN FAST MEIN GANZES LEBEN ANWÄLTIN... LÄNGER ALS ICH *MUTTER* BIN. ES IST ALLES, WAS ICH KANN. UND IN DIESER SITUATION IST ES DER EINZIG MÖGLICHE AUSWEG. DAS SAGE ICH ALS ANWÄLTIN... UND ALS PROFI.
TOLLE REDE. ICH MUSS GEHEN, ROSALIND-- ICH MUSS EINEN WEG FINDEN, DIE UNSCHULD MEINES PARTNERS ZU BEWEISEN.
ICH FÜRCHTE DAS GEHT NICHT, MATT. DIESE KANZLEI WIRD NICHTS MEHR MIT FRANKLIN NELSON ZU TUN HABEN.
HEISST DAS, ICH DARF IHN NICHT *VERTEIDIGEN?!*
DAS HEISST, DASS IHNEN DIE RESSOURCEN DIESER KANZLEI FÜR DIESEN FALL NICHT ZUR VERFÜGUNG STEHEN.
DANN *KÜNDIGE* ICH.
SLAM

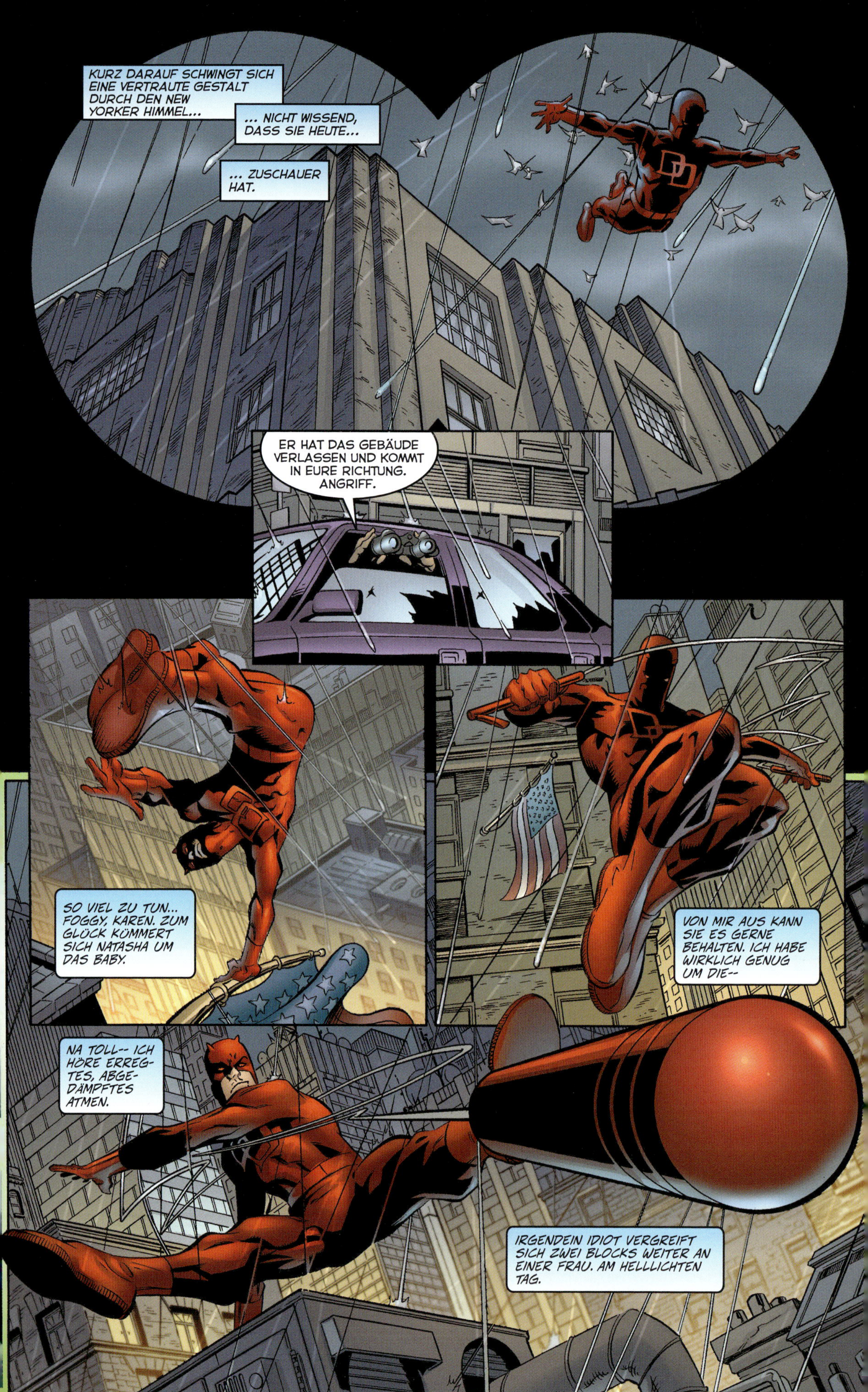
KURZ DARAUF SCHWINGT SICH EINE VERTRAUTE GESTALT DURCH DEN NEW YORKER HIMMEL...
... NICHT WISSEND, DASS SIE HEUTE...
... ZUSCHAUER HAT.
ER HAT DAS GEBÄUDE VERLASSEN UND KOMMT IN EURE RICHTUNG. ANGRIFF.
SO VIEL ZU TUN... FOGGY, KAREN. ZUM GLÜCK KÜMMERT SICH NATASHA UM DAS BABY.
VON MIR AUS KANN SIE ES GERNE BEHALTEN. ICH HABE WIRKLICH GENUG UM DIE--
NA TOLL-- ICH HÖRE ERREG-TES, ABGE-DÄMPFTES ATMEN.
IRGENDEIN IDIOT VERGREIFT SICH ZWEI BLOCKS WEITER AN EINER FRAU. AM HELLLICHTEN TAG.

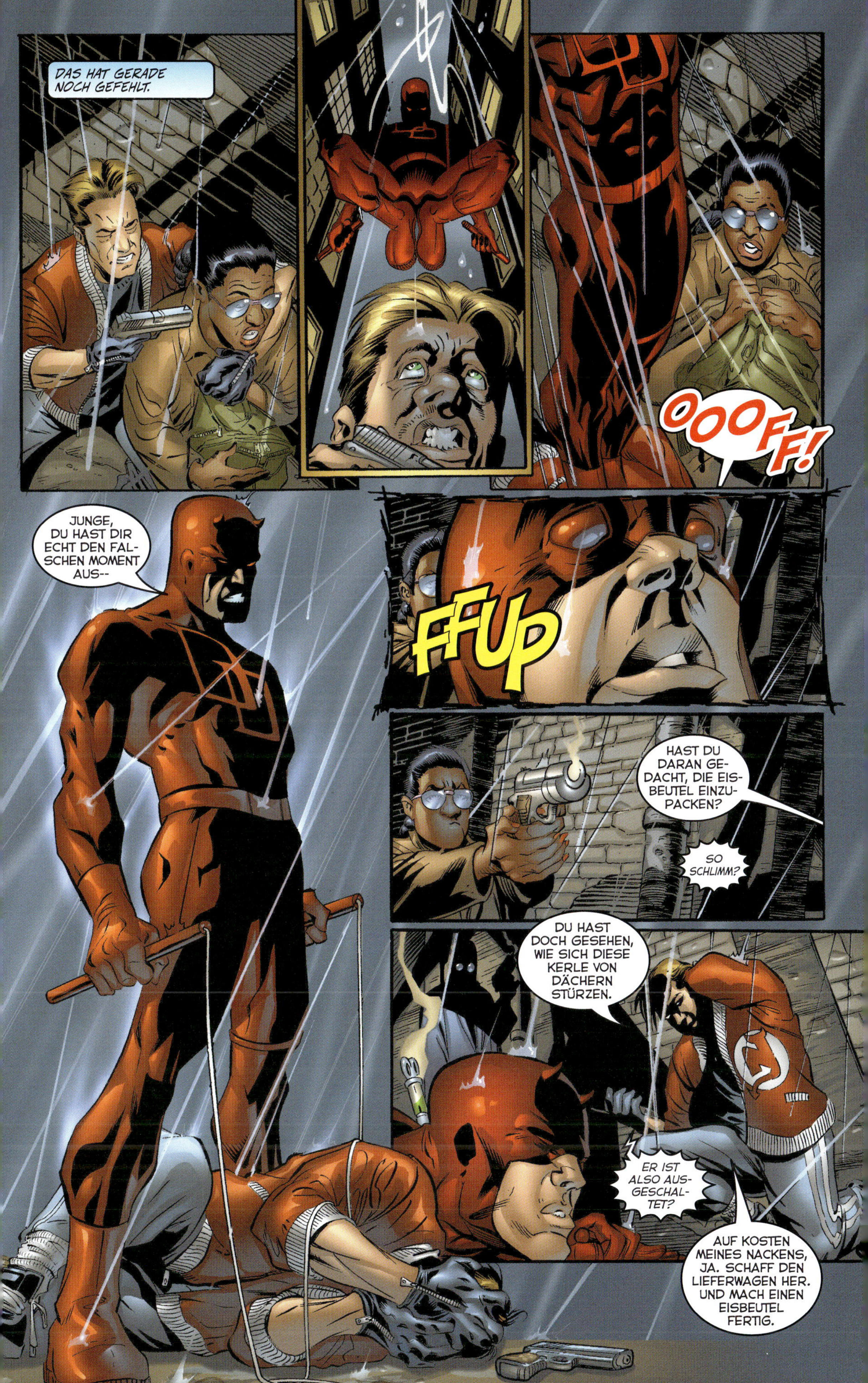
DAS HAT GERADE NOCH GEFEHLT.
OOOFF!
JUNGE, DU HAST DIR ECHT DEN FALSCHEN MOMENT AUS--
FFUP
HAST DU DARAN GEDACHT, DIE EISBEUTEL EINZUPACKEN?
SO SCHLIMM?
DU HAST DOCH GESEHEN, WIE SICH DIESE KERLE VON DÄCHERN STÜRZEN.
ER IST ALSO AUSGESCHALTET?
AUF KOSTEN MEINES NACKENS, JA. SCHAFF DEN LIEFERWAGEN HER. UND MACH EINEN EISBEUTEL FERTIG.

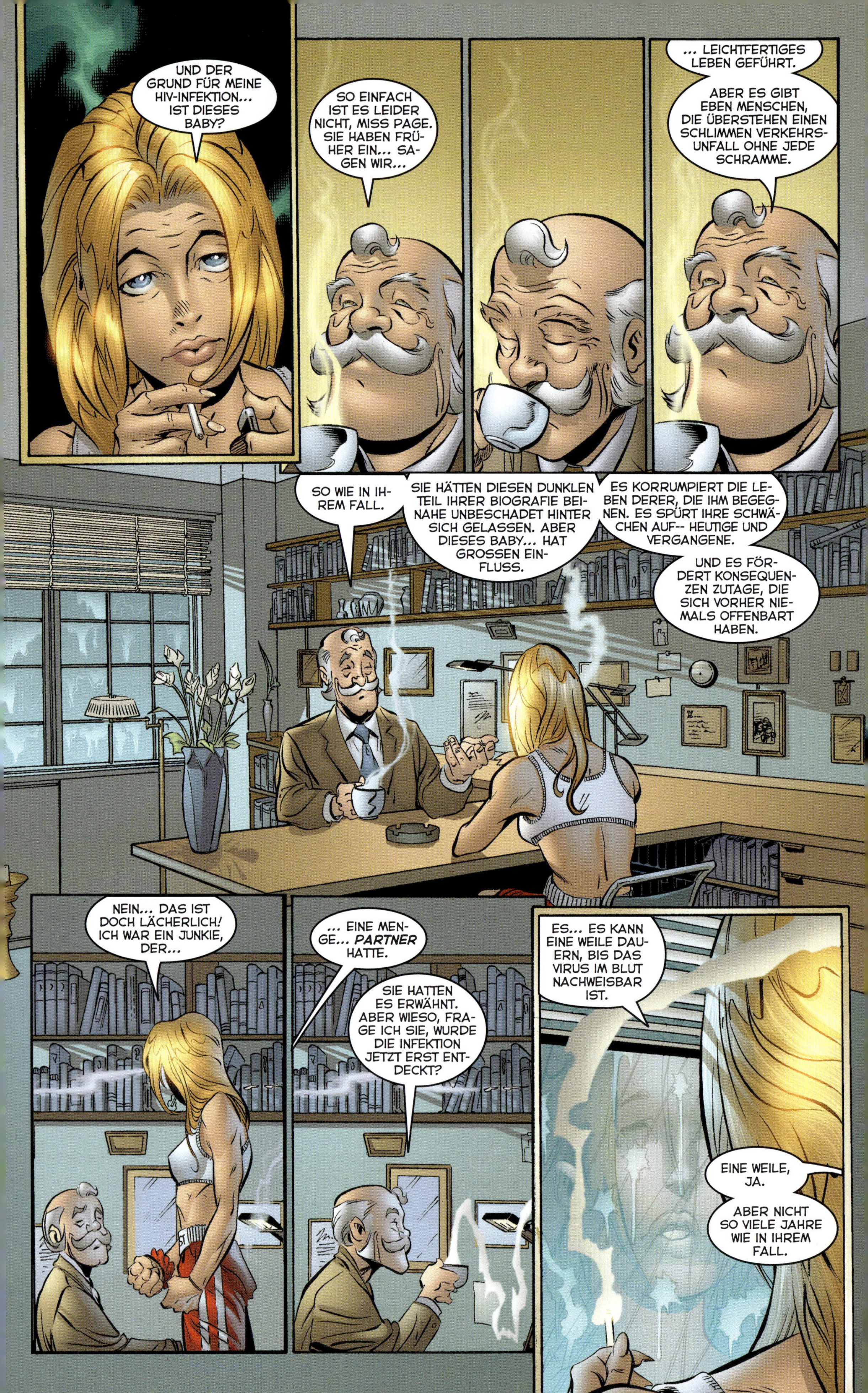
UND DER GRUND FÜR MEINE HIV-INFEKTION... IST DIESES BABY?
SO EINFACH IST ES LEIDER NICHT, MISS PAGE. SIE HABEN FRÜHER EIN... SAGEN WIR...
... LEICHTFERTIGES LEBEN GEFÜHRT.
ABER ES GIBT EBEN MENSCHEN, DIE ÜBERSTEHEN EINEN SCHLIMMEN VERKEHRSUNFALL OHNE JEDE SCHRAMME.
SO WIE IN IHREM FALL.
SIE HÄTTEN DIESEN DUNKLEN TEIL IHRER BIOGRAFIE BEINAHE UNBESCHADET HINTER SICH GELASSEN. ABER DIESES BABY... HAT GROSSEN EINFLUSS.
ES KORRUMPIERT DIE LEBEN DERER, DIE IHM BEGEGNEN. ES SPÜRT IHRE SCHWÄCHEN AUF-- HEUTIGE UND VERGANGENE.
UND ES FÖRDERT KONSEQUENZEN ZUTAGE, DIE SICH VORHER NIEMALS OFFENBART HABEN.
NEIN... DAS IST DOCH LÄCHERLICH! ICH WAR EIN JUNKIE, DER...
... EINE MENGE... PARTNER HATTE.
SIE HATTEN ES ERWÄHNT. ABER WIESO, FRAGE ICH SIE, WURDE DIE INFEKTION JETZT ERST ENTDECKT?
ES... ES KANN EINE WEILE DAUERN, BIS DAS VIRUS IM BLUT NACHWEISBAR IST.
EINE WEILE, JA.
ABER NICHT SO VIELE JAHRE WIE IN IHREM FALL.

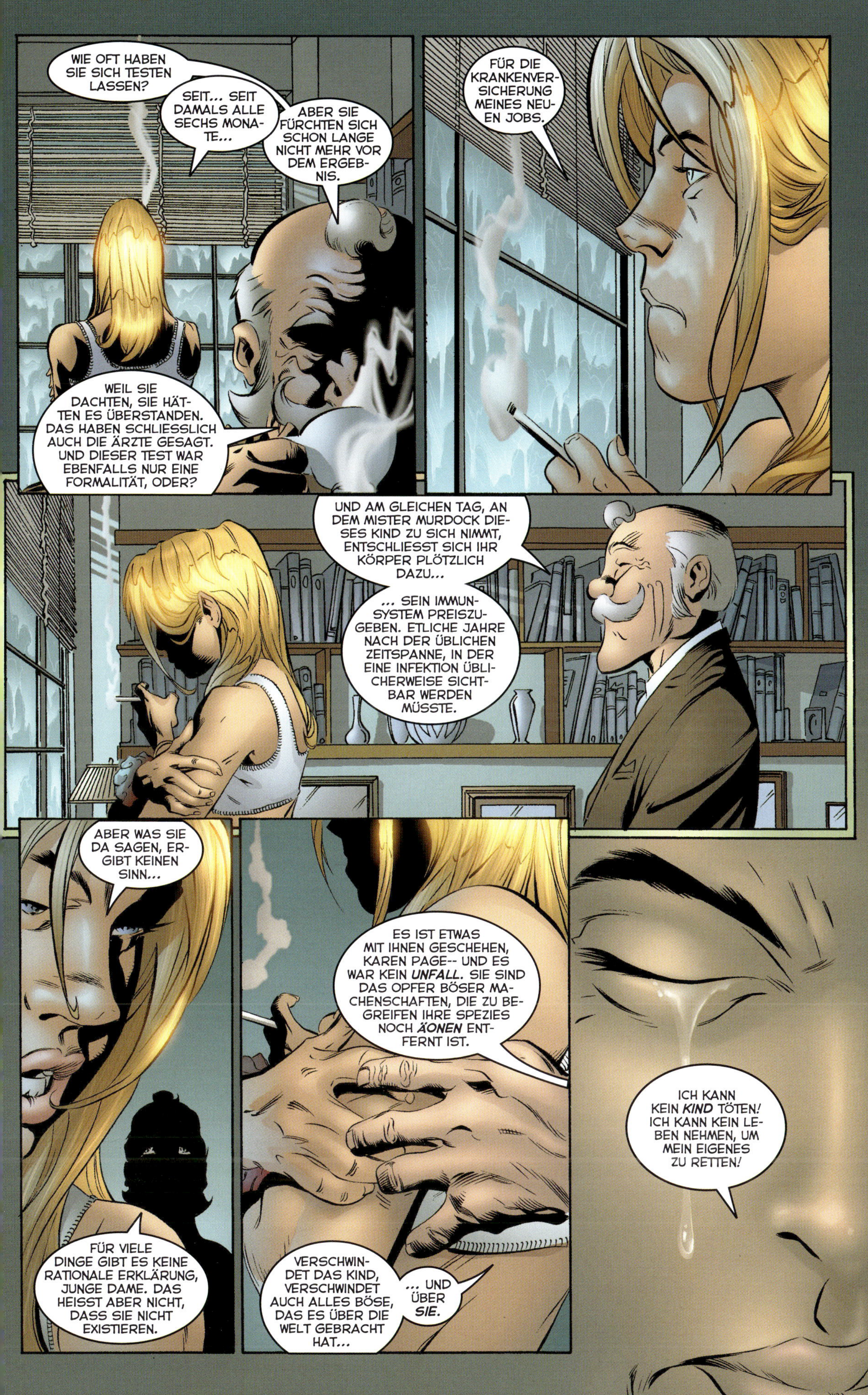
WIE OFT HABEN SIE SICH TESTEN LASSEN?
SEIT... SEIT DAMALS ALLE SECHS MONATE...
ABER SIE FÜRCHTEN SICH SCHON LANGE NICHT MEHR VOR DEM ERGEBNIS.
WEIL SIE DACHTEN, SIE HÄTTEN ES ÜBERSTANDEN. DAS HABEN SCHLIESSLICH AUCH DIE ÄRZTE GESAGT. UND DIESER TEST WAR EBENFALLS NUR EINE FORMALITÄT, ODER?
FÜR DIE KRANKENVERSICHERUNG MEINES NEUEN JOBS.
UND AM GLEICHEN TAG, AN DEM MISTER MURDOCK DIESES KIND ZU SICH NIMMT, ENTSCHLIESST SICH IHR KÖRPER PLÖTZLICH DAZU...
... SEIN IMMUNSYSTEM PREISZUGEBEN. ETLICHE JAHRE NACH DER ÜBLICHEN ZEITSPANNE, IN DER EINE INFEKTION ÜBLICHERWEISE SICHTBAR WERDEN MÜSSTE.
ABER WAS SIE DA SAGEN, ERGIBT KEINEN SINN...
FÜR VIELE DINGE GIBT ES KEINE RATIONALE ERKLÄRUNG, JUNGE DAME. DAS HEISST ABER NICHT, DASS SIE NICHT EXISTIEREN.
ES IST ETWAS MIT IHNEN GESCHEHEN, KAREN PAGE-- UND ES WAR KEIN *UNFALL*. SIE SIND DAS OPFER BÖSER MACHENSCHAFTEN, DIE ZU BEGREIFEN IHRE SPEZIES NOCH *ÄONEN* ENTFERNT IST.
VERSCHWINDET DAS KIND, VERSCHWINDET AUCH ALLES BÖSE, DAS ES ÜBER DIE WELT GEBRACHT HAT...
... UND ÜBER *SIE*.
ICH KANN KEIN *KIND* TÖTEN! ICH KANN KEIN LEBEN NEHMEN, UM MEIN EIGENES ZU RETTEN!

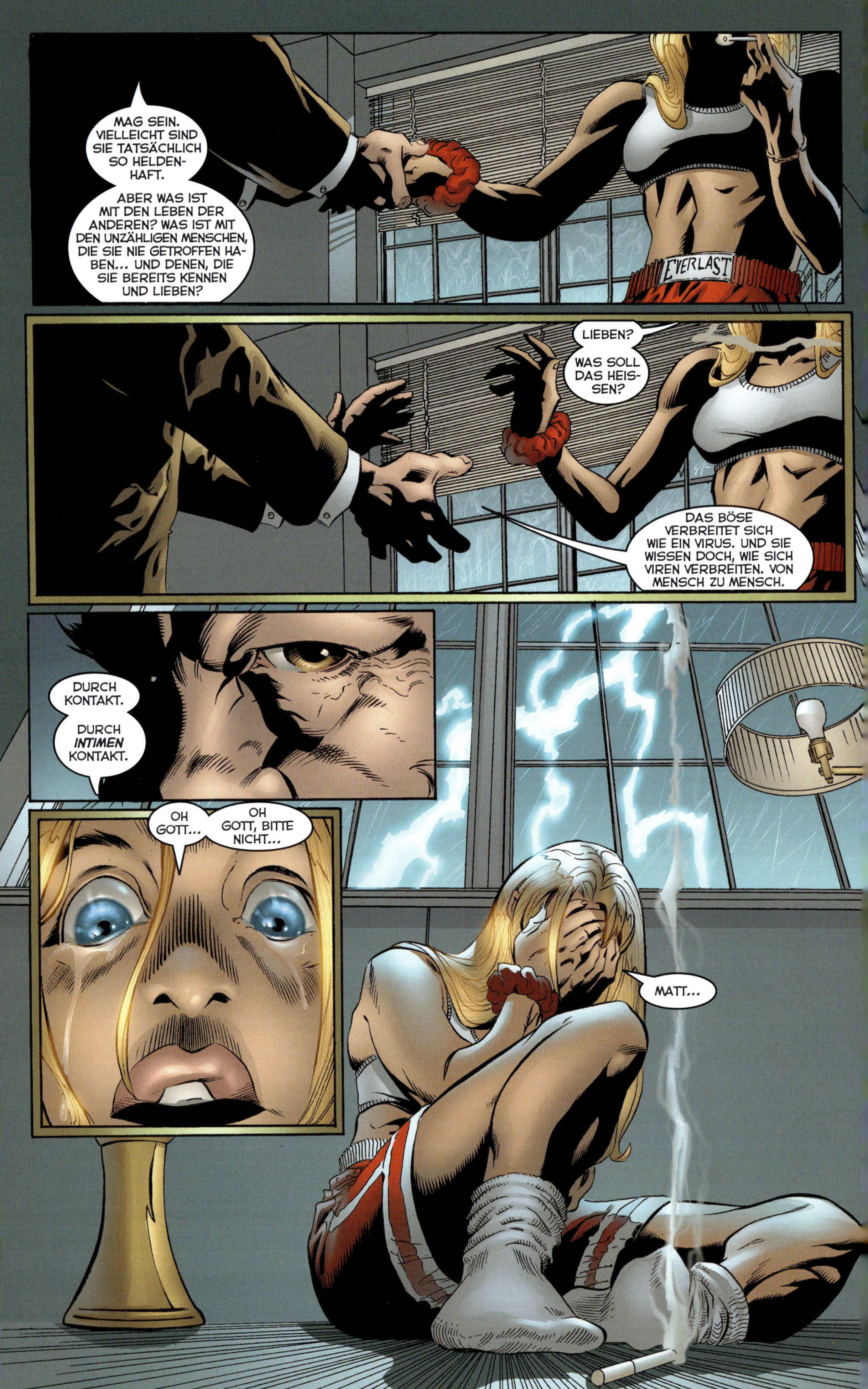
MAG SEIN. VIELLEICHT SIND SIE TATSÄCHLICH SO HELDEN-HAFT.
ABER WAS IST MIT DEN LEBEN DER ANDEREN? WAS IST MIT DEN UNZÄHLIGEN MENSCHEN, DIE SIE NIE GETROFFEN HA-BEN... UND DENEN, DIE SIE BEREITS KENNEN UND LIEBEN?
EVERLAST
LIEBEN?
WAS SOLL DAS HEIS-SEN?
DAS BÖSE VERBREITET SICH WIE EIN VIRUS. UND SIE WISSEN DOCH, WIE SICH VIREN VERBREITEN. VON MENSCH ZU MENSCH.
DURCH KONTAKT.
DURCH *INTIMEN* KONTAKT.
OH GOTT...
OH GOTT, BITTE NICHT...
MATT...

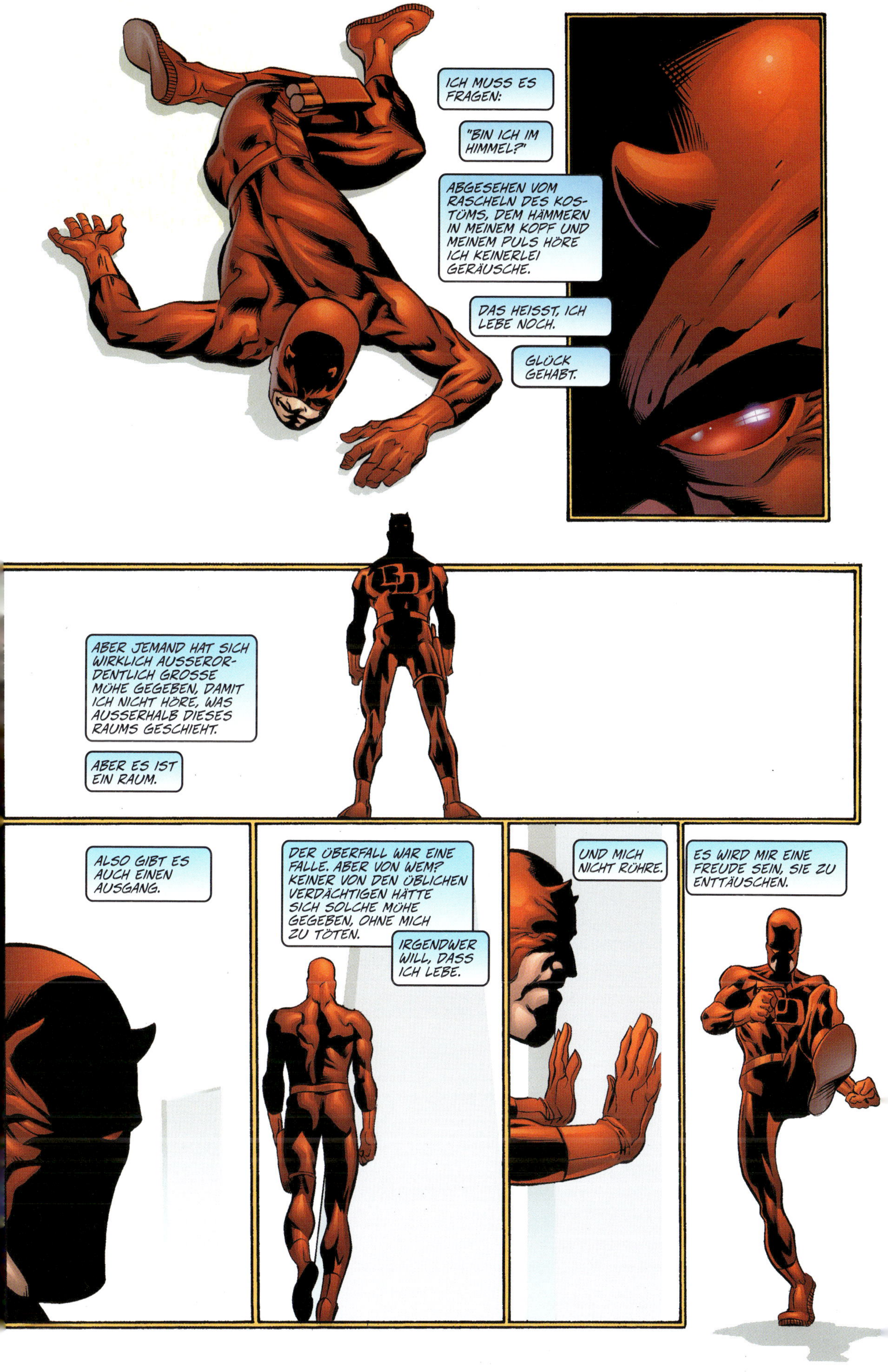

ICH MUSS ES FRAGEN:

"BIN ICH IM HIMMEL?"

ABGESEHEN VOM RASCHELN DES KOSTÜMS, DEM HÄMMERN IN MEINEM KOPF UND MEINEM PULS HÖRE ICH KEINERLEI GERÄUSCHE.

DAS HEISST, ICH LEBE NOCH.

GLÜCK GEHABT.

ABER JEMAND HAT SICH WIRKLICH AUSSERORDENTLICH GROSSE MÜHE GEGEBEN, DAMIT ICH NICHT HÖRE, WAS AUSSERHALB DIESES RAUMS GESCHIEHT.

ABER ES IST EIN RAUM.

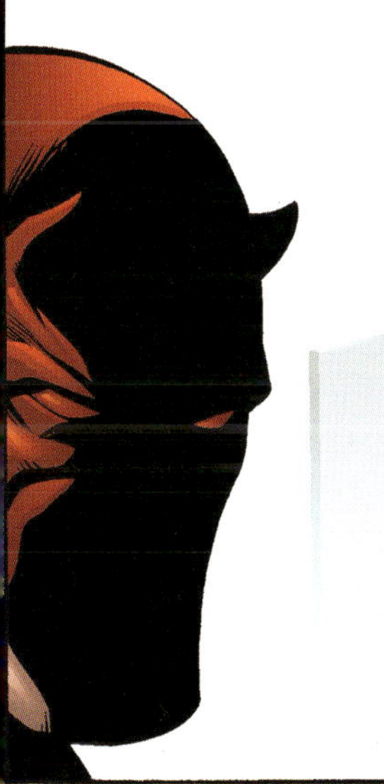

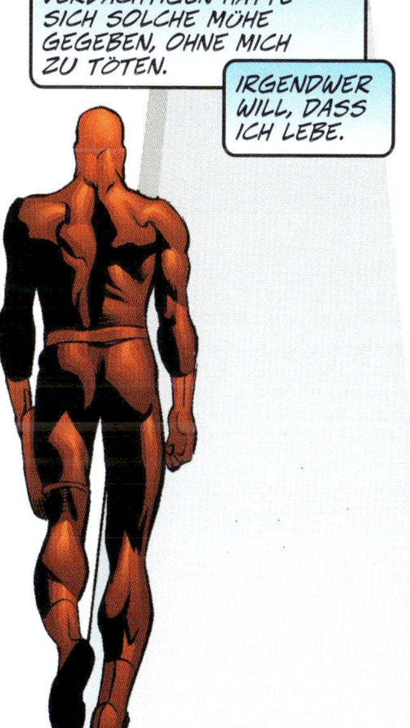

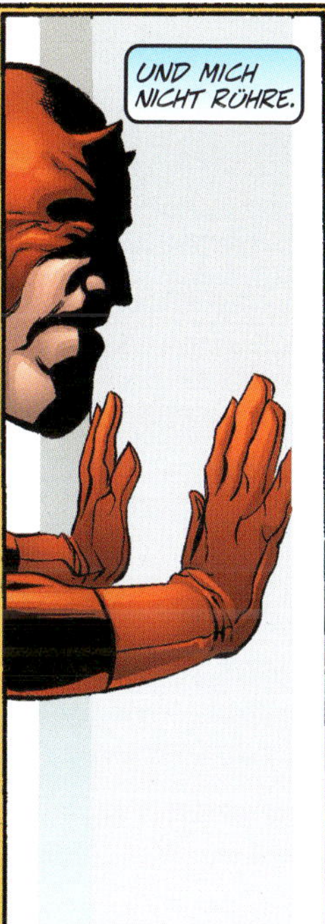

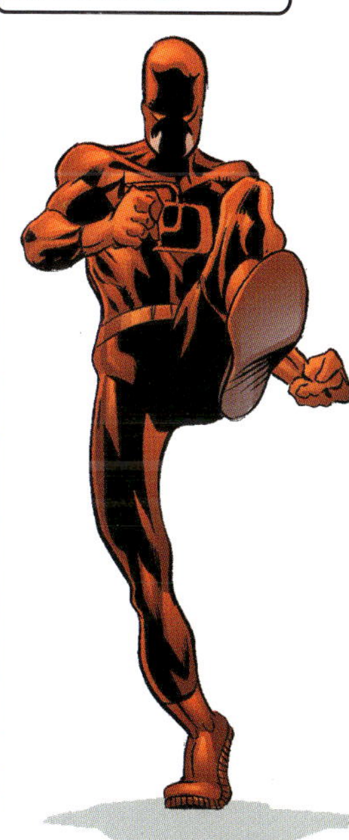

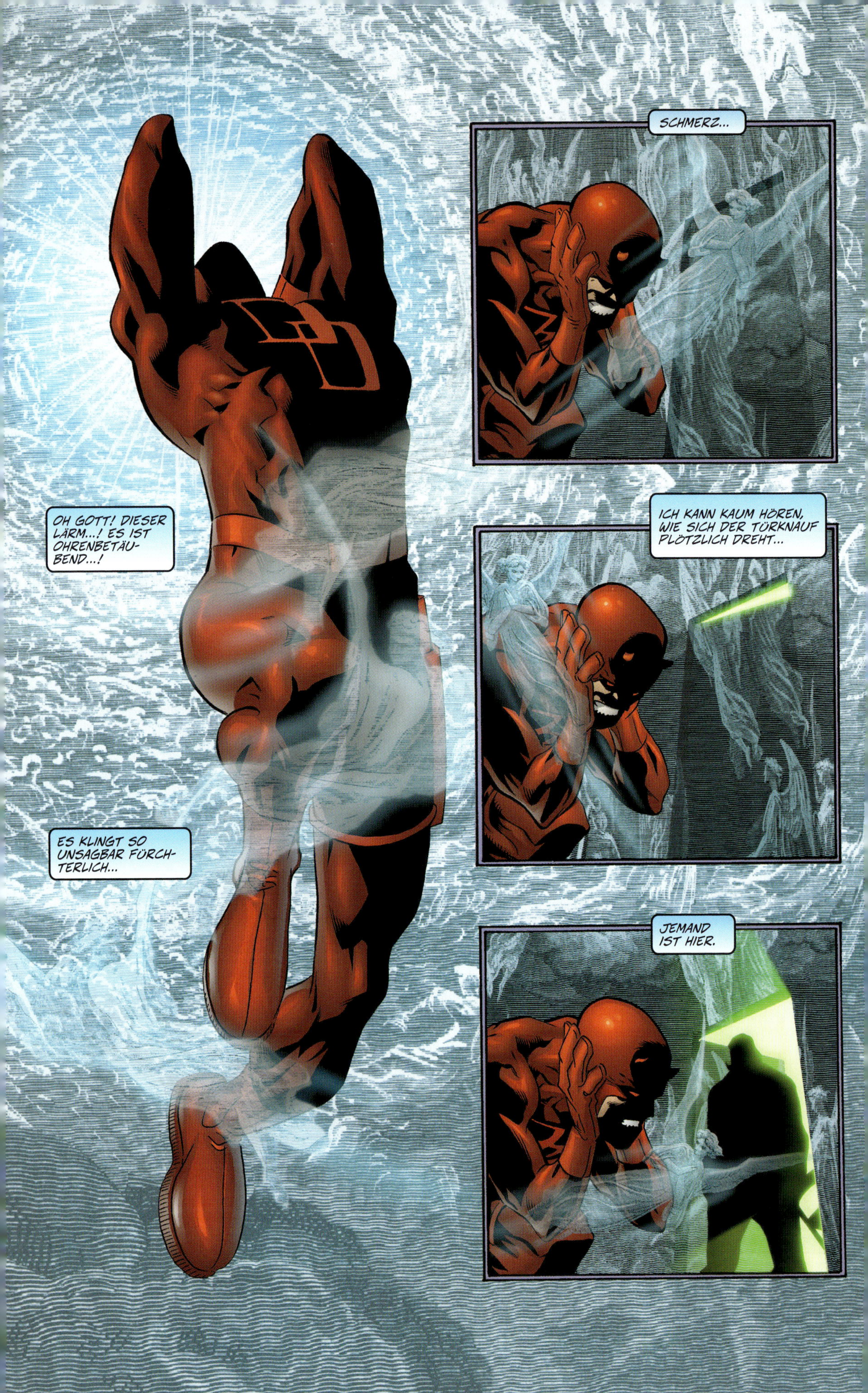

OH GOTT! DIESER LÄRM...! ES IST OHRENBETÄUBEND...!
ES KLINGT SO UNSAGBAR FÜRCHTERLICH...
SCHMERZ...
ICH KANN KAUM HÖREN, WIE SICH DER TÜRKNAUF PLÖTZLICH DREHT...
JEMAND IST HIER.

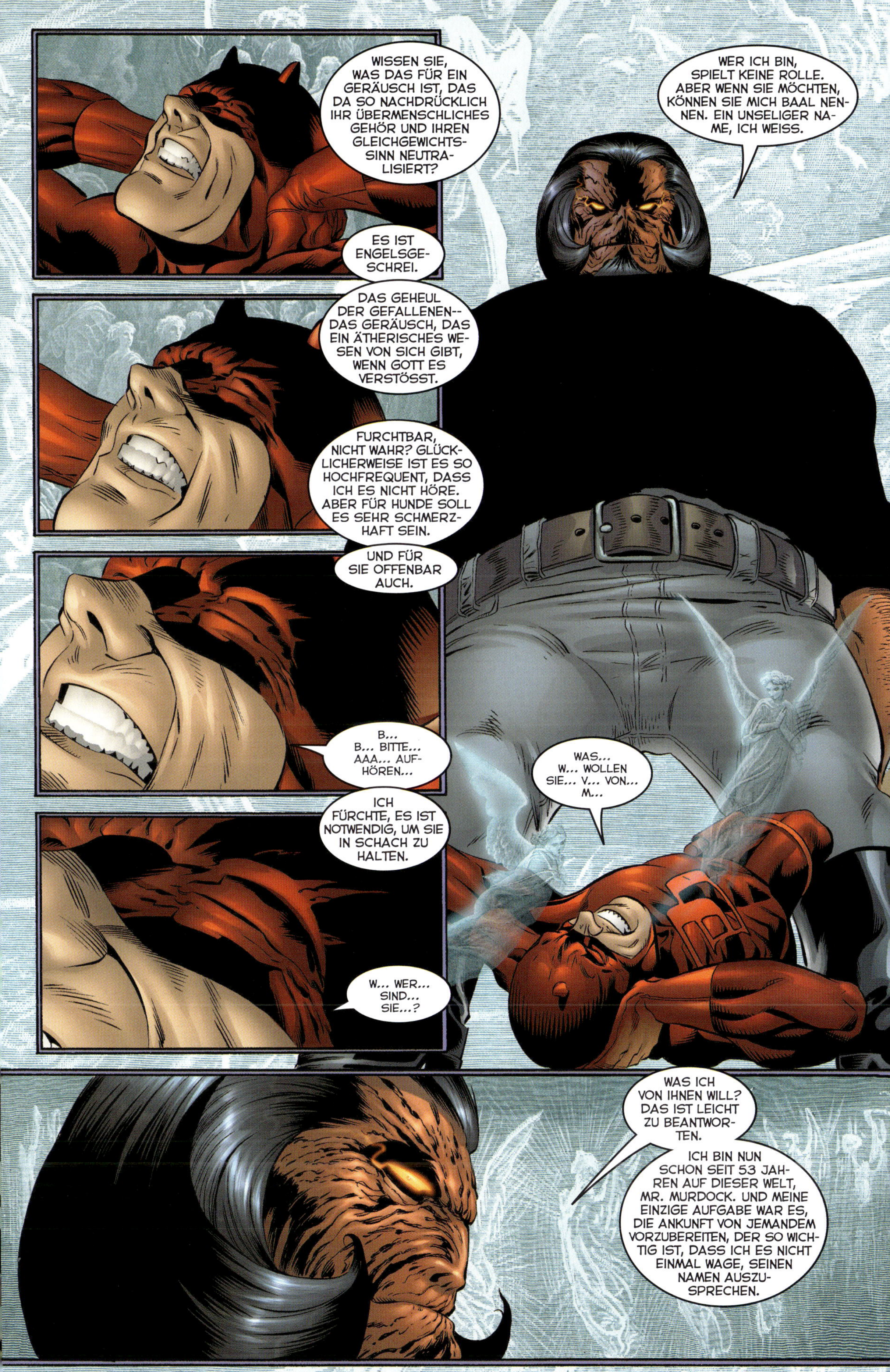
WISSEN SIE, WAS DAS FÜR EIN GERÄUSCH IST, DAS DA SO NACHDRÜCKLICH IHR ÜBERMENSCHLICHES GEHÖR UND IHREN GLEICHGEWICHTS-SINN NEUTRALISIERT?
WER ICH BIN, SPIELT KEINE ROLLE. ABER WENN SIE MÖCHTEN, KÖNNEN SIE MICH BAAL NENNEN. EIN UNSELIGER NAME, ICH WEISS.
ES IST ENGELSGESCHREI.
DAS GEHEUL DER GEFALLENEN-- DAS GERÄUSCH, DAS EIN ÄTHERISCHES WESEN VON SICH GIBT, WENN GOTT ES VERSTÖSST.
FURCHTBAR, NICHT WAHR? GLÜCKLICHERWEISE IST ES SO HOCHFREQUENT, DASS ICH ES NICHT HÖRE. ABER FÜR HUNDE SOLL ES SEHR SCHMERZHAFT SEIN.
UND FÜR SIE OFFENBAR AUCH.
B... B... BITTE... AAA... AUFHÖREN...
WAS... W... WOLLEN SIE... V... VON... M...
ICH FÜRCHTE, ES IST NOTWENDIG, UM SIE IN SCHACH ZU HALTEN.
W... WER... SIND... SIE...?
WAS ICH VON IHNEN WILL? DAS IST LEICHT ZU BEANTWORTEN.
ICH BIN NUN SCHON SEIT 53 JAHREN AUF DIESER WELT, MR. MURDOCK. UND MEINE EINZIGE AUFGABE WAR ES, DIE ANKUNFT VON JEMANDEM VORZUBEREITEN, DER SO WICHTIG IST, DASS ICH ES NICHT EINMAL WAGE, SEINEN NAMEN AUSZUSPRECHEN.

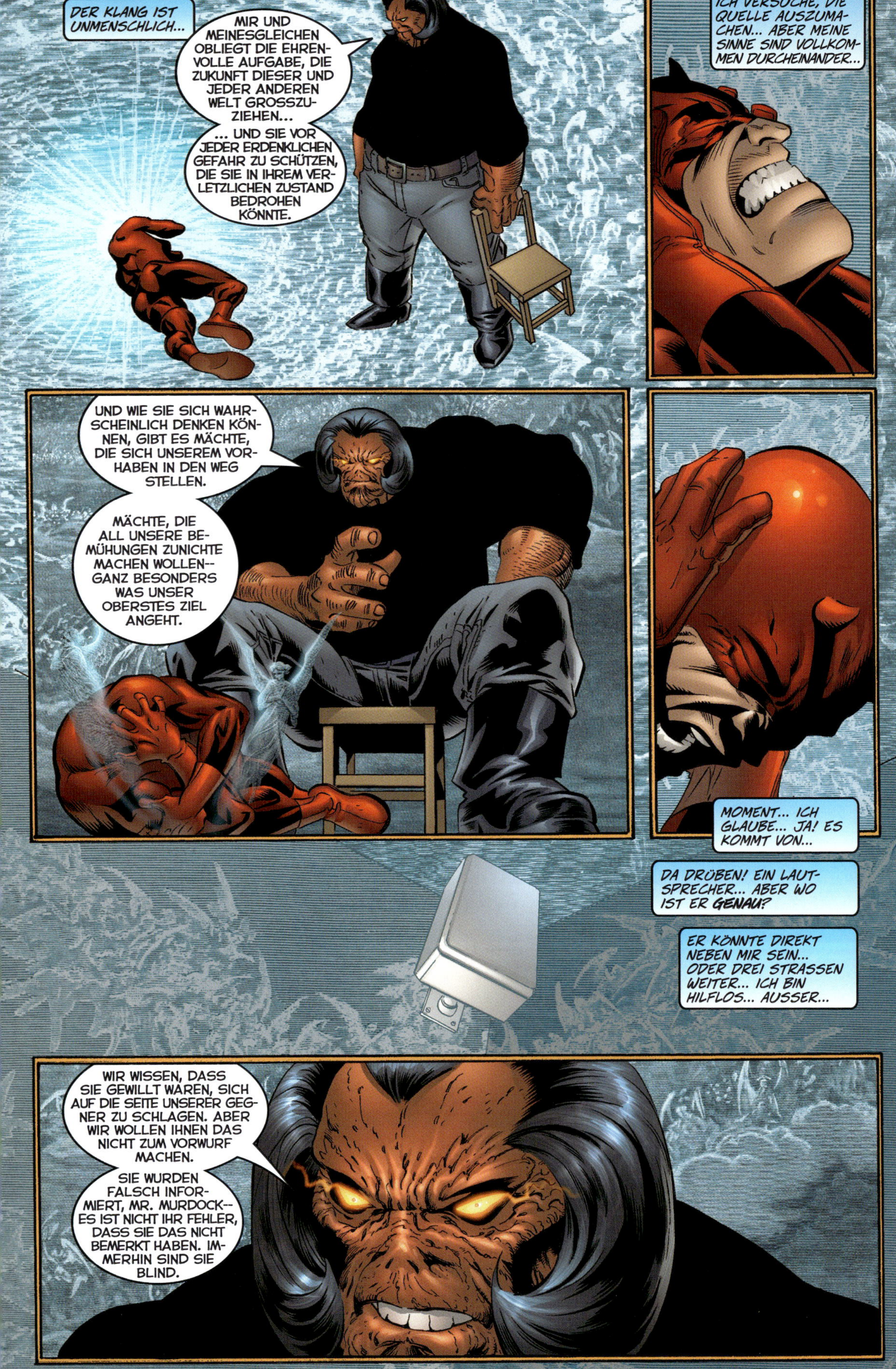

DER KLANG IST UNMENSCHLICH...
MIR UND MEINESGLEICHEN OBLIEGT DIE EHRENVOLLE AUFGABE, DIE ZUKUNFT DIESER UND JEDER ANDEREN WELT GROSSZUZIEHEN...
... UND SIE VOR JEDER ERDENKLICHEN GEFAHR ZU SCHÜTZEN, DIE SIE IN IHREM VERLETZLICHEN ZUSTAND BEDROHEN KÖNNTE.
ICH VERSUCHE, DIE QUELLE AUSZUMACHEN... ABER MEINE SINNE SIND VOLLKOMMEN DURCHEINANDER...
UND WIE SIE SICH WAHRSCHEINLICH DENKEN KÖNNEN, GIBT ES MÄCHTE, DIE SICH UNSEREM VORHABEN IN DEN WEG STELLEN.
MÄCHTE, DIE ALL UNSERE BEMÜHUNGEN ZUNICHTE MACHEN WOLLEN-- GANZ BESONDERS WAS UNSER OBERSTES ZIEL ANGEHT.
MOMENT... ICH GLAUBE... JA! ES KOMMT VON...
DA DRÜBEN! EIN LAUTSPRECHER... ABER WO IST ER GENAU?
ER KÖNNTE DIREKT NEBEN MIR SEIN... ODER DREI STRASSEN WEITER... ICH BIN HILFLOS... AUSSER...
WIR WISSEN, DASS SIE GEWILLT WAREN, SICH AUF DIE SEITE UNSERER GEGNER ZU SCHLAGEN. ABER WIR WOLLEN IHNEN DAS NICHT ZUM VORWURF MACHEN.
SIE WURDEN FALSCH INFORMIERT, MR. MURDOCK-- ES IST NICHT IHR FEHLER, DASS SIE DAS NICHT BEMERKT HABEN. IMMERHIN SIND SIE BLIND.

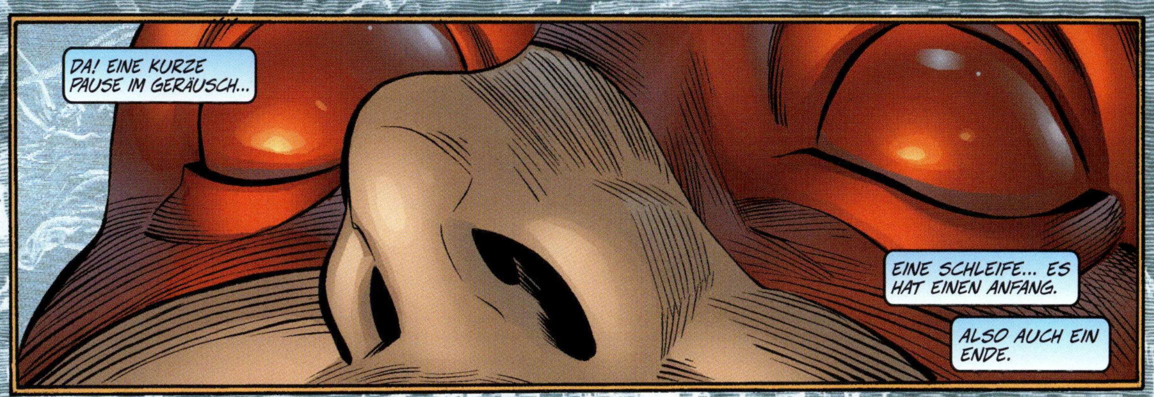
DA! EINE KURZE PAUSE IM GERÄUSCH...
EINE SCHLEIFE... ES HAT EINEN ANFANG.
ALSO AUCH EIN ENDE.

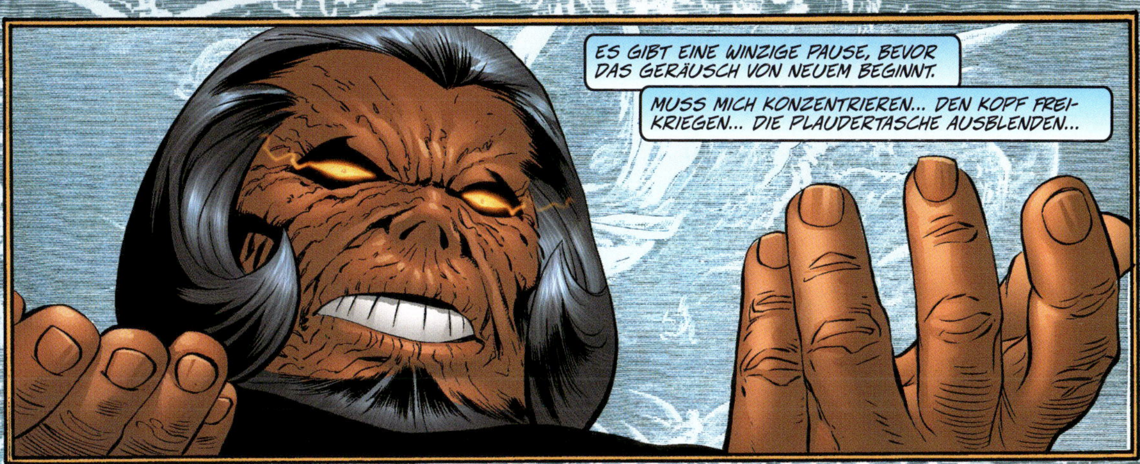
ES GIBT EINE WINZIGE PAUSE, BEVOR DAS GERÄUSCH VON NEUEM BEGINNT.
MUSS MICH KONZENTRIEREN... DEN KOPF FREIKRIEGEN... DIE PLAUDERTASCHE AUSBLENDEN...

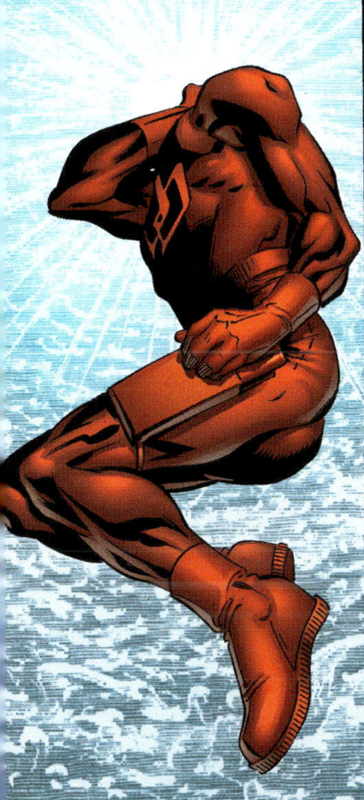
MUSS DAS MUSTER ERKENNEN... DIE SEKUNDEN BIS ZUR PAUSE ZÄHLEN...

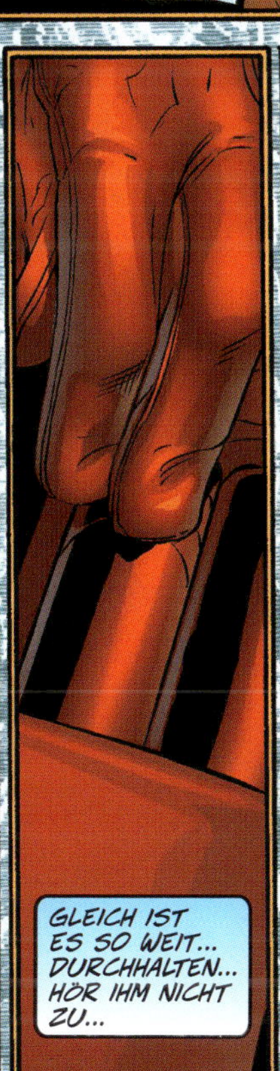
ES TUT MIR LEID, DASS WIR SIE HIER FESTHALTEN MÜSSEN. ICH WÜRDE IHR UNGEMACH NUR ALLZU GERNE BEENDEN UND SIE FREILASSEN.
ABER BEVOR ICH DAS TUN KANN, MUSS ICH EINE SACHE WISSEN...
GLEICH IST ES SO WEIT... DURCHHALTEN... HÖR IHM NICHT ZU...

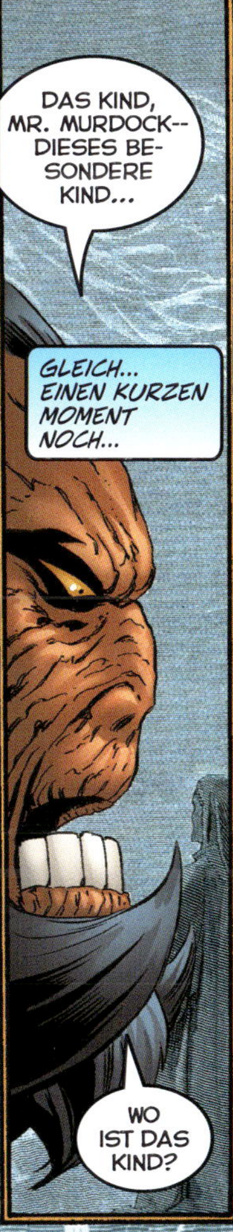
DAS KIND, MR. MURDOCK-- DIESES BESONDERE KIND...
GLEICH... EINEN KURZEN MOMENT NOCH...
WO IST DAS KIND?

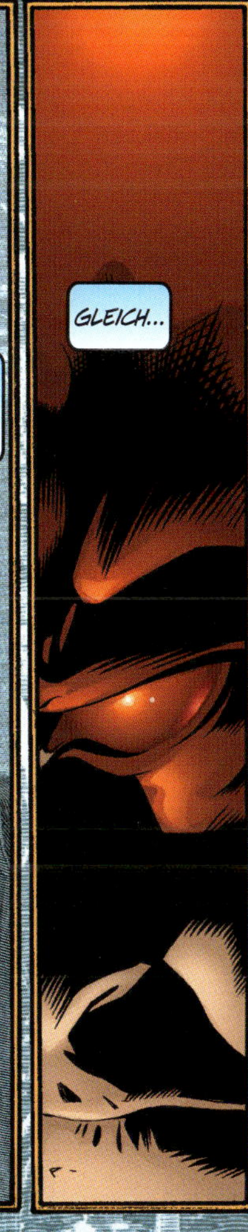
GLEICH...

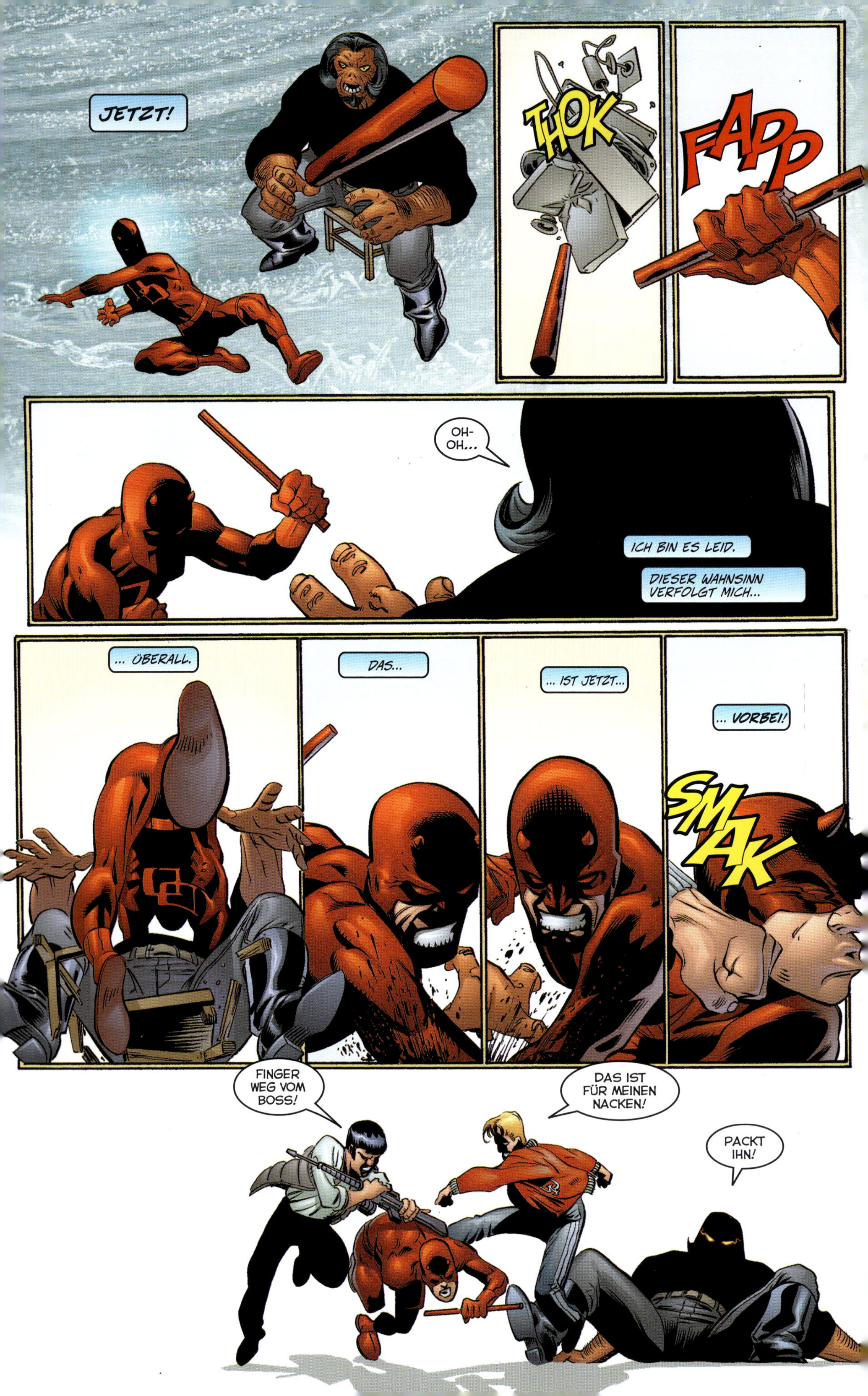

JETZT!
THOK
FAPP

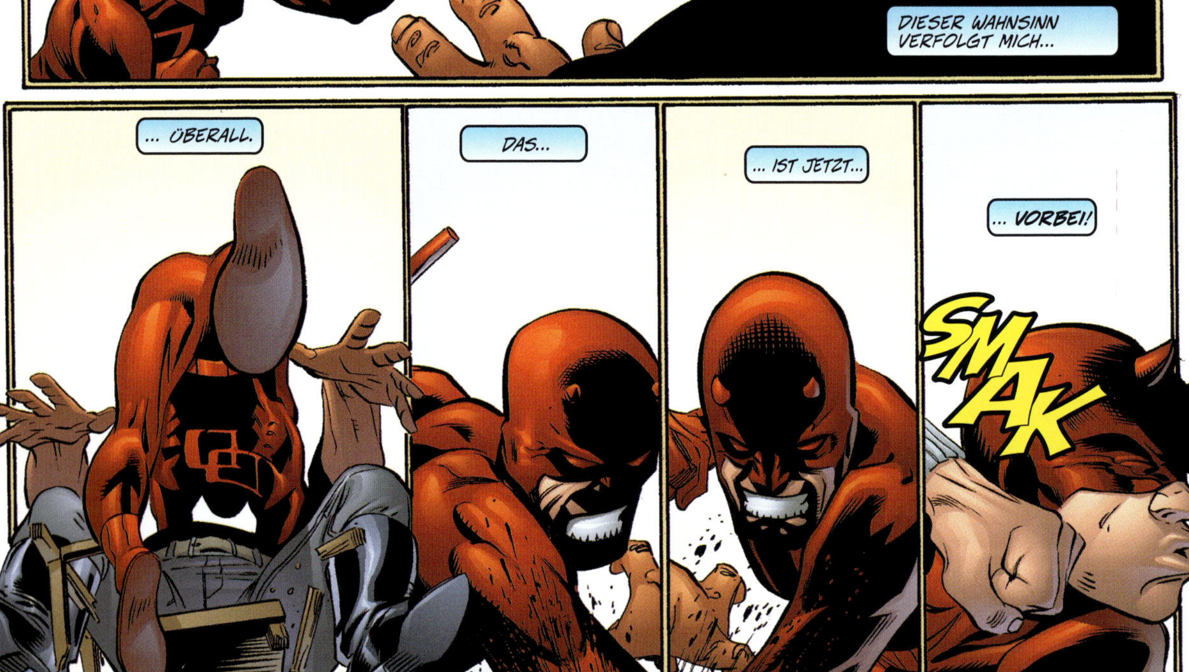

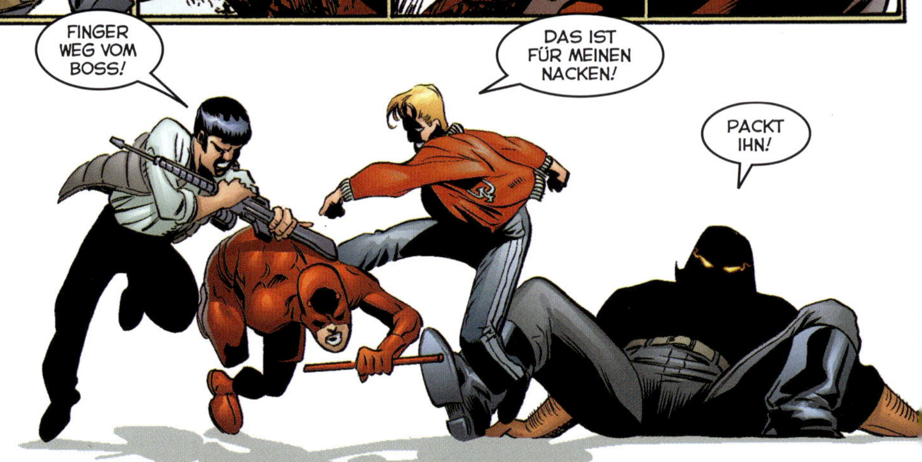

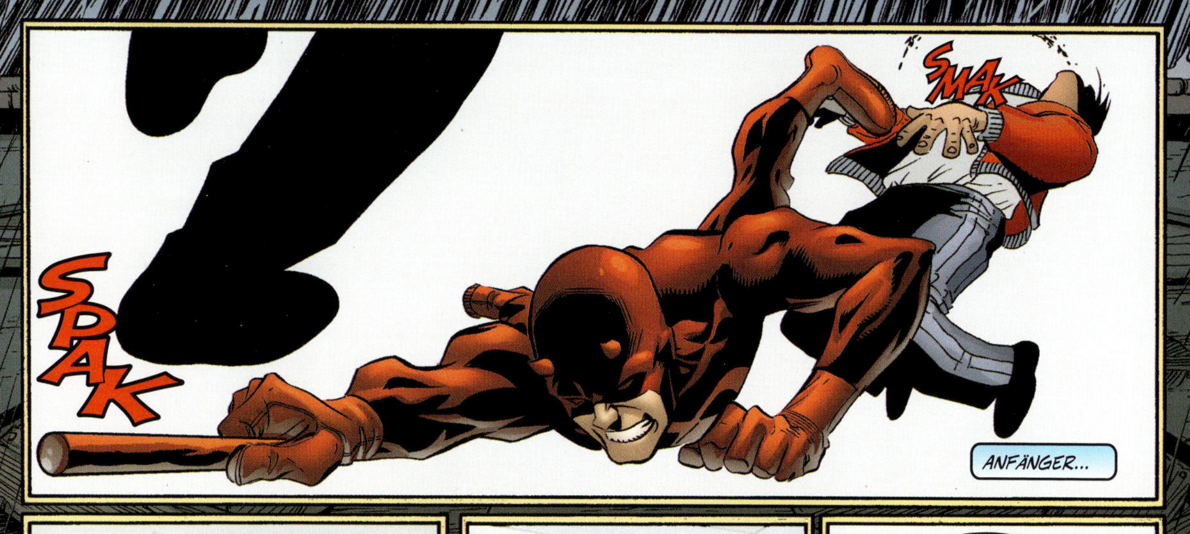
SPAK
SMAK
ANFÄNGER...

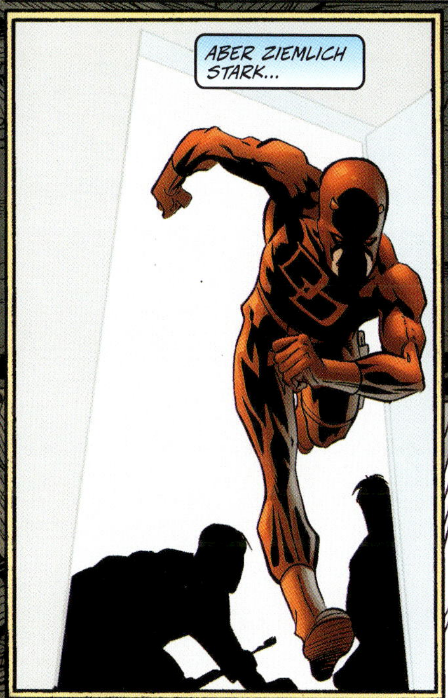
ABER ZIEMLICH STARK...

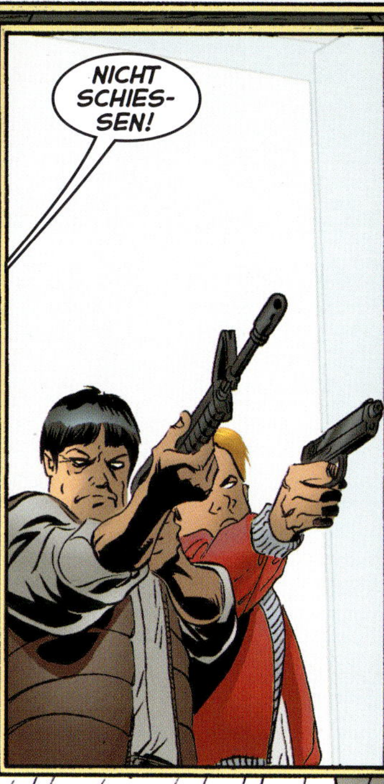
NICHT SCHIES-SEN!

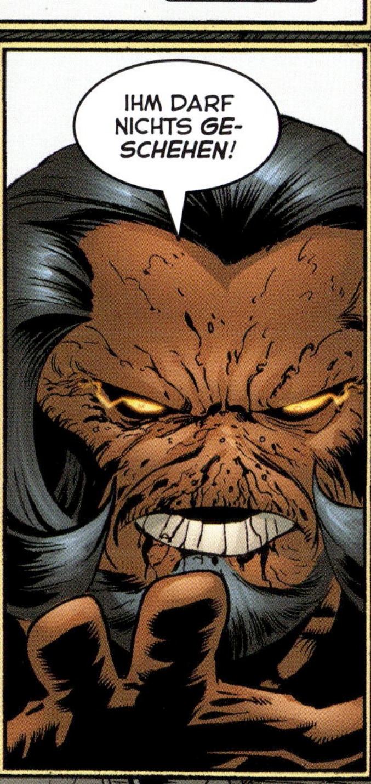
IHM DARF NICHTS GE-SCHEHEN!

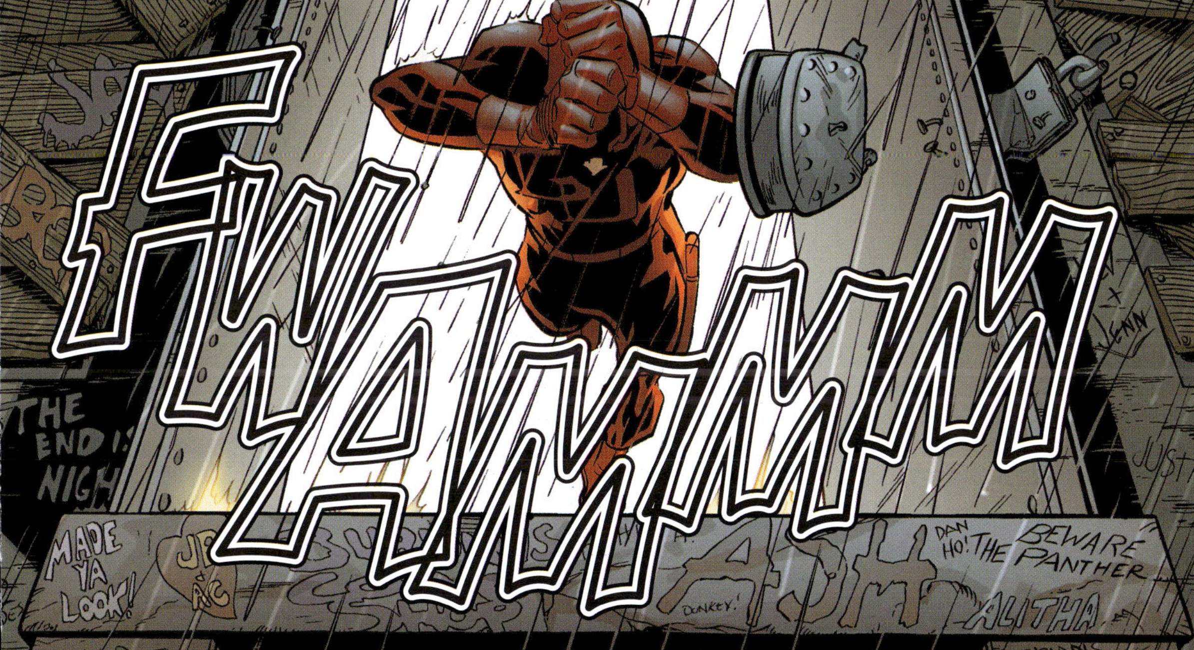
FWAMMMM
THE END IS NIGH
MADE YA LOOK!
DAN HO!
BEWARE THE PANTHER
DONKEY!
ALITHA
VINCE
BRIAN'S MONKEY'S UNCLE
JUSTIN

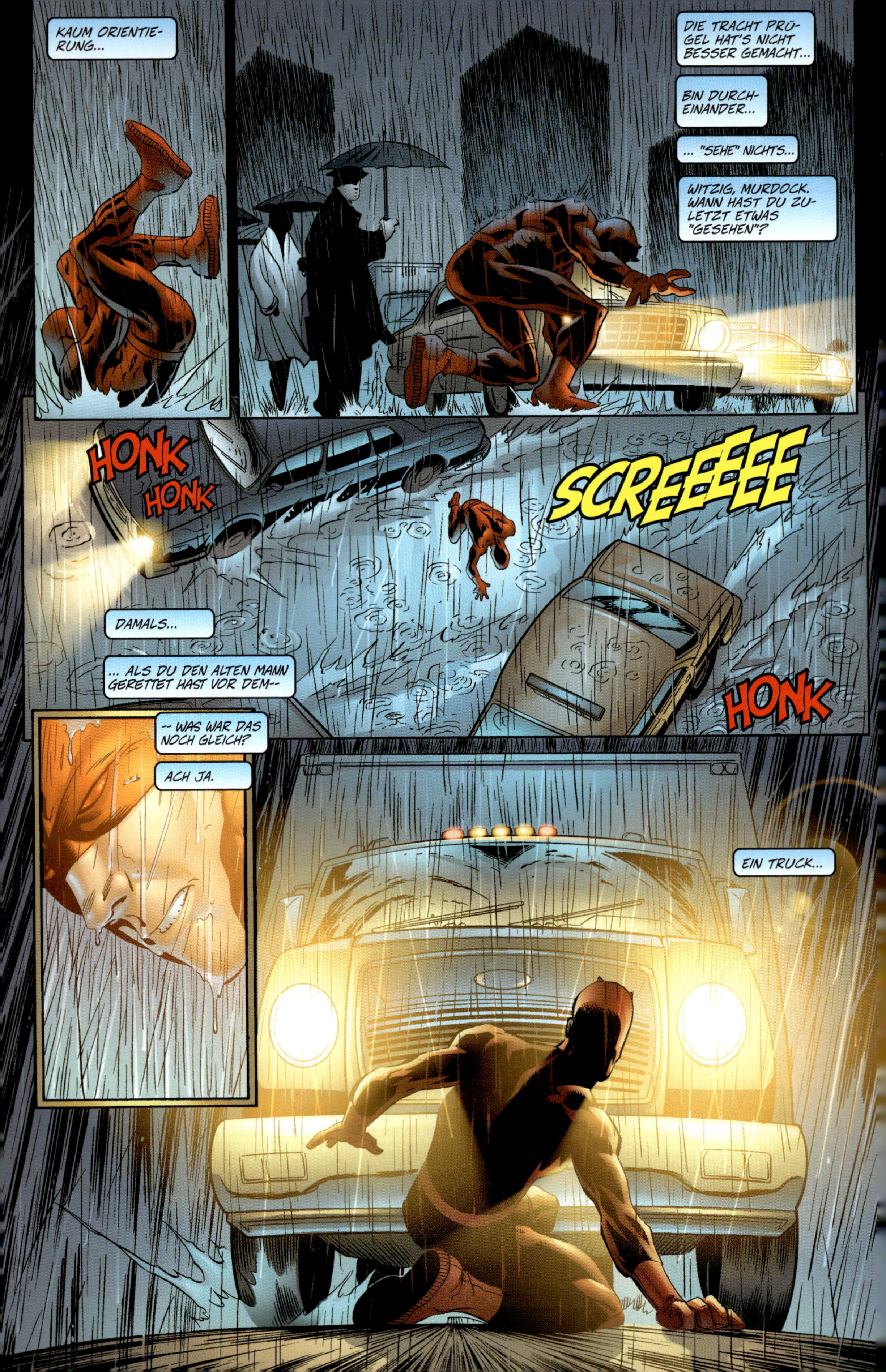
KAUM ORIENTIE-RUNG...
DIE TRACHT PRÜGEL HAT'S NICHT BESSER GEMACHT...
BIN DURCH-EINANDER...
... "SEHE" NICHTS...
WITZIG, MURDOCK. WANN HAST DU ZULETZT ETWAS "GESEHEN"?
HONK HONK
SCREEEEEE
DAMALS...
... ALS DU DEN ALTEN MANN GERETTET HAST VOR DEM--
HONK
-- WAS WAR DAS NOCH GLEICH?
ACH JA.
EIN TRUCK...

IN DEN ARMEN DES TEUFELS, TEIL 4: DAS WEIB UND DER TEUFEL

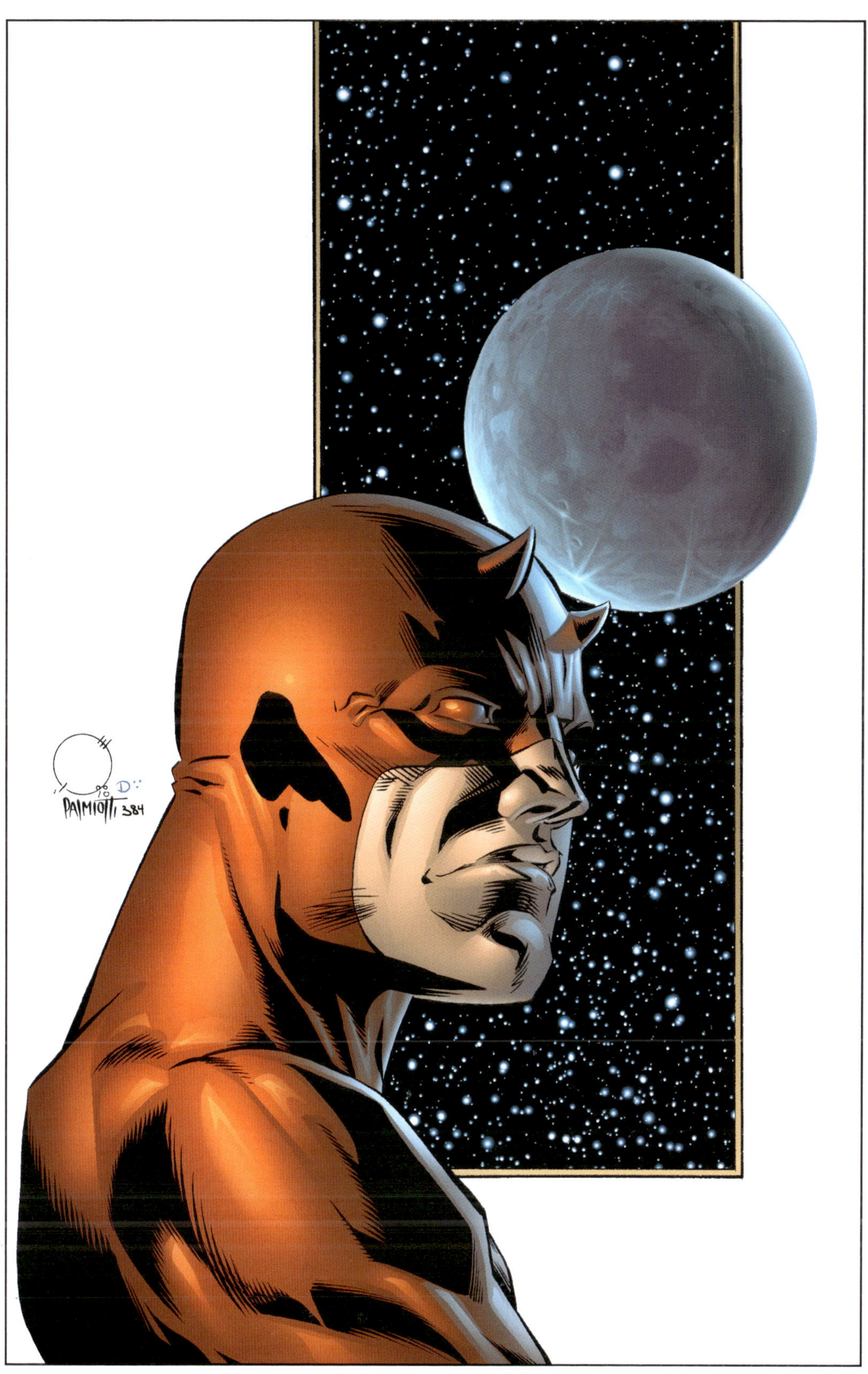

Daredevil (1998) 4
Cover von **JOE QUESADA**

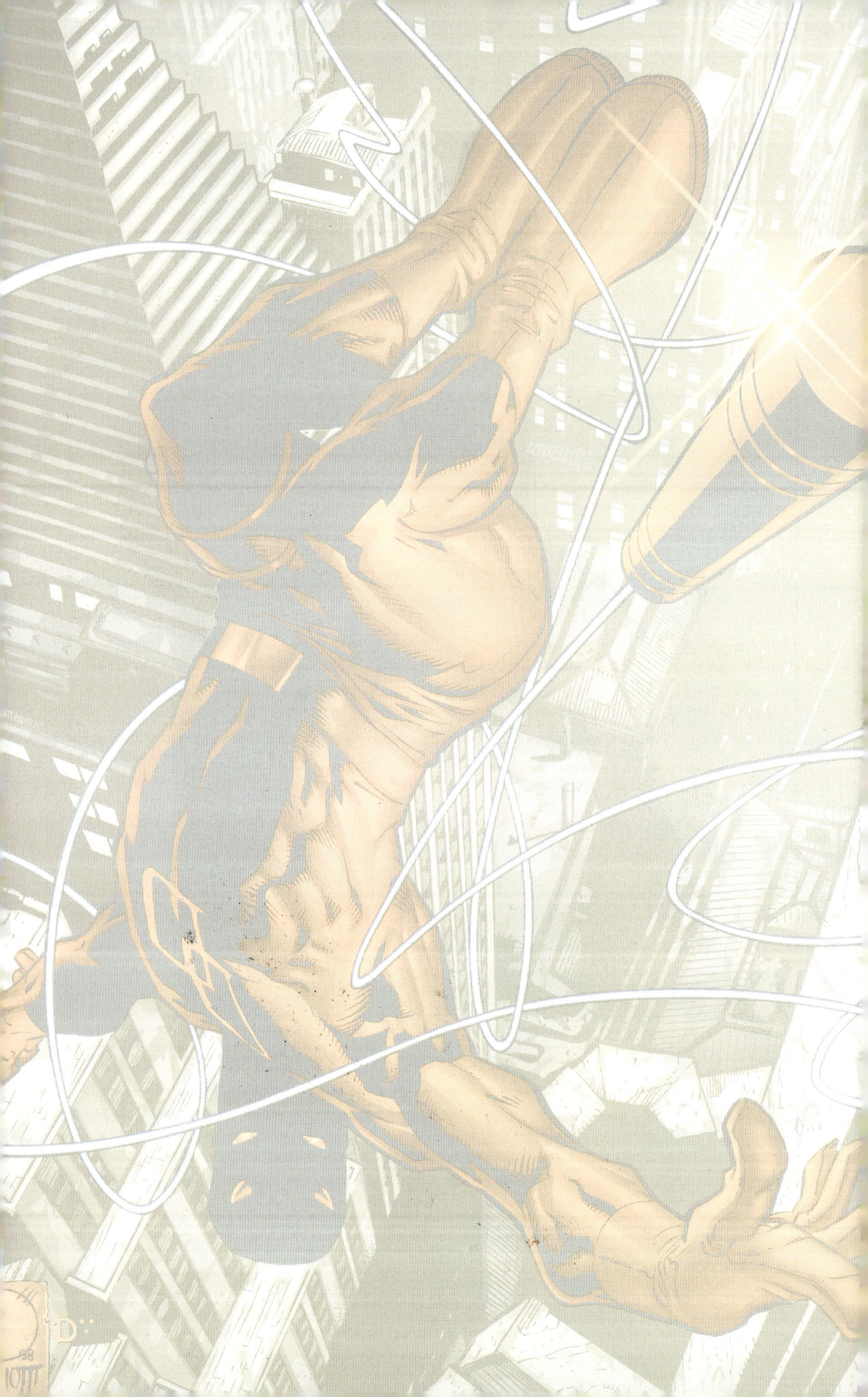

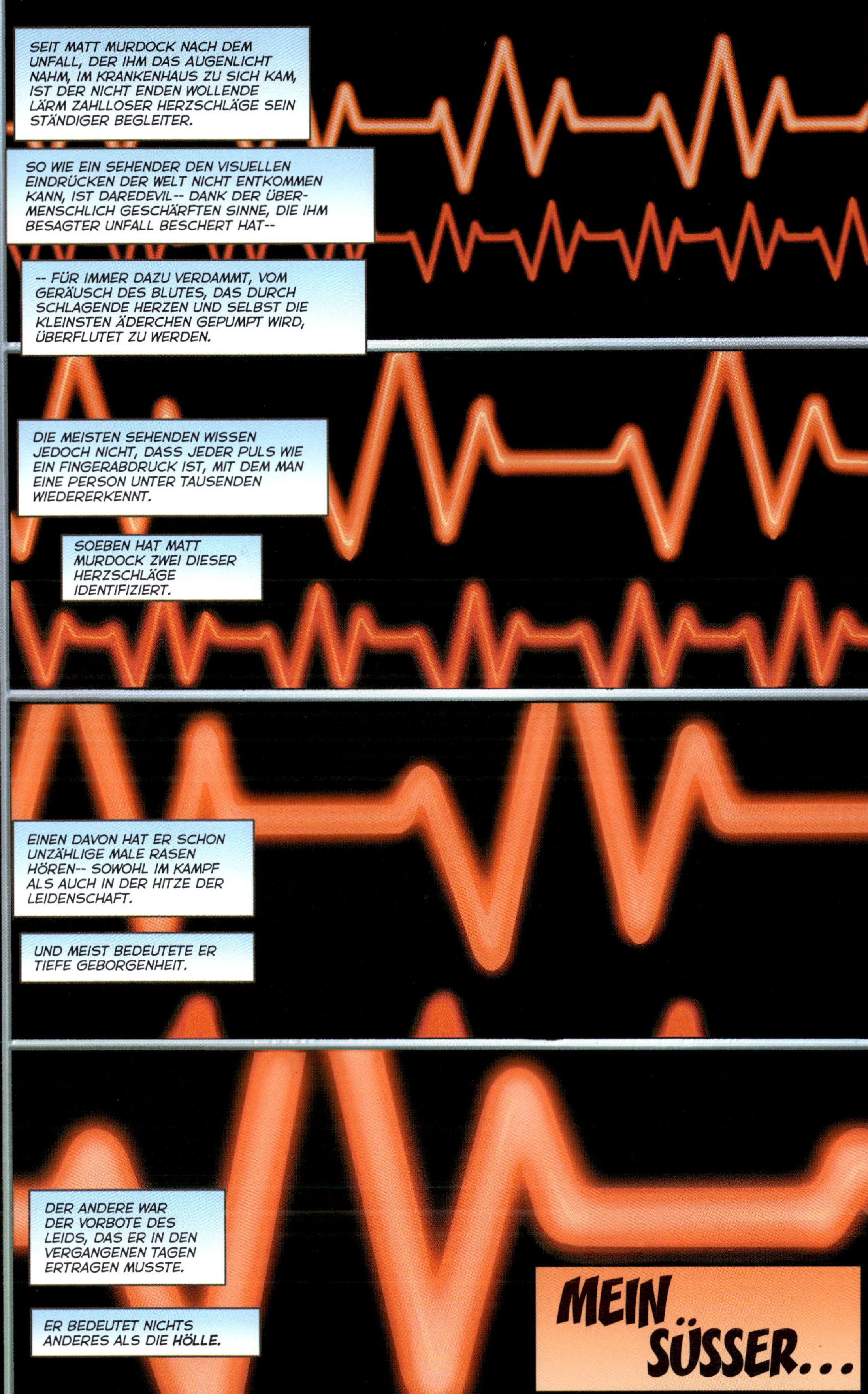
SEIT MATT MURDOCK NACH DEM UNFALL, DER IHM DAS AUGENLICHT NAHM, IM KRANKENHAUS ZU SICH KAM, IST DER NICHT ENDEN WOLLENDE LÄRM ZAHLLOSER HERZSCHLÄGE SEIN STÄNDIGER BEGLEITER.
SO WIE EIN SEHENDER DEN VISUELLEN EINDRÜCKEN DER WELT NICHT ENTKOMMEN KANN, IST DAREDEVIL-- DANK DER ÜBERMENSCHLICH GESCHÄRFTEN SINNE, DIE IHM BESAGTER UNFALL BESCHERT HAT--
-- FÜR IMMER DAZU VERDAMMT, VOM GERÄUSCH DES BLUTES, DAS DURCH SCHLAGENDE HERZEN UND SELBST DIE KLEINSTEN ÄDERCHEN GEPUMPT WIRD, ÜBERFLUTET ZU WERDEN.
DIE MEISTEN SEHENDEN WISSEN JEDOCH NICHT, DASS JEDER PULS WIE EIN FINGERABDRUCK IST, MIT DEM MAN EINE PERSON UNTER TAUSENDEN WIEDERERKENNT.
SOEBEN HAT MATT MURDOCK ZWEI DIESER HERZSCHLÄGE IDENTIFIZIERT.
EINEN DAVON HAT ER SCHON UNZÄHLIGE MALE RASEN HÖREN-- SOWOHL IM KAMPF ALS AUCH IN DER HITZE DER LEIDENSCHAFT.
UND MEIST BEDEUTETE ER TIEFE GEBORGENHEIT.
DER ANDERE WAR DER VORBOTE DES LEIDS, DAS ER IN DEN VERGANGENEN TAGEN ERTRAGEN MUSSTE.
ER BEDEUTET NICHTS ANDERES ALS DIE **HÖLLE.**
MEIN SÜSSER...

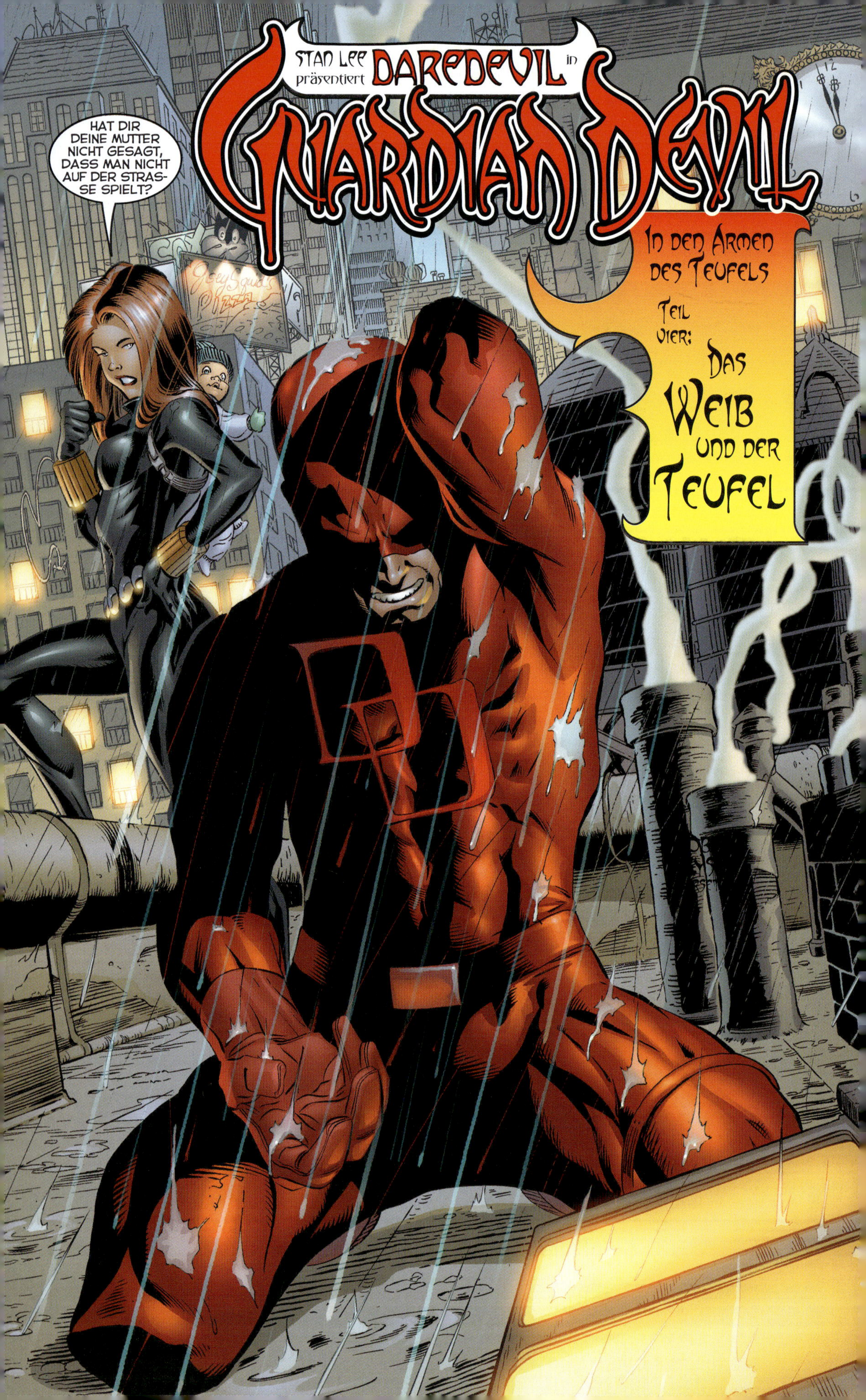
STAN LEE präsentiert DAREDEVIL in
GUARDIAN DEVIL
HAT DIR DEINE MUTTER NICHT GESAGT, DASS MAN NICHT AUF DER STRASSE SPIELT?
IN DEN ARMEN DES TEUFELS
TEIL VIER:
DAS WEIB UND DER TEUFEL

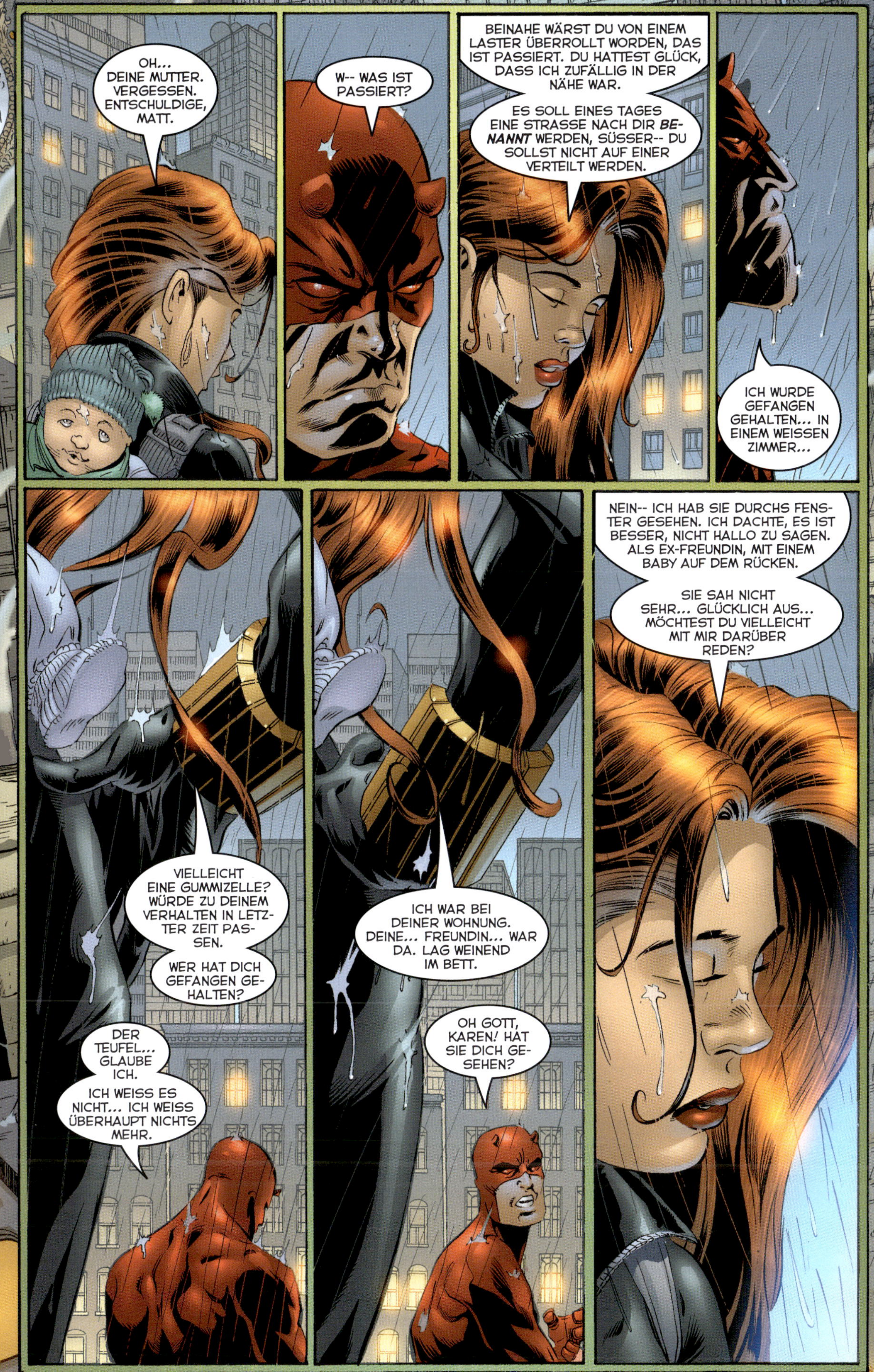

OH... DEINE MUTTER. VERGESSEN. ENTSCHULDIGE, MATT.
W-- WAS IST PASSIERT?
BEINAHE WÄRST DU VON EINEM LASTER ÜBERROLLT WORDEN, DAS IST PASSIERT. DU HATTEST GLÜCK, DASS ICH ZUFÄLLIG IN DER NÄHE WAR.
ES SOLL EINES TAGES EINE STRASSE NACH DIR *BENANNT* WERDEN, SÜSSER-- DU SOLLST NICHT AUF EINER VERTEILT WERDEN.
ICH WURDE GEFANGEN GEHALTEN... IN EINEM WEISSEN ZIMMER...
VIELLEICHT EINE GUMMIZELLE? WÜRDE ZU DEINEM VERHALTEN IN LETZTER ZEIT PASSEN.
WER HAT DICH GEFANGEN GEHALTEN?
DER TEUFEL... GLAUBE ICH.
ICH WEISS ES NICHT... ICH WEISS ÜBERHAUPT NICHTS MEHR.
ICH WAR BEI DEINER WOHNUNG. DEINE... FREUNDIN... WAR DA. LAG WEINEND IM BETT.
OH GOTT, KAREN! HAT SIE DICH GESEHEN?
NEIN-- ICH HAB SIE DURCHS FENSTER GESEHEN. ICH DACHTE, ES IST BESSER, NICHT HALLO ZU SAGEN. ALS EX-FREUNDIN, MIT EINEM BABY AUF DEM RÜCKEN.
SIE SAH NICHT SEHR... GLÜCKLICH AUS... MÖCHTEST DU VIELLEICHT MIT MIR DARÜBER REDEN?

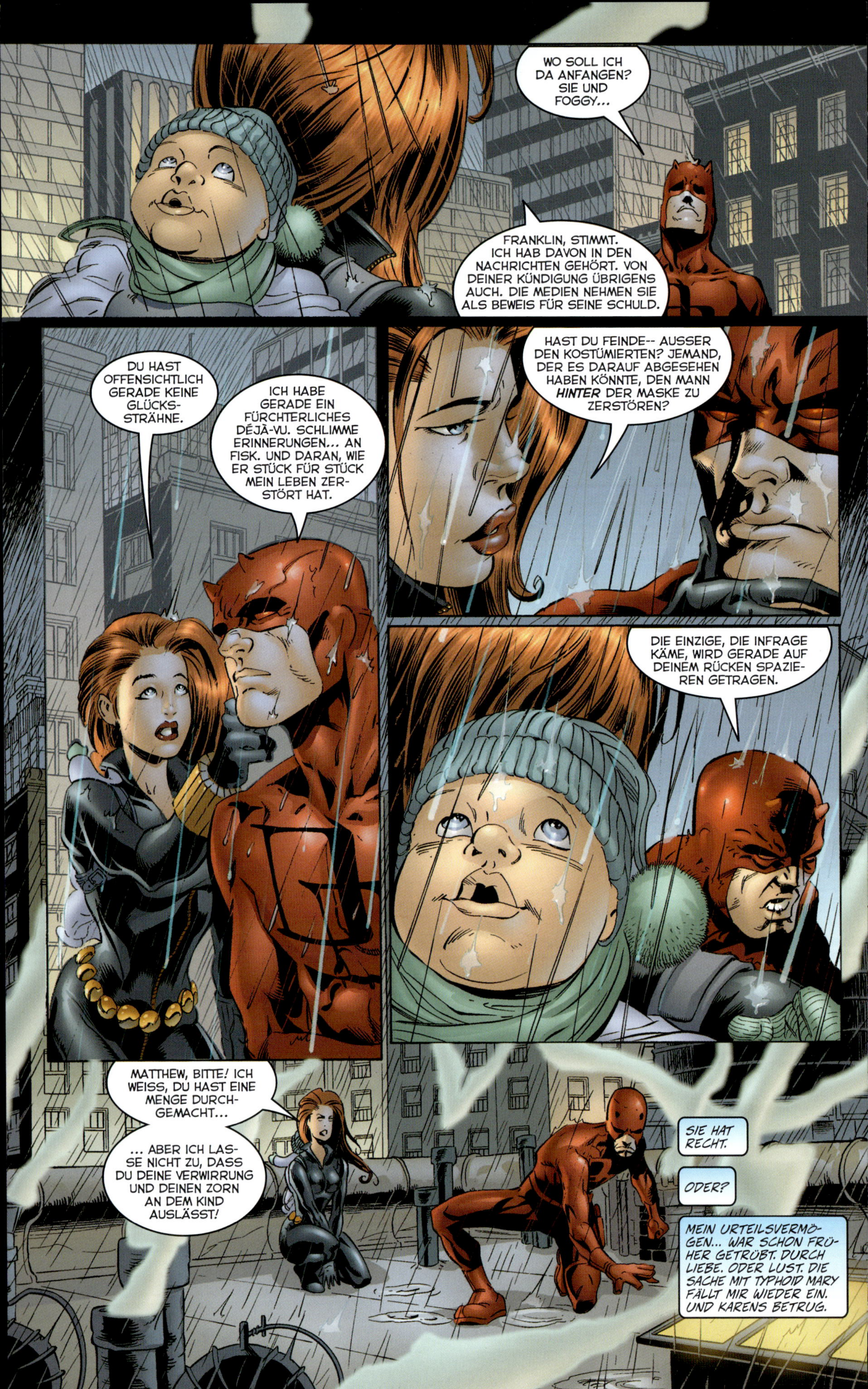

WO SOLL ICH DA ANFANGEN? SIE UND FOGGY...
FRANKLIN, STIMMT. ICH HAB DAVON IN DEN NACHRICHTEN GEHÖRT. VON DEINER KÜNDIGUNG ÜBRIGENS AUCH. DIE MEDIEN NEHMEN SIE ALS BEWEIS FÜR SEINE SCHULD.
DU HAST OFFENSICHTLICH GERADE KEINE GLÜCKSSTRÄHNE.
ICH HABE GERADE EIN FÜRCHTERLICHES DÉJÀ-VU. SCHLIMME ERINNERUNGEN... AN FISK. UND DARAN, WIE ER STÜCK FÜR STÜCK MEIN LEBEN ZERSTÖRT HAT.
HAST DU FEINDE-- AUSSER DEN KOSTÜMIERTEN? JEMAND, DER ES DARAUF ABGESEHEN HABEN KÖNNTE, DEN MANN *HINTER* DER MASKE ZU ZERSTÖREN?
DIE EINZIGE, DIE INFRAGE KÄME, WIRD GERADE AUF DEINEM RÜCKEN SPAZIEREN GETRAGEN.
MATTHEW, BITTE! ICH WEISS, DU HAST EINE MENGE DURCHGEMACHT...
... ABER ICH LASSE NICHT ZU, DASS DU DEINE VERWIRRUNG UND DEINEN ZORN AN DEM KIND AUSLÄSST!
SIE HAT RECHT.
ODER?
MEIN URTEILSVERMÖGEN... WAR SCHON FRÜHER GETRÜBT. DURCH LIEBE. ODER LUST. DIE SACHE MIT TYPHOID MARY FÄLLT MIR WIEDER EIN. UND KARENS BETRUG.

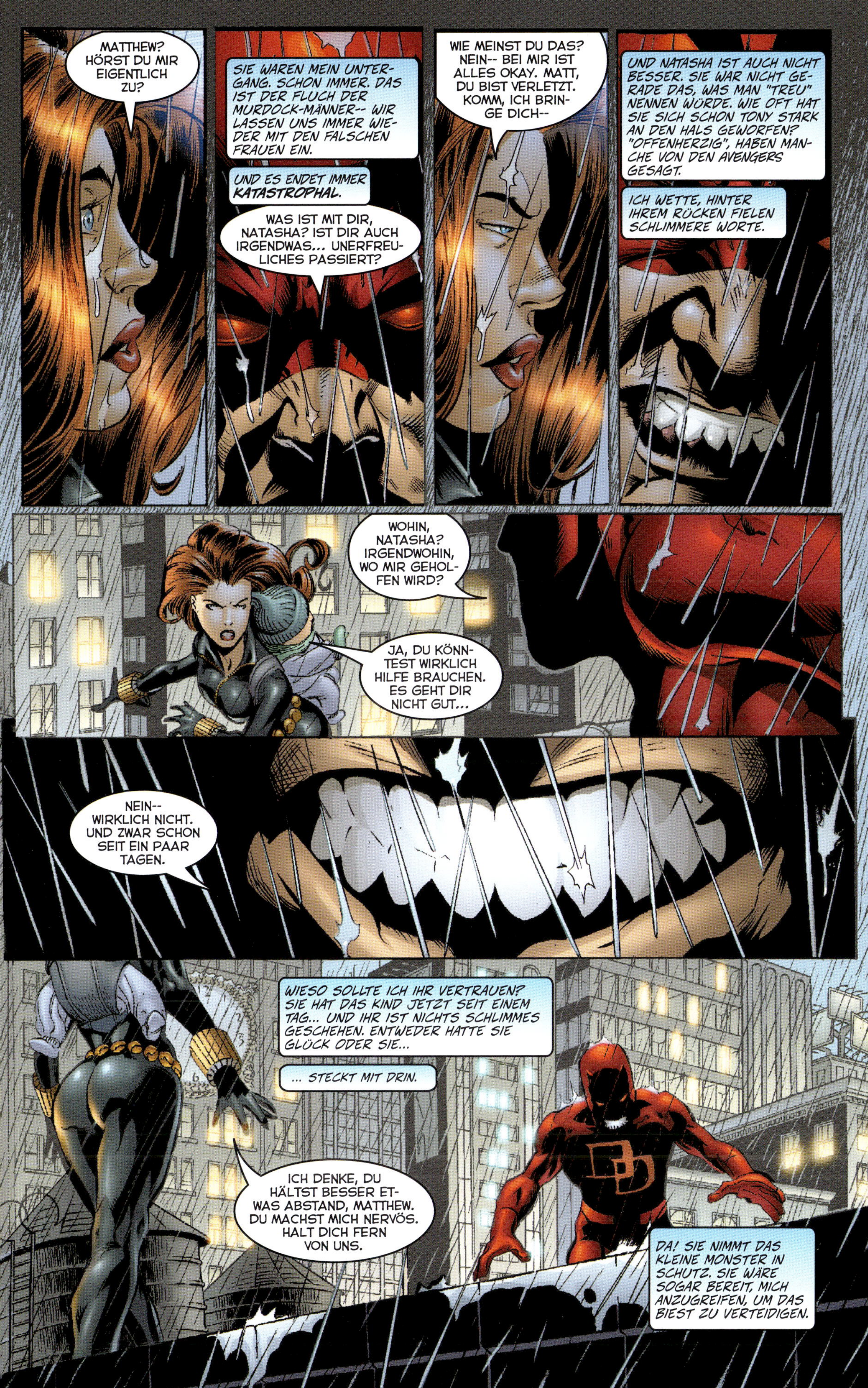
MATTHEW? HÖRST DU MIR EIGENTLICH ZU?
SIE WAREN MEIN UNTERGANG. SCHON IMMER. DAS IST DER FLUCH DER MURDOCK-MÄNNER-- WIR LASSEN UNS IMMER WIEDER MIT DEN FALSCHEN FRAUEN EIN.
UND ES ENDET IMMER KATASTROPHAL.
WAS IST MIT DIR, NATASHA? IST DIR AUCH IRGENDWAS... UNERFREULICHES PASSIERT?
WIE MEINST DU DAS? NEIN-- BEI MIR IST ALLES OKAY. MATT, DU BIST VERLETZT. KOMM, ICH BRINGE DICH--
UND NATASHA IST AUCH NICHT BESSER. SIE WAR NICHT GERADE DAS, WAS MAN "TREU" NENNEN WÜRDE. WIE OFT HAT SIE SICH SCHON TONY STARK AN DEN HALS GEWORFEN? "OFFENHERZIG", HABEN MANCHE VON DEN AVENGERS GESAGT.
ICH WETTE, HINTER IHREM RÜCKEN FIELEN SCHLIMMERE WORTE.
WOHIN, NATASHA? IRGENDWOHIN, WO MIR GEHOLFEN WIRD?
JA, DU KÖNNTEST WIRKLICH HILFE BRAUCHEN. ES GEHT DIR NICHT GUT...
NEIN-- WIRKLICH NICHT. UND ZWAR SCHON SEIT EIN PAAR TAGEN.
WIESO SOLLTE ICH IHR VERTRAUEN? SIE HAT DAS KIND JETZT SEIT EINEM TAG... UND IHR IST NICHTS SCHLIMMES GESCHEHEN. ENTWEDER HATTE SIE GLÜCK ODER SIE...
... STECKT MIT DRIN.
ICH DENKE, DU HÄLTST BESSER ETWAS ABSTAND, MATTHEW. DU MACHST MICH NERVÖS. HALT DICH FERN VON UNS.
DA! SIE NIMMT DAS KLEINE MONSTER IN SCHUTZ. SIE WÄRE SOGAR BEREIT, MICH ANZUGREIFEN, UM DAS BIEST ZU VERTEIDIGEN.

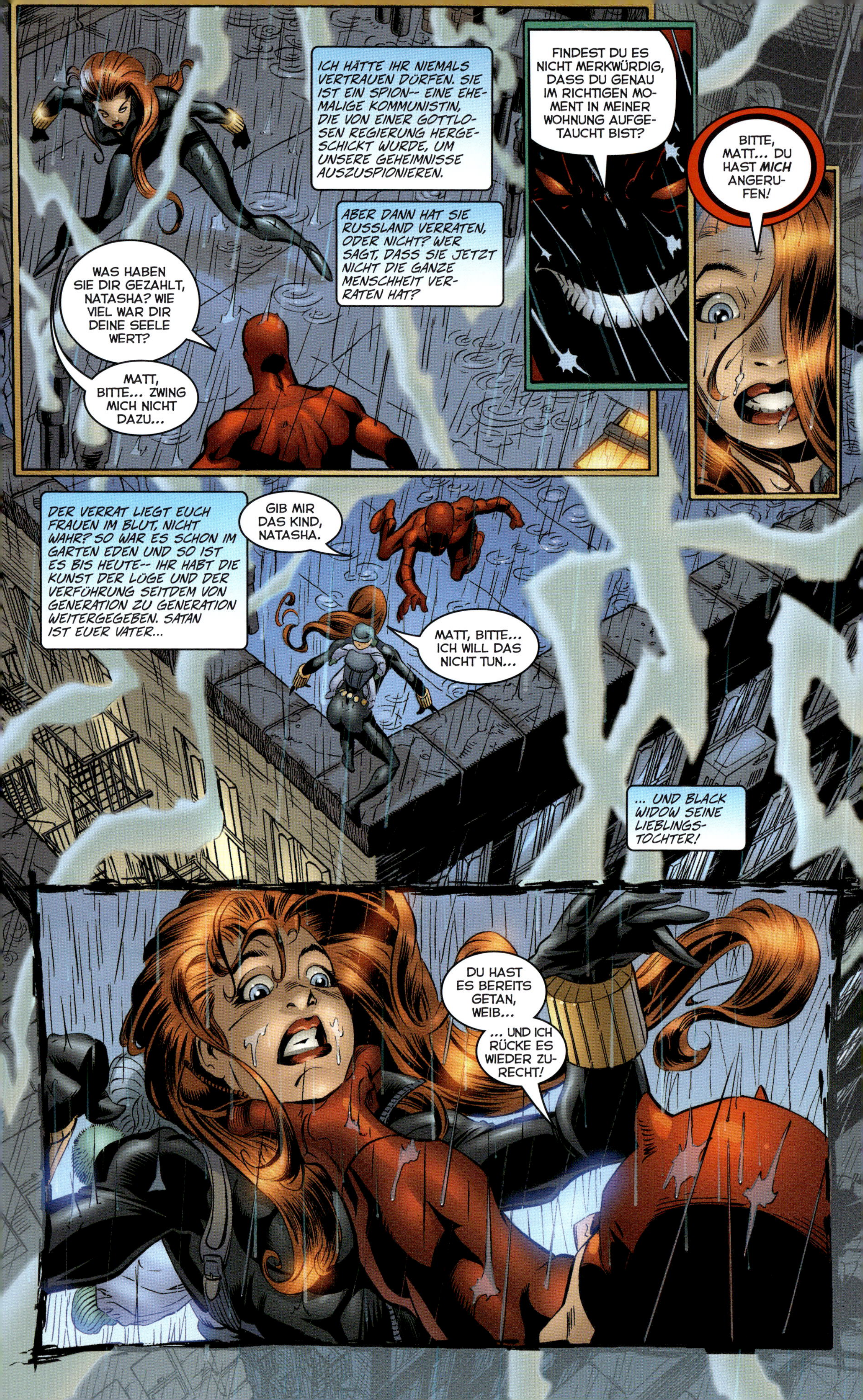
ICH HÄTTE IHR NIEMALS VERTRAUEN DÜRFEN. SIE IST EIN SPION-- EINE EHEMALIGE KOMMUNISTIN, DIE VON EINER GOTTLOSEN REGIERUNG HERGESCHICKT WURDE, UM UNSERE GEHEIMNISSE AUSZUSPIONIEREN.
ABER DANN HAT SIE RUSSLAND VERRATEN, ODER NICHT? WER SAGT, DASS SIE JETZT NICHT DIE GANZE MENSCHHEIT VERRATEN HAT?
WAS HABEN SIE DIR GEZAHLT, NATASHA? WIE VIEL WAR DIR DEINE SEELE WERT?
MATT, BITTE... ZWING MICH NICHT DAZU...
FINDEST DU ES NICHT MERKWÜRDIG, DASS DU GENAU IM RICHTIGEN MOMENT IN MEINER WOHNUNG AUFGETAUCHT BIST?
BITTE, MATT... DU HAST **MICH** ANGERUFEN!
DER VERRAT LIEGT EUCH FRAUEN IM BLUT, NICHT WAHR? SO WAR ES SCHON IM GARTEN EDEN UND SO IST ES BIS HEUTE-- IHR HABT DIE KUNST DER LÜGE UND DER VERFÜHRUNG SEITDEM VON GENERATION ZU GENERATION WEITERGEGEBEN. SATAN IST EUER VATER...
GIB MIR DAS KIND, NATASHA.
MATT, BITTE... ICH WILL DAS NICHT TUN...
... UND BLACK WIDOW SEINE LIEBLINGSTOCHTER!
DU HAST ES BEREITS GETAN, WEIB...
... UND ICH RÜCKE ES WIEDER ZURECHT!

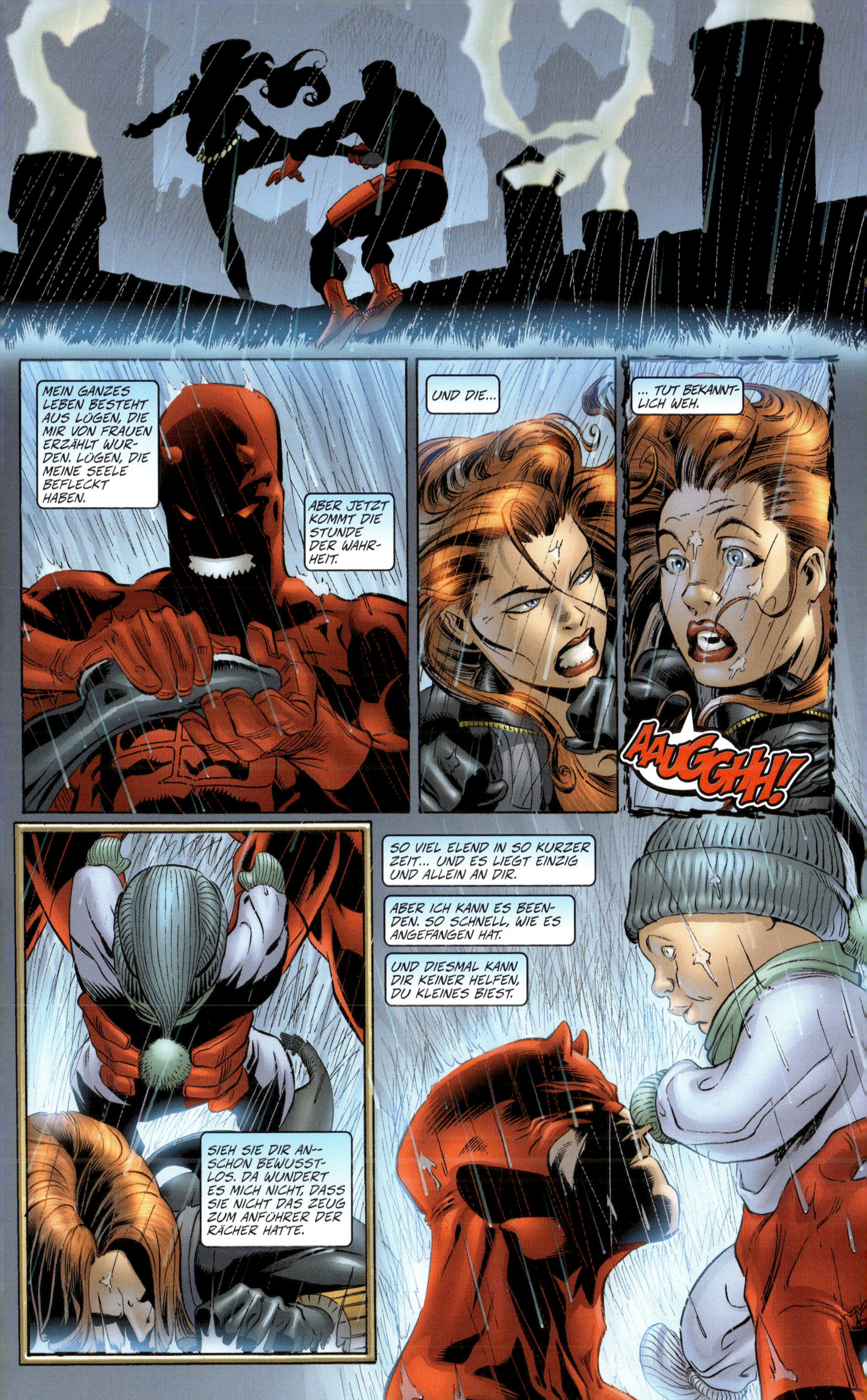
MEIN GANZES LEBEN BESTEHT AUS LÜGEN, DIE MIR VON FRAUEN ERZÄHLT WURDEN. LÜGEN, DIE MEINE SEELE BEFLECKT HABEN.
ABER JETZT KOMMT DIE STUNDE DER WAHRHEIT.
UND DIE...
... TUT BEKANNTLICH WEH.
AAUGGHH!
SO VIEL ELEND IN SO KURZER ZEIT... UND ES LIEGT EINZIG UND ALLEIN AN DIR.
ABER ICH KANN ES BEENDEN. SO SCHNELL, WIE ES ANGEFANGEN HAT.
UND DIESMAL KANN DIR KEINER HELFEN, DU KLEINES BIEST.
SIEH SIE DIR AN--SCHON BEWUSSTLOS. DA WUNDERT ES MICH NICHT, DASS SIE NICHT DAS ZEUG ZUM ANFÜHRER DER RÄCHER HATTE.

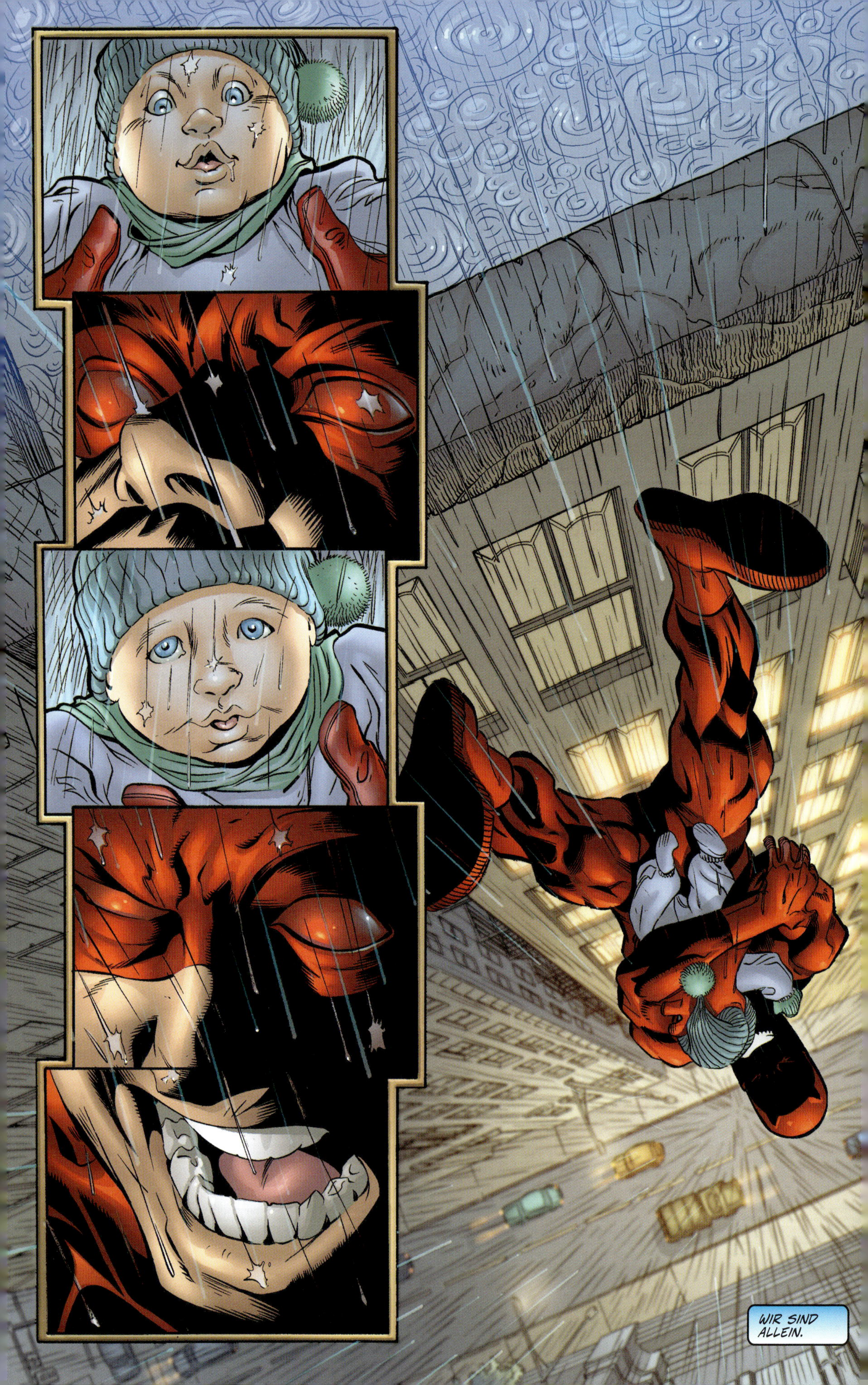
WIR SIND
ALLEIN.

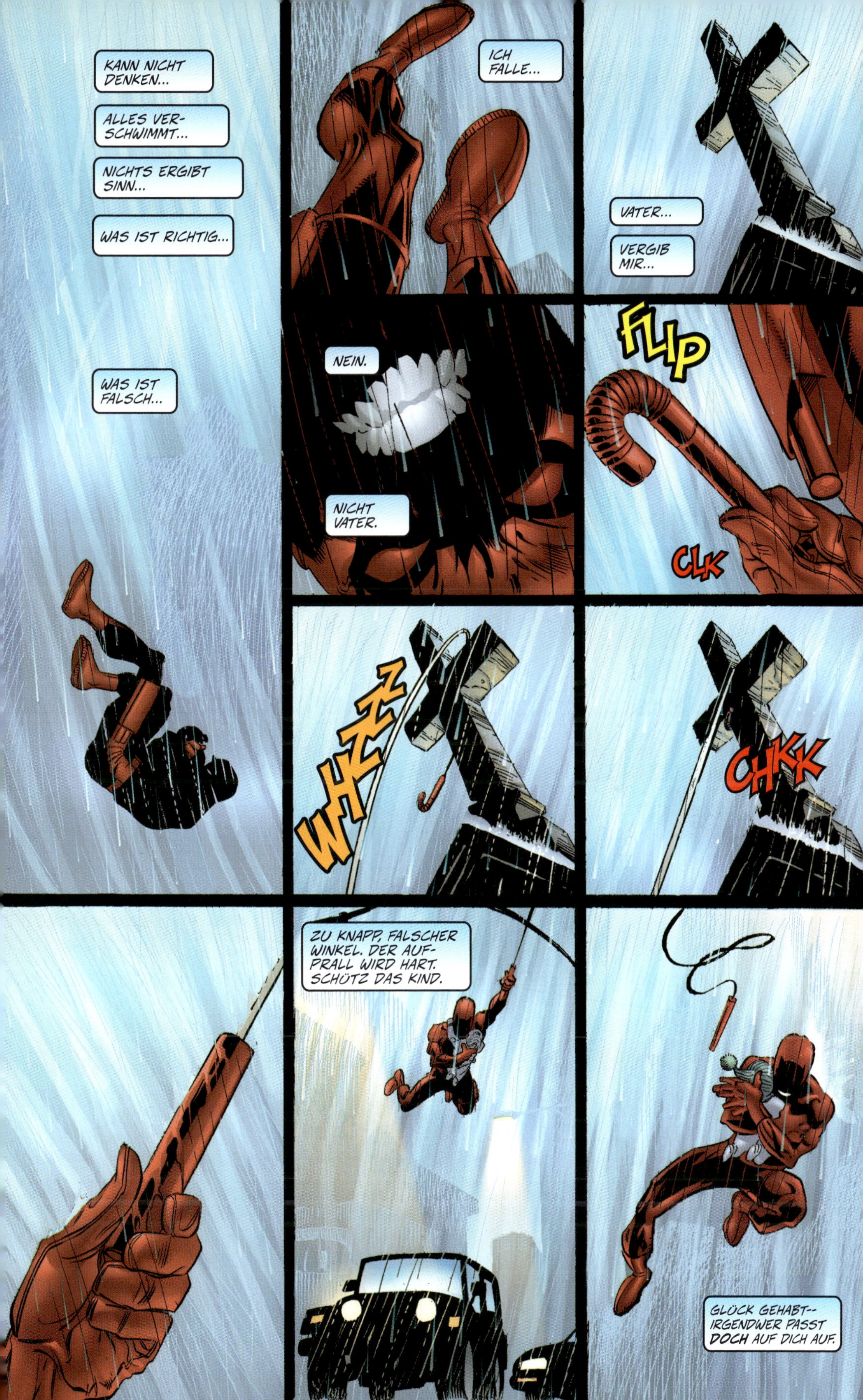

KANN NICHT DENKEN...
ALLES VER-SCHWIMMT...
NICHTS ERGIBT SINN...
WAS IST RICHTIG...
WAS IST FALSCH...
ICH FALLE...
VATER...
VERGIB MIR...
NEIN.
NICHT VATER.
FLIP
CLK
WHZZZZ
CHKK
ZU KNAPP, FALSCHER WINKEL. DER AUF-PRALL WIRD HART. SCHÜTZ DAS KIND.
GLÜCK GEHABT-- IRGENDWER PASST DOCH AUF DICH AUF.

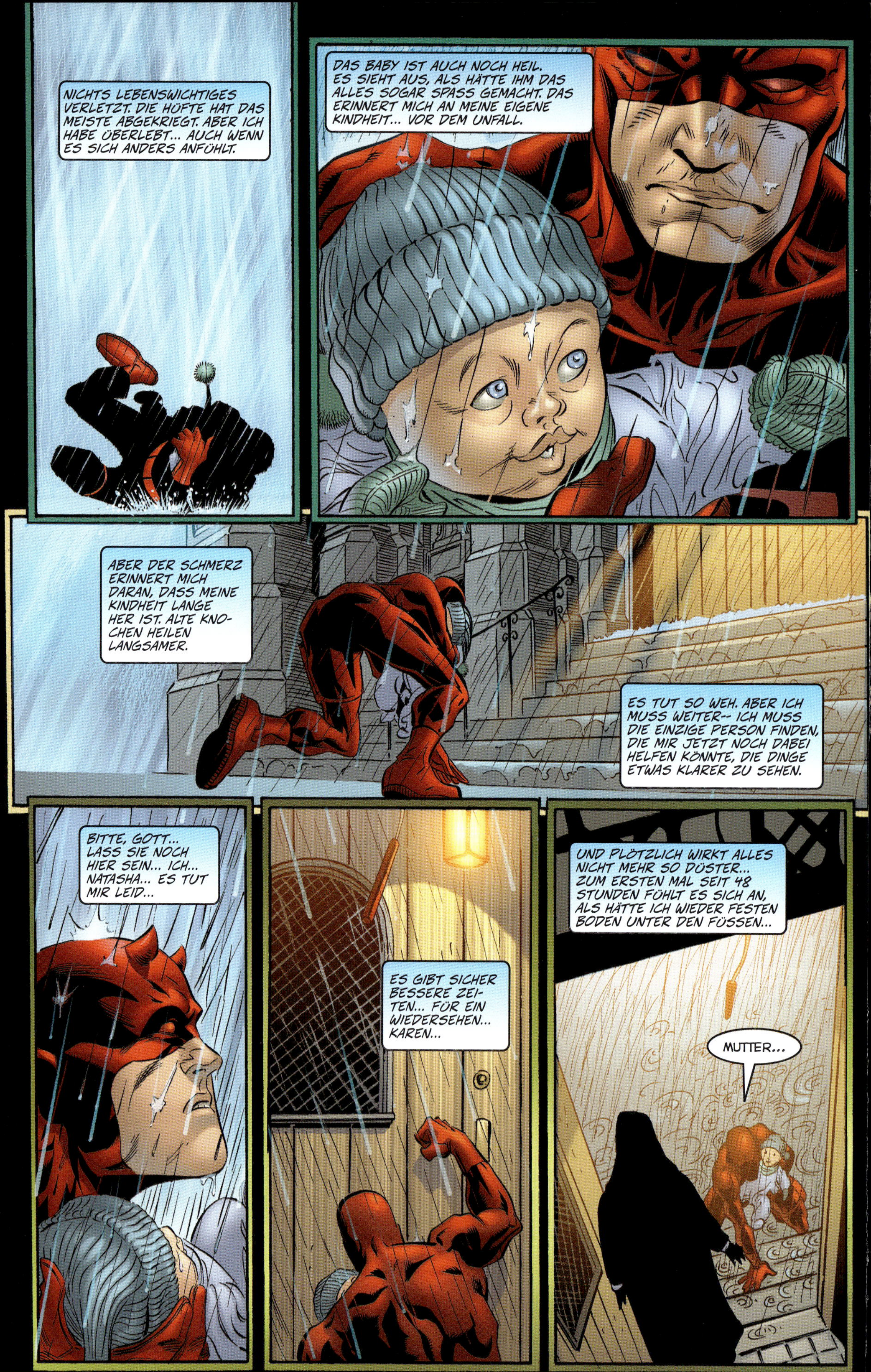

NICHTS LEBENSWICHTIGES VERLETZT. DIE HÜFTE HAT DAS MEISTE ABGEKRIEGT. ABER ICH HABE ÜBERLEBT... AUCH WENN ES SICH ANDERS ANFÜHLT.

DAS BABY IST AUCH NOCH HEIL. ES SIEHT AUS, ALS HÄTTE IHM DAS ALLES SOGAR SPASS GEMACHT. DAS ERINNERT MICH AN MEINE EIGENE KINDHEIT... VOR DEM UNFALL.

ABER DER SCHMERZ ERINNERT MICH DARAN, DASS MEINE KINDHEIT LANGE HER IST. ALTE KNO-CHEN HEILEN LANGSAMER.

ES TUT SO WEH. ABER ICH MUSS WEITER-- ICH MUSS DIE EINZIGE PERSON FINDEN, DIE MIR JETZT NOCH DABEI HELFEN KÖNNTE, DIE DINGE ETWAS KLARER ZU SEHEN.

BITTE, GOTT... LASS SIE NOCH HIER SEIN... ICH... NATASHA... ES TUT MIR LEID...

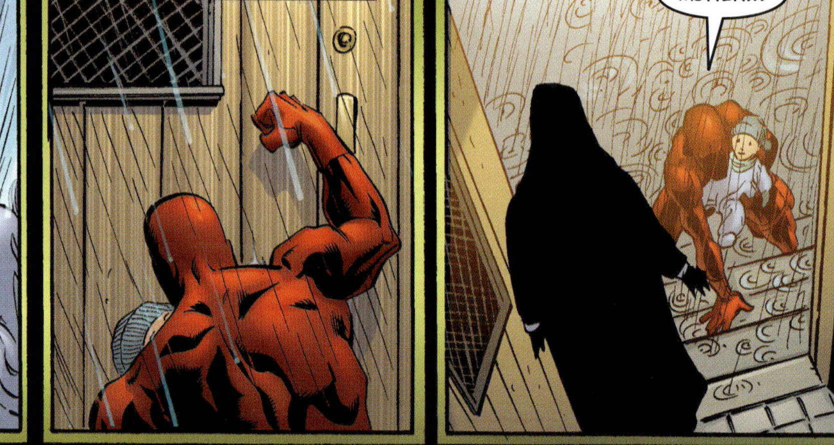

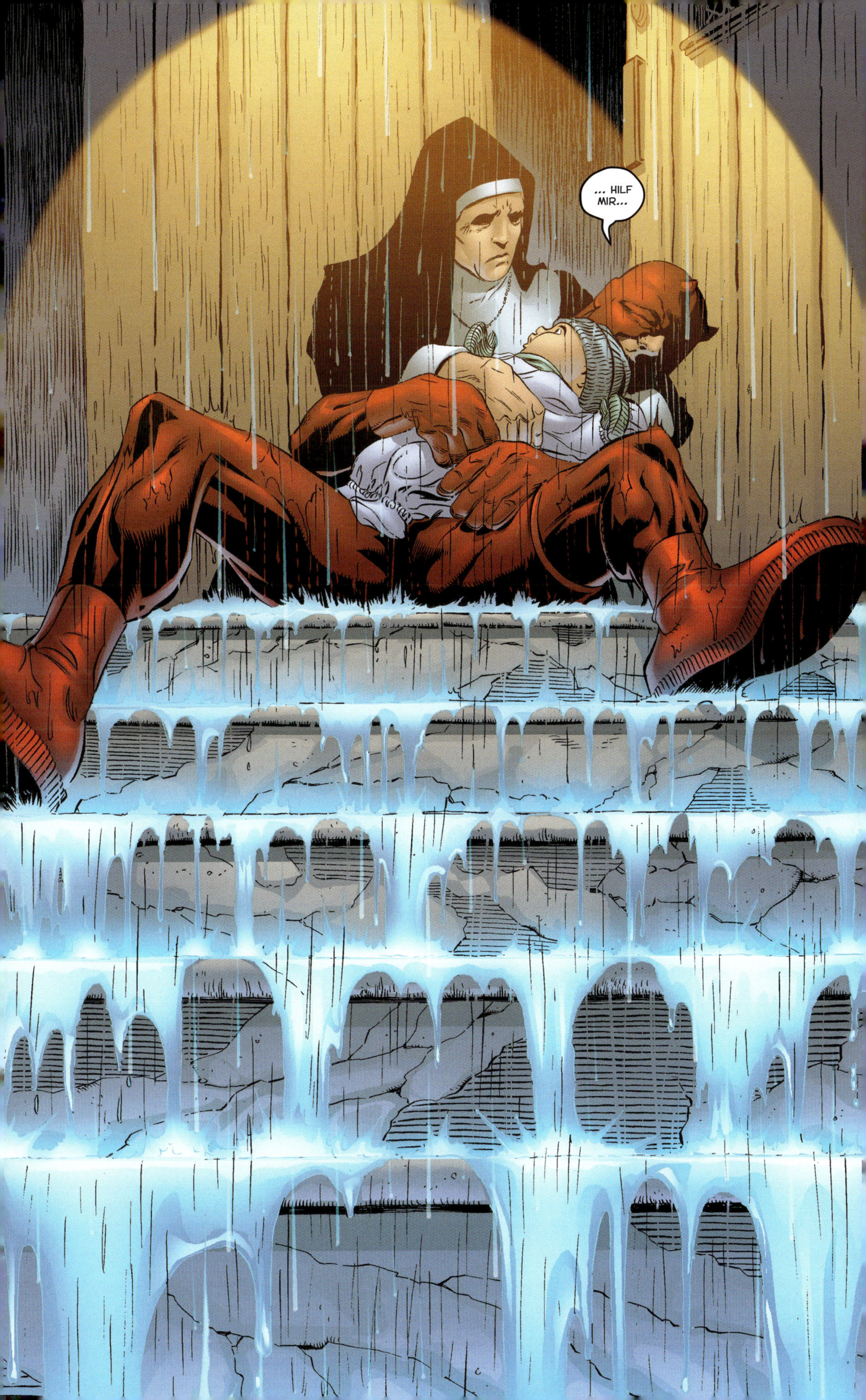
... HILF MIR...

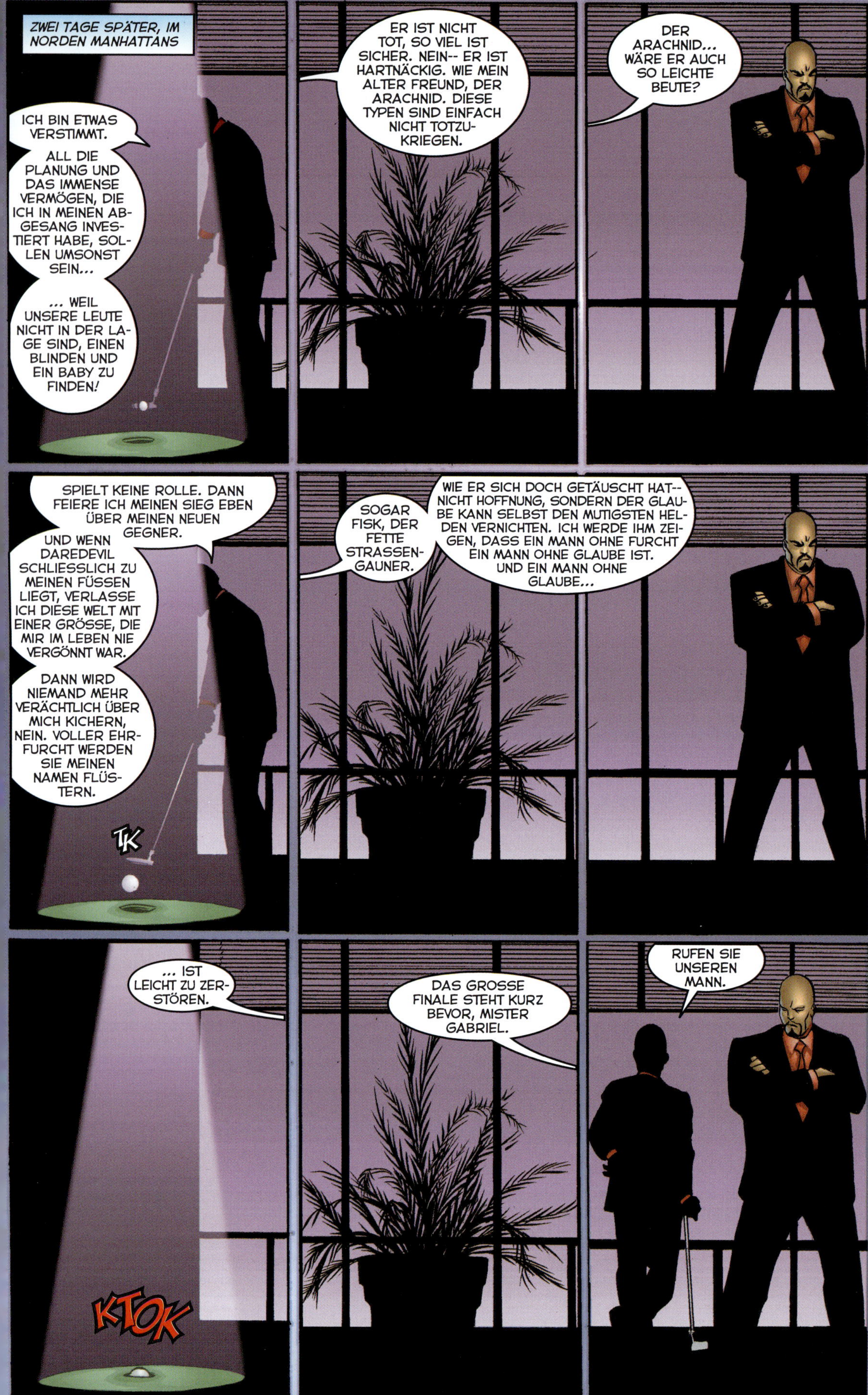
ZWEI TAGE SPÄTER, IM NORDEN MANHATTANS
ICH BIN ETWAS VERSTIMMT.
ALL DIE PLANUNG UND DAS IMMENSE VERMÖGEN, DIE ICH IN MEINEN ABGESANG INVESTIERT HABE, SOLLEN UMSONST SEIN...
... WEIL UNSERE LEUTE NICHT IN DER LAGE SIND, EINEN BLINDEN UND EIN BABY ZU FINDEN!
ER IST NICHT TOT, SO VIEL IST SICHER. NEIN-- ER IST HARTNÄCKIG. WIE MEIN ALTER FREUND, DER ARACHNID. DIESE TYPEN SIND EINFACH NICHT TOTZUKRIEGEN.
DER ARACHNID... WÄRE ER AUCH SO LEICHTE BEUTE?
SPIELT KEINE ROLLE. DANN FEIERE ICH MEINEN SIEG EBEN ÜBER MEINEN NEUEN GEGNER.
UND WENN DAREDEVIL SCHLIESSLICH ZU MEINEN FÜSSEN LIEGT, VERLASSE ICH DIESE WELT MIT EINER GRÖSSE, DIE MIR IM LEBEN NIE VERGÖNNT WAR.
DANN WIRD NIEMAND MEHR VERÄCHTLICH ÜBER MICH KICHERN, NEIN. VOLLER EHRFURCHT WERDEN SIE MEINEN NAMEN FLÜSTERN.
TK
SOGAR FISK, DER FETTE STRASSENGAUNER.
WIE ER SICH DOCH GETÄUSCHT HAT-- NICHT HOFFNUNG, SONDERN DER GLAUBE KANN SELBST DEN MUTIGSTEN HELDEN VERNICHTEN. ICH WERDE IHM ZEIGEN, DASS EIN MANN OHNE FURCHT EIN MANN OHNE GLAUBE IST. UND EIN MANN OHNE GLAUBE...
... IST LEICHT ZU ZERSTÖREN.
KTOK
DAS GROSSE FINALE STEHT KURZ BEVOR, MISTER GABRIEL.
RUFEN SIE UNSEREN MANN.

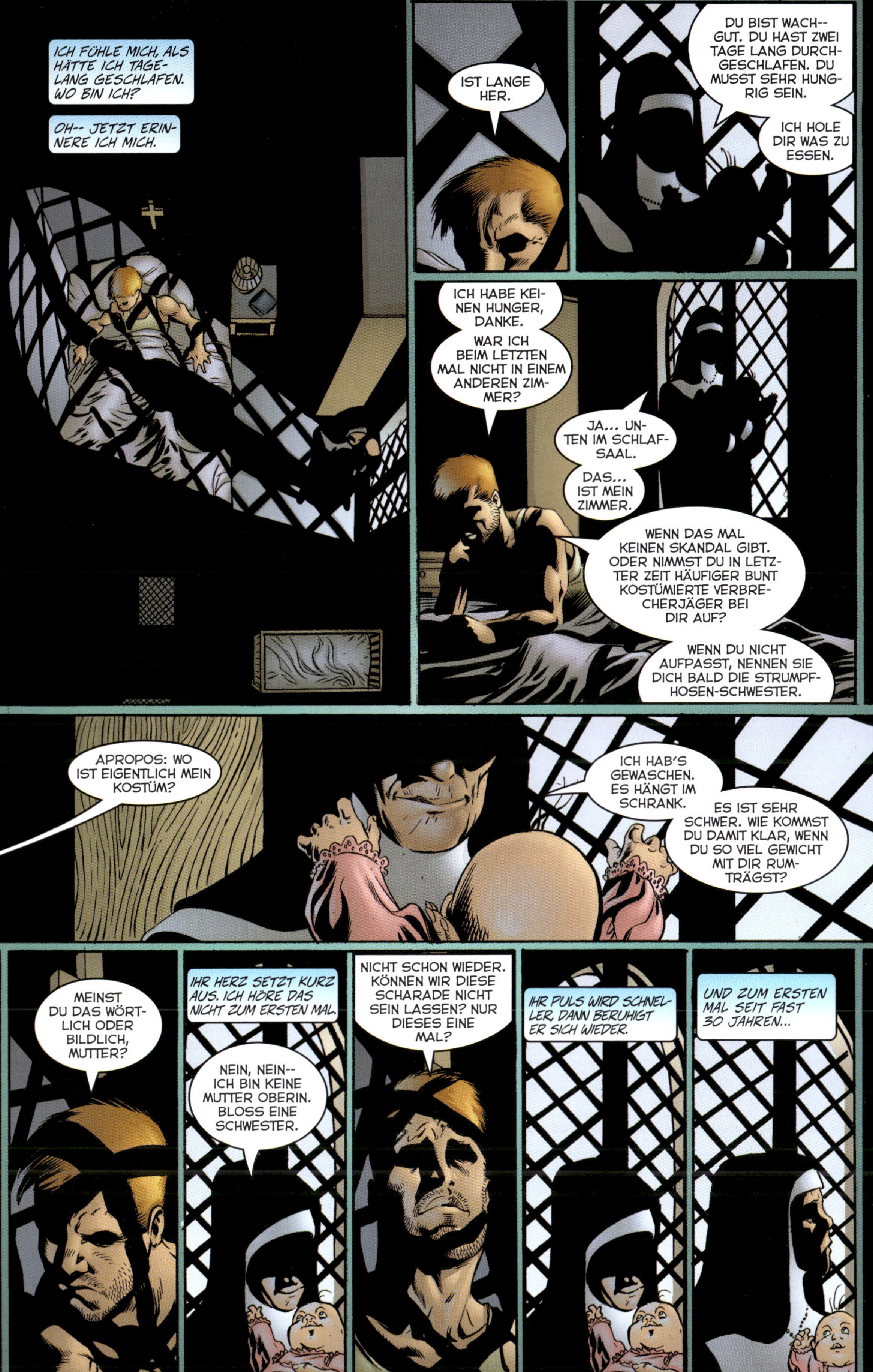
ICH FÜHLE MICH, ALS HÄTTE ICH TAGE-LANG GESCHLAFEN. WO BIN ICH?
OH-- JETZT ERIN-NERE ICH MICH.
IST LANGE HER.
DU BIST WACH-- GUT. DU HAST ZWEI TAGE LANG DURCH-GESCHLAFEN. DU MUSST SEHR HUNG-RIG SEIN.
ICH HOLE DIR WAS ZU ESSEN.
ICH HABE KEI-NEN HUNGER, DANKE.
WAR ICH BEIM LETZTEN MAL NICHT IN EINEM ANDEREN ZIM-MER?
JA... UN-TEN IM SCHLAF-SAAL.
DAS... IST MEIN ZIMMER.
WENN DAS MAL KEINEN SKANDAL GIBT. ODER NIMMST DU IN LETZ-TER ZEIT HÄUFIGER BUNT KOSTÜMIERTE VERBRE-CHERJÄGER BEI DIR AUF?
WENN DU NICHT AUFPASST, NENNEN SIE DICH BALD DIE STRUMPF-HOSEN-SCHWESTER.
APROPOS: WO IST EIGENTLICH MEIN KOSTÜM?
ICH HAB'S GEWASCHEN. ES HÄNGT IM SCHRANK.
ES IST SEHR SCHWER. WIE KOMMST DU DAMIT KLAR, WENN DU SO VIEL GEWICHT MIT DIR RUM-TRÄGST?
MEINST DU DAS WÖRT-LICH ODER BILDLICH, MUTTER?
IHR HERZ SETZT KURZ AUS. ICH HÖRE DAS NICHT ZUM ERSTEN MAL.
NEIN, NEIN-- ICH BIN KEINE MUTTER OBERIN. BLOSS EINE SCHWESTER.
NICHT SCHON WIEDER. KÖNNEN WIR DIESE SCHARADE NICHT SEIN LASSEN? NUR DIESES EINE MAL?
IHR PULS WIRD SCHNEL-LER, DANN BERUHIGT ER SICH WIEDER.
UND ZUM ERSTEN MAL SEIT FAST 30 JAHREN...

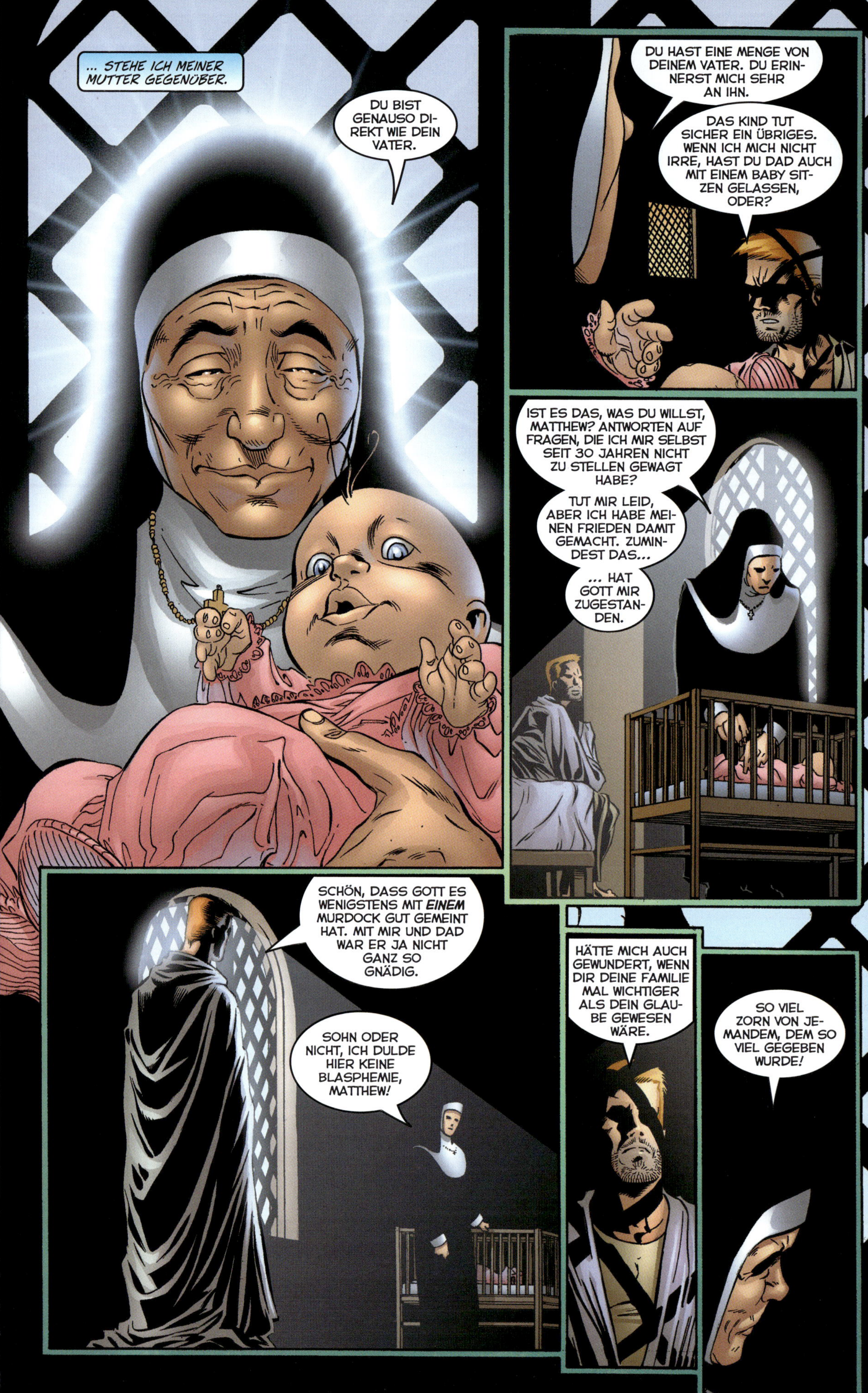
... STEHE ICH MEINER MUTTER GEGENÜBER.
DU BIST GENAUSO DIREKT WIE DEIN VATER.
DU HAST EINE MENGE VON DEINEM VATER. DU ERINNERST MICH SEHR AN IHN.
DAS KIND TUT SICHER EIN ÜBRIGES. WENN ICH MICH NICHT IRRE, HAST DU DAD AUCH MIT EINEM BABY SITZEN GELASSEN, ODER?
IST ES DAS, WAS DU WILLST, MATTHEW? ANTWORTEN AUF FRAGEN, DIE ICH MIR SELBST SEIT 30 JAHREN NICHT ZU STELLEN GEWAGT HABE?
TUT MIR LEID, ABER ICH HABE MEINEN FRIEDEN DAMIT GEMACHT. ZUMINDEST DAS...
... HAT GOTT MIR ZUGESTANDEN.
SCHÖN, DASS GOTT ES WENIGSTENS MIT *EINEM* MURDOCK GUT GEMEINT HAT. MIT MIR UND DAD WAR ER JA NICHT GANZ SO GNÄDIG.
SOHN ODER NICHT, ICH DULDE HIER KEINE BLASPHEMIE, MATTHEW!
HÄTTE MICH AUCH GEWUNDERT, WENN DIR DEINE FAMILIE MAL WICHTIGER ALS DEIN GLAUBE GEWESEN WÄRE.
SO VIEL ZORN VON JEMANDEM, DEM SO VIEL GEGEBEN WURDE!

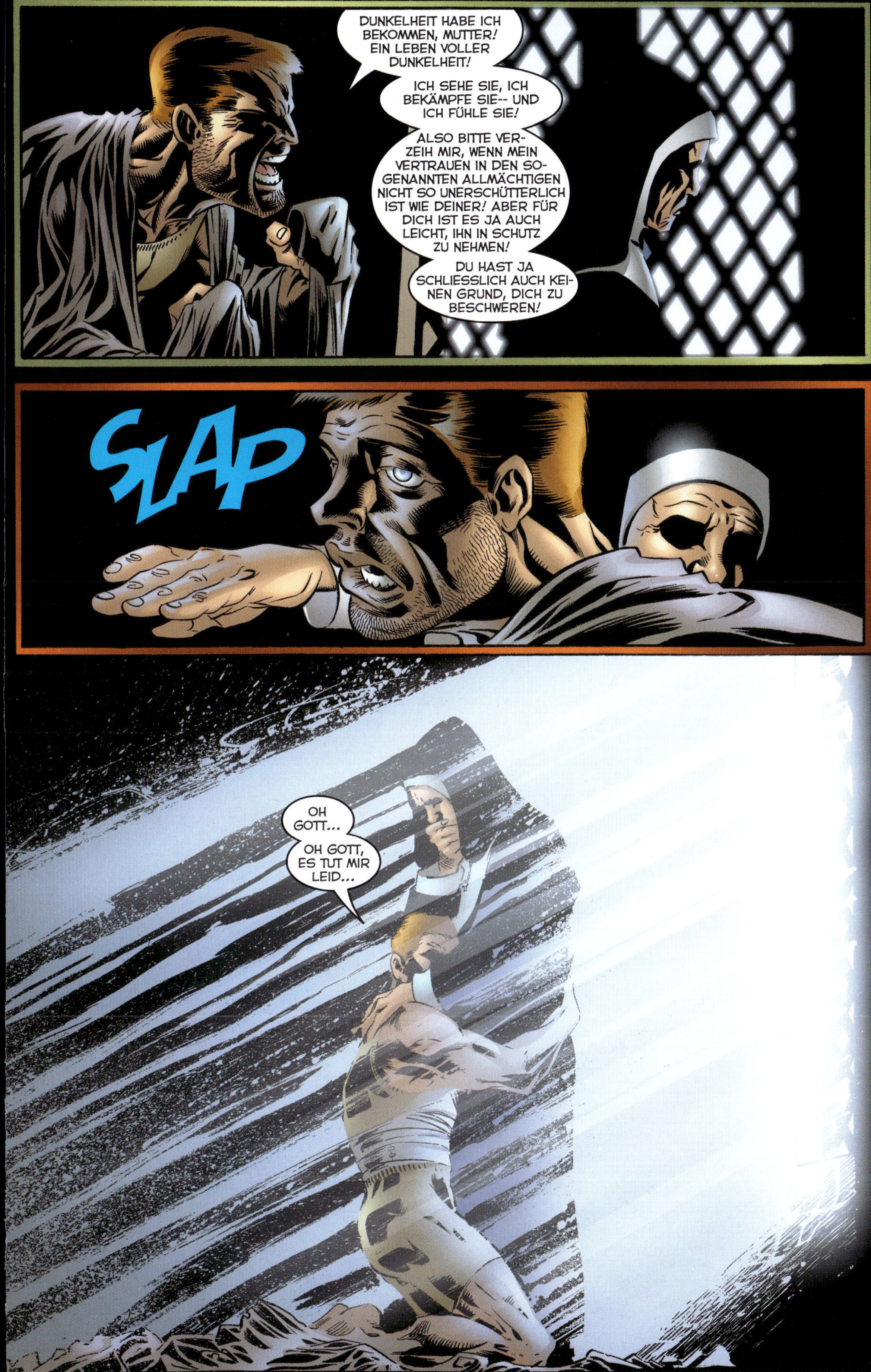

DUNKELHEIT HABE ICH BEKOMMEN, MUTTER! EIN LEBEN VOLLER DUNKELHEIT!
ICH SEHE SIE, ICH BEKÄMPFE SIE-- UND ICH FÜHLE SIE!
ALSO BITTE VERZEIH MIR, WENN MEIN VERTRAUEN IN DEN SOGENANNTEN ALLMÄCHTIGEN NICHT SO UNERSCHÜTTERLICH IST WIE DEINER! ABER FÜR DICH IST ES JA AUCH LEICHT, IHN IN SCHUTZ ZU NEHMEN!
DU HAST JA SCHLIESSLICH AUCH KEINEN GRUND, DICH ZU BESCHWEREN!
SLAP
OH GOTT...
OH GOTT, ES TUT MIR LEID...

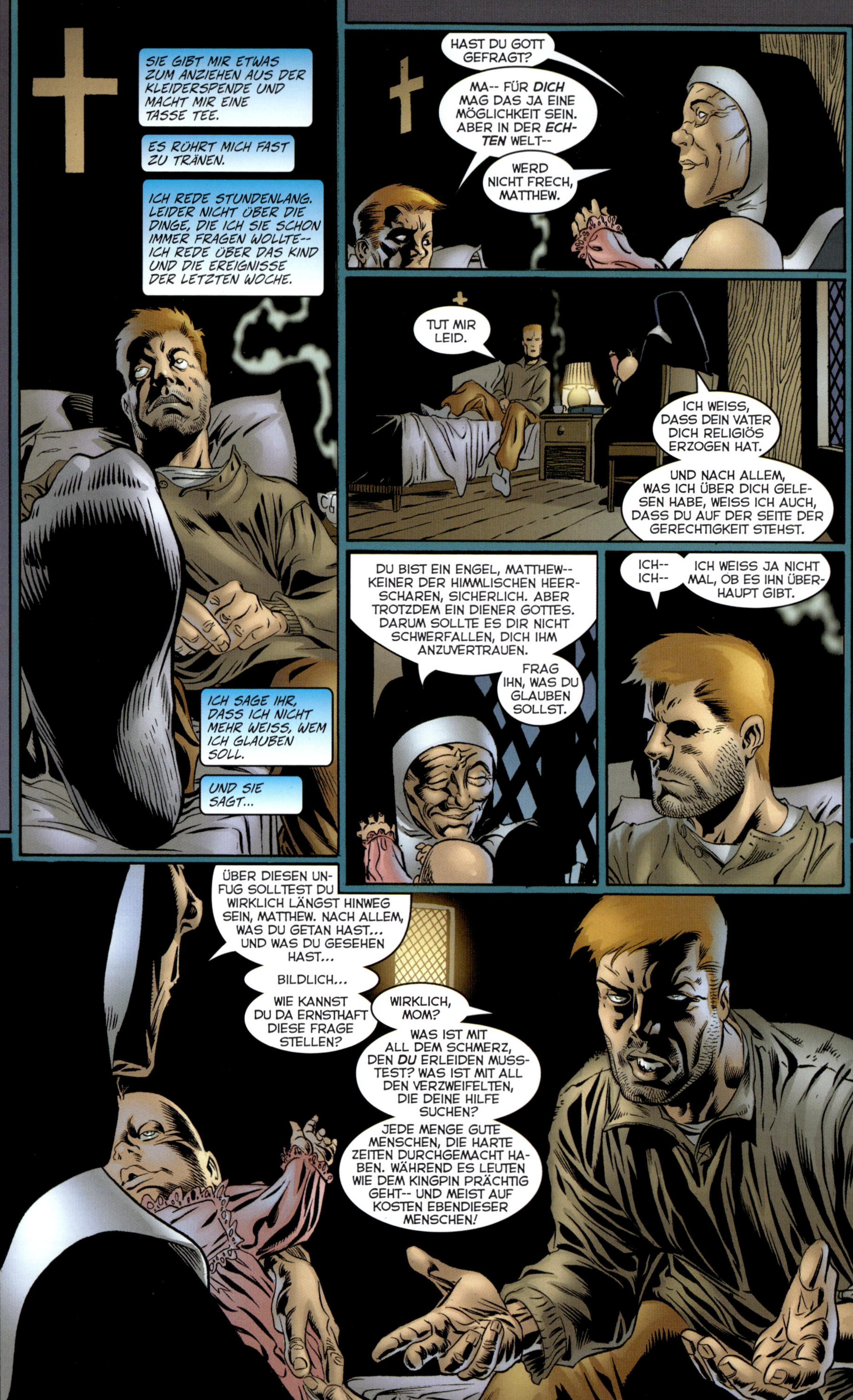

SIE GIBT MIR ETWAS ZUM ANZIEHEN AUS DER KLEIDERSPENDE UND MACHT MIR EINE TASSE TEE.
ES RÜHRT MICH FAST ZU TRÄNEN.
ICH REDE STUNDENLANG. LEIDER NICHT ÜBER DIE DINGE, DIE ICH SIE SCHON IMMER FRAGEN WOLLTE-- ICH REDE ÜBER DAS KIND UND DIE EREIGNISSE DER LETZTEN WOCHE.
ICH SAGE IHR, DASS ICH NICHT MEHR WEISS, WEM ICH GLAUBEN SOLL.
UND SIE SAGT...
HAST DU GOTT GEFRAGT?
MA-- FÜR DICH MAG DAS JA EINE MÖGLICHKEIT SEIN. ABER IN DER ECHTEN WELT--
WERD NICHT FRECH, MATTHEW.
TUT MIR LEID.
ICH WEISS, DASS DEIN VATER DICH RELIGIÖS ERZOGEN HAT.
UND NACH ALLEM, WAS ICH ÜBER DICH GELESEN HABE, WEISS ICH AUCH, DASS DU AUF DER SEITE DER GERECHTIGKEIT STEHST.
DU BIST EIN ENGEL, MATTHEW-- KEINER DER HIMMLISCHEN HEERSCHAREN, SICHERLICH. ABER TROTZDEM EIN DIENER GOTTES. DARUM SOLLTE ES DIR NICHT SCHWERFALLEN, DICH IHM ANZUVERTRAUEN.
FRAG IHN, WAS DU GLAUBEN SOLLST.
ICH-- ICH--
ICH WEISS JA NICHT MAL, OB ES IHN ÜBERHAUPT GIBT.
ÜBER DIESEN UNFUG SOLLTEST DU WIRKLICH LÄNGST HINWEG SEIN, MATTHEW. NACH ALLEM, WAS DU GETAN HAST... UND WAS DU GESEHEN HAST...
BILDLICH...
WIE KANNST DU DA ERNSTHAFT DIESE FRAGE STELLEN?
WIRKLICH, MOM?
WAS IST MIT ALL DEM SCHMERZ, DEN DU ERLEIDEN MUSSTEST? WAS IST MIT ALL DEN VERZWEIFELTEN, DIE DEINE HILFE SUCHEN?
JEDE MENGE GUTE MENSCHEN, DIE HARTE ZEITEN DURCHGEMACHT HABEN. WÄHREND ES LEUTEN WIE DEM KINGPIN PRÄCHTIG GEHT-- UND MEIST AUF KOSTEN EBENDIESER MENSCHEN!

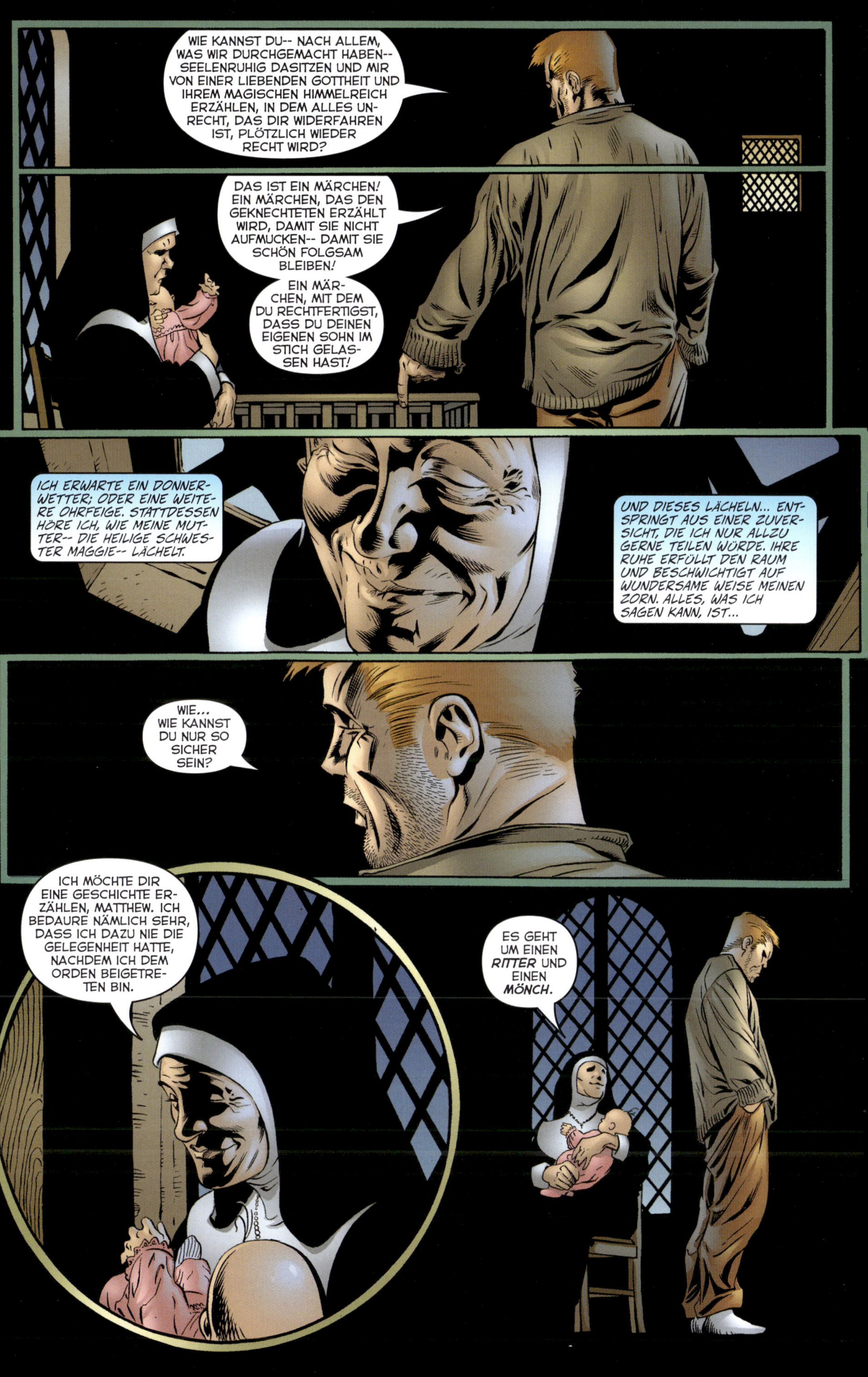

WIE KANNST DU-- NACH ALLEM, WAS WIR DURCHGEMACHT HABEN-- SEELENRUHIG DASITZEN UND MIR VON EINER LIEBENDEN GOTTHEIT UND IHREM MAGISCHEN HIMMELREICH ERZÄHLEN, IN DEM ALLES UN-RECHT, DAS DIR WIDERFAHREN IST, PLÖTZLICH WIEDER RECHT WIRD?
DAS IST EIN MÄRCHEN! EIN MÄRCHEN, DAS DEN GEKNECHTETEN ERZÄHLT WIRD, DAMIT SIE NICHT AUFMUCKEN-- DAMIT SIE SCHÖN FOLGSAM BLEIBEN!
EIN MÄR-CHEN, MIT DEM DU RECHTFERTIGST, DASS DU DEINEN EIGENEN SOHN IM STICH GELAS-SEN HAST!
ICH ERWARTE EIN DONNER-WETTER; ODER EINE WEITE-RE OHRFEIGE. STATTDESSEN HÖRE ICH, WIE MEINE MUT-TER-- DIE HEILIGE SCHWES-TER MAGGIE-- LÄCHELT.
UND DIESES LÄCHELN... ENT-SPRINGT AUS EINER ZUVER-SICHT, DIE ICH NUR ALLZU GERNE TEILEN WÜRDE. IHRE RUHE ERFÜLLT DEN RAUM UND BESCHWICHTIGT AUF WUNDERSAME WEISE MEINEN ZORN. ALLES, WAS ICH SAGEN KANN, IST...
WIE... WIE KANNST DU NUR SO SICHER SEIN?
ICH MÖCHTE DIR EINE GESCHICHTE ER-ZÄHLEN, MATTHEW. ICH BEDAURE NÄMLICH SEHR, DASS ICH DAZU NIE DIE GELEGENHEIT HATTE, NACHDEM ICH DEM ORDEN BEIGETRE-TEN BIN.
ES GEHT UM EINEN *RITTER* UND EINEN *MÖNCH*.

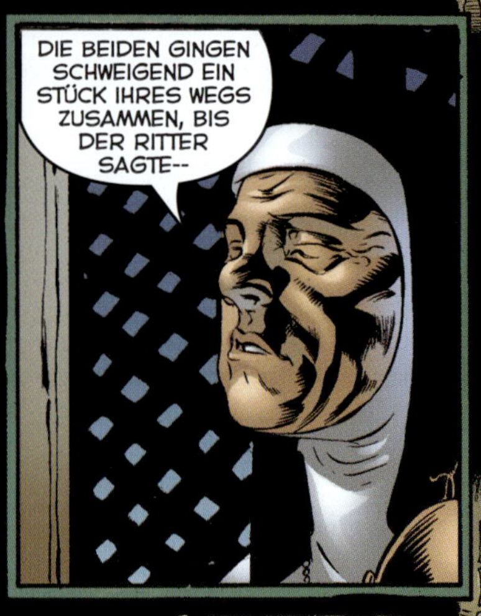

"Du lebst ein Leben in Armut, erfährst nie die Berührung einer Frau und versagst dir jede erdenkliche Freude-- bloß weil du glaubst, dass es einen Gott gibt. Ich teile deinen Glauben nicht, deshalb genieße ich das Leben in vollen Zügen. Ich sündige, wo es nur geht, ich habe jedes Gesetz gebrochen, das Mensch und Kirche erdacht haben und ich fürchte keine Strafe-- weil ich nicht an deinen Gott glaube."

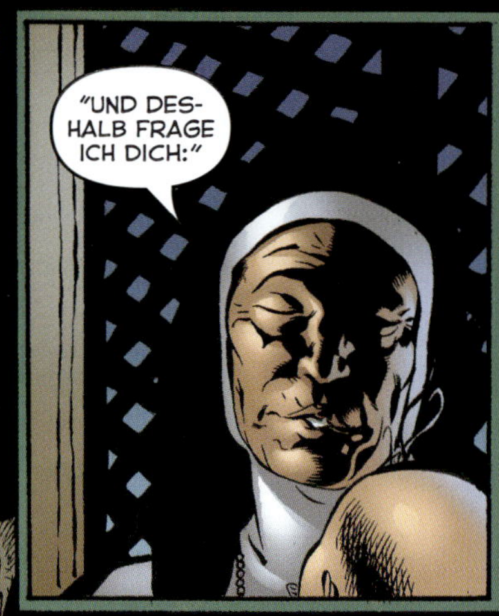

"Was, wenn der Mensch am Ende seines Lebens nicht mehr ist als ein Mahl für die Würmer? Dann hättest du dich ganz umsonst gezügelt. Was, wenn du stirbst und merkst, dass es keinen Gott gibt?"

Der Mönch dachte darüber nach, zuckte mit den Schultern und sagte: "Dann wäre ich wohl sehr traurig. Aber sagt mir eins, Herr..."

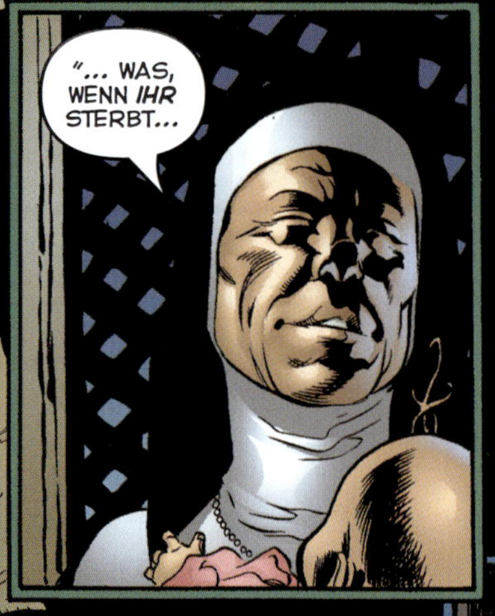

"... UND IHR MERKT, ES *GIBT* EINEN?"

UND NUR DANK DIESER EINFACHEN GESCHICHTE BIN ICH PLÖTZLICH...

... WIEDER KIND.

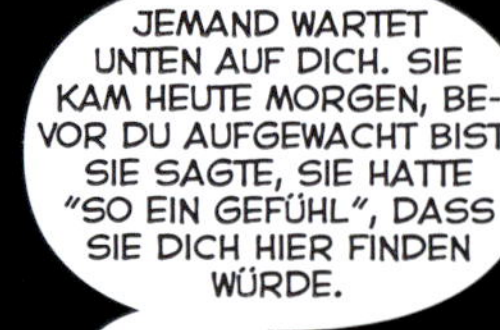

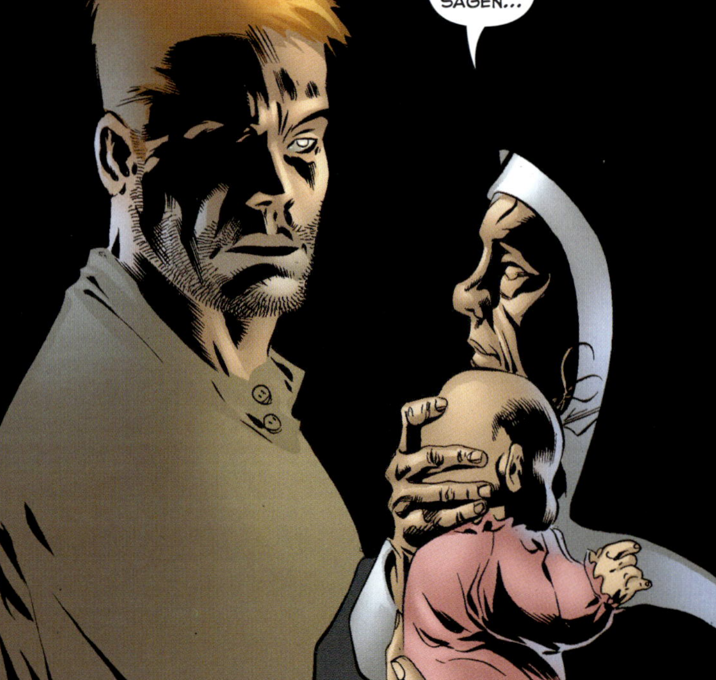

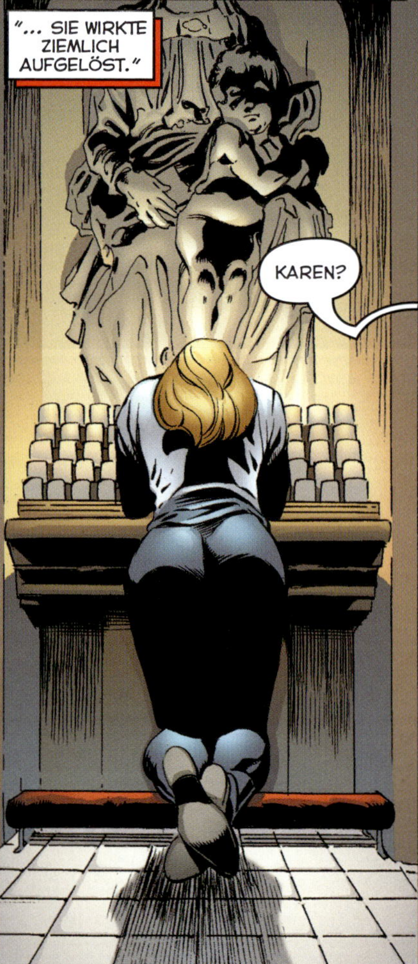

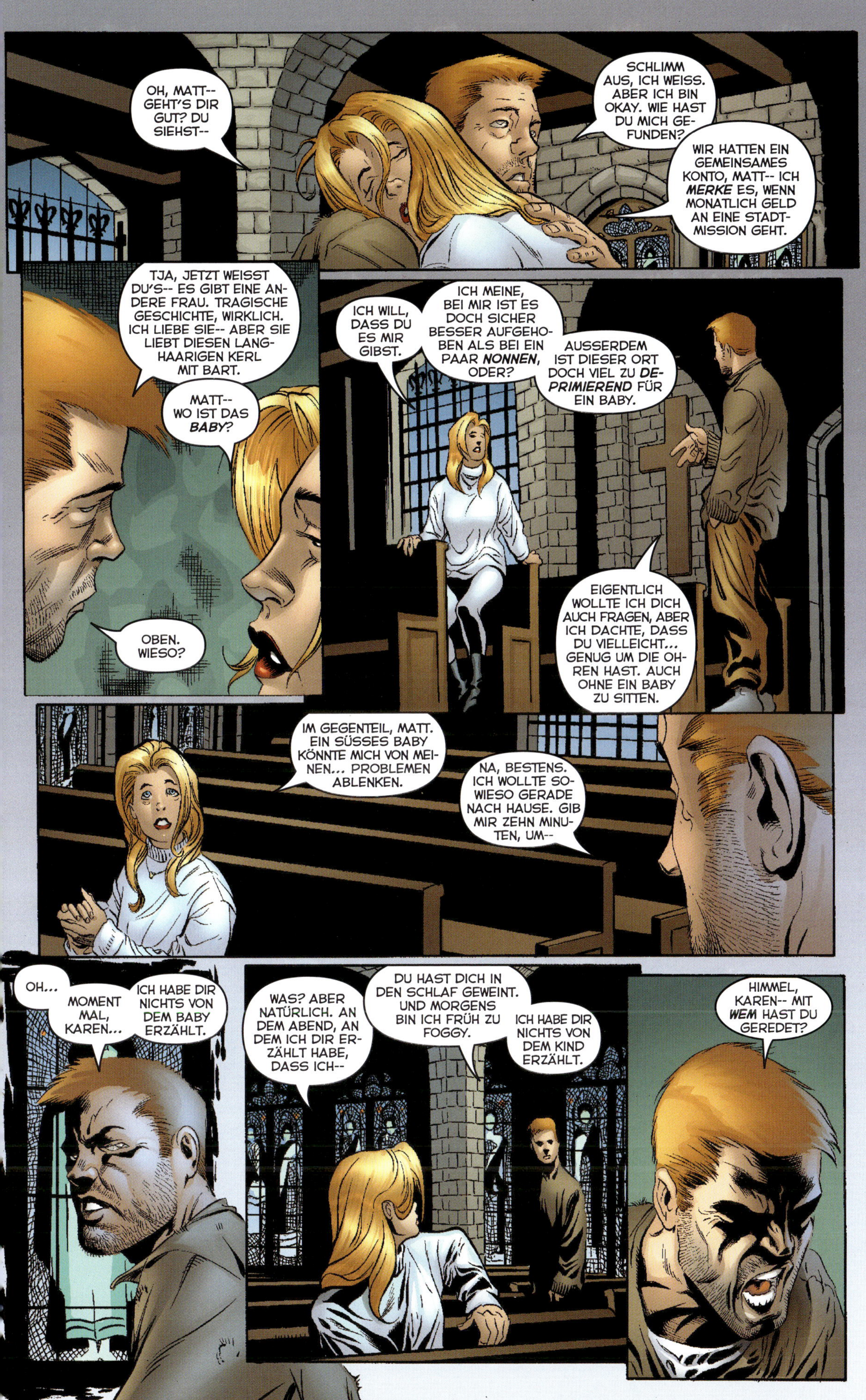
OH, MATT-- GEHT'S DIR GUT? DU SIEHST--
SCHLIMM AUS, ICH WEISS. ABER ICH BIN OKAY. WIE HAST DU MICH GEFUNDEN?
WIR HATTEN EIN GEMEINSAMES KONTO, MATT-- ICH MERKE ES, WENN MONATLICH GELD AN EINE STADTMISSION GEHT.
TJA, JETZT WEISST DU'S-- ES GIBT EINE ANDERE FRAU. TRAGISCHE GESCHICHTE, WIRKLICH. ICH LIEBE SIE-- ABER SIE LIEBT DIESEN LANGHAARIGEN KERL MIT BART.
MATT-- WO IST DAS BABY?
OBEN. WIESO?
ICH WILL, DASS DU ES MIR GIBST.
ICH MEINE, BEI MIR IST ES DOCH SICHER BESSER AUFGEHOBEN ALS BEI EIN PAAR NONNEN, ODER?
AUSSERDEM IST DIESER ORT DOCH VIEL ZU DEPRIMIEREND FÜR EIN BABY.
EIGENTLICH WOLLTE ICH DICH AUCH FRAGEN, ABER ICH DACHTE, DASS DU VIELLEICHT... GENUG UM DIE OHREN HAST. AUCH OHNE EIN BABY ZU SITTEN.
IM GEGENTEIL, MATT. EIN SÜSSES BABY KÖNNTE MICH VON MEINEN... PROBLEMEN ABLENKEN.
NA, BESTENS. ICH WOLLTE SOWIESO GERADE NACH HAUSE. GIB MIR ZEHN MINUTEN, UM--
OH...
MOMENT MAL, KAREN...
ICH HABE DIR NICHTS VON DEM BABY ERZÄHLT.
WAS? ABER NATÜRLICH. AN DEM ABEND, AN DEM ICH DIR ERZÄHLT HABE, DASS ICH--
DU HAST DICH IN DEN SCHLAF GEWEINT. UND MORGENS BIN ICH FRÜH ZU FOGGY.
ICH HABE DIR NICHTS VON DEM KIND ERZÄHLT.
HIMMEL, KAREN-- MIT WEM HAST DU GEREDET?

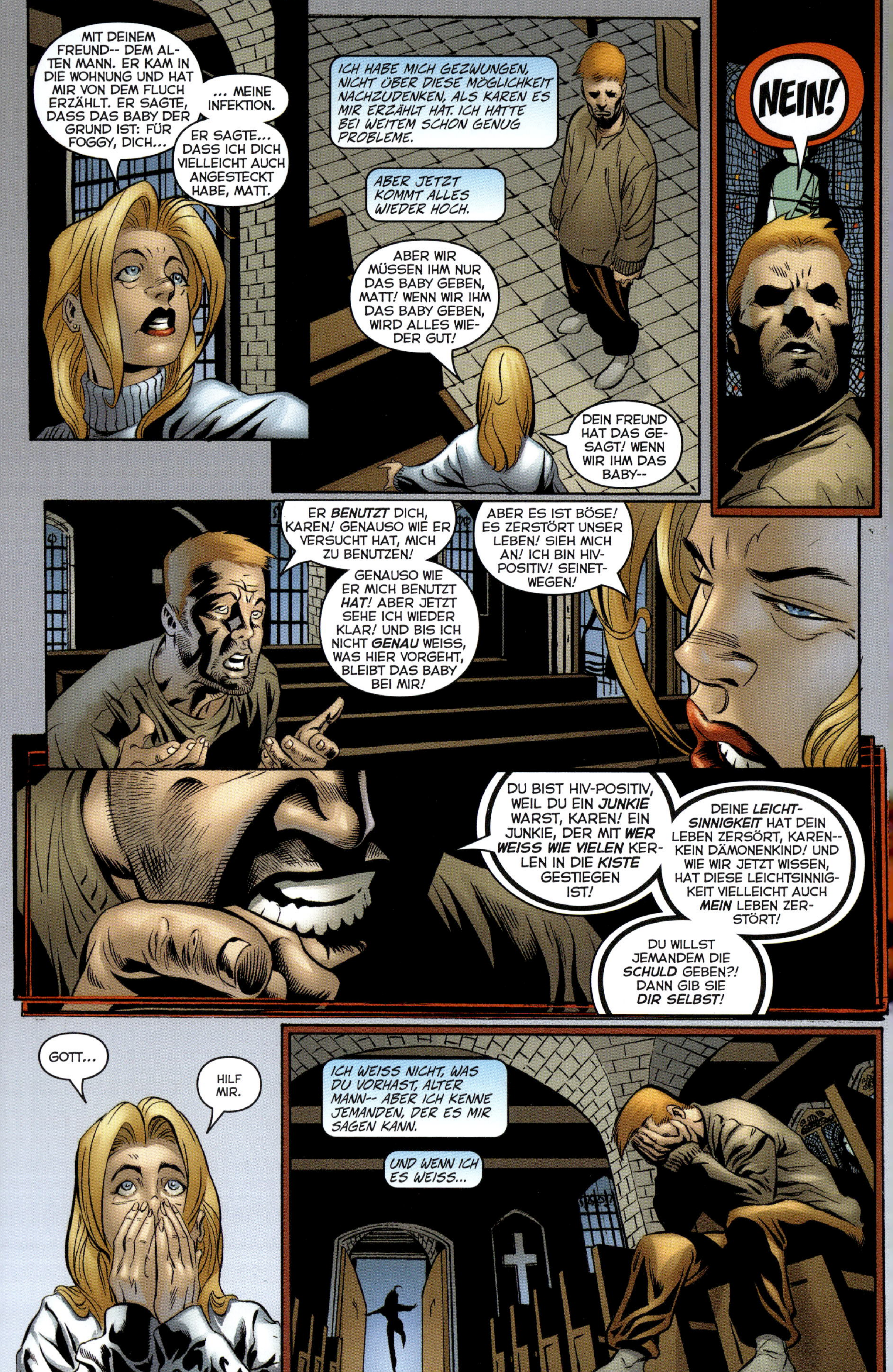
MIT DEINEM FREUND-- DEM ALTEN MANN. ER KAM IN DIE WOHNUNG UND HAT MIR VON DEM FLUCH ERZÄHLT. ER SAGTE, DASS DAS BABY DER GRUND IST: FÜR FOGGY, DICH...
... MEINE INFEKTION.
ER SAGTE... DASS ICH DICH VIELLEICHT AUCH ANGESTECKT HABE, MATT.
ICH HABE MICH GEZWUNGEN, NICHT ÜBER DIESE MÖGLICHKEIT NACHZUDENKEN, ALS KAREN ES MIR ERZÄHLT HAT. ICH HATTE BEI WEITEM SCHON GENUG PROBLEME.
ABER JETZT KOMMT ALLES WIEDER HOCH.
ABER WIR MÜSSEN IHM NUR DAS BABY GEBEN, MATT! WENN WIR IHM DAS BABY GEBEN, WIRD ALLES WIEDER GUT!
DEIN FREUND HAT DAS GESAGT! WENN WIR IHM DAS BABY--
NEIN!
ER BENUTZT DICH, KAREN! GENAUSO WIE ER VERSUCHT HAT, MICH ZU BENUTZEN!
GENAUSO WIE ER MICH BENUTZT HAT! ABER JETZT SEHE ICH WIEDER KLAR! UND BIS ICH NICHT GENAU WEISS, WAS HIER VORGEHT, BLEIBT DAS BABY BEI MIR!
ABER ES IST BÖSE! ES ZERSTÖRT UNSER LEBEN! SIEH MICH AN! ICH BIN HIV-POSITIV! SEINETWEGEN!
DU BIST HIV-POSITIV, WEIL DU EIN JUNKIE WARST, KAREN! EIN JUNKIE, DER MIT WER WEISS WIE VIELEN KERLEN IN DIE KISTE GESTIEGEN IST!
DEINE LEICHTSINNIGKEIT HAT DEIN LEBEN ZERSÖRT, KAREN-- KEIN DÄMONENKIND! UND WIE WIR JETZT WISSEN, HAT DIESE LEICHTSINNIGKEIT VIELLEICHT AUCH MEIN LEBEN ZERSTÖRT!
DU WILLST JEMANDEM DIE SCHULD GEBEN?! DANN GIB SIE DIR SELBST!
GOTT...
HILF MIR.
ICH WEISS NICHT, WAS DU VORHAST, ALTER MANN-- ABER ICH KENNE JEMANDEN, DER ES MIR SAGEN KANN.
UND WENN ICH ES WEISS...

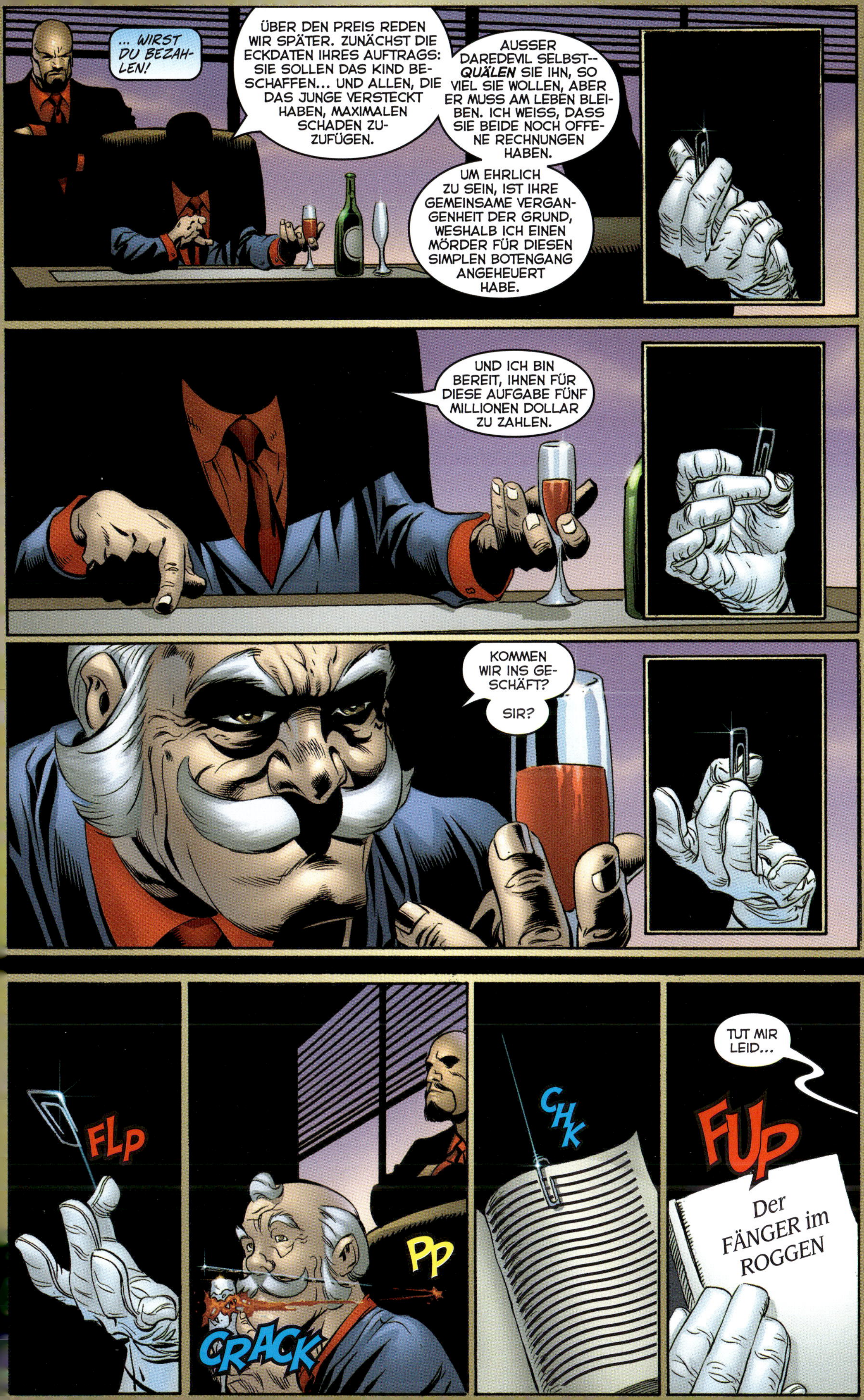

... WIRST DU BEZAHLEN!
ÜBER DEN PREIS REDEN WIR SPÄTER. ZUNÄCHST DIE ECKDATEN IHRES AUFTRAGS: SIE SOLLEN DAS KIND BESCHAFFEN... UND ALLEN, DIE DAS JUNGE VERSTECKT HABEN, MAXIMALEN SCHADEN ZUZUFÜGEN.
AUSSER DAREDEVIL SELBST-- *QUÄLEN* SIE IHN, SO VIEL SIE WOLLEN, ABER ER MUSS AM LEBEN BLEIBEN. ICH WEISS, DASS SIE BEIDE NOCH OFFENE RECHNUNGEN HABEN.
UM EHRLICH ZU SEIN, IST IHRE GEMEINSAME VERGANGENHEIT DER GRUND, WESHALB ICH EINEN MÖRDER FÜR DIESEN SIMPLEN BOTENGANG ANGEHEUERT HABE.

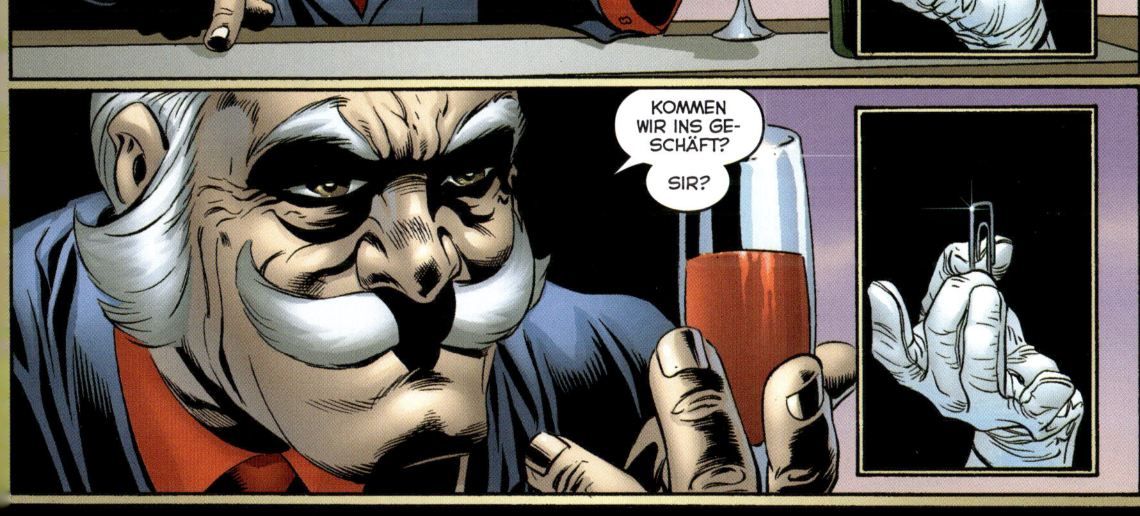

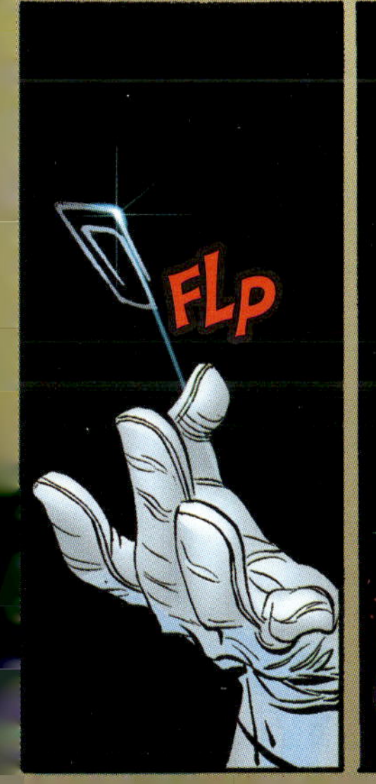

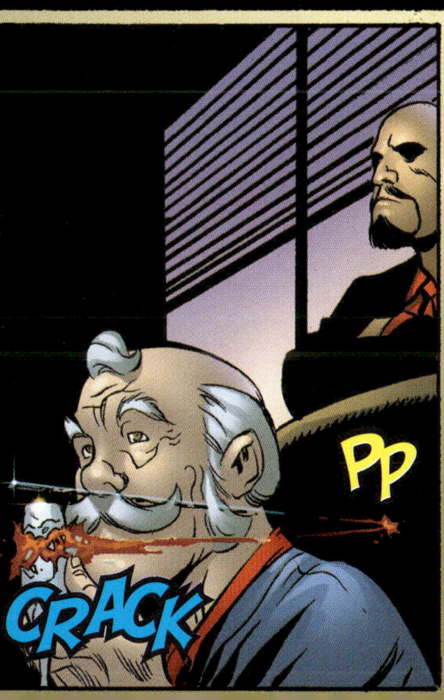

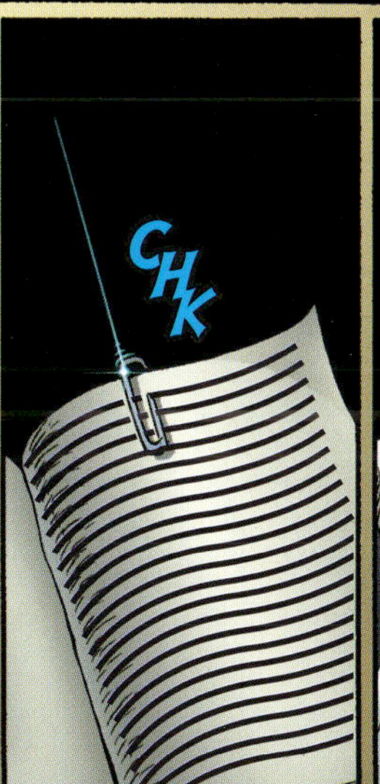

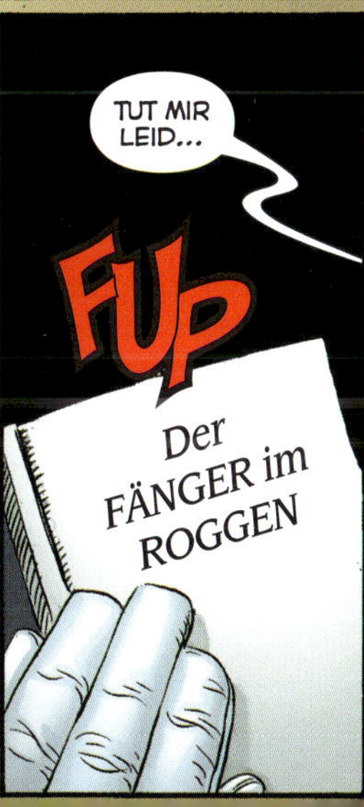

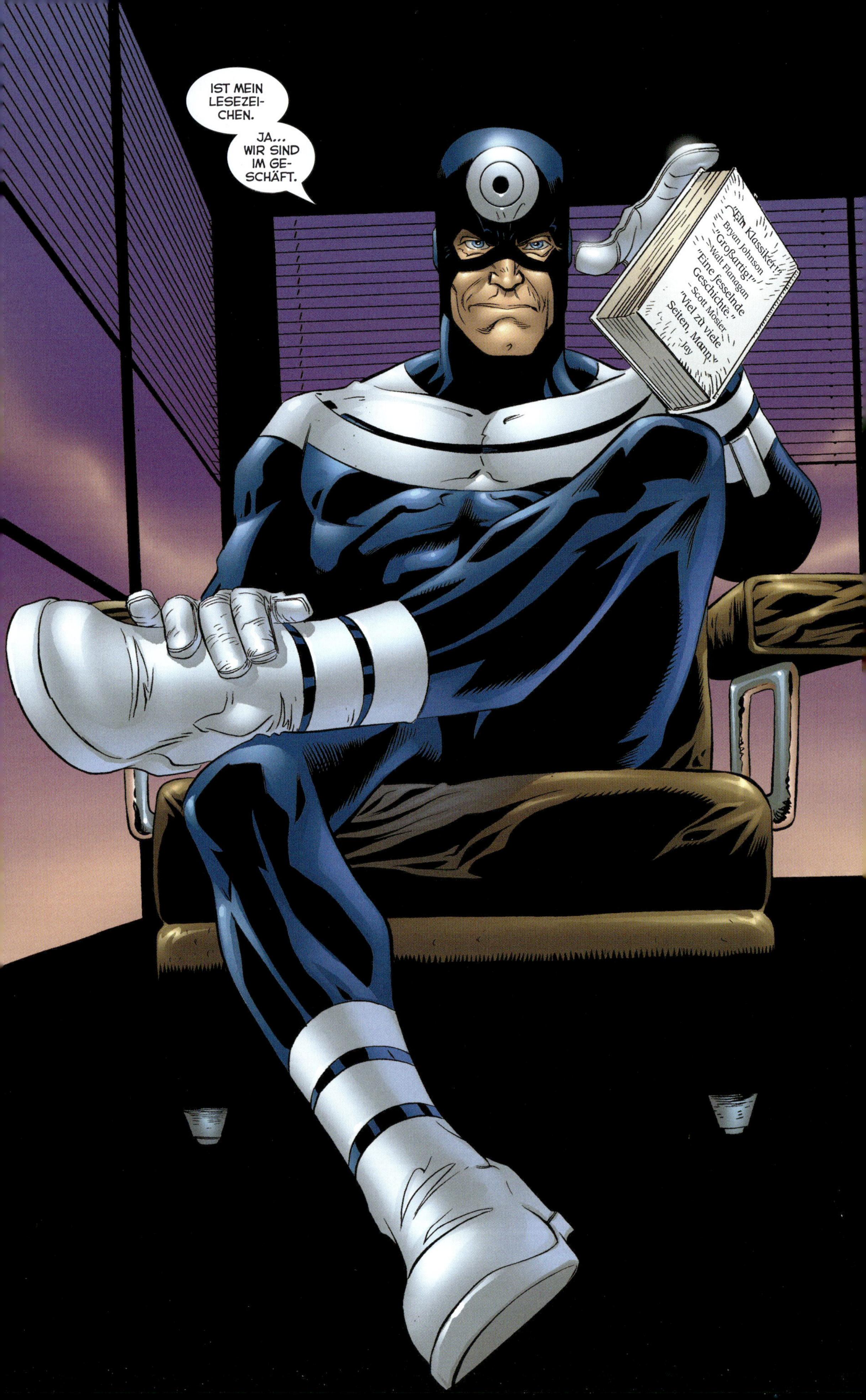

IST MEIN LESEZEICHEN.
JA... WIR SIND IM GESCHÄFT.
"Ein Klassiker!" -Bryan Johnson
"Großartig!" -Walt Flanagan
"Eine fesselnde Geschichte." -Scott Mosier
"Viel zu viele Seiten, Mann." -Jay

IN DEN ARMEN DES TEUFELS, TEIL 5: HÖLLISCHE VERZWEIFLUNG

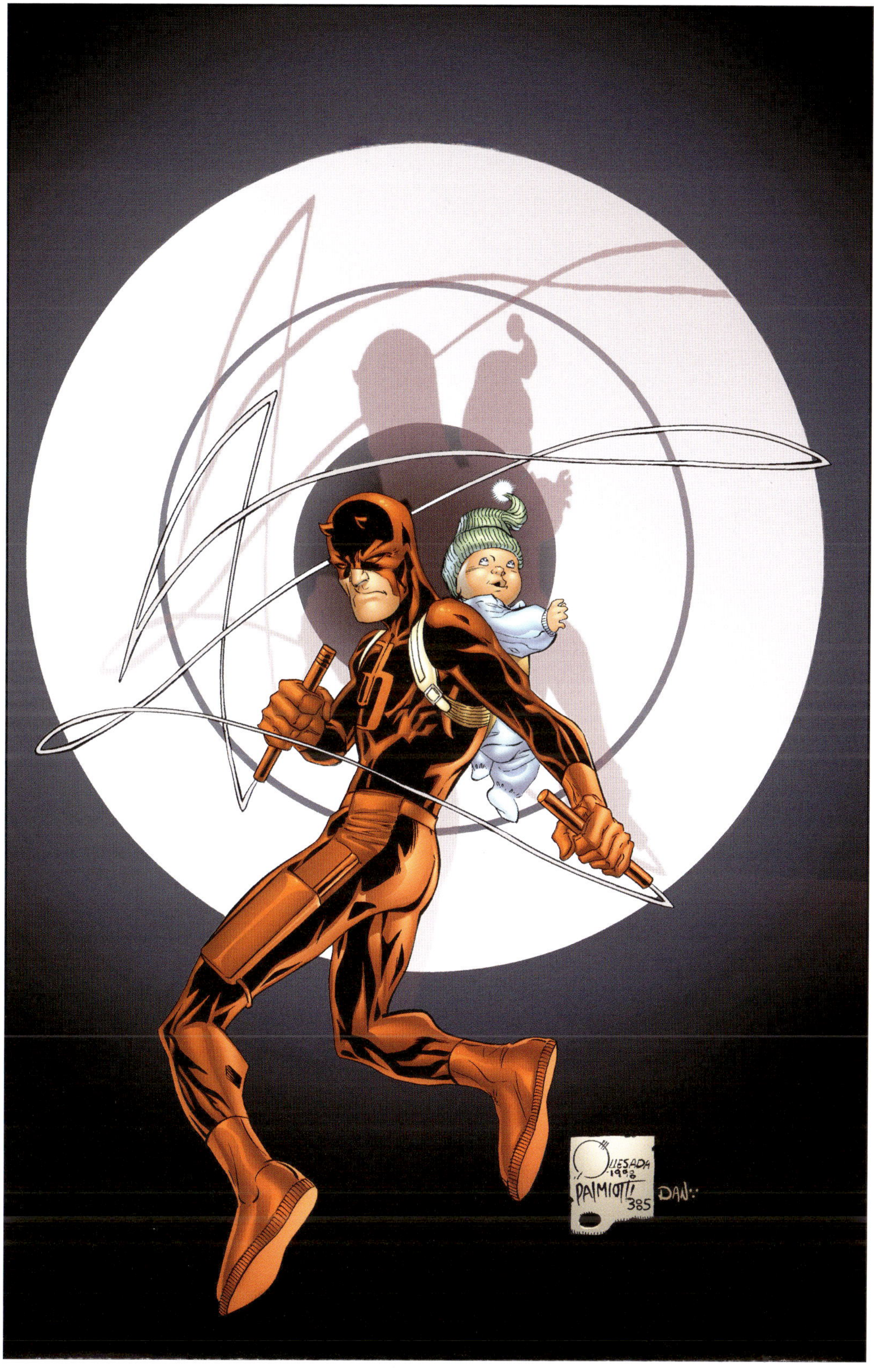

Daredevil (1998) 5
Cover von **JOE QUESADA**

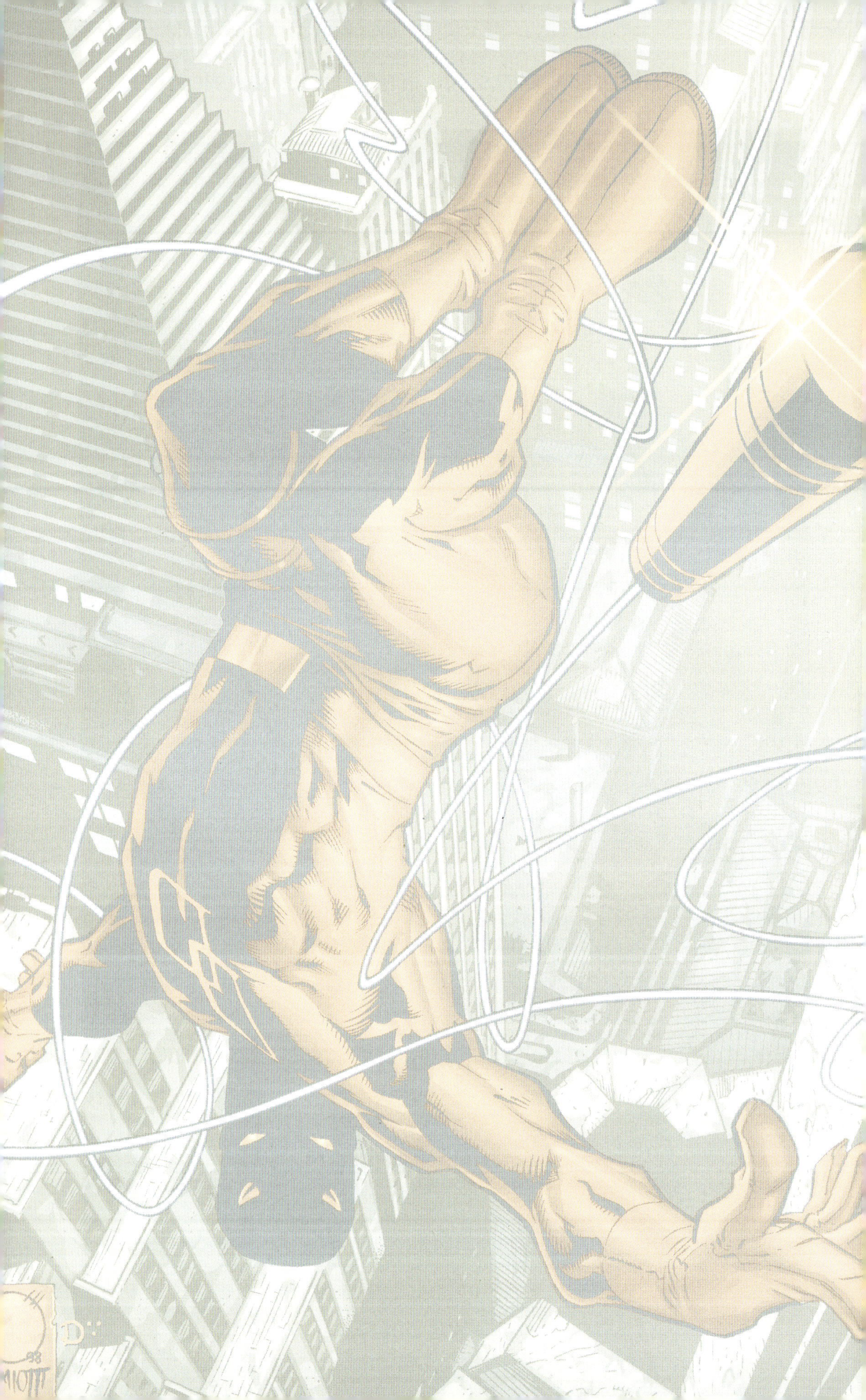

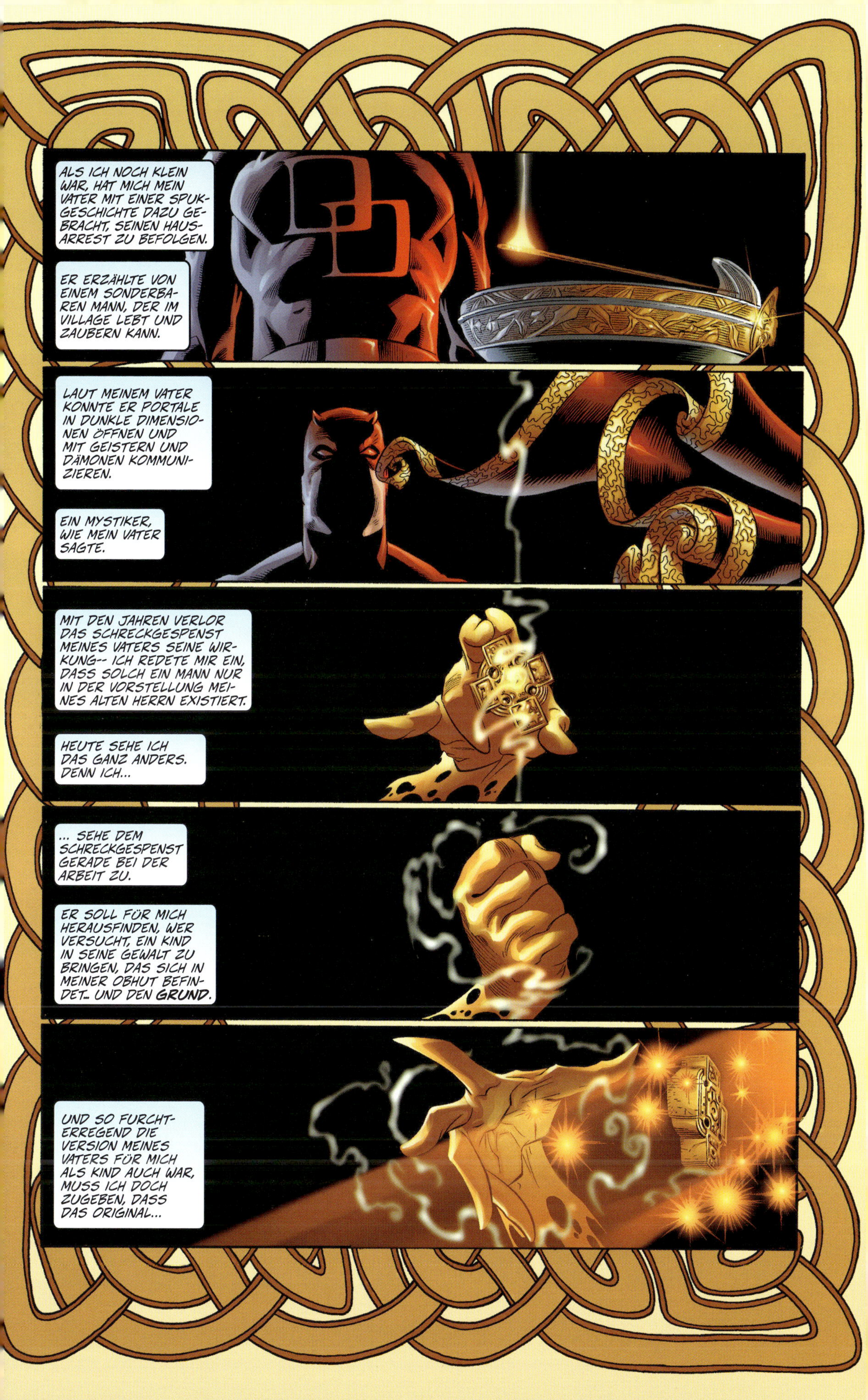

ALS ICH NOCH KLEIN WAR, HAT MICH MEIN VATER MIT EINER SPUKGESCHICHTE DAZU GEBRACHT, SEINEN HAUSARREST ZU BEFOLGEN.
ER ERZÄHLTE VON EINEM SONDERBAREN MANN, DER IM VILLAGE LEBT UND ZAUBERN KANN.
LAUT MEINEM VATER KONNTE ER PORTALE IN DUNKLE DIMENSIONEN ÖFFNEN UND MIT GEISTERN UND DÄMONEN KOMMUNIZIEREN.
EIN MYSTIKER, WIE MEIN VATER SAGTE.
MIT DEN JAHREN VERLOR DAS SCHRECKGESPENST MEINES VATERS SEINE WIRKUNG-- ICH REDETE MIR EIN, DASS SOLCH EIN MANN NUR IN DER VORSTELLUNG MEINES ALTEN HERRN EXISTIERT.
HEUTE SEHE ICH DAS GANZ ANDERS. DENN ICH...
... SEHE DEM SCHRECKGESPENST GERADE BEI DER ARBEIT ZU.
ER SOLL FÜR MICH HERAUSFINDEN, WER VERSUCHT, EIN KIND IN SEINE GEWALT ZU BRINGEN, DAS SICH IN MEINER OBHUT BEFINDET.. UND DEN **GRUND**.
UND SO FURCHTERREGEND DIE VERSION MEINES VATERS FÜR MICH ALS KIND AUCH WAR, MUSS ICH DOCH ZUGEBEN, DASS DAS ORIGINAL...

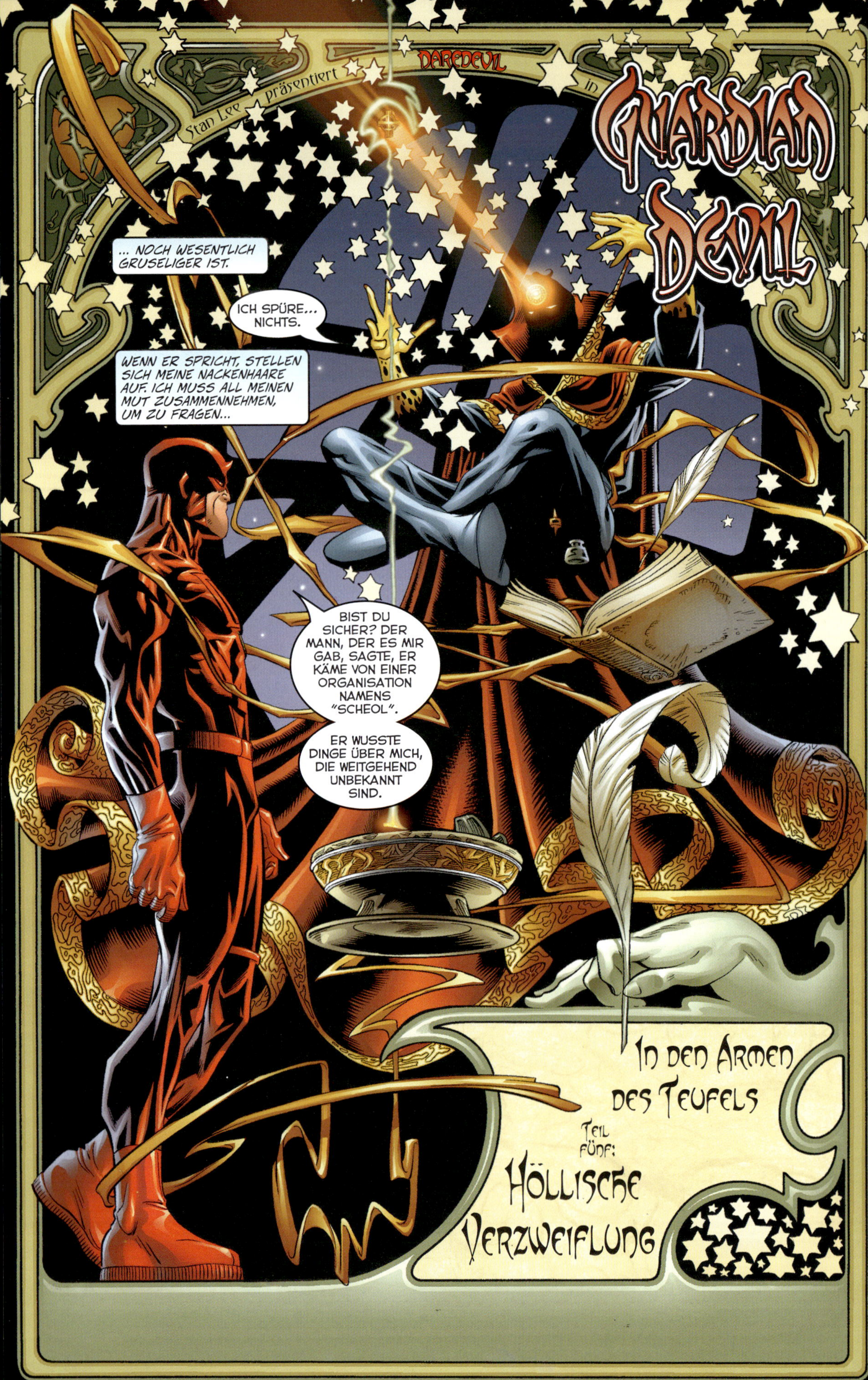
Stan Lee präsentiert
DAREDEVIL
in
GUARDIAN DEVIL
... NOCH WESENTLICH GRUSELIGER IST.
ICH SPÜRE... NICHTS.
WENN ER SPRICHT, STELLEN SICH MEINE NACKENHAARE AUF. ICH MUSS ALL MEINEN MUT ZUSAMMENNEHMEN, UM ZU FRAGEN...
BIST DU SICHER? DER MANN, DER ES MIR GAB, SAGTE, ER KÄME VON EINER ORGANISATION NAMENS "SCHEOL".
ER WUSSTE DINGE ÜBER MICH, DIE WEITGEHEND UNBEKANNT SIND.
IN DEN ARMEN DES TEUFELS
TEIL FÜNF:
HÖLLISCHE VERZWEIFLUNG

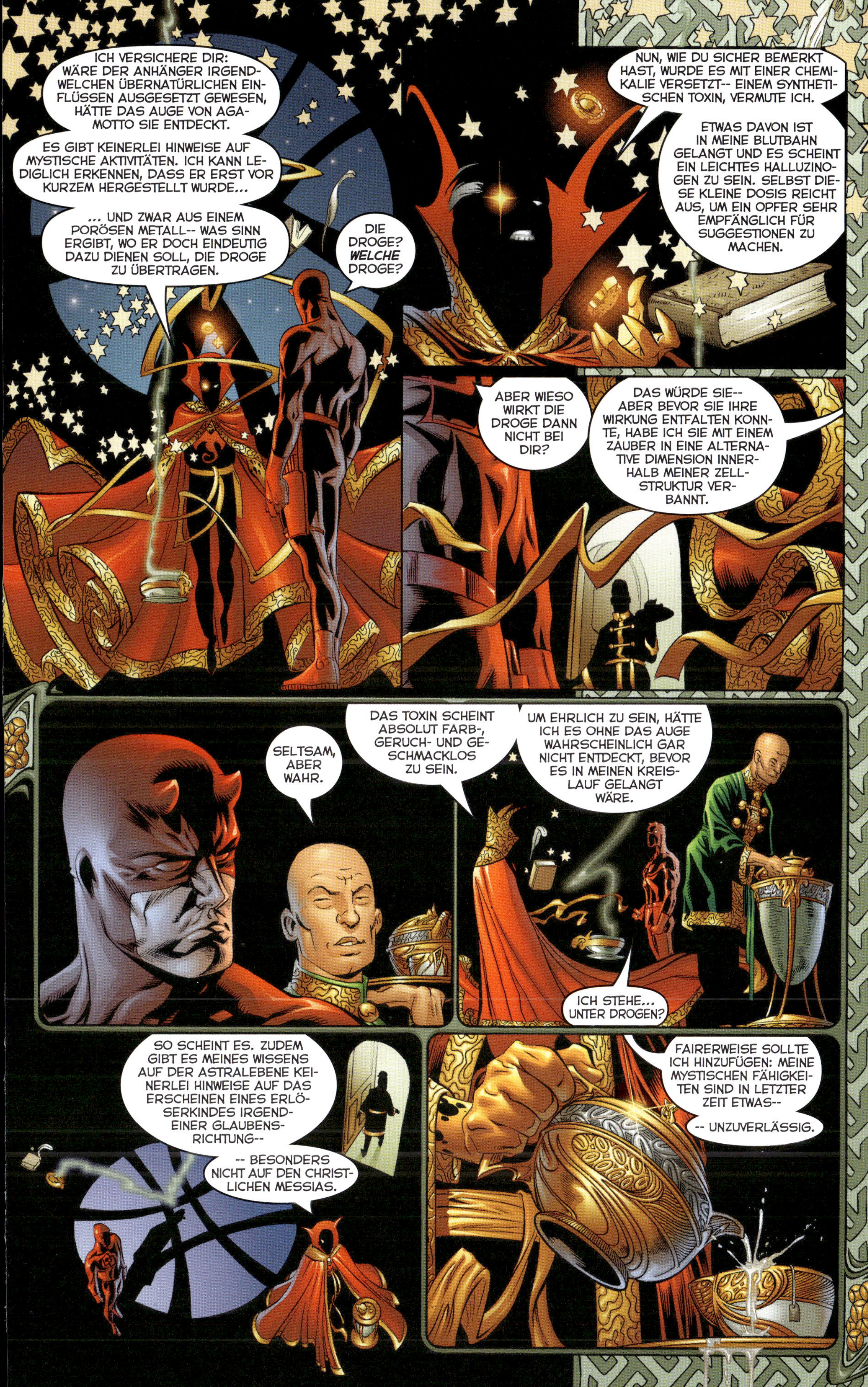
ICH VERSICHERE DIR: WÄRE DER ANHÄNGER IRGENDWELCHEN ÜBERNATÜRLICHEN EINFLÜSSEN AUSGESETZT GEWESEN, HÄTTE DAS AUGE VON AGAMOTTO SIE ENTDECKT.
ES GIBT KEINERLEI HINWEISE AUF MYSTISCHE AKTIVITÄTEN. ICH KANN LEDIGLICH ERKENNEN, DASS ER ERST VOR KURZEM HERGESTELLT WURDE...
... UND ZWAR AUS EINEM PORÖSEN METALL-- WAS SINN ERGIBT, WO ER DOCH EINDEUTIG DAZU DIENEN SOLL, DIE DROGE ZU ÜBERTRAGEN.
DIE DROGE? *WELCHE* DROGE?
NUN, WIE DU SICHER BEMERKT HAST, WURDE ES MIT EINER CHEMIKALIE VERSETZT-- EINEM SYNTHETISCHEN TOXIN, VERMUTE ICH.
ETWAS DAVON IST IN MEINE BLUTBAHN GELANGT UND ES SCHEINT EIN LEICHTES HALLUZINOGEN ZU SEIN. SELBST DIESE KLEINE DOSIS REICHT AUS, UM EIN OPFER SEHR EMPFÄNGLICH FÜR SUGGESTIONEN ZU MACHEN.
ABER WIESO WIRKT DIE DROGE DANN NICHT BEI DIR?
DAS WÜRDE SIE-- ABER BEVOR SIE IHRE WIRKUNG ENTFALTEN KONNTE, HABE ICH SIE MIT EINEM ZAUBER IN EINE ALTERNATIVE DIMENSION INNERHALB MEINER ZELLSTRUKTUR VERBANNT.
SELTSAM, ABER WAHR.
DAS TOXIN SCHEINT ABSOLUT FARB-, GERUCH- UND GESCHMACKLOS ZU SEIN.
UM EHRLICH ZU SEIN, HÄTTE ICH ES OHNE DAS AUGE WAHRSCHEINLICH GAR NICHT ENTDECKT, BEVOR ES IN MEINEN KREISLAUF GELANGT WÄRE.
ICH STEHE... UNTER DROGEN?
SO SCHEINT ES. ZUDEM GIBT ES MEINES WISSENS AUF DER ASTRALEBENE KEINERLEI HINWEISE AUF DAS ERSCHEINEN EINES ERLÖSERKINDES IRGENDEINER GLAUBENSRICHTUNG--
-- BESONDERS NICHT AUF DEN CHRISTLICHEN MESSIAS.
FAIRERWEISE SOLLTE ICH HINZUFÜGEN: MEINE MYSTISCHEN FÄHIGKEITEN SIND IN LETZTER ZEIT ETWAS--
-- UNZUVERLÄSSIG.

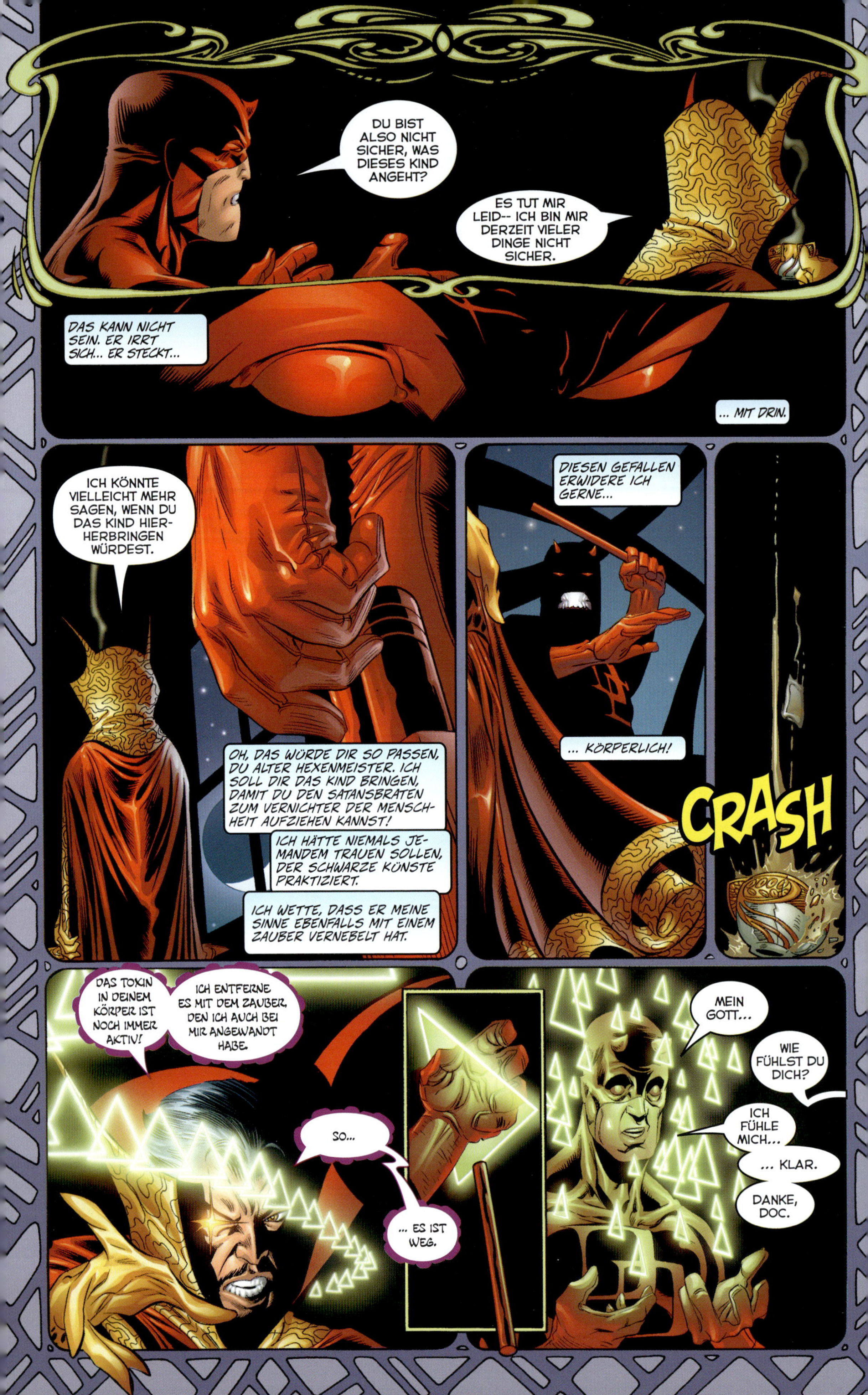
DU BIST ALSO NICHT SICHER, WAS DIESES KIND ANGEHT?
ES TUT MIR LEID-- ICH BIN MIR DERZEIT VIELER DINGE NICHT SICHER.
DAS KANN NICHT SEIN. ER IRRT SICH... ER STECKT...
... MIT DRIN.
ICH KÖNNTE VIELLEICHT MEHR SAGEN, WENN DU DAS KIND HIER-HERBRINGEN WÜRDEST.
OH, DAS WÜRDE DIR SO PASSEN, DU ALTER HEXENMEISTER. ICH SOLL DIR DAS KIND BRINGEN, DAMIT DU DEN SATANSBRATEN ZUM VERNICHTER DER MENSCH-HEIT AUFZIEHEN KANNST!
ICH HÄTTE NIEMALS JE-MANDEM TRAUEN SOLLEN, DER SCHWARZE KÜNSTE PRAKTIZIERT.
ICH WETTE, DASS ER MEINE SINNE EBENFALLS MIT EINEM ZAUBER VERNEBELT HAT.
DIESEN GEFALLEN ERWIDERE ICH GERNE...
... KÖRPERLICH!
CRASH
DAS TOXIN IN DEINEM KÖRPER IST NOCH IMMER AKTIV!
ICH ENTFERNE ES MIT DEM ZAUBER, DEN ICH AUCH BEI MIR ANGEWANDT HABE.
SO...
... ES IST WEG.
MEIN GOTT...
WIE FÜHLST DU DICH?
ICH FÜHLE MICH...
... KLAR.
DANKE, DOC.

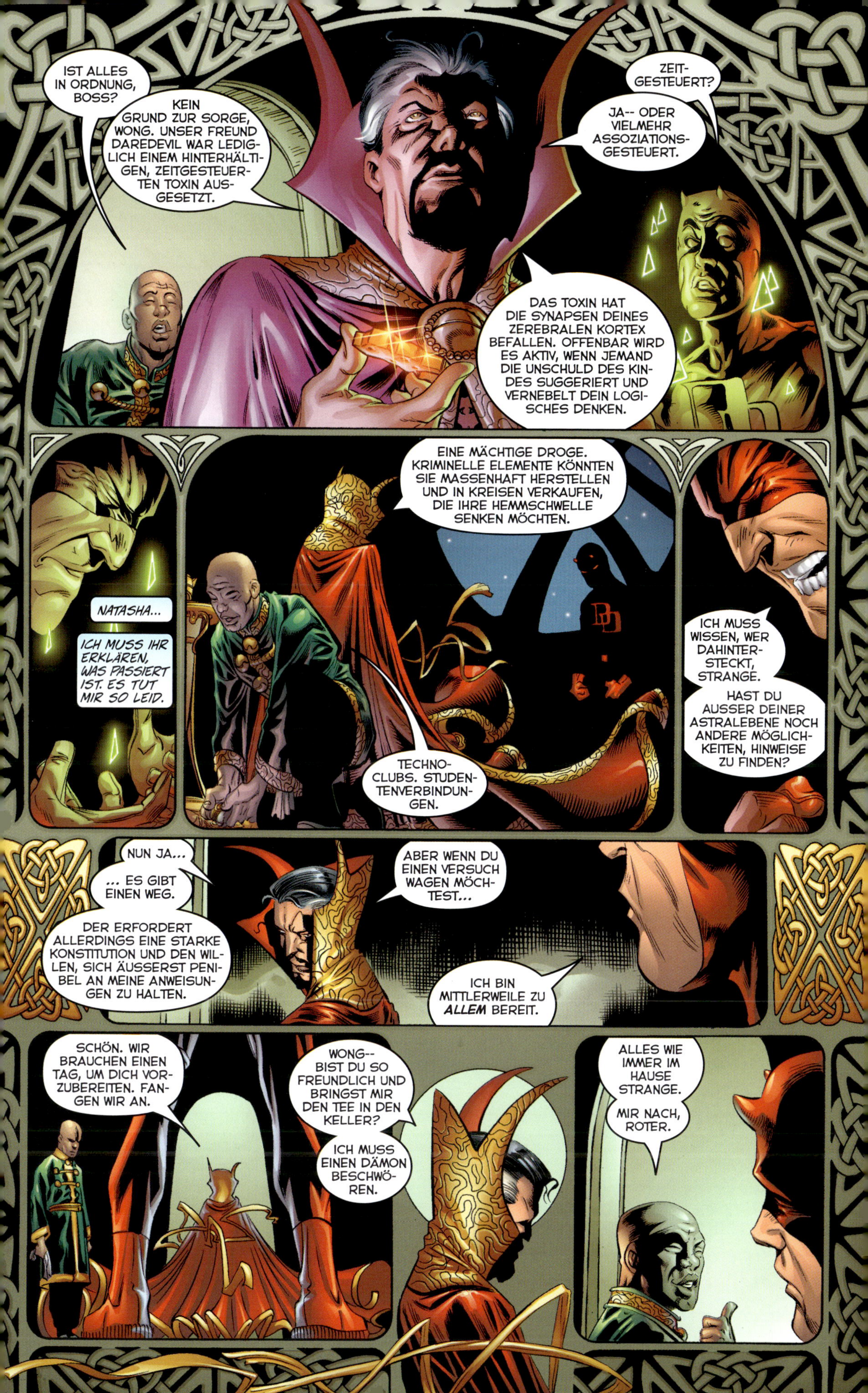

IST ALLES IN ORDNUNG, BOSS?
KEIN GRUND ZUR SORGE, WONG. UNSER FREUND DAREDEVIL WAR LEDIGLICH EINEM HINTERHÄLTIGEN, ZEITGESTEUERTEN TOXIN AUSGESETZT.
ZEITGESTEUERT?
JA-- ODER VIELMEHR ASSOZIATIONSGESTEUERT.
DAS TOXIN HAT DIE SYNAPSEN DEINES ZEREBRALEN KORTEX BEFALLEN. OFFENBAR WIRD ES AKTIV, WENN JEMAND DIE UNSCHULD DES KINDES SUGGERIERT UND VERNEBELT DEIN LOGISCHES DENKEN.
NATASHA...
ICH MUSS IHR ERKLÄREN, WAS PASSIERT IST. ES TUT MIR SO LEID.
EINE MÄCHTIGE DROGE. KRIMINELLE ELEMENTE KÖNNTEN SIE MASSENHAFT HERSTELLEN UND IN KREISEN VERKAUFEN, DIE IHRE HEMMSCHWELLE SENKEN MÖCHTEN.
TECHNO-CLUBS. STUDENTENVERBINDUNGEN.
ICH MUSS WISSEN, WER DAHINTERSTECKT, STRANGE.
HAST DU AUSSER DEINER ASTRALEBENE NOCH ANDERE MÖGLICHKEITEN, HINWEISE ZU FINDEN?
NUN JA...
... ES GIBT EINEN WEG.
DER ERFORDERT ALLERDINGS EINE STARKE KONSTITUTION UND DEN WILLEN, SICH ÄUSSERST PENIBEL AN MEINE ANWEISUNGEN ZU HALTEN.
ABER WENN DU EINEN VERSUCH WAGEN MÖCHTEST...
ICH BIN MITTLERWEILE ZU ALLEM BEREIT.
SCHÖN. WIR BRAUCHEN EINEN TAG, UM DICH VORZUBEREITEN. FANGEN WIR AN.
WONG-- BIST DU SO FREUNDLICH UND BRINGST MIR DEN TEE IN DEN KELLER?
ICH MUSS EINEN DÄMON BESCHWÖREN.
ALLES WIE IMMER IM HAUSE STRANGE.
MIR NACH, ROTER.

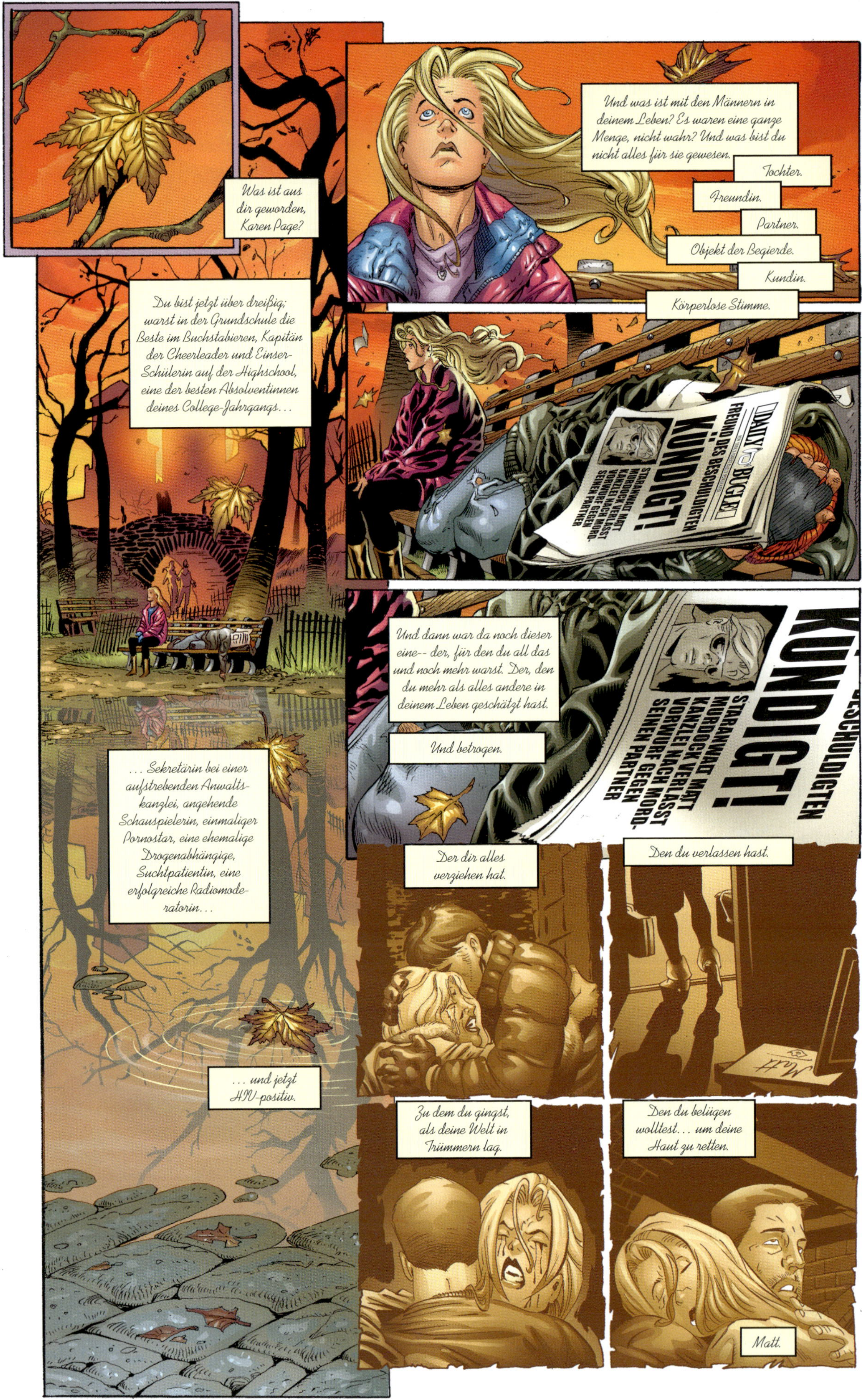

Was ist aus dir geworden, Karen Page?
Du bist jetzt über dreißig; warst in der Grundschule die Beste im Buchstabieren, Kapitän der Cheerleader und Einser-Schülerin auf der Highschool, eine der besten Absolventinnen deines College-Jahrgangs…
… Sekretärin bei einer aufstrebenden Anwaltskanzlei, angehende Schauspielerin, einmaliger Pornostar, eine ehemalige Drogenabhängige, Suchtpatientin, eine erfolgreiche Radiomoderatorin…
… und jetzt HIV-positiv.
Und was ist mit den Männern in deinem Leben? Es waren eine ganze Menge, nicht wahr? Und was bist du nicht alles für sie gewesen.
Tochter.
Freundin.
Partner.
Objekt der Begierde.
Kundin.
Körperlose Stimme.
DAILY BUGLE
FREUND DES BESCHULDIGTEN
KÜNDIGT!
Und dann war da noch dieser eine-- der, für den du all das und noch mehr warst. Der, den du mehr als alles andere in deinem Leben geschätzt hast.
Und betrogen.
Der dir alles verziehen hat.
Den du verlassen hast.
Matt
Zu dem du gingst, als deine Welt in Trümmern lag.
Den du belügen wolltest… um deine Haut zu retten.
Matt.

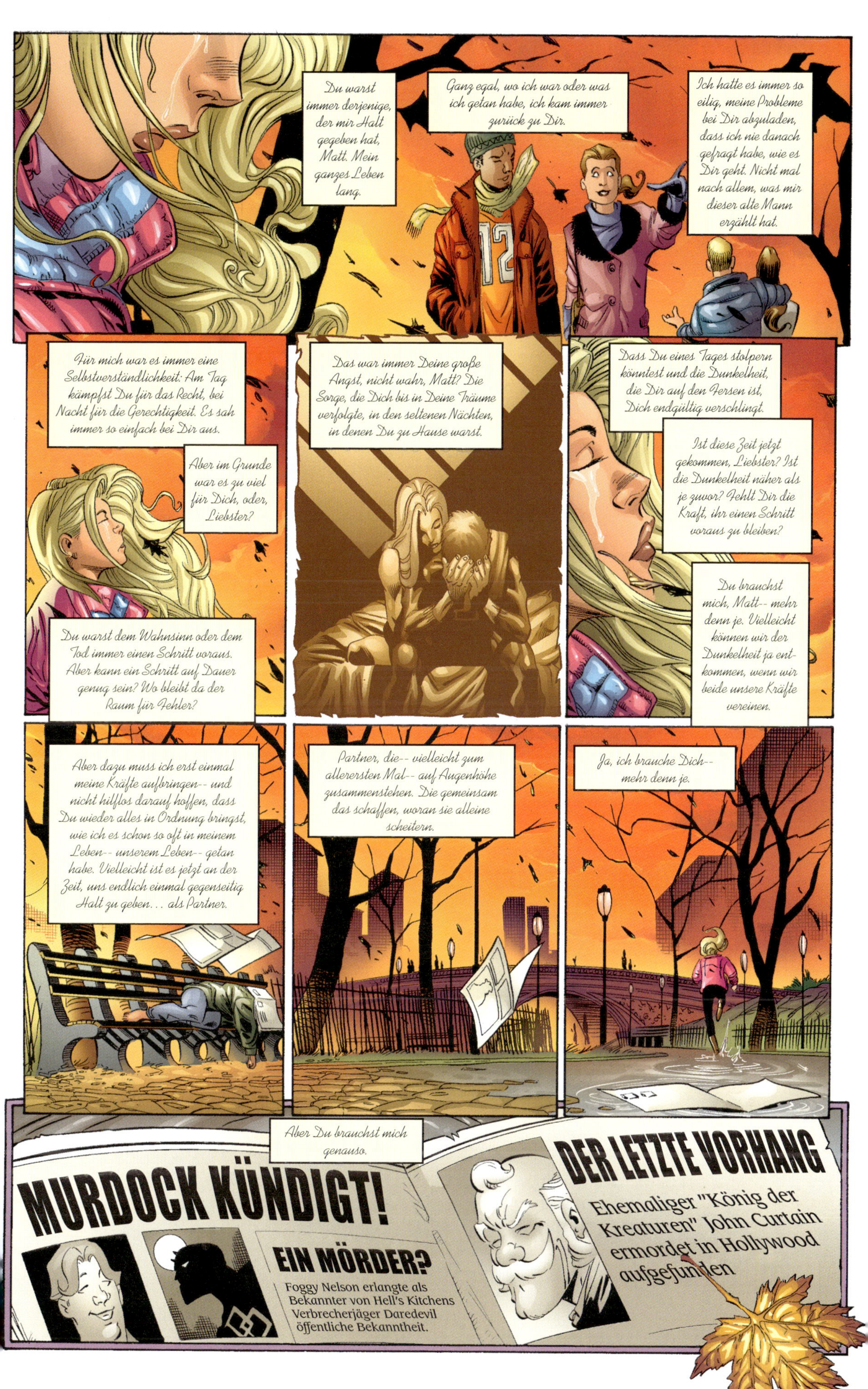
Du warst immer derjenige, der mir Halt gegeben hat, Matt. Mein ganzes Leben lang.
Ganz egal, wo ich war oder was ich getan habe, ich kam immer zurück zu Dir.
Ich hatte es immer so eilig, meine Probleme bei Dir abzuladen, dass ich nie danach gefragt habe, wie es Dir geht. Nicht mal nach allem, was mir dieser alte Mann erzählt hat.
Für mich war es immer eine Selbstverständlichkeit: Am Tag kämpfst Du für das Recht, bei Nacht für die Gerechtigkeit. Es sah immer so einfach bei Dir aus.
Aber im Grunde war es zu viel für Dich, oder, Liebster?
Du warst dem Wahnsinn oder dem Tod immer einen Schritt voraus. Aber kann ein Schritt auf Dauer genug sein? Wo bleibt da der Raum für Fehler?
Das war immer Deine große Angst, nicht wahr, Matt? Die Sorge, die Dich bis in Deine Träume verfolgte, in den seltenen Nächten, in denen Du zu Hause warst.
Dass Du eines Tages stolpern könntest und die Dunkelheit, die Dir auf den Fersen ist, Dich endgültig verschlingt.
Ist diese Zeit jetzt gekommen, Liebster? Ist die Dunkelheit näher als je zuvor? Fehlt Dir die Kraft, ihr einen Schritt voraus zu bleiben?
Du brauchst mich, Matt-- mehr denn je. Vielleicht können wir der Dunkelheit ja entkommen, wenn wir beide unsere Kräfte vereinen.
Aber dazu muss ich erst einmal meine Kräfte aufbringen-- und nicht hilflos darauf hoffen, dass Du wieder alles in Ordnung bringst, wie ich es schon so oft in meinem Leben-- unserem Leben-- getan habe. Vielleicht ist es jetzt an der Zeit, uns endlich einmal gegenseitig Halt zu geben... als Partner.
Partner, die-- vielleicht zum allerersten Mal-- auf Augenhöhe zusammenstehen. Die gemeinsam das schaffen, woran sie alleine scheitern.
Ja, ich brauche Dich-- mehr denn je.
Aber Du brauchst mich genauso.
MURDOCK KÜNDIGT!
EIN MÖRDER?
Foggy Nelson erlangte als Bekannter von Hell's Kitchens Verbrecherjäger Daredevil öffentliche Bekanntheit.
DER LETZTE VORHANG
Ehemaliger "König der Kreaturen" John Curtain ermordet in Hollywood aufgefunden

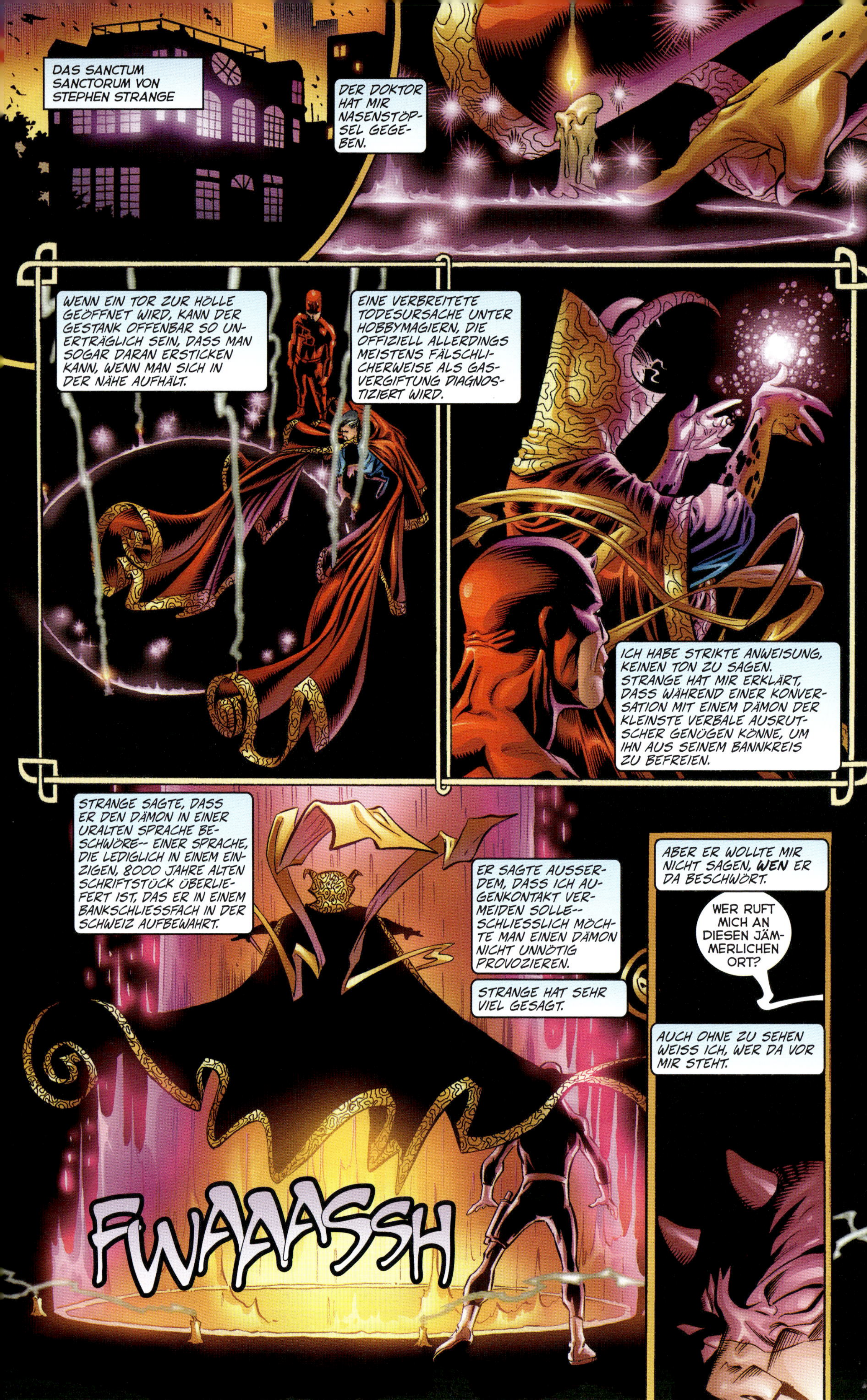
DAS SANCTUM SANCTORUM VON STEPHEN STRANGE
DER DOKTOR HAT MIR NASENSTÖPSEL GEGEBEN.
WENN EIN TOR ZUR HÖLLE GEÖFFNET WIRD, KANN DER GESTANK OFFENBAR SO UNERTRÄGLICH SEIN, DASS MAN SOGAR DARAN ERSTICKEN KANN, WENN MAN SICH IN DER NÄHE AUFHÄLT.
EINE VERBREITETE TODESURSACHE UNTER HOBBYMAGIERN, DIE OFFIZIELL ALLERDINGS MEISTENS FÄLSCHLICHERWEISE ALS GASVERGIFTUNG DIAGNOSTIZIERT WIRD.
ICH HABE STRIKTE ANWEISUNG, KEINEN TON ZU SAGEN. STRANGE HAT MIR ERKLÄRT, DASS WÄHREND EINER KONVERSATION MIT EINEM DÄMON DER KLEINSTE VERBALE AUSRUTSCHER GENÜGEN KÖNNE, UM IHN AUS SEINEM BANNKREIS ZU BEFREIEN.
STRANGE SAGTE, DASS ER DEN DÄMON IN EINER URALTEN SPRACHE BESCHWÖRE-- EINER SPRACHE, DIE LEDIGLICH IN EINEM EINZIGEN, 8000 JAHRE ALTEN SCHRIFTSTÜCK ÜBERLIEFERT IST, DAS ER IN EINEM BANKSCHLIESSFACH IN DER SCHWEIZ AUFBEWAHRT.
ER SAGTE AUSSERDEM, DASS ICH AUGENKONTAKT VERMEIDEN SOLLE-- SCHLIESSLICH MÖCHTE MAN EINEN DÄMON NICHT UNNÖTIG PROVOZIEREN.
STRANGE HAT SEHR VIEL GESAGT.
FWAAAASSH
ABER ER WOLLTE MIR NICHT SAGEN, **WEN** ER DA BESCHWÖRT.
WER RUFT MICH AN DIESEN JÄMMERLICHEN ORT?
AUCH OHNE ZU SEHEN WEISS ICH, WER DA VOR MIR STEHT.

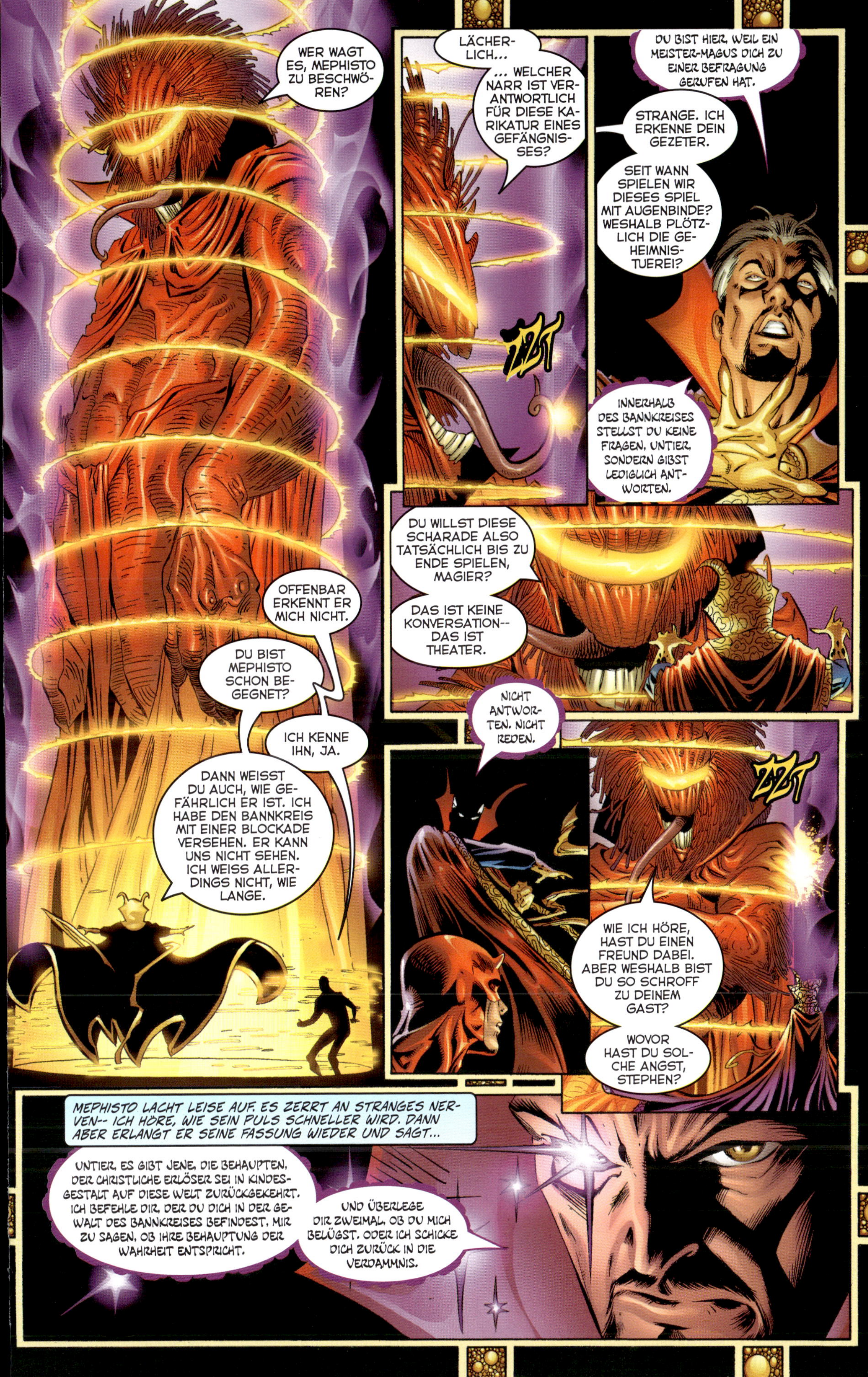

WER WAGT ES, MEPHISTO ZU BESCHWÖREN?
LÄCHERLICH...
... WELCHER NARR IST VERANTWORTLICH FÜR DIESE KARIKATUR EINES GEFÄNGNISSES?
DU BIST HIER, WEIL EIN MEISTER-MAGUS DICH ZU EINER BEFRAGUNG GERUFEN HAT.
STRANGE. ICH ERKENNE DEIN GEZETER.
SEIT WANN SPIELEN WIR DIESES SPIEL MIT AUGENBINDE? WESHALB PLÖTZLICH DIE GEHEIMNISTUEREI?
ZAZT
INNERHALB DES BANNKREISES STELLST DU KEINE FRAGEN, UNTIER, SONDERN GIBST LEDIGLICH ANTWORTEN.
DU WILLST DIESE SCHARADE ALSO TATSÄCHLICH BIS ZU ENDE SPIELEN, MAGIER?
DAS IST KEINE KONVERSATION-- DAS IST THEATER.
OFFENBAR ERKENNT ER MICH NICHT.
DU BIST MEPHISTO SCHON BEGEGNET?
ICH KENNE IHN, JA.
DANN WEISST DU AUCH, WIE GEFÄHRLICH ER IST. ICH HABE DEN BANNKREIS MIT EINER BLOCKADE VERSEHEN. ER KANN UNS NICHT SEHEN. ICH WEISS ALLERDINGS NICHT, WIE LANGE.
NICHT ANTWORTEN. NICHT REDEN.
ZAZT
WIE ICH HÖRE, HAST DU EINEN FREUND DABEI. ABER WESHALB BIST DU SO SCHROFF ZU DEINEM GAST?
WOVOR HAST DU SOLCHE ANGST, STEPHEN?
MEPHISTO LACHT LEISE AUF. ES ZERRT AN STRANGES NERVEN-- ICH HÖRE, WIE SEIN PULS SCHNELLER WIRD. DANN ABER ERLANGT ER SEINE FASSUNG WIEDER UND SAGT...
UNTIER, ES GIBT JENE, DIE BEHAUPTEN, DER CHRISTLICHE ERLÖSER SEI IN KINDESGESTALT AUF DIESE WELT ZURÜCKGEKEHRT. ICH BEFEHLE DIR, DER DU DICH IN DER GEWALT DES BANNKREISES BEFINDEST, MIR ZU SAGEN, OB IHRE BEHAUPTUNG DER WAHRHEIT ENTSPRICHT.
UND ÜBERLEGE DIR ZWEIMAL, OB DU MICH BELÜGST. ODER ICH SCHICKE DICH ZURÜCK IN DIE VERDAMMNIS.

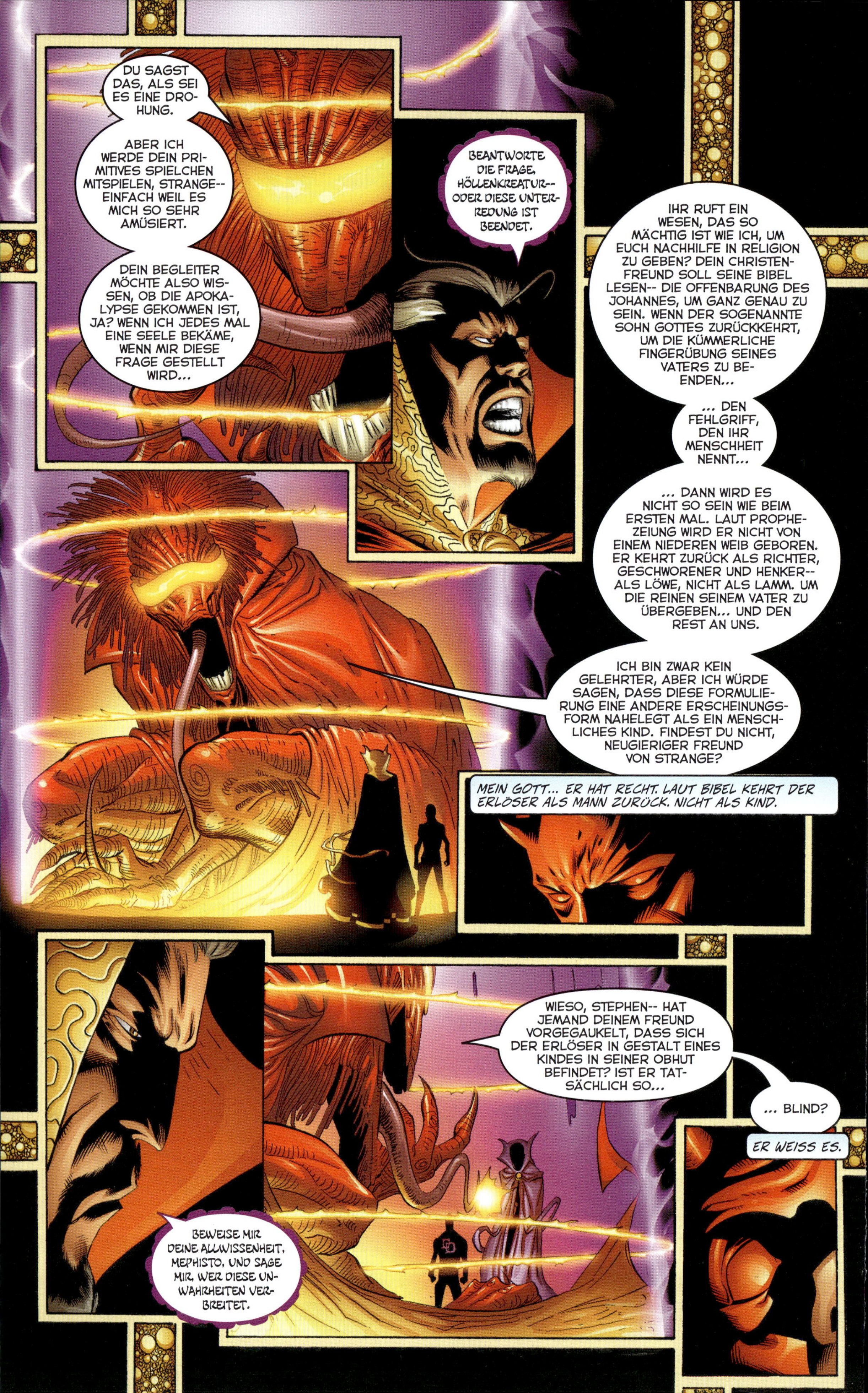
DU SAGST DAS, ALS SEI ES EINE DROHUNG.
ABER ICH WERDE DEIN PRIMITIVES SPIELCHEN MITSPIELEN, STRANGE-- EINFACH WEIL ES MICH SO SEHR AMÜSIERT.
DEIN BEGLEITER MÖCHTE ALSO WISSEN, OB DIE APOKALYPSE GEKOMMEN IST, JA? WENN ICH JEDES MAL EINE SEELE BEKÄME, WENN MIR DIESE FRAGE GESTELLT WIRD...
BEANTWORTE DIE FRAGE, HÖLLENKREATUR-- ODER DIESE UNTERREDUNG IST BEENDET.
IHR RUFT EIN WESEN, DAS SO MÄCHTIG IST WIE ICH, UM EUCH NACHHILFE IN RELIGION ZU GEBEN? DEIN CHRISTENFREUND SOLL SEINE BIBEL LESEN-- DIE OFFENBARUNG DES JOHANNES, UM GANZ GENAU ZU SEIN. WENN DER SOGENANNTE SOHN GOTTES ZURÜCKKEHRT, UM DIE KÜMMERLICHE FINGERÜBUNG SEINES VATERS ZU BEENDEN...
... DEN FEHLGRIFF, DEN IHR MENSCHHEIT NENNT...
... DANN WIRD ES NICHT SO SEIN WIE BEIM ERSTEN MAL. LAUT PROPHEZEIUNG WIRD ER NICHT VON EINEM NIEDEREN WEIB GEBOREN. ER KEHRT ZURÜCK ALS RICHTER, GESCHWORENER UND HENKER-- ALS LÖWE, NICHT ALS LAMM. UM DIE REINEN SEINEM VATER ZU ÜBERGEBEN... UND DEN REST AN UNS.
ICH BIN ZWAR KEIN GELEHRTER, ABER ICH WÜRDE SAGEN, DASS DIESE FORMULIERUNG EINE ANDERE ERSCHEINUNGSFORM NAHELEGT ALS EIN MENSCHLICHES KIND. FINDEST DU NICHT, NEUGIERIGER FREUND VON STRANGE?
MEIN GOTT... ER HAT RECHT. LAUT BIBEL KEHRT DER ERLÖSER ALS MANN ZURÜCK. NICHT ALS KIND.
BEWEISE MIR DEINE ALLWISSENHEIT, MEPHISTO, UND SAGE MIR, WER DIESE UNWAHRHEITEN VERBREITET.
WIESO, STEPHEN-- HAT JEMAND DEINEM FREUND VORGEGAUKELT, DASS SICH DER ERLÖSER IN GESTALT EINES KINDES IN SEINER OBHUT BEFINDET? IST ER TATSÄCHLICH SO...
... BLIND?
ER WEISS ES.

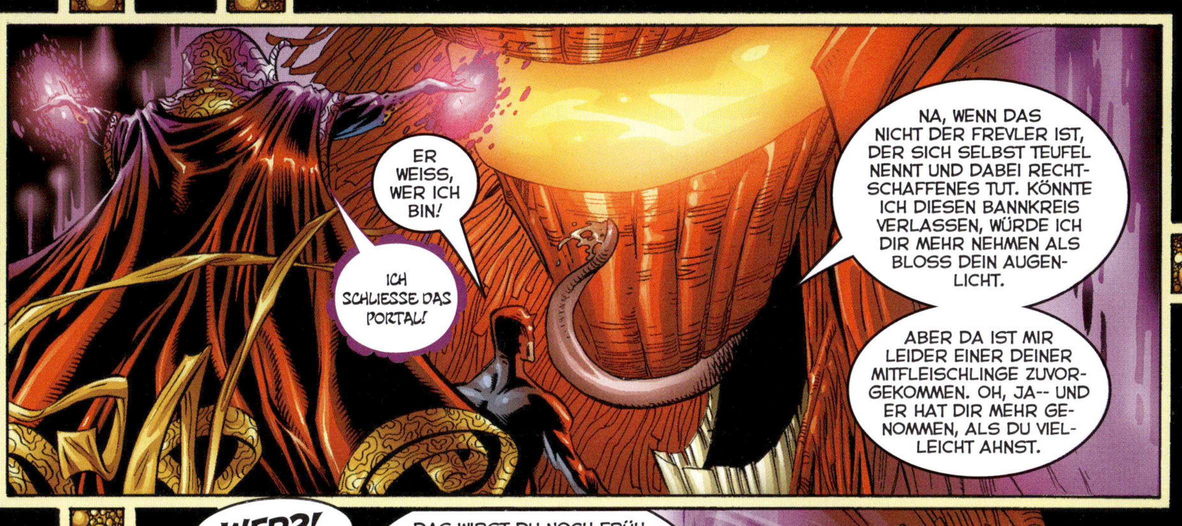
ER WEISS, WER ICH BIN!
ICH SCHLIESSE DAS PORTAL!
NA, WENN DAS NICHT DER FREVLER IST, DER SICH SELBST TEUFEL NENNT UND DABEI RECHT-SCHAFFENES TUT. KÖNNTE ICH DIESEN BANNKREIS VERLASSEN, WÜRDE ICH DIR MEHR NEHMEN ALS BLOSS DEIN AUGEN-LICHT.
ABER DA IST MIR LEIDER EINER DEINER MITFLEISCHLINGE ZUVOR-GEKOMMEN. OH, JA-- UND ER HAT DIR MEHR GE-NOMMEN, ALS DU VIEL-LEICHT AHNST.

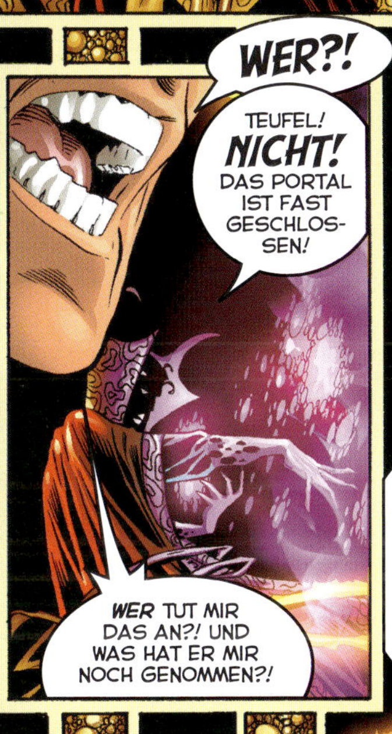
WER?!
TEUFEL! NICHT! DAS PORTAL IST FAST GESCHLOS-SEN!
WER TUT MIR DAS AN?! UND WAS HAT ER MIR NOCH GENOMMEN?!

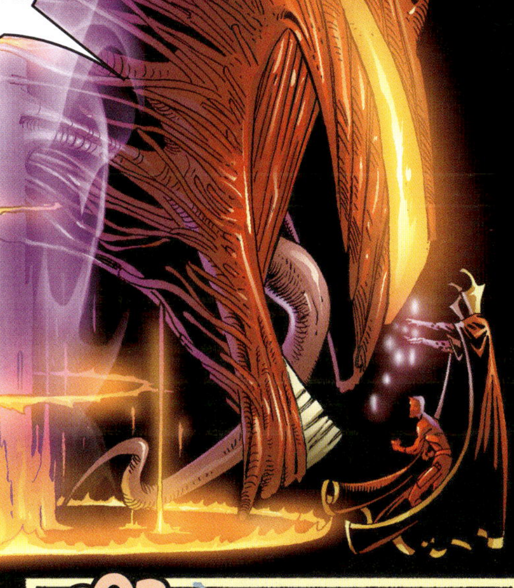
DAS WIRST DU NOCH FRÜH GENUG ERFAHREN-- ABER ICH VERSICHERE DIR, DASS ICH FÜR DENJENIGEN, DER DIR DIESE PEIN BEREITET, EINEN EHRENPLATZ IN DER HÖLLE RESERVIEREN WERDE. ER HAT ES MEHR ALS VERDIENT.
WER HÄTTE DAS VON IHM ER-WARTET? NICHT ICH, NICHT SEINESGLEI-CHEN... ICH WETTE, NICHT EINMAL SEINE MUTTER HÄTTE IHM DAS ZUGE-TRAUT.
ES MUSS DER DIRNE, DIE DEINEN ERZ-FEIND ZUR WELT BRACHTE, DAS HERZ GEBROCHEN HABEN! SIE HATTE SICHER SO GROSSE HOFFNUNGEN IN IHN GESETZT. UND WAS IST AUS IHM GEWOR-DEN? EIN LÜGNER, EIN DIEB, EIN KINDESMÖRDER! ICH WETTE, SIE DREHT SICH VOR SCHAM IM GRABE UM.

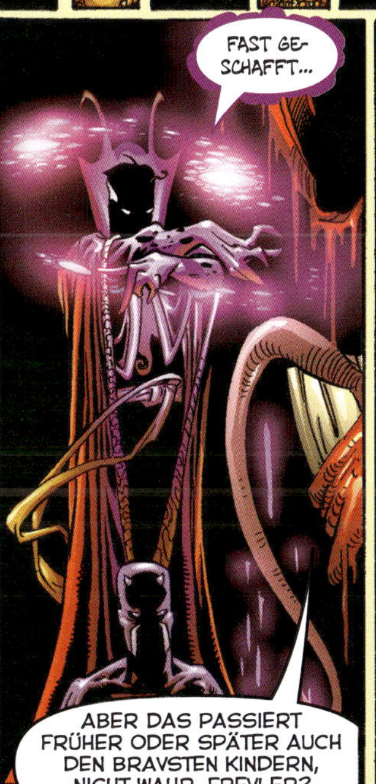
FAST GE-SCHAFFT...
ABER DAS PASSIERT FRÜHER ODER SPÄTER AUCH DEN BRAVSTEN KINDERN, NICHT WAHR, FREVLER?

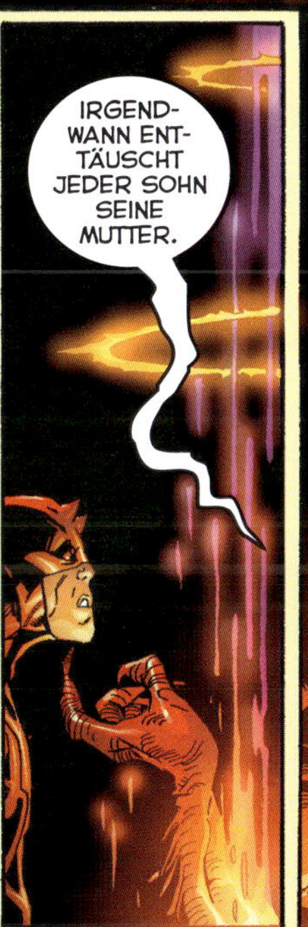
IRGEND-WANN ENT-TÄUSCHT JEDER SOHN SEINE MUTTER.

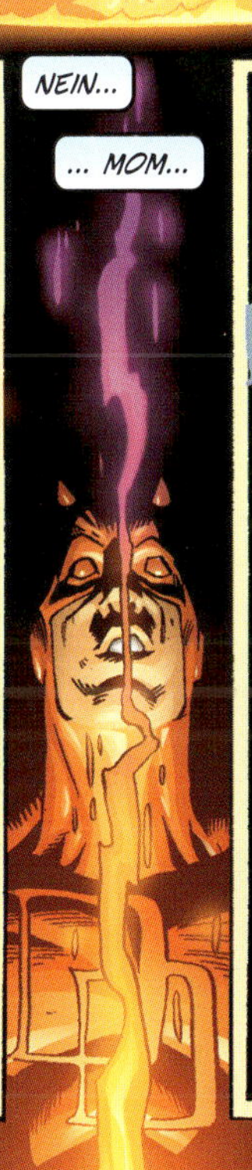
NEIN...
... MOM...

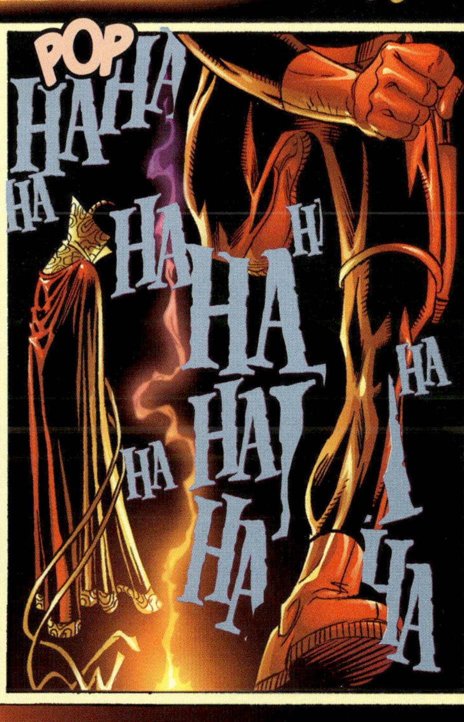
POP
HAHA
HA
HAHA
HA
HA
HA
HA
HA
HA
HA
HA

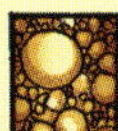
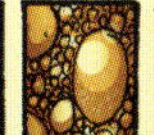

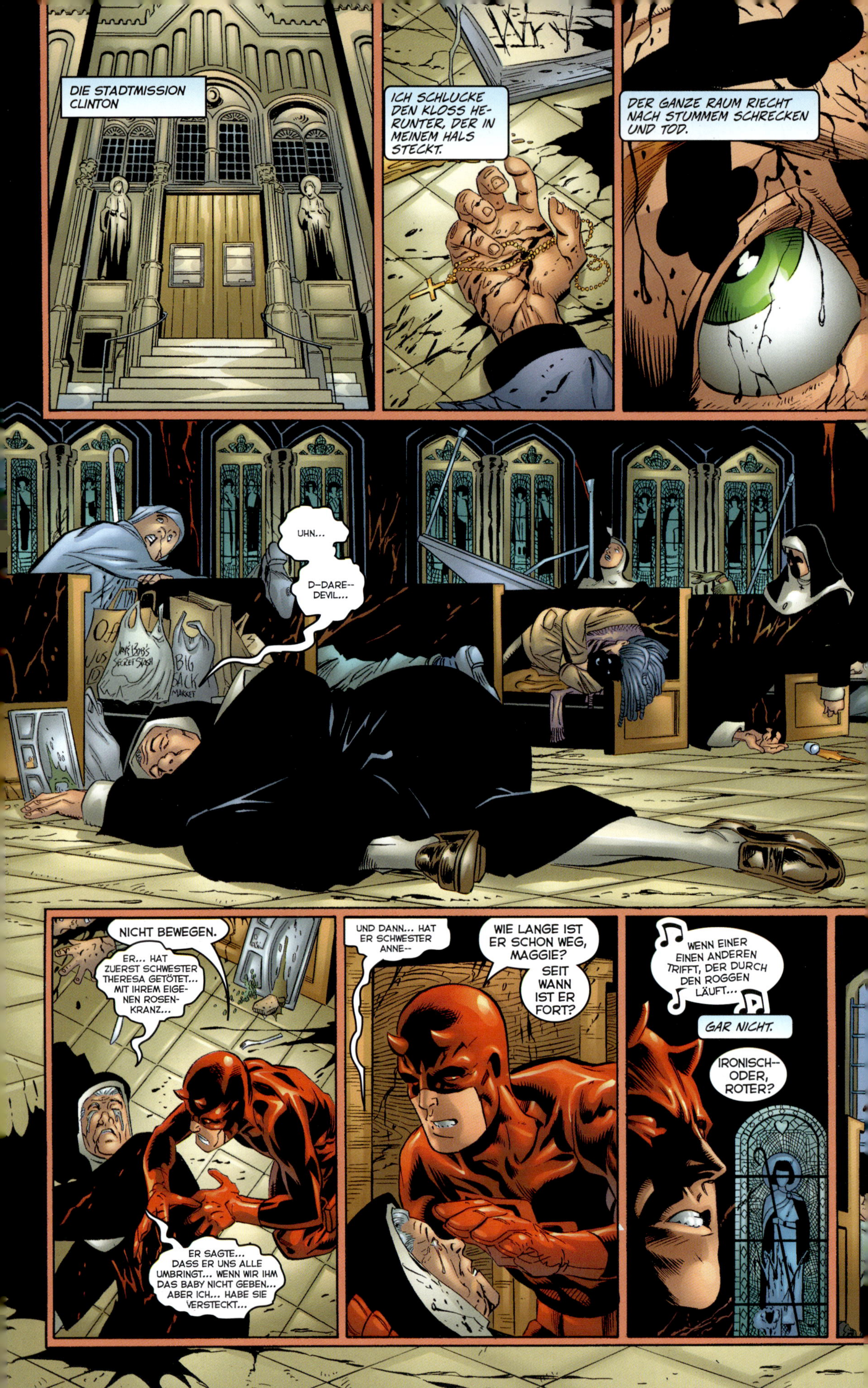
DIE STADTMISSION CLINTON
ICH SCHLUCKE DEN KLOSS HERUNTER, DER IN MEINEM HALS STECKT.
DER GANZE RAUM RIECHT NACH STUMMEM SCHRECKEN UND TOD.
UHN...
D-DARE--DEVIL...
BIG BACK MARKET
NICHT BEWEGEN.
ER... HAT ZUERST SCHWESTER THERESA GETÖTET... MIT IHREM EIGENEN ROSENKRANZ...
ER SAGTE... DASS ER UNS ALLE UMBRINGT... WENN WIR IHM DAS BABY NICHT GEBEN... ABER ICH... HABE SIE VERSTECKT...
UND DANN... HAT ER SCHWESTER ANNE--
WIE LANGE IST ER SCHON WEG, MAGGIE?
SEIT WANN IST ER FORT?
WENN EINER EINEN ANDEREN TRIFFT, DER DURCH DEN ROGGEN LÄUFT...
GAR NICHT.
IRONISCH-- ODER, ROTER?

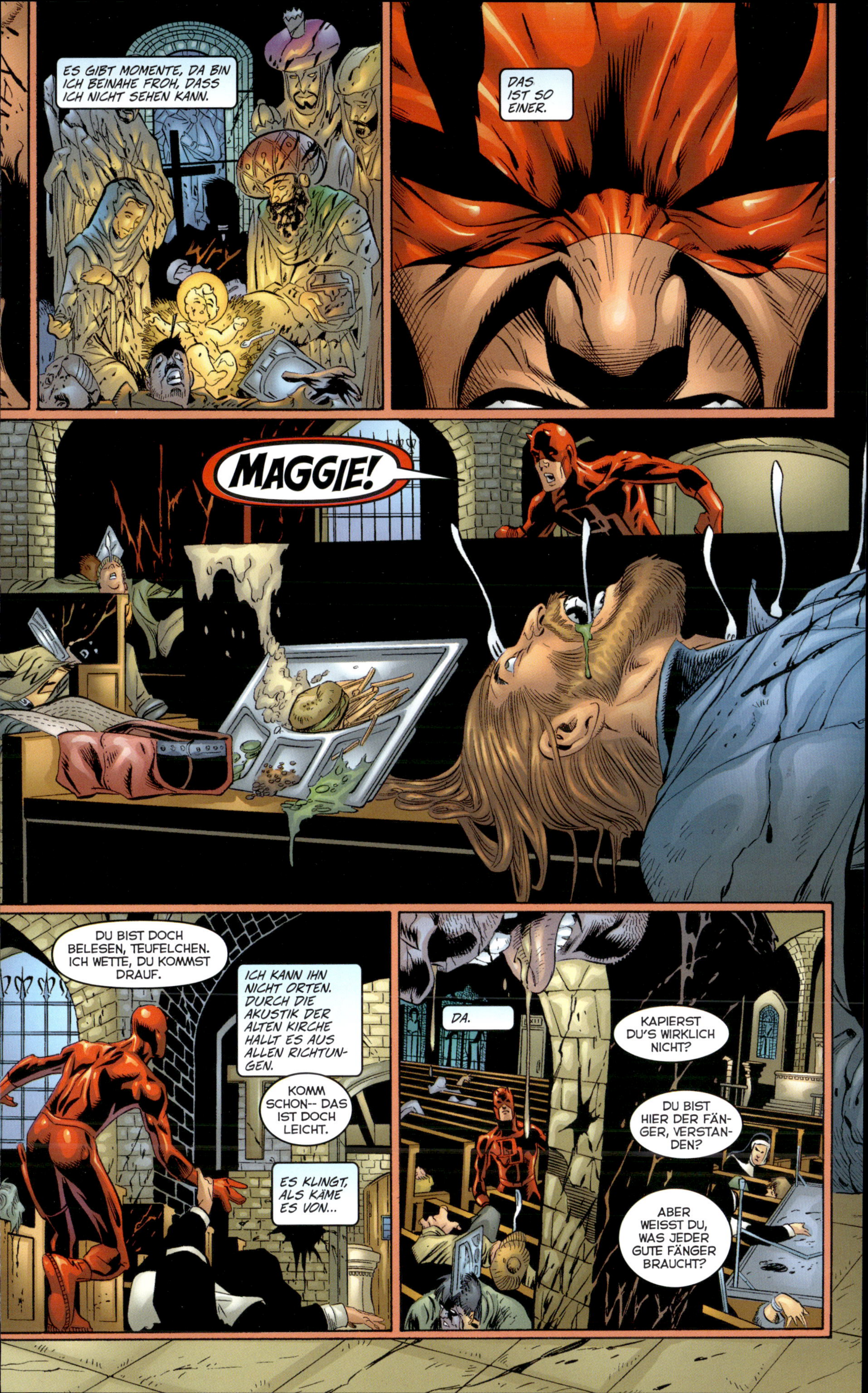
ES GIBT MOMENTE, DA BIN ICH BEINAHE FROH, DASS ICH NICHT SEHEN KANN.
DAS IST SO EINER.
MAGGIE!
DU BIST DOCH BELESEN, TEUFELCHEN. ICH WETTE, DU KOMMST DRAUF.
ICH KANN IHN NICHT ORTEN. DURCH DIE AKUSTIK DER ALTEN KIRCHE HALLT ES AUS ALLEN RICHTUNGEN.
KOMM SCHON-- DAS IST DOCH LEICHT.
ES KLINGT, ALS KÄME ES VON...
DA.
KAPIERST DU'S WIRKLICH NICHT?
DU BIST HIER DER FÄNGER, VERSTANDEN?
ABER WEISST DU, WAS JEDER GUTE FÄNGER BRAUCHT?

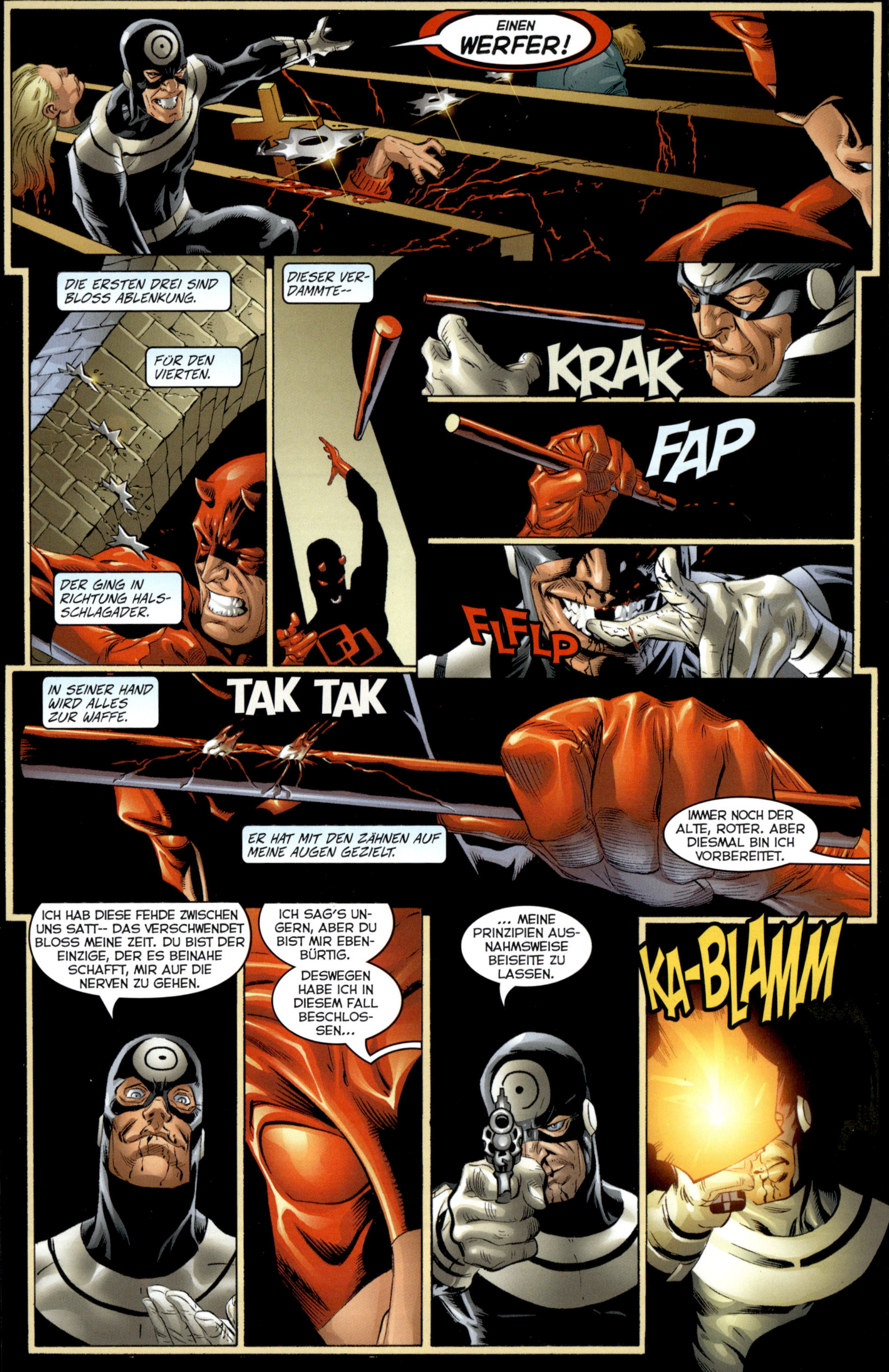
EINEN WERFER!
DIE ERSTEN DREI SIND BLOSS ABLENKUNG.
FÜR DEN VIERTEN.
DER GING IN RICHTUNG HALSSCHLAGADER.
DIESER VERDAMMTE--
KRAK
FAP
FLFLP
IN SEINER HAND WIRD ALLES ZUR WAFFE.
TAK TAK
ER HAT MIT DEN ZÄHNEN AUF MEINE AUGEN GEZIELT.
IMMER NOCH DER ALTE, ROTER. ABER DIESMAL BIN ICH VORBEREITET.
ICH HAB DIESE FEHDE ZWISCHEN UNS SATT-- DAS VERSCHWENDET BLOSS MEINE ZEIT. DU BIST DER EINZIGE, DER ES BEINAHE SCHAFFT, MIR AUF DIE NERVEN ZU GEHEN.
ICH SAG'S UNGERN, ABER DU BIST MIR EBENBÜRTIG.
DESWEGEN HABE ICH IN DIESEM FALL BESCHLOSSEN...
... MEINE PRINZIPIEN AUSNAHMSWEISE BEISEITE ZU LASSEN.
KA-BLAMM

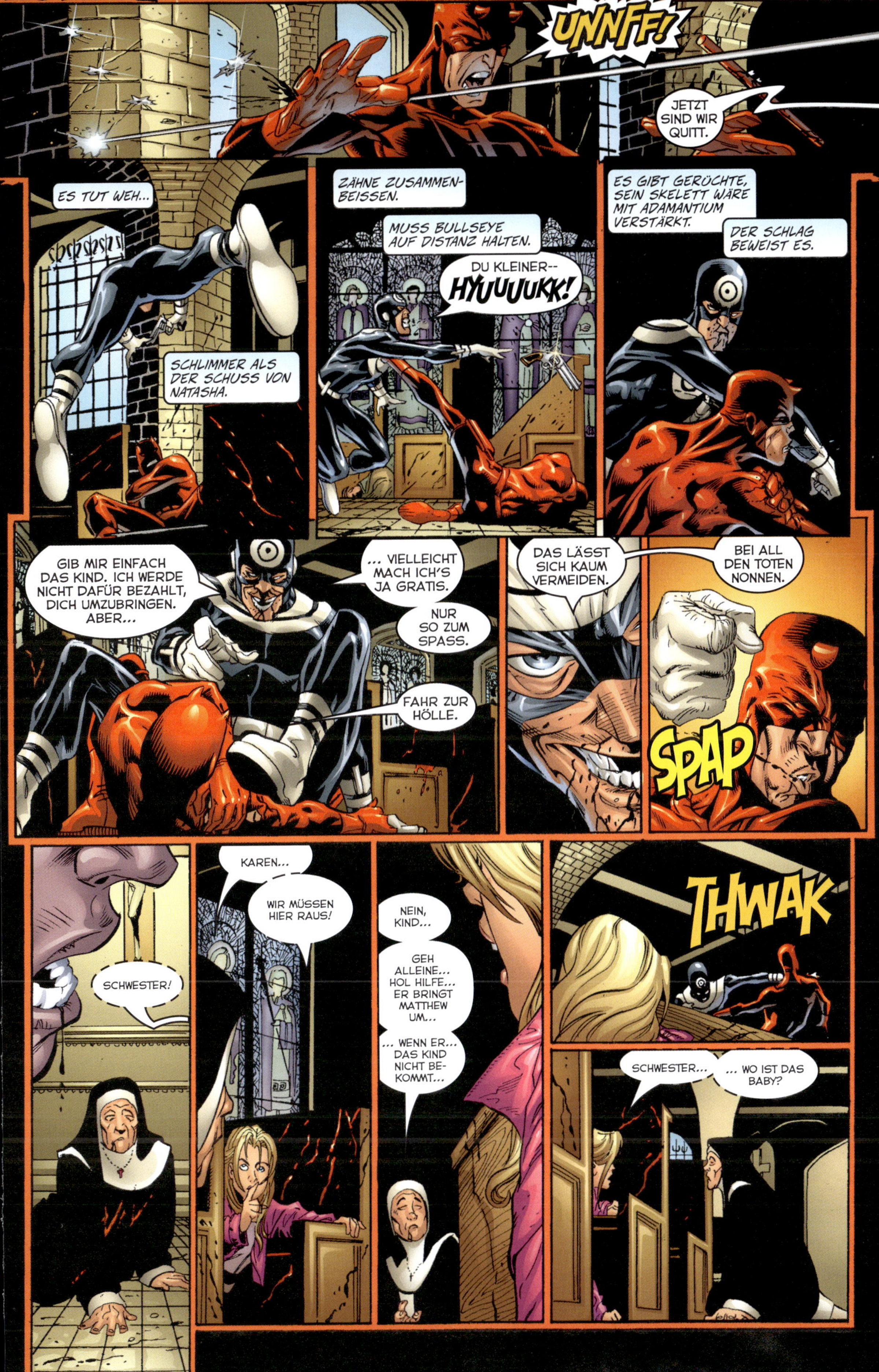
UNNFF!
JETZT SIND WIR QUITT.
ES TUT WEH...
SCHLIMMER ALS DER SCHUSS VON NATASHA.
ZÄHNE ZUSAMMEN-BEISSEN.
MUSS BULLSEYE AUF DISTANZ HALTEN.
DU KLEINER-- HYUUUUKK!
ES GIBT GERÜCHTE, SEIN SKELETT WÄRE MIT ADAMANTIUM VERSTÄRKT.
DER SCHLAG BEWEIST ES.
GIB MIR EINFACH DAS KIND. ICH WERDE NICHT DAFÜR BEZAHLT, DICH UMZUBRINGEN. ABER...
... VIELLEICHT MACH ICH'S JA GRATIS.
NUR SO ZUM SPASS.
FAHR ZUR HÖLLE.
DAS LÄSST SICH KAUM VERMEIDEN.
BEI ALL DEN TOTEN NONNEN.
SPAP
SCHWESTER!
KAREN...
WIR MÜSSEN HIER RAUS!
NEIN, KIND...
GEH ALLEINE... HOL HILFE... ER BRINGT MATTHEW UM...
... WENN ER... DAS KIND NICHT BE-KOMMT...
THWAK
SCHWESTER...
... WO IST DAS BABY?

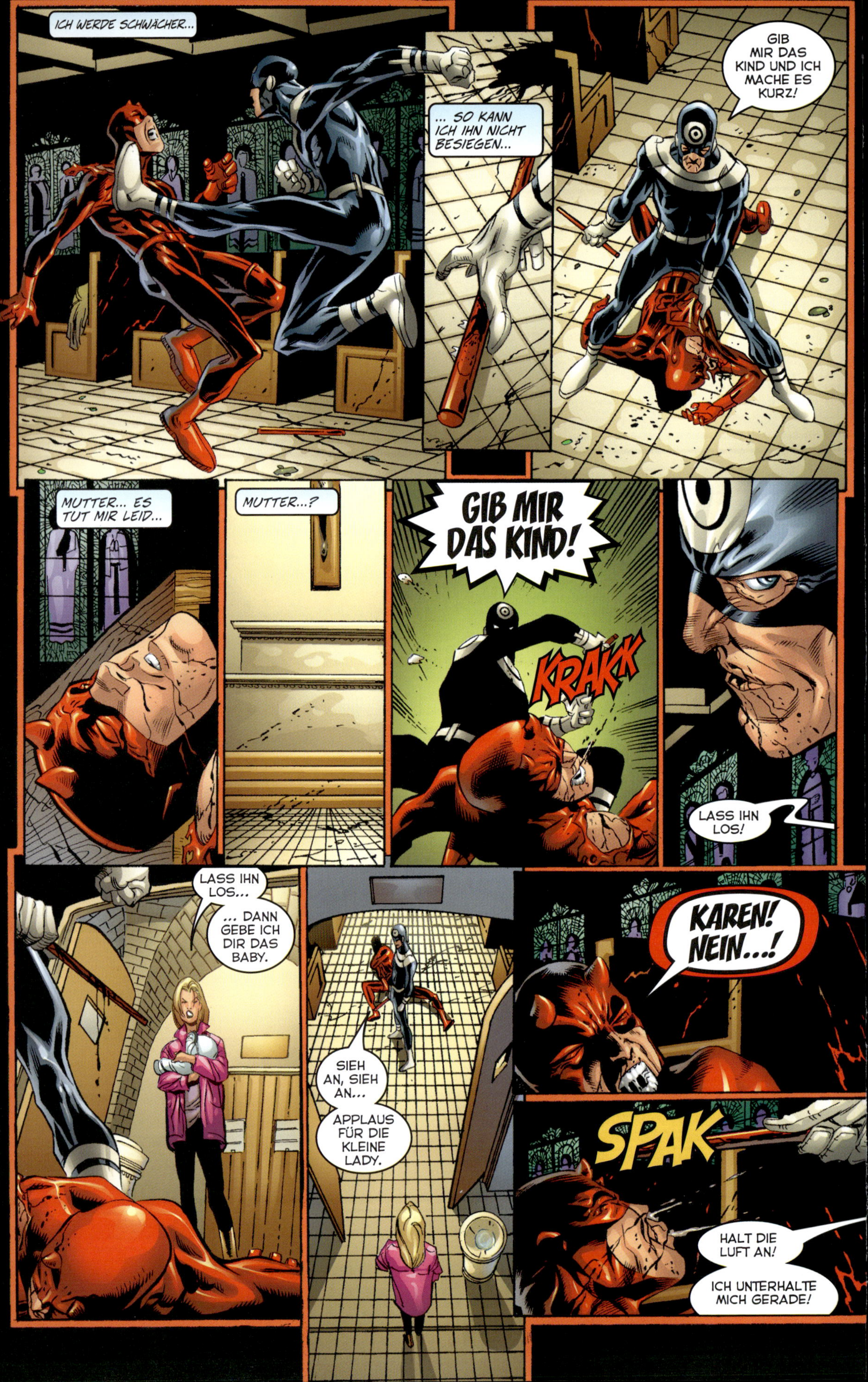

ICH WERDE SCHWÄCHER...
... SO KANN ICH IHN NICHT BESIEGEN...
GIB MIR DAS KIND UND ICH MACHE ES KURZ!
MUTTER... ES TUT MIR LEID...
MUTTER...?
GIB MIR DAS KIND!
KRAKK
LASS IHN LOS!
LASS IHN LOS...
... DANN GEBE ICH DIR DAS BABY.
SIEH AN, SIEH AN...
APPLAUS FÜR DIE KLEINE LADY.
KAREN! NEIN...!
SPAK
HALT DIE LUFT AN!
ICH UNTERHALTE MICH GERADE!

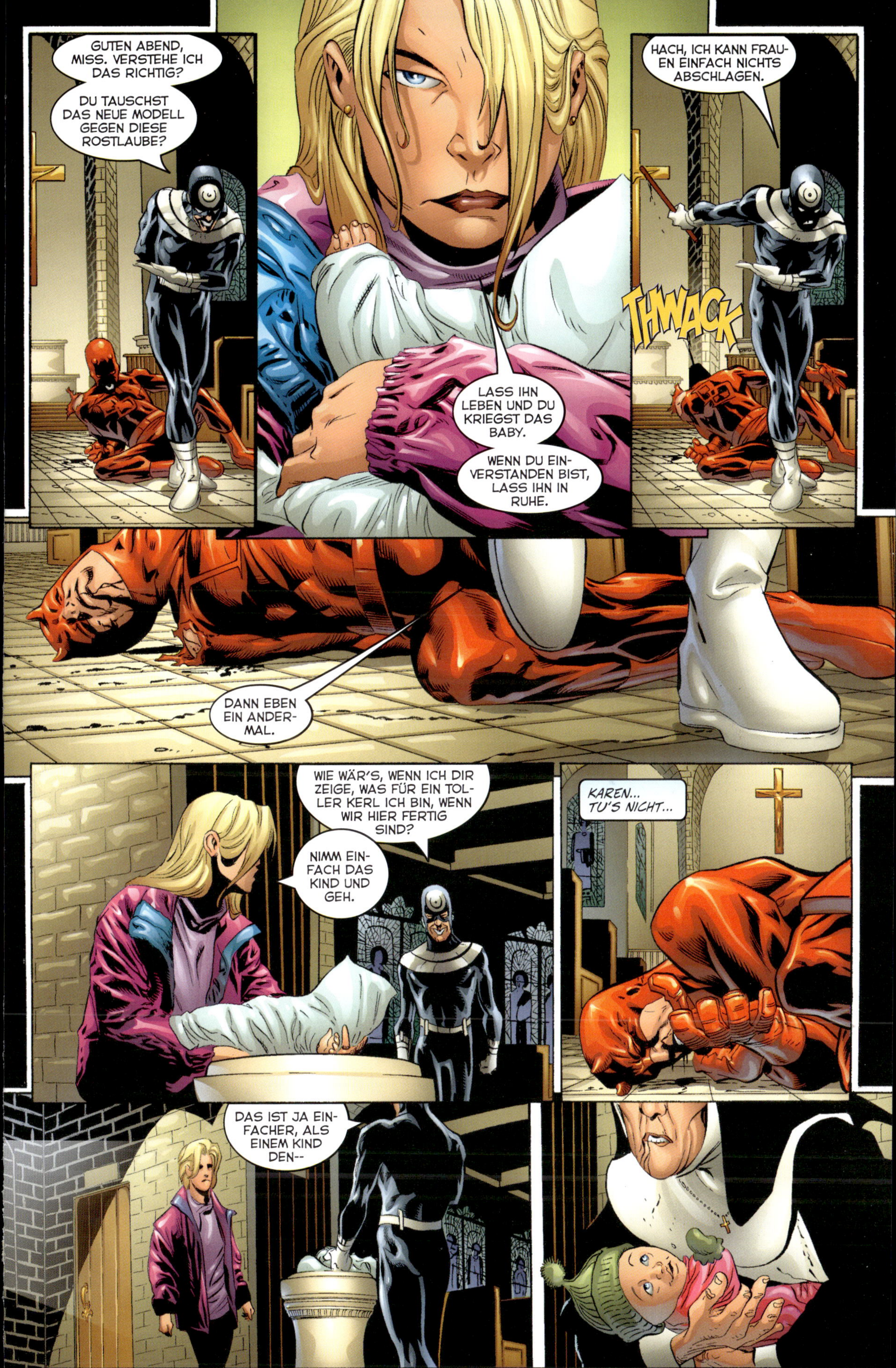
GUTEN ABEND, MISS. VERSTEHE ICH DAS RICHTIG?
DU TAUSCHST DAS NEUE MODELL GEGEN DIESE ROSTLAUBE?
LASS IHN LEBEN UND DU KRIEGST DAS BABY.
WENN DU EINVERSTANDEN BIST, LASS IHN IN RUHE.
HACH, ICH KANN FRAUEN EINFACH NICHTS ABSCHLAGEN.
THWACK
DANN EBEN EIN ANDERMAL.
WIE WÄR'S, WENN ICH DIR ZEIGE, WAS FÜR EIN TOLLER KERL ICH BIN, WENN WIR HIER FERTIG SIND?
NIMM EINFACH DAS KIND UND GEH.
KAREN... TU'S NICHT...
DAS IST JA EINFACHER, ALS EINEM KIND DEN--

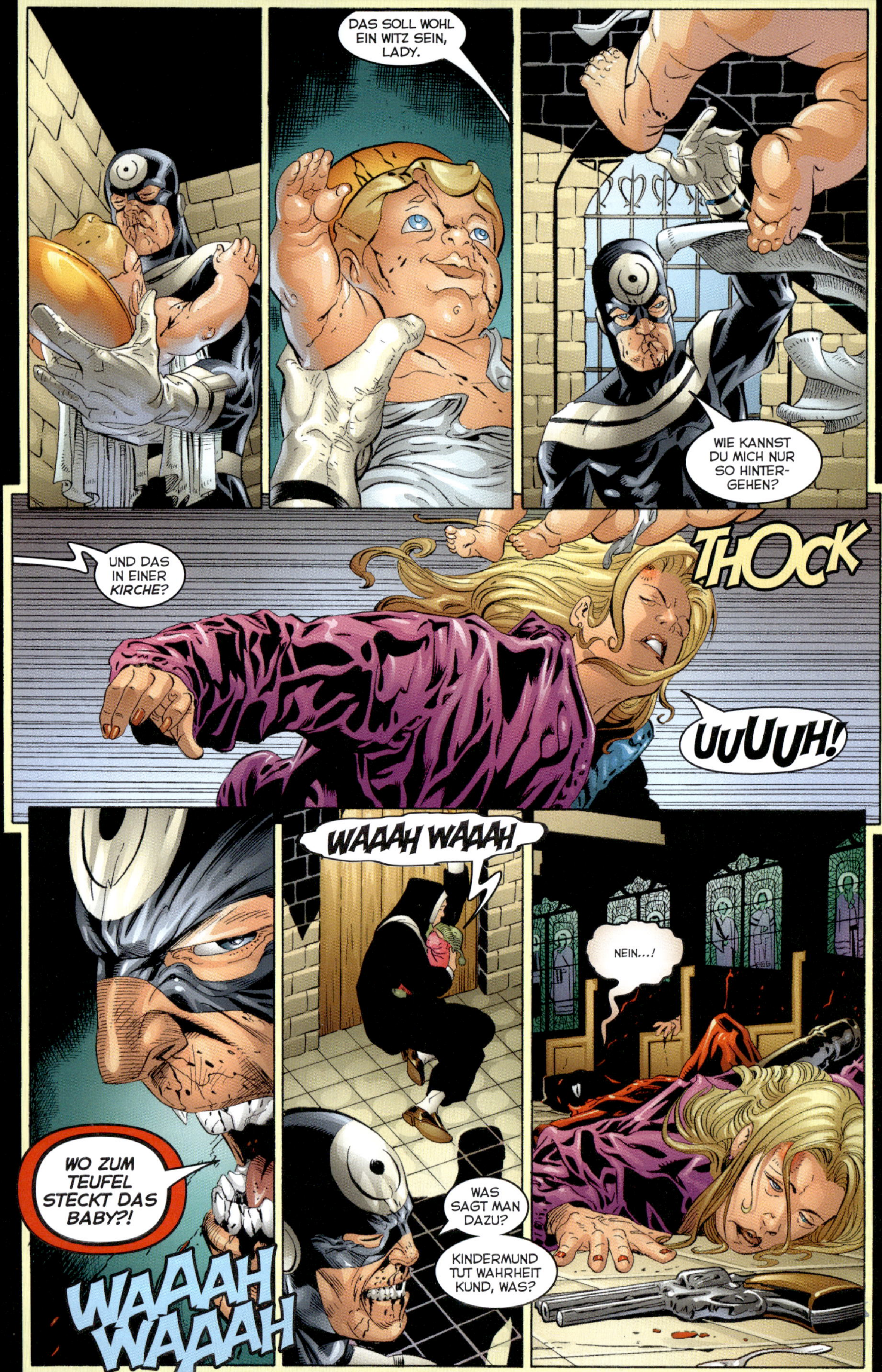
DAS SOLL WOHL EIN WITZ SEIN, LADY.
WIE KANNST DU MICH NUR SO HINTER-GEHEN?
UND DAS IN EINER KIRCHE?
THOCK
UUUUH!
WO ZUM TEUFEL STECKT DAS BABY?!
WAAAH WAAAH
WAAAH WAAAH
WAS SAGT MAN DAZU?
KINDERMUND TUT WAHRHEIT KUND, WAS?
NEIN...!

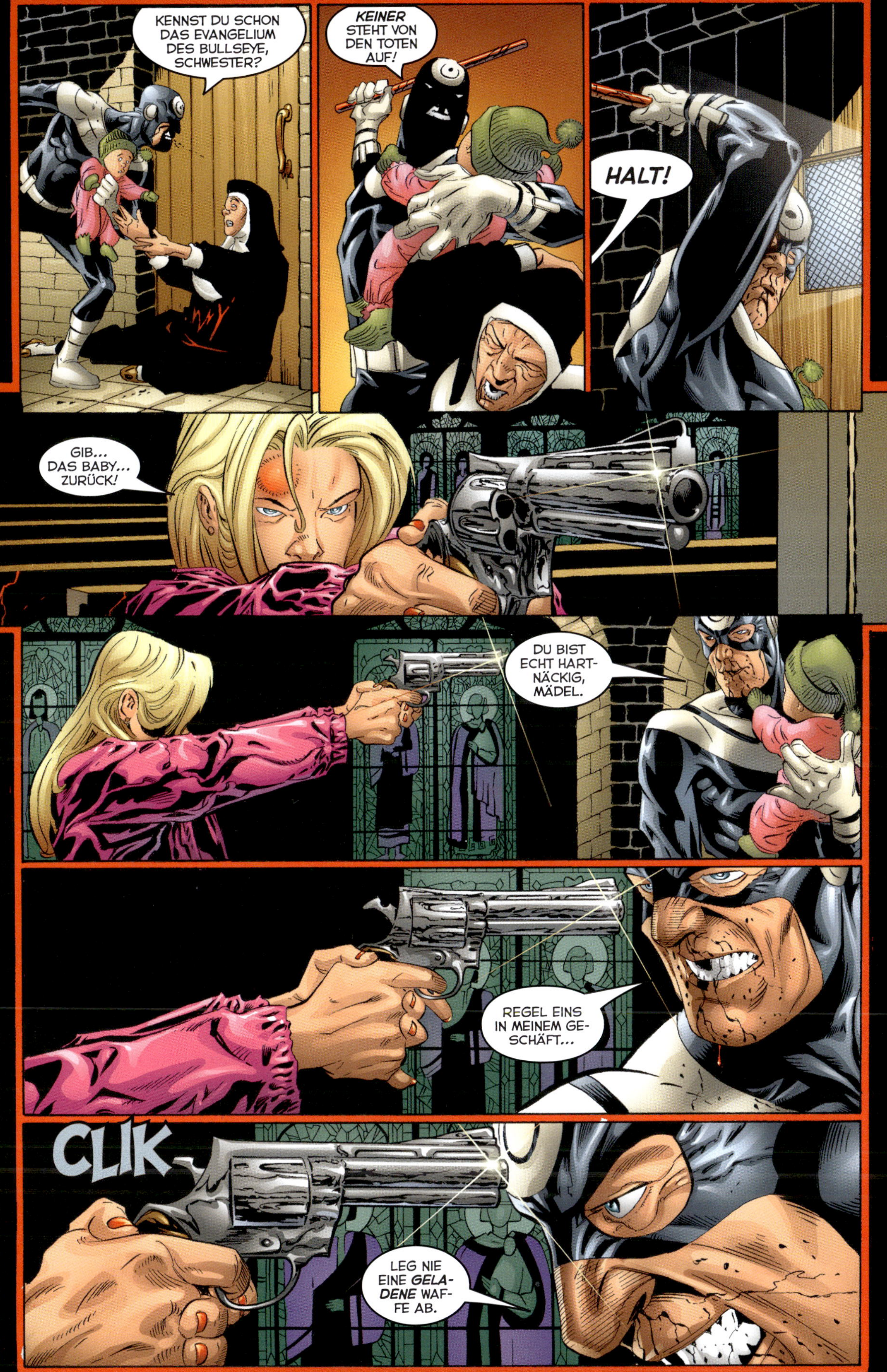
KENNST DU SCHON DAS EVANGELIUM DES BULLSEYE, SCHWESTER?
KEINER STEHT VON DEN TOTEN AUF!
HALT!
GIB... DAS BABY... ZURÜCK!
DU BIST ECHT HART-NÄCKIG, MÄDEL.
REGEL EINS IN MEINEM GE-SCHÄFT...
CLIK
LEG NIE EINE GELA-DENE WAF-FE AB.

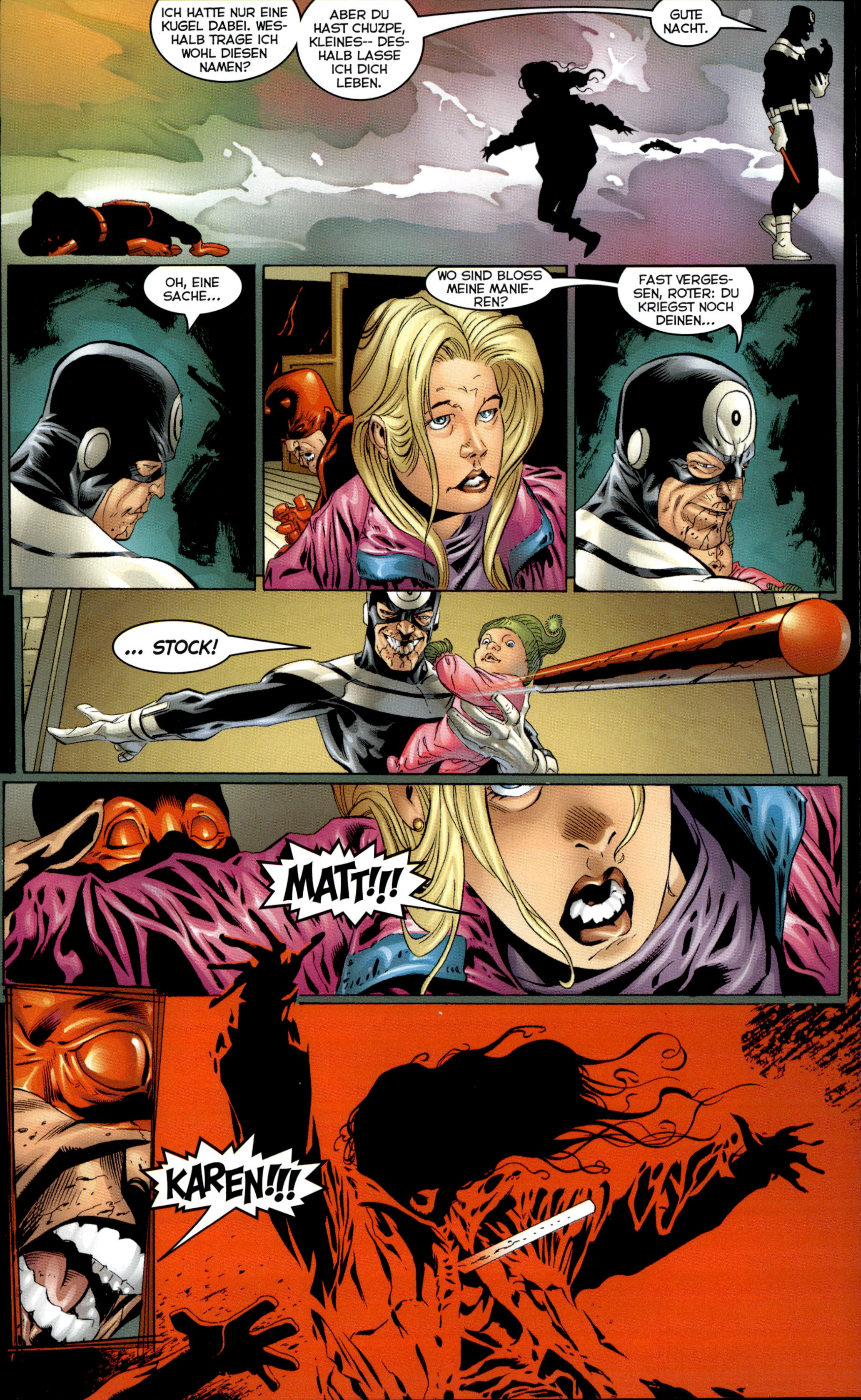
ICH HATTE NUR EINE KUGEL DABEI. WESHALB TRAGE ICH WOHL DIESEN NAMEN?
ABER DU HAST CHUZPE, KLEINES-- DESHALB LASSE ICH DICH LEBEN.
GUTE NACHT.
OH, EINE SACHE...
WO SIND BLOSS MEINE MANIEREN?
FAST VERGESSEN, ROTER: DU KRIEGST NOCH DEINEN...
... STOCK!
MATT!!!
KAREN!!!

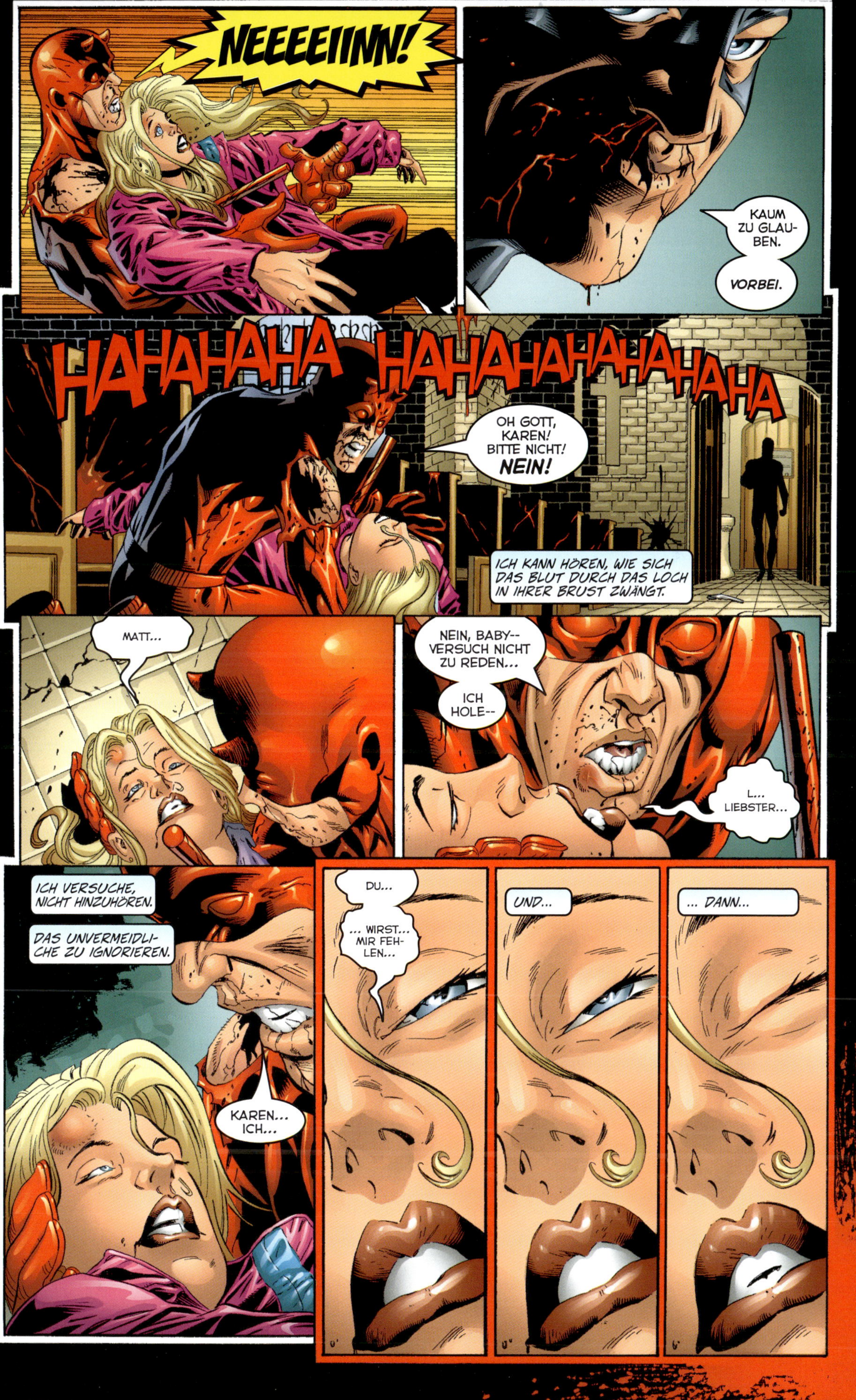
NEEEEIINN!
KAUM ZU GLAUBEN.
VORBEI.
HAHAHAHA HAHAHAHAHAHAHAHA
OH GOTT, KAREN! BITTE NICHT! NEIN!
ICH KANN HÖREN, WIE SICH DAS BLUT DURCH DAS LOCH IN IHRER BRUST ZWÄNGT.
MATT...
NEIN, BABY-- VERSUCH NICHT ZU REDEN...
ICH HOLE--
L... LIEBSTER...
ICH VERSUCHE, NICHT HINZUHÖREN.
DAS UNVERMEIDLICHE ZU IGNORIEREN.
KAREN... ICH...
DU...
... WIRST... MIR FEHLEN...
UND...
... DANN...

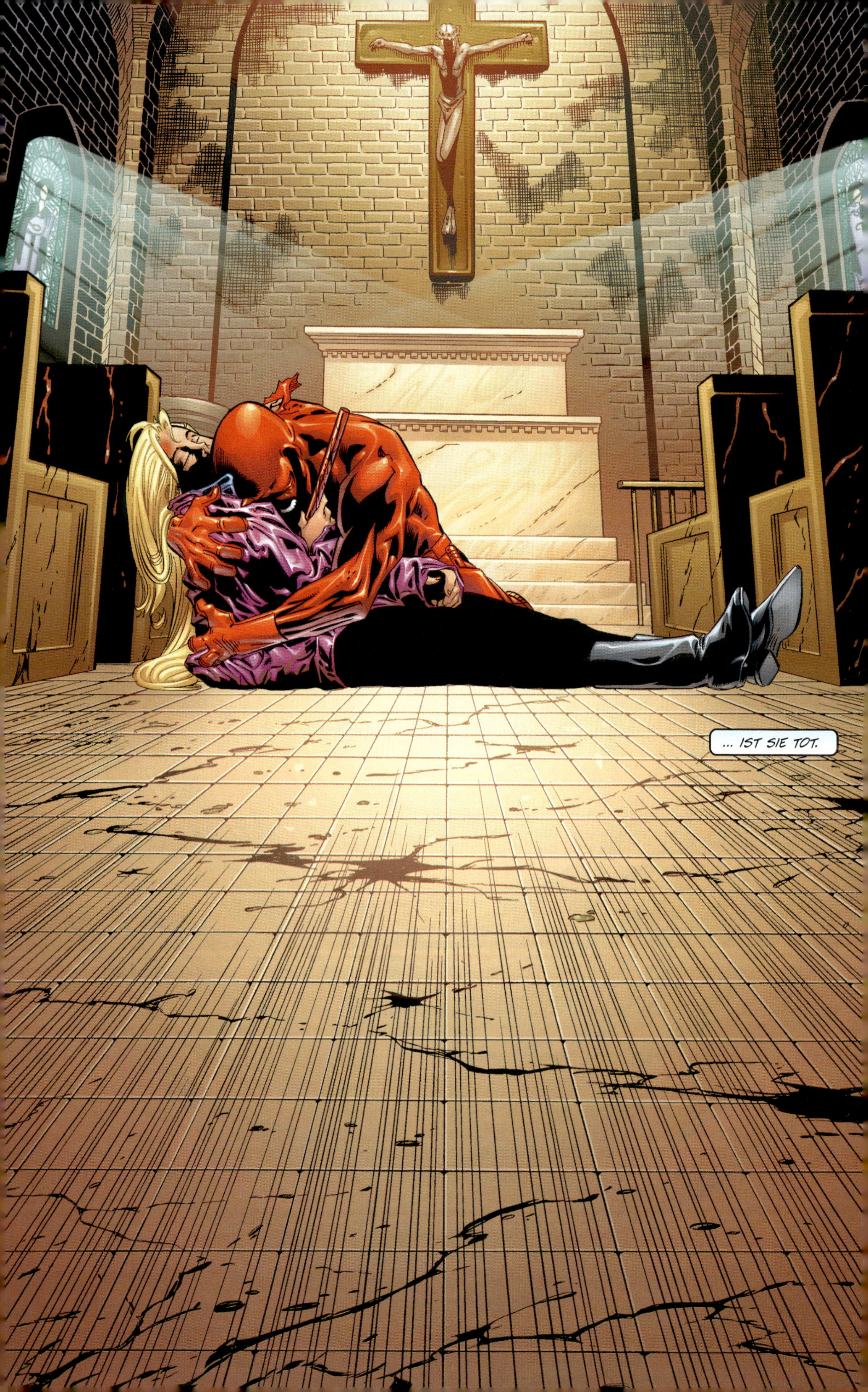
... IST SIE TOT.

IN DEN ARMEN DES TEUFELS, TEIL 6: DER TEUFEL AM ABGRUND

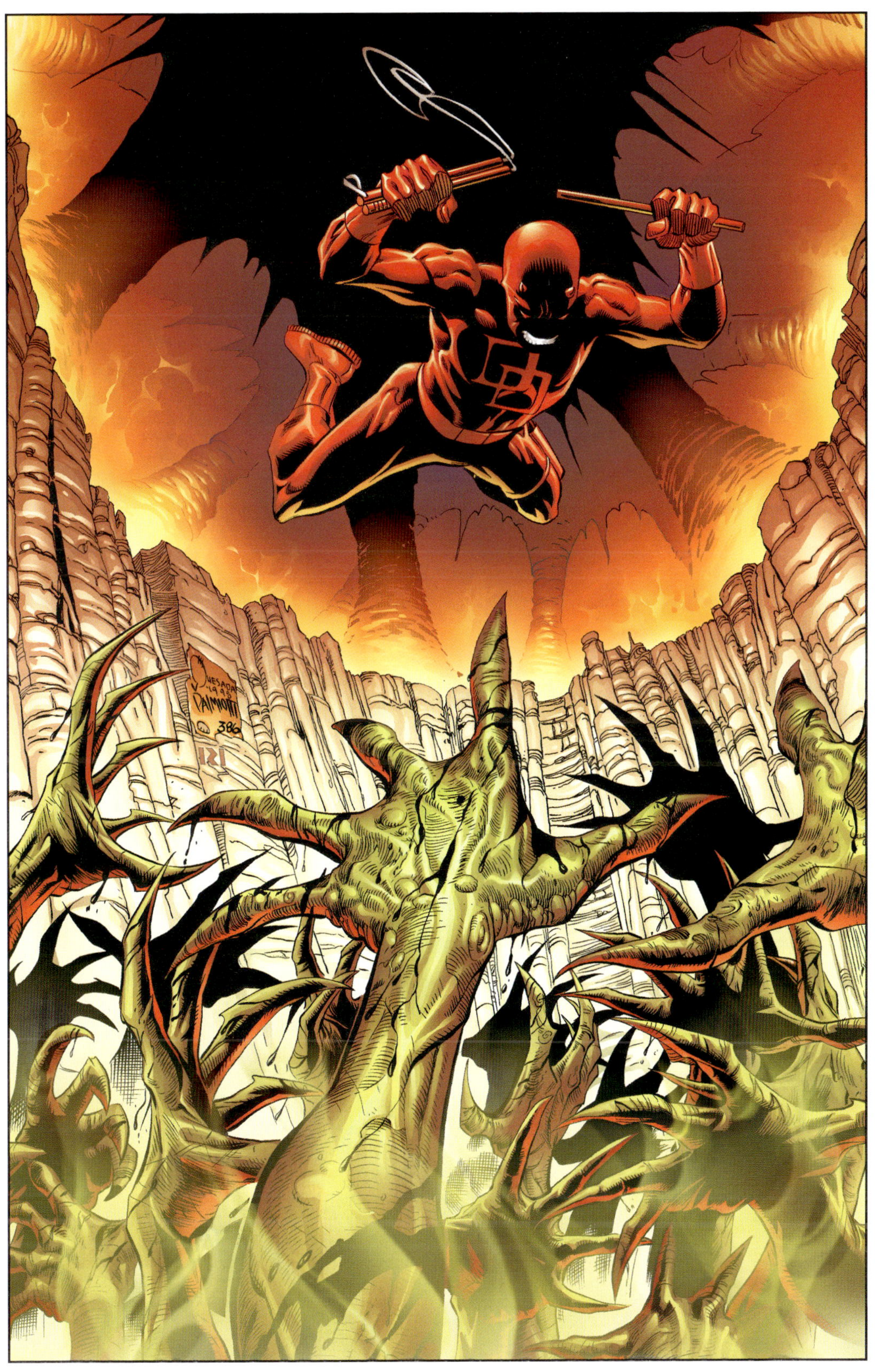

Daredevil (1998) 6
Cover von **JOE QUESADA**

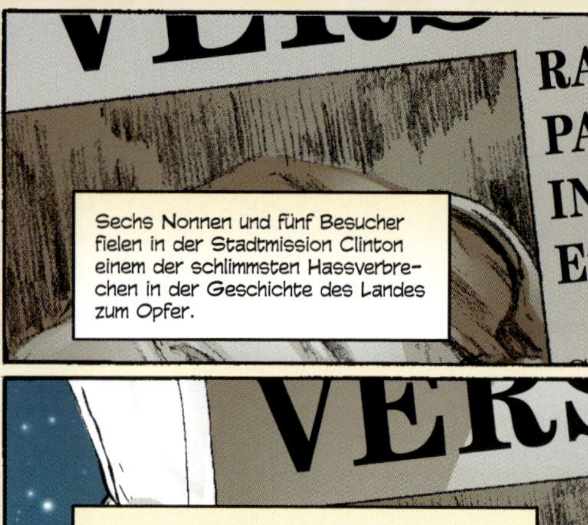

Sechs Nonnen und fünf Besucher fielen in der Stadtmission Clinton einem der schlimmsten Hassverbrechen in der Geschichte des Landes zum Opfer.
RADIOMODERATORIN KAREN PAGE UND ELF WEITERE OPFER IN STADTMISSION ERMORDET
Ein Exklusivbericht von Ben Urich
Obwohl eine offizielle Erklärung der Polizei noch aussteht, wurden die Opfer nach Informationen des Bugle auf widerwärtigste Weise abgeschlachtet. Zwölf Überlebende wurden mit schwersten Verletzungen ins nahegelegene St.-Vincent-Krankenhaus gebracht.
Unter den Todesopfern befindet sich auch die bekannte Radiomoderatorin Karen Page.
Page, die für die Moderation der Spätsendung "Engel der Nacht" bekannt war, steht in keinerlei Verbindung zu der Mission. Zudem war die ehemalige New Yorkerin vor einigen Monaten nach Los Angeles gezogen, um dort eine Radiosendung zu moderieren.
FÜR IMMER VERSTUMMT

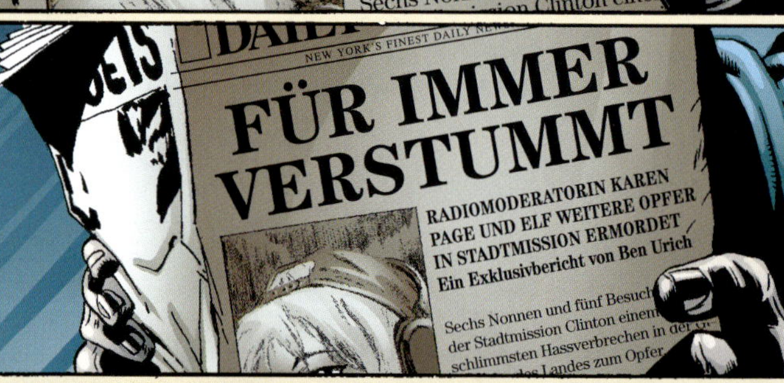

Bislang ist nicht bekannt, ob sich Page zum Zeitpunkt der Morde nur zufällig in der Mission befand oder ob sie selbst das Hauptziel des Anschlags war.
NEW YORK'S FINEST DAILY NEWS
FÜR IMMER VERSTUMMT
RADIOMODERATORIN KAREN PAGE UND ELF WEITERE OPFER IN STADTMISSION ERMORDET
Ein Exklusivbericht von Ben Urich
Ebenfalls unklar ist, ob dieser Angriff in Zusammenhang mit den Kindsmorden im St.-Anthony-Krankenhaus in der vergangenen Woche steht.
HUT AB, ALTER TASCHENSPIELER.
HUT AB.

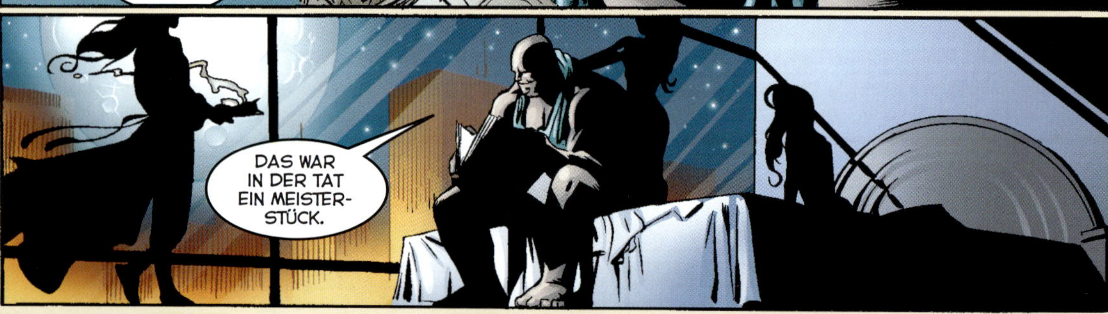

DAS WAR IN DER TAT EIN MEISTERSTÜCK.

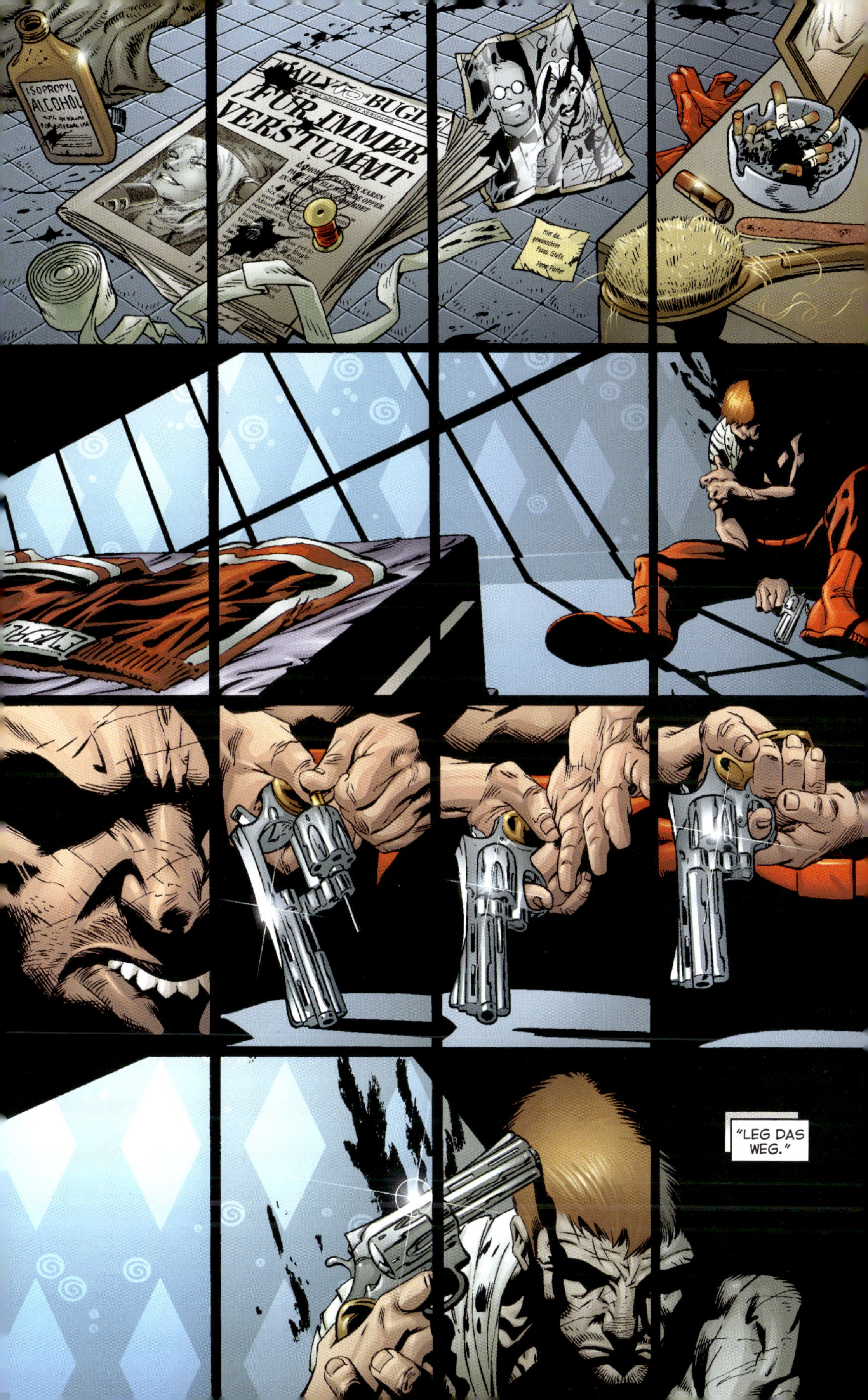
ISOPROPYL ALCOHOL
DAILY BUGLE
NEW YORK'S FINEST DAILY NEWSPAPER
FÜR IMMER VERSTUMMT
Hier die gewünschten Fotos. Grüße, Peter Parker
"LEG DAS WEG."

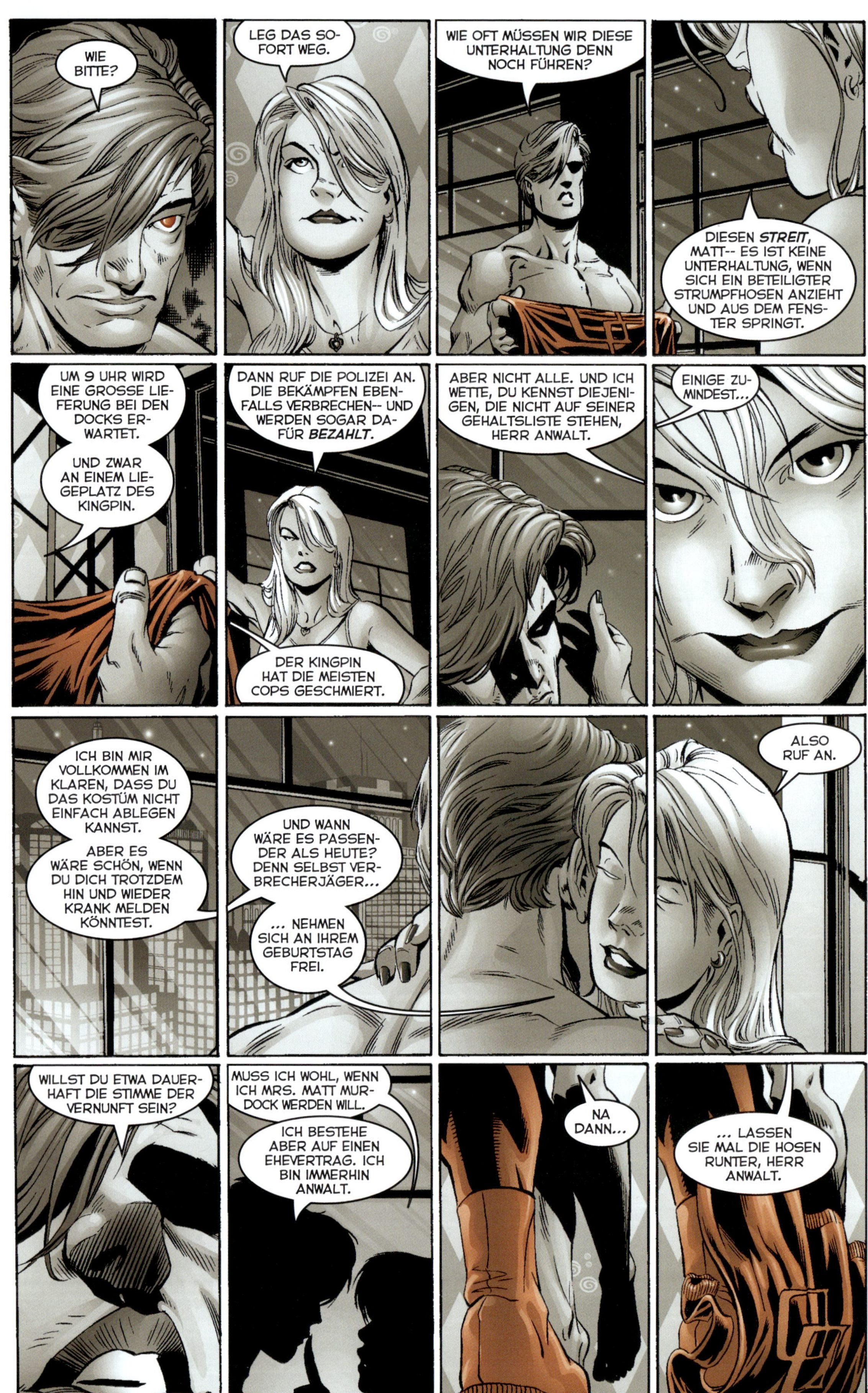
WIE BITTE?
LEG DAS SOFORT WEG.
WIE OFT MÜSSEN WIR DIESE UNTERHALTUNG DENN NOCH FÜHREN?
DIESEN STREIT, MATT-- ES IST KEINE UNTERHALTUNG, WENN SICH EIN BETEILIGTER STRUMPFHOSEN ANZIEHT UND AUS DEM FENSTER SPRINGT.
UM 9 UHR WIRD EINE GROSSE LIEFERUNG BEI DEN DOCKS ERWARTET.
UND ZWAR AN EINEM LIEGEPLATZ DES KINGPIN.
DANN RUF DIE POLIZEI AN. DIE BEKÄMPFEN EBENFALLS VERBRECHEN-- UND WERDEN SOGAR DAFÜR BEZAHLT.
DER KINGPIN HAT DIE MEISTEN COPS GESCHMIERT.
ABER NICHT ALLE. UND ICH WETTE, DU KENNST DIEJENIGEN, DIE NICHT AUF SEINER GEHALTSLISTE STEHEN, HERR ANWALT.
EINIGE ZUMINDEST...
ICH BIN MIR VOLLKOMMEN IM KLAREN, DASS DU DAS KOSTÜM NICHT EINFACH ABLEGEN KANNST.
ABER ES WÄRE SCHÖN, WENN DU DICH TROTZDEM HIN UND WIEDER KRANK MELDEN KÖNNTEST.
UND WANN WÄRE ES PASSENDER ALS HEUTE? DENN SELBST VERBRECHERJÄGER...
... NEHMEN SICH AN IHREM GEBURTSTAG FREI.
ALSO RUF AN.
WILLST DU ETWA DAUERHAFT DIE STIMME DER VERNUNFT SEIN?
MUSS ICH WOHL, WENN ICH MRS. MATT MURDOCK WERDEN WILL.
ICH BESTEHE ABER AUF EINEN EHEVERTRAG. ICH BIN IMMERHIN ANWALT.
NA DANN...
... LASSEN SIE MAL DIE HOSEN RUNTER, HERR ANWALT.

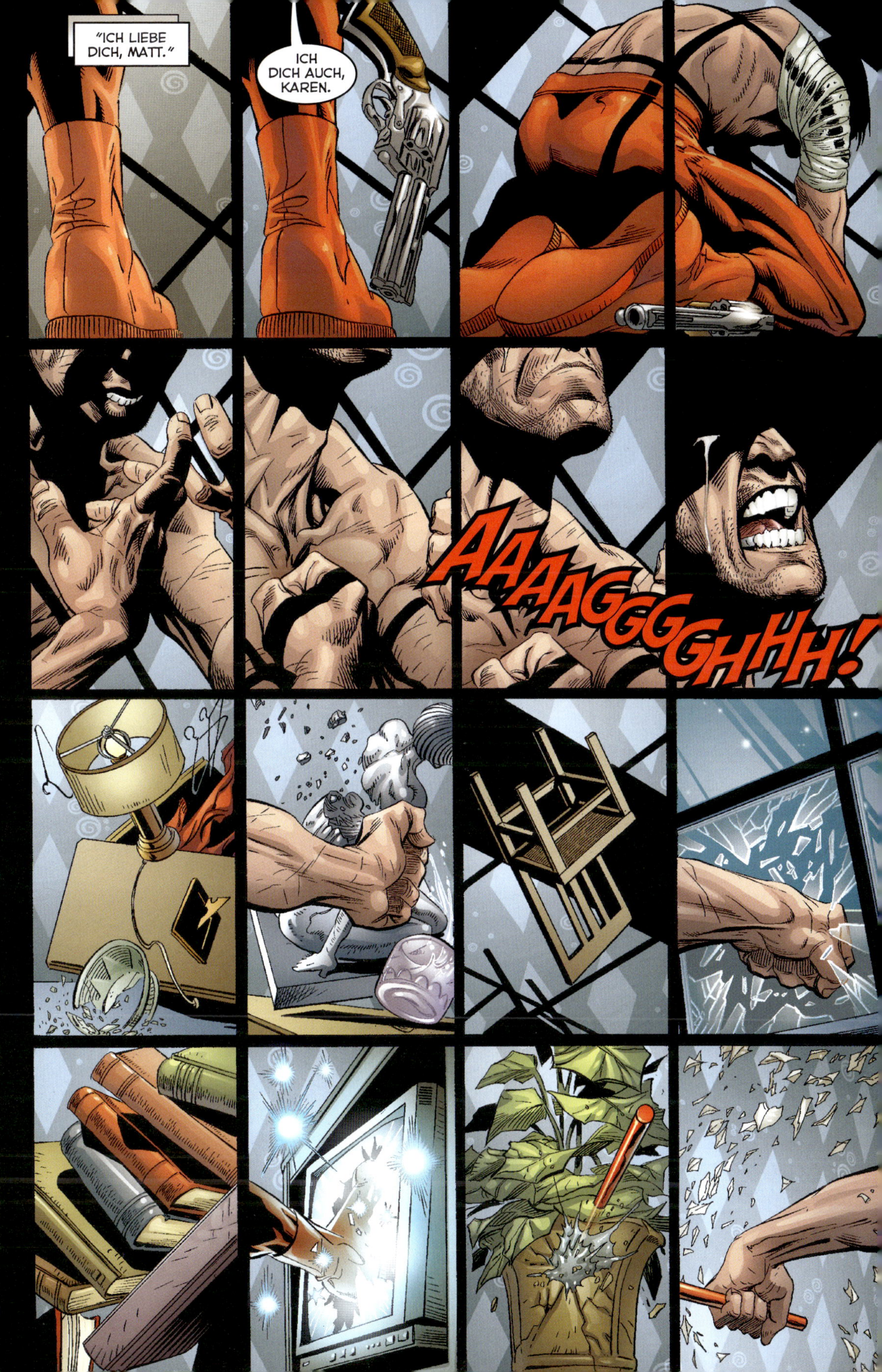
"ICH LIEBE DICH, MATT."
ICH DICH AUCH, KAREN.
AAAAAGGGGHHH!

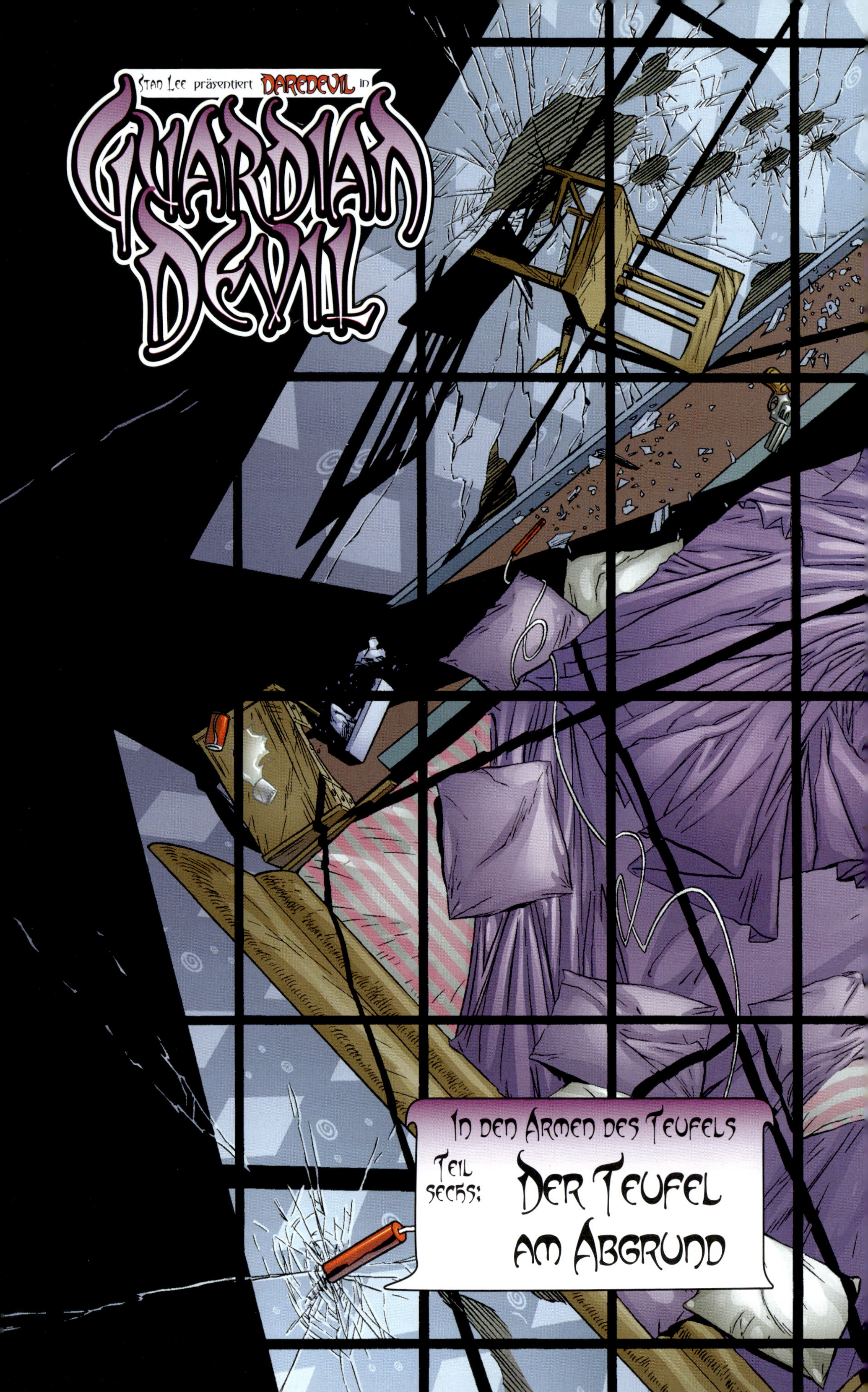
Stan Lee präsentiert Daredevil in
Guardian Devil
In den Armen des Teufels
Teil sechs:
Der Teufel am Abgrund

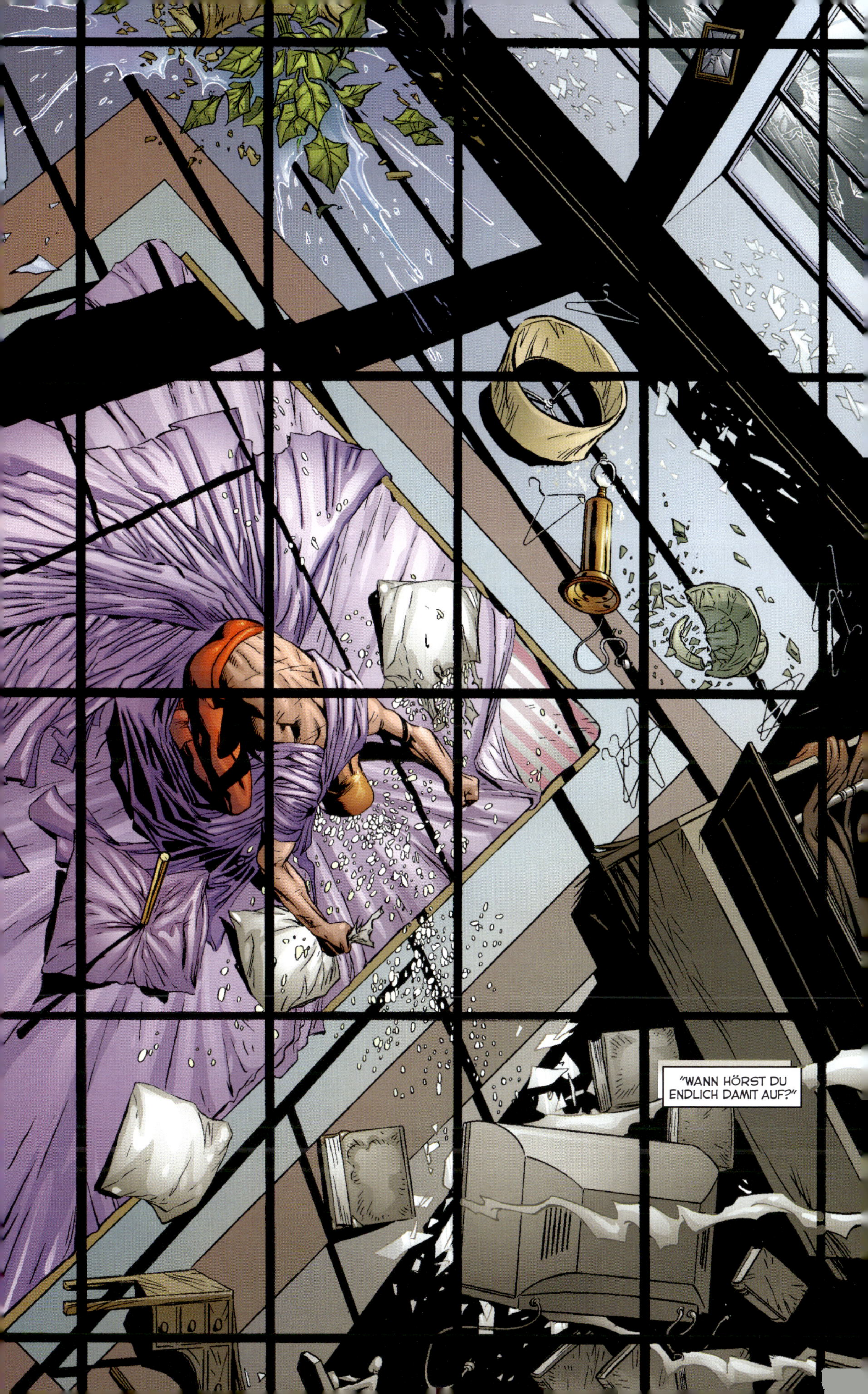
"WANN HÖRST DU ENDLICH DAMIT AUF?"

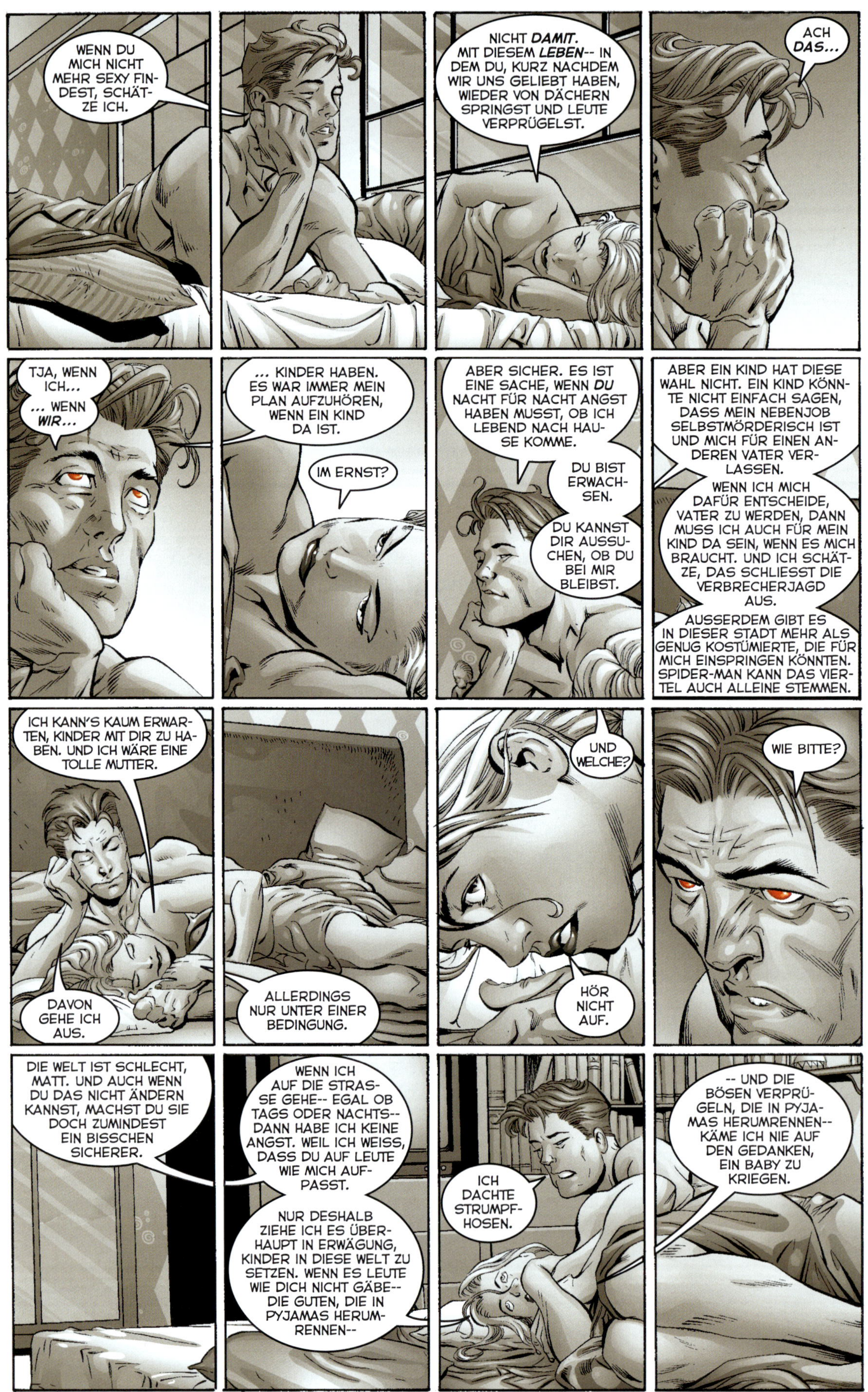
WENN DU MICH NICHT MEHR SEXY FINDEST, SCHÄTZE ICH.
NICHT DAMIT. MIT DIESEM LEBEN-- IN DEM DU, KURZ NACHDEM WIR UNS GELIEBT HABEN, WIEDER VON DÄCHERN SPRINGST UND LEUTE VERPRÜGELST.
ACH DAS...
TJA, WENN ICH...
... WENN WIR...
... KINDER HABEN. ES WAR IMMER MEIN PLAN AUFZUHÖREN, WENN EIN KIND DA IST.
IM ERNST?
ABER SICHER. ES IST EINE SACHE, WENN DU NACHT FÜR NACHT ANGST HABEN MUSST, OB ICH LEBEND NACH HAUSE KOMME.
DU BIST ERWACHSEN.
DU KANNST DIR AUSSUCHEN, OB DU BEI MIR BLEIBST.
ABER EIN KIND HAT DIESE WAHL NICHT. EIN KIND KÖNNTE NICHT EINFACH SAGEN, DASS MEIN NEBENJOB SELBSTMÖRDERISCH IST UND MICH FÜR EINEN ANDEREN VATER VERLASSEN.
WENN ICH MICH DAFÜR ENTSCHEIDE, VATER ZU WERDEN, DANN MUSS ICH AUCH FÜR MEIN KIND DA SEIN, WENN ES MICH BRAUCHT. UND ICH SCHÄTZE, DAS SCHLIESST DIE VERBRECHERJAGD AUS.
AUSSERDEM GIBT ES IN DIESER STADT MEHR ALS GENUG KOSTÜMIERTE, DIE FÜR MICH EINSPRINGEN KÖNNTEN. SPIDER-MAN KANN DAS VIERTEL AUCH ALLEINE STEMMEN.
ICH KANN'S KAUM ERWARTEN, KINDER MIT DIR ZU HABEN. UND ICH WÄRE EINE TOLLE MUTTER.
DAVON GEHE ICH AUS.
ALLERDINGS NUR UNTER EINER BEDINGUNG.
UND WELCHE?
HÖR NICHT AUF.
WIE BITTE?
DIE WELT IST SCHLECHT, MATT. UND AUCH WENN DU DAS NICHT ÄNDERN KANNST, MACHST DU SIE DOCH ZUMINDEST EIN BISSCHEN SICHERER.
WENN ICH AUF DIE STRASSE GEHE-- EGAL OB TAGS ODER NACHTS-- DANN HABE ICH KEINE ANGST. WEIL ICH WEISS, DASS DU AUF LEUTE WIE MICH AUFPASST.
NUR DESHALB ZIEHE ICH ES ÜBERHAUPT IN ERWÄGUNG, KINDER IN DIESE WELT ZU SETZEN. WENN ES LEUTE WIE DICH NICHT GÄBE-- DIE GUTEN, DIE IN PYJAMAS HERUMRENNEN--
ICH DACHTE STRUMPFHOSEN.
-- UND DIE BÖSEN VERPRÜGELN, DIE IN PYJAMAS HERUMRENNEN-- KÄME ICH NIE AUF DEN GEDANKEN, EIN BABY ZU KRIEGEN.

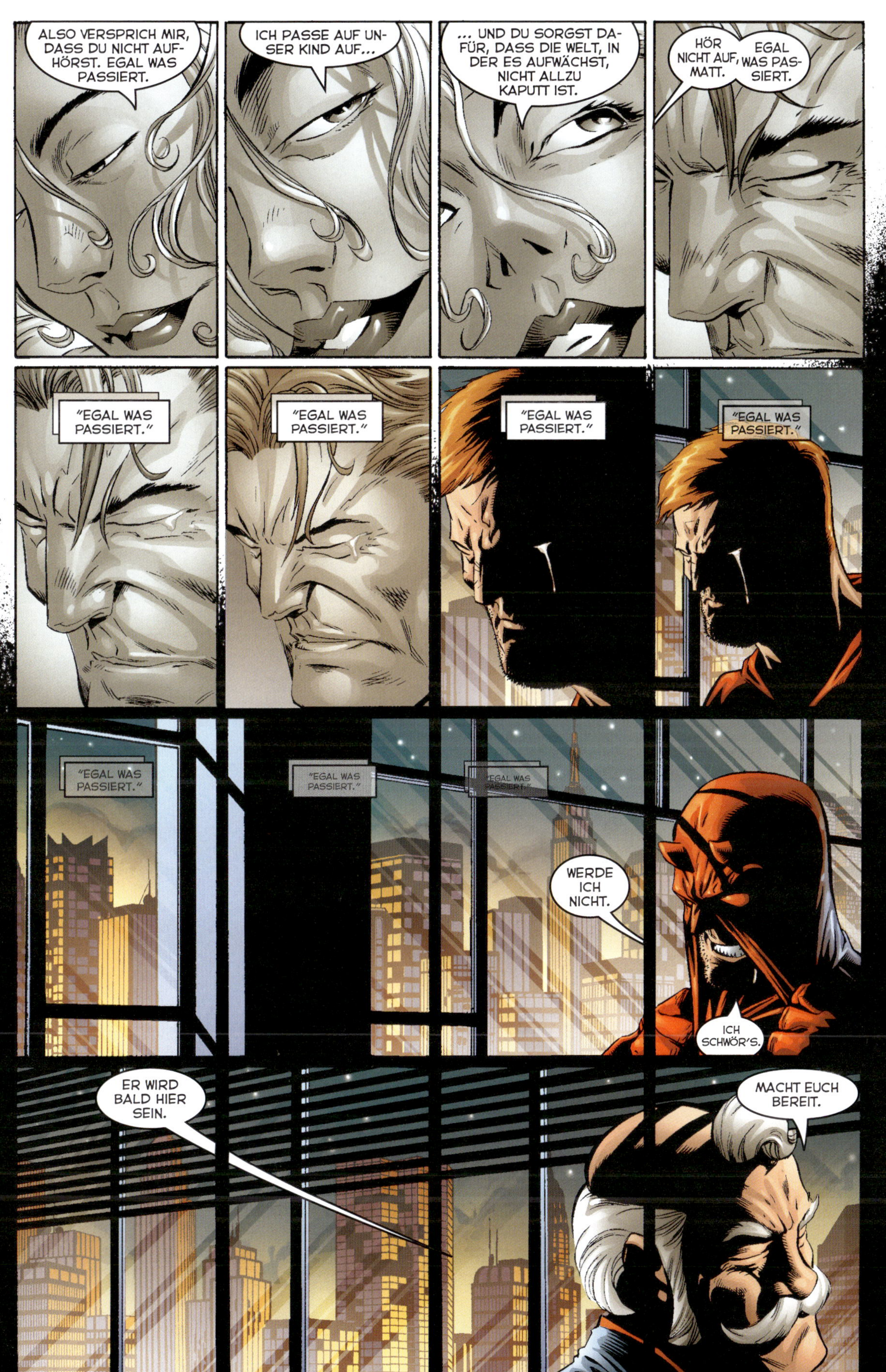
ALSO VERSPRICH MIR, DASS DU NICHT AUFHÖRST. EGAL WAS PASSIERT.
ICH PASSE AUF UNSER KIND AUF...
... UND DU SORGST DAFÜR, DASS DIE WELT, IN DER ES AUFWÄCHST, NICHT ALLZU KAPUTT IST.
HÖR NICHT AUF, MATT.
EGAL WAS PASSIERT.
"EGAL WAS PASSIERT."
"EGAL WAS PASSIERT."
"EGAL WAS PASSIERT."
"EGAL WAS PASSIERT."
"EGAL WAS PASSIERT."
"EGAL WAS PASSIERT."
"EGAL WAS PASSIERT."
WERDE ICH NICHT.
ICH SCHWÖR'S.
ER WIRD BALD HIER SEIN.
MACHT EUCH BEREIT.

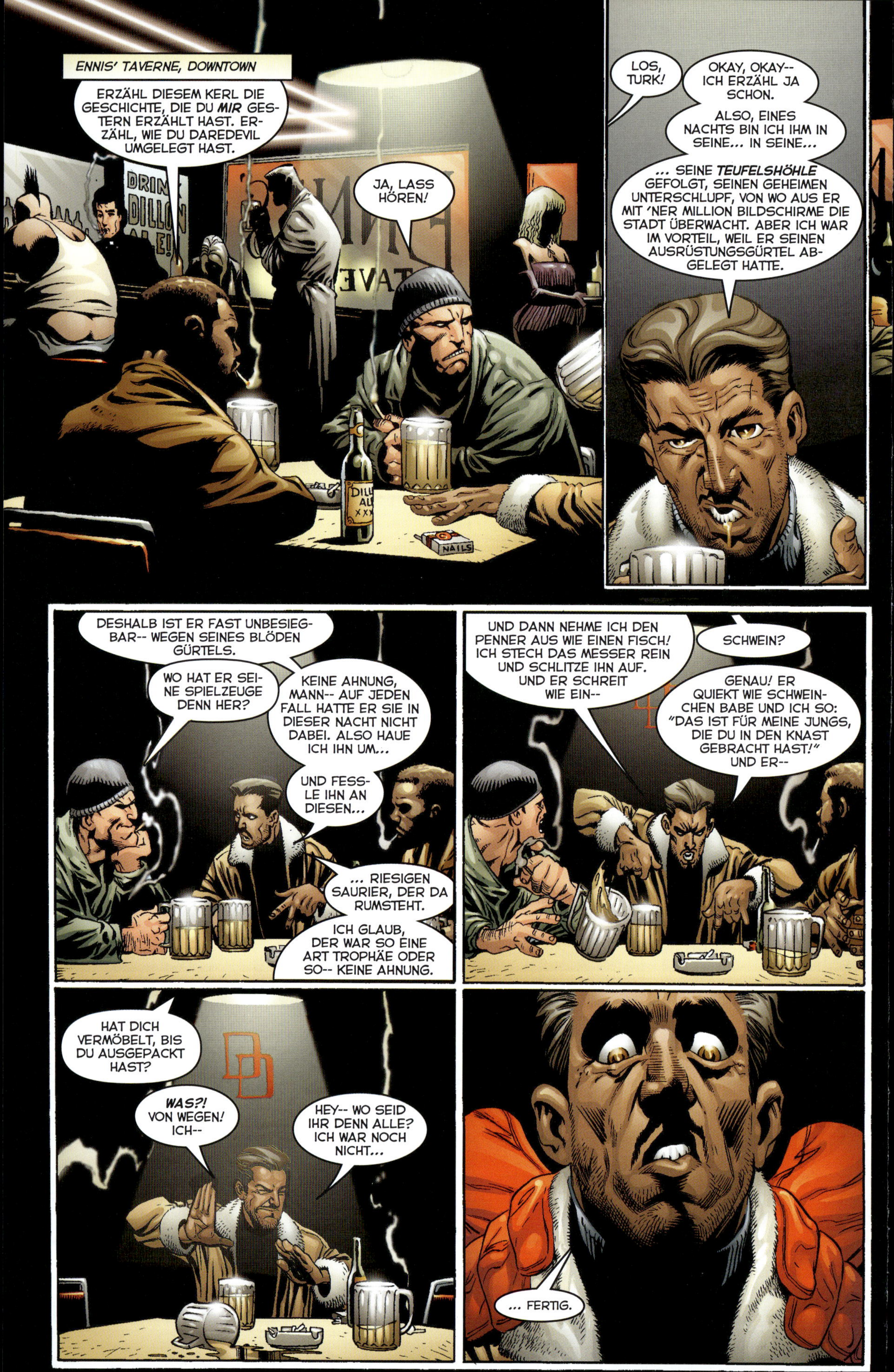

ENNIS' TAVERNE, DOWNTOWN

ERZÄHL DIESEM KERL DIE GESCHICHTE, DIE DU *MIR* GESTERN ERZÄHLT HAST. ERZÄHL, WIE DU DAREDEVIL UMGELEGT HAST.

JA, LASS HÖREN!

LOS, TURK!

OKAY, OKAY-- ICH ERZÄHL JA SCHON.

ALSO, EINES NACHTS BIN ICH IHM IN SEINE... IN SEINE...

... SEINE *TEUFELSHÖHLE* GEFOLGT, SEINEN GEHEIMEN UNTERSCHLUPF, VON WO AUS ER MIT 'NER MILLION BILDSCHIRME DIE STADT ÜBERWACHT. ABER ICH WAR IM VORTEIL, WEIL ER SEINEN AUSRÜSTUNGSGÜRTEL ABGELEGT HATTE.

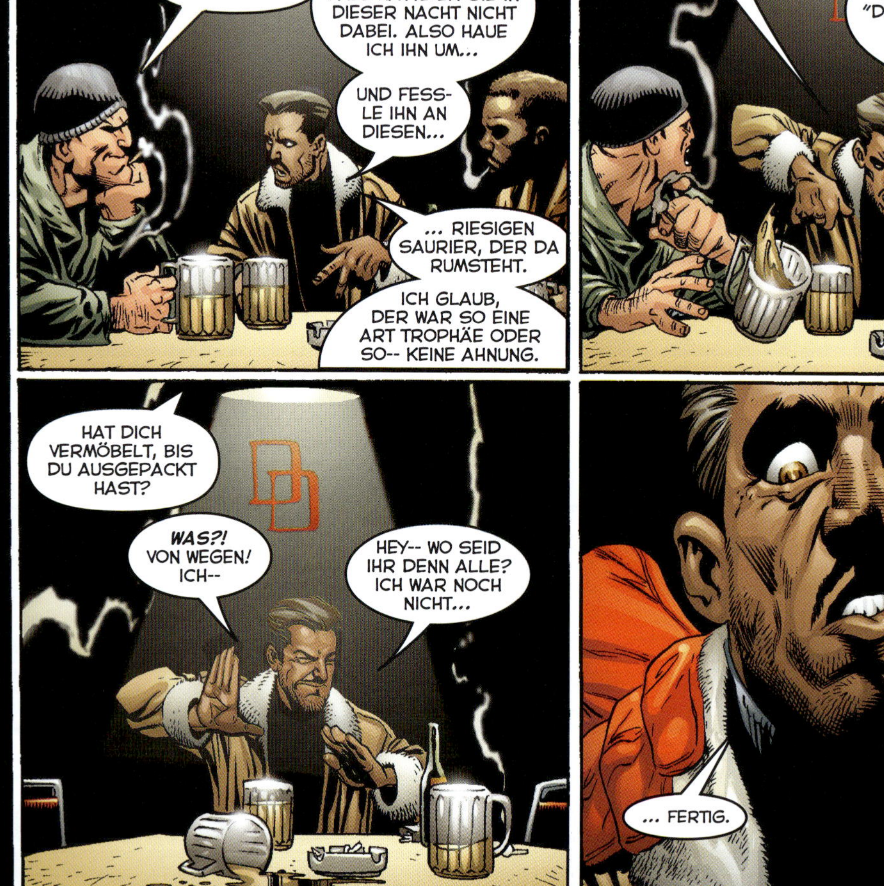

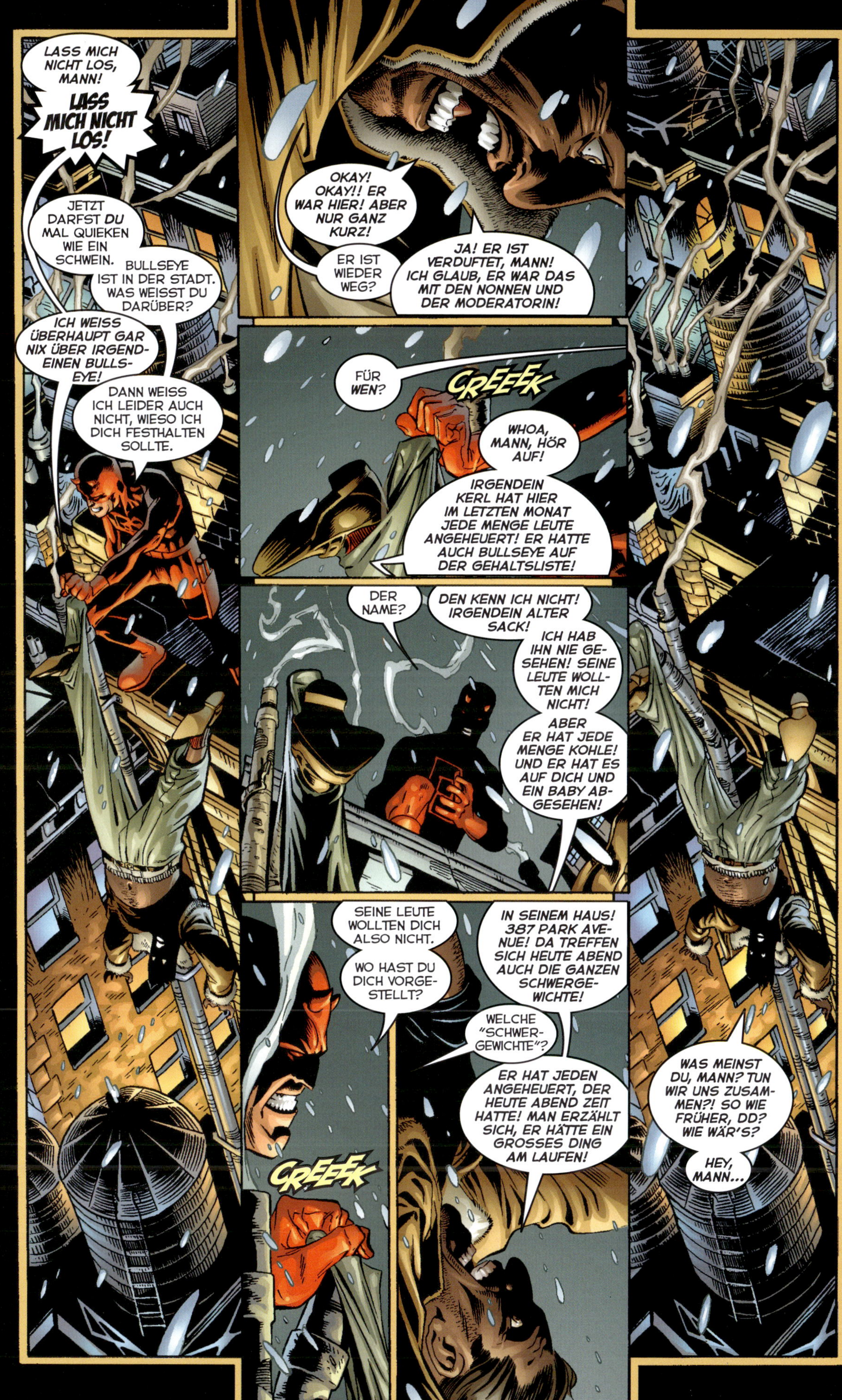
LASS MICH NICHT LOS, MANN!
LASS MICH NICHT LOS!
OKAY! OKAY!! ER WAR HIER! ABER NUR GANZ KURZ!
JETZT DARFST DU MAL QUIEKEN WIE EIN SCHWEIN.
ER IST WIEDER WEG?
JA! ER IST VERDUFTET, MANN! ICH GLAUB, ER WAR DAS MIT DEN NONNEN UND DER MODERATORIN!
BULLSEYE IST IN DER STADT. WAS WEISST DU DARÜBER?
ICH WEISS ÜBERHAUPT GAR NIX ÜBER IRGEND-EINEN BULLS-EYE!
DANN WEISS ICH LEIDER AUCH NICHT, WIESO ICH DICH FESTHALTEN SOLLTE.
FÜR WEN?
CREEEK
WHOA, MANN, HÖR AUF!
IRGENDEIN KERL HAT HIER IM LETZTEN MONAT JEDE MENGE LEUTE ANGEHEUERT! ER HATTE AUCH BULLSEYE AUF DER GEHALTSLISTE!
DER NAME?
DEN KENN ICH NICHT! IRGENDEIN ALTER SACK!
ICH HAB IHN NIE GE-SEHEN! SEINE LEUTE WOLL-TEN MICH NICHT!
ABER ER HAT JEDE MENGE KOHLE! UND ER HAT ES AUF DICH UND EIN BABY AB-GESEHEN!
SEINE LEUTE WOLLTEN DICH ALSO NICHT.
WO HAST DU DICH VORGE-STELLT?
IN SEINEM HAUS! 387 PARK AVE-NUE! DA TREFFEN SICH HEUTE ABEND AUCH DIE GANZEN SCHWERGE-WICHTE!
WELCHE "SCHWER-GEWICHTE"?
ER HAT JEDEN ANGEHEUERT, DER HEUTE ABEND ZEIT HATTE! MAN ERZÄHLT SICH, ER HÄTTE EIN GROSSES DING AM LAUFEN!
CREEEK
WAS MEINST DU, MANN? TUN WIR UNS ZUSAM-MEN?! SO WIE FRÜHER, DD? WIE WÄR'S?
HEY, MANN...

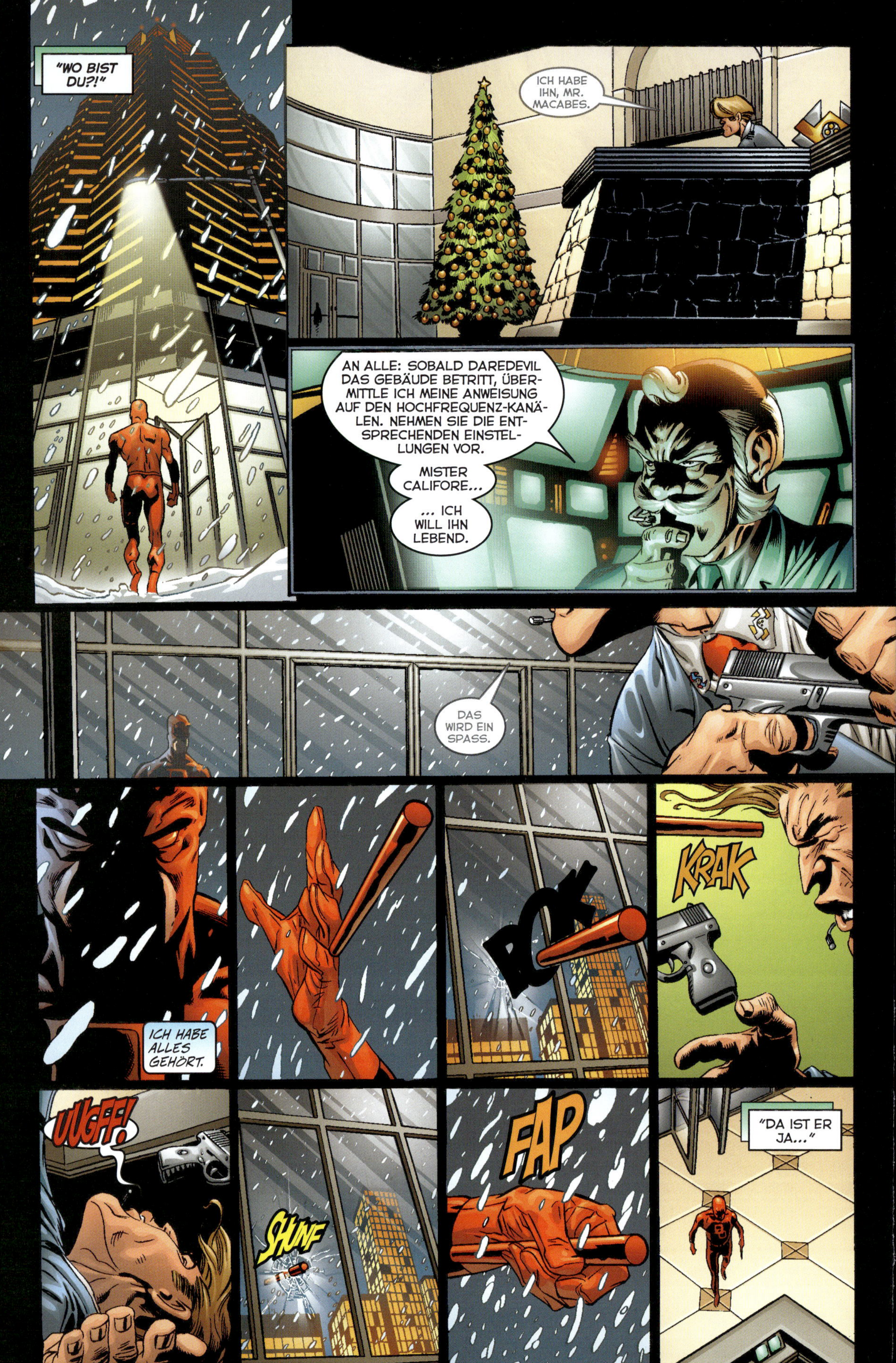
"WO BIST DU?!"
ICH HABE IHN, MR. MACABES.
AN ALLE: SOBALD DAREDEVIL DAS GEBÄUDE BETRITT, ÜBERMITTLE ICH MEINE ANWEISUNG AUF DEN HOCHFREQUENZ-KANÄLEN. NEHMEN SIE DIE ENTSPRECHENDEN EINSTELLUNGEN VOR.
MISTER CALIFORE...
... ICH WILL IHN LEBEND.
DAS WIRD EIN SPASS.
ICH HABE ALLES GEHÖRT.
POK
KRAK
UUGFF!
SHUNF
FAP
"DA IST ER JA..."

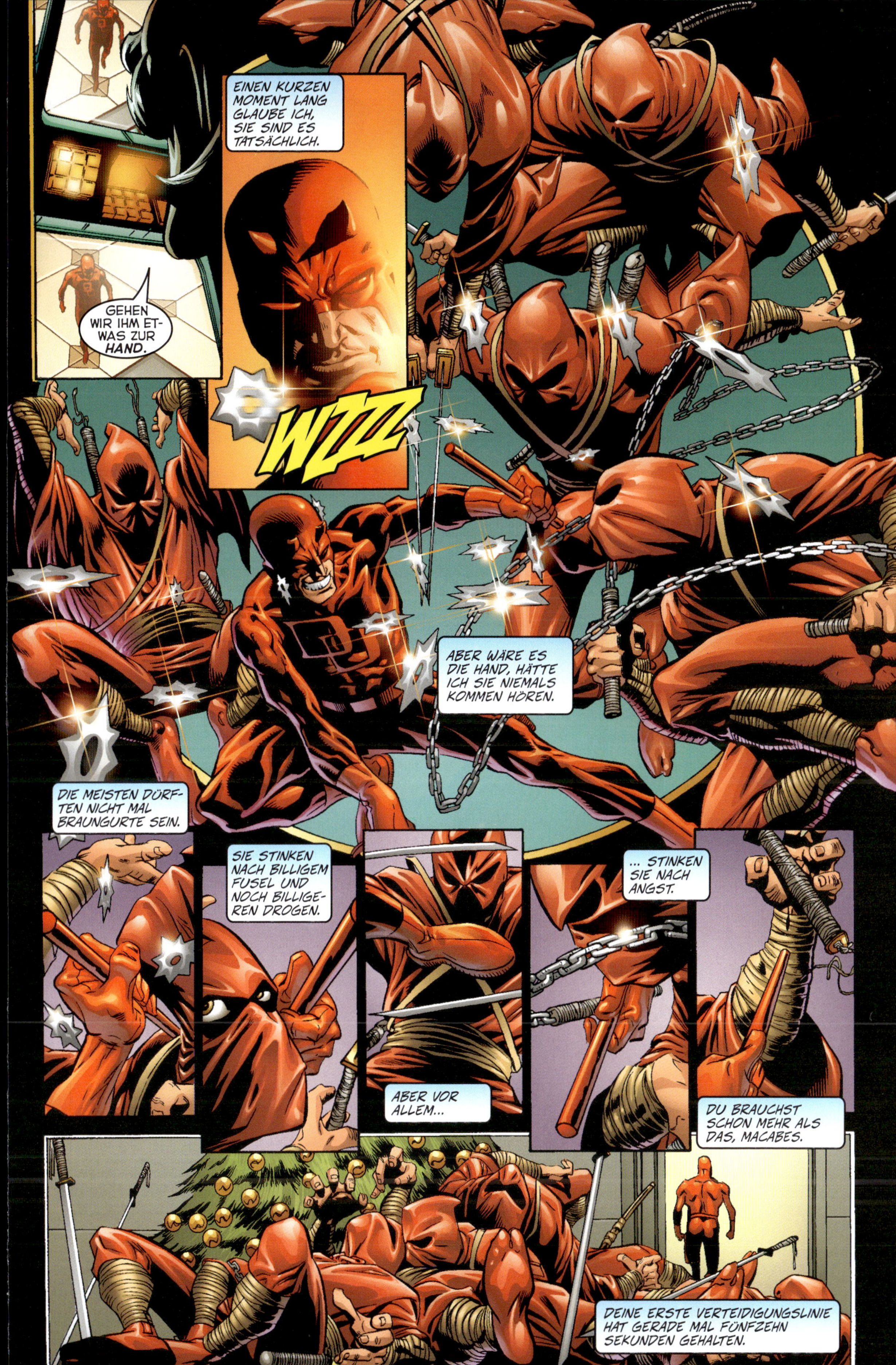
EINEN KURZEN MOMENT LANG GLAUBE ICH, SIE SIND ES TATSÄCHLICH.
GEHEN WIR IHM ETWAS ZUR HAND.
WZZZ
ABER WÄRE ES DIE HAND, HÄTTE ICH SIE NIEMALS KOMMEN HÖREN.
DIE MEISTEN DÜRFTEN NICHT MAL BRAUNGURTE SEIN.
SIE STINKEN NACH BILLIGEM FUSEL UND NOCH BILLIGEREN DROGEN.
ABER VOR ALLEM...
... STINKEN SIE NACH ANGST.
DU BRAUCHST SCHON MEHR ALS DAS, MACABES.
DEINE ERSTE VERTEIDIGUNGSLINIE HAT GERADE MAL FÜNFZEHN SEKUNDEN GEHALTEN.

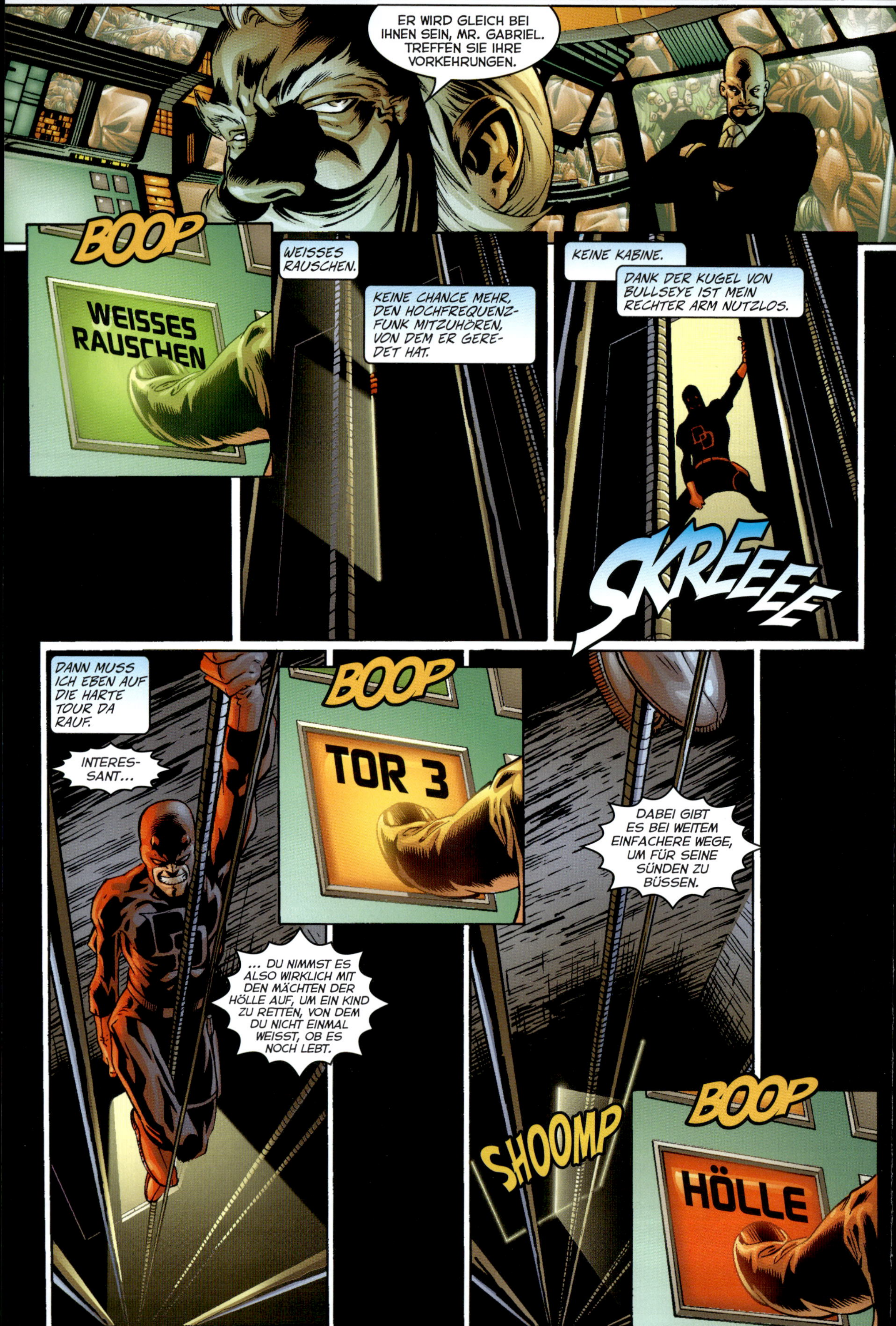
ER WIRD GLEICH BEI IHNEN SEIN, MR. GABRIEL. TREFFEN SIE IHRE VORKEHRUNGEN.
BOOP
WEISSES RAUSCHEN
WEISSES RAUSCHEN.
KEINE CHANCE MEHR, DEN HOCHFREQUENZ-FUNK MITZUHÖREN, VON DEM ER GEREDET HAT.
KEINE KABINE.
DANK DER KUGEL VON BULLSEYE IST MEIN RECHTER ARM NUTZLOS.
SKREEEEE
DANN MUSS ICH EBEN AUF DIE HARTE TOUR DA RAUF.
INTERESSANT...
... DU NIMMST ES ALSO WIRKLICH MIT DEN MÄCHTEN DER HÖLLE AUF, UM EIN KIND ZU RETTEN, VON DEM DU NICHT EINMAL WEISST, OB ES NOCH LEBT.
BOOP
TOR 3
DABEI GIBT ES BEI WEITEM EINFACHERE WEGE, UM FÜR SEINE SÜNDEN ZU BÜSSEN.
SHOOMP
BOOP
HÖLLE

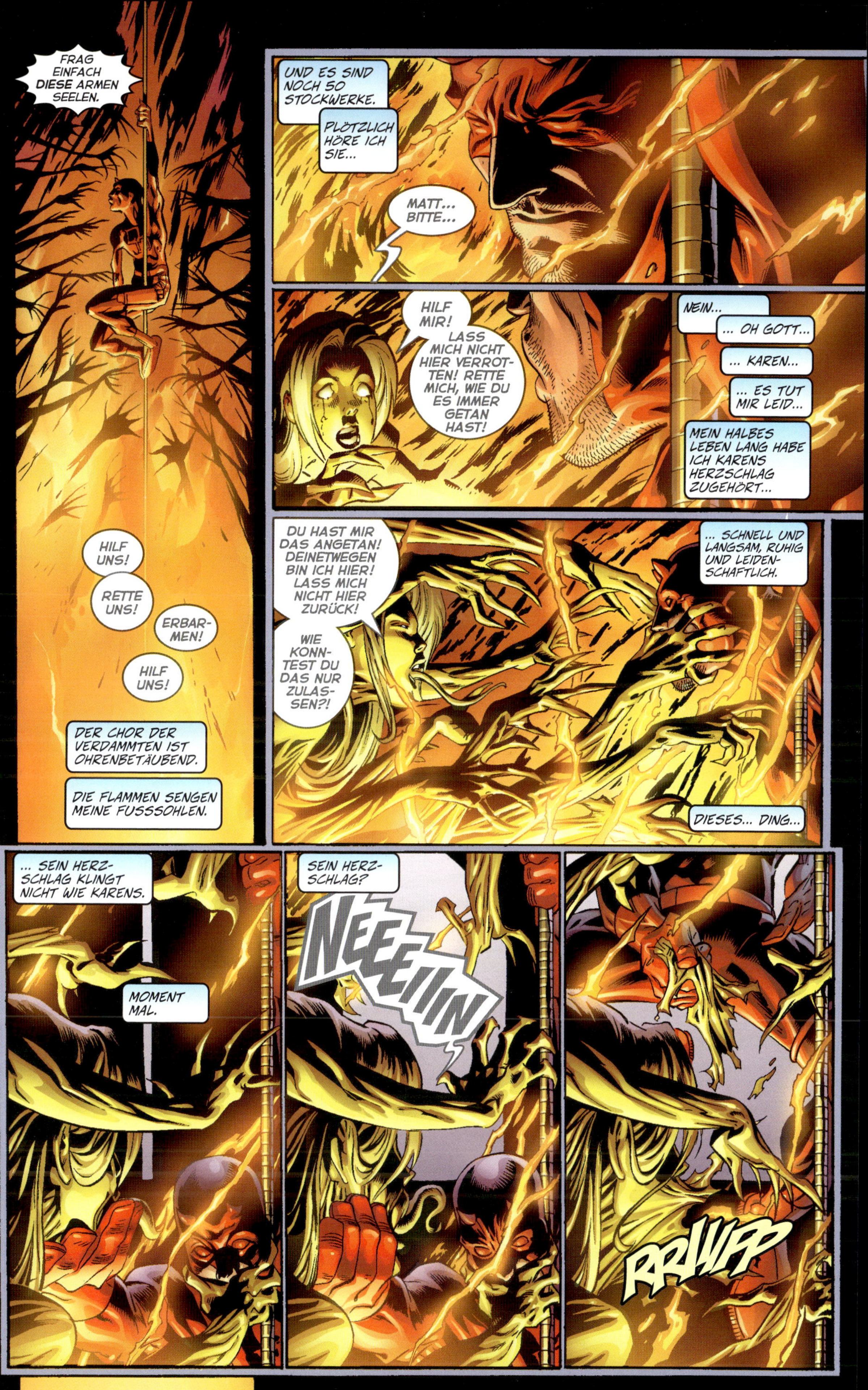

FRAG EINFACH DIESE ARMEN SEELEN.
HILF UNS!
RETTE UNS!
ERBARMEN!
HILF UNS!
DER CHOR DER VERDAMMTEN IST OHRENBETÄUBEND.
DIE FLAMMEN SENGEN MEINE FUSSSOHLEN.
UND ES SIND NOCH SO STOCKWERKE.
PLÖTZLICH HÖRE ICH SIE...
MATT... BITTE...
HILF MIR!
LASS MICH NICHT HIER VERROTTEN! RETTE MICH, WIE DU ES IMMER GETAN HAST!
NEIN...
... OH GOTT...
... KAREN...
... ES TUT MIR LEID...
MEIN HALBES LEBEN LANG HABE ICH KARENS HERZSCHLAG ZUGEHÖRT...
DU HAST MIR DAS ANGETAN! DEINETWEGEN BIN ICH HIER! LASS MICH NICHT HIER ZURÜCK!
WIE KONNTEST DU DAS NUR ZULASSEN?!
... SCHNELL UND LANGSAM, RUHIG UND LEIDENSCHAFTLICH.
DIESES... DING...

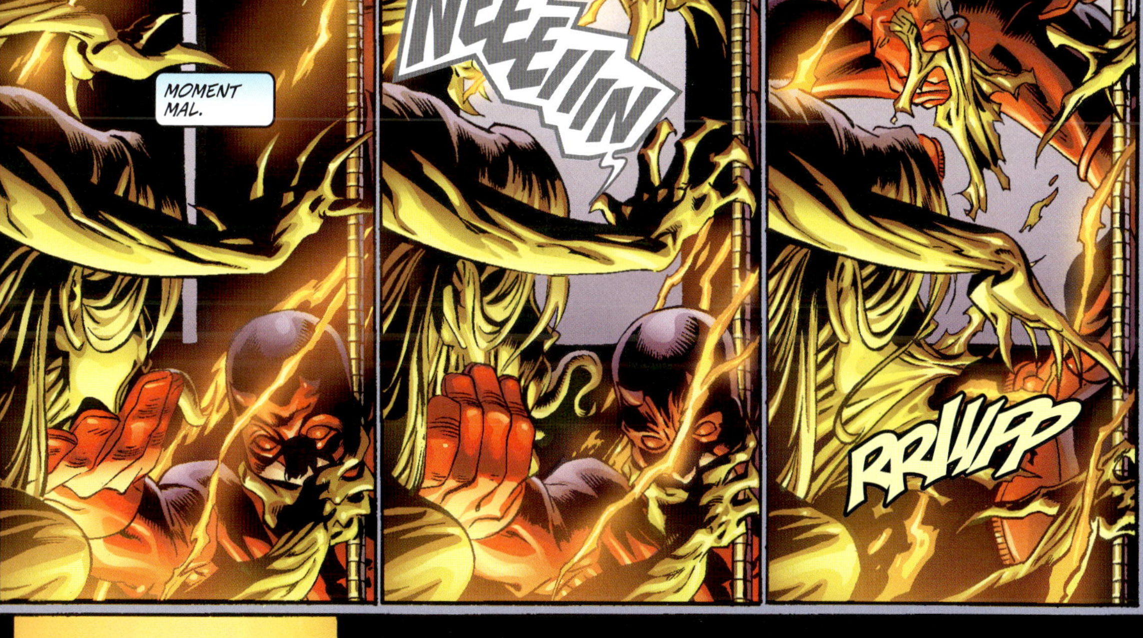

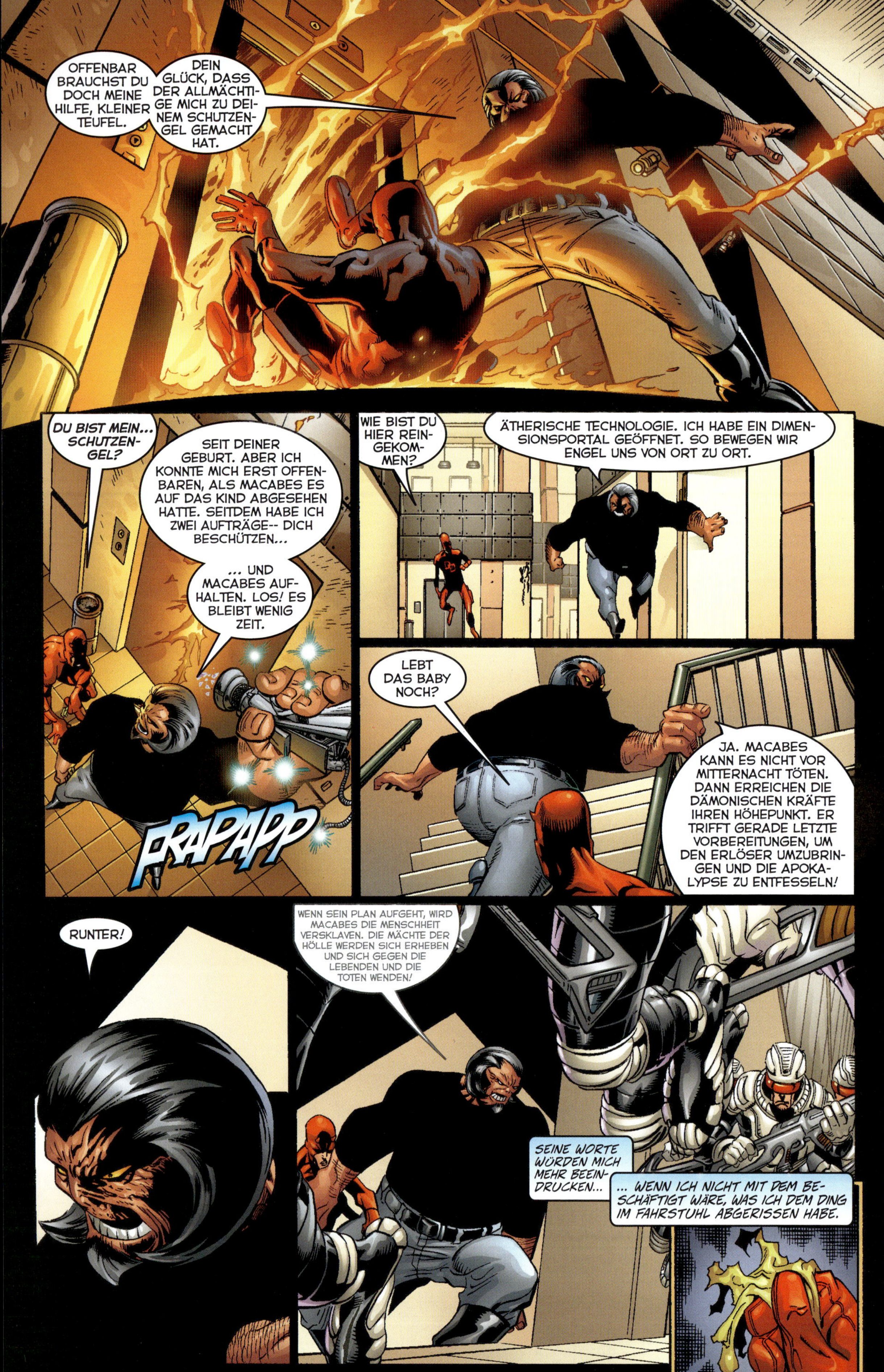
OFFENBAR BRAUCHST DU DOCH MEINE HILFE, KLEINER TEUFEL.
DEIN GLÜCK, DASS DER ALLMÄCHTIGE MICH ZU DEINEM SCHUTZENGEL GEMACHT HAT.
DU BIST MEIN... SCHUTZENGEL?
SEIT DEINER GEBURT. ABER ICH KONNTE MICH ERST OFFENBAREN, ALS MACABES ES AUF DAS KIND ABGESEHEN HATTE. SEITDEM HABE ICH ZWEI AUFTRÄGE-- DICH BESCHÜTZEN...
... UND MACABES AUFHALTEN. LOS! ES BLEIBT WENIG ZEIT.
FRAPAPP
WIE BIST DU HIER REINGEKOMMEN?
ÄTHERISCHE TECHNOLOGIE. ICH HABE EIN DIMENSIONSPORTAL GEÖFFNET. SO BEWEGEN WIR ENGEL UNS VON ORT ZU ORT.
LEBT DAS BABY NOCH?
JA. MACABES KANN ES NICHT VOR MITTERNACHT TÖTEN. DANN ERREICHEN DIE DÄMONISCHEN KRÄFTE IHREN HÖHEPUNKT. ER TRIFFT GERADE LETZTE VORBEREITUNGEN, UM DEN ERLÖSER UMZUBRINGEN UND DIE APOKALYPSE ZU ENTFESSELN!
RUNTER!
WENN SEIN PLAN AUFGEHT, WIRD MACABES DIE MENSCHHEIT VERSKLAVEN. DIE MÄCHTE DER HÖLLE WERDEN SICH ERHEBEN UND SICH GEGEN DIE LEBENDEN UND DIE TOTEN WENDEN!
SEINE WORTE WÜRDEN MICH MEHR BEEINDRUCKEN...
... WENN ICH NICHT MIT DEM BESCHÄFTIGT WÄRE, WAS ICH DEM DING IM FAHRSTUHL ABGERISSEN HABE.

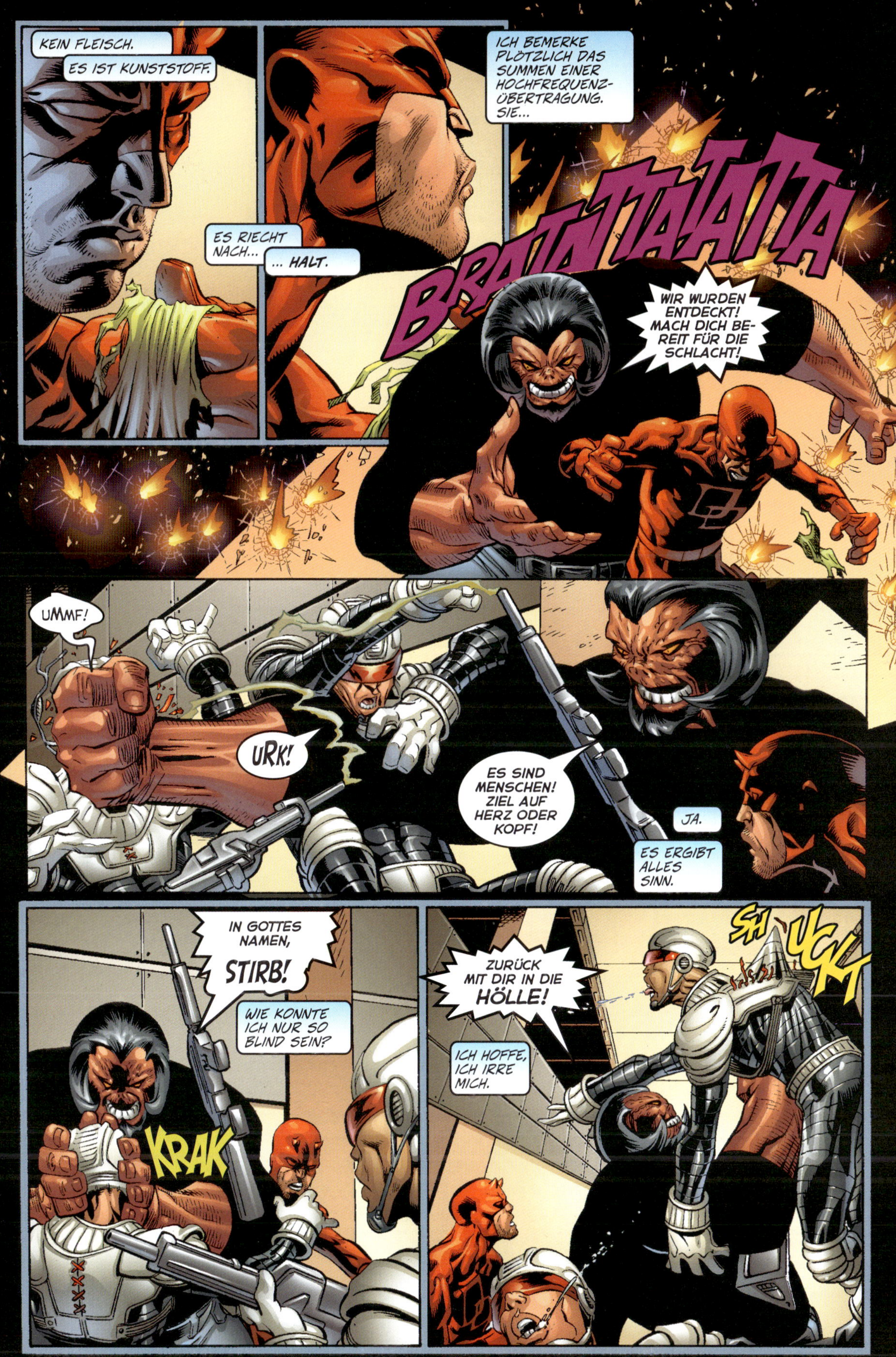
KEIN FLEISCH.
ES IST KUNSTSTOFF.
ES RIECHT NACH...
... HALT.
ICH BEMERKE PLÖTZLICH DAS SUMMEN EINER HOCHFREQUENZ-ÜBERTRAGUNG. SIE...
BRATATTATATTA
WIR WURDEN ENTDECKT! MACH DICH BEREIT FÜR DIE SCHLACHT!
UMMF!
URK!
ES SIND MENSCHEN! ZIEL AUF HERZ ODER KOPF!
JA.
ES ERGIBT ALLES SINN.
IN GOTTES NAMEN, STIRB!
WIE KONNTE ICH NUR SO BLIND SEIN?
KRAK
ZURÜCK MIT DIR IN DIE HÖLLE!
ICH HOFFE, ICH IRRE MICH.
SHUCKT

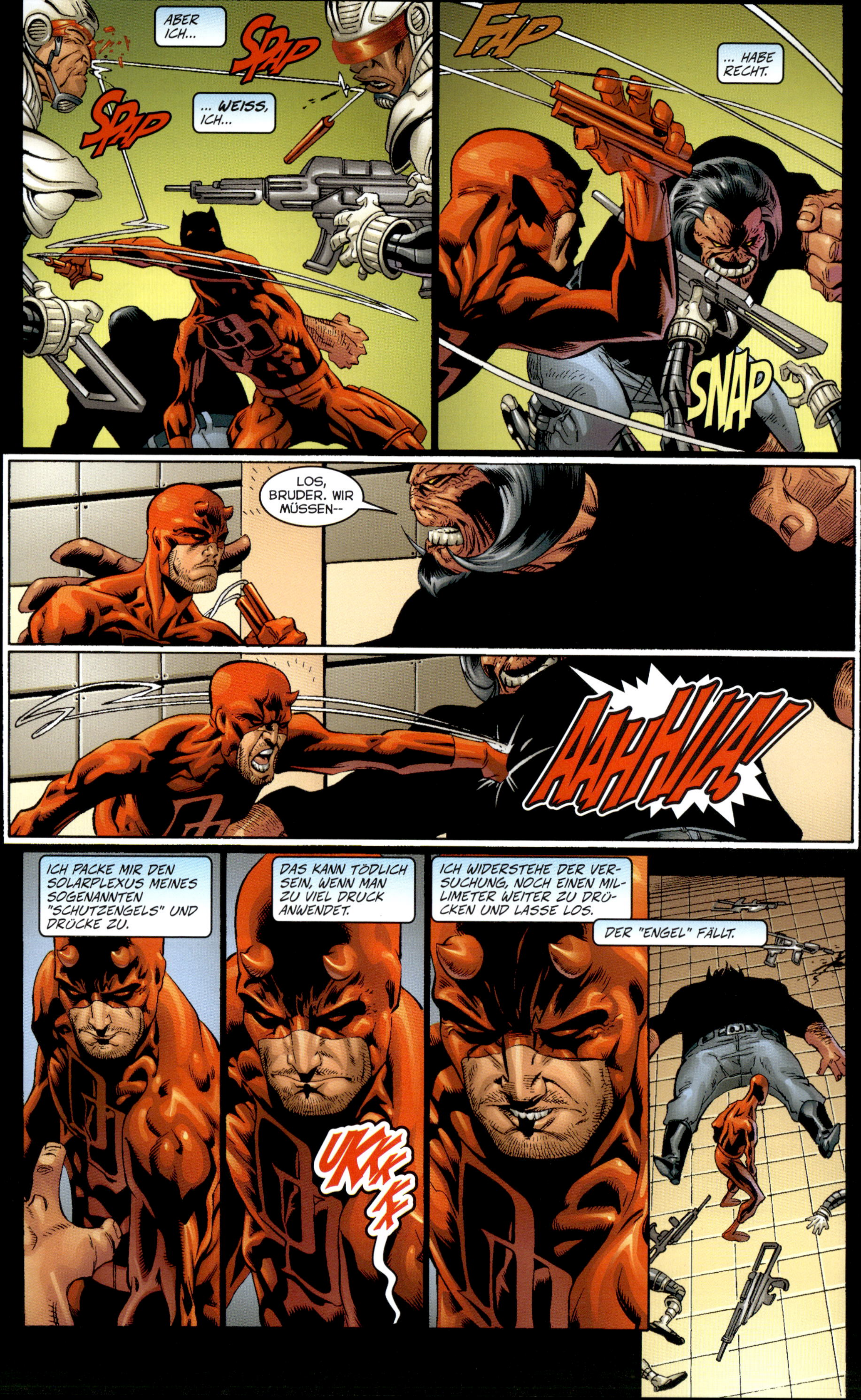

ABER ICH...
SPAP
SPAP
... WEISS, ICH...
FAP
... HABE RECHT.
SNAP
LOS, BRUDER. WIR MÜSSEN--
AAHHA!
ICH PACKE MIR DEN SOLARPLEXUS MEINES SOGENANNTEN "SCHUTZENGELS" UND DRÜCKE ZU.
DAS KANN TÖDLICH SEIN, WENN MAN ZU VIEL DRUCK ANWENDET.
UKKK
ICH WIDERSTEHE DER VERSUCHUNG, NOCH EINEN MILLIMETER WEITER ZU DRÜCKEN UND LASSE LOS.
DER "ENGEL" FÄLLT.

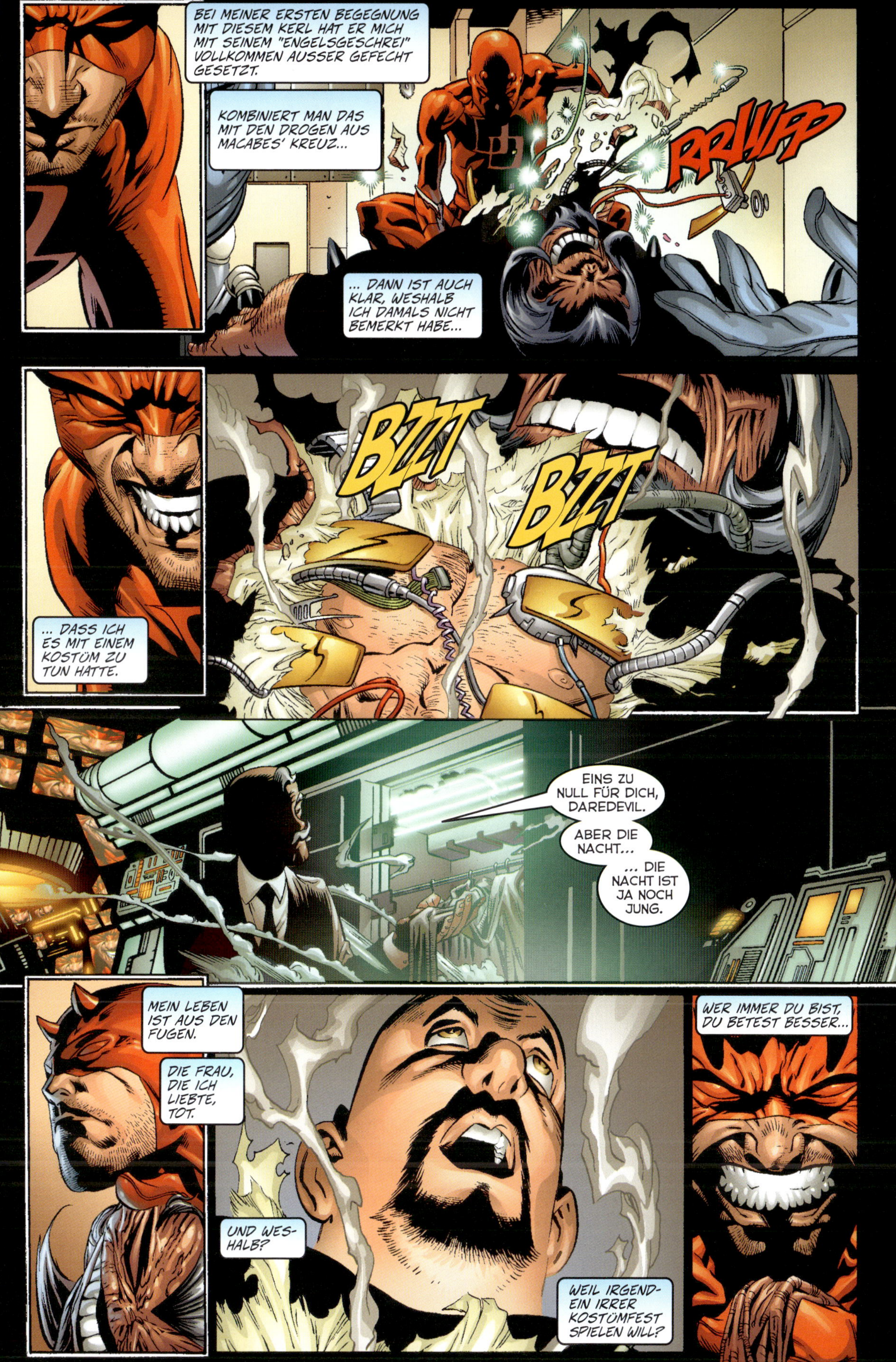
BEI MEINER ERSTEN BEGEGNUNG MIT DIESEM KERL HAT ER MICH MIT SEINEM "ENGELSGESCHREI" VOLLKOMMEN AUSSER GEFECHT GESETZT.
KOMBINIERT MAN DAS MIT DEN DROGEN AUS MACABES' KREUZ...
RRUPP
... DANN IST AUCH KLAR, WESHALB ICH DAMALS NICHT BEMERKT HABE...
BZZT
BZZT
... DASS ICH ES MIT EINEM KOSTÜM ZU TUN HATTE.
EINS ZU NULL FÜR DICH, DAREDEVIL.
ABER DIE NACHT...
... DIE NACHT IST JA NOCH JUNG.
MEIN LEBEN IST AUS DEN FUGEN.
DIE FRAU, DIE ICH LIEBTE, TOT.
UND WES-HALB?
WEIL IRGEND-EIN IRRER KOSTÜMFEST SPIELEN WILL?
WER IMMER DU BIST, DU BETEST BESSER...

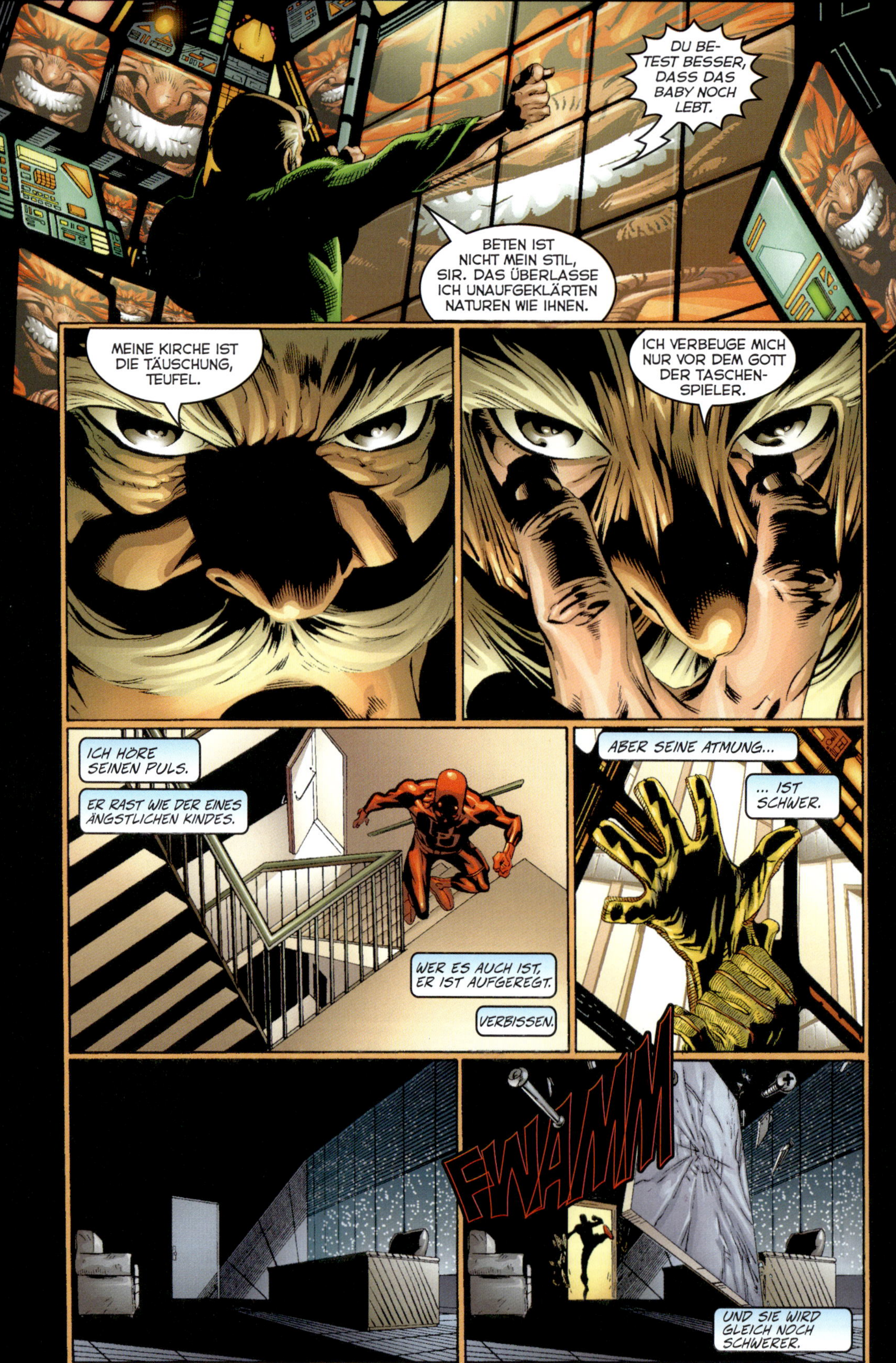
DU BETEST BESSER, DASS DAS BABY NOCH LEBT.
BETEN IST NICHT MEIN STIL, SIR. DAS ÜBERLASSE ICH UNAUFGEKLÄRTEN NATUREN WIE IHNEN.
MEINE KIRCHE IST DIE TÄUSCHUNG, TEUFEL.
ICH VERBEUGE MICH NUR VOR DEM GOTT DER TASCHENSPIELER.
ICH HÖRE SEINEN PULS.
ER RAST WIE DER EINES ÄNGSTLICHEN KINDES.
WER ES AUCH IST, ER IST AUFGEREGT.
VERBISSEN.
ABER SEINE ATMUNG...
... IST SCHWER.
FWAMM
UND SIE WIRD GLEICH NOCH SCHWERER.

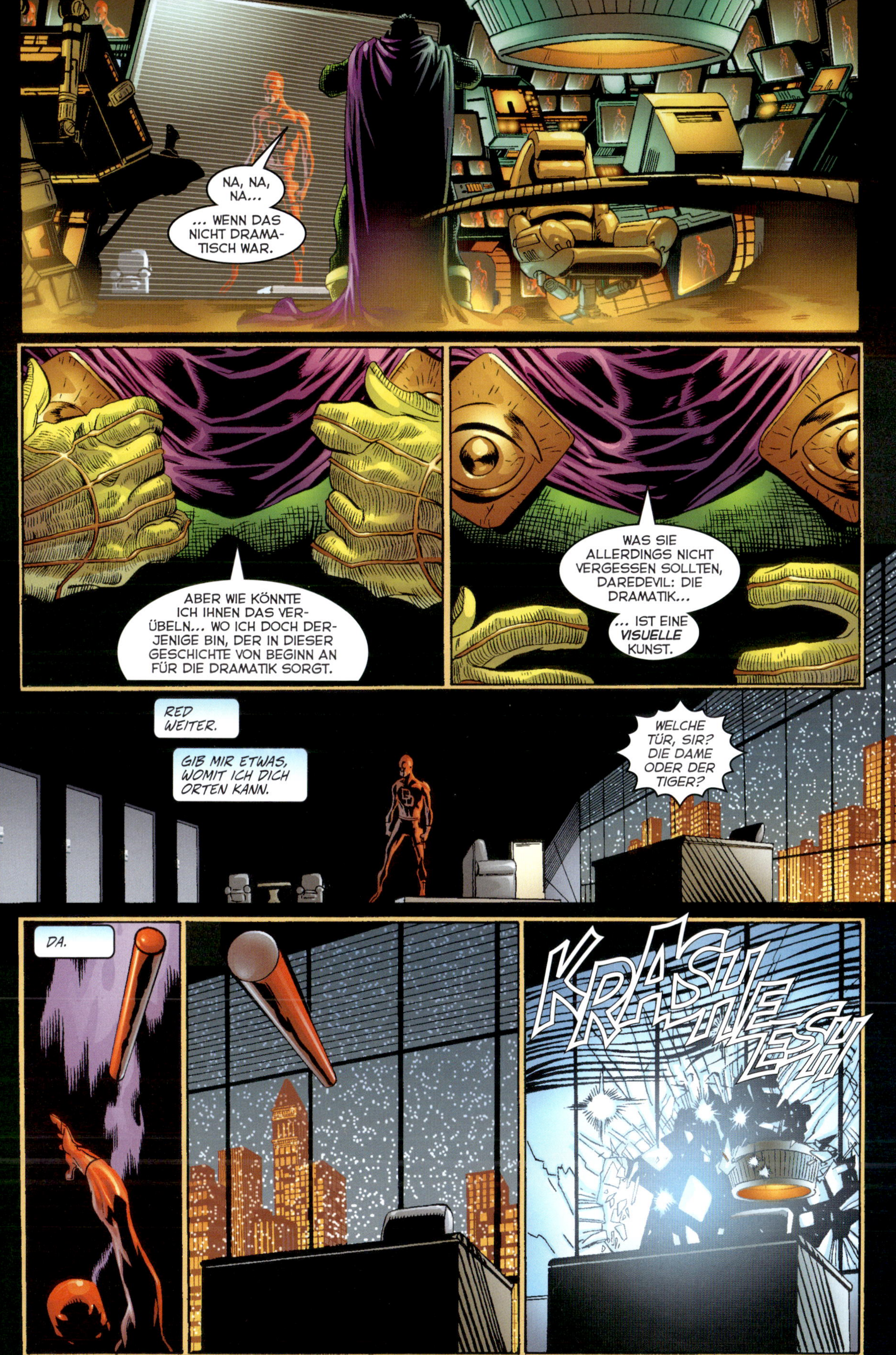
NA, NA, NA...
... WENN DAS NICHT DRAMATISCH WAR.
ABER WIE KÖNNTE ICH IHNEN DAS VERÜBELN... WO ICH DOCH DERJENIGE BIN, DER IN DIESER GESCHICHTE VON BEGINN AN FÜR DIE DRAMATIK SORGT.
WAS SIE ALLERDINGS NICHT VERGESSEN SOLLTEN, DAREDEVIL: DIE DRAMATIK...
... IST EINE VISUELLE KUNST.
RED WEITER.
GIB MIR ETWAS, WOMIT ICH DICH ORTEN KANN.
WELCHE TÜR, SIR? DIE DAME ODER DER TIGER?
DA.

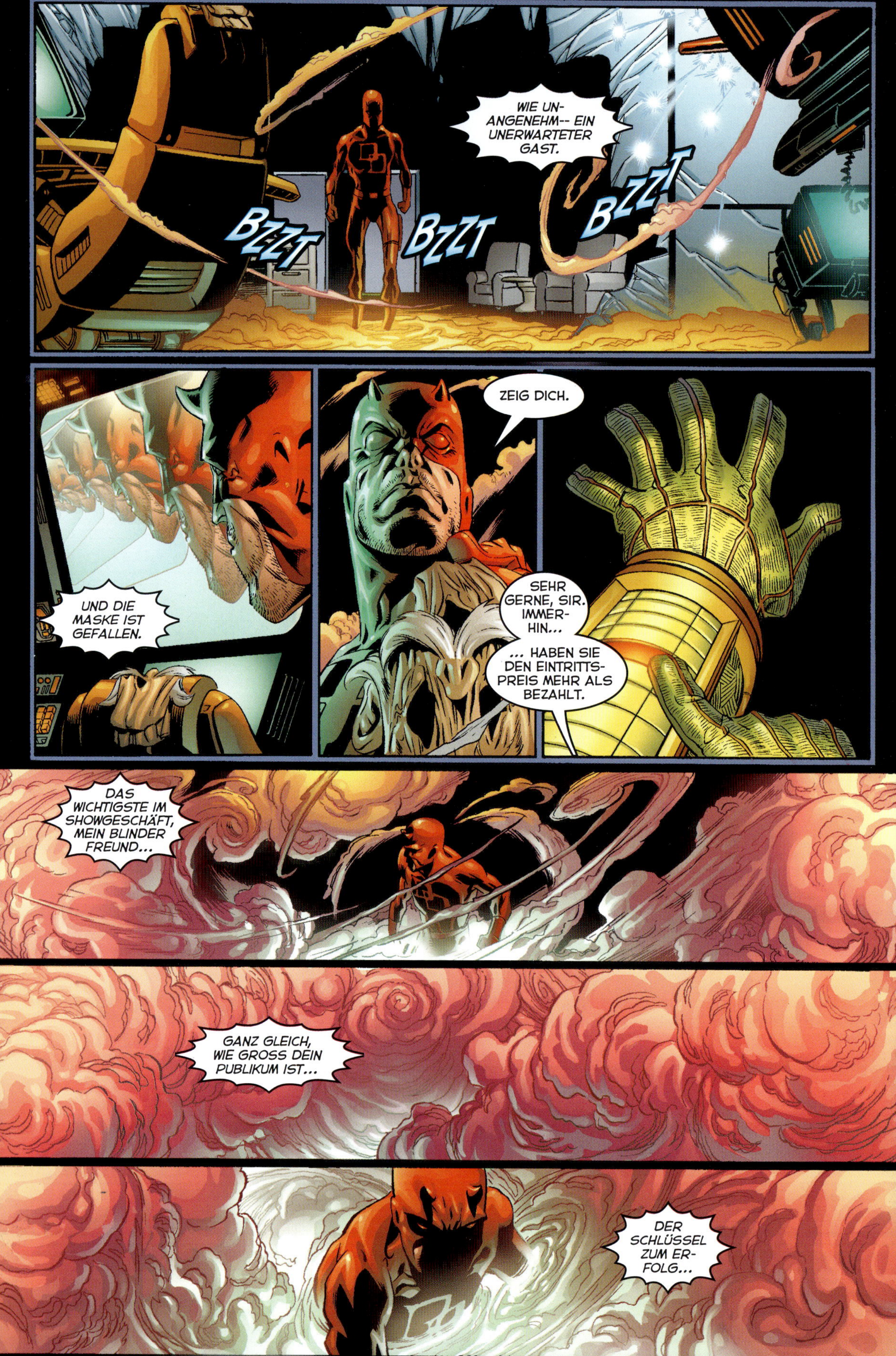
WIE UN-
ANGENEHM-- EIN
UNERWARTETER
GAST.
BZZZT
BZZZT
BZZZT
UND DIE
MASKE IST
GEFALLEN.
ZEIG DICH.
SEHR
GERNE, SIR.
IMMER-
HIN...
... HABEN SIE
DEN EINTRITTS-
PREIS MEHR ALS
BEZAHLT.
DAS
WICHTIGSTE IM
SHOWGESCHÄFT,
MEIN BLINDER
FREUND...
GANZ GLEICH,
WIE GROSS DEIN
PUBLIKUM IST...
DER
SCHLÜSSEL
ZUM ER-
FOLG...

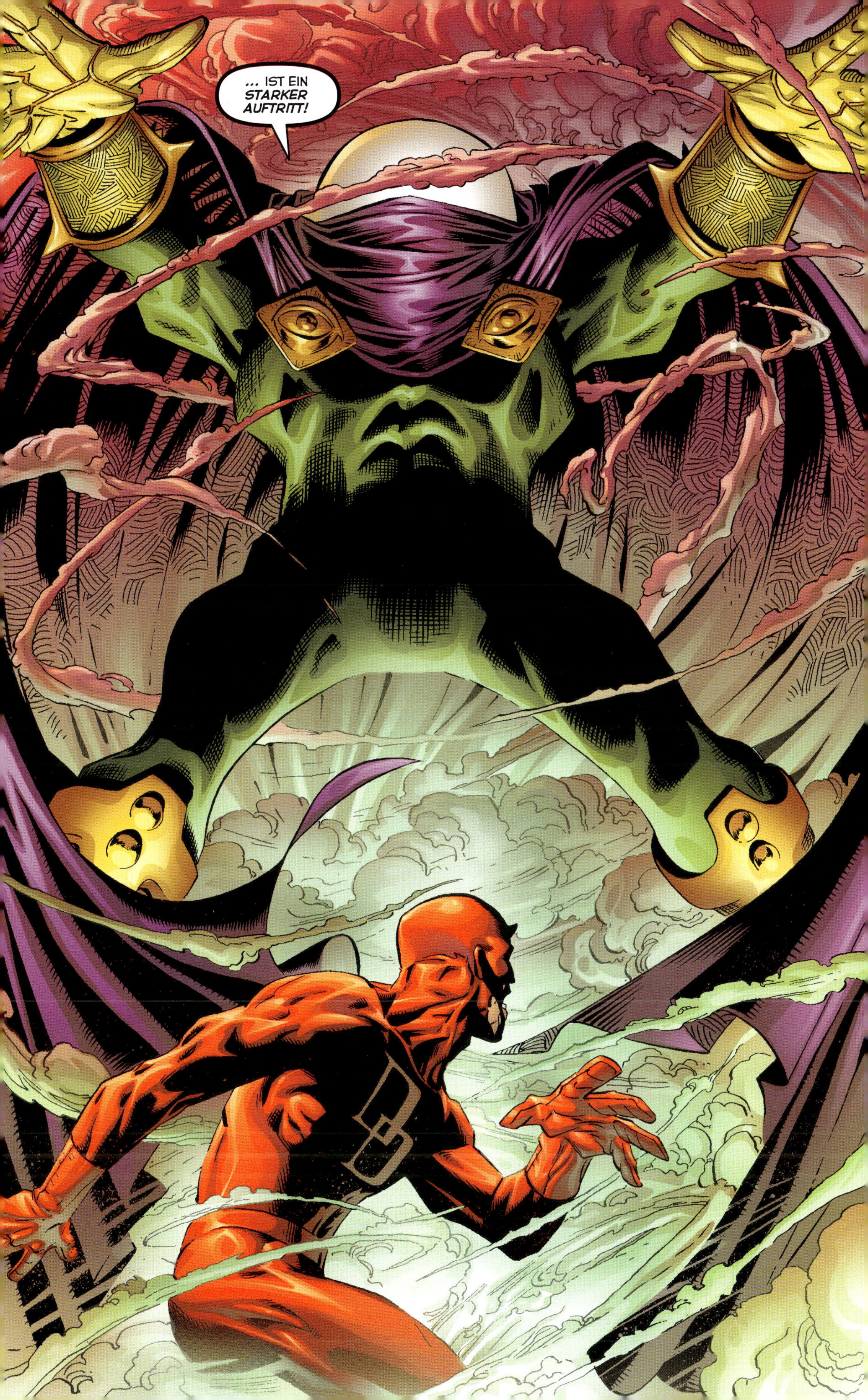
... IST EIN STARKER AUFTRITT!

IN DEN ARMEN DES TEUFELS, TEIL 7: DER DÄMON DES TEUFELS

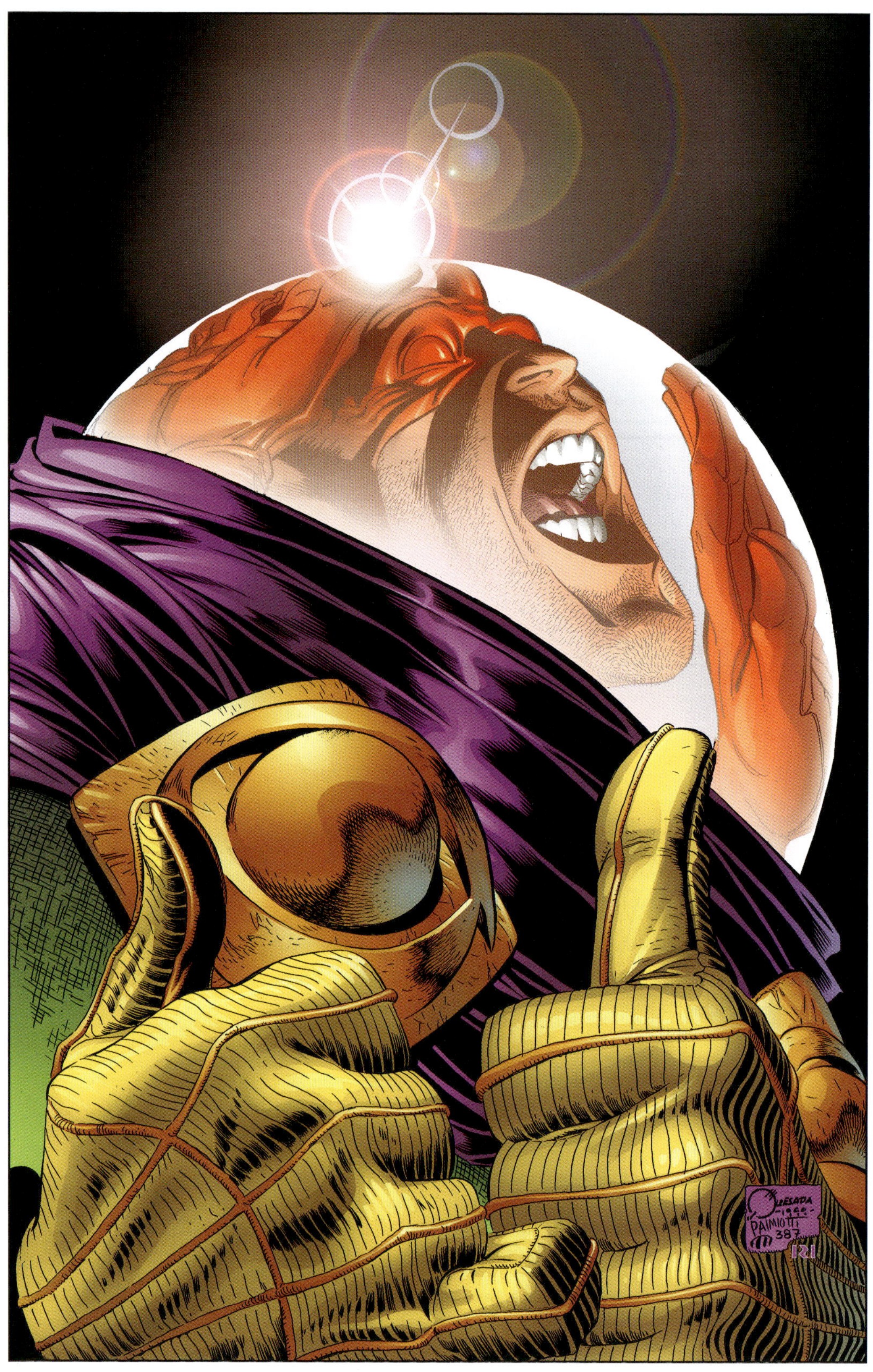

Daredevil (1998) 7
Cover von **JOE QUESADA**

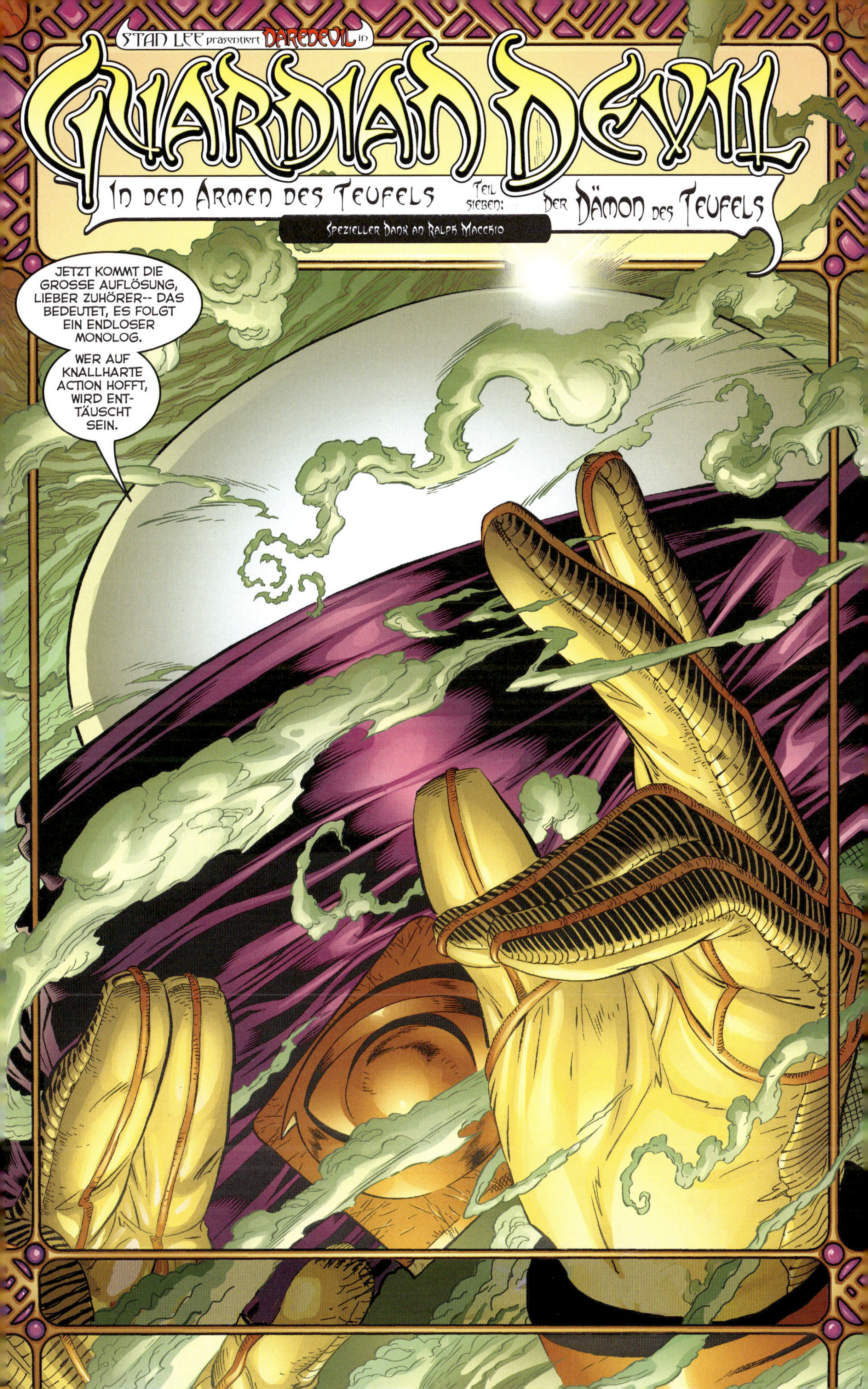
STAN LEE präsentiert DAREDEVIL in
GUARDIAN DEVIL
IN DEN ARMEN DES TEUFELS
TEIL SIEBEN: DER DÄMON DES TEUFELS
SPEZIELLER DANK AN RALPH MACCHIO
JETZT KOMMT DIE GROSSE AUFLÖSUNG, LIEBER ZUHÖRER-- DAS BEDEUTET, ES FOLGT EIN ENDLOSER MONOLOG.
WER AUF KNALLHARTE ACTION HOFFT, WIRD ENTTÄUSCHT SEIN.

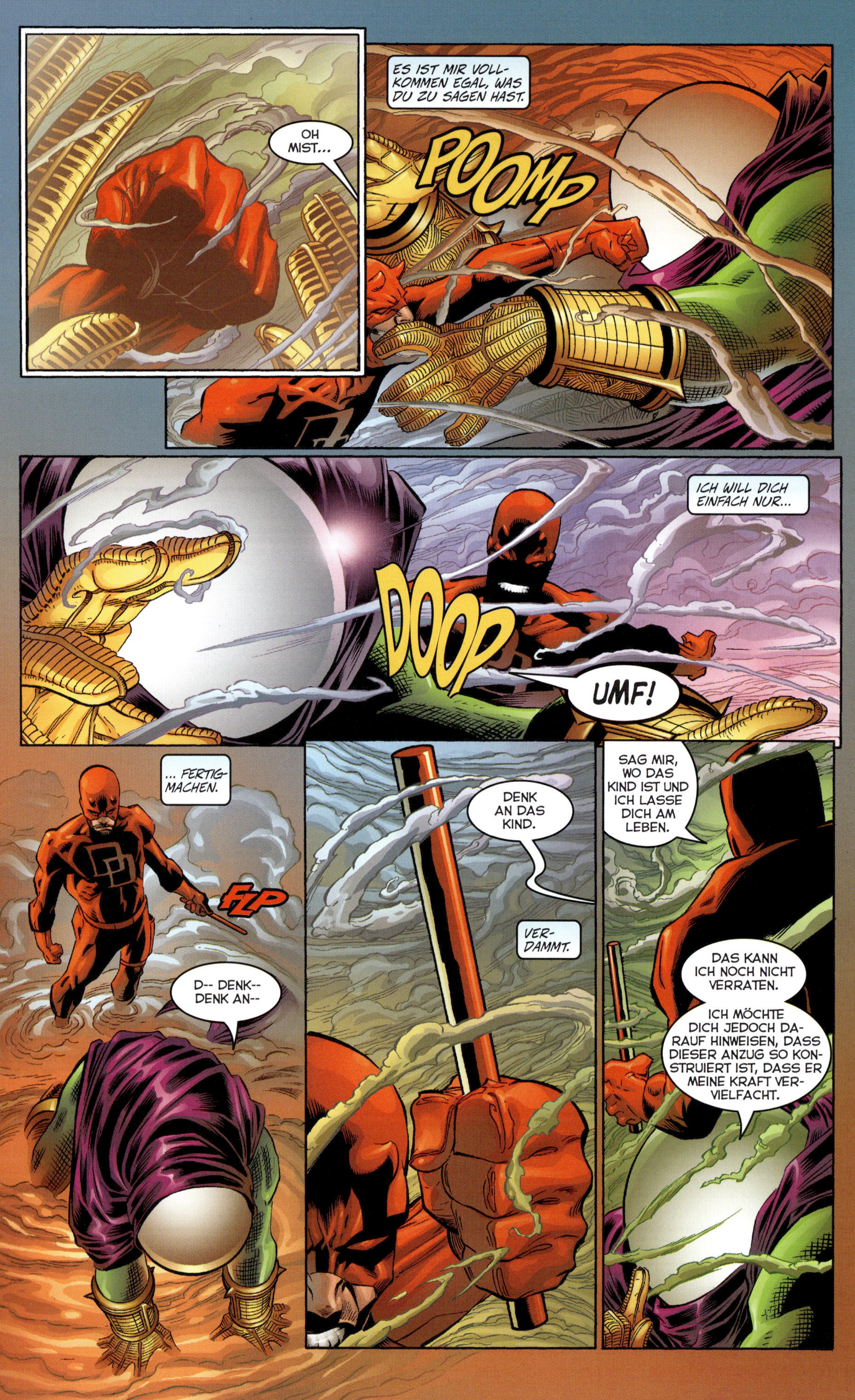
OH MIST...
ES IST MIR VOLLKOMMEN EGAL, WAS DU ZU SAGEN HAST.
POOMP
ICH WILL DICH EINFACH NUR...
DOOP
UMF!
... FERTIGMACHEN.
FZP
D-- DENK-- DENK AN--
DENK AN DAS KIND.
VERDAMMT.
SAG MIR, WO DAS KIND IST UND ICH LASSE DICH AM LEBEN.
DAS KANN ICH NOCH NICHT VERRATEN.
ICH MÖCHTE DICH JEDOCH DARAUF HINWEISEN, DASS DIESER ANZUG SO KONSTRUIERT IST, DASS ER MEINE KRAFT VERVIELFACHT.

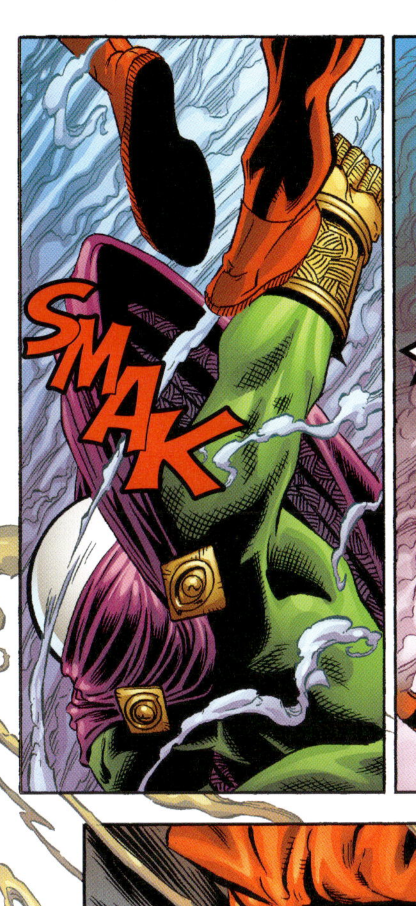
SMAK

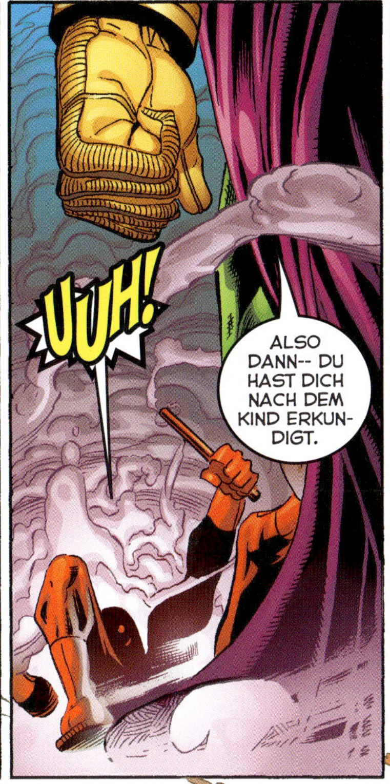
UUH!
ALSO DANN-- DU HAST DICH NACH DEM KIND ERKUNDIGT.

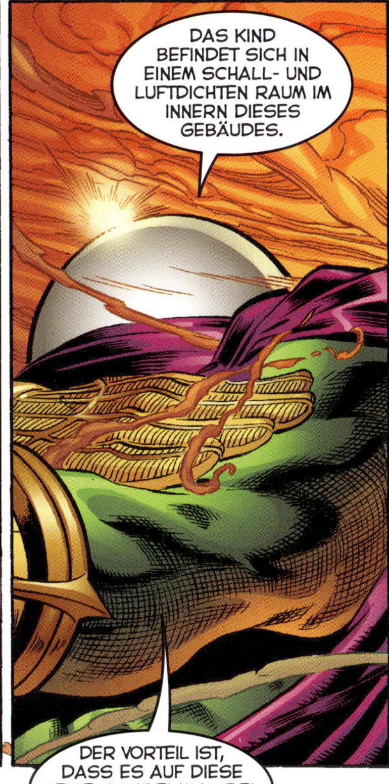
DAS KIND BEFINDET SICH IN EINEM SCHALL- UND LUFTDICHTEN RAUM IM INNERN DIESES GEBÄUDES.
DER VORTEIL IST, DASS ES AUF DIESE WEISE NICHT EINMAL DEINE SUPERSINNE AUFSPÜREN KÖNNEN.
DER NACHTEIL IST PHYSIKALISCHES GRUNDLAGENWISSEN.

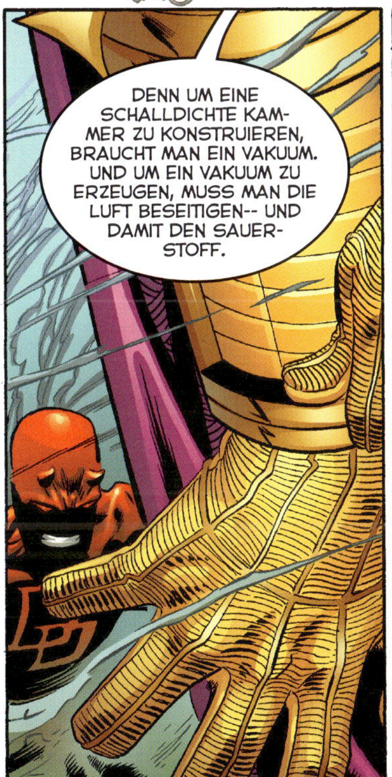
DENN UM EINE SCHALLDICHTE KAMMER ZU KONSTRUIEREN, BRAUCHT MAN EIN VAKUUM. UND UM EIN VAKUUM ZU ERZEUGEN, MUSS MAN DIE LUFT BESEITIGEN-- UND DAMIT DEN SAUERSTOFF.

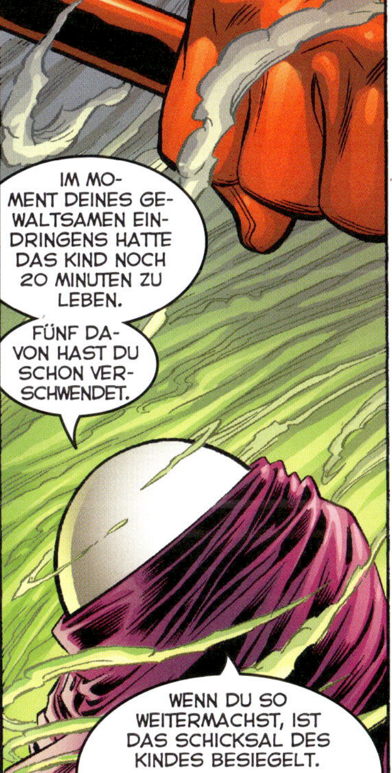
IM MOMENT DEINES GEWALTSAMEN EINDRINGENS HATTE DAS KIND NOCH 20 MINUTEN ZU LEBEN.
FÜNF DAVON HAST DU SCHON VERSCHWENDET.
WENN DU SO WEITERMACHST, IST DAS SCHICKSAL DES KINDES BESIEGELT.

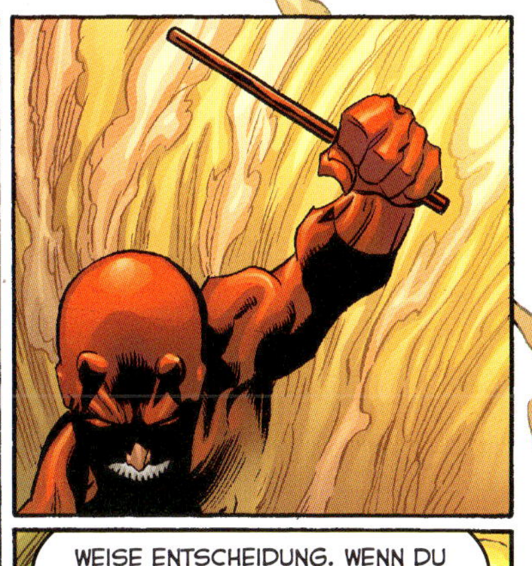

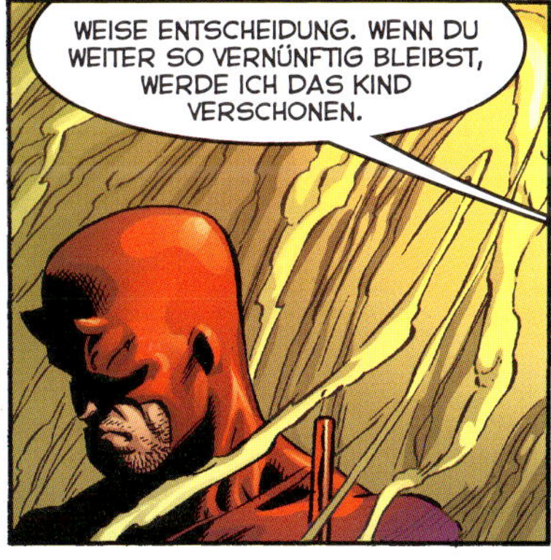
WEISE ENTSCHEIDUNG. WENN DU WEITER SO VERNÜNFTIG BLEIBST, WERDE ICH DAS KIND VERSCHONEN.

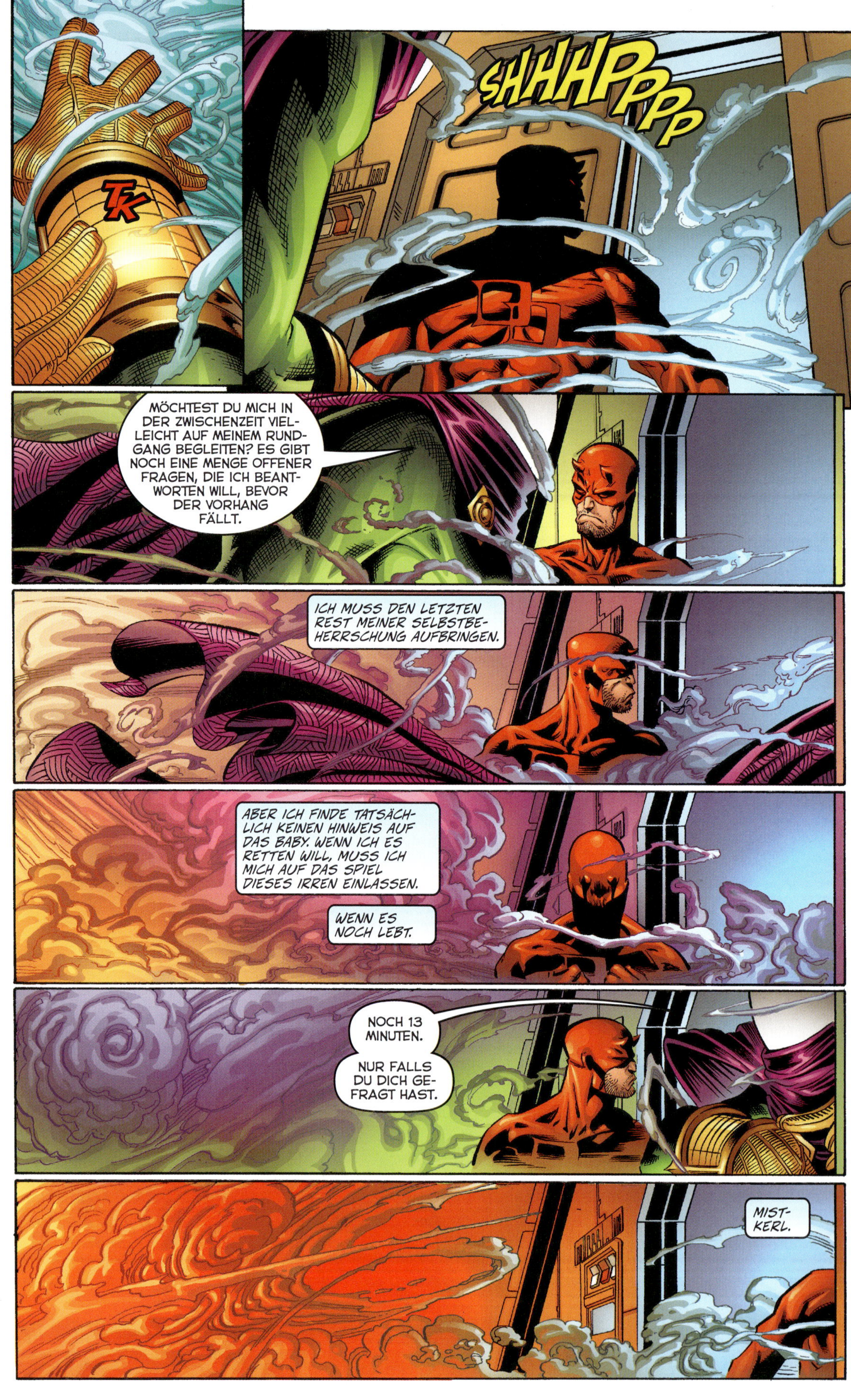
TK
SHHHPPPP
MÖCHTEST DU MICH IN DER ZWISCHENZEIT VIELLEICHT AUF MEINEM RUNDGANG BEGLEITEN? ES GIBT NOCH EINE MENGE OFFENER FRAGEN, DIE ICH BEANTWORTEN WILL, BEVOR DER VORHANG FÄLLT.
ICH MUSS DEN LETZTEN REST MEINER SELBSTBEHERRSCHUNG AUFBRINGEN.
ABER ICH FINDE TATSÄCHLICH KEINEN HINWEIS AUF DAS BABY. WENN ICH ES RETTEN WILL, MUSS ICH MICH AUF DAS SPIEL DIESES IRREN EINLASSEN.
WENN ES NOCH LEBT.
NOCH 13 MINUTEN.
NUR FALLS DU DICH GEFRAGT HAST.
MISTKERL.

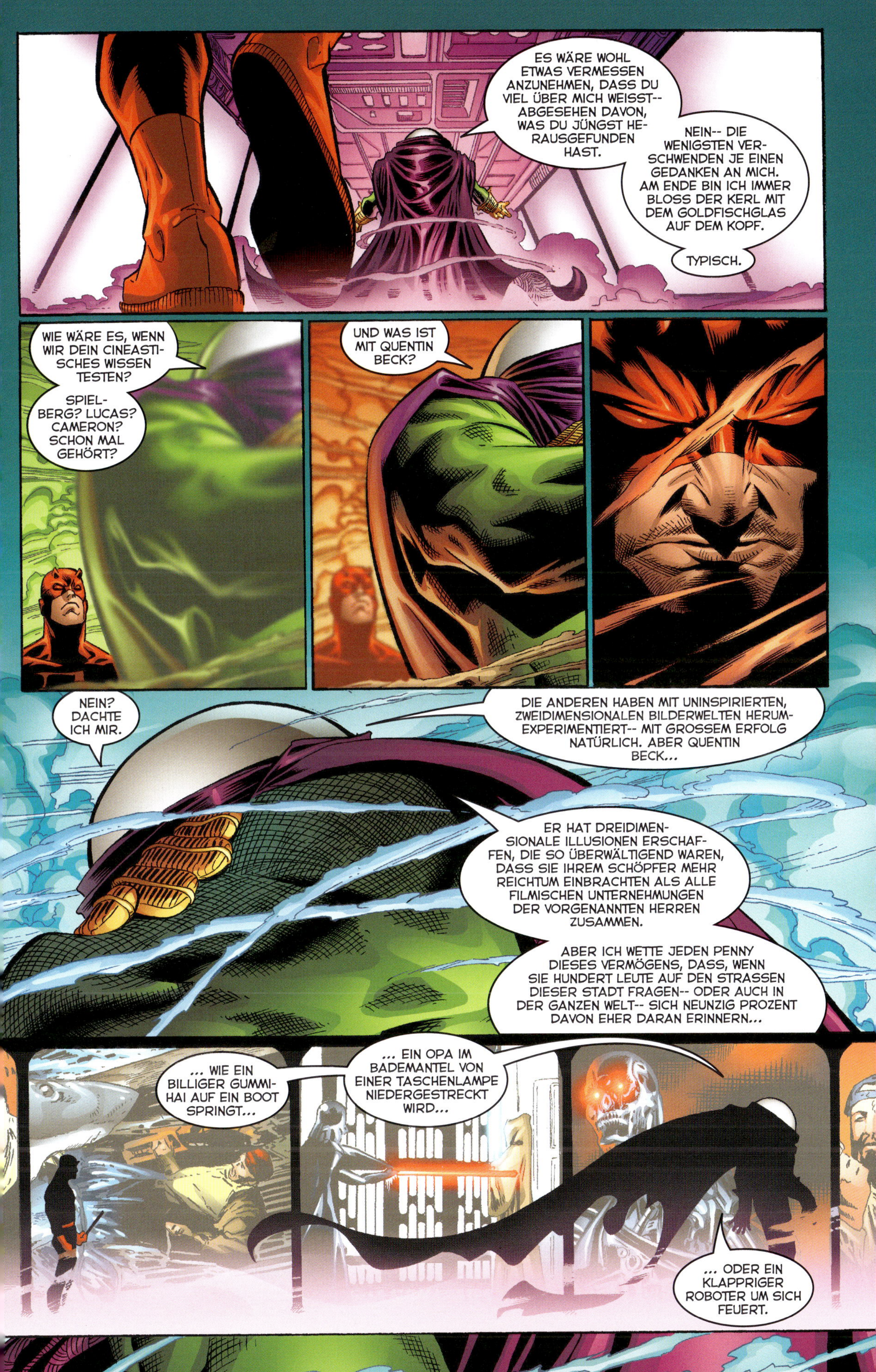
ES WÄRE WOHL ETWAS VERMESSEN ANZUNEHMEN, DASS DU VIEL ÜBER MICH WEISST-- ABGESEHEN DAVON, WAS DU JÜNGST HERAUSGEFUNDEN HAST.
NEIN-- DIE WENIGSTEN VERSCHWENDEN JE EINEN GEDANKEN AN MICH. AM ENDE BIN ICH IMMER BLOSS DER KERL MIT DEM GOLDFISCHGLAS AUF DEM KOPF.
TYPISCH.
WIE WÄRE ES, WENN WIR DEIN CINEASTISCHES WISSEN TESTEN?
SPIELBERG? LUCAS? CAMERON? SCHON MAL GEHÖRT?
UND WAS IST MIT QUENTIN BECK?
NEIN? DACHTE ICH MIR.
DIE ANDEREN HABEN MIT UNINSPIRIERTEN, ZWEIDIMENSIONALEN BILDERWELTEN HERUMEXPERIMENTIERT-- MIT GROSSEM ERFOLG NATÜRLICH. ABER QUENTIN BECK...
ER HAT DREIDIMENSIONALE ILLUSIONEN ERSCHAFFEN, DIE SO ÜBERWÄLTIGEND WAREN, DASS SIE IHREM SCHÖPFER MEHR REICHTUM EINBRACHTEN ALS ALLE FILMISCHEN UNTERNEHMUNGEN DER VORGENANNTEN HERREN ZUSAMMEN.
ABER ICH WETTE JEDEN PENNY DIESES VERMÖGENS, DASS, WENN SIE HUNDERT LEUTE AUF DEN STRASSEN DIESER STADT FRAGEN-- ODER AUCH IN DER GANZEN WELT-- SICH NEUNZIG PROZENT DAVON EHER DARAN ERINNERN...
... WIE EIN BILLIGER GUMMIHAI AUF EIN BOOT SPRINGT...
... EIN OPA IM BADEMANTEL VON EINER TASCHENLAMPE NIEDERGESTRECKT WIRD...
... ODER EIN KLAPPRIGER ROBOTER UM SICH FEUERT.

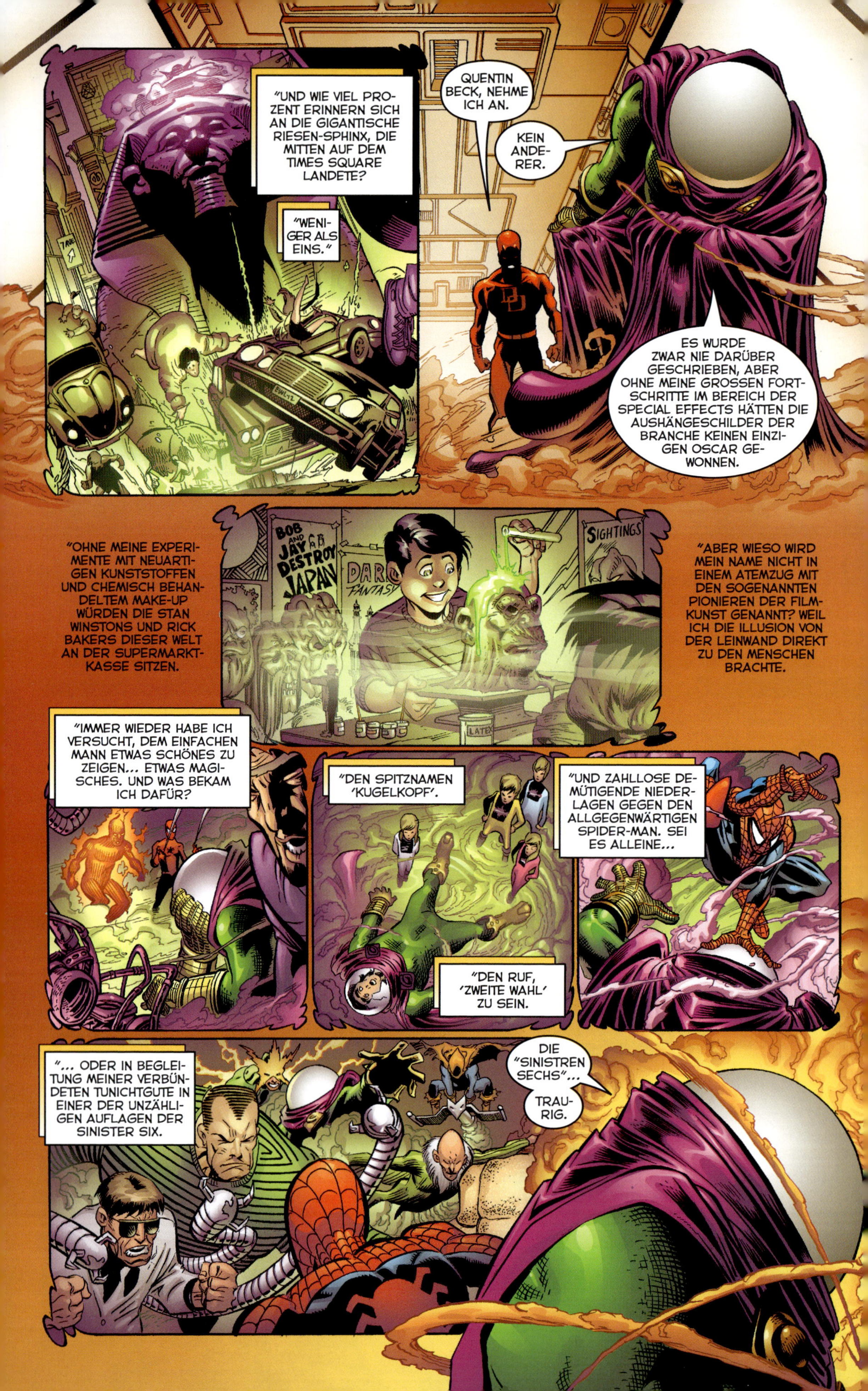
"UND WIE VIEL PROZENT ERINNERN SICH AN DIE GIGANTISCHE RIESEN-SPHINX, DIE MITTEN AUF DEM TIMES SQUARE LANDETE?
"WENIGER ALS EINS."
QUENTIN BECK, NEHME ICH AN.
KEIN ANDERER.
ES WURDE ZWAR NIE DARÜBER GESCHRIEBEN, ABER OHNE MEINE GROSSEN FORTSCHRITTE IM BEREICH DER SPECIAL EFFECTS HÄTTEN DIE AUSHÄNGESCHILDER DER BRANCHE KEINEN EINZIGEN OSCAR GEWONNEN.
"OHNE MEINE EXPERIMENTE MIT NEUARTIGEN KUNSTSTOFFEN UND CHEMISCH BEHANDELTEM MAKE-UP WÜRDEN DIE STAN WINSTONS UND RICK BAKERS DIESER WELT AN DER SUPERMARKTKASSE SITZEN.
"ABER WIESO WIRD MEIN NAME NICHT IN EINEM ATEMZUG MIT DEN SOGENANNTEN PIONIEREN DER FILMKUNST GENANNT? WEIL ICH DIE ILLUSION VON DER LEINWAND DIREKT ZU DEN MENSCHEN BRACHTE.
BOB AND JAY DESTROY JAPAN
SIGHTINGS
LATEX
"IMMER WIEDER HABE ICH VERSUCHT, DEM EINFACHEN MANN ETWAS SCHÖNES ZU ZEIGEN... ETWAS MAGISCHES. UND WAS BEKAM ICH DAFÜR?
"DEN SPITZNAMEN 'KUGELKOPF'.
"DEN RUF, 'ZWEITE WAHL' ZU SEIN.
"UND ZAHLLOSE DEMÜTIGENDE NIEDERLAGEN GEGEN DEN ALLGEGENWÄRTIGEN SPIDER-MAN. SEI ES ALLEINE...
"... ODER IN BEGLEITUNG MEINER VERBÜNDETEN TUNICHTGUTE IN EINER DER UNZÄHLIGEN AUFLAGEN DER SINISTER SIX.
DIE "SINISTREN SECHS"...
TRAURIG.

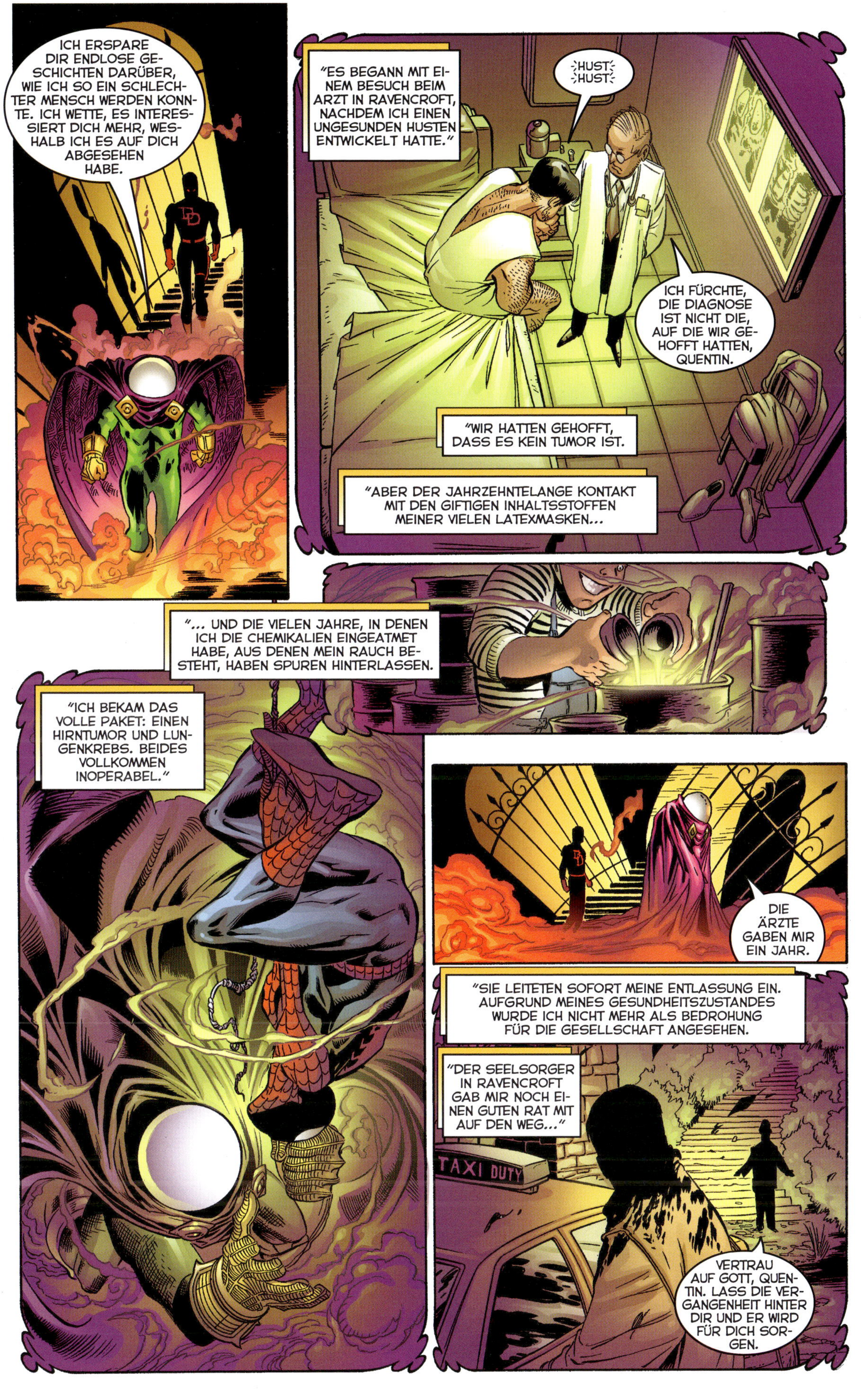
ICH ERSPARE DIR ENDLOSE GESCHICHTEN DARÜBER, WIE ICH SO EIN SCHLECHTER MENSCH WERDEN KONNTE. ICH WETTE, ES INTERESSIERT DICH MEHR, WESHALB ICH ES AUF DICH ABGESEHEN HABE.
"ES BEGANN MIT EINEM BESUCH BEIM ARZT IN RAVENCROFT, NACHDEM ICH EINEN UNGESUNDEN HUSTEN ENTWICKELT HATTE."
HUST HUST
ICH FÜRCHTE, DIE DIAGNOSE IST NICHT DIE, AUF DIE WIR GEHOFFT HATTEN, QUENTIN.
"WIR HATTEN GEHOFFT, DASS ES KEIN TUMOR IST.
"ABER DER JAHRZEHNTELANGE KONTAKT MIT DEN GIFTIGEN INHALTSSTOFFEN MEINER VIELEN LATEXMASKEN...
"... UND DIE VIELEN JAHRE, IN DENEN ICH DIE CHEMIKALIEN EINGEATMET HABE, AUS DENEN MEIN RAUCH BESTEHT, HABEN SPUREN HINTERLASSEN.
"ICH BEKAM DAS VOLLE PAKET: EINEN HIRNTUMOR UND LUNGENKREBS. BEIDES VOLLKOMMEN INOPERABEL."
DIE ÄRZTE GABEN MIR EIN JAHR.
"SIE LEITETEN SOFORT MEINE ENTLASSUNG EIN. AUFGRUND MEINES GESUNDHEITSZUSTANDES WURDE ICH NICHT MEHR ALS BEDROHUNG FÜR DIE GESELLSCHAFT ANGESEHEN.
"DER SEELSORGER IN RAVENCROFT GAB MIR NOCH EINEN GUTEN RAT MIT AUF DEN WEG..."
TAXI DUTY
VERTRAU AUF GOTT, QUENTIN. LASS DIE VERGANGENHEIT HINTER DIR UND ER WIRD FÜR DICH SORGEN.

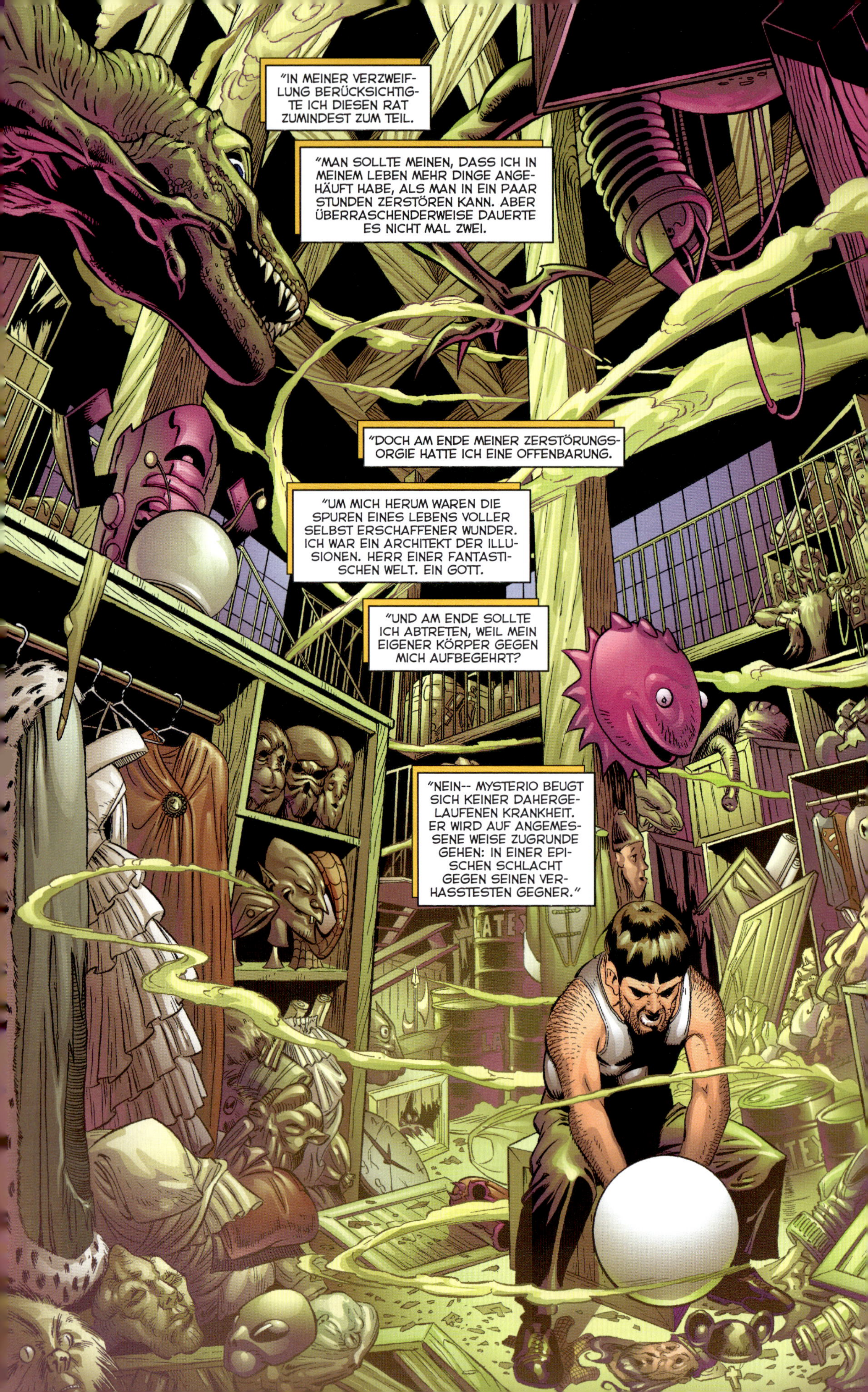
"IN MEINER VERZWEIF-LUNG BERÜCKSICHTIG-TE ICH DIESEN RAT ZUMINDEST ZUM TEIL.
"MAN SOLLTE MEINEN, DASS ICH IN MEINEM LEBEN MEHR DINGE ANGE-HÄUFT HABE, ALS MAN IN EIN PAAR STUNDEN ZERSTÖREN KANN. ABER ÜBERRASCHENDERWEISE DAUERTE ES NICHT MAL ZWEI.
"DOCH AM ENDE MEINER ZERSTÖRUNGS-ORGIE HATTE ICH EINE OFFENBARUNG.
"UM MICH HERUM WAREN DIE SPUREN EINES LEBENS VOLLER SELBST ERSCHAFFENER WUNDER. ICH WAR EIN ARCHITEKT DER ILLU-SIONEN. HERR EINER FANTASTI-SCHEN WELT. EIN GOTT.
"UND AM ENDE SOLLTE ICH ABTRETEN, WEIL MEIN EIGENER KÖRPER GEGEN MICH AUFBEGEHRT?
"NEIN-- MYSTERIO BEUGT SICH KEINER DAHERGE-LAUFENEN KRANKHEIT. ER WIRD AUF ANGEMES-SENE WEISE ZUGRUNDE GEHEN: IN EINER EPI-SCHEN SCHLACHT GEGEN SEINEN VER-HASSTESTEN GEGNER."

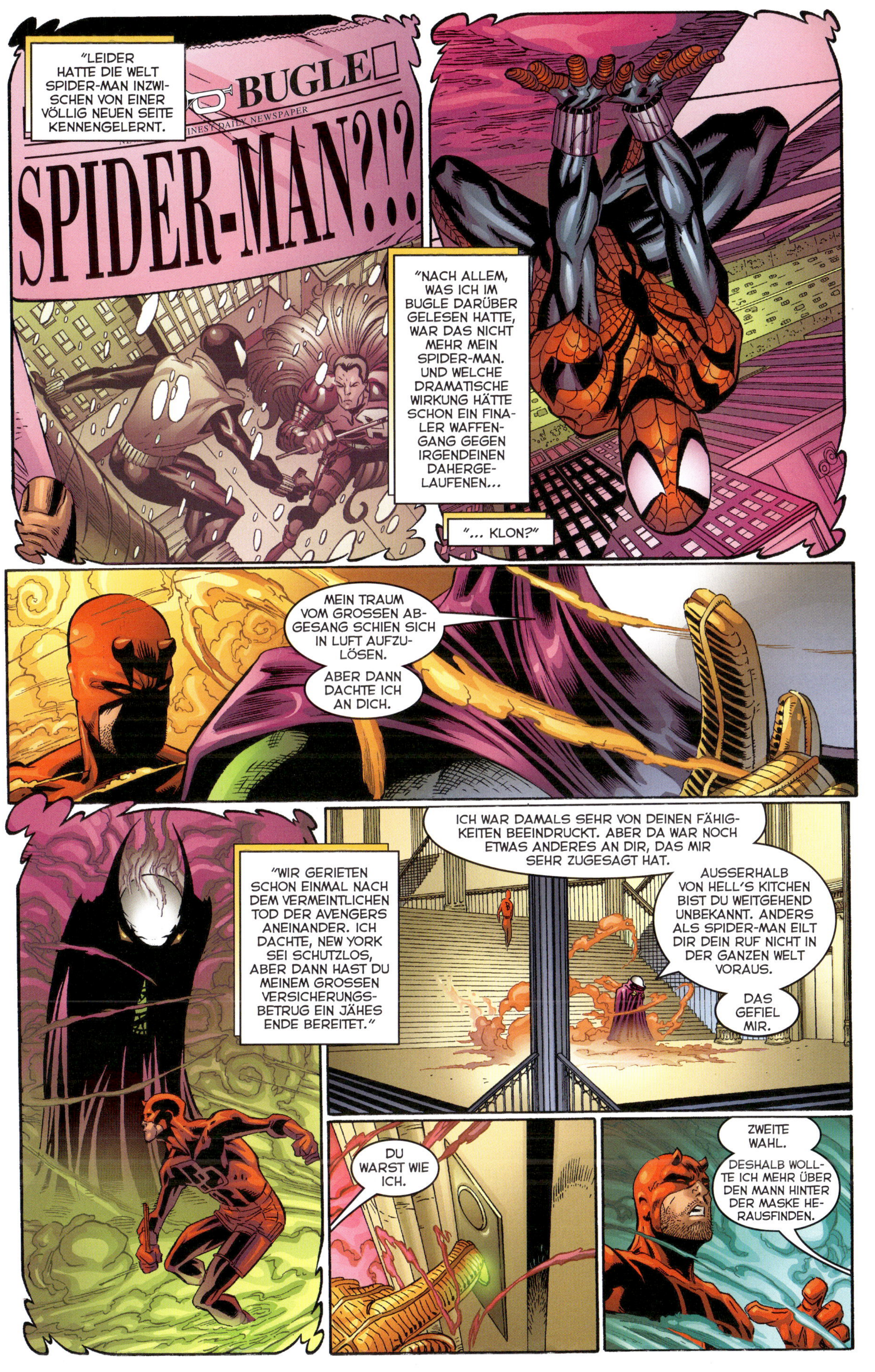
"LEIDER HATTE DIE WELT SPIDER-MAN INZWISCHEN VON EINER VÖLLIG NEUEN SEITE KENNENGELERNT.
BUGLE
SPIDER-MAN?!?
"NACH ALLEM, WAS ICH IM BUGLE DARÜBER GELESEN HATTE, WAR DAS NICHT MEHR MEIN SPIDER-MAN. UND WELCHE DRAMATISCHE WIRKUNG HÄTTE SCHON EIN FINALER WAFFENGANG GEGEN IRGENDEINEN DAHERGELAUFENEN...
"... KLON?"
MEIN TRAUM VOM GROSSEN ABGESANG SCHIEN SICH IN LUFT AUFZULÖSEN.
ABER DANN DACHTE ICH AN DICH.
"WIR GERIETEN SCHON EINMAL NACH DEM VERMEINTLICHEN TOD DER AVENGERS ANEINANDER. ICH DACHTE, NEW YORK SEI SCHUTZLOS, ABER DANN HAST DU MEINEM GROSSEN VERSICHERUNGSBETRUG EIN JÄHES ENDE BEREITET."
ICH WAR DAMALS SEHR VON DEINEN FÄHIGKEITEN BEEINDRUCKT. ABER DA WAR NOCH ETWAS ANDERES AN DIR, DAS MIR SEHR ZUGESAGT HAT.
AUSSERHALB VON HELL'S KITCHEN BIST DU WEITGEHEND UNBEKANNT. ANDERS ALS SPIDER-MAN EILT DIR DEIN RUF NICHT IN DER GANZEN WELT VORAUS.
DAS GEFIEL MIR.
DU WARST WIE ICH.
ZWEITE WAHL.
DESHALB WOLLTE ICH MEHR ÜBER DEN MANN HINTER DER MASKE HERAUSFINDEN.

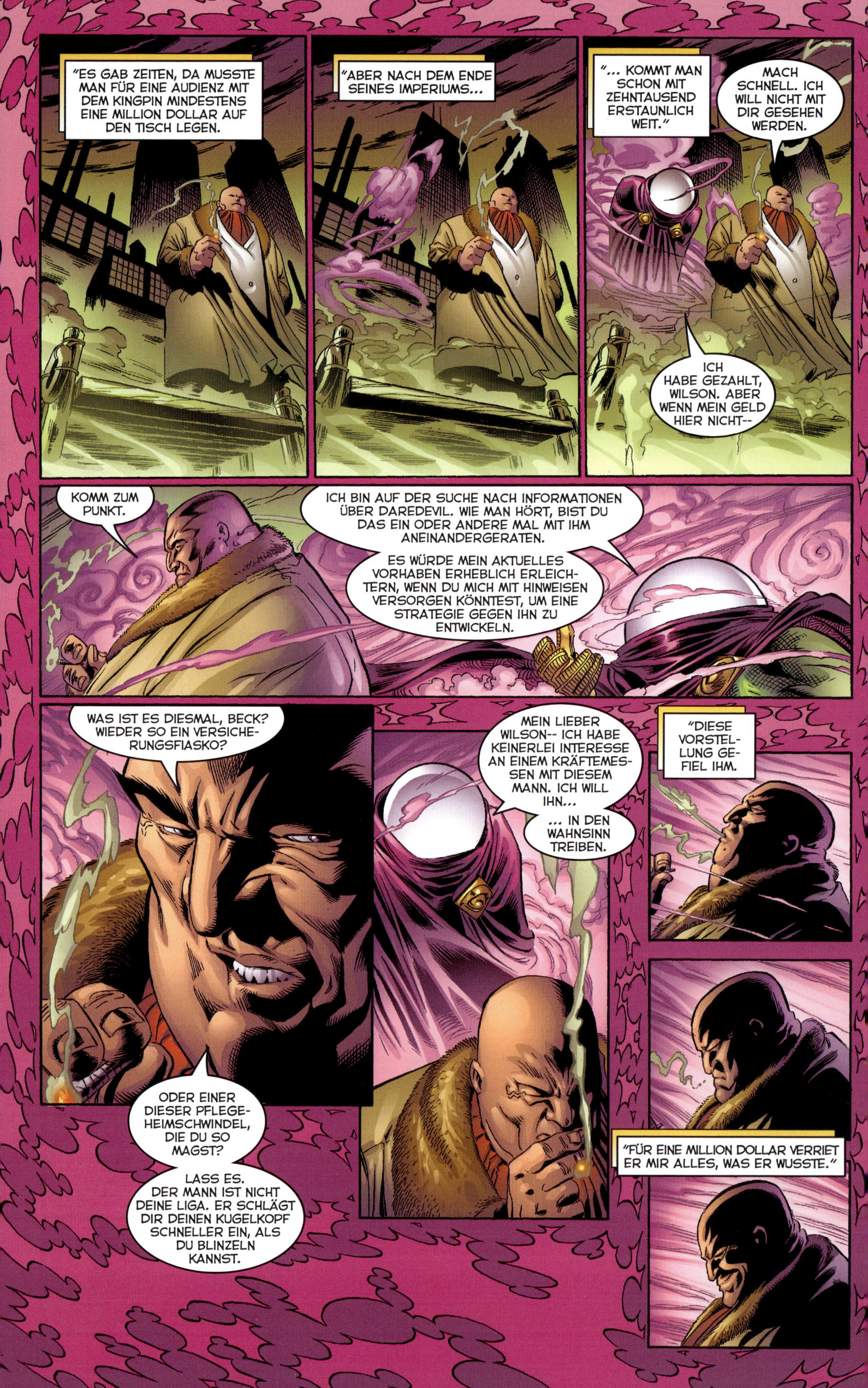
"ES GAB ZEITEN, DA MUSSTE MAN FÜR EINE AUDIENZ MIT DEM KINGPIN MINDESTENS EINE MILLION DOLLAR AUF DEN TISCH LEGEN.
"ABER NACH DEM ENDE SEINES IMPERIUMS...
"... KOMMT MAN SCHON MIT ZEHNTAUSEND ERSTAUNLICH WEIT."
MACH SCHNELL. ICH WILL NICHT MIT DIR GESEHEN WERDEN.
ICH HABE GEZAHLT, WILSON. ABER WENN MEIN GELD HIER NICHT--
KOMM ZUM PUNKT.
ICH BIN AUF DER SUCHE NACH INFORMATIONEN ÜBER DAREDEVIL. WIE MAN HÖRT, BIST DU DAS EIN ODER ANDERE MAL MIT IHM ANEINANDERGERATEN.
ES WÜRDE MEIN AKTUELLES VORHABEN ERHEBLICH ERLEICH-TERN, WENN DU MICH MIT HINWEISEN VERSORGEN KÖNNTEST, UM EINE STRATEGIE GEGEN IHN ZU ENTWICKELN.
WAS IST ES DIESMAL, BECK? WIEDER SO EIN VERSICHE-RUNGSFIASKO?
ODER EINER DIESER PFLEGE-HEIMSCHWINDEL, DIE DU SO MAGST?
LASS ES. DER MANN IST NICHT DEINE LIGA. ER SCHLÄGT DIR DEINEN KUGELKOPF SCHNELLER EIN, ALS DU BLINZELN KANNST.
MEIN LIEBER WILSON-- ICH HABE KEINERLEI INTERESSE AN EINEM KRÄFTEMES-SEN MIT DIESEM MANN. ICH WILL IHN...
... IN DEN WAHNSINN TREIBEN.
"DIESE VORSTEL-LUNG GE-FIEL IHM.
"FÜR EINE MILLION DOLLAR VERRIET ER MIR ALLES, WAS ER WUSSTE."

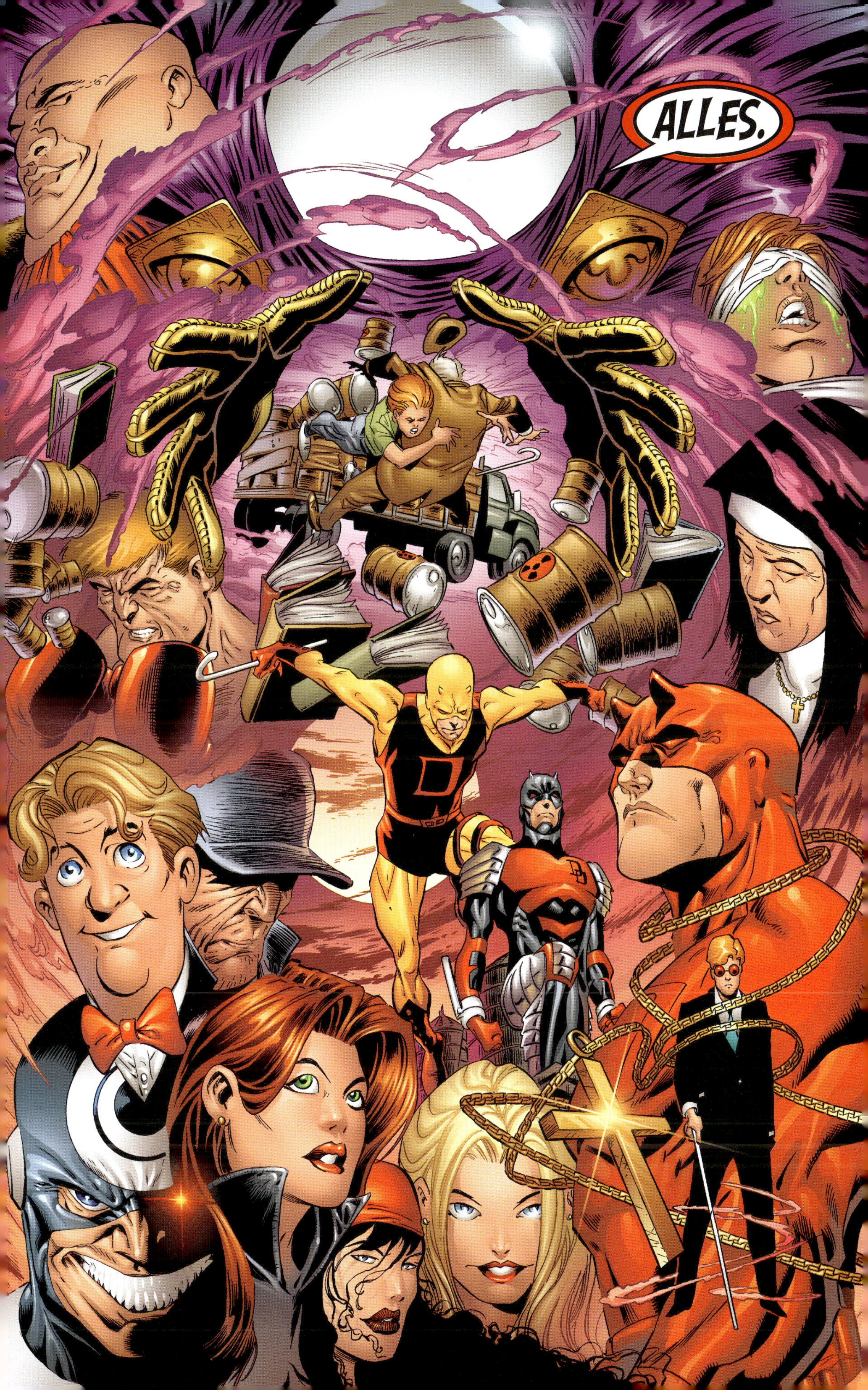
ALLES.

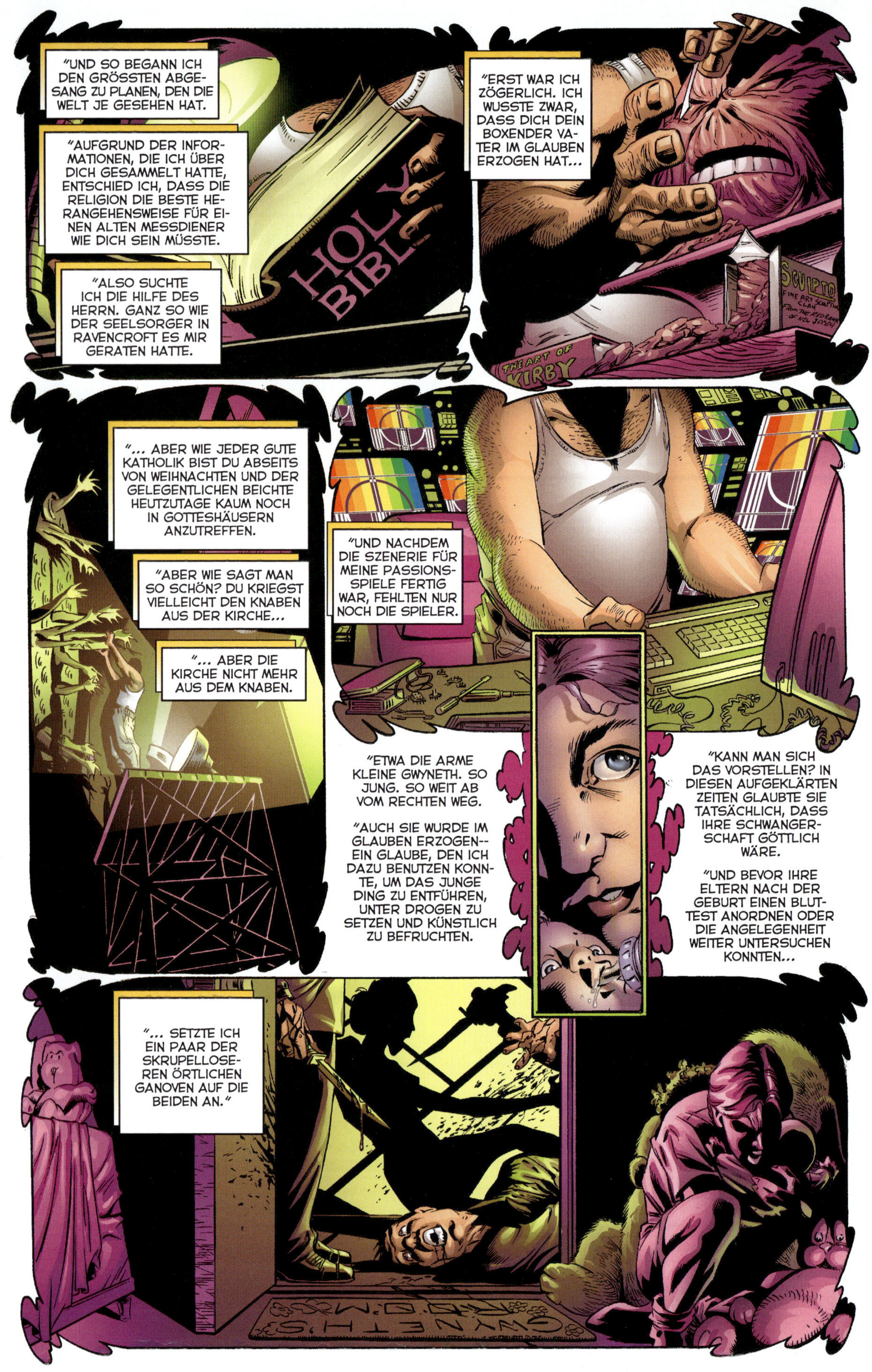
"UND SO BEGANN ICH DEN GRÖSSTEN ABGESANG ZU PLANEN, DEN DIE WELT JE GESEHEN HAT.
"AUFGRUND DER INFORMATIONEN, DIE ICH ÜBER DICH GESAMMELT HATTE, ENTSCHIED ICH, DASS DIE RELIGION DIE BESTE HERANGEHENSWEISE FÜR EINEN ALTEN MESSDIENER WIE DICH SEIN MÜSSTE.
"ALSO SUCHTE ICH DIE HILFE DES HERRN. GANZ SO WIE DER SEELSORGER IN RAVENCROFT ES MIR GERATEN HATTE.
HOLY BIBLE
"ERST WAR ICH ZÖGERLICH. ICH WUSSTE ZWAR, DASS DICH DEIN BOXENDER VATER IM GLAUBEN ERZOGEN HAT...
THE ART OF KIRBY
"... ABER WIE JEDER GUTE KATHOLIK BIST DU ABSEITS VON WEIHNACHTEN UND DER GELEGENTLICHEN BEICHTE HEUTZUTAGE KAUM NOCH IN GOTTESHÄUSERN ANZUTREFFEN.
"ABER WIE SAGT MAN SO SCHÖN? DU KRIEGST VIELLEICHT DEN KNABEN AUS DER KIRCHE...
"... ABER DIE KIRCHE NICHT MEHR AUS DEM KNABEN.
"UND NACHDEM DIE SZENERIE FÜR MEINE PASSIONSSPIELE FERTIG WAR, FEHLTEN NUR NOCH DIE SPIELER.
"ETWA DIE ARME KLEINE GWYNETH. SO JUNG. SO WEIT AB VOM RECHTEN WEG.
"AUCH SIE WURDE IM GLAUBEN ERZOGEN--EIN GLAUBE, DEN ICH DAZU BENUTZEN KONNTE, UM DAS JUNGE DING ZU ENTFÜHREN, UNTER DROGEN ZU SETZEN UND KÜNSTLICH ZU BEFRUCHTEN.
"KANN MAN SICH DAS VORSTELLEN? IN DIESEN AUFGEKLÄRTEN ZEITEN GLAUBTE SIE TATSÄCHLICH, DASS IHRE SCHWANGERSCHAFT GÖTTLICH WÄRE.
"UND BEVOR IHRE ELTERN NACH DER GEBURT EINEN BLUTTEST ANORDNEN ODER DIE ANGELEGENHEIT WEITER UNTERSUCHEN KONNTEN...
"... SETZTE ICH EIN PAAR DER SKRUPELLOSEREN ÖRTLICHEN GANOVEN AUF DIE BEIDEN AN."

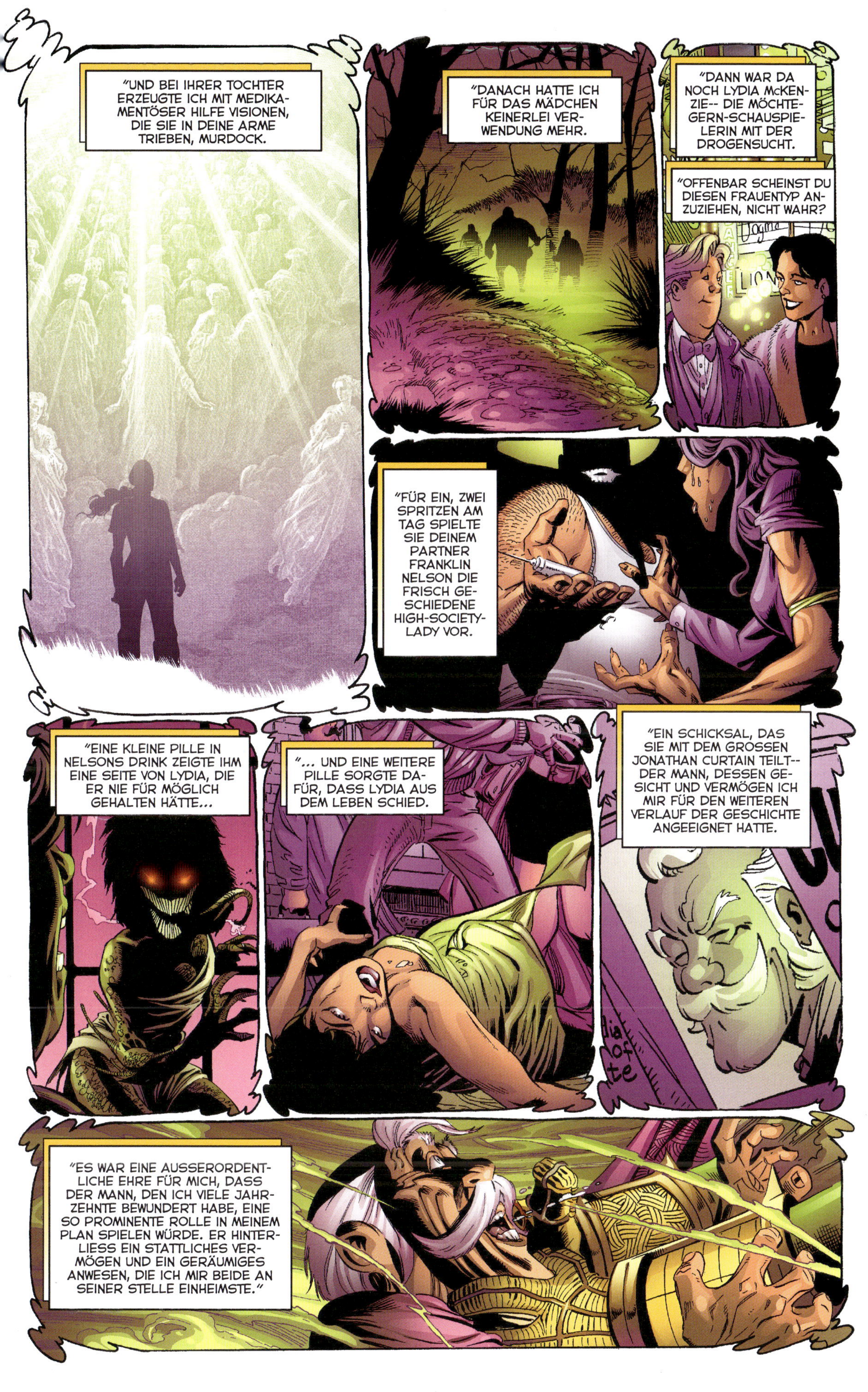
"UND BEI IHRER TOCHTER ERZEUGTE ICH MIT MEDIKAMENTÖSER HILFE VISIONEN, DIE SIE IN DEINE ARME TRIEBEN, MURDOCK.
"DANACH HATTE ICH FÜR DAS MÄDCHEN KEINERLEI VERWENDUNG MEHR.
"DANN WAR DA NOCH LYDIA McKENZIE-- DIE MÖCHTEGERN-SCHAUSPIELERIN MIT DER DROGENSUCHT.
"OFFENBAR SCHEINST DU DIESEN FRAUENTYP ANZUZIEHEN, NICHT WAHR?
"FÜR EIN, ZWEI SPRITZEN AM TAG SPIELTE SIE DEINEM PARTNER FRANKLIN NELSON DIE FRISCH GESCHIEDENE HIGH-SOCIETY-LADY VOR.
"EINE KLEINE PILLE IN NELSONS DRINK ZEIGTE IHM EINE SEITE VON LYDIA, DIE ER NIE FÜR MÖGLICH GEHALTEN HÄTTE...
"... UND EINE WEITERE PILLE SORGTE DAFÜR, DASS LYDIA AUS DEM LEBEN SCHIED.
"EIN SCHICKSAL, DAS SIE MIT DEM GROSSEN JONATHAN CURTAIN TEILT-- DER MANN, DESSEN GESICHT UND VERMÖGEN ICH MIR FÜR DEN WEITEREN VERLAUF DER GESCHICHTE ANGEEIGNET HATTE.
"ES WAR EINE AUSSERORDENTLICHE EHRE FÜR MICH, DASS DER MANN, DEN ICH VIELE JAHRZEHNTE BEWUNDERT HABE, EINE SO PROMINENTE ROLLE IN MEINEM PLAN SPIELEN WÜRDE. ER HINTERLIESS EIN STATTLICHES VERMÖGEN UND EIN GERÄUMIGES ANWESEN, DIE ICH MIR BEIDE AN SEINER STELLE EINHEIMSTE."

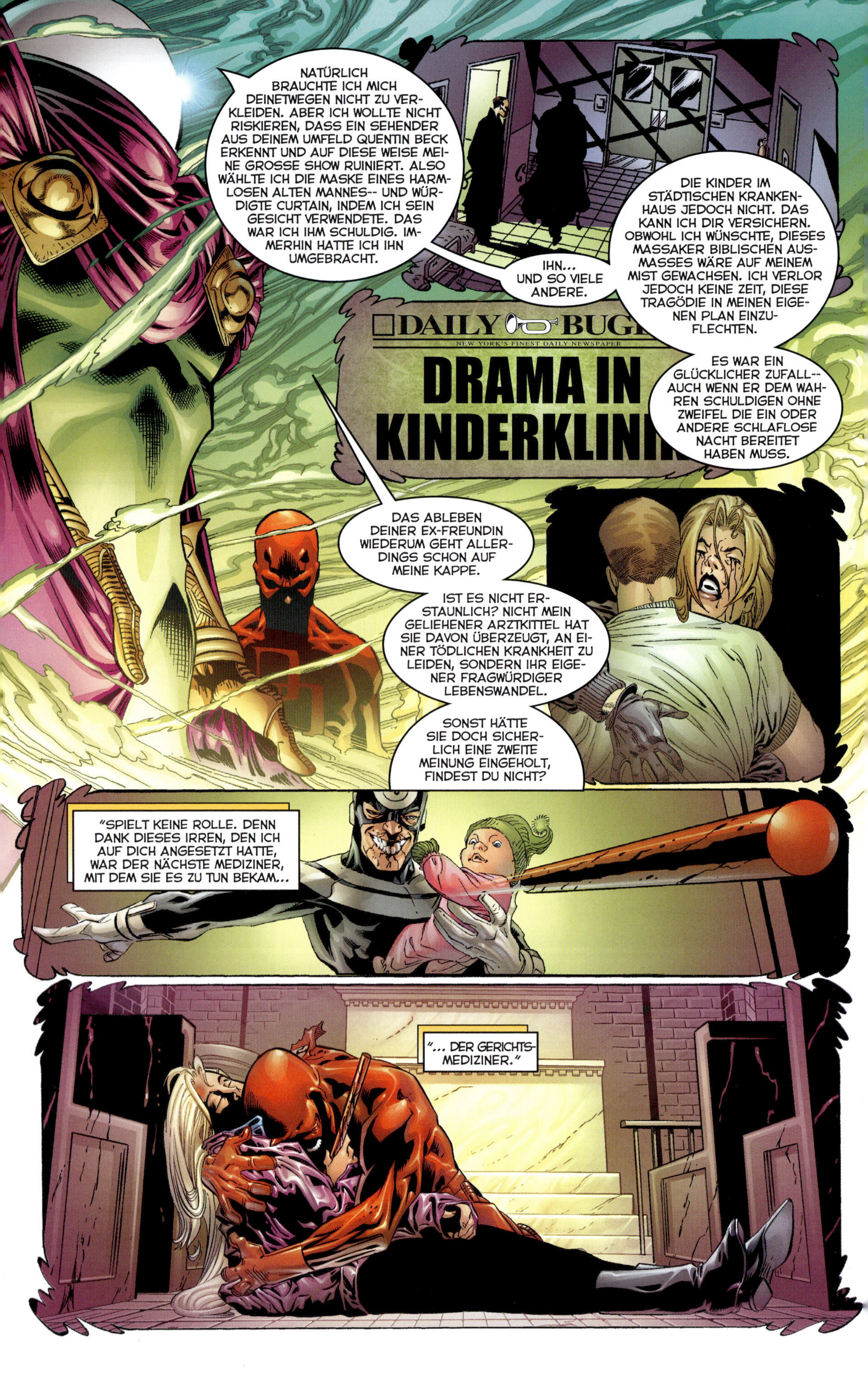
NATÜRLICH BRAUCHTE ICH MICH DEINETWEGEN NICHT ZU VERKLEIDEN. ABER ICH WOLLTE NICHT RISKIEREN, DASS EIN SEHENDER AUS DEINEM UMFELD QUENTIN BECK ERKENNT UND AUF DIESE WEISE MEINE GROSSE SHOW RUINIERT. ALSO WÄHLTE ICH DIE MASKE EINES HARMLOSEN ALTEN MANNES-- UND WÜRDIGTE CURTAIN, INDEM ICH SEIN GESICHT VERWENDETE. DAS WAR ICH IHM SCHULDIG. IMMERHIN HATTE ICH IHN UMGEBRACHT.
IHN... UND SO VIELE ANDERE.
DIE KINDER IM STÄDTISCHEN KRANKENHAUS JEDOCH NICHT. DAS KANN ICH DIR VERSICHERN. OBWOHL ICH WÜNSCHTE, DIESES MASSAKER BIBLISCHEN AUSMASSES WÄRE AUF MEINEM MIST GEWACHSEN. ICH VERLOR JEDOCH KEINE ZEIT, DIESE TRAGÖDIE IN MEINEN EIGENEN PLAN EINZUFLECHTEN.
DAILY BUG
NEW YORK'S FINEST DAILY NEWSPAPER
DRAMA IN KINDERKLINI
ES WAR EIN GLÜCKLICHER ZUFALL-- AUCH WENN ER DEM WAHREN SCHULDIGEN OHNE ZWEIFEL DIE EIN ODER ANDERE SCHLAFLOSE NACHT BEREITET HABEN MUSS.
DAS ABLEBEN DEINER EX-FREUNDIN WIEDERUM GEHT ALLERDINGS SCHON AUF MEINE KAPPE.
IST ES NICHT ERSTAUNLICH? NICHT MEIN GELIEHENER ARZTKITTEL HAT SIE DAVON ÜBERZEUGT, AN EINER TÖDLICHEN KRANKHEIT ZU LEIDEN, SONDERN IHR EIGENER FRAGWÜRDIGER LEBENSWANDEL.
SONST HÄTTE SIE DOCH SICHERLICH EINE ZWEITE MEINUNG EINGEHOLT, FINDEST DU NICHT?
"SPIELT KEINE ROLLE. DENN DANK DIESES IRREN, DEN ICH AUF DICH ANGESETZT HATTE, WAR DER NÄCHSTE MEDIZINER, MIT DEM SIE ES ZU TUN BEKAM...
"... DER GERICHTSMEDIZINER."

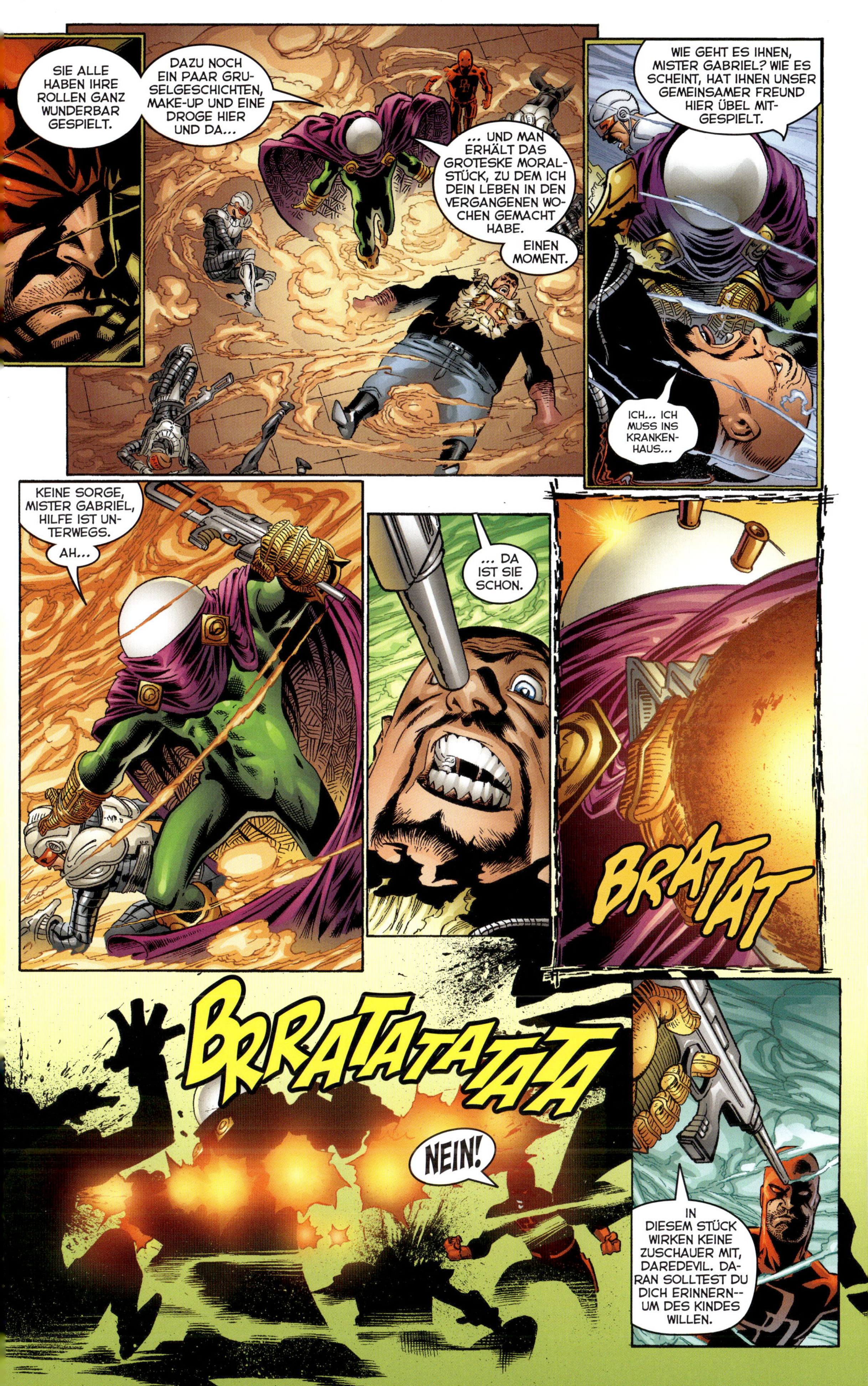

SIE ALLE HABEN IHRE ROLLEN GANZ WUNDERBAR GESPIELT.
DAZU NOCH EIN PAAR GRUSELGESCHICHTEN, MAKE-UP UND EINE DROGE HIER UND DA...
... UND MAN ERHÄLT DAS GROTESKE MORALSTÜCK, ZU DEM ICH DEIN LEBEN IN DEN VERGANGENEN WOCHEN GEMACHT HABE.
EINEN MOMENT.
WIE GEHT ES IHNEN, MISTER GABRIEL? WIE ES SCHEINT, HAT IHNEN UNSER GEMEINSAMER FREUND HIER ÜBEL MITGESPIELT.
ICH... ICH MUSS INS KRANKENHAUS...
KEINE SORGE, MISTER GABRIEL, HILFE IST UNTERWEGS.
AH...
... DA IST SIE SCHON.
BRATAT
BRRATATATATATA
NEIN!
IN DIESEM STÜCK WIRKEN KEINE ZUSCHAUER MIT, DAREDEVIL. DARAN SOLLTEST DU DICH ERINNERN-- UM DES KINDES WILLEN.

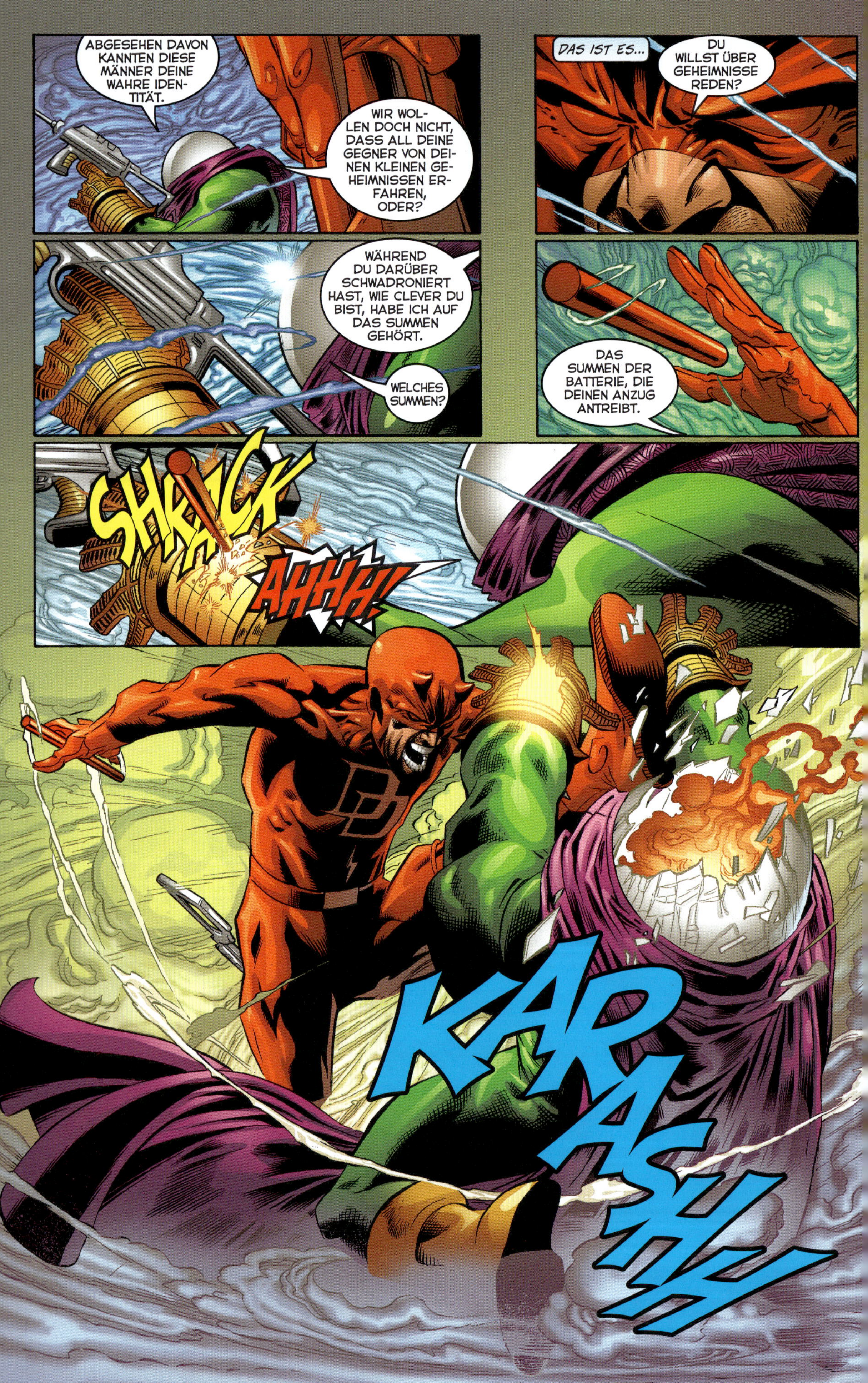

ABGESEHEN DAVON KANNTEN DIESE MÄNNER DEINE WAHRE IDENTITÄT.
WIR WOLLEN DOCH NICHT, DASS ALL DEINE GEGNER VON DEINEN KLEINEN GEHEIMNISSEN ERFAHREN, ODER?
DAS IST ES...
DU WILLST ÜBER GEHEIMNISSE REDEN?
WÄHREND DU DARÜBER SCHWADRONIERT HAST, WIE CLEVER DU BIST, HABE ICH AUF DAS SUMMEN GEHÖRT.
WELCHES SUMMEN?
DAS SUMMEN DER BATTERIE, DIE DEINEN ANZUG ANTREIBT.
SHRAACK
AHHH!
KARASHH

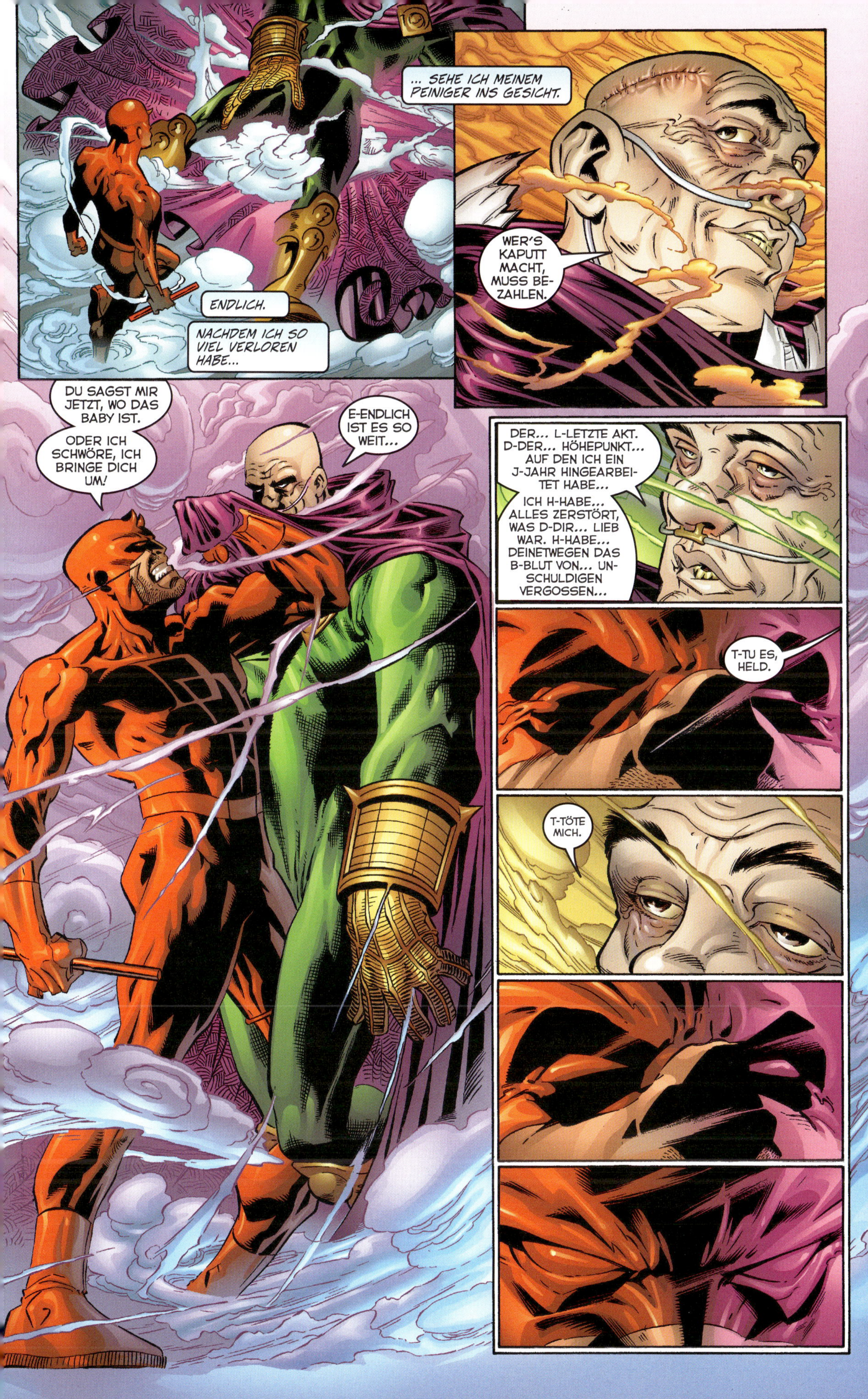
ENDLICH.
NACHDEM ICH SO VIEL VERLOREN HABE...
... SEHE ICH MEINEM PEINIGER INS GESICHT.
WER'S KAPUTT MACHT, MUSS BEZAHLEN.
DU SAGST MIR JETZT, WO DAS BABY IST.
ODER ICH SCHWÖRE, ICH BRINGE DICH UM!
E-ENDLICH IST ES SO WEIT...
DER... L-LETZTE AKT. D-DER... HÖHEPUNKT... AUF DEN ICH EIN J-JAHR HINGEARBEITET HABE...
ICH H-HABE... ALLES ZERSTÖRT, WAS D-DIR... LIEB WAR. H-HABE... DEINETWEGEN DAS B-BLUT VON... UNSCHULDIGEN VERGOSSEN...
T-TU ES, HELD.
T-TÖTE MICH.

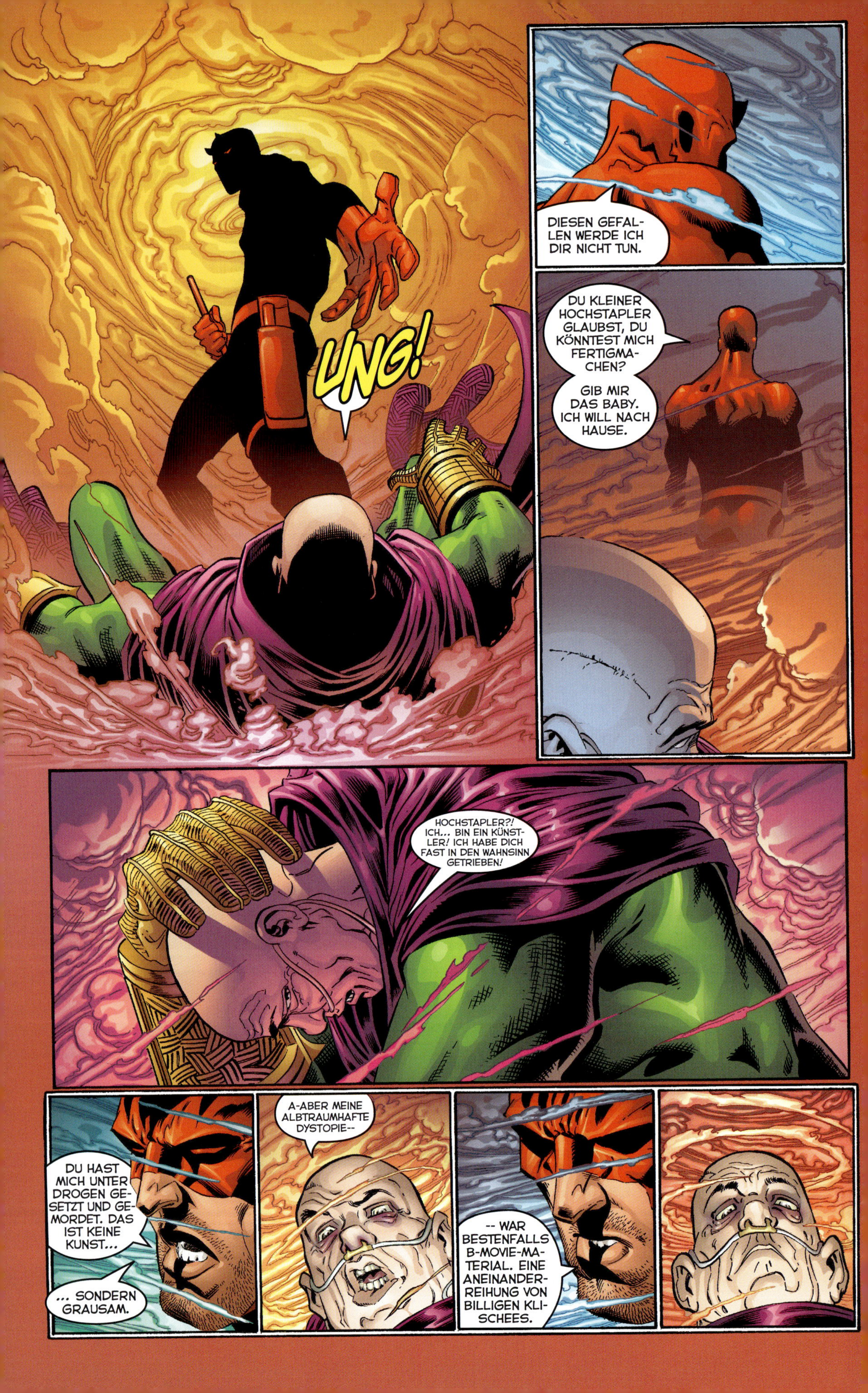

UNG!

DIESEN GEFALLEN WERDE ICH DIR NICHT TUN.

DU KLEINER HOCHSTAPLER GLAUBST, DU KÖNNTEST MICH FERTIGMACHEN?

GIB MIR DAS BABY. ICH WILL NACH HAUSE.

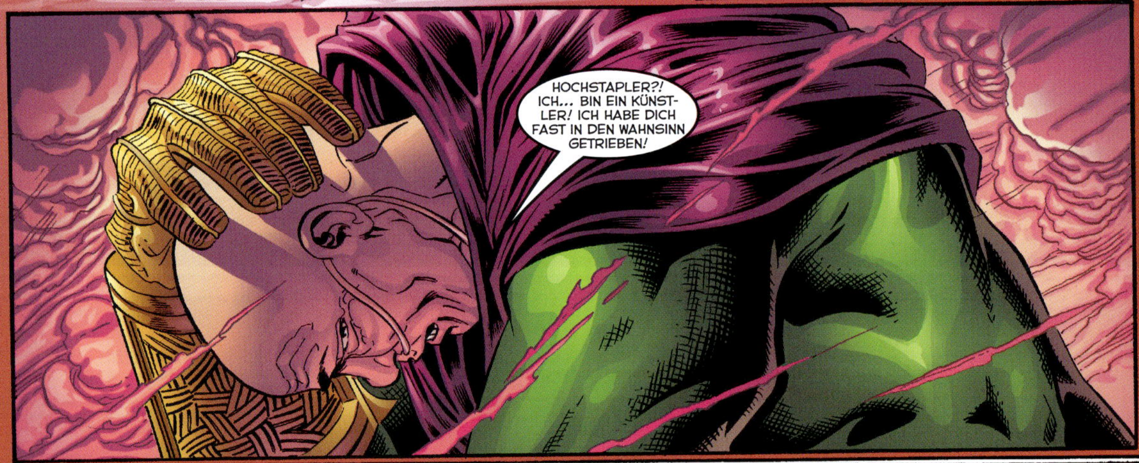

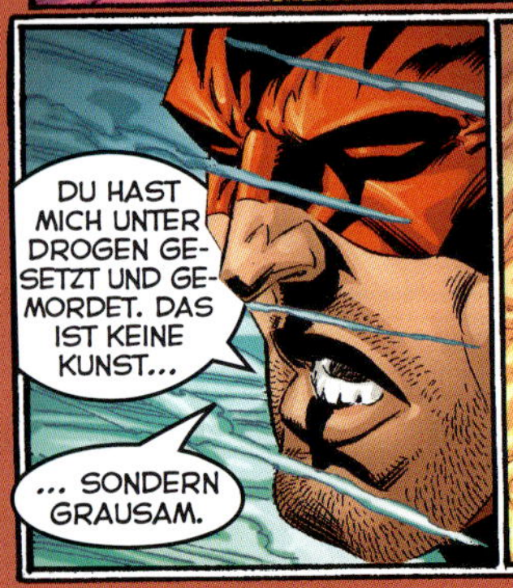

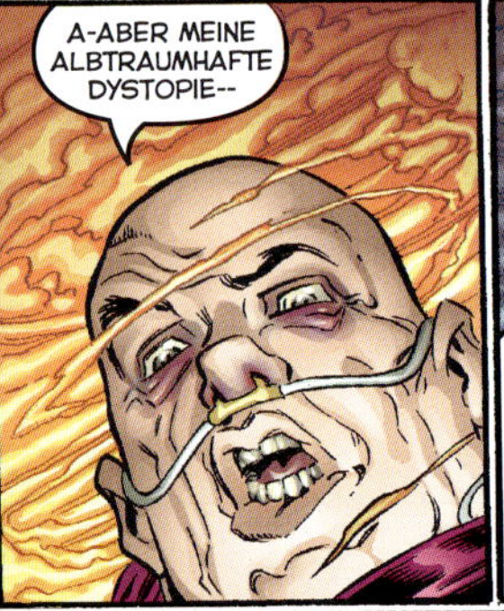

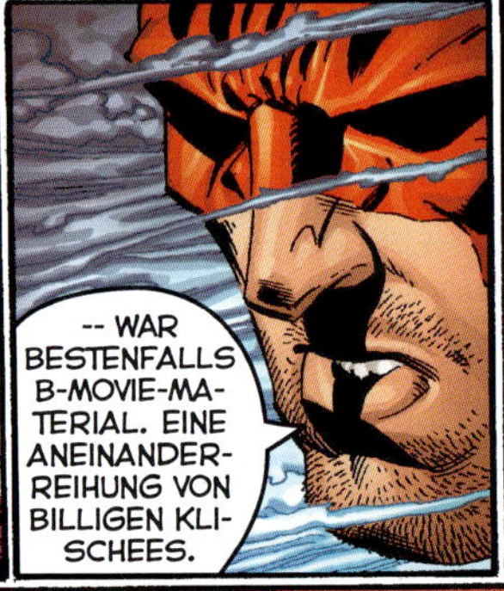

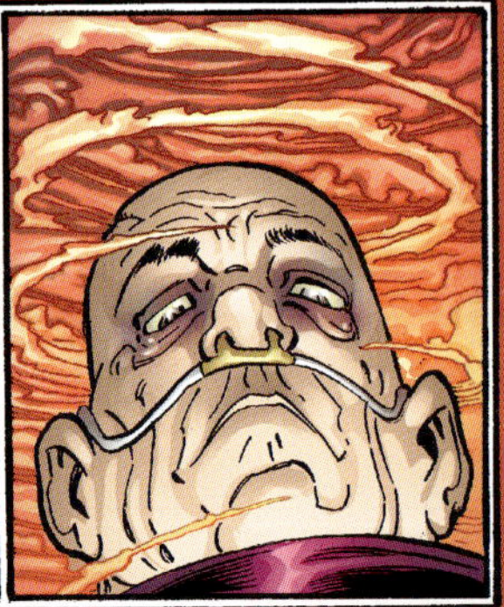

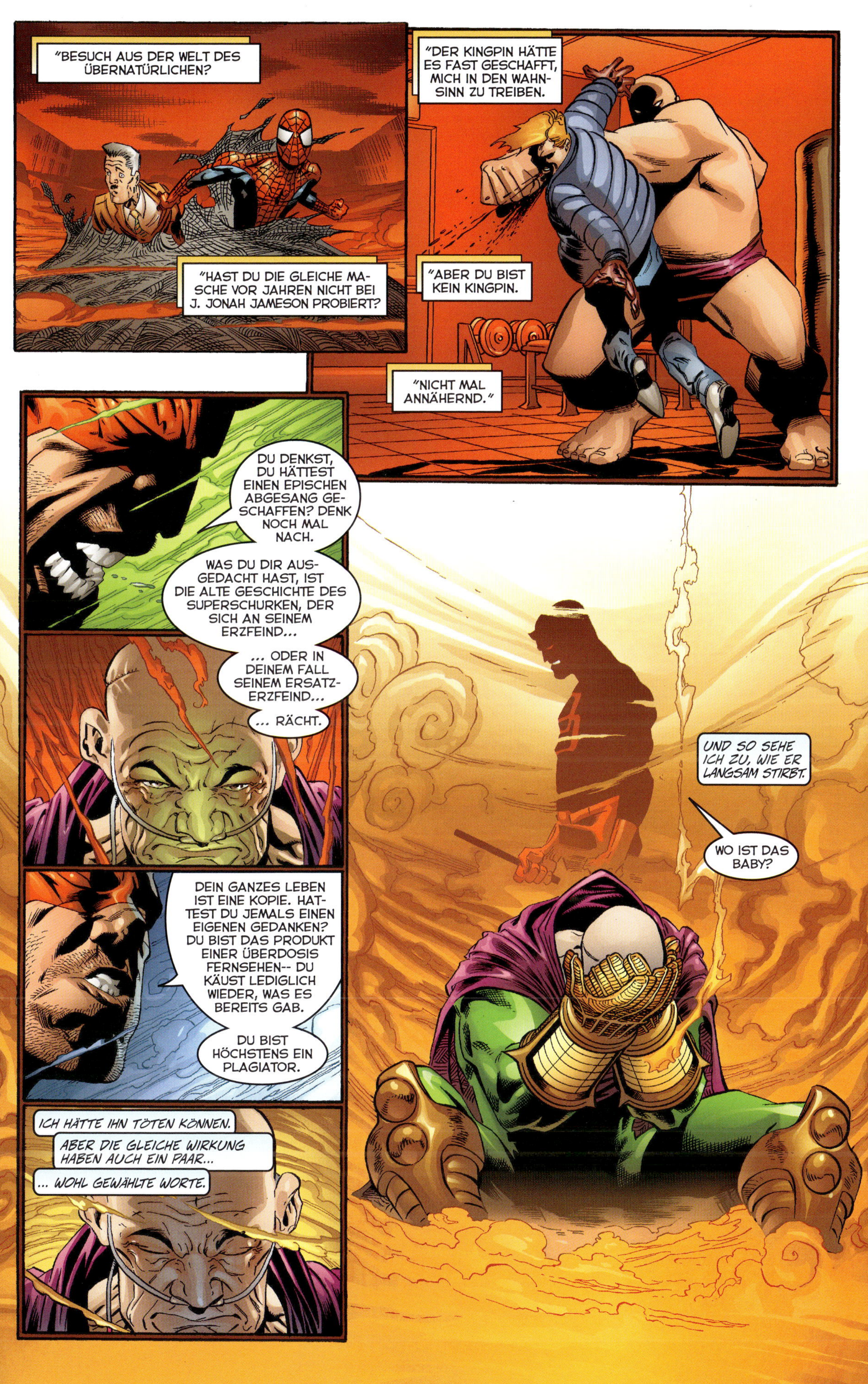
"BESUCH AUS DER WELT DES ÜBERNATÜRLICHEN?
"HAST DU DIE GLEICHE MASCHE VOR JAHREN NICHT BEI J. JONAH JAMESON PROBIERT?
"DER KINGPIN HÄTTE ES FAST GESCHAFFT, MICH IN DEN WAHNSINN ZU TREIBEN.
"ABER DU BIST KEIN KINGPIN.
"NICHT MAL ANNÄHERND."
DU DENKST, DU HÄTTEST EINEN EPISCHEN ABGESANG GESCHAFFEN? DENK NOCH MAL NACH.
WAS DU DIR AUSGEDACHT HAST, IST DIE ALTE GESCHICHTE DES SUPERSCHURKEN, DER SICH AN SEINEM ERZFEIND...
... ODER IN DEINEM FALL SEINEM ERSATZERZFEIND...
... RÄCHT.
DEIN GANZES LEBEN IST EINE KOPIE. HATTEST DU JEMALS EINEN EIGENEN GEDANKEN? DU BIST DAS PRODUKT EINER ÜBERDOSIS FERNSEHEN-- DU KÄUST LEDIGLICH WIEDER, WAS ES BEREITS GAB.
DU BIST HÖCHSTENS EIN PLAGIATOR.
ICH HÄTTE IHN TÖTEN KÖNNEN.
ABER DIE GLEICHE WIRKUNG HABEN AUCH EIN PAAR...
... WOHL GEWÄHLTE WORTE.
UND SO SEHE ICH ZU, WIE ER LANGSAM STIRBT.
WO IST DAS BABY?

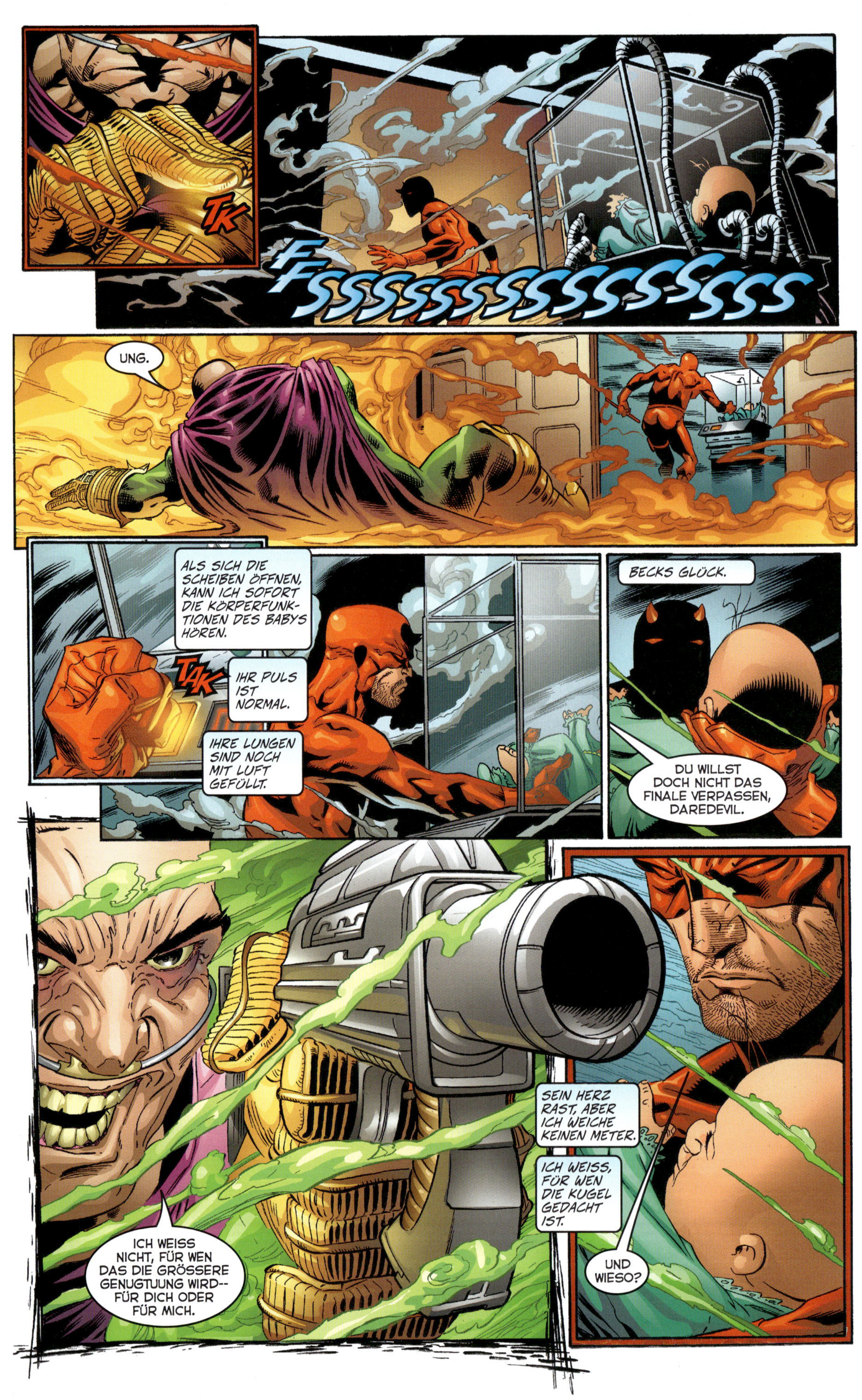
TK
FFSSSSSSSSSSSSSSSS
UNG.
ALS SICH DIE SCHEIBEN ÖFFNEN, KANN ICH SOFORT DIE KÖRPERFUNKTIONEN DES BABYS HÖREN.
TAK
IHR PULS IST NORMAL.
IHRE LUNGEN SIND NOCH MIT LUFT GEFÜLLT.
BECKS GLÜCK.
DU WILLST DOCH NICHT DAS FINALE VERPASSEN, DAREDEVIL.
ICH WEISS NICHT, FÜR WEN DAS DIE GRÖSSERE GENUGTUUNG WIRD-- FÜR DICH ODER FÜR MICH.
SEIN HERZ RAST, ABER ICH WEICHE KEINEN METER.
ICH WEISS, FÜR WEN DIE KUGEL GEDACHT IST.
UND WIESO?

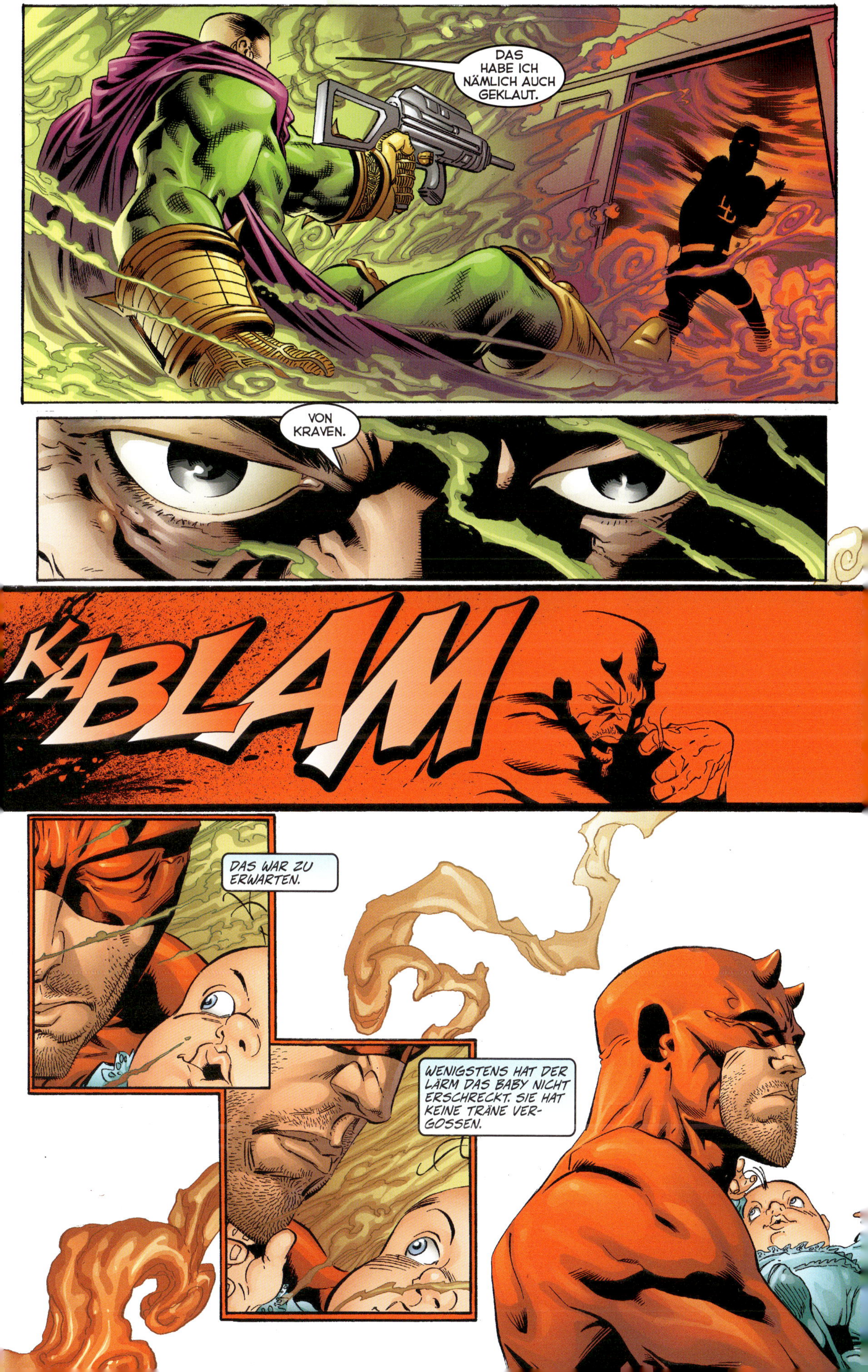

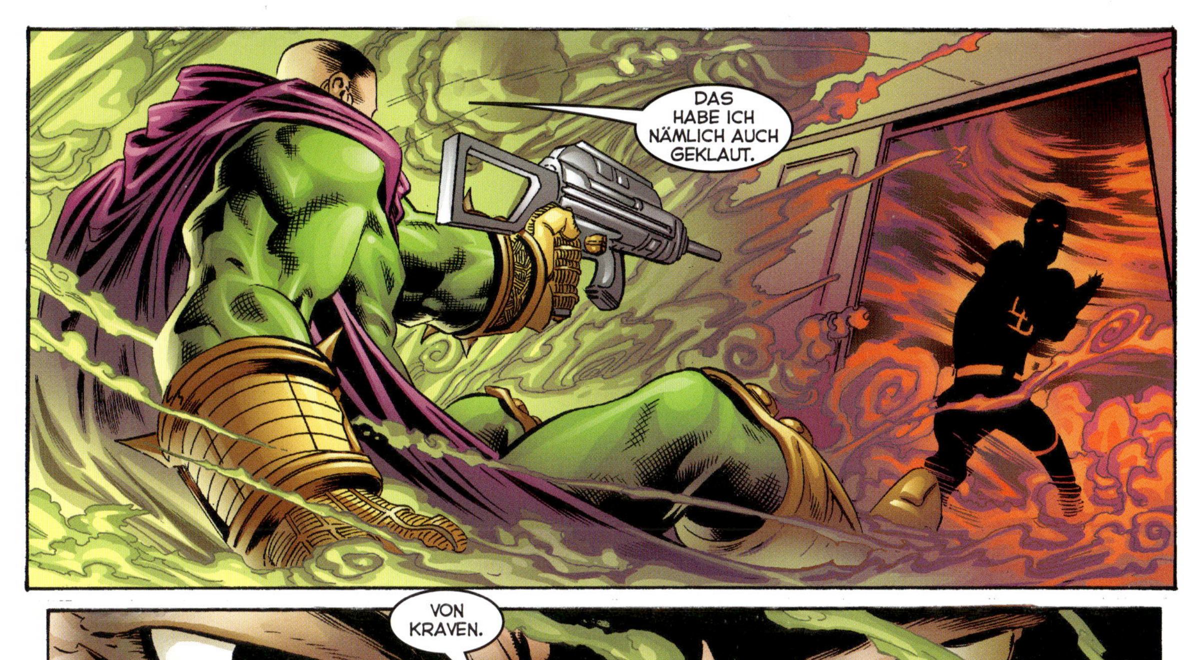

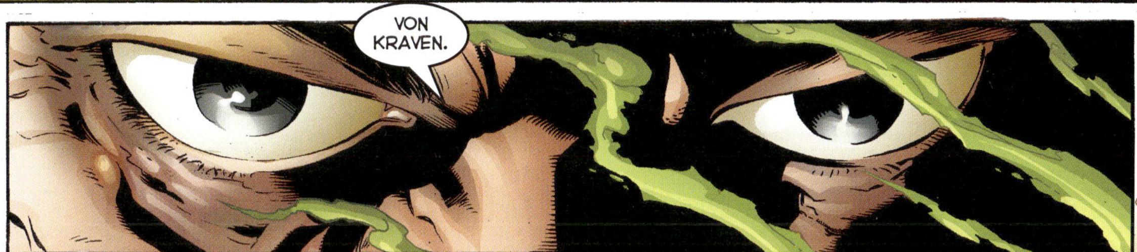

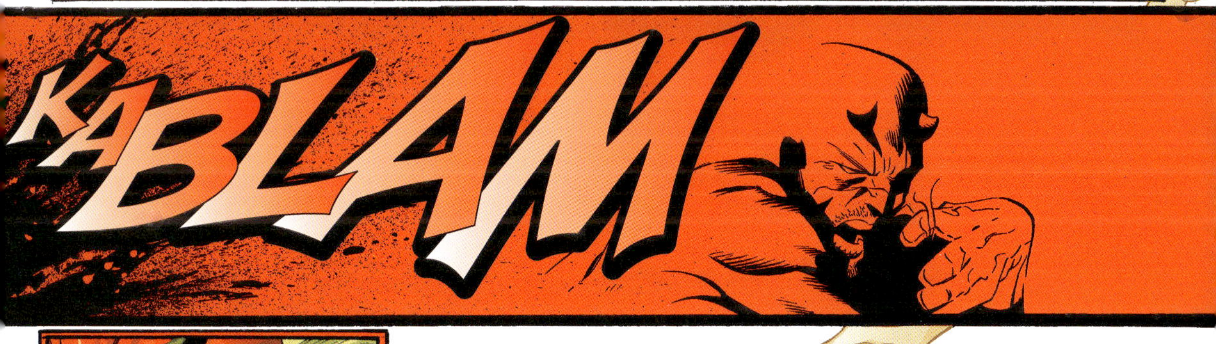

DAS WAR ZU ERWARTEN.

WENIGSTENS HAT DER LÄRM DAS BABY NICHT ERSCHRECKT. SIE HAT KEINE TRÄNE VERGOSSEN.

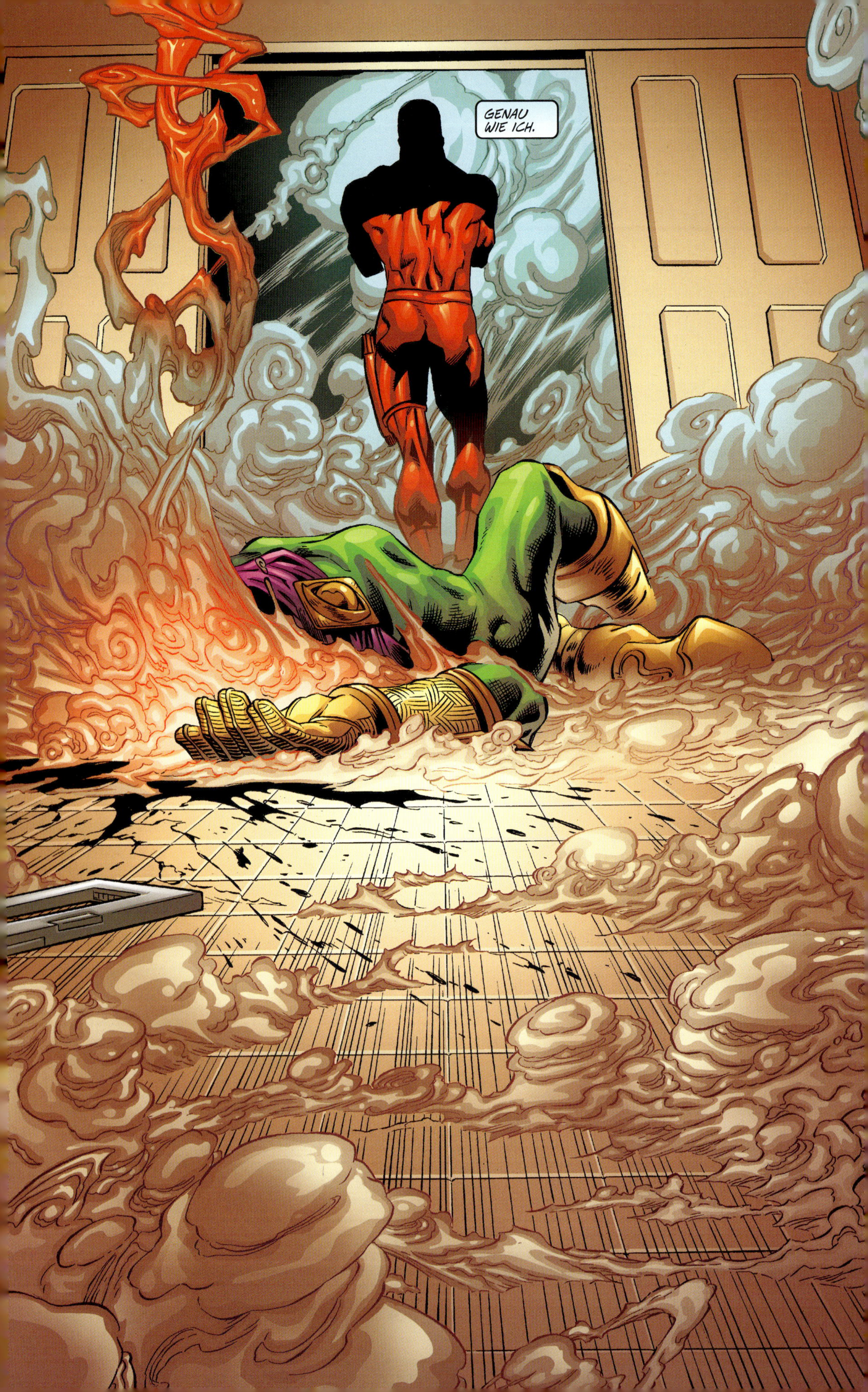
GENAU WIE ICH.

IN DEN ARMEN DES TEUFELS, TEIL 8: ERLÖSUNG

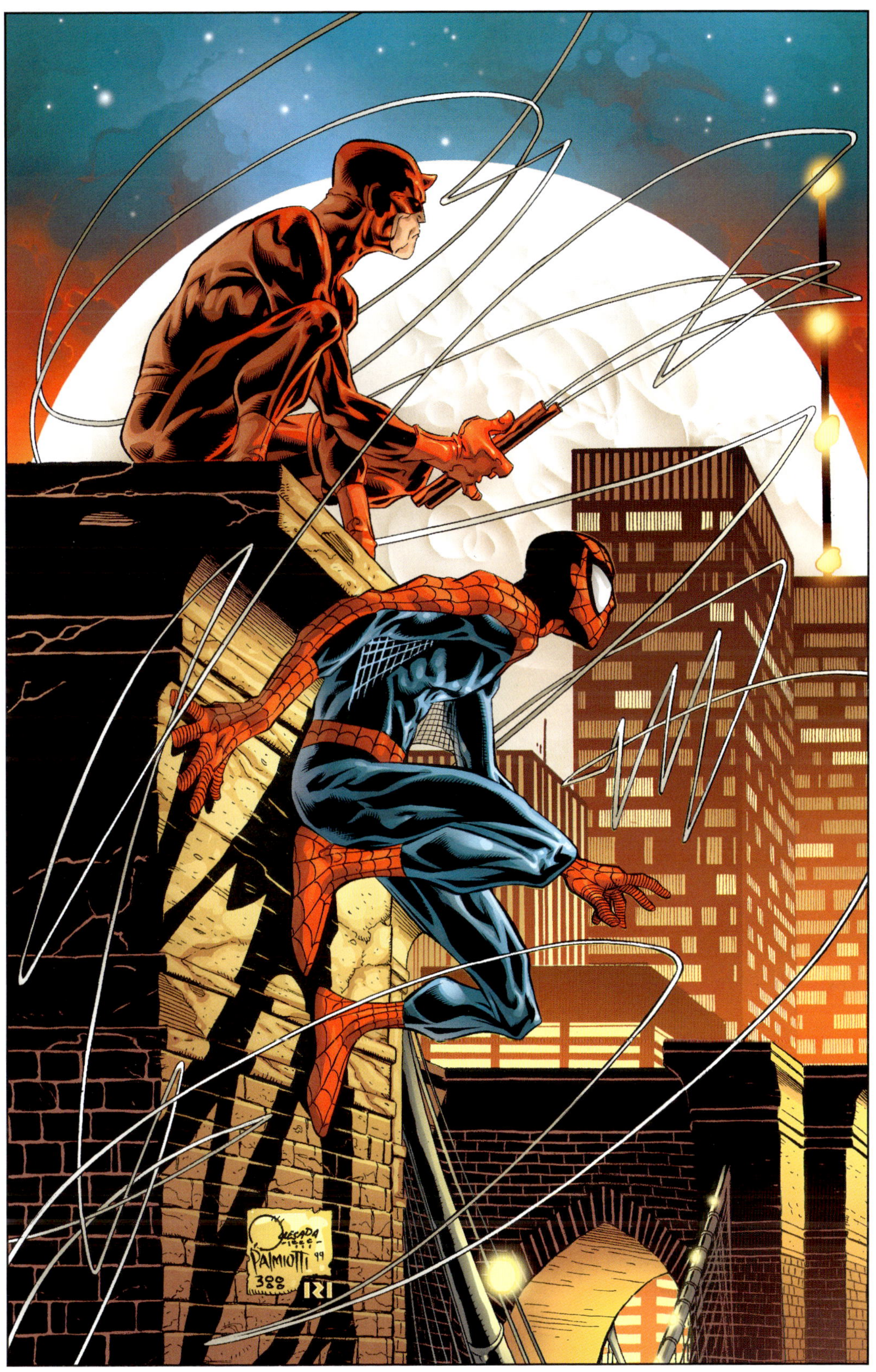

Daredevil (1998) 8
Cover von **JOE QUESADA**

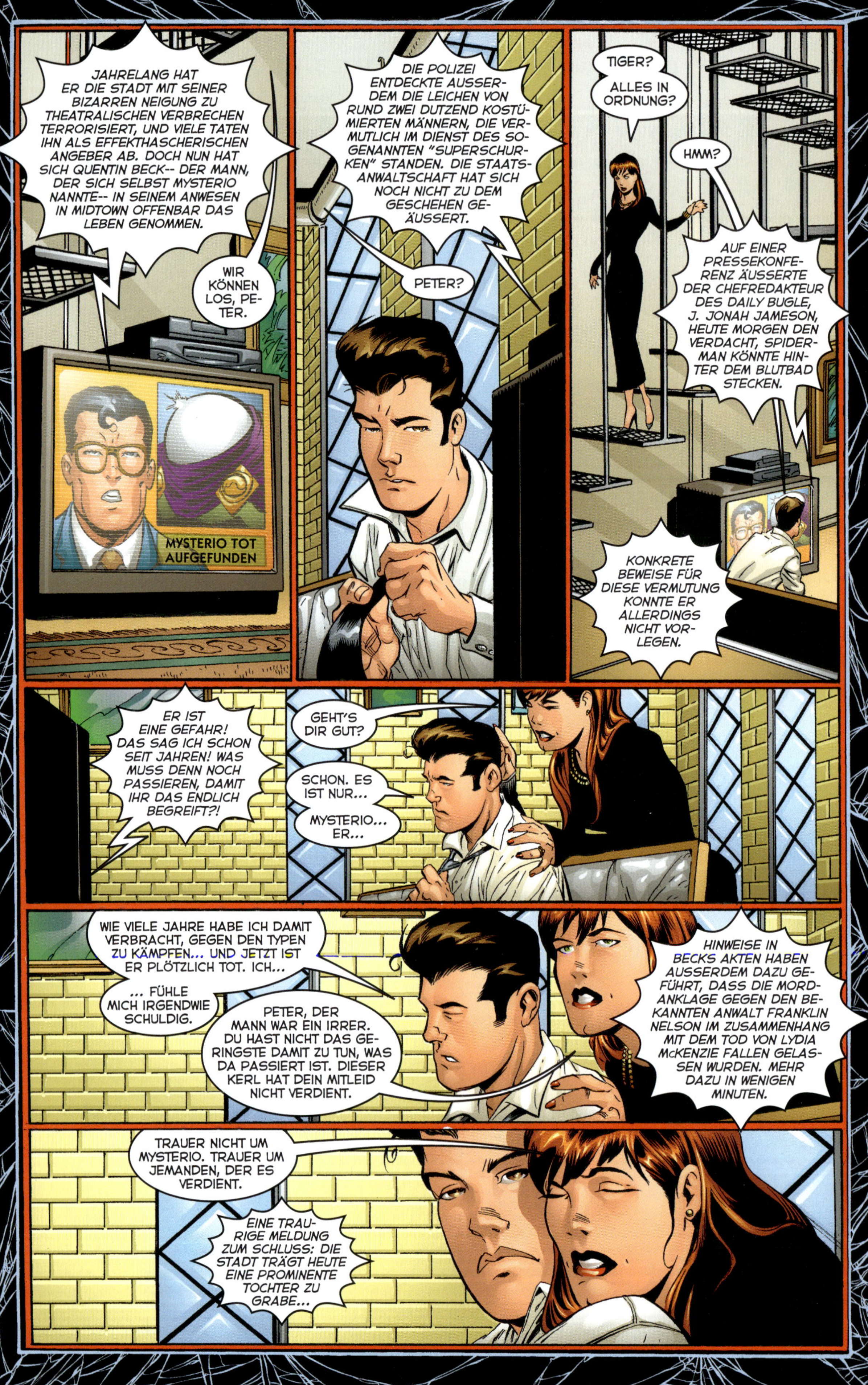
JAHRELANG HAT ER DIE STADT MIT SEINER BIZARREN NEIGUNG ZU THEATRALISCHEN VERBRECHEN TERRORISIERT, UND VIELE TATEN IHN ALS EFFEKTHASCHERISCHEN ANGEBER AB. DOCH NUN HAT SICH QUENTIN BECK-- DER MANN, DER SICH SELBST MYSTERIO NANNTE-- IN SEINEM ANWESEN IN MIDTOWN OFFENBAR DAS LEBEN GENOMMEN.
WIR KÖNNEN LOS, PETER.
MYSTERIO TOT AUFGEFUNDEN
DIE POLIZEI ENTDECKTE AUSSERDEM DIE LEICHEN VON RUND ZWEI DUTZEND KOSTÜMIERTEN MÄNNERN, DIE VERMUTLICH IM DIENST DES SOGENANNTEN "SUPERSCHURKEN" STANDEN. DIE STAATSANWALTSCHAFT HAT SICH NOCH NICHT ZU DEM GESCHEHEN GEÄUSSERT.
PETER?
TIGER?
ALLES IN ORDNUNG?
HMM?
AUF EINER PRESSEKONFERENZ ÄUSSERTE DER CHEFREDAKTEUR DES DAILY BUGLE, J. JONAH JAMESON, HEUTE MORGEN DEN VERDACHT, SPIDER-MAN KÖNNTE HINTER DEM BLUTBAD STECKEN.
KONKRETE BEWEISE FÜR DIESE VERMUTUNG KONNTE ER ALLERDINGS NICHT VORLEGEN.
ER IST EINE GEFAHR! DAS SAG ICH SCHON SEIT JAHREN! WAS MUSS DENN NOCH PASSIEREN, DAMIT IHR DAS ENDLICH BEGREIFT?!
GEHT'S DIR GUT?
SCHON. ES IST NUR...
MYSTERIO... ER...
WIE VIELE JAHRE HABE ICH DAMIT VERBRACHT, GEGEN DEN TYPEN ZU KÄMPFEN... UND JETZT IST ER PLÖTZLICH TOT. ICH...
... FÜHLE MICH IRGENDWIE SCHULDIG.
PETER, DER MANN WAR EIN IRRER. DU HAST NICHT DAS GERINGSTE DAMIT ZU TUN, WAS DA PASSIERT IST. DIESER KERL HAT DEIN MITLEID NICHT VERDIENT.
HINWEISE IN BECKS AKTEN HABEN AUSSERDEM DAZU GEFÜHRT, DASS DIE MORDANKLAGE GEGEN DEN BEKANNTEN ANWALT FRANKLIN NELSON IM ZUSAMMENHANG MIT DEM TOD VON LYDIA McKENZIE FALLEN GELASSEN WURDEN. MEHR DAZU IN WENIGEN MINUTEN.
TRAUER NICHT UM MYSTERIO. TRAUER UM JEMANDEN, DER ES VERDIENT.
EINE TRAURIGE MELDUNG ZUM SCHLUSS: DIE STADT TRÄGT HEUTE EINE PROMINENTE TOCHTER ZU GRABE...

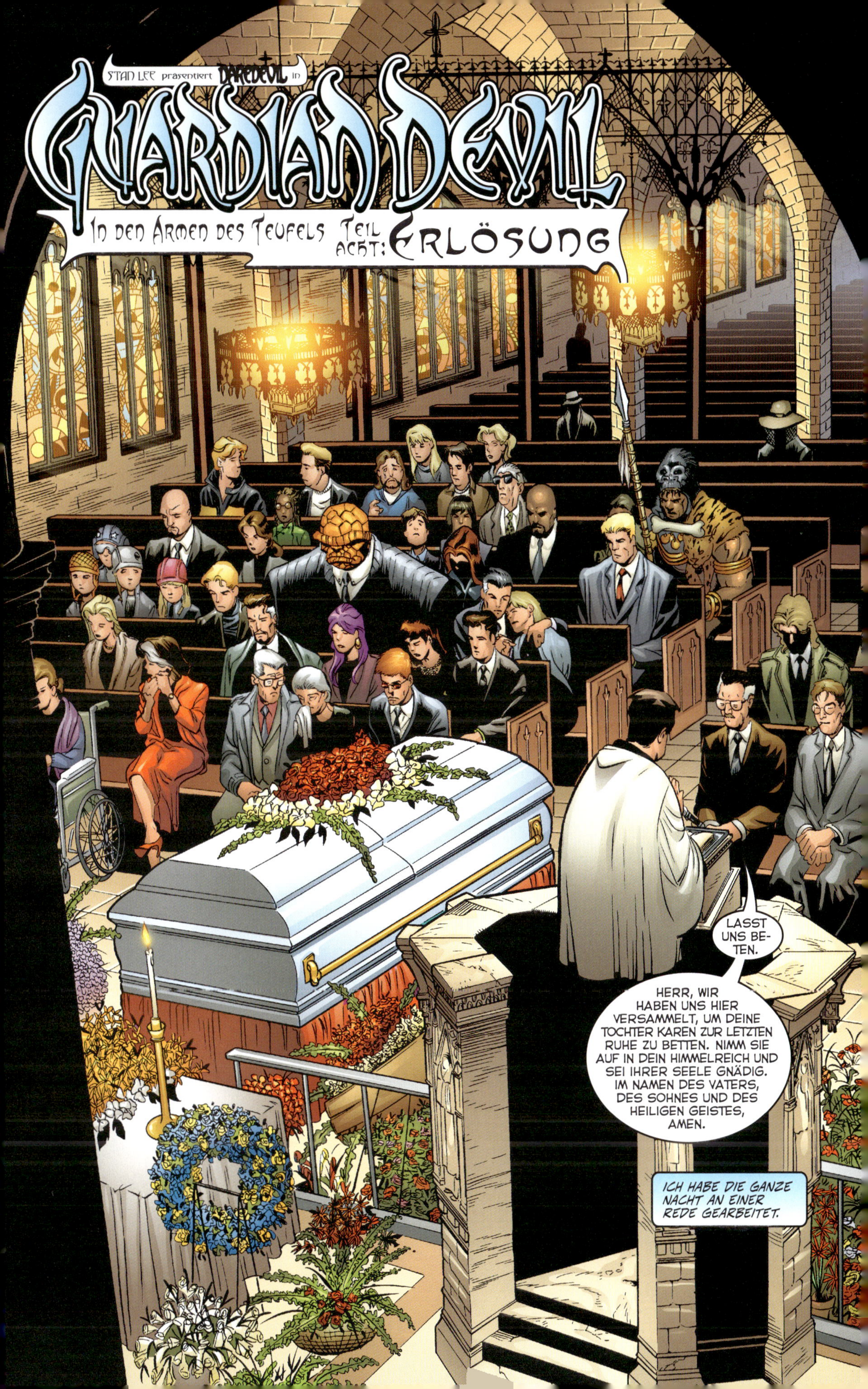
STAN LEE präsentiert DAREDEVIL in
GUARDIAN DEVIL
IN DEN ARMEN DES TEUFELS TEIL ACHT: ERLÖSUNG
LASST UNS BETEN.
HERR, WIR HABEN UNS HIER VERSAMMELT, UM DEINE TOCHTER KAREN ZUR LETZTEN RUHE ZU BETTEN. NIMM SIE AUF IN DEIN HIMMELREICH UND SEI IHRER SEELE GNÄDIG. IM NAMEN DES VATERS, DES SOHNES UND DES HEILIGEN GEISTES, AMEN.
ICH HABE DIE GANZE NACHT AN EINER REDE GEARBEITET.

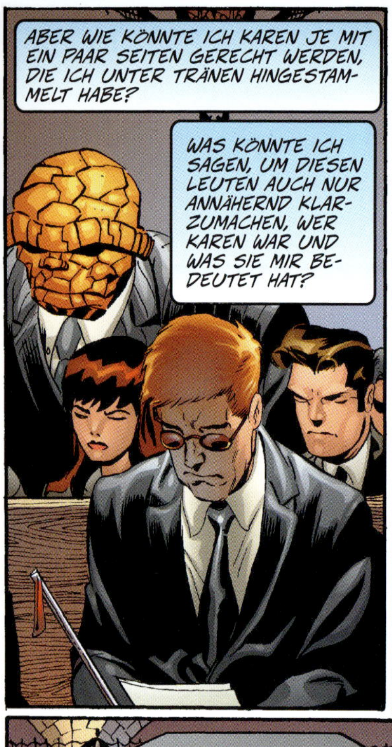
ABER WIE KÖNNTE ICH KAREN JE MIT EIN PAAR SEITEN GERECHT WERDEN, DIE ICH UNTER TRÄNEN HINGESTAMMELT HABE?
WAS KÖNNTE ICH SAGEN, UM DIESEN LEUTEN AUCH NUR ANNÄHERND KLARZUMACHEN, WER KAREN WAR UND WAS SIE MIR BEDEUTET HAT?
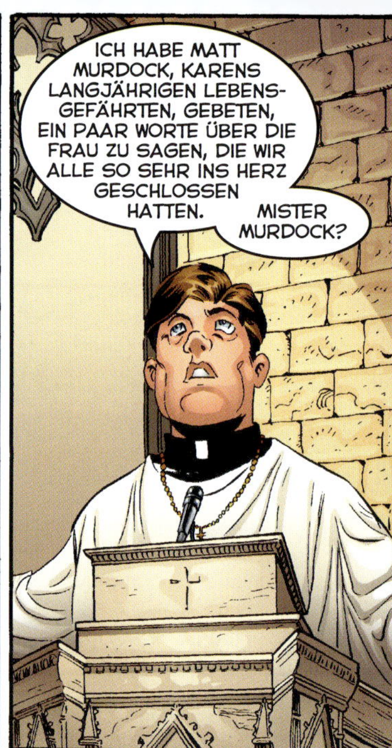
ICH HABE MATT MURDOCK, KARENS LANGJÄHRIGEN LEBENSGEFÄHRTEN, GEBETEN, EIN PAAR WORTE ÜBER DIE FRAU ZU SAGEN, DIE WIR ALLE SO SEHR INS HERZ GESCHLOSSEN HATTEN.
MISTER MURDOCK?
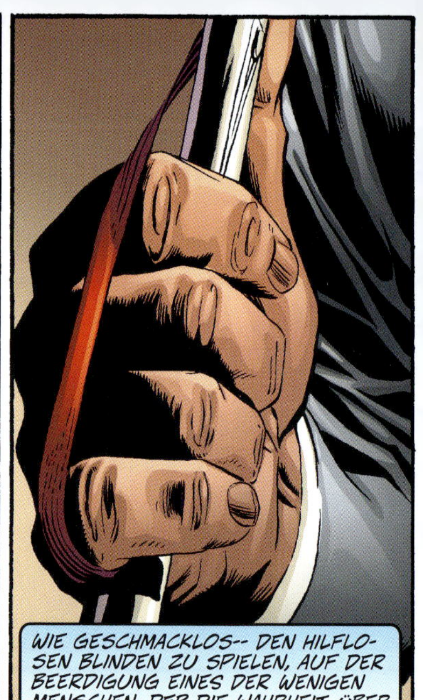
WIE GESCHMACKLOS-- DEN HILFLOSEN BLINDEN ZU SPIELEN, AUF DER BEERDIGUNG EINES DER WENIGEN MENSCHEN, DER DIE WAHRHEIT ÜBER MICH WUSSTE.
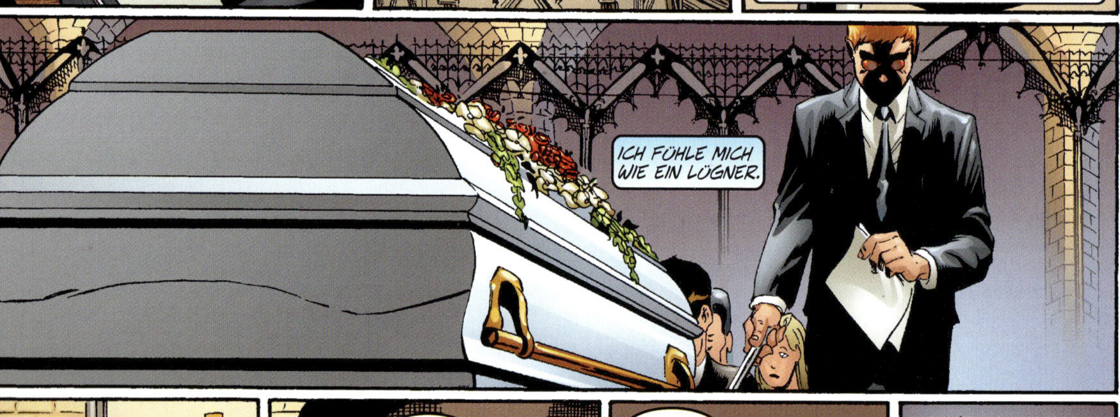
ICH FÜHLE MICH WIE EIN LÜGNER.
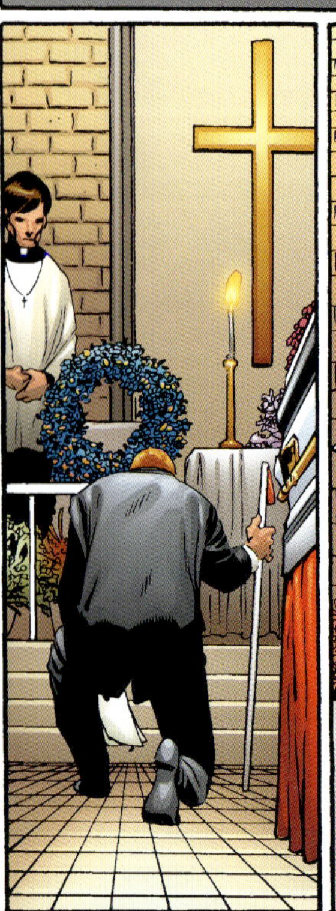
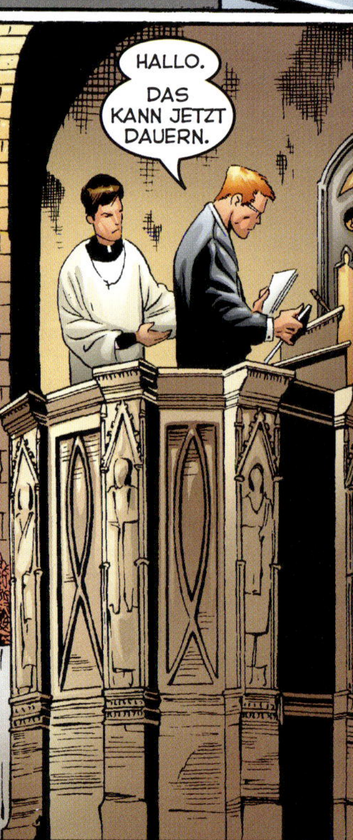
HALLO.
DAS KANN JETZT DAUERN.
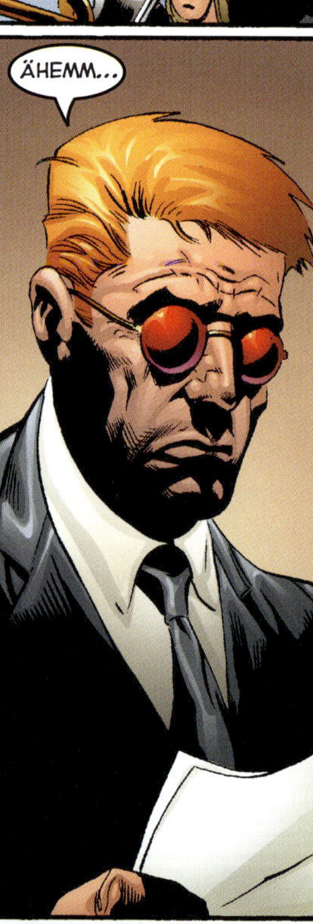
ÄHEMM...
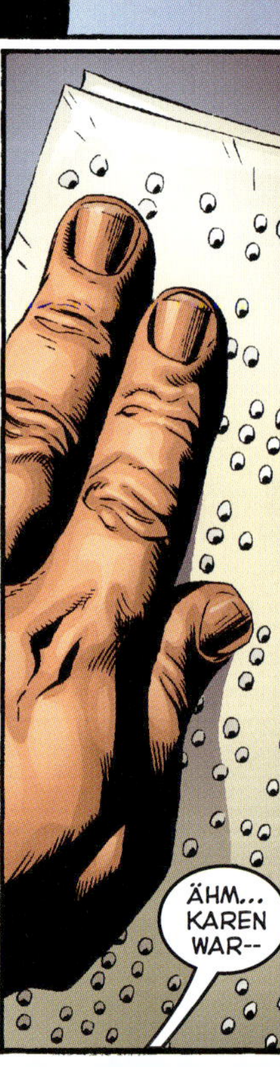
ÄHM... KAREN WAR--

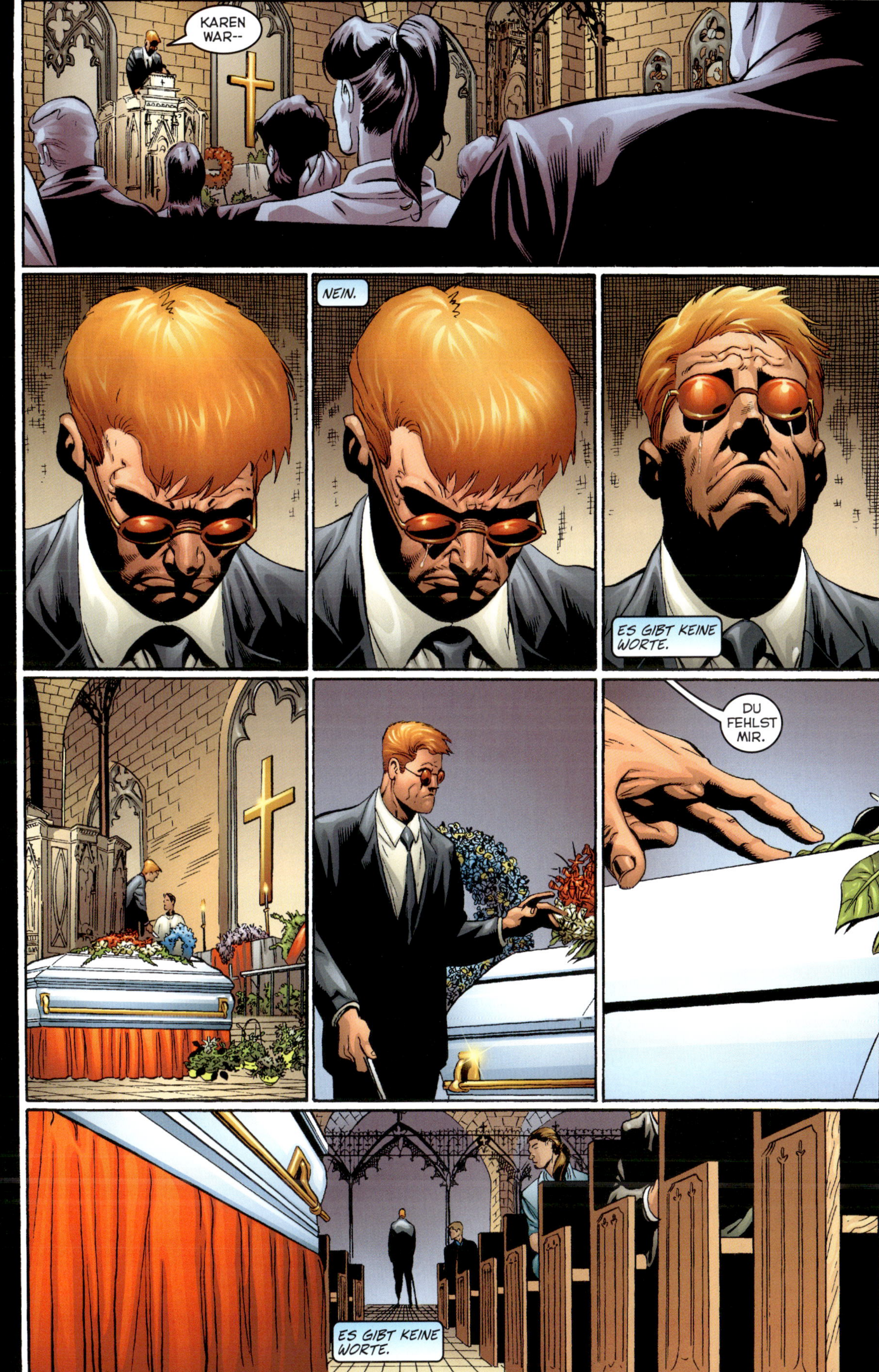
KAREN WAR--
NEIN.
ES GIBT KEINE WORTE.
DU FEHLST MIR.
ES GIBT KEINE WORTE.

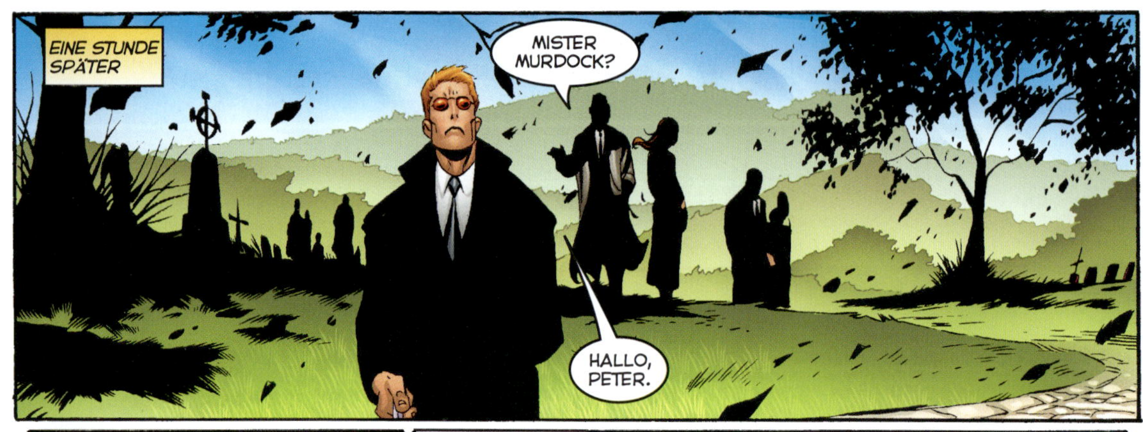
EINE STUNDE SPÄTER
MISTER MURDOCK?
HALLO, PETER.

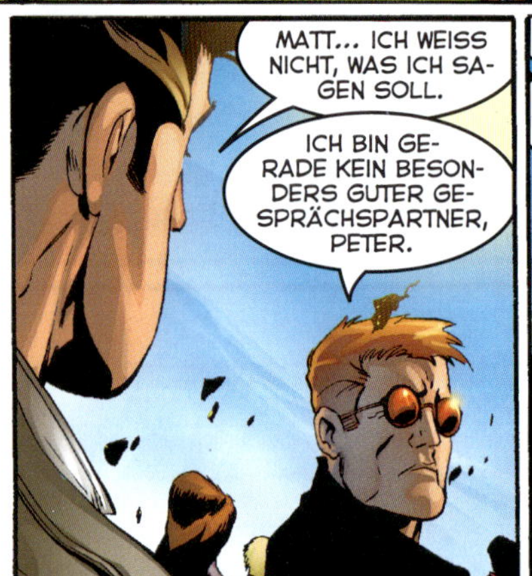
MATT... ICH WEISS NICHT, WAS ICH SAGEN SOLL.
ICH BIN GERADE KEIN BESONDERS GUTER GESPRÄCHSPARTNER, PETER.

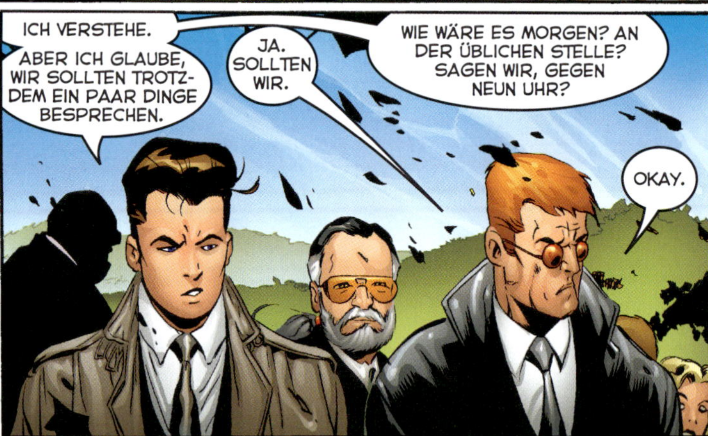
ICH VERSTEHE.
ABER ICH GLAUBE, WIR SOLLTEN TROTZDEM EIN PAAR DINGE BESPRECHEN.
JA. SOLLTEN WIR.
WIE WÄRE ES MORGEN? AN DER ÜBLICHEN STELLE? SAGEN WIR, GEGEN NEUN UHR?
OKAY.

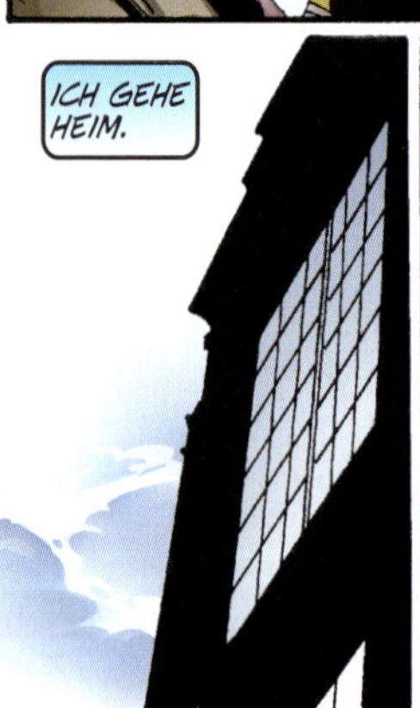
ICH GEHE HEIM.

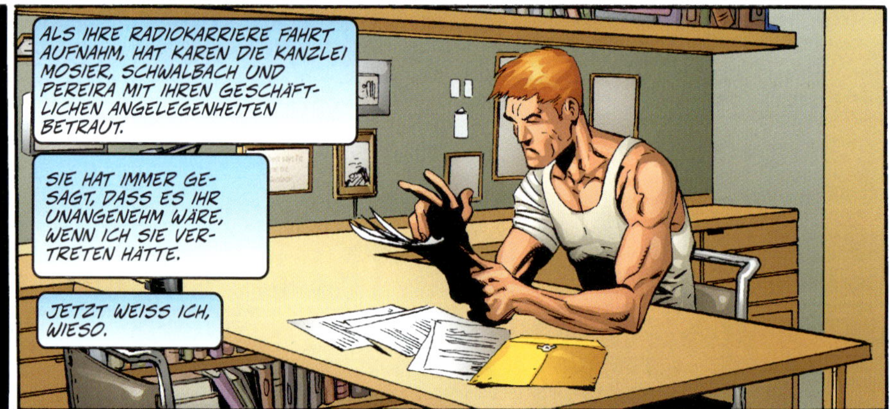
ALS IHRE RADIOKARRIERE FAHRT AUFNAHM, HAT KAREN DIE KANZLEI MOSIER, SCHWALBACH UND PEREIRA MIT IHREN GESCHÄFTLICHEN ANGELEGENHEITEN BETRAUT.
SIE HAT IMMER GESAGT, DASS ES IHR UNANGENEHM WÄRE, WENN ICH SIE VERTRETEN HÄTTE.
JETZT WEISS ICH, WIESO.

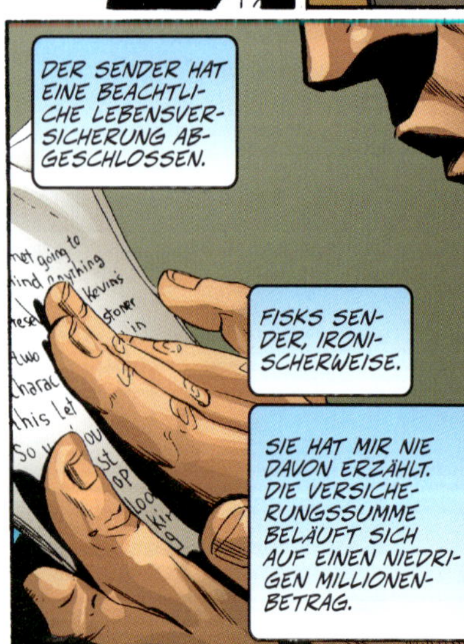
DER SENDER HAT EINE BEACHTLICHE LEBENSVERSICHERUNG ABGESCHLOSSEN.
FISKS SENDER, IRONISCHERWEISE.
SIE HAT MIR NIE DAVON ERZÄHLT. DIE VERSICHERUNGSSUMME BELÄUFT SICH AUF EINEN NIEDRIGEN MILLIONENBETRAG.

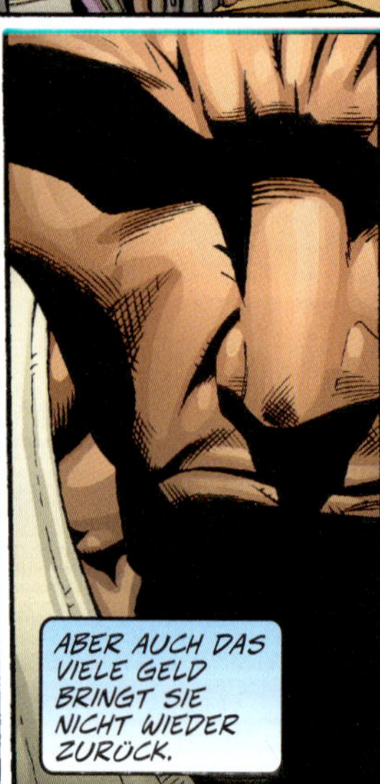
ABER AUCH DAS VIELE GELD BRINGT SIE NICHT WIEDER ZURÜCK.

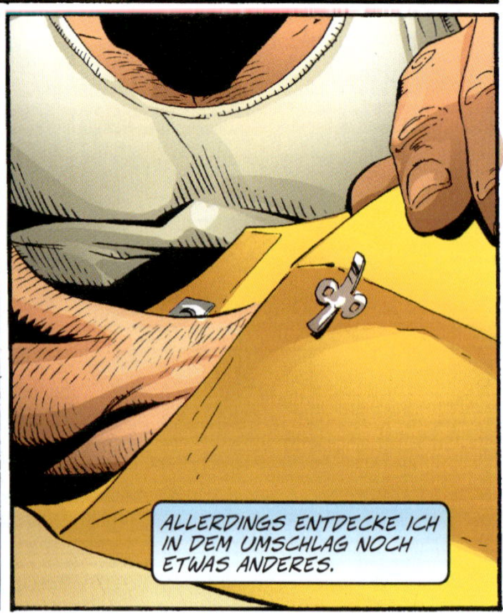
ALLERDINGS ENTDECKE ICH IN DEM UMSCHLAG NOCH ETWAS ANDERES.

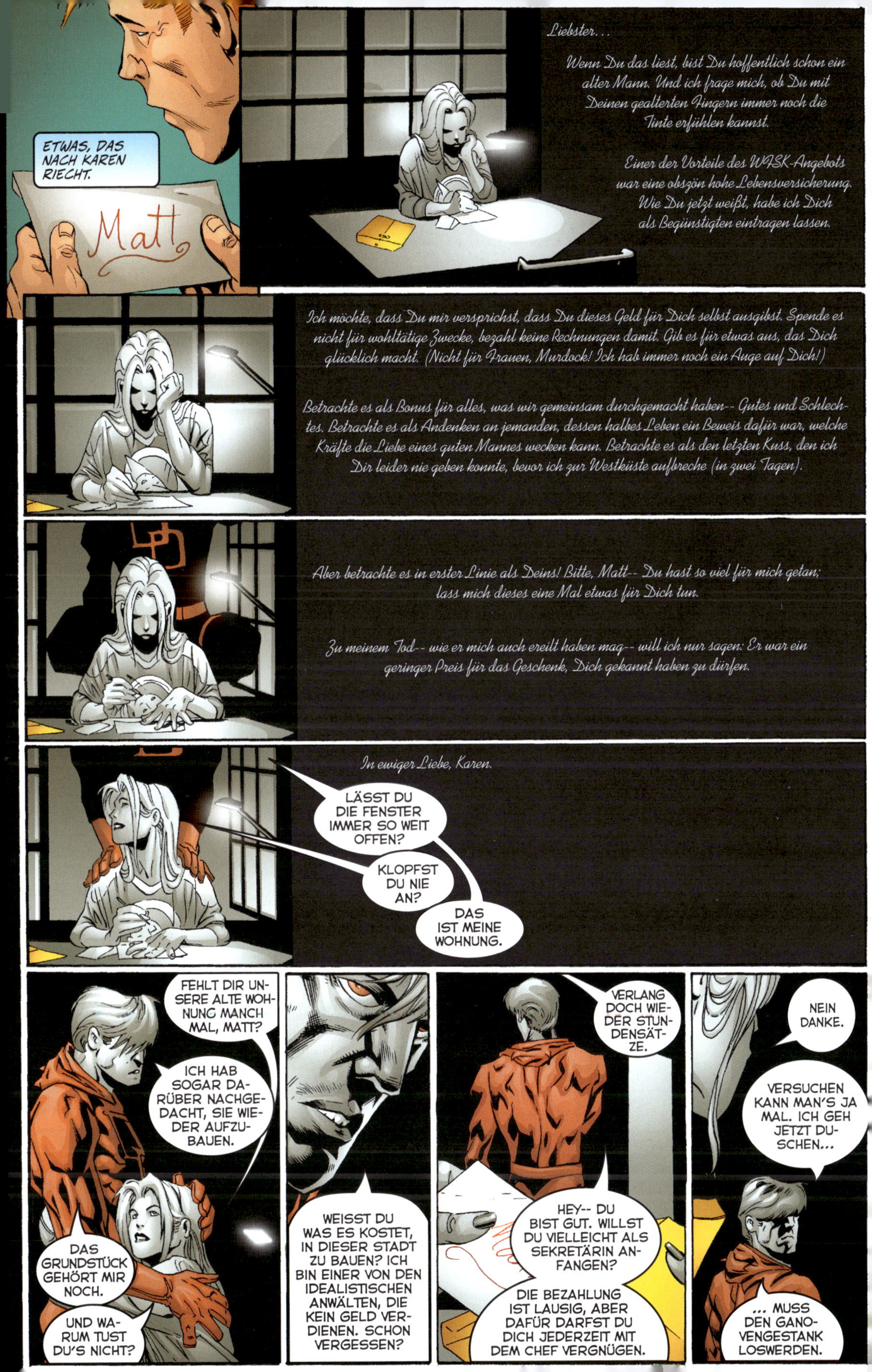

ETWAS, DAS NACH KAREN RIECHT.

Matt

Liebster...

Wenn Du das liest, bist Du hoffentlich schon ein alter Mann. Und ich frage mich, ob Du mit Deinen gealterten Fingern immer noch die Tinte erfühlen kannst.

Einer der Vorteile des WFSK-Angebots war eine obszön hohe Lebensversicherung. Wie Du jetzt weißt, habe ich Dich als Begünstigten eintragen lassen.

Ich möchte, dass Du mir versprichst, dass Du dieses Geld für Dich selbst ausgibst. Spende es nicht für wohltätige Zwecke, bezahl keine Rechnungen damit. Gib es für etwas aus, das Dich glücklich macht. (Nicht für Frauen, Murdock! Ich hab immer noch ein Auge auf Dich!)

Betrachte es als Bonus für alles, was wir gemeinsam durchgemacht haben-- Gutes und Schlechtes. Betrachte es als Andenken an jemanden, dessen halbes Leben ein Beweis dafür war, welche Kräfte die Liebe eines guten Mannes wecken kann. Betrachte es als den letzten Kuss, den ich Dir leider nie geben konnte, bevor ich zur Westküste aufbreche (in zwei Tagen).

Aber betrachte es in erster Linie als Deins! Bitte, Matt-- Du hast so viel für mich getan; lass mich dieses eine Mal etwas für Dich tun.

Zu meinem Tod-- wie er mich auch ereilt haben mag-- will ich nur sagen: Er war ein geringer Preis für das Geschenk, Dich gekannt haben zu dürfen.

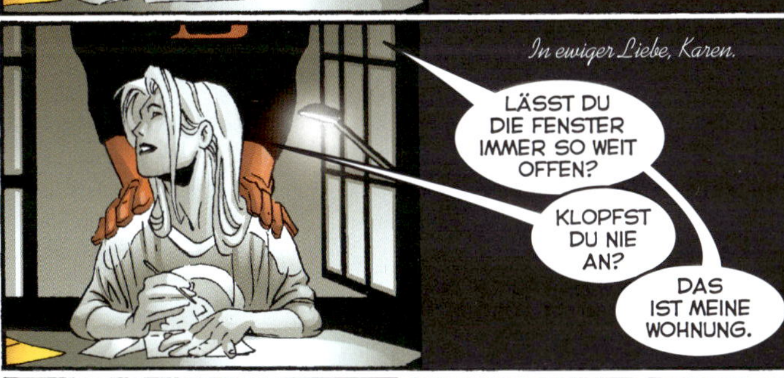

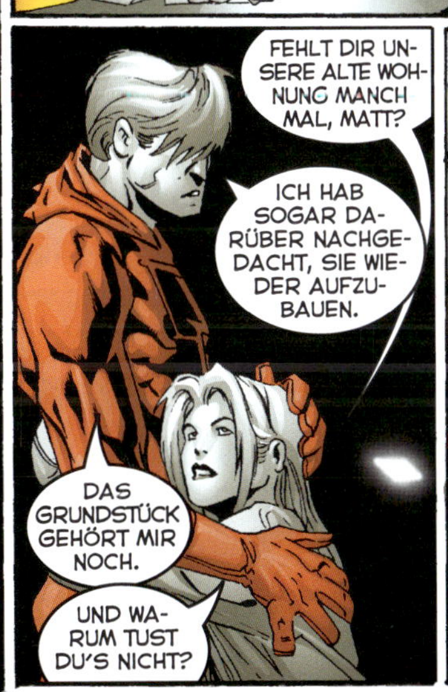

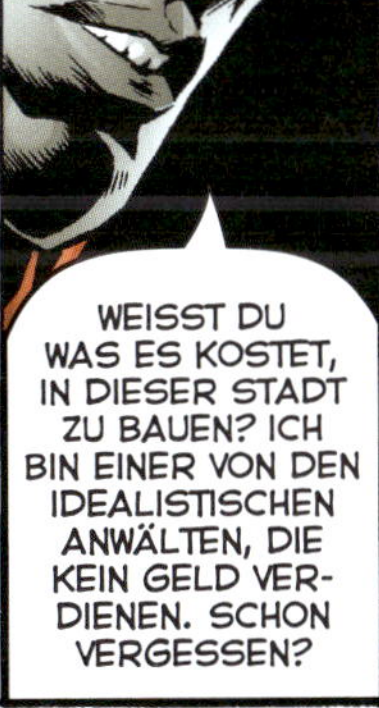

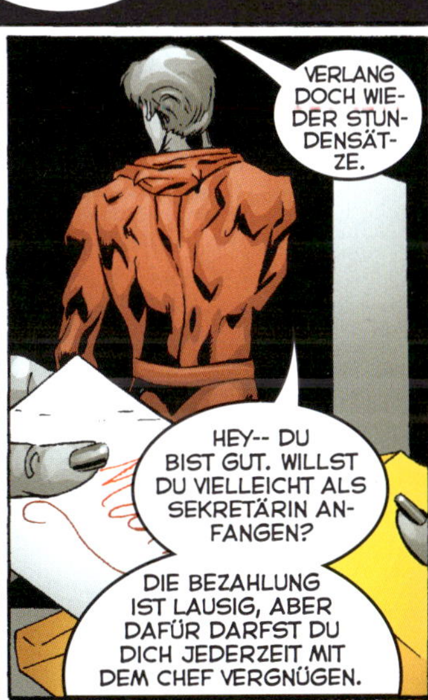

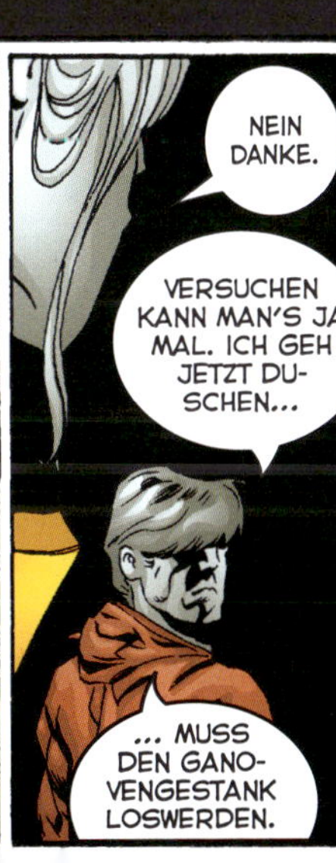

BRAUCHST DU GESELL-SCHAFT, DU HELD?
NUR DEINE, BABY...

NUR DEINE.

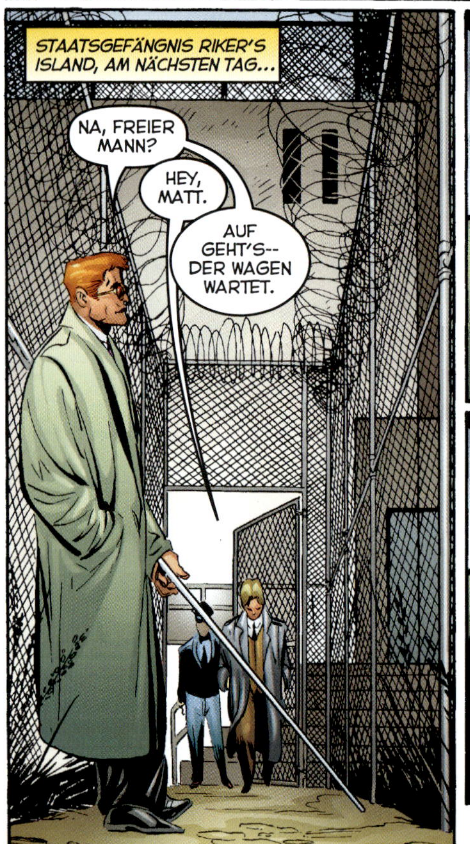

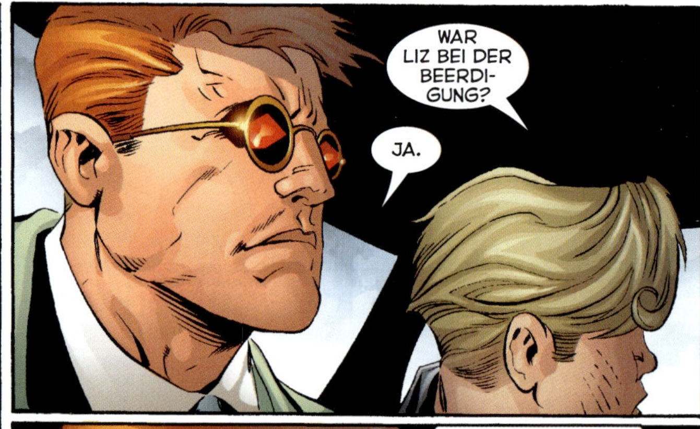

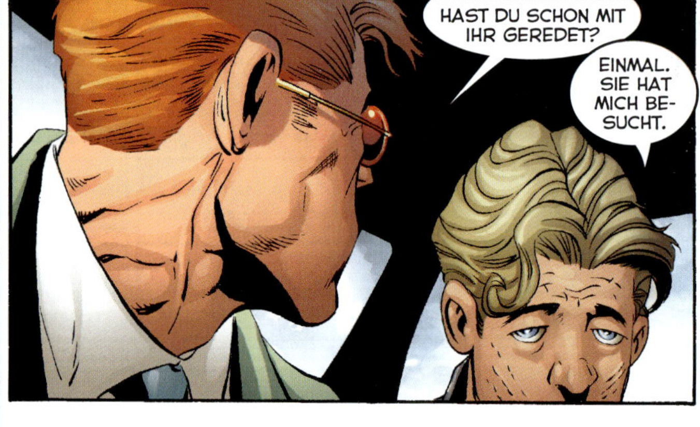

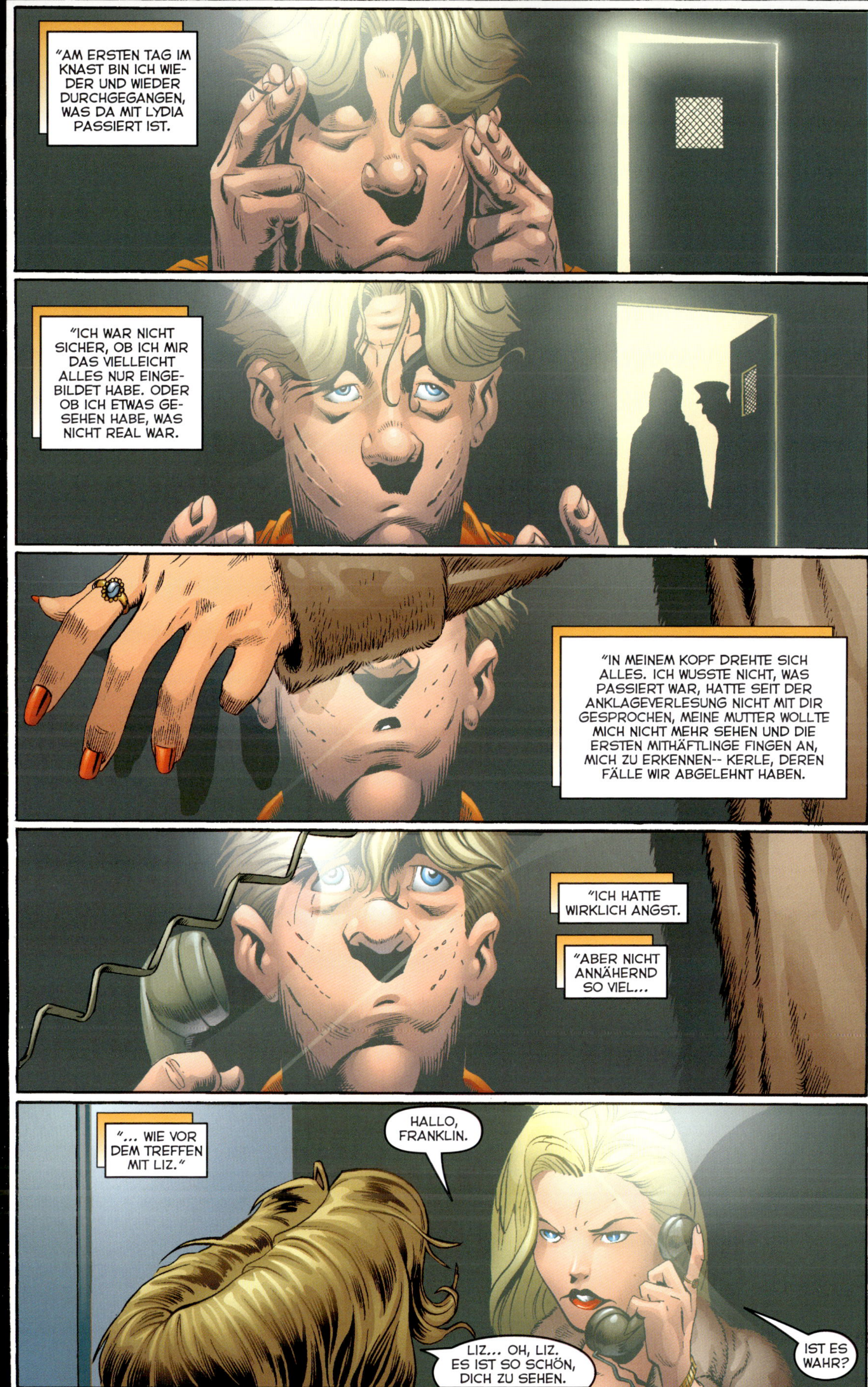
"AM ERSTEN TAG IM KNAST BIN ICH WIEDER UND WIEDER DURCHGEGANGEN, WAS DA MIT LYDIA PASSIERT IST.
"ICH WAR NICHT SICHER, OB ICH MIR DAS VIELLEICHT ALLES NUR EINGEBILDET HABE. ODER OB ICH ETWAS GESEHEN HABE, WAS NICHT REAL WAR.
"IN MEINEM KOPF DREHTE SICH ALLES. ICH WUSSTE NICHT, WAS PASSIERT WAR, HATTE SEIT DER ANKLAGEVERLESUNG NICHT MIT DIR GESPROCHEN, MEINE MUTTER WOLLTE MICH NICHT MEHR SEHEN UND DIE ERSTEN MITHÄFTLINGE FINGEN AN, MICH ZU ERKENNEN-- KERLE, DEREN FÄLLE WIR ABGELEHNT HABEN.
"ICH HATTE WIRKLICH ANGST.
"ABER NICHT ANNÄHERND SO VIEL...
"... WIE VOR DEM TREFFEN MIT LIZ."
HALLO, FRANKLIN.
LIZ... OH, LIZ. ES IST SO SCHÖN, DICH ZU SEHEN.
IST ES WAHR?

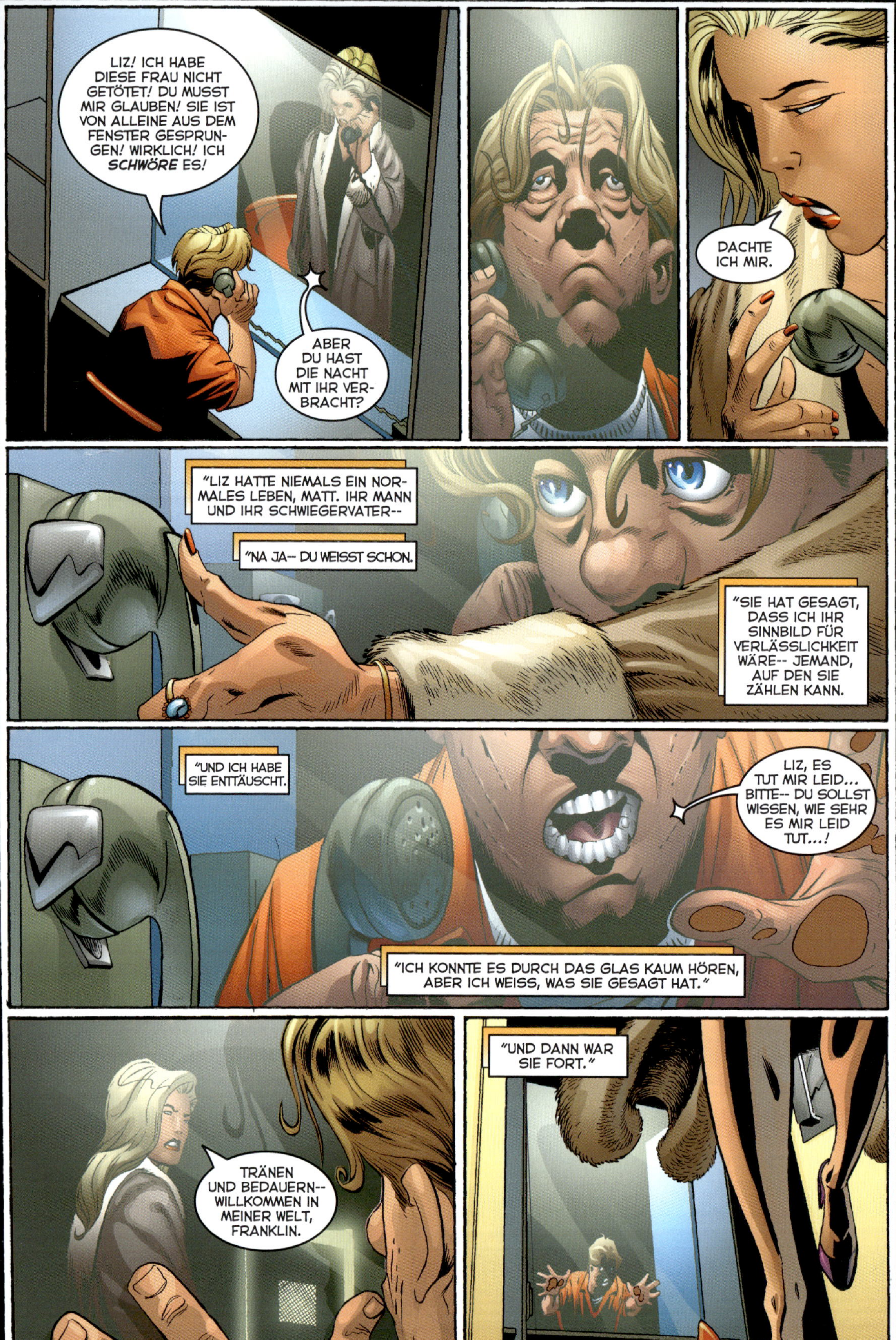
LIZ! ICH HABE DIESE FRAU NICHT GETÖTET! DU MUSST MIR GLAUBEN! SIE IST VON ALLEINE AUS DEM FENSTER GESPRUNGEN! WIRKLICH! ICH SCHWÖRE ES!
ABER DU HAST DIE NACHT MIT IHR VERBRACHT?
DACHTE ICH MIR.
"LIZ HATTE NIEMALS EIN NORMALES LEBEN, MATT. IHR MANN UND IHR SCHWIEGERVATER--
"NA JA-- DU WEISST SCHON.
"SIE HAT GESAGT, DASS ICH IHR SINNBILD FÜR VERLÄSSLICHKEIT WÄRE-- JEMAND, AUF DEN SIE ZÄHLEN KANN.
"UND ICH HABE SIE ENTTÄUSCHT.
LIZ, ES TUT MIR LEID... BITTE-- DU SOLLST WISSEN, WIE SEHR ES MIR LEID TUT...!
"ICH KONNTE ES DURCH DAS GLAS KAUM HÖREN, ABER ICH WEISS, WAS SIE GESAGT HAT."
TRÄNEN UND BEDAUERN-- WILLKOMMEN IN MEINER WELT, FRANKLIN.
"UND DANN WAR SIE FORT."

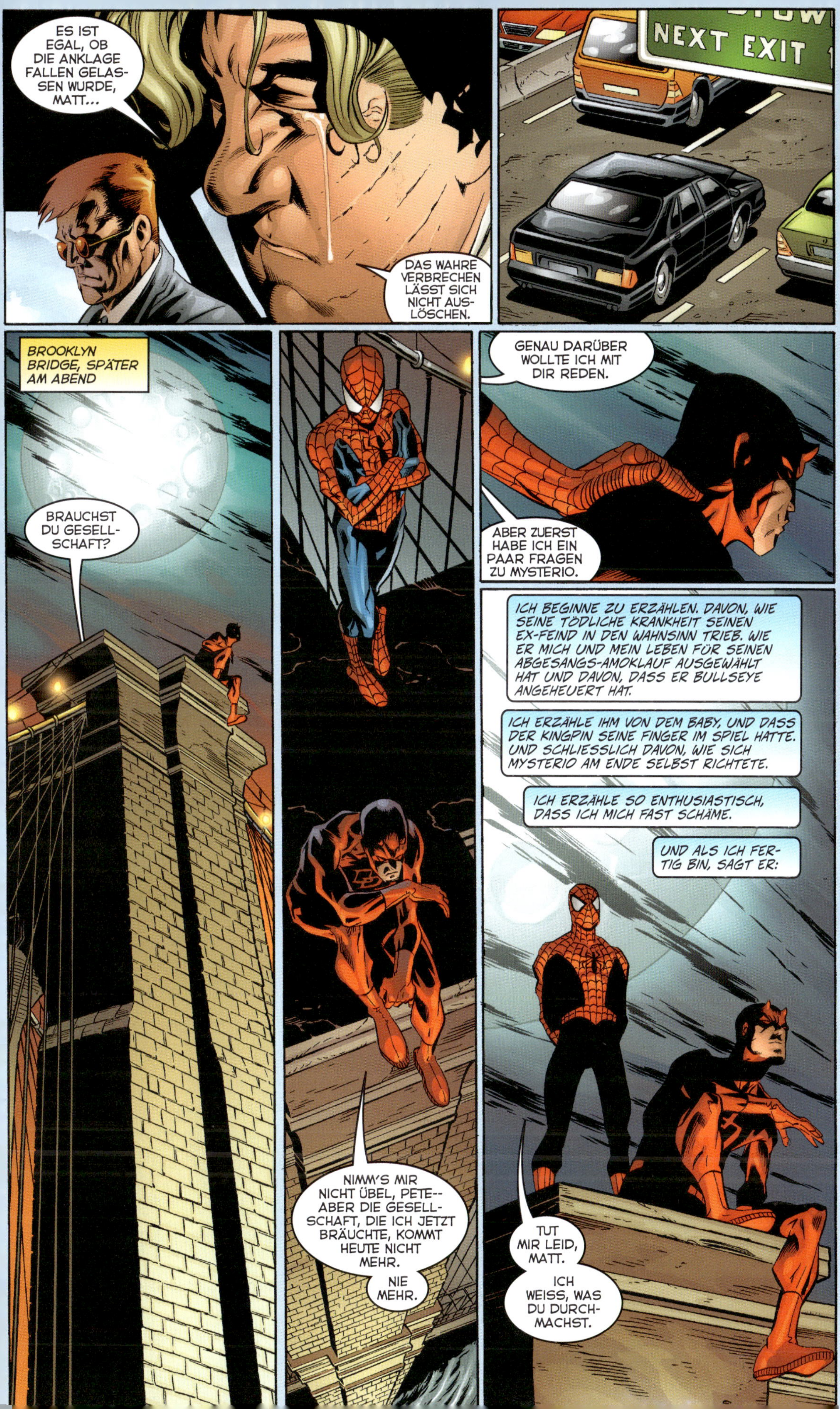
ES IST EGAL, OB DIE ANKLAGE FALLEN GELASSEN WURDE, MATT...
DAS WAHRE VERBRECHEN LÄSST SICH NICHT AUSLÖSCHEN.
NEXT EXIT
BROOKLYN BRIDGE, SPÄTER AM ABEND
BRAUCHST DU GESELLSCHAFT?
GENAU DARÜBER WOLLTE ICH MIT DIR REDEN.
ABER ZUERST HABE ICH EIN PAAR FRAGEN ZU MYSTERIO.
ICH BEGINNE ZU ERZÄHLEN. DAVON, WIE SEINE TÖDLICHE KRANKHEIT SEINEN EX-FEIND IN DEN WAHNSINN TRIEB. WIE ER MICH UND MEIN LEBEN FÜR SEINEN ABGESANGS-AMOKLAUF AUSGEWÄHLT HAT UND DAVON, DASS ER BULLSEYE ANGEHEUERT HAT.
ICH ERZÄHLE IHM VON DEM BABY, UND DASS DER KINGPIN SEINE FINGER IM SPIEL HATTE. UND SCHLIESSLICH DAVON, WIE SICH MYSTERIO AM ENDE SELBST RICHTETE.
ICH ERZÄHLE SO ENTHUSIASTISCH, DASS ICH MICH FAST SCHÄME.
UND ALS ICH FERTIG BIN, SAGT ER:
TUT MIR LEID, MATT.
ICH WEISS, WAS DU DURCHMACHST.
NIMM'S MIR NICHT ÜBEL, PETE-- ABER DIE GESELLSCHAFT, DIE ICH JETZT BRÄUCHTE, KOMMT HEUTE NICHT MEHR.
NIE MEHR.

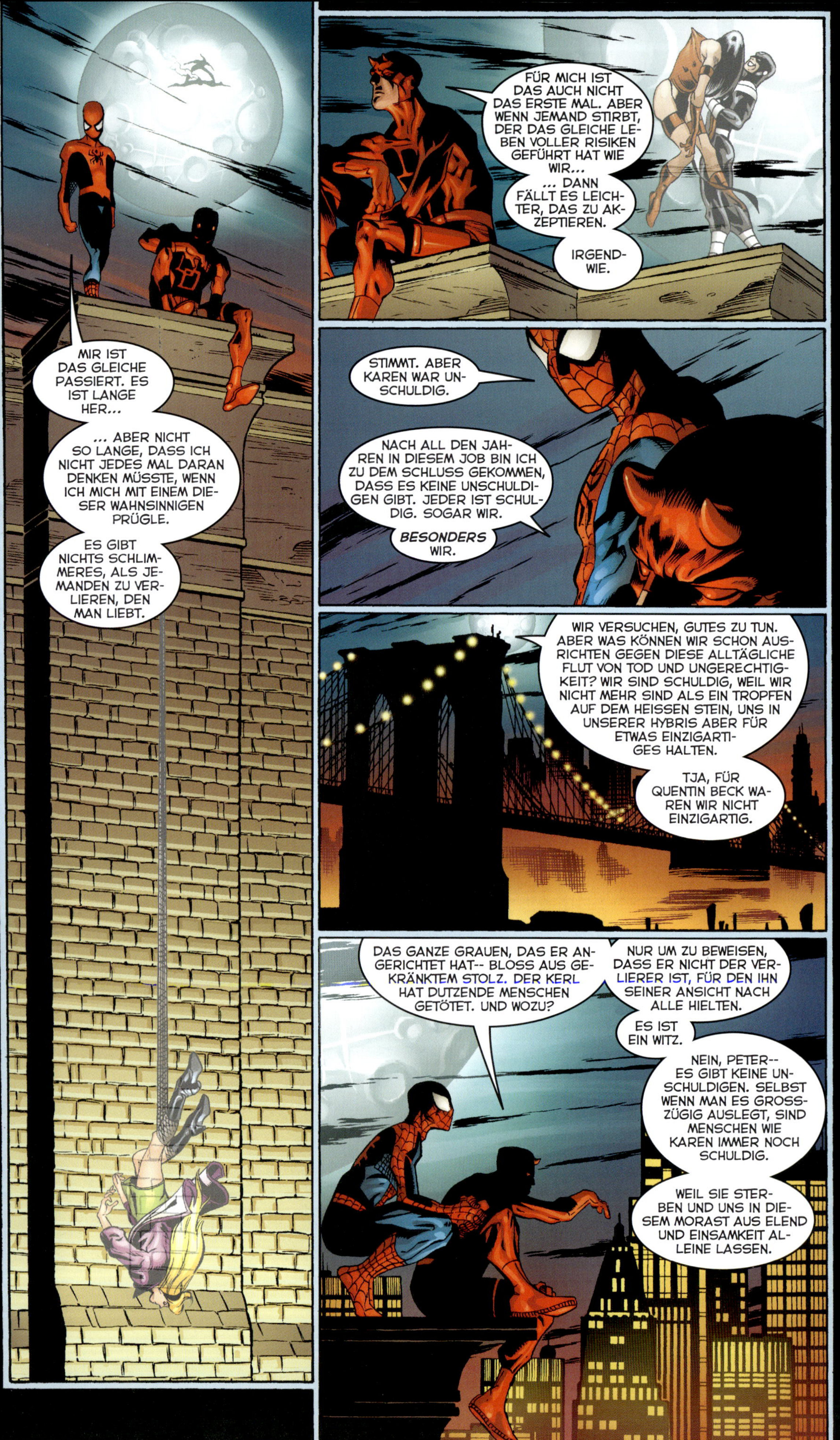
MIR IST DAS GLEICHE PASSIERT. ES IST LANGE HER...
... ABER NICHT SO LANGE, DASS ICH NICHT JEDES MAL DARAN DENKEN MÜSSTE, WENN ICH MICH MIT EINEM DIESER WAHNSINNIGEN PRÜGLE.
ES GIBT NICHTS SCHLIMMERES, ALS JEMANDEN ZU VERLIEREN, DEN MAN LIEBT.
FÜR MICH IST DAS AUCH NICHT DAS ERSTE MAL. ABER WENN JEMAND STIRBT, DER DAS GLEICHE LEBEN VOLLER RISIKEN GEFÜHRT HAT WIE WIR...
... DANN FÄLLT ES LEICHTER, DAS ZU AKZEPTIEREN.
IRGENDWIE.
STIMMT. ABER KAREN WAR UNSCHULDIG.
NACH ALL DEN JAHREN IN DIESEM JOB BIN ICH ZU DEM SCHLUSS GEKOMMEN, DASS ES KEINE UNSCHULDIGEN GIBT. JEDER IST SCHULDIG. SOGAR WIR.
BESONDERS WIR.
WIR VERSUCHEN, GUTES ZU TUN. ABER WAS KÖNNEN WIR SCHON AUSRICHTEN GEGEN DIESE ALLTÄGLICHE FLUT VON TOD UND UNGERECHTIGKEIT? WIR SIND SCHULDIG, WEIL WIR NICHT MEHR SIND ALS EIN TROPFEN AUF DEM HEISSEN STEIN, UNS IN UNSERER HYBRIS ABER FÜR ETWAS EINZIGARTIGES HALTEN.
TJA, FÜR QUENTIN BECK WAREN WIR NICHT EINZIGARTIG.
DAS GANZE GRAUEN, DAS ER ANGERICHTET HAT-- BLOSS AUS GEKRÄNKTEM STOLZ. DER KERL HAT DUTZENDE MENSCHEN GETÖTET. UND WOZU?
NUR UM ZU BEWEISEN, DASS ER NICHT DER VERLIERER IST, FÜR DEN IHN SEINER ANSICHT NACH ALLE HIELTEN.
ES IST EIN WITZ.
NEIN, PETER-- ES GIBT KEINE UNSCHULDIGEN. SELBST WENN MAN ES GROSSZÜGIG AUSLEGT, SIND MENSCHEN WIE KAREN IMMER NOCH SCHULDIG.
WEIL SIE STERBEN UND UNS IN DIESEM MORAST AUS ELEND UND EINSAMKEIT ALLEINE LASSEN.

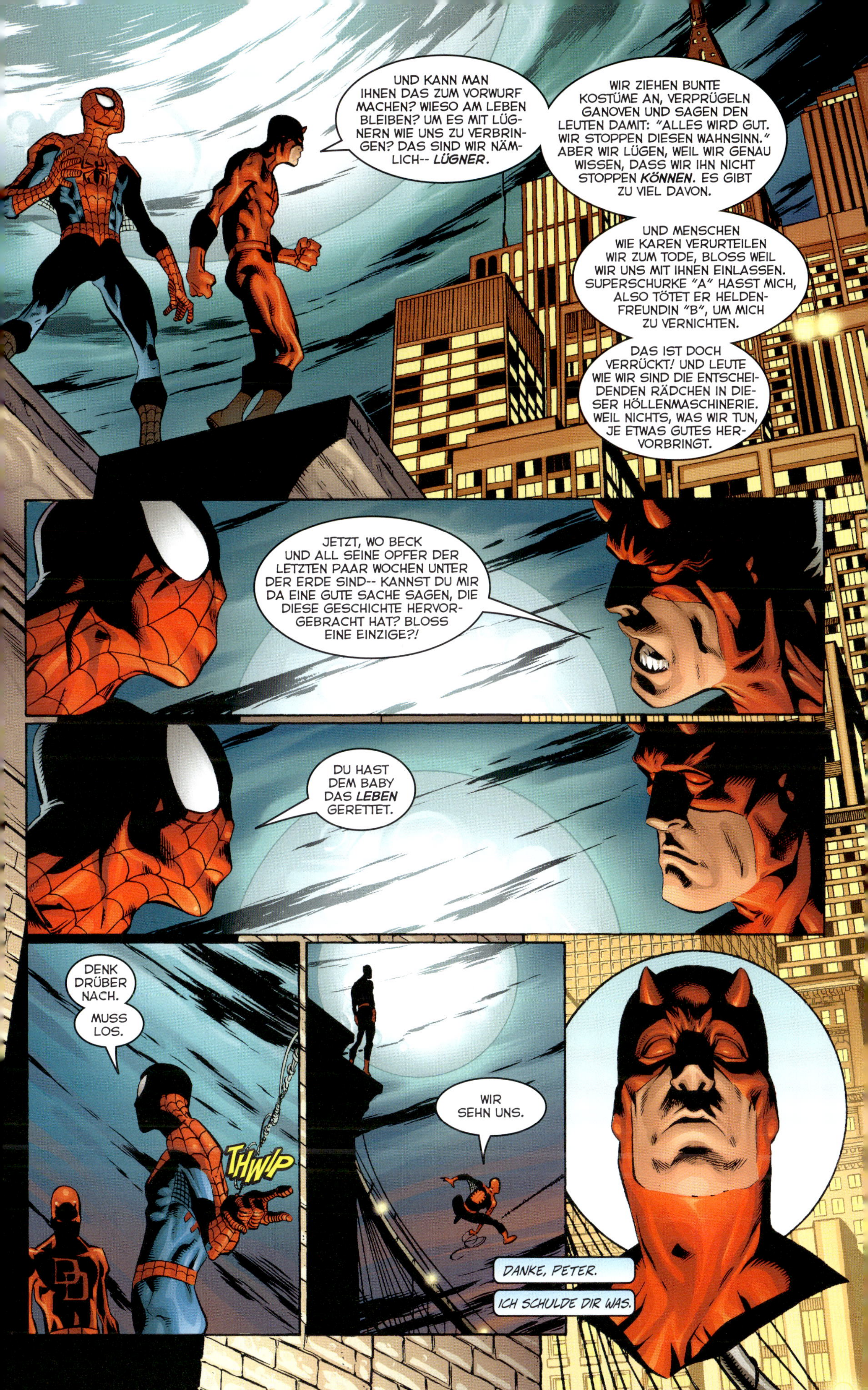
UND KANN MAN IHNEN DAS ZUM VORWURF MACHEN? WIESO AM LEBEN BLEIBEN? UM ES MIT LÜGNERN WIE UNS ZU VERBRINGEN? DAS SIND WIR NÄMLICH-- *LÜGNER*.
WIR ZIEHEN BUNTE KOSTÜME AN, VERPRÜGELN GANOVEN UND SAGEN DEN LEUTEN DAMIT: "ALLES WIRD GUT. WIR STOPPEN DIESEN WAHNSINN." ABER WIR LÜGEN, WEIL WIR GENAU WISSEN, DASS WIR IHN NICHT STOPPEN *KÖNNEN*. ES GIBT ZU VIEL DAVON.
UND MENSCHEN WIE KAREN VERURTEILEN WIR ZUM TODE, BLOSS WEIL WIR UNS MIT IHNEN EINLASSEN. SUPERSCHURKE "A" HASST MICH, ALSO TÖTET ER HELDENFREUNDIN "B", UM MICH ZU VERNICHTEN.
DAS IST DOCH VERRÜCKT! UND LEUTE WIE WIR SIND DIE ENTSCHEIDENDEN RÄDCHEN IN DIESER HÖLLENMASCHINERIE. WEIL NICHTS, WAS WIR TUN, JE ETWAS GUTES HERVORBRINGT.
JETZT, WO BECK UND ALL SEINE OPFER DER LETZTEN PAAR WOCHEN UNTER DER ERDE SIND-- KANNST DU MIR DA EINE GUTE SACHE SAGEN, DIE DIESE GESCHICHTE HERVORGEBRACHT HAT? BLOSS EINE EINZIGE?!
DU HAST DEM BABY DAS *LEBEN* GERETTET.
DENK DRÜBER NACH.
MUSS LOS.
THWIP
WIR SEHN UNS.
DANKE, PETER.
ICH SCHULDE DIR WAS.

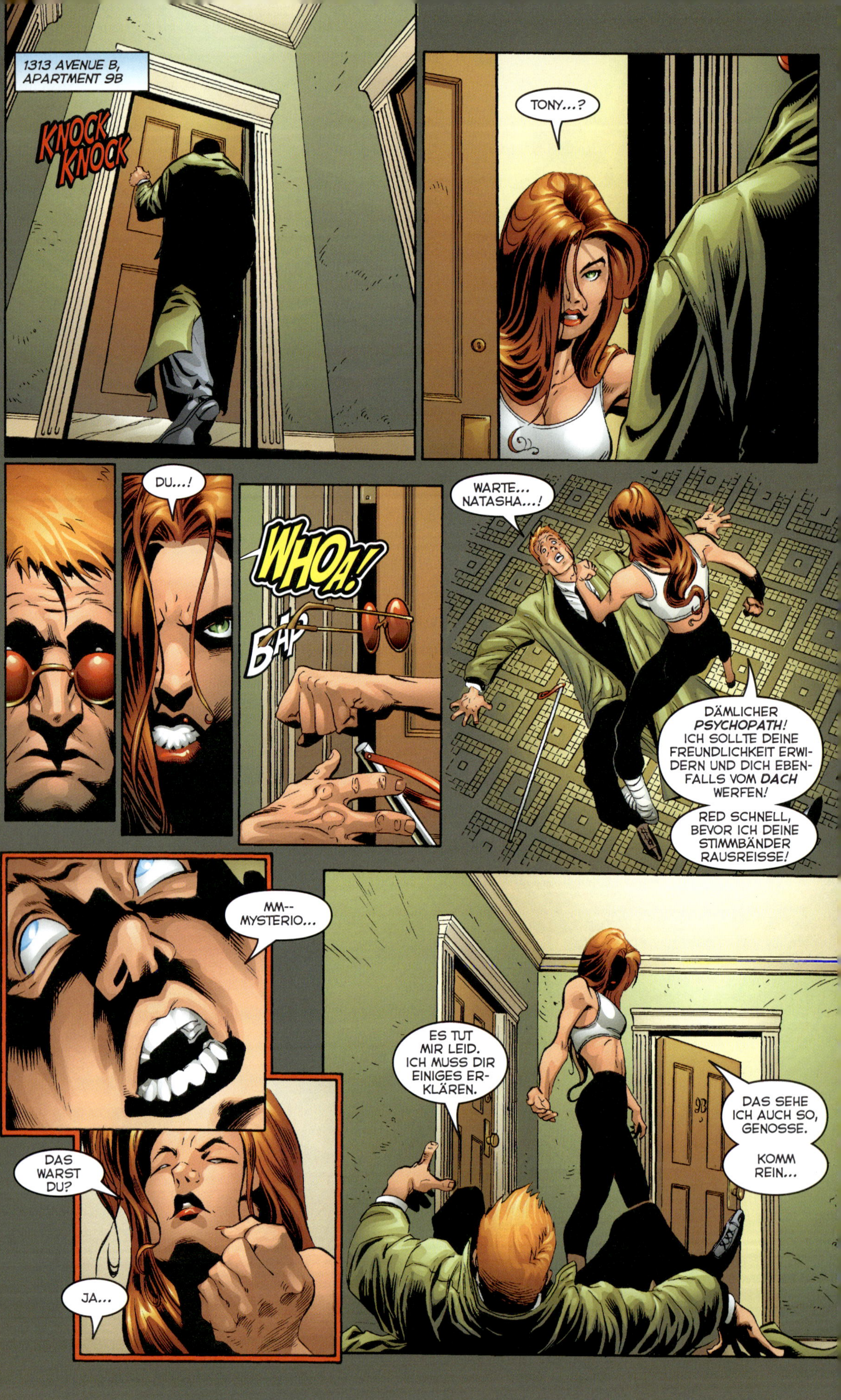

1313 AVENUE B,
APARTMENT 9B

KNOCK KNOCK

TONY...?

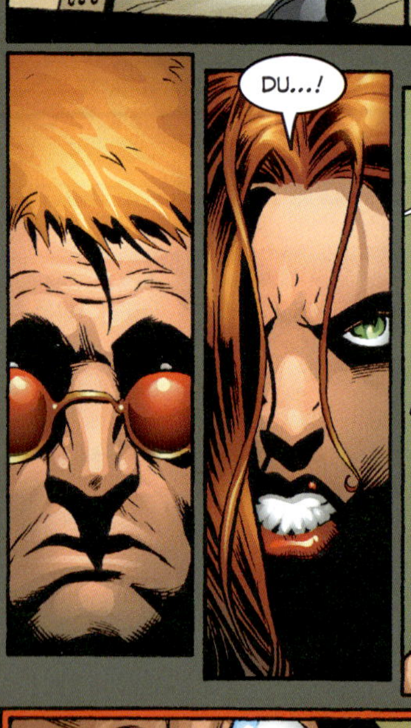

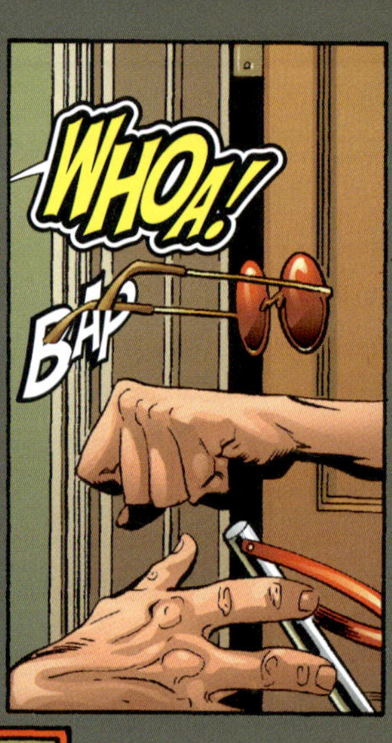

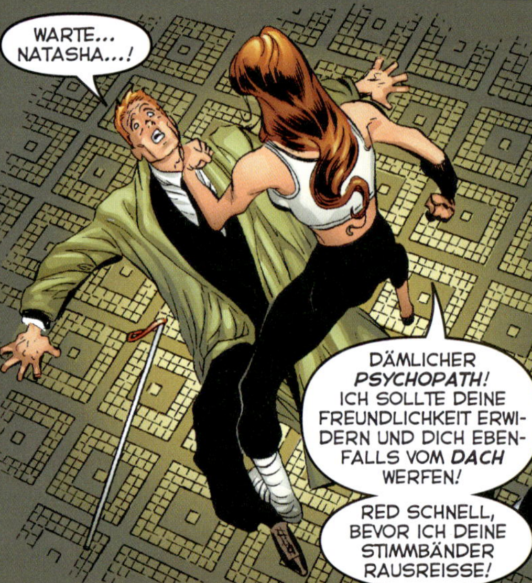

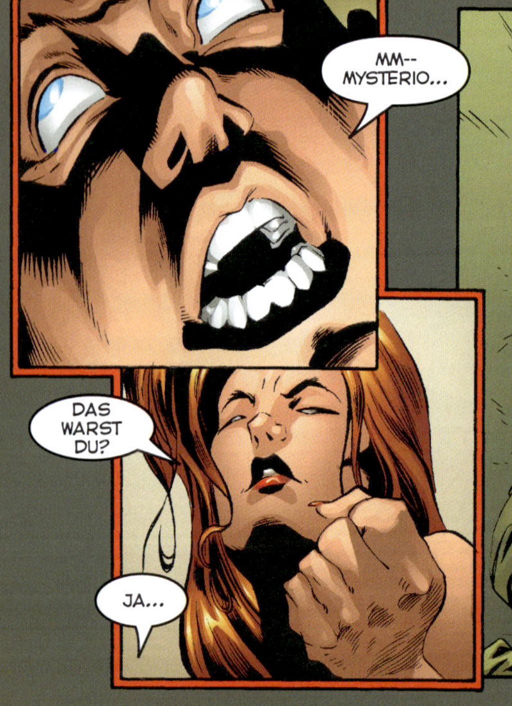

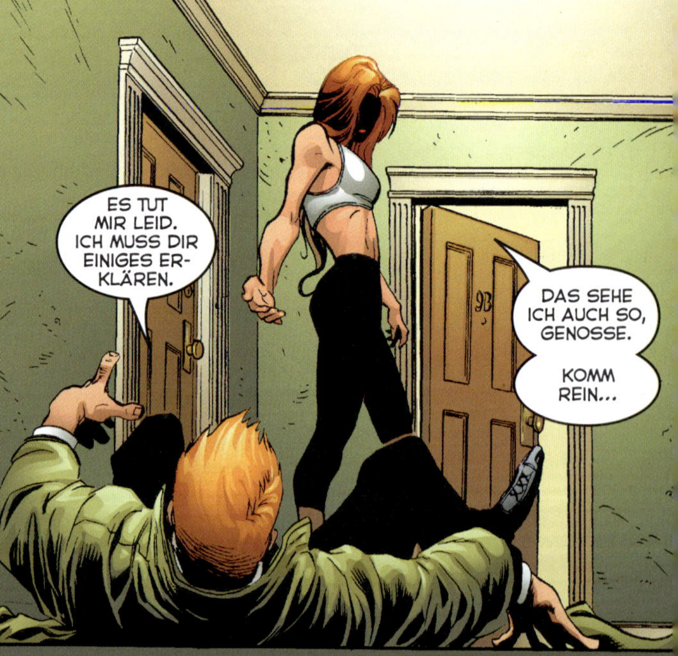

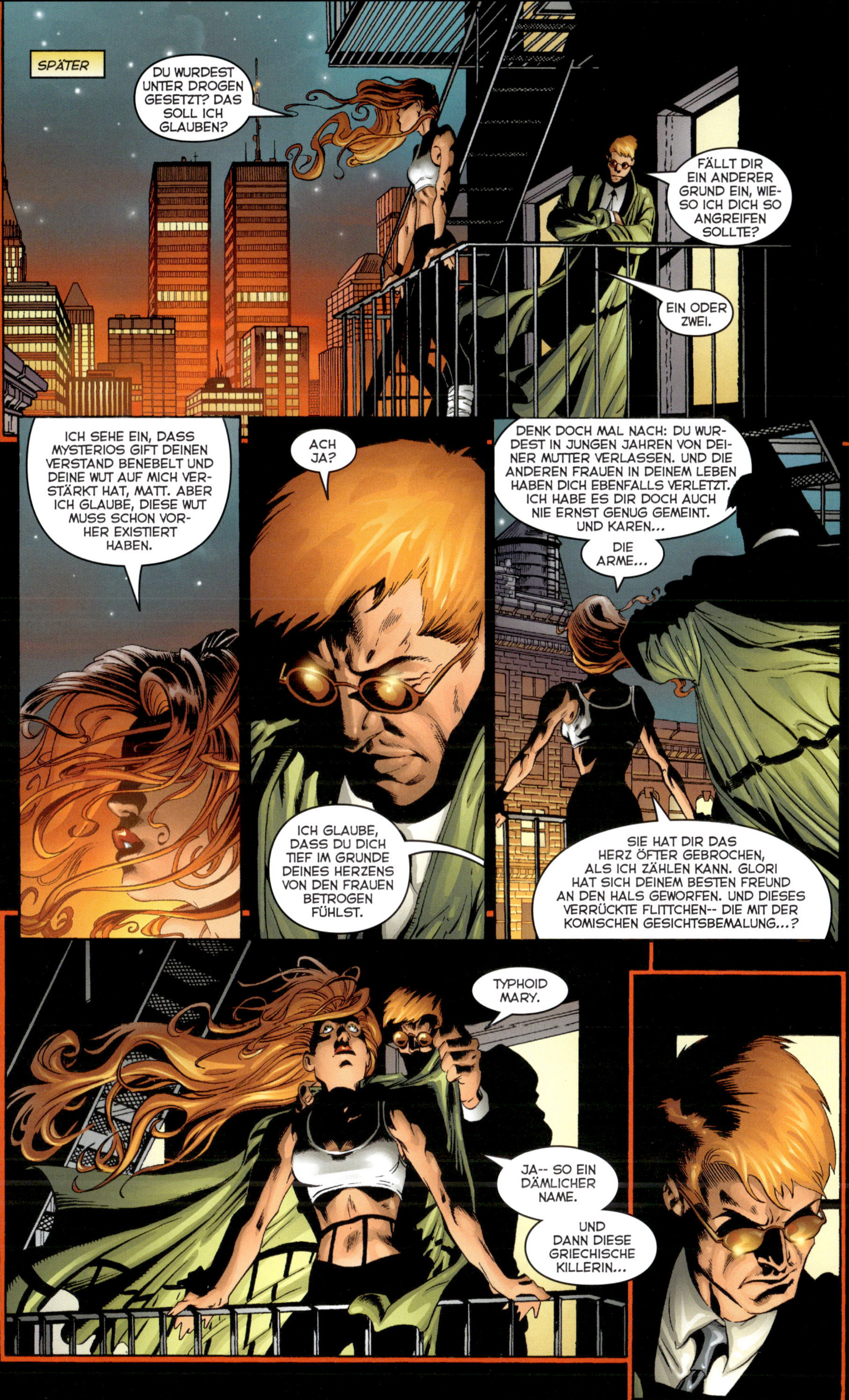
SPÄTER
DU WURDEST UNTER DROGEN GESETZT? DAS SOLL ICH GLAUBEN?
FÄLLT DIR EIN ANDERER GRUND EIN, WIESO ICH DICH SO ANGREIFEN SOLLTE?
EIN ODER ZWEI.
ICH SEHE EIN, DASS MYSTERIOS GIFT DEINEN VERSTAND BENEBELT UND DEINE WUT AUF MICH VERSTÄRKT HAT, MATT. ABER ICH GLAUBE, DIESE WUT MUSS SCHON VORHER EXISTIERT HABEN.
ACH JA?
ICH GLAUBE, DASS DU DICH TIEF IM GRUNDE DEINES HERZENS VON DEN FRAUEN BETROGEN FÜHLST.
DENK DOCH MAL NACH: DU WURDEST IN JUNGEN JAHREN VON DEINER MUTTER VERLASSEN. UND DIE ANDEREN FRAUEN IN DEINEM LEBEN HABEN DICH EBENFALLS VERLETZT. ICH HABE ES DIR DOCH AUCH NIE ERNST GENUG GEMEINT. UND KAREN...
DIE ARME...
SIE HAT DIR DAS HERZ ÖFTER GEBROCHEN, ALS ICH ZÄHLEN KANN. GLORI HAT SICH DEINEM BESTEN FREUND AN DEN HALS GEWORFEN. UND DIESES VERRÜCKTE FLITTCHEN-- DIE MIT DER KOMISCHEN GESICHTSBEMALUNG...?
TYPHOID MARY.
JA-- SO EIN DÄMLICHER NAME.
UND DANN DIESE GRIECHISCHE KILLERIN...

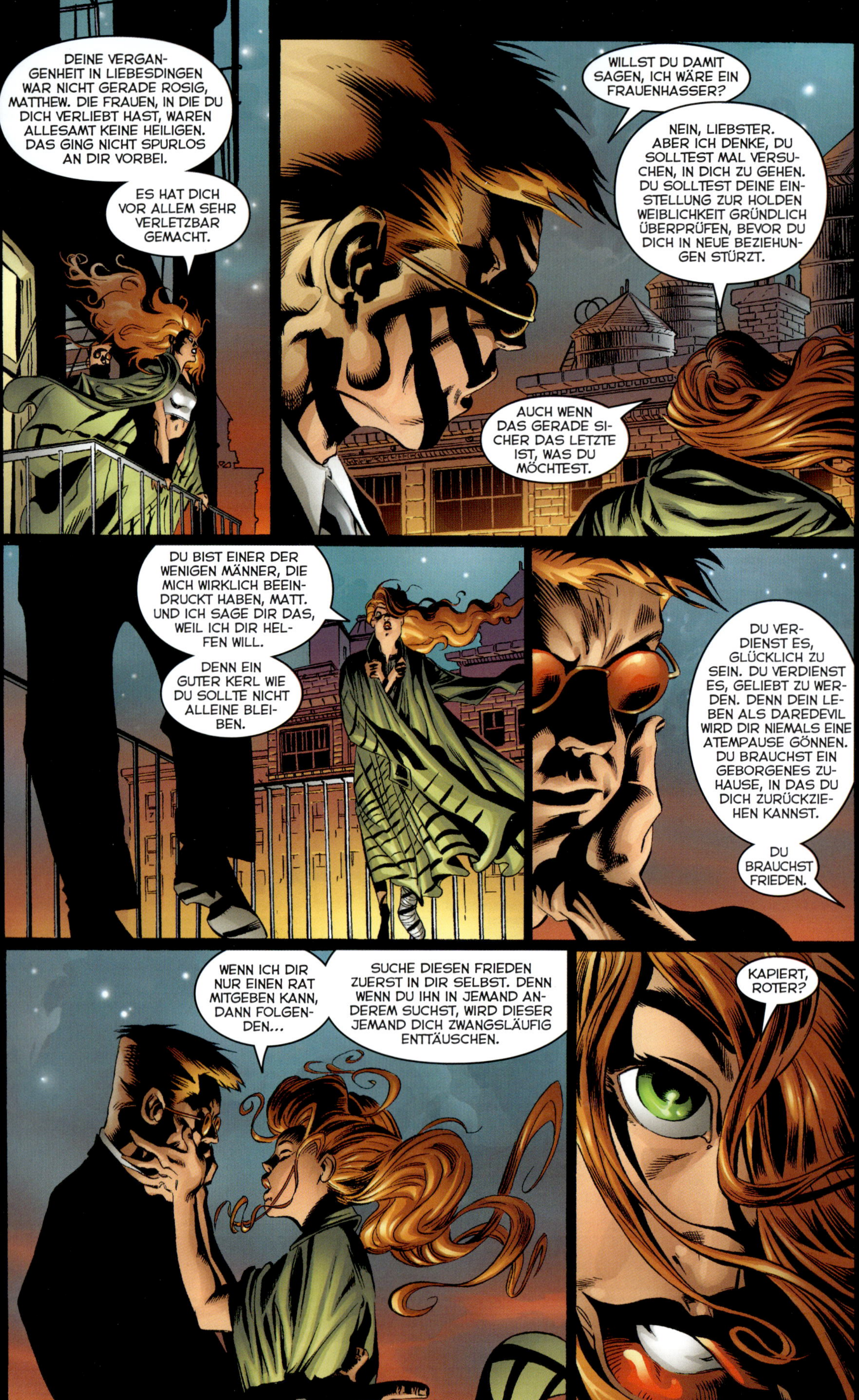
DEINE VERGANGENHEIT IN LIEBESDINGEN WAR NICHT GERADE ROSIG, MATTHEW. DIE FRAUEN, IN DIE DU DICH VERLIEBT HAST, WAREN ALLESAMT KEINE HEILIGEN. DAS GING NICHT SPURLOS AN DIR VORBEI.
ES HAT DICH VOR ALLEM SEHR VERLETZBAR GEMACHT.
WILLST DU DAMIT SAGEN, ICH WÄRE EIN FRAUENHASSER?
NEIN, LIEBSTER. ABER ICH DENKE, DU SOLLTEST MAL VERSUCHEN, IN DICH ZU GEHEN. DU SOLLTEST DEINE EINSTELLUNG ZUR HOLDEN WEIBLICHKEIT GRÜNDLICH ÜBERPRÜFEN, BEVOR DU DICH IN NEUE BEZIEHUNGEN STÜRZT.
AUCH WENN DAS GERADE SICHER DAS LETZTE IST, WAS DU MÖCHTEST.
DU BIST EINER DER WENIGEN MÄNNER, DIE MICH WIRKLICH BEEINDRUCKT HABEN, MATT. UND ICH SAGE DIR DAS, WEIL ICH DIR HELFEN WILL.
DENN EIN GUTER KERL WIE DU SOLLTE NICHT ALLEINE BLEIBEN.
DU VERDIENST ES, GLÜCKLICH ZU SEIN. DU VERDIENST ES, GELIEBT ZU WERDEN. DENN DEIN LEBEN ALS DAREDEVIL WIRD DIR NIEMALS EINE ATEMPAUSE GÖNNEN. DU BRAUCHST EIN GEBORGENES ZUHAUSE, IN DAS DU DICH ZURÜCKZIEHEN KANNST.
DU BRAUCHST FRIEDEN.
WENN ICH DIR NUR EINEN RAT MITGEBEN KANN, DANN FOLGENDEN...
SUCHE DIESEN FRIEDEN ZUERST IN DIR SELBST. DENN WENN DU IHN IN JEMAND ANDEREM SUCHST, WIRD DIESER JEMAND DICH ZWANGSLÄUFIG ENTTÄUSCHEN.
KAPIERT, ROTER?

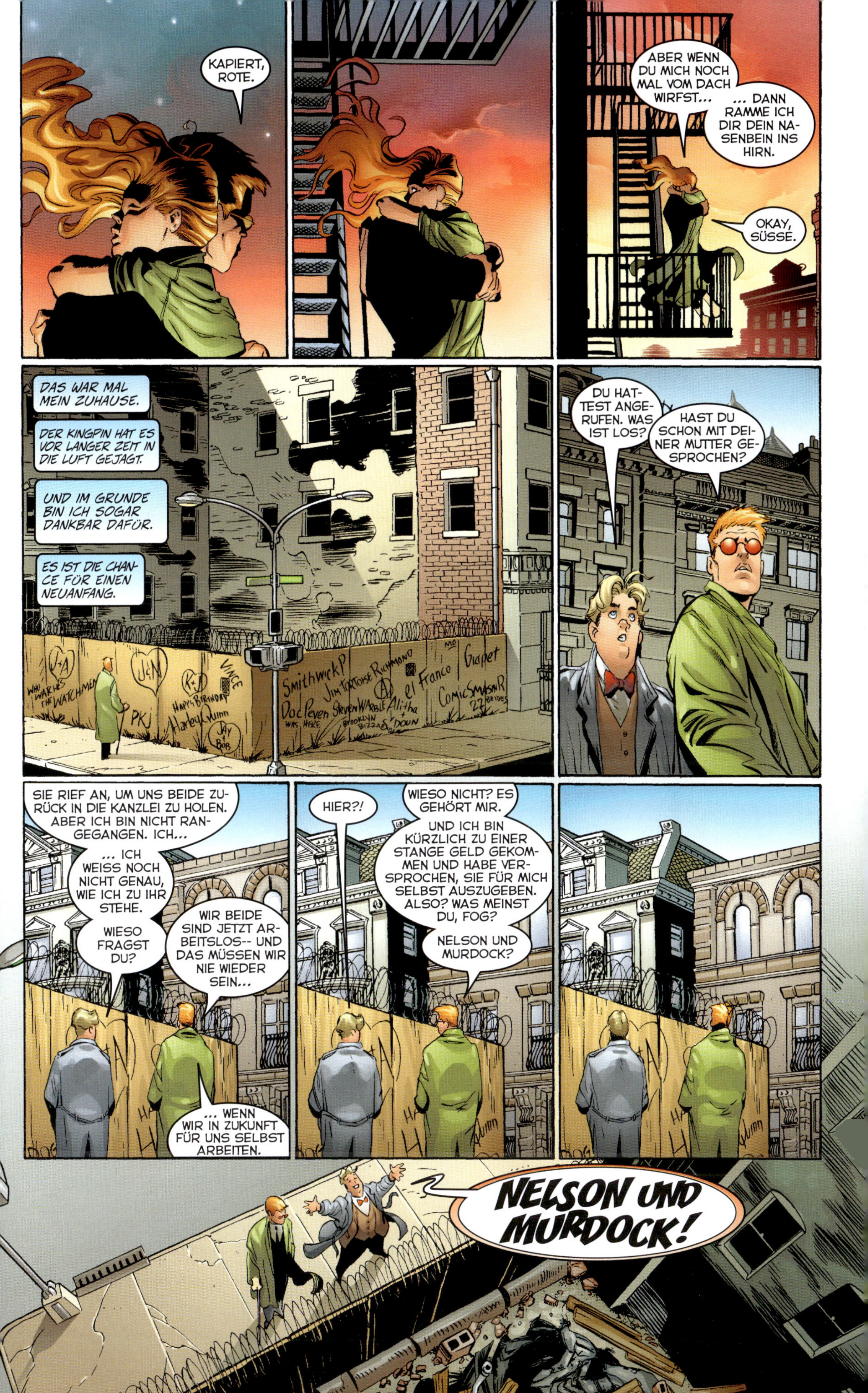

KAPIERT, ROTE.
ABER WENN DU MICH NOCH MAL VOM DACH WIRFST...
... DANN RAMME ICH DIR DEIN NASENBEIN INS HIRN.
... OKAY, SÜSSE.
DAS WAR MAL MEIN ZUHAUSE.
DER KINGPIN HAT ES VOR LANGER ZEIT IN DIE LUFT GEJAGT.
UND IM GRUNDE BIN ICH SOGAR DANKBAR DAFÜR.
ES IST DIE CHANCE FÜR EINEN NEUANFANG.
DU HATTEST ANGERUFEN. WAS IST LOS?
HAST DU SCHON MIT DEINER MUTTER GESPROCHEN?
SIE RIEF AN, UM UNS BEIDE ZURÜCK IN DIE KANZLEI ZU HOLEN. ABER ICH BIN NICHT RANGEGANGEN. ICH...
... ICH WEISS NOCH NICHT GENAU, WIE ICH ZU IHR STEHE.
WIESO FRAGST DU?
WIR BEIDE SIND JETZT ARBEITSLOS-- UND DAS MÜSSEN WIR NIE WIEDER SEIN...
... WENN WIR IN ZUKUNFT FÜR UNS SELBST ARBEITEN.
HIER?!
WIESO NICHT? ES GEHÖRT MIR.
UND ICH BIN KÜRZLICH ZU EINER STANGE GELD GEKOMMEN UND HABE VERSPROCHEN, SIE FÜR MICH SELBST AUSZUGEBEN. ALSO? WAS MEINST DU, FOG?
NELSON UND MURDOCK?
NELSON UND MURDOCK!

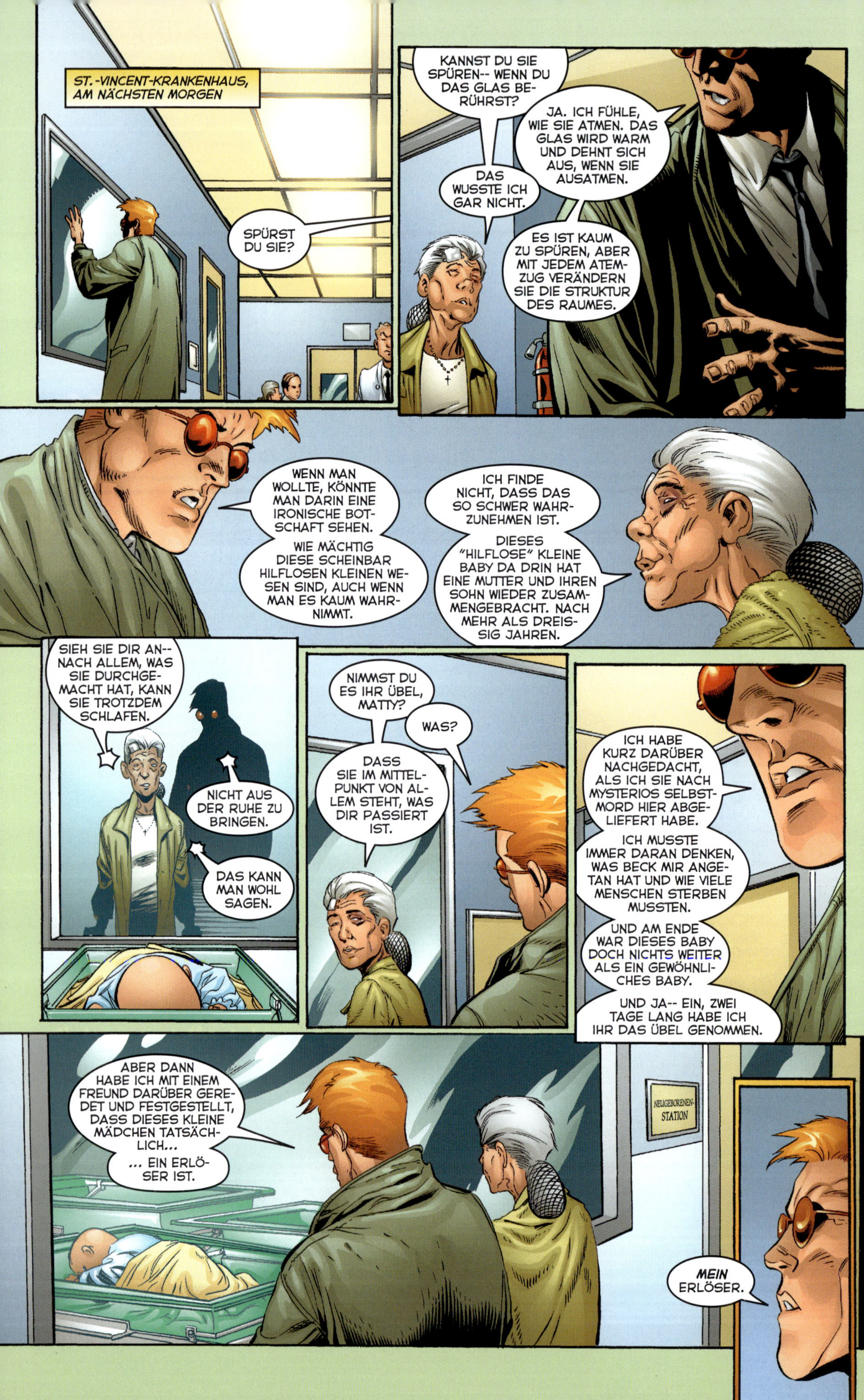
ST.-VINCENT-KRANKENHAUS, AM NÄCHSTEN MORGEN
SPÜRST DU SIE?
KANNST DU SIE SPÜREN-- WENN DU DAS GLAS BERÜHRST?
JA. ICH FÜHLE, WIE SIE ATMEN. DAS GLAS WIRD WARM UND DEHNT SICH AUS, WENN SIE AUSATMEN.
DAS WUSSTE ICH GAR NICHT.
ES IST KAUM ZU SPÜREN, ABER MIT JEDEM ATEMZUG VERÄNDERN SIE DIE STRUKTUR DES RAUMES.
WENN MAN WOLLTE, KÖNNTE MAN DARIN EINE IRONISCHE BOTSCHAFT SEHEN.
WIE MÄCHTIG DIESE SCHEINBAR HILFLOSEN KLEINEN WESEN SIND, AUCH WENN MAN ES KAUM WAHRNIMMT.
ICH FINDE NICHT, DASS DAS SO SCHWER WAHRZUNEHMEN IST.
DIESES "HILFLOSE" KLEINE BABY DA DRIN HAT EINE MUTTER UND IHREN SOHN WIEDER ZUSAMMENGEBRACHT. NACH MEHR ALS DREISSIG JAHREN.
SIEH SIE DIR AN-- NACH ALLEM, WAS SIE DURCHGEMACHT HAT, KANN SIE TROTZDEM SCHLAFEN.
NICHT AUS DER RUHE ZU BRINGEN.
DAS KANN MAN WOHL SAGEN.
NIMMST DU ES IHR ÜBEL, MATTY?
WAS?
DASS SIE IM MITTELPUNKT VON ALLEM STEHT, WAS DIR PASSIERT IST.
ICH HABE KURZ DARÜBER NACHGEDACHT, ALS ICH SIE NACH MYSTERIOS SELBSTMORD HIER ABGELIEFERT HABE.
ICH MUSSTE IMMER DARAN DENKEN, WAS BECK MIR ANGETAN HAT UND WIE VIELE MENSCHEN STERBEN MUSSTEN.
UND AM ENDE WAR DIESES BABY DOCH NICHTS WEITER ALS EIN GEWÖHNLICHES BABY.
UND JA-- EIN, ZWEI TAGE LANG HABE ICH IHR DAS ÜBEL GENOMMEN.
ABER DANN HABE ICH MIT EINEM FREUND DARÜBER GEREDET UND FESTGESTELLT, DASS DIESES KLEINE MÄDCHEN TATSÄCHLICH...
... EIN ERLÖSER IST.
NEUGEBORENEN-STATION
MEIN ERLÖSER.

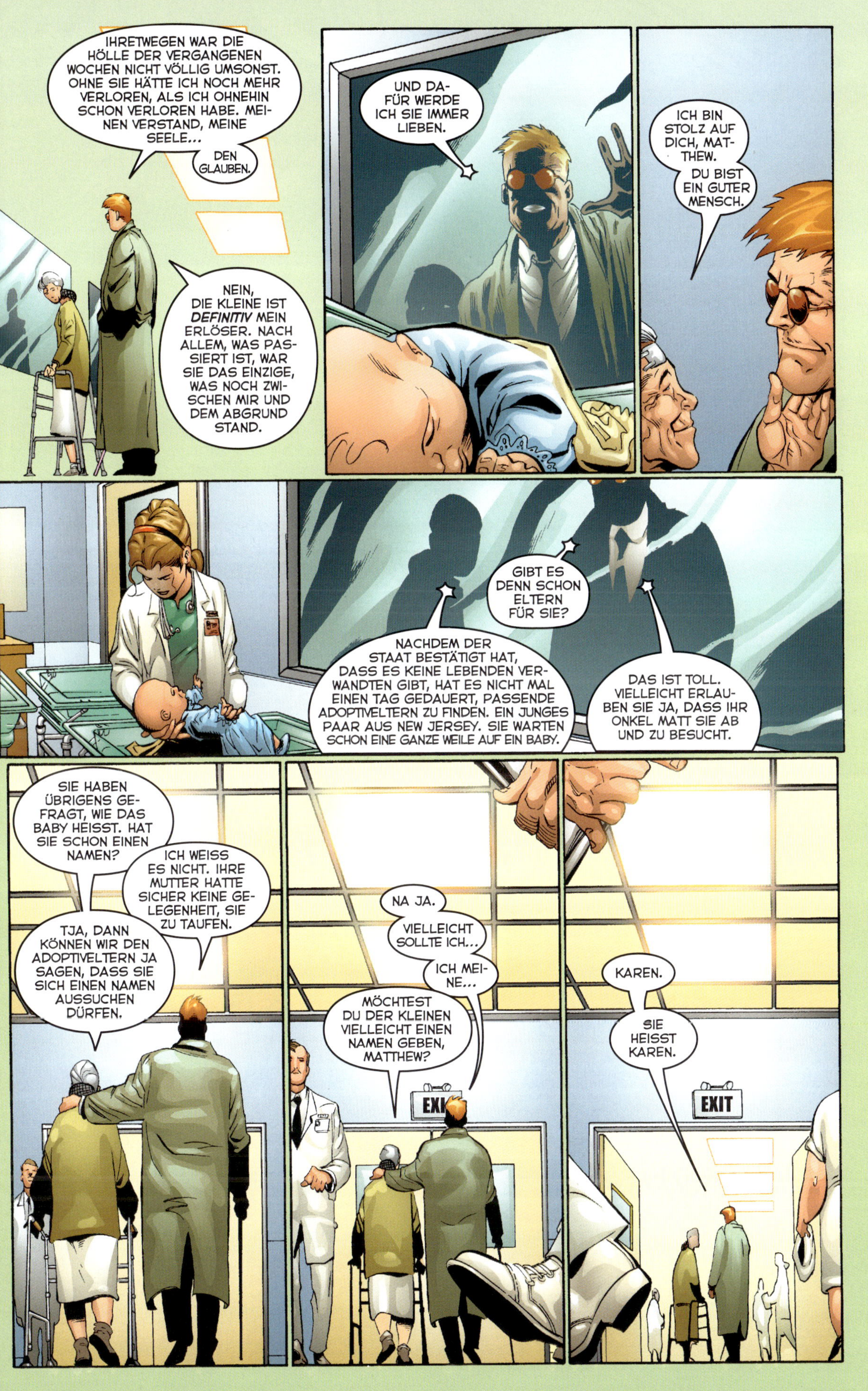
IHRETWEGEN WAR DIE HÖLLE DER VERGANGENEN WOCHEN NICHT VÖLLIG UMSONST. OHNE SIE HÄTTE ICH NOCH MEHR VERLOREN, ALS ICH OHNEHIN SCHON VERLOREN HABE. MEINEN VERSTAND, MEINE SEELE...
DEN GLAUBEN.
NEIN, DIE KLEINE IST *DEFINITIV* MEIN ERLÖSER. NACH ALLEM, WAS PASSIERT IST, WAR SIE DAS EINZIGE, WAS NOCH ZWISCHEN MIR UND DEM ABGRUND STAND.
UND DAFÜR WERDE ICH SIE IMMER LIEBEN.
ICH BIN STOLZ AUF DICH, MATTHEW.
DU BIST EIN GUTER MENSCH.
GIBT ES DENN SCHON ELTERN FÜR SIE?
NACHDEM DER STAAT BESTÄTIGT HAT, DASS ES KEINE LEBENDEN VERWANDTEN GIBT, HAT ES NICHT MAL EINEN TAG GEDAUERT, PASSENDE ADOPTIVELTERN ZU FINDEN. EIN JUNGES PAAR AUS NEW JERSEY. SIE WARTEN SCHON EINE GANZE WEILE AUF EIN BABY.
DAS IST TOLL. VIELLEICHT ERLAUBEN SIE JA, DASS IHR ONKEL MATT SIE AB UND ZU BESUCHT.
SIE HABEN ÜBRIGENS GEFRAGT, WIE DAS BABY HEISST. HAT SIE SCHON EINEN NAMEN?
ICH WEISS ES NICHT. IHRE MUTTER HATTE SICHER KEINE GELEGENHEIT, SIE ZU TAUFEN.
TJA, DANN KÖNNEN WIR DEN ADOPTIVELTERN JA SAGEN, DASS SIE SICH EINEN NAMEN AUSSUCHEN DÜRFEN.
NA JA.
VIELLEICHT SOLLTE ICH...
ICH MEINE...
MÖCHTEST DU DER KLEINEN VIELLEICHT EINEN NAMEN GEBEN, MATTHEW?
KAREN.
SIE HEISST KAREN.
EXIT

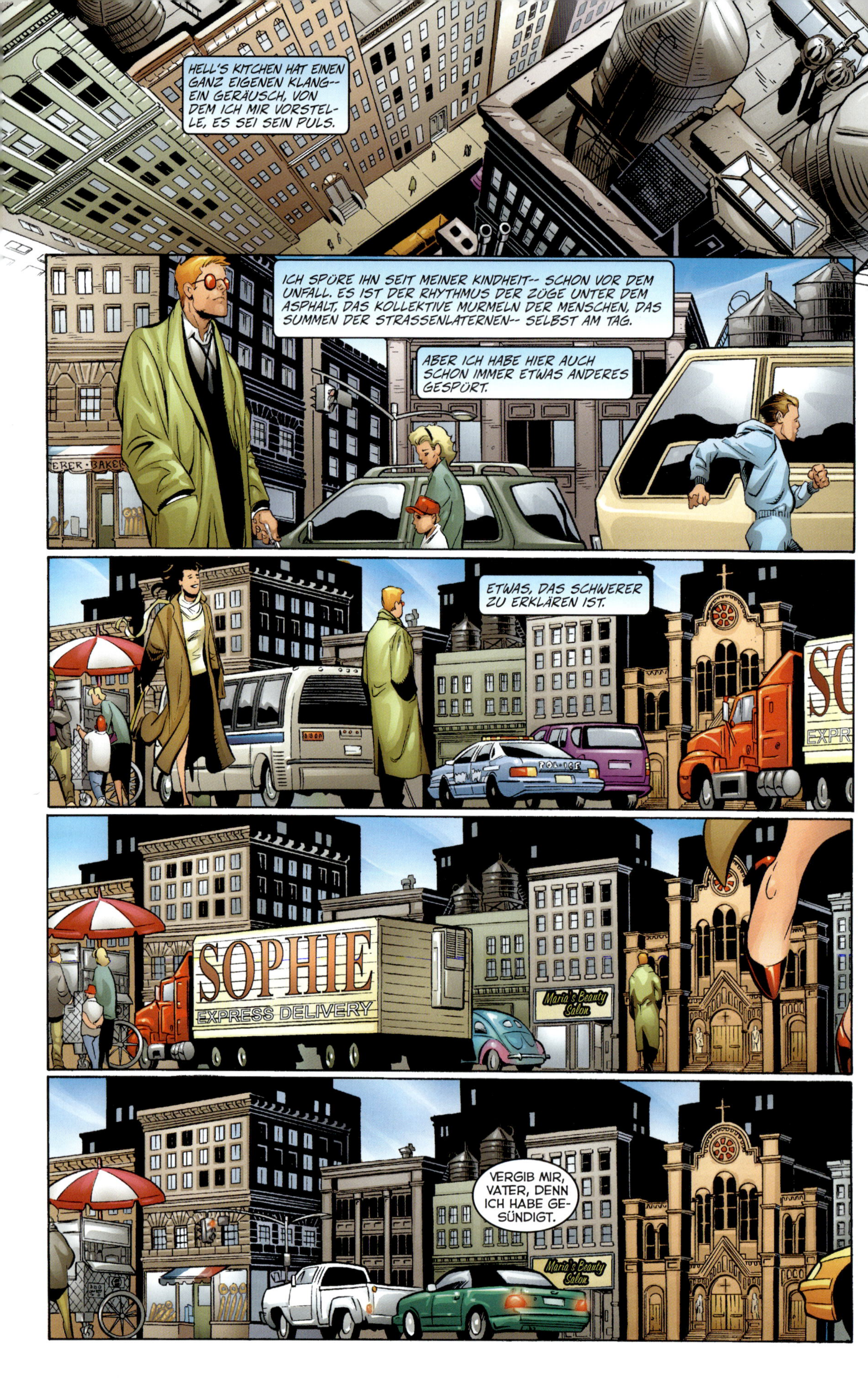
HELL'S KITCHEN HAT EINEN GANZ EIGENEN KLANG-- EIN GERÄUSCH, VON DEM ICH MIR VORSTELLE, ES SEI SEIN PULS.
ICH SPÜRE IHN SEIT MEINER KINDHEIT-- SCHON VOR DEM UNFALL. ES IST DER RHYTHMUS DER ZÜGE UNTER DEM ASPHALT, DAS KOLLEKTIVE MURMELN DER MENSCHEN, DAS SUMMEN DER STRASSENLATERNEN-- SELBST AM TAG.
ABER ICH HABE HIER AUCH SCHON IMMER ETWAS ANDERES GESPÜRT.
ETWAS, DAS SCHWERER ZU ERKLÄREN IST.
SOPHIE
EXPRESS DELIVERY
Maria's Beauty Salon
VERGIB MIR, VATER, DENN ICH HABE GESÜNDIGT.
Maria's Beauty Salon

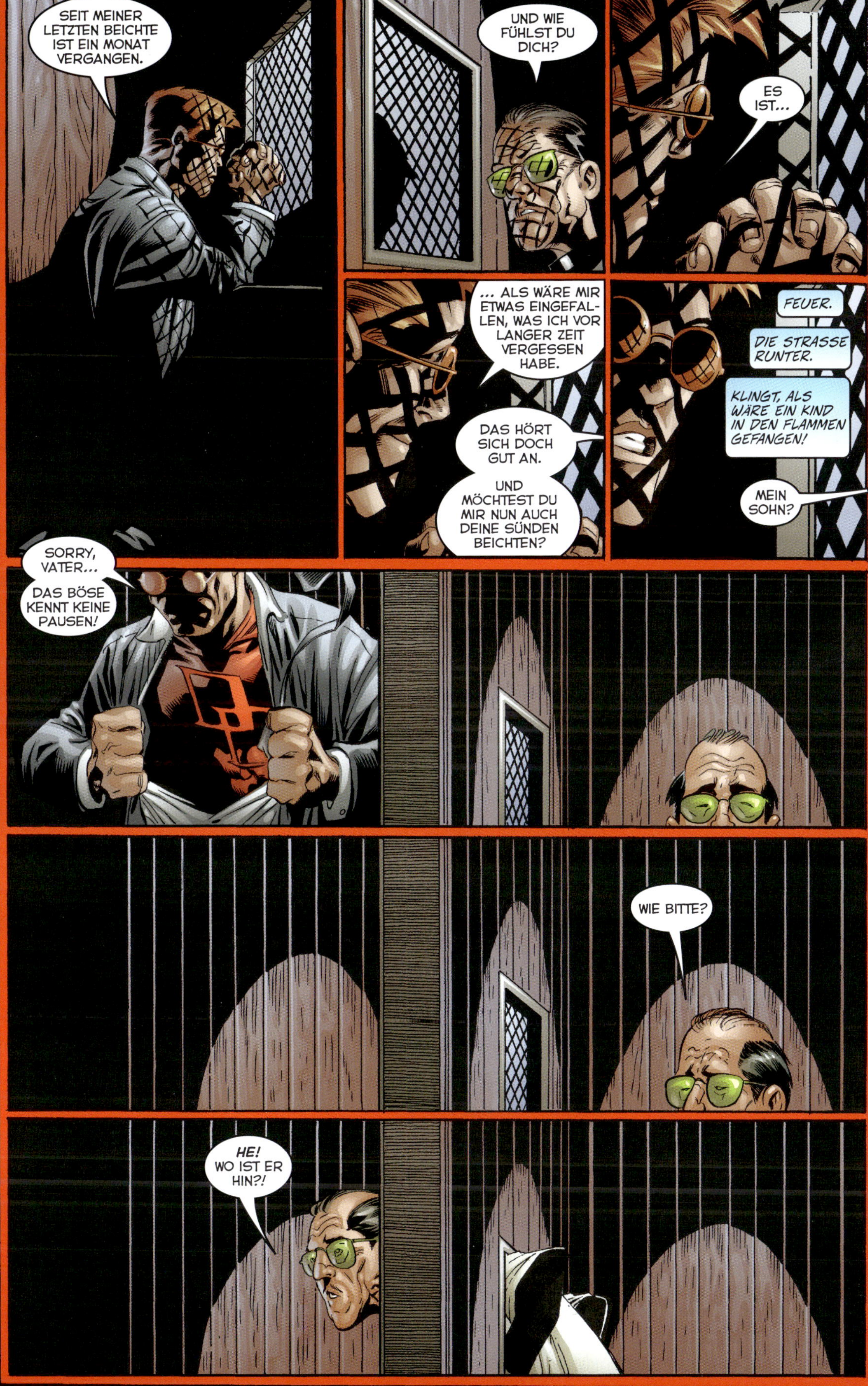
SEIT MEINER LETZTEN BEICHTE IST EIN MONAT VERGANGEN.
UND WIE FÜHLST DU DICH?
ES IST...
... ALS WÄRE MIR ETWAS EINGEFALLEN, WAS ICH VOR LANGER ZEIT VERGESSEN HABE.
DAS HÖRT SICH DOCH GUT AN.
UND MÖCHTEST DU MIR NUN AUCH DEINE SÜNDEN BEICHTEN?
FEUER.
DIE STRASSE RUNTER.
KLINGT, ALS WÄRE EIN KIND IN DEN FLAMMEN GEFANGEN!
MEIN SOHN?
SORRY, VATER...
DAS BÖSE KENNT KEINE PAUSEN!
WIE BITTE?
HE! WO IST ER HIN?!

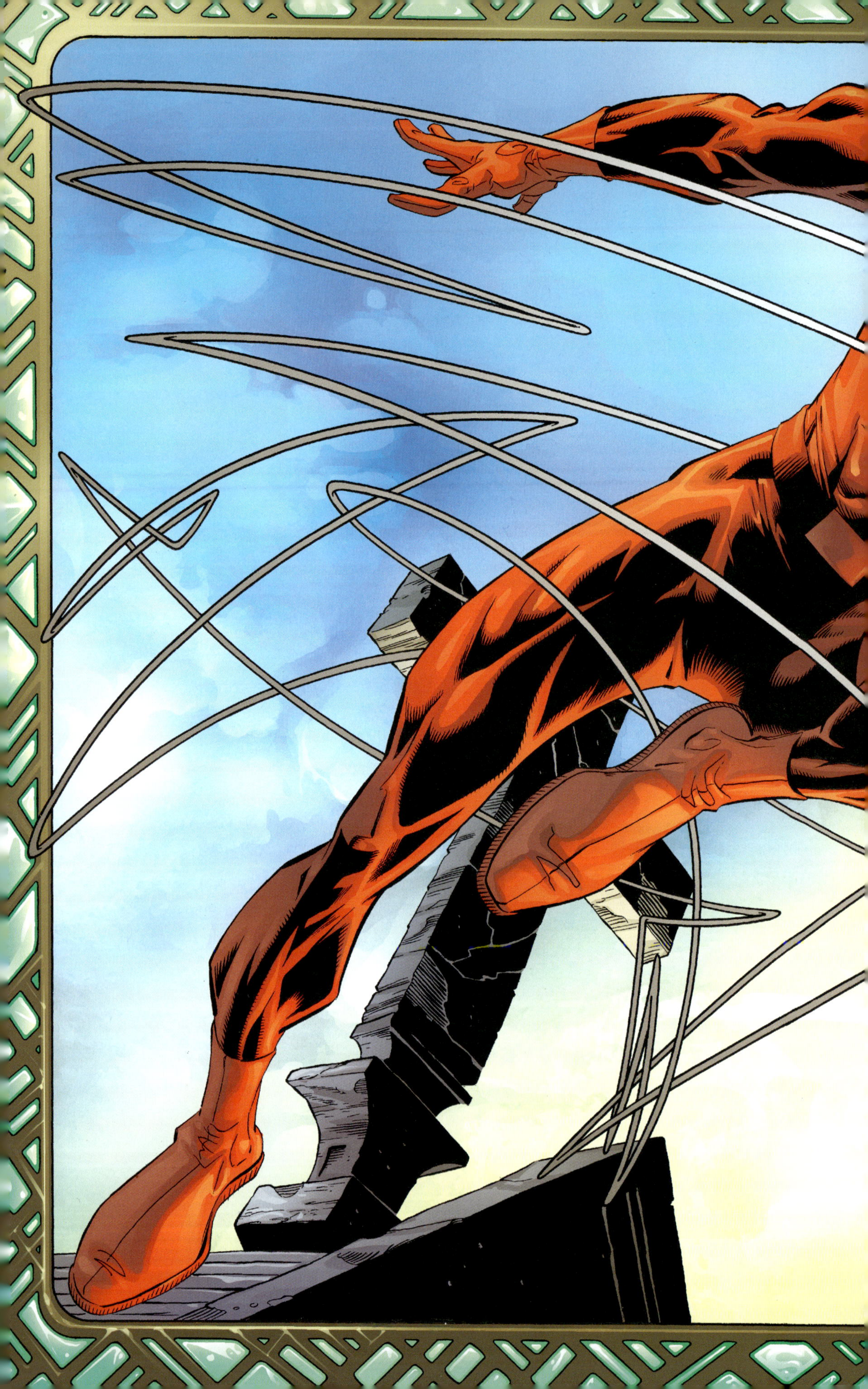

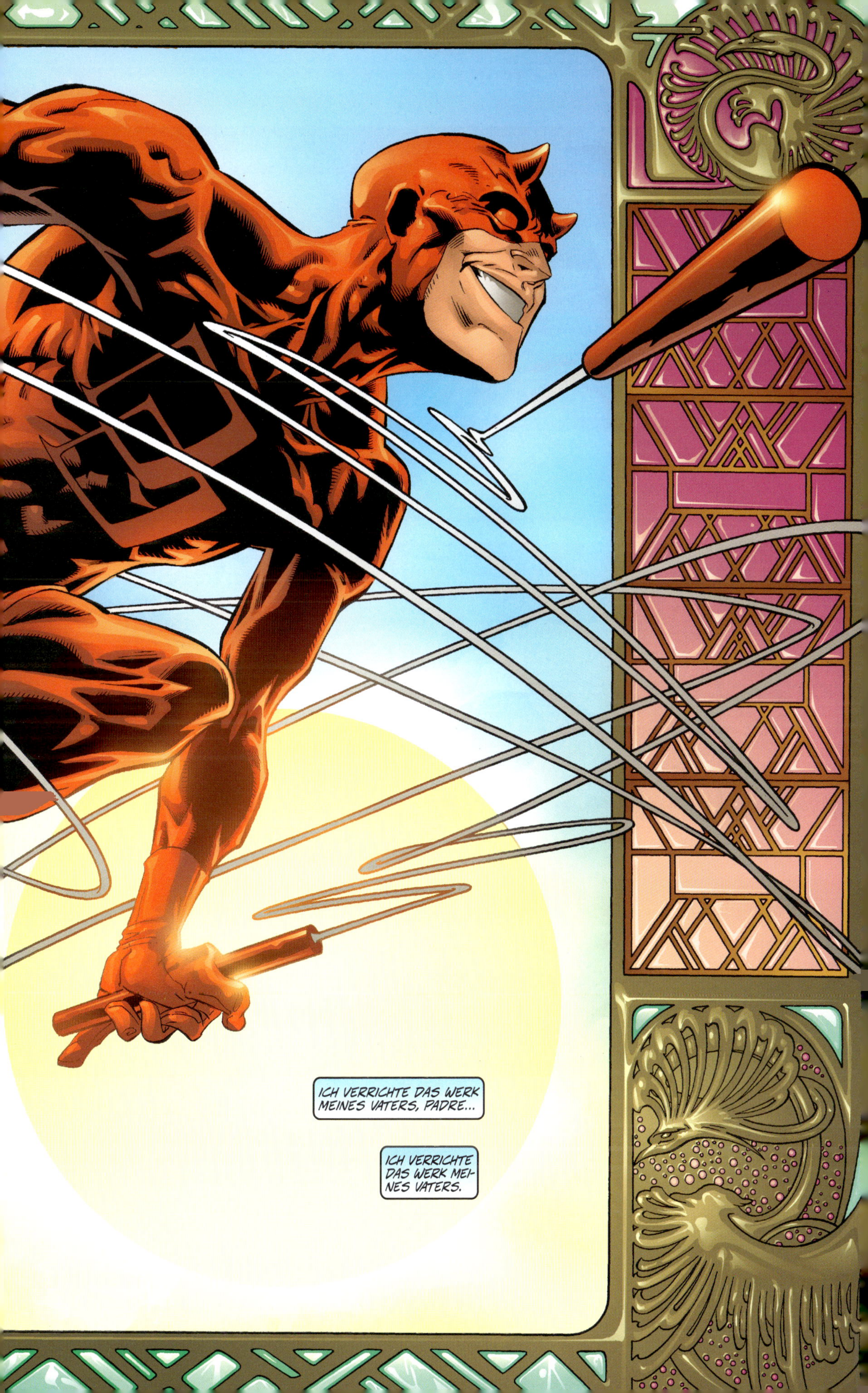
ICH VERRICHTE DAS WERK MEINES VATERS, PADRE...
ICH VERRICHTE DAS WERK MEI- NES VATERS.

TEUFLISCHE PLÄNE

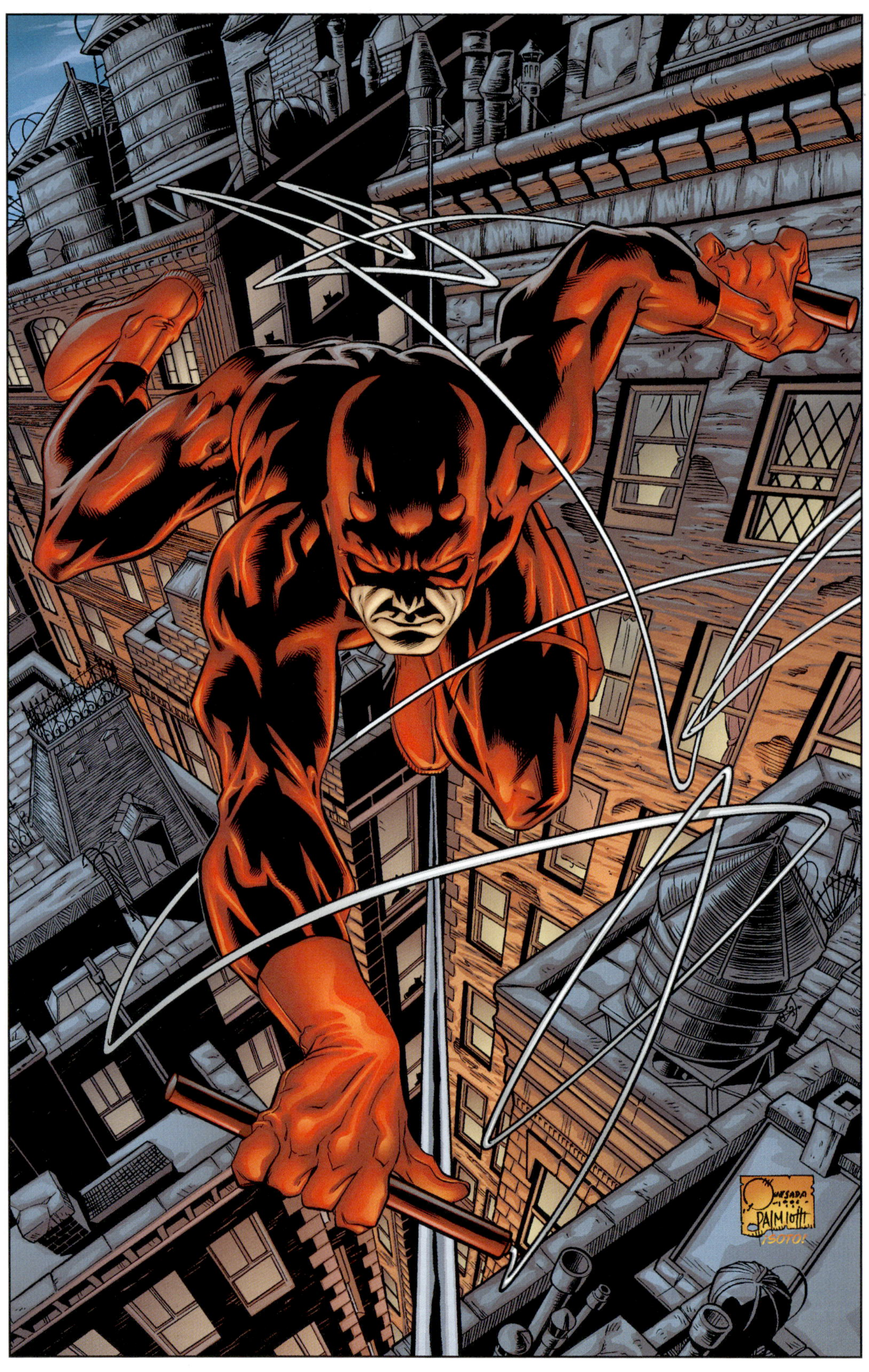

Daredevil (1998) 1/2
Cover von **JOE QUESADA**

Eine milde Winternacht in New York, Lower West Side. Zwei Männer kommen zusammen, um über das Schicksal eines Dritten zu entscheiden.

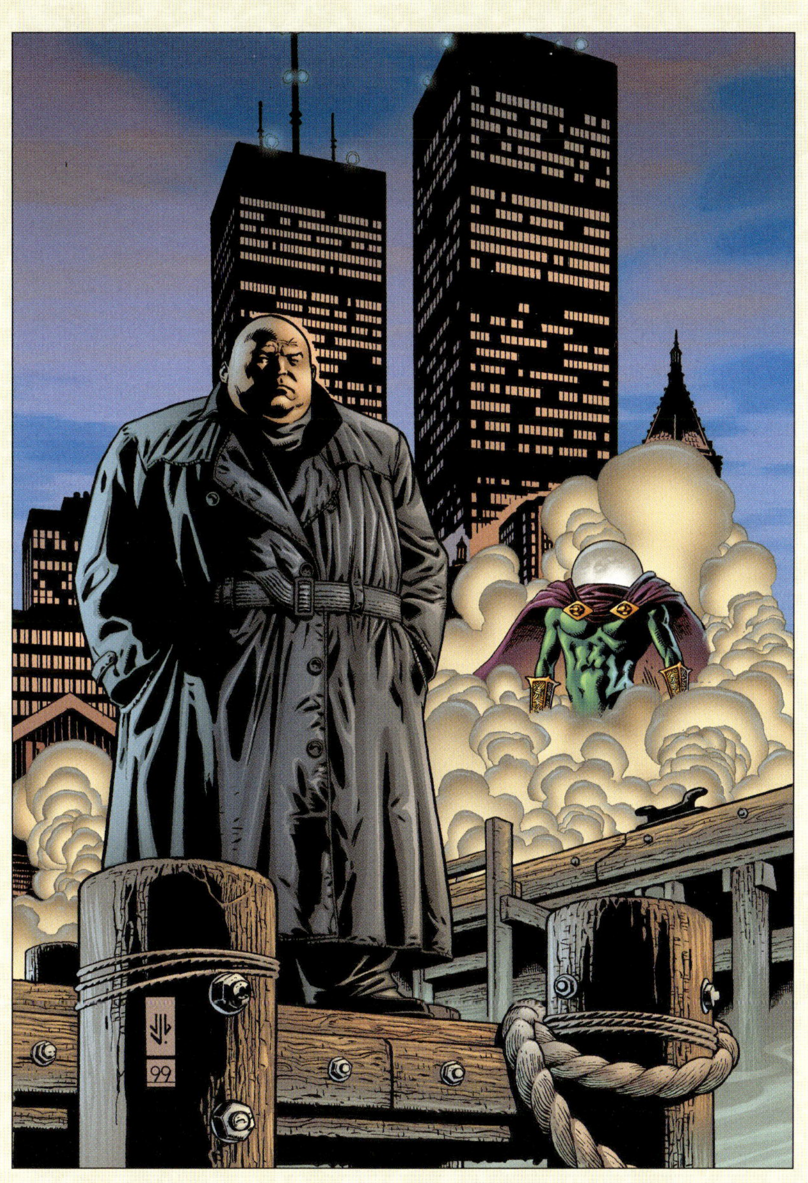

TEUFLISCHE PLÄNE

"Um Daredevil zu verstehen, muss man den Mann hinter der Maske kennen", eröffnet der riesige Wilson Fisk, besser bekannt als der Kingpin, das Gespräch. "Und wer das tut, weiß darum, um wie viel größer die Kraft des menschlichen Geistes als die des Körpers ist."

"Erzähl mir mehr von ihm", fordert ihn der andere auf. Es ist Mysterio, der Illusionist. Wie üblich verbirgt ein Helm sein Gesicht. Der synthetische Rauch, der aus verborgenen Düsen unter seinem Kostüm hervordringt, vermischt sich mit dem Nebel, der vom Hudson aufsteigt.

"Wie du willst." Fisk neigt den Kopf etwas zur Seite, um nicht in das eigene Spiegelbild auf Mysterios Helm blicken zu müssen. "Er heißt Matthew Murdock", seufzt Kingpin. Er muss sich dazu zwingen, das größte, wertvollste Geheimnis seiner jahrelangen Nachforschungen zu verraten. "Er ist der Sohn eines Boxers."

"Eines Boxers?"

"Ja, eines typischen Versagers, dessen Frau ihn mit seinem Sohn sitzen ließ, als Matt Murdock noch ein Kind war. John Murdock schlug sich in den Boxringen in Hell's Kitchen durch, dem Ghetto, in dem sie lebten. Man nannte ihn 'Battlin' Jack'."

"Und er lehrte seinen Sohn zu kämpfen?"

"Im Gegenteil. Er bestand darauf, dass sein Sohn sich auf die Schule konzentrierte, um eines Tages das Ghetto hinter sich zu lassen. Aber der junge Matthew musste schnell lernen, dass in der brutalen Welt der Jugendlichen nur nackte Gewalt zählt. Er wurde schikaniert und verprügelt, die anderen Kinder nannten ihn 'Daredevil' – 'Teufelskerl' –, um ihn zu ärgern. Wahrscheinlich ist das der Grund, weshalb er später diesen Namen gewählt hat."

"Wahrscheinlich."

"Matt Murdock begann, im Geheimen zu trainieren, um nicht den Zorn seines Vaters auf sich zu ziehen. Und er wurde zum Unruhestifter, hielt die Polizisten des Viertels mit harmlosen Streichen auf Trab."

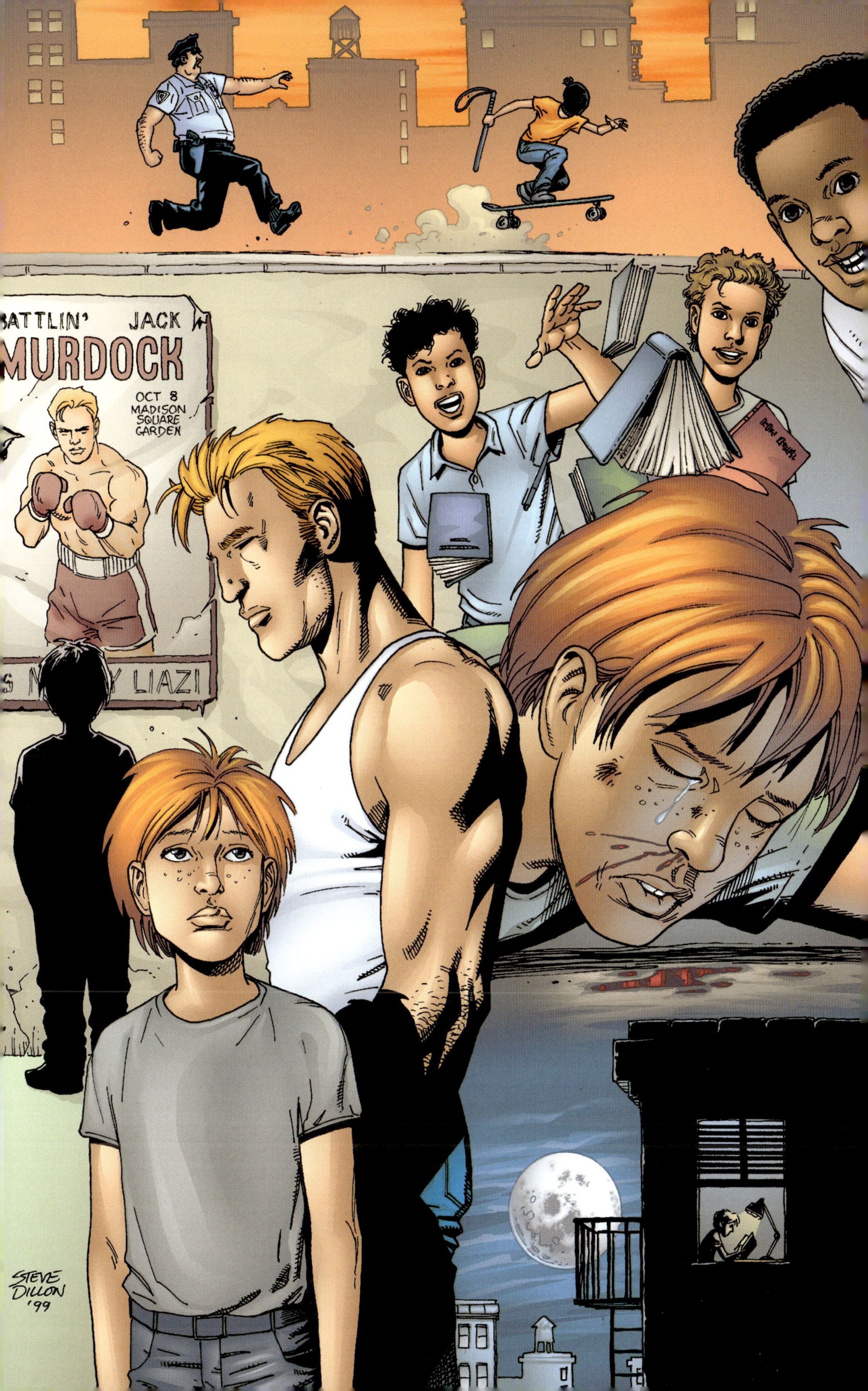
BATTLIN' JACK
MURDOCK
OCT 8
MADISON
SQUARE
GARDEN
STEVE
DILLON
'99

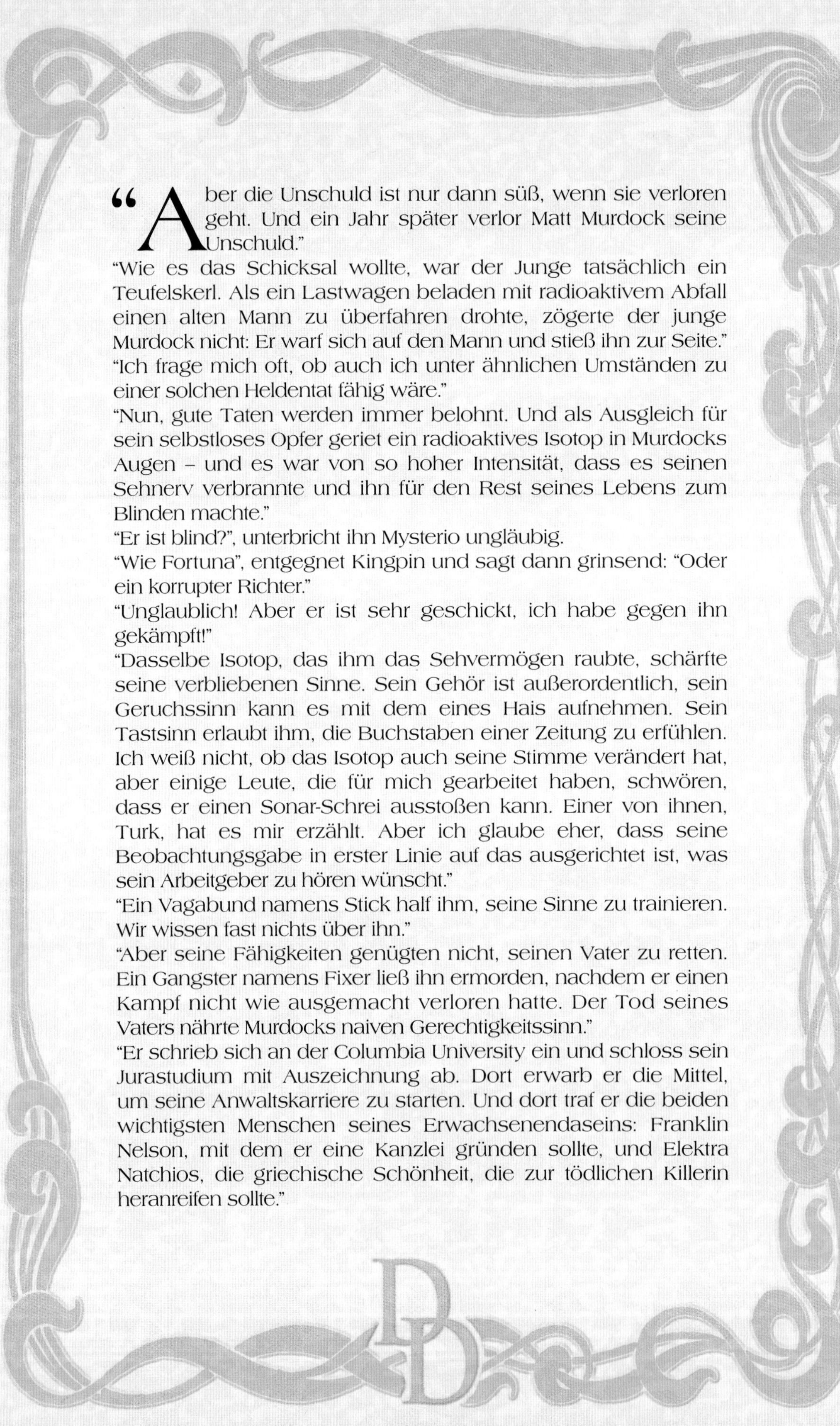

“Aber die Unschuld ist nur dann süß, wenn sie verloren geht. Und ein Jahr später verlor Matt Murdock seine Unschuld.”

“Wie es das Schicksal wollte, war der Junge tatsächlich ein Teufelskerl. Als ein Lastwagen beladen mit radioaktivem Abfall einen alten Mann zu überfahren drohte, zögerte der junge Murdock nicht: Er warf sich auf den Mann und stieß ihn zur Seite.”

“Ich frage mich oft, ob auch ich unter ähnlichen Umständen zu einer solchen Heldentat fähig wäre.”

“Nun, gute Taten werden immer belohnt. Und als Ausgleich für sein selbstloses Opfer geriet ein radioaktives Isotop in Murdocks Augen – und es war von so hoher Intensität, dass es seinen Sehnerv verbrannte und ihn für den Rest seines Lebens zum Blinden machte.”

“Er ist blind?”, unterbricht ihn Mysterio ungläubig.

“Wie Fortuna”, entgegnet Kingpin und sagt dann grinsend: “Oder ein korrupter Richter.”

“Unglaublich! Aber er ist sehr geschickt, ich habe gegen ihn gekämpft!”

“Dasselbe Isotop, das ihm das Sehvermögen raubte, schärfte seine verbliebenen Sinne. Sein Gehör ist außerordentlich, sein Geruchssinn kann es mit dem eines Hais aufnehmen. Sein Tastsinn erlaubt ihm, die Buchstaben einer Zeitung zu erfühlen. Ich weiß nicht, ob das Isotop auch seine Stimme verändert hat, aber einige Leute, die für mich gearbeitet haben, schwören, dass er einen Sonar-Schrei ausstoßen kann. Einer von ihnen, Turk, hat es mir erzählt. Aber ich glaube eher, dass seine Beobachtungsgabe in erster Linie auf das ausgerichtet ist, was sein Arbeitgeber zu hören wünscht.”

“Ein Vagabund namens Stick half ihm, seine Sinne zu trainieren. Wir wissen fast nichts über ihn.”

“Aber seine Fähigkeiten genügten nicht, seinen Vater zu retten. Ein Gangster namens Fixer ließ ihn ermorden, nachdem er einen Kampf nicht wie ausgemacht verloren hatte. Der Tod seines Vaters nährte Murdocks naiven Gerechtigkeitssinn.”

“Er schrieb sich an der Columbia University ein und schloss sein Jurastudium mit Auszeichnung ab. Dort erwarb er die Mittel, um seine Anwaltskarriere zu starten. Und dort traf er die beiden wichtigsten Menschen seines Erwachsenendaseins: Franklin Nelson, mit dem er eine Kanzlei gründen sollte, und Elektra Natchios, die griechische Schönheit, die zur tödlichen Killerin heranreifen sollte.”

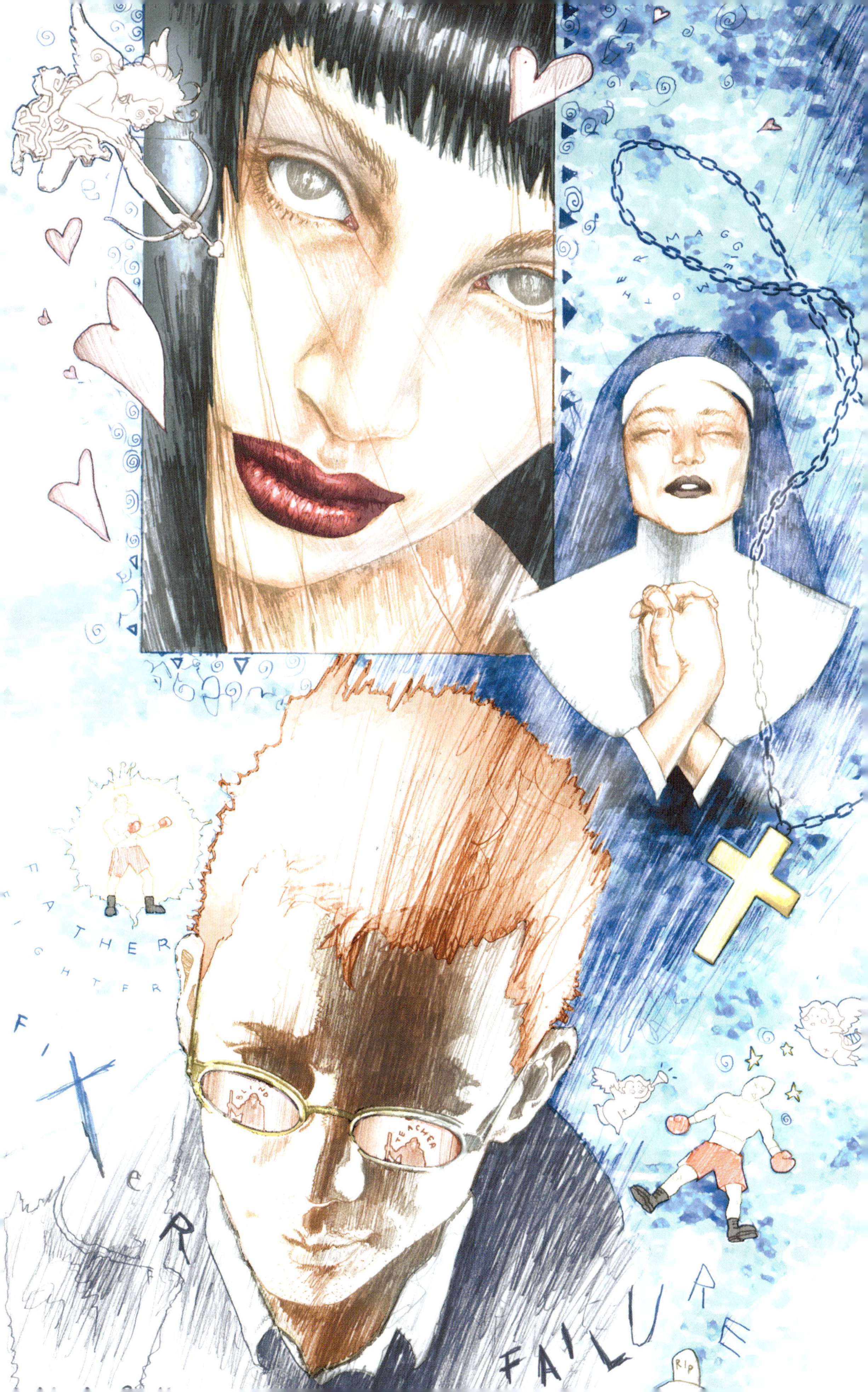
FATHER
FAILURE
RIP

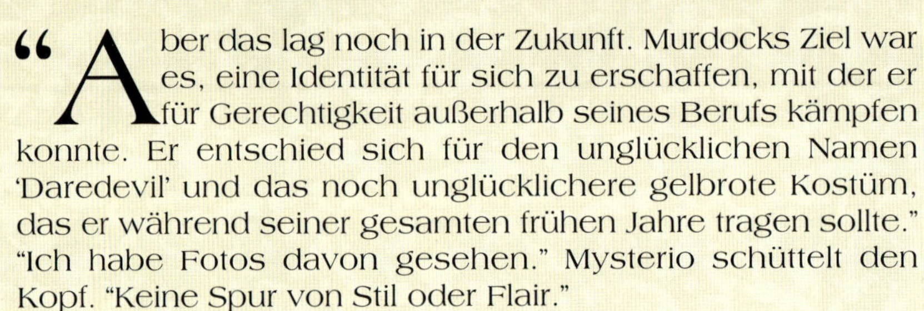

"Aber das lag noch in der Zukunft. Murdocks Ziel war es, eine Identität für sich zu erschaffen, mit der er für Gerechtigkeit außerhalb seines Berufs kämpfen konnte. Er entschied sich für den unglücklichen Namen 'Daredevil' und das noch unglücklichere gelbrote Kostüm, das er während seiner gesamten frühen Jahre tragen sollte."

"Ich habe Fotos davon gesehen." Mysterio schüttelt den Kopf. "Keine Spur von Stil oder Flair."

Kingpin geht nicht auf die Bemerkung des Mannes mit dem Goldfischglas auf dem Kopf ein. "Die meiste Zeit danach trug er das rote Kostüm, das uns allen vertraut ist. Eine Zeit lang benutzte er ein gepanzertes Kostüm. Aber – wie bei den Leuten in dieser Branche üblich – hielt das nicht lange an."

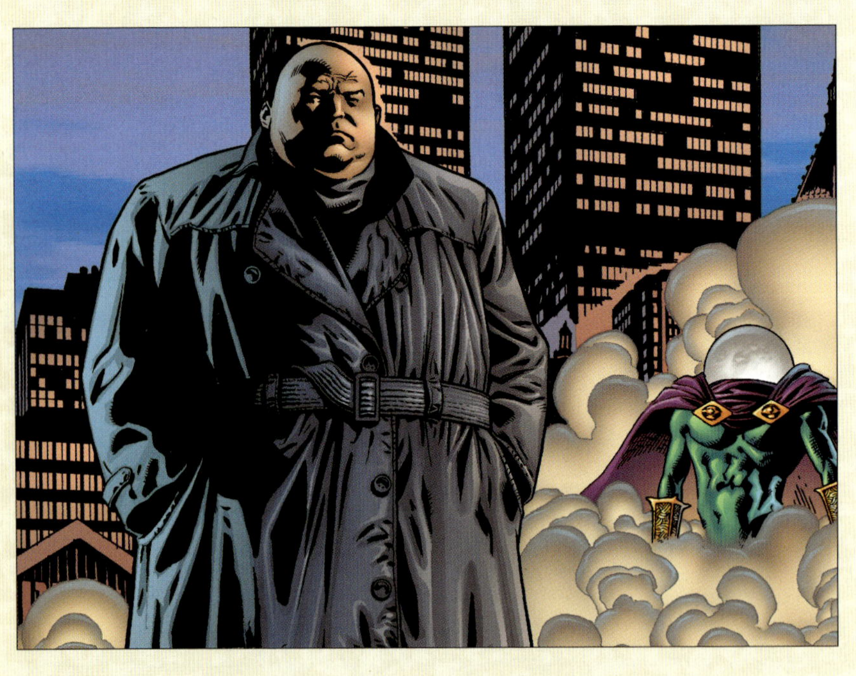

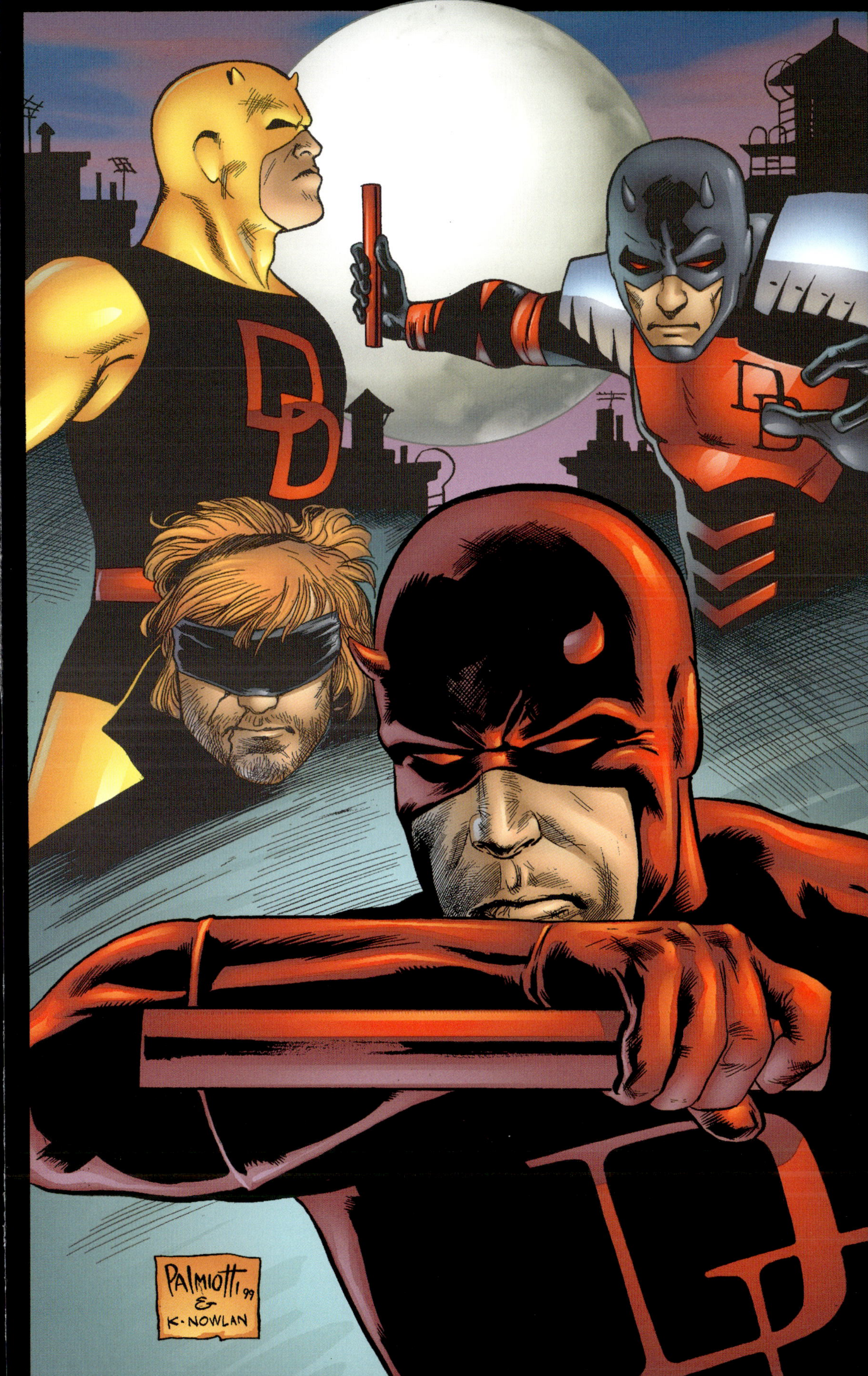

PALMIOTTI '99
&
K·NOWLAN

"Und so begann seine jahrelange Vigilanten-Karriere: Nachts agierte er als kostümierter Verbrecherjäger, tagsüber als hochbezahlter, idealistischer Überflieger. Murdock suchte sich Nelson als Partner aus, einen Mann, den ich als überflüssig betrachte, auch wenn viele da anderer Meinung sind. Seltsamerweise ist es Murdocks bedingungslose Treue – und nicht die Tatsache, dass Nelson von seiner Doppelidentität weiß –, die das Team zusammenhält. Sogar Jahre später, als Nelsons Mutter sich als die Staranwältin Rosalind Sharpe entpuppte, überstand das ihre Beziehung. Die Kanzlei der beiden ging einfach in der von Sharpe auf."

"Was hat Murdock dazu veranlasst, Nelsons Namen den Vorrang zu geben? 'Nelson & Murdock' – das ist bestimmt nicht alphabetisch."

"Wer weiß schon, wieso Menschen Ungereimtheiten in den ansonsten geordneten Mikrokosmen ihrer Existenz zulassen? Aus einer Laune heraus? Oder weil das Leben zu kurz ist, um sich über solche Dinge wie die Reihenfolge von Namen den Kopf zu zerbrechen? Aber ich glaube, es war dieselbe Eigenschaft, die Murdock dazu brachte, sich entgegen jeglicher Professionalität in seine Sekretärin, Karen Page, zu verlieben."

"Die Radiomoderatorin?"

"Und ehemalige Pornodarstellerin. Aber dazu kommen wir später noch."

"Ja, Murdock verliebte sich in Page und sie sich in ihn. Es war eine gewöhnlich Affäre, aus der man jetzt, im Rückblick, mehr zu machen versucht. Aber es stimmt, sie waren wirklich ineinander verliebt. Und dank dieser Liebe überlebte Murdock in der wütenden See des Verbrechens."

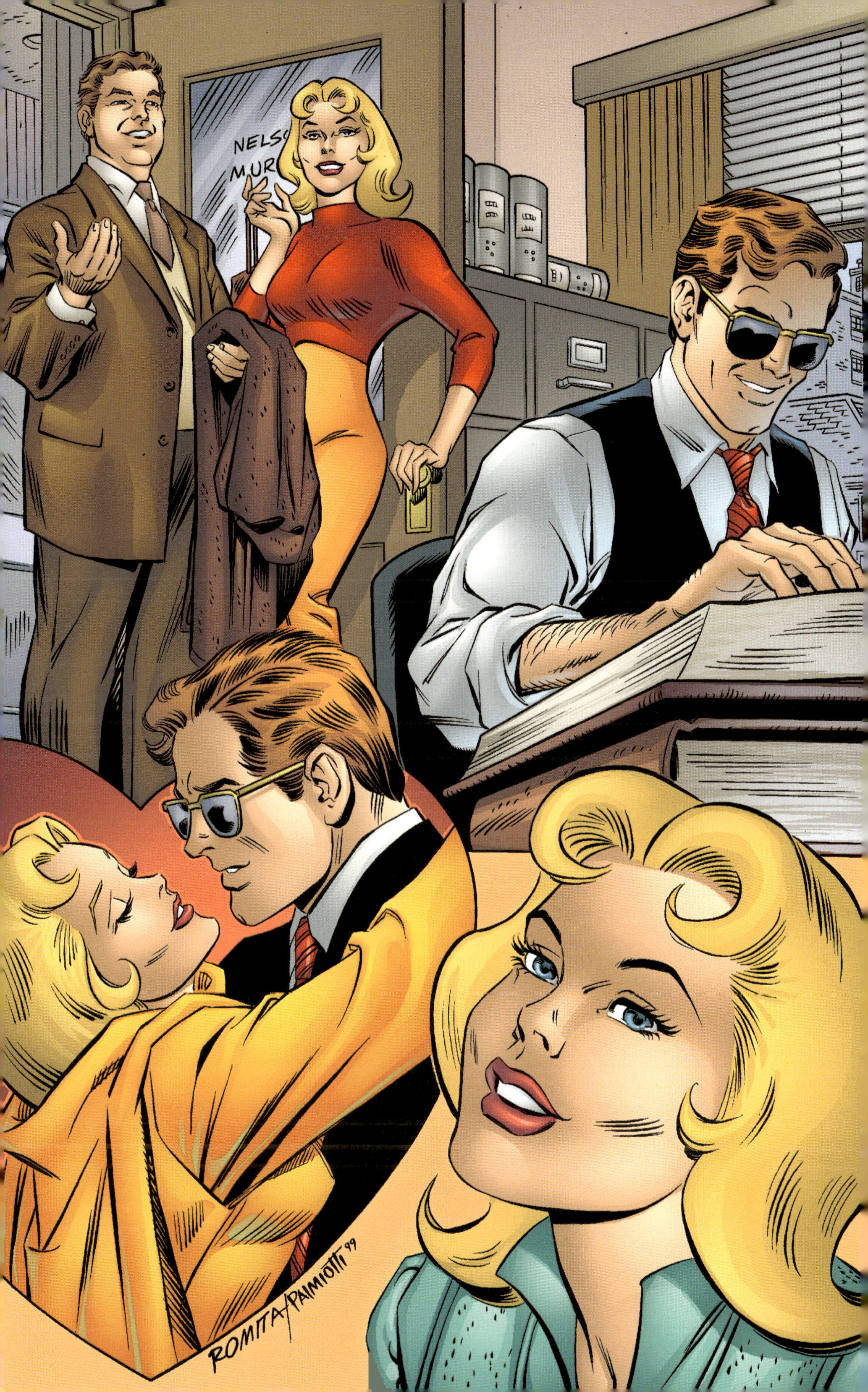
ROMITA/PALMIOTTI '99

"Er kann auf eine lange Reihe von Gegnern zurückblicken, die ihm – auch wenn sie von anderen übertroffen wird – Respekt in der Unterwelt verschafft. Ein Mann, der Bullseye bezwingt, ist mit Vorsicht zu genießen. Und auch wenn Daredevil wie viele andere maskierte Abenteurer seine ganz eigene Nemesis plagt, hat er nie aufgegeben, solange er auch nur den Hauch einer Chance sah."

"Er kämpfte gegen Stilt-Man, Owl, Copperhead und Gladiator – Letzterer wechselte sogar die Seiten und verbündete sich eine Zeit lang mit seinem früheren Gegner. Daredevil kämpfte gegen Mr. Hyde und verteidigte sogar Beast vor Gericht, natürlich als Murdock."

"Und da war noch die verrückte Typhoid Mary, mit der er abwechselnd schlief oder sie der Polizei auslieferte – je nach Laune seiner Psychose."

"Psychose?" Mysterio ist fasziniert.

"Wenn man sich selbst von Dächern stürzt und jede Nacht das eigene Leben riskiert, muss man etwas verrückt sein, oder?"

"Hm, schätze schon."

"Nimm das mal zehn und du hast Murdock. Er lebt sein Leben sozusagen auf beiden Seiten der Couch. Soll ich fortfahren? Deine Zeit ist fast abgelaufen..."

"Bitte."

"Nun, da war die Killerin, die ich schon erwähnte, Elektra, seine ehemalige Geliebte. Sie arbeitete für mich und kämpfte ein paar Mal gegen ihren Ex."

"Und natürlich dieser andere Killer, Bullseye. Er sollte Daredevil einen der schlimmsten Schläge seines Lebens versetzen."

"Den ich natürlich weit überbot."

"Und wie hast du das geschafft, Wilson?"

"Dazu kommen wir noch. Hab Geduld."

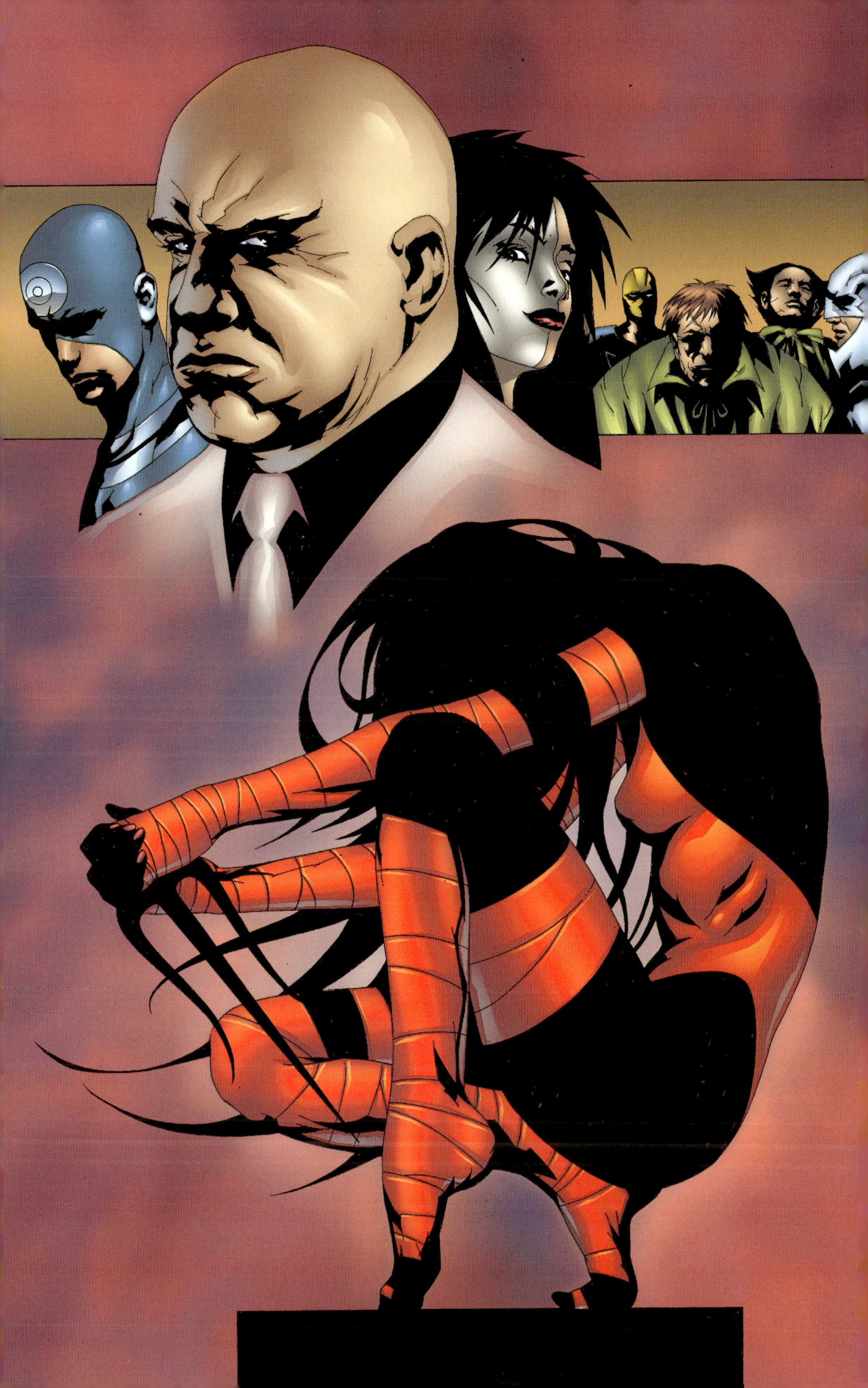

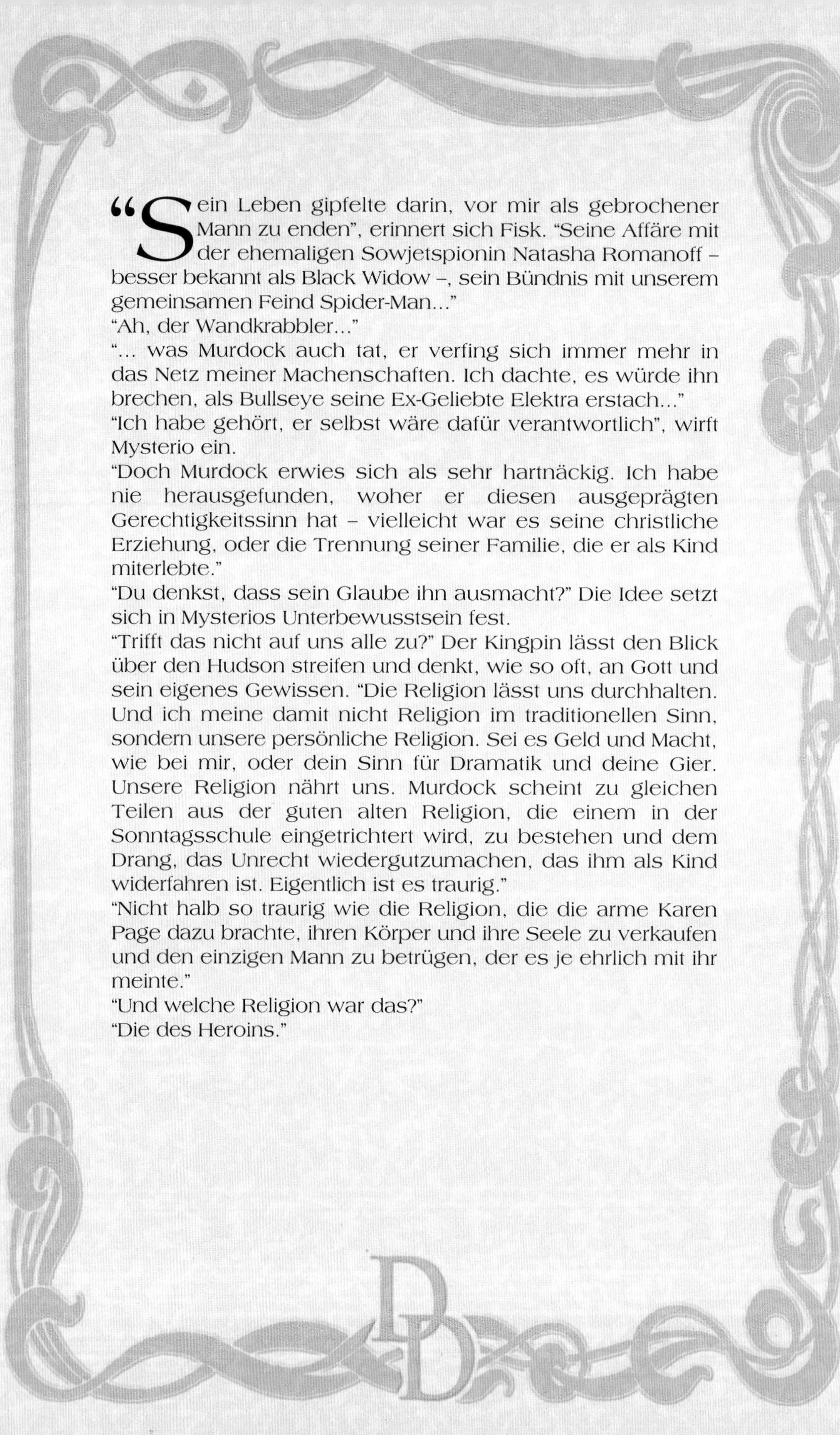

"Sein Leben gipfelte darin, vor mir als gebrochener Mann zu enden", erinnert sich Fisk. "Seine Affäre mit der ehemaligen Sowjetspionin Natasha Romanoff – besser bekannt als Black Widow –, sein Bündnis mit unserem gemeinsamen Feind Spider-Man..."

"Ah, der Wandkrabbler..."

"... was Murdock auch tat, er verfing sich immer mehr in das Netz meiner Machenschaften. Ich dachte, es würde ihn brechen, als Bullseye seine Ex-Geliebte Elektra erstach..."

"Ich habe gehört, er selbst wäre dafür verantwortlich", wirft Mysterio ein.

"Doch Murdock erwies sich als sehr hartnäckig. Ich habe nie herausgefunden, woher er diesen ausgeprägten Gerechtigkeitssinn hat – vielleicht war es seine christliche Erziehung, oder die Trennung seiner Familie, die er als Kind miterlebte."

"Du denkst, dass sein Glaube ihn ausmacht?" Die Idee setzt sich in Mysterios Unterbewusstsein fest.

"Trifft das nicht auf uns alle zu?" Der Kingpin lässt den Blick über den Hudson streifen und denkt, wie so oft, an Gott und sein eigenes Gewissen. "Die Religion lässt uns durchhalten. Und ich meine damit nicht Religion im traditionellen Sinn, sondern unsere persönliche Religion. Sei es Geld und Macht, wie bei mir, oder dein Sinn für Dramatik und deine Gier. Unsere Religion nährt uns. Murdock scheint zu gleichen Teilen aus der guten alten Religion, die einem in der Sonntagsschule eingetrichtert wird, zu bestehen und dem Drang, das Unrecht wiedergutzumachen, das ihm als Kind widerfahren ist. Eigentlich ist es traurig."

"Nicht halb so traurig wie die Religion, die die arme Karen Page dazu brachte, ihren Körper und ihre Seele zu verkaufen und den einzigen Mann zu betrügen, der es je ehrlich mit ihr meinte."

"Und welche Religion war das?"

"Die des Heroins."

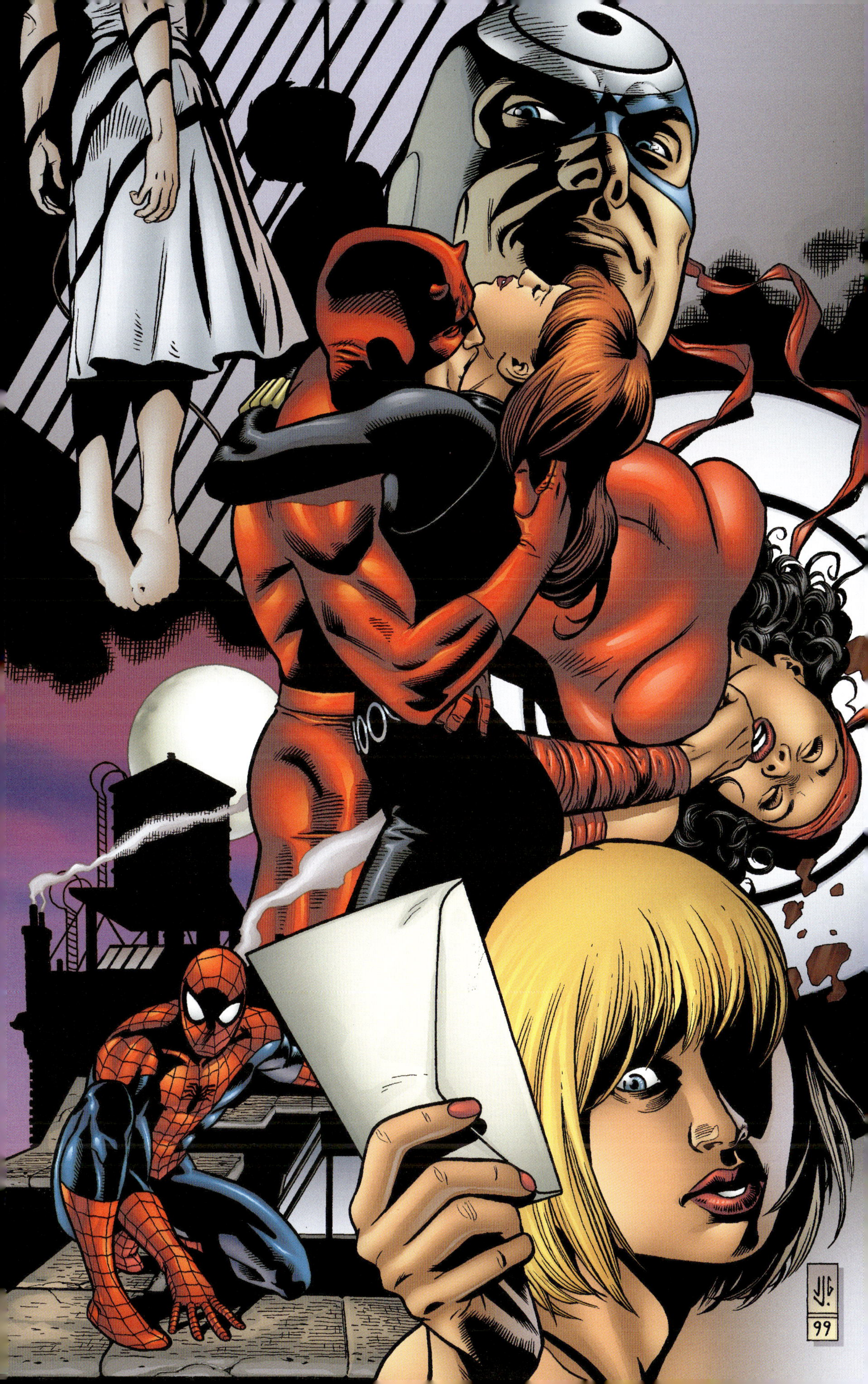
99

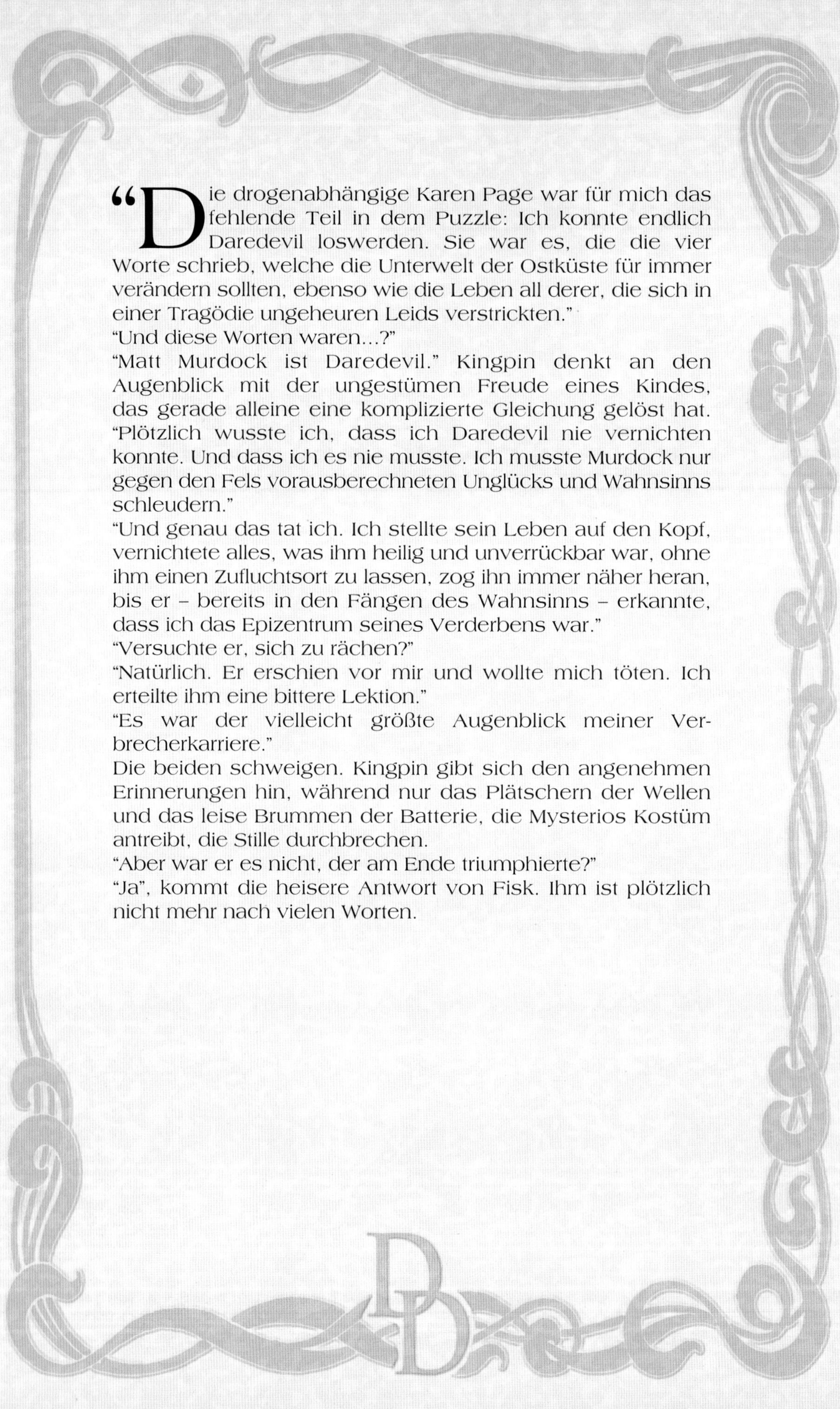

"Die drogenabhängige Karen Page war für mich das fehlende Teil in dem Puzzle: Ich konnte endlich Daredevil loswerden. Sie war es, die die vier Worte schrieb, welche die Unterwelt der Ostküste für immer verändern sollten, ebenso wie die Leben all derer, die sich in einer Tragödie ungeheuren Leids verstrickten."

"Und diese Worten waren...?"

"Matt Murdock ist Daredevil." Kingpin denkt an den Augenblick mit der ungestümen Freude eines Kindes, das gerade alleine eine komplizierte Gleichung gelöst hat. "Plötzlich wusste ich, dass ich Daredevil nie vernichten konnte. Und dass ich es nie musste. Ich musste Murdock nur gegen den Fels vorausberechneten Unglücks und Wahnsinns schleudern."

"Und genau das tat ich. Ich stellte sein Leben auf den Kopf, vernichtete alles, was ihm heilig und unverrückbar war, ohne ihm einen Zufluchtsort zu lassen, zog ihn immer näher heran, bis er – bereits in den Fängen des Wahnsinns – erkannte, dass ich das Epizentrum seines Verderbens war."

"Versuchte er, sich zu rächen?"

"Natürlich. Er erschien vor mir und wollte mich töten. Ich erteilte ihm eine bittere Lektion."

"Es war der vielleicht größte Augenblick meiner Verbrecherkarriere."

Die beiden schweigen. Kingpin gibt sich den angenehmen Erinnerungen hin, während nur das Plätschern der Wellen und das leise Brummen der Batterie, die Mysterios Kostüm antreibt, die Stille durchbrechen.

"Aber war er es nicht, der am Ende triumphierte?"

"Ja", kommt die heisere Antwort von Fisk. Ihm ist plötzlich nicht mehr nach vielen Worten.

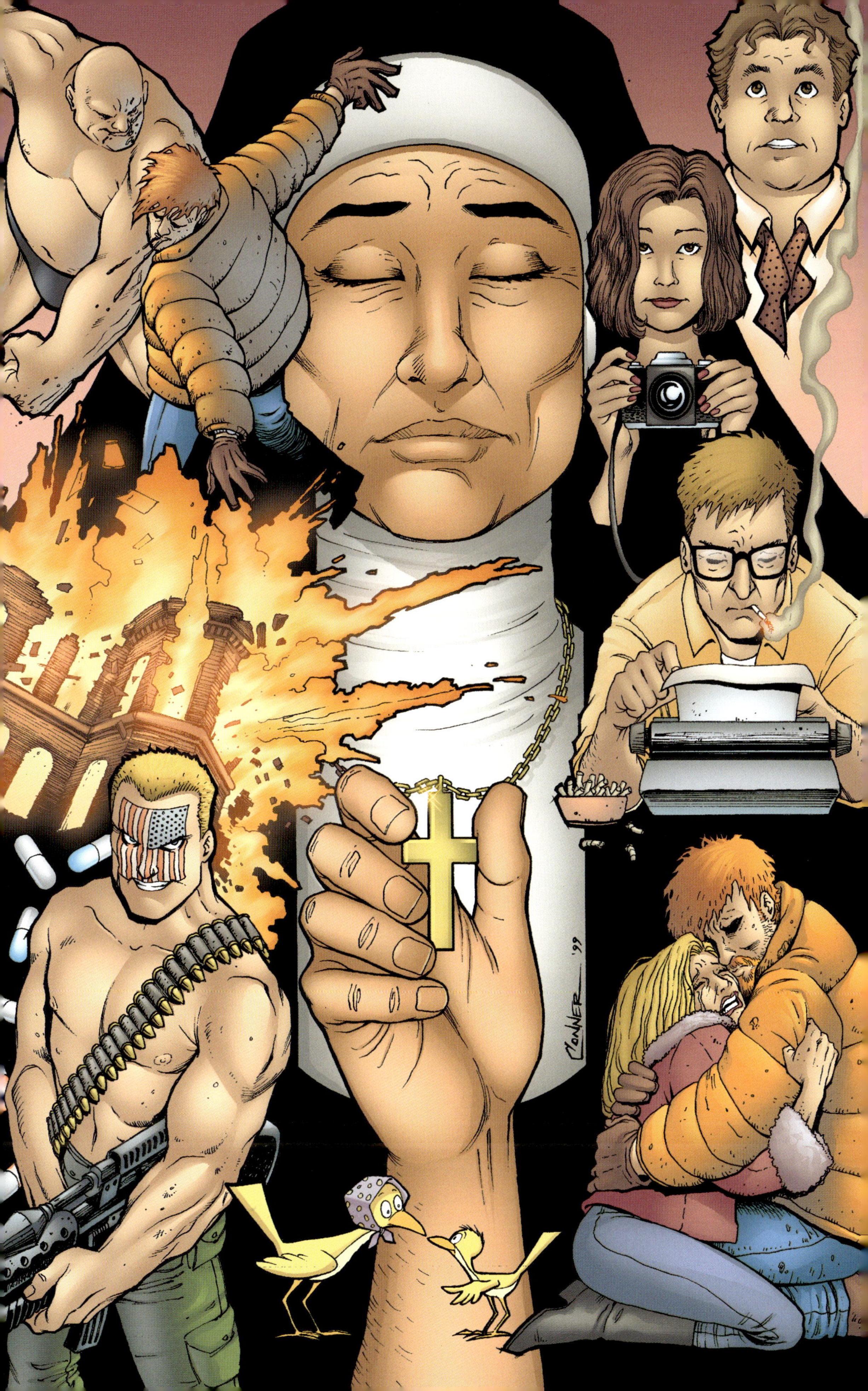
CONNER '99

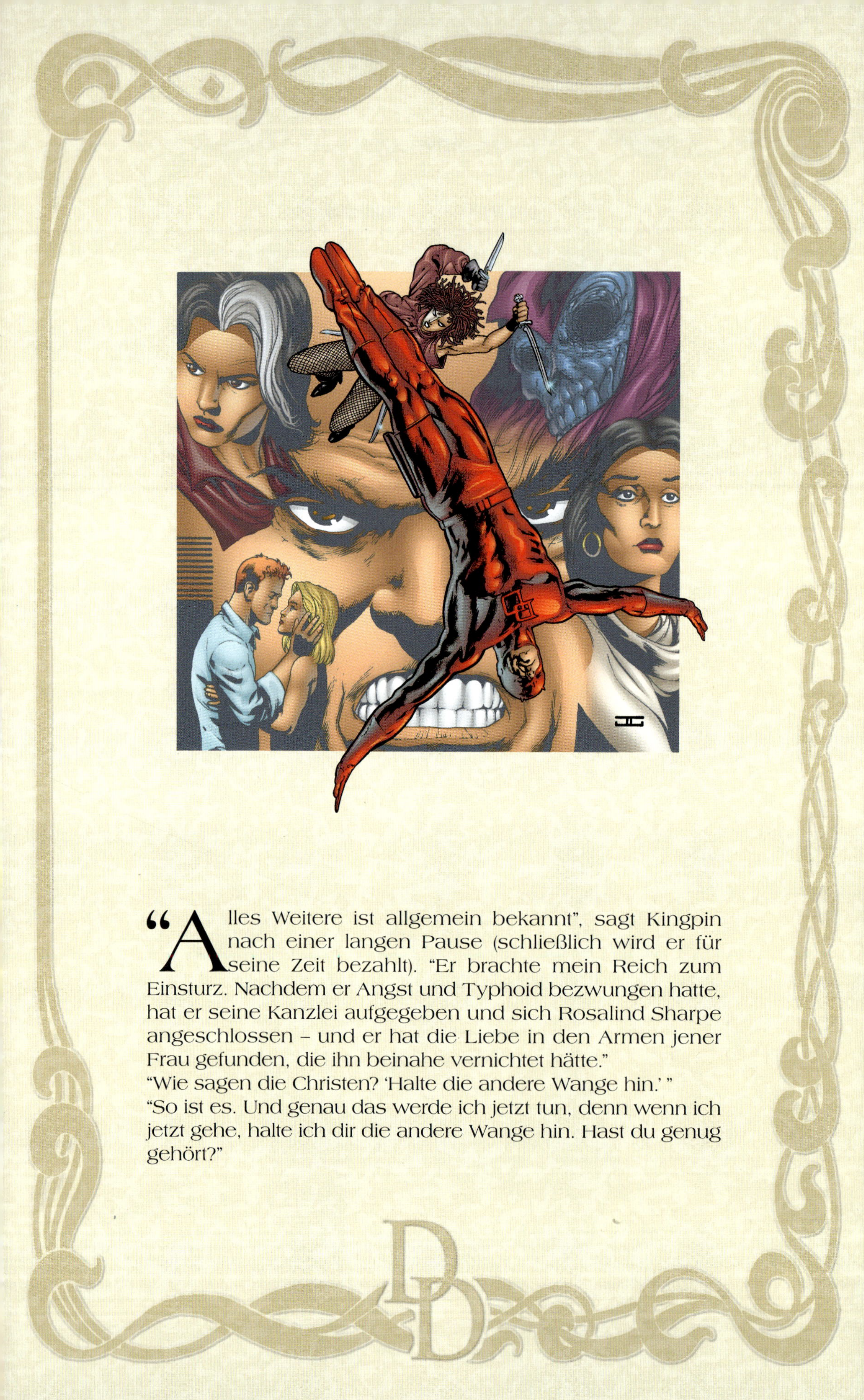

"Alles Weitere ist allgemein bekannt", sagt Kingpin nach einer langen Pause (schließlich wird er für seine Zeit bezahlt). "Er brachte mein Reich zum Einsturz. Nachdem er Angst und Typhoid bezwungen hatte, hat er seine Kanzlei aufgegeben und sich Rosalind Sharpe angeschlossen – und er hat die Liebe in den Armen jener Frau gefunden, die ihn beinahe vernichtet hätte."
"Wie sagen die Christen? 'Halte die andere Wange hin.' "
"So ist es. Und genau das werde ich jetzt tun, denn wenn ich jetzt gehe, halte ich dir die andere Wange hin. Hast du genug gehört?"

"Ja, Wilson. Das Geld wartet auf dich im Kofferraum deines Wagens." Unter Mysterios Mantel dringt der Nebel hervor, der zu seinem Markenzeichen geworden ist. Er kann der Versuchung nicht widerstehen. "Gib nicht alles auf einmal aus."

"Wenn ich wetten würde", grinst Fisk, "würde ich ein Grundstück in Downtown darauf setzen, dass du dir mit deinem Feldzug gegen Daredevil die Prügel deines Lebens einhandelst."

"Die Prügel meines Lebens", kichert Mysterio. Irgendetwas an Fisks Aussage muss ihn amüsiert haben. "Dann werde ich eben gewinnen, indem ich verliere. Gute Nacht, Wilson."

Kingpin der Verbrecherkönig wendet sich ab und geht zum wartenden Wagen, während der Illusionist Mysterio in selbst erschaffenen Nebelschwaden verschwindet.

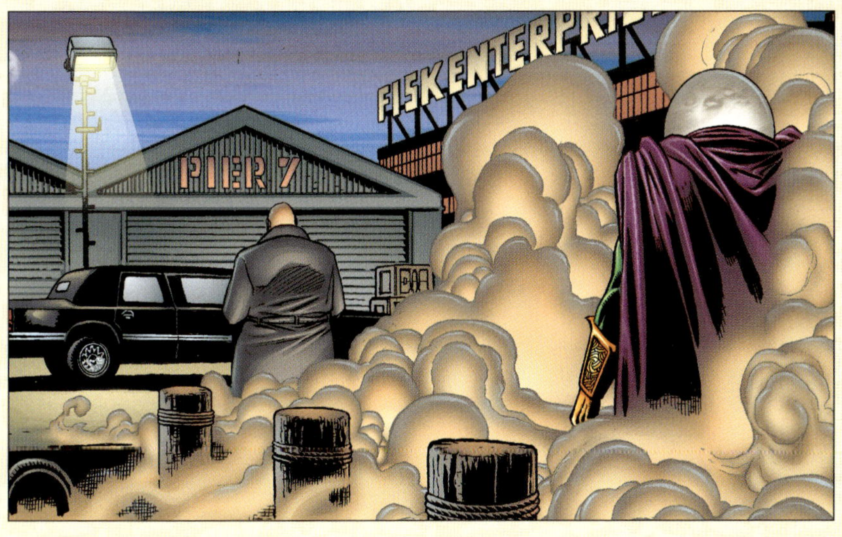

Der Anfang…

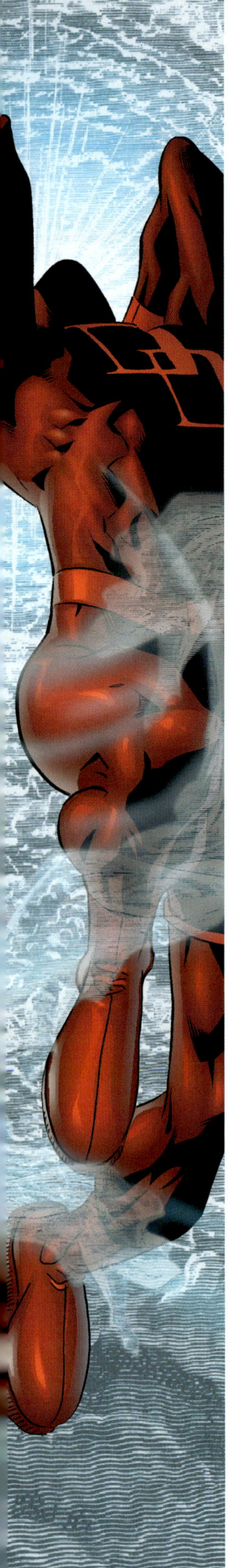

NACHWORT
von KEVIN SMITH

Wenn ihr bis hierher durchgehalten habt, dann habe ich meine Arbeit wohl gut gemacht.

Oder besser gesagt, *wir* haben unsere Arbeit gut gemacht. Denn, weiß Gott, ich war alles andere als allein. Ich wurde unterstützt, ergänzt und verbessert durch zwei Herren, die Meister ihres Fachs sind. Joe und Jimmy haben eine textlastige Geschichte auf visuell derart raffinierte Weise zum Leben erweckt, dass ich mich nach dem Lesen jeder Ausgabe fragte, ob ich tatsächlich etwas damit zu tun hatte. Glaubt mir, ich bin fast versucht, bei meinen Filmen Joe als Regisseur anzustellen, derart beeindruckt war ich von seiner Fähigkeit, eine Comic-Seite zum Leben zu erwecken, auch wenn man darauf nur zwei quasselnde Leute sieht. Jemand sollte dem Kerl ein Megafon und ein Budget geben, denn er ist ein viel besserer Regisseur als ich. (Habt ihr meine Filme denn gesehen? Mal ehrlich – ich bin visuell furchtbar.) Und mein Kumpel Palmiotti hat unglaublich getuscht und Texturen hinzugefügt, durch die die Bilder einem förmlich entgegenspringen. Ich kann es gar nicht erwarten, wieder mit diesen Kaspern zusammenzuarbeiten.

Die Helden im Hintergrund: Zunächst einmal Nanci – die oft und viel angerufen hat, zunächst mit süßer, dann mit drohender Stimme, um dafür zu sorgen, dass diese Serie so pünktlich wie möglich erschien (was manchmal schier unmöglich war). Sie ist wirklich das Herz von Marvel Knights, Applaus! Die Koloristen, Avalon Studios und danach Richard Isanove, haben uns alle stolz gemacht. Das war einer der lebendigsten Comics, die ich je gesehen habe – was wir größtenteils diesen Leuten und ihren unglaublichen Farbpalletten verdanken. Dann waren da die Letterer – Richard Starkings, Liz Agraphiotis und Comicraft –, denen die wenig beneidenswerte Aufgabe zukam, 4000 Wörter pro Seite dorthin zu quetschen, wo Joe in seinen wunderbaren Bildern Platz für Dialoge gelassen hatte. Wenn man bedenkt, wie sehr diese Geschichte von Text getragen wird, sind diese Leute für mich ebenso wichtig wie das Künstlerteam. Hut ab vor ihnen.

Dank auch an Jenny, meine Frau, die jede Ausgabe gelesen hat, sobald ich sie nach Hause brachte, und die für jedes Heft lobende Worte hatte. Liebling, dein Beifall wird mir immer am meisten bedeuten. Danke.

Und mein letztes Dankeschön geht an euch, die Leserschaft, die ihr hart verdientes Geld geopfert hat, um zu lesen, was wir mit dem Mann ohne Furcht anstellen. Als *Daredevil Vol. 1* eingestellt wurde, war es ganz unten in den Top 100, wenn überhaupt. Ihr habt *Vol. 2* in die Top 10 katapultiert. Bitte macht das weiterhin – Daredevil ist eine Figur, die große Verkaufszahlen und eine noch größere Leserschaft absolut verdient hat.

Während ich bei dieser Serie war, ist viel passiert. Ich begann und beendete meinen vierten Film (*Dogma*), ich begann, an einer Trickfilmserie zu arbeiten (*Clerks – The Animated Series*), ich habe geheiratet, wir haben ein Kind bekommen – ein Mädchen. (Und nein, wir haben sie nicht Karen genannt, wir nannten sie Harley Quinn, nach einer Figur der Konkurrenz. Oh Mann, diesen Namen wollte ich schon *immer* verwenden!) Aber was war das Wichtigste aus meiner Zeit bei dieser Serie?

Dass ich endlich zur Gemeinschaft der Superhelden-Autoren gehörte.

Danke an alle, die mir das ermöglicht haben.

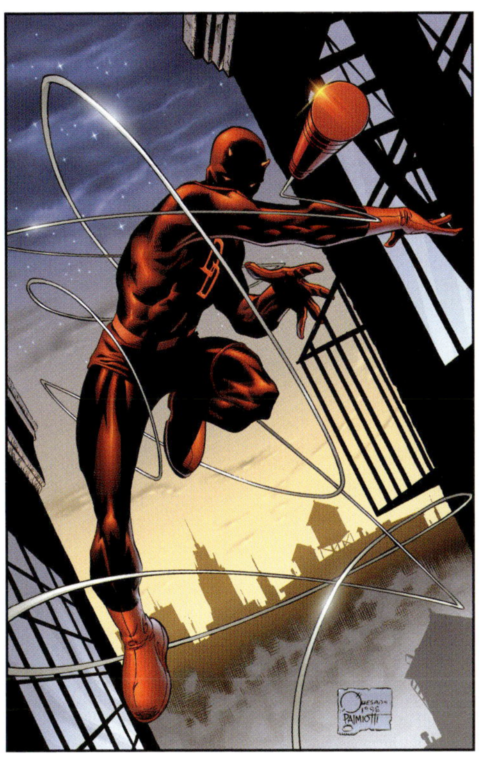

Daredevil (1998) 1
Variant-Cover von **JOE QUESADA**

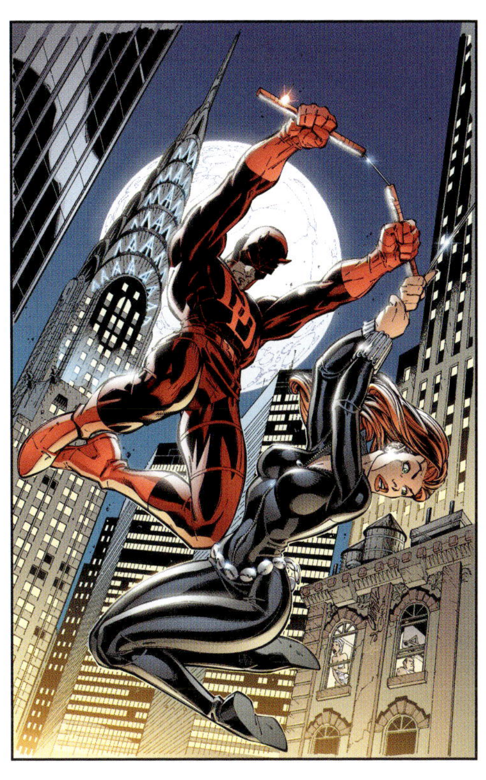

Daredevil (1998) 2
Variant-Cover von **J. SCOTT CAMPBELL**

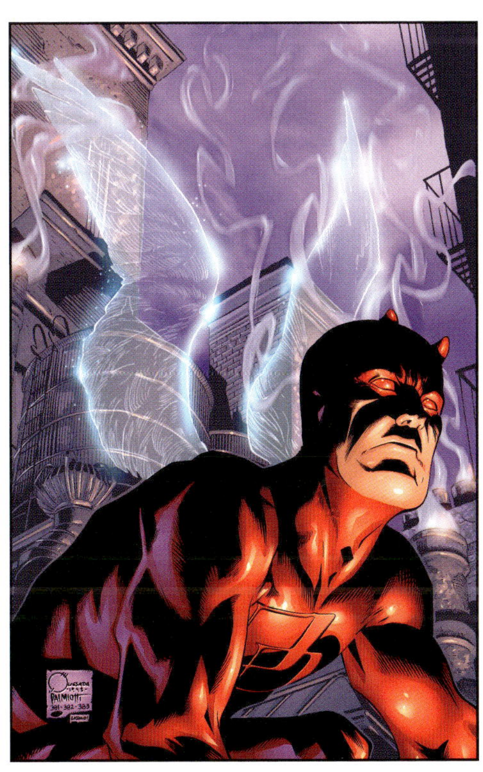

Marvel's Finest: Dardevil TPB (1999)
Cover von **JOE QUESADA**

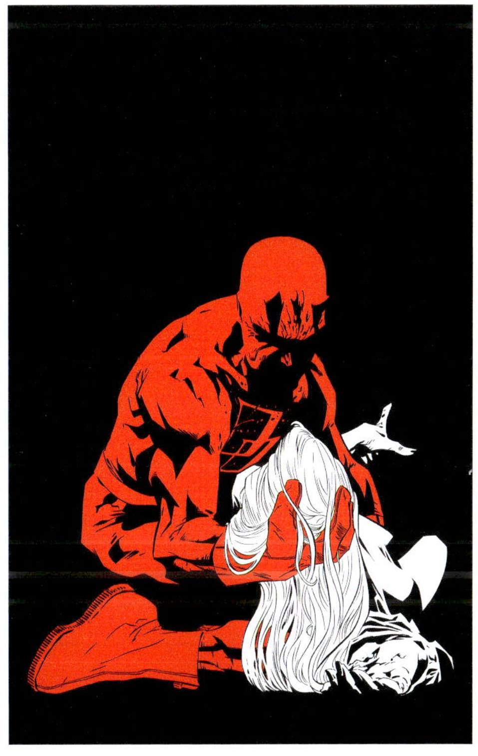

Daredevil (1998) 5
Variant-Cover von **JOE QUESADA**

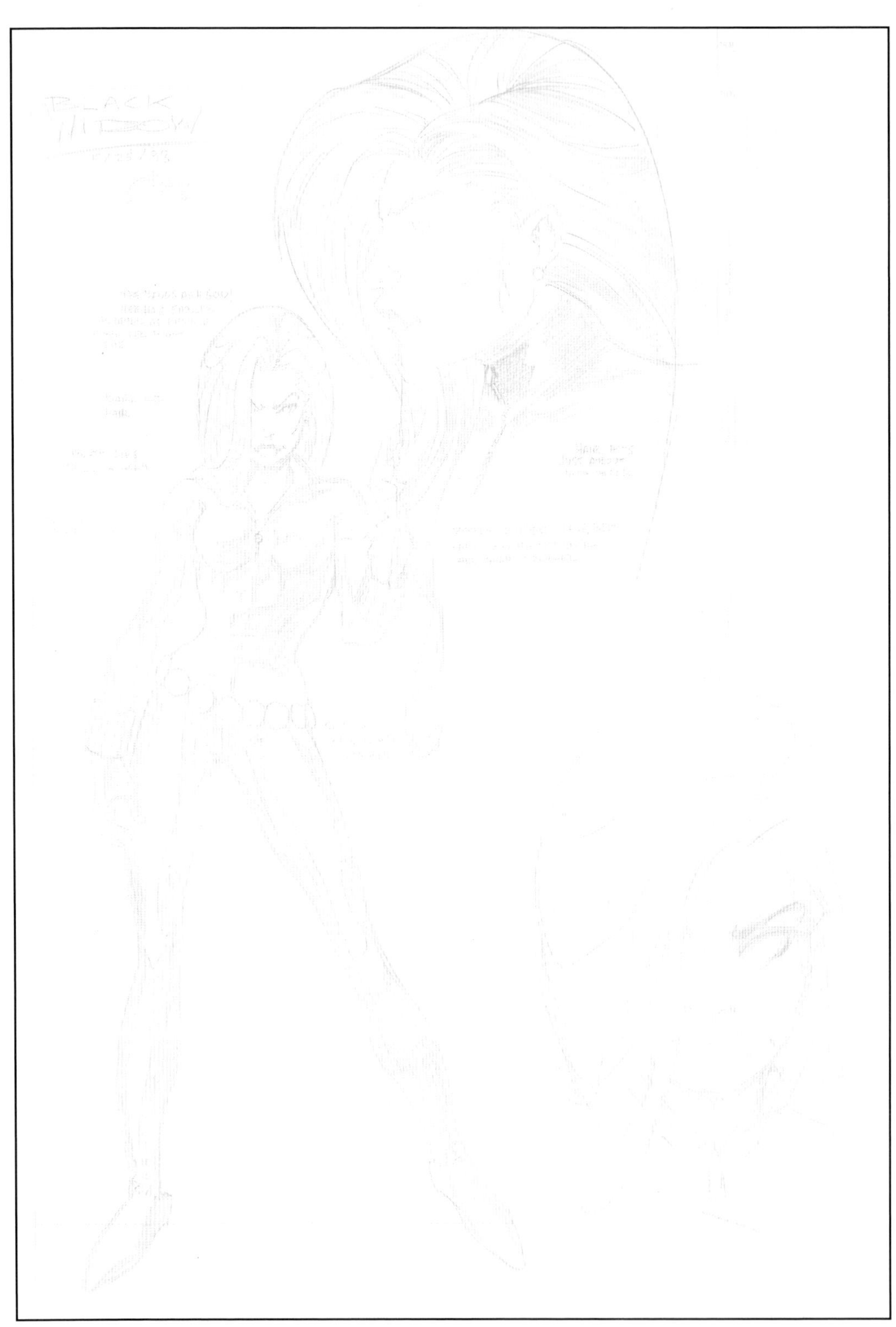

Bleistiftzeichnungen von Black Widow und Daredevil
von **JOE QUESADA**

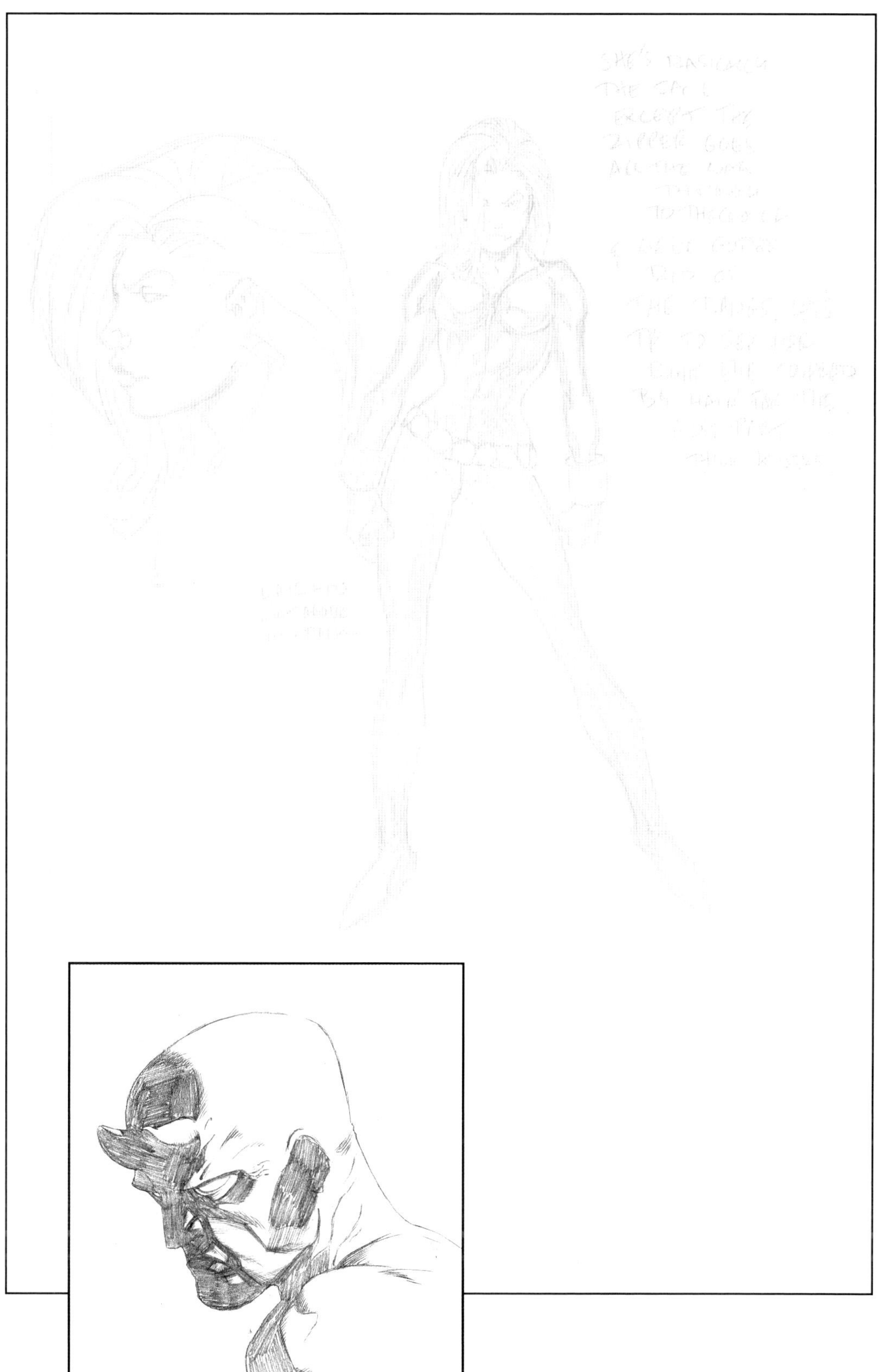

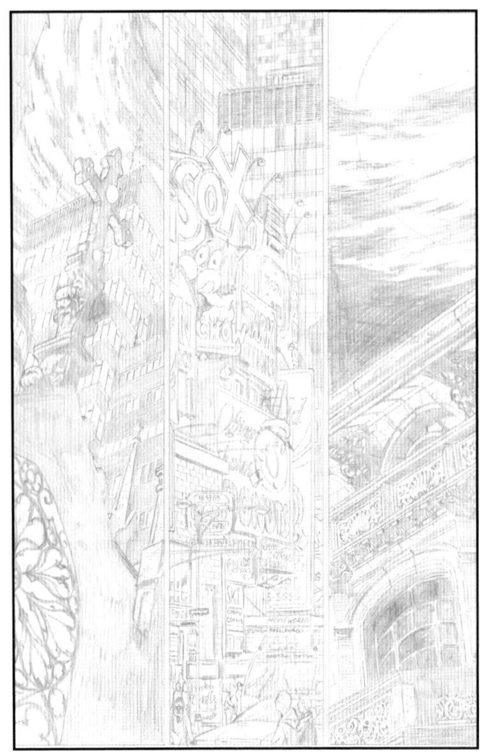

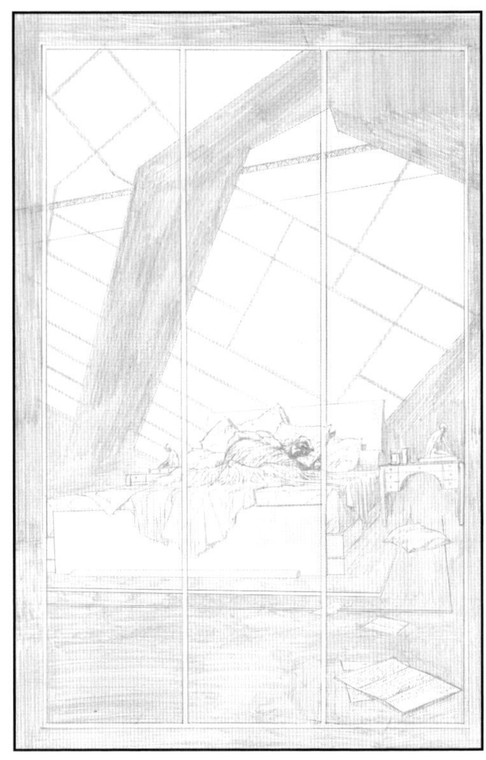

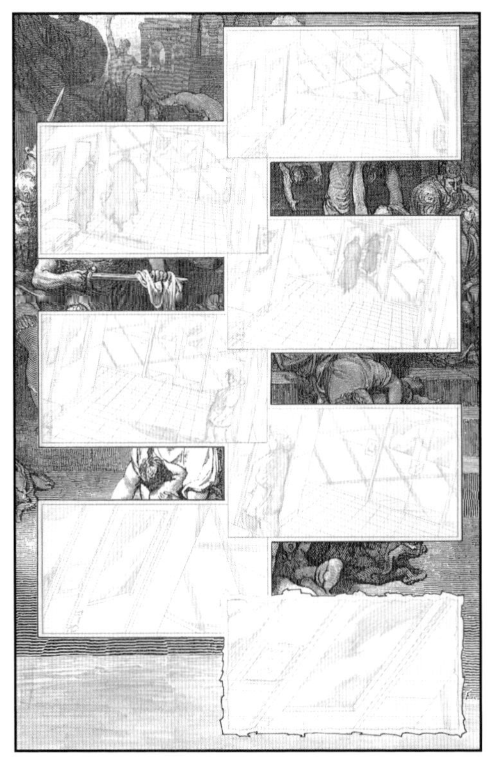

Daredevil (1998) 1, Bleistiftzeichnungen
von **JOE QUESADA**

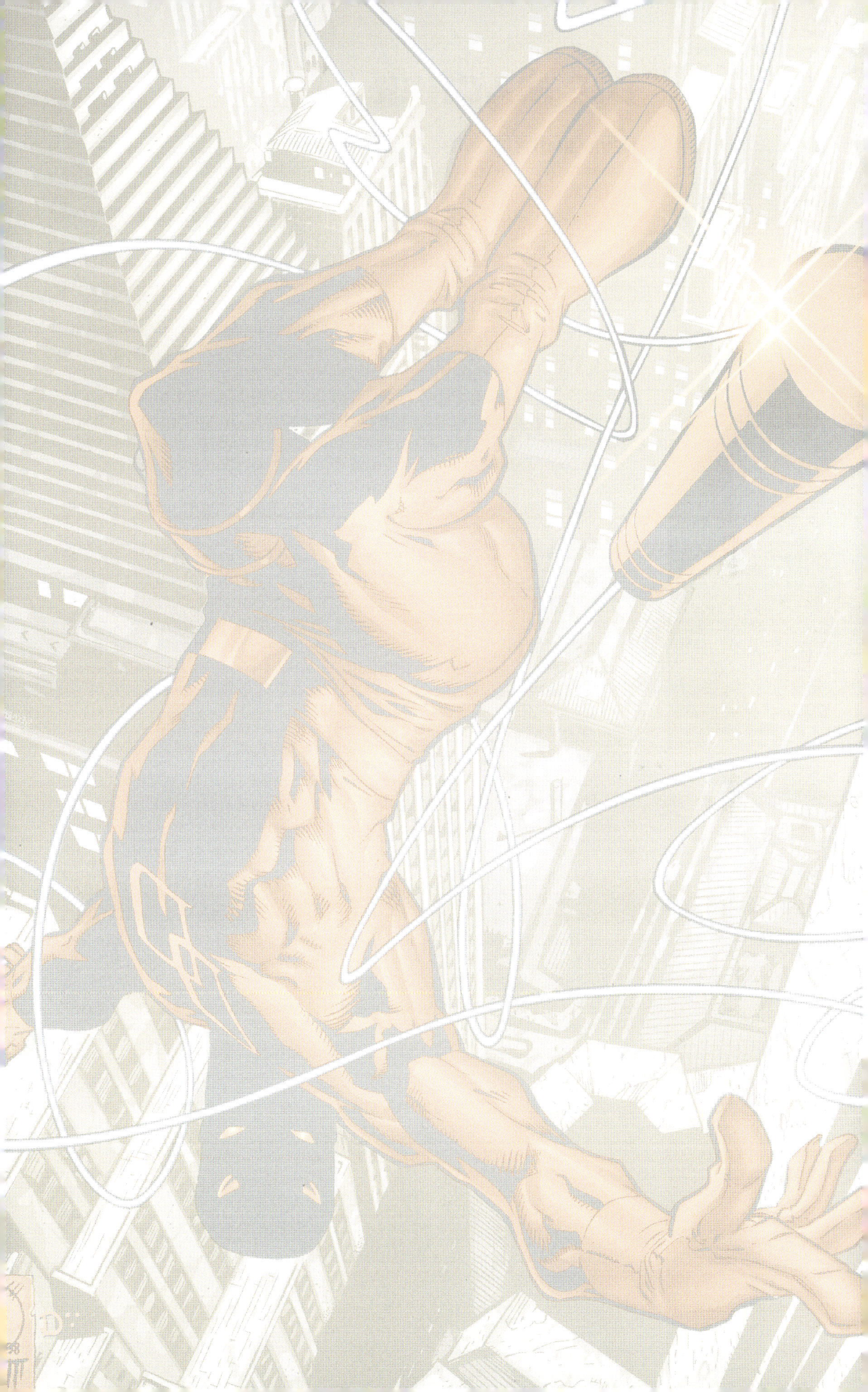

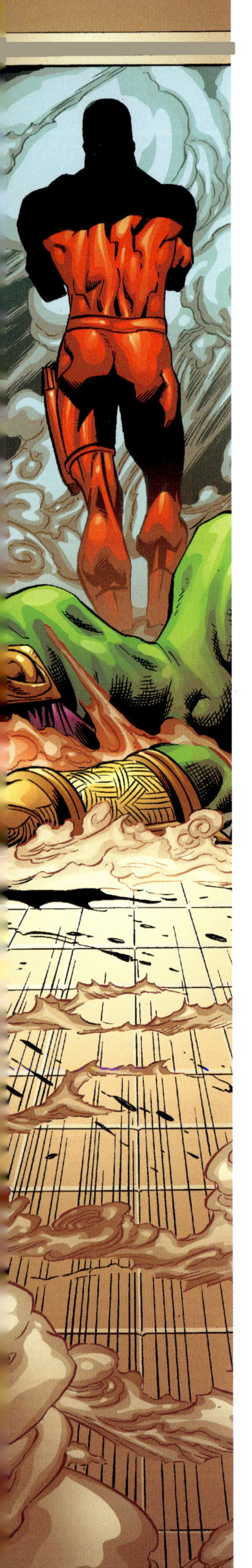

DIE MACHER

KEVIN SMITH

Filmemacher, Schauspieler, Comedian und Comic-Autor Kevin Patrick Smith kam 1970 in Red Bank, New Jersey als Sohn einer Hausfrau und eines Postbeamten zur Welt. Im Alter von 21 versetzte er seine geliebte Comic-Sammlung für 27.575 US-Dollar, um ein eigenes Filmprojekt zu realisieren. *Clerks – Die Ladenhüter* kam 1994 in die Kinos und erwirtschaftete über drei Millionen Dollar. Er selbst spielte in dem Low-Budget-Hit den Charakter Silent Bob, der mit Stoner-Kumpel Jay zum Kultduo avancierte. Streifen wie *Mallrats*, *Chasing Amy*, *Dogma*, *Jay und Silent Bob schlagen zurück* oder *Clerks II* folgten. In *Scream* 3 hatte Smith eine Gastrolle als Silent Bob, in *Daredevil* von 2003 mimte er Jack Kirby. Eigentlich auf Komödien abonniert, macht der langjährige Comic-Fan inzwischen hauptsächlich Horrorfilme wie *Red State* (2011), *Tusk* (2014) und *Yoga Hosers* (2016). Der Einstieg in den Comic-Markt gelang ihm Ende der 90er mit *Bluntman and Chronic*, *Clerks* und *Chasing Dogma* von Oni Press. Für das Haus der Ideen schrieb Smith neben DAREDEVIL auch SPIDER-MAN/BLACK CAT. Die Miniserie *Daredevil/Bullseye* kam über die erste Ausgabe nie hinaus. Für DC verfasste er *Green Arrow*, *Batman: Cacophony*, *Batman: The Widening Gyre* und *Batman '66 Meets the Green Hornet*. 2013 erschien seine Autobiografie auf Deutsch. Von seinem Anteil an *Clerks* eröffnete er 1997 in seinem Geburtsort den Comic-Shop Jay and Silent Bob's Secret Stash. Von 2012 bis 2018 wurde in dem Laden die Reality-TV-Show *Comic Book Men* gedreht. 2019 erschien bei Image sein Comic *Hit-Girl in Hollywood*.

JOE QUESADA

Die Karriere von Joe Quesada begann in den frühen 1990ern u. a. als Zeichner der Comic-Titel *Ninjak* und *Solar* von Valiant. Mit Denny O'Neil schuf er 1992 für DC die Figur Azrael. Bei Marvel gestaltete er parallel *X-Factor*. 1994 gründete Joe mit Jimmy Palmiotti, der in der Regel seine Zeichnungen tuschte, den kleinen Indie-Verlag Event Comics. Gemeinsam entwarfen sie den Charakter Ash. Bankrott gewährte ihnen Marvel 1998 alle Freiheiten an den Comics von Daredevil, dem Punisher, Black Panther und den Inhumans, um den Figuren neues Leben einzuhauchen. Quesada nutzte seine Kontakte, um Talente wie David Mack, Brian M. Bendis, Garth Ennis oder Steve Dillon für das Revival zu gewinnen. Das Projekt namens Marvel Knights wurde ein voller Erfolg. Kurz darauf wurde Event Comics in das Haus der Ideen integriert und Quesada zum Chefredakteur des Unternehmens ernannt. Im Anschluss führte er die Verlagszweige MAX und Ultimate Comics ein, die ebenfalls Furore machten. Seit 2009 verfasst er für die kanadische Website *Comic Book Resources* die Kolumne *Cup O' Joe*. 2010 wurde Quesada zum Chief Creative Officer befördert. Ein halbes Jahr später trat er aus Zeitmangel den Posten des Chefredakteurs an Axel Alonso ab. Zwischen 2000 und 2017 setzte der quirlige Visionär dennoch diverse Ausgaben von Spider-Man, Iron Man und *Marvel Legacy* sowie die Miniserien *Daredevil: Father* und *NYX* mit dem Debüt von Laura Kinney in Szene. Seit 2019 ist Kevin Feige CCO von Marvel und Quesada Executive Vice President and Creative Director von Marvel Entertainment.

DAREDEVIL

IN DEN ARMEN DES TEUFELS

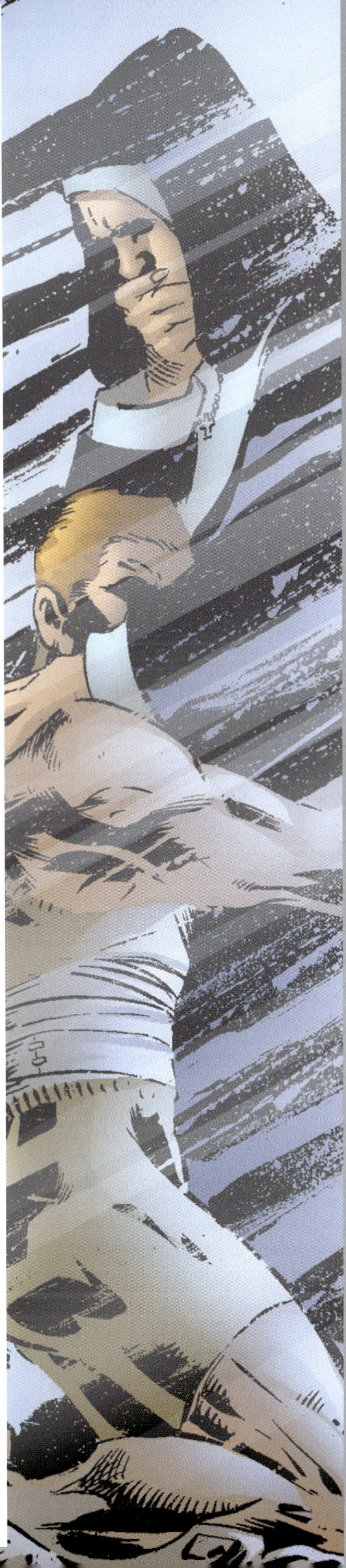

BONUSTEIL

- HINTER DEN KULISSEN
- TIMELINE
- WEITERE LEKTÜRE
- ANMERKUNGEN
- WEITERE MUST-HAVE-TITEL

1998 kamen unter dem frisch gegründeten Label Marvel Knights eine Reihe neuer Serien heraus, darunter *The Inhumans, Black Panther, Punisher* und *Daredevil*. **Joe Quesada**, der gemeinsam mit **Jimmy Palmiotti** für das Label verantwortlich war, holte den Filmemacher **Kevin Smith** an Bord, um mit ihm an den ersten acht Ausgaben von *Daredevil* zusammenzuarbeiten. Das Ergebnis war die Geschichte *Guardian Devil*, die auf Anhieb zum Klassiker wurde.

Ein Vorbote der Zukunft

Joe Quesada hatte sich in den frühen 1990ern einen Namen als Zeichner gemacht, sowohl bei Marvel als auch bei DC, bevor er 1994 mit dem Tuscher **Jimmy Palmiotti** Event Comics gründete. Der neue Verlag beeindruckte das Haus der Ideen derart, dass Marvel vier Jahre später an sie herantrat und sie engagierte, um das neue Label Marvel Knights zu leiten, das härtere, eher an Erwachsene gerichtete Comics produzieren sollte – nicht unbedingt das, was Marvel normalerweise verlegte.

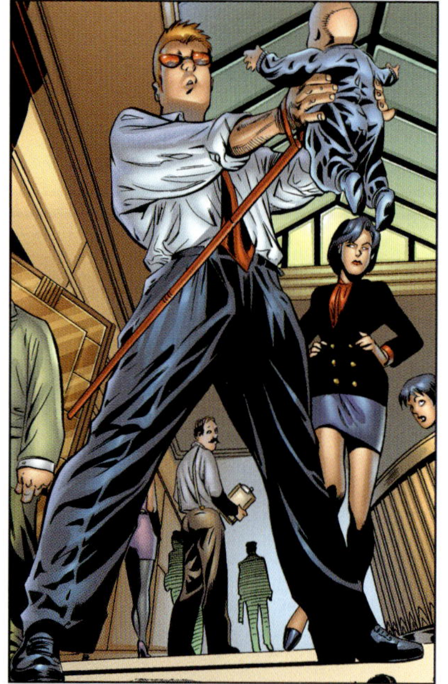

Guardian Devil verkörperte die Verbindung von Top-Autoren und -Zeichnern, für die das Marvel Knights-Label stehen sollte. Zeichnung von Joe Quesada.

Um diese Serien zu realisieren, stellte Quesada ein Team von Autoren und Zeichnern zusammen, die bisher kaum im Superhelden-Mainstream gearbeitet hatten, darunter **Brian Michael Bendis**, **Mark Millar** und ... **Kevin Smith**. Gemeinsam mit Smith produzierte Quesada eine unmissverständliche Liebeserklärung an die klassischen **Daredevil**-Arbeiten von **Frank Miller**, der von 1979-83 und von 1985-86 zwei der wichtigsten Storys über den Mann ohne Furcht angefertigt hatte. Quesada sagte damals: „Ich weiß nicht genau, wie man Franks Version definieren soll, aber sagen wir einfach, wenn wir fertig sind, sollen die Leser unsere als die ‚Smith/Quesada/Palmiotti'-Story in Erinnerung behalten."

Die späten 1990er waren eine düstere Zeit für Marvel, denn der Verlag war in finanzielle Schwierigkeiten geraten. Und in mancherlei Hinsicht half das neue Marvel Knights-Label – und speziell *Guardian Devil* – sowie der Start des **Ultimativen Universums**, die Firma über Wasser zu halten und wieder zum alten Branchenriesen zu machen. Jene, die behaupten, dass *Guardian Devil* Marvel gerettet habe, übertreiben vielleicht nur ein wenig.

Der Erfolg von *Guardian Devil* und der Marvel Knights-Serien hatte großen Anteil daran, die Zukunft Marvels zu gestalten, als der Verlag sich für das 21. Jahrhundert fit machte. Neue Talente und die Weigerung, sich auf vergangenem Ruhm auszuruhen, führten zu einer Renaissance und schließlich dazu, dass Quesada Chefredakteur und viel später Marvels Chief Creative Officer wurde.

▶ Joe Quesada bat Kevin Smith persönlich darum, den ersten Mehrteiler der neuen *Daredevil*-Serie zu schreiben. Später sagte er: „Kevin Smith sollte alles ändern. Er stand symbolisch für die Zukunft, und ich werde ihn bis ans Ende aller Zeiten dafür lieben und danken. Für ihn war es ein riskantes Unterfangen, aber er hat es getan und zwar erfolgreich."

Frank Miller beschäftigte sich in seinen *Daredevil*-Storys als erster Autor mit Murdock und seinem Glauben. Zeichnung von **David Mazzucchelli**.

Dass Kevin Smith eine Vorliebe für Comics hatte, war bereits 1994 in seinem Debütfilm *Clerks* klar zu erkennen gewesen. 1995 hatte **Stan Lee** einen Kurzauftritt in *Mallrats*. Und *Chasing Amy* (1997) beschäftigte sich mit der Comic-Branche und ihren Künstlern. Es schien daher ein ganz natürlicher Gedanke zu sein, dass Smith auch einmal Comics schreiben würde. Das wurde für alle offensichtlich, als Joe Quesada ihn bat, *Daredevil* zu schreiben.

Smith fühlte sich von der Idee eines katholischen Superhelden angesprochen: „Der Hintergrund, der sich mit **Matt Murdocks** Mutter **Maggie** beschäftigte, die ihn offenbar als Kind verließ, um Nonne zu werden – das gefiel mir ungemein. Ich wurde katholisch erzogen … es schien fast, als sei er ein katholischer Superheld … auch wenn er nicht jeden Sonntag zur Kirche ging und die Hostie in Empfang nahm, aber er hatte eine sehr katholische Ader. Das mochte ich, damit konnte ich in meiner Geschichte herumspielen. Ich schickte ihn zur Beichte, legte eine Schippe Katholizismus drauf, denn das passte zu den Dingen, die zuvor in der Serie passiert waren. Ich glaube, die katholische Ängste – die sich einstellen, wenn man auf diese Weise erzogen wurde – war tief in der Figur verankert und sind untrennbar damit und ihrer Wirkung verknüpft."

Zwar hat Quesada weitere Daredevil-Geschichten seit *Guardian Devil* gezeichnet, aber er war – wie Smith – eher zögerlich, sich noch einmal mit der Figur zu beschäftigen, auch wenn sie wohl die eine oder andere Idee besprochen hatten. Smith gab zu: „Ein Teil von mir sagt: ‚Lass bloß die Pfoten von der Figur.' Denn ein Wunder war geschehen, und dein Name ist mit diesem Wunder verknüpft, also verdirb das Wunder nicht, indem du Sprüche klopfst à la ‚Ich erzähl euch noch eine Daredevil-Geschichte' und es zurücktönt: ‚Die ist aber grässlich, obwohl du doch schon Erfahrung hattest!'" Dennoch deutete er an, dass er jederzeit zurück nach Hell's Kitchen ginge – wenn Quesada dabei wäre.

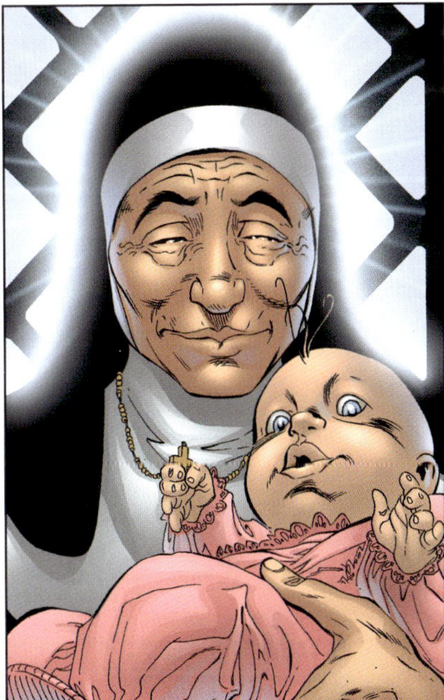

Für Kevin Smith war Murdocks katholischer Glaube ein wichtiges Element der Figur. Zeichnung von Joe Quesada.

Ob das je passiert – abwarten. Aber eins ist sicher, *Guardian Devil* hat zeitlose Qualität bewiesen und ist so frisch und lebendig wie eh und je.

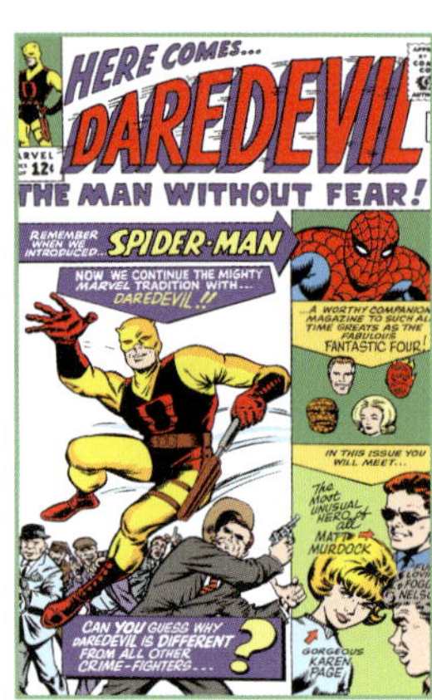

***Daredevil* 1**
(1964)
STAN LEE
BILL EVERETT
In diesem Heft wird Matt Murdock ins stetig wachsende Marvel-Universum eingeführt.

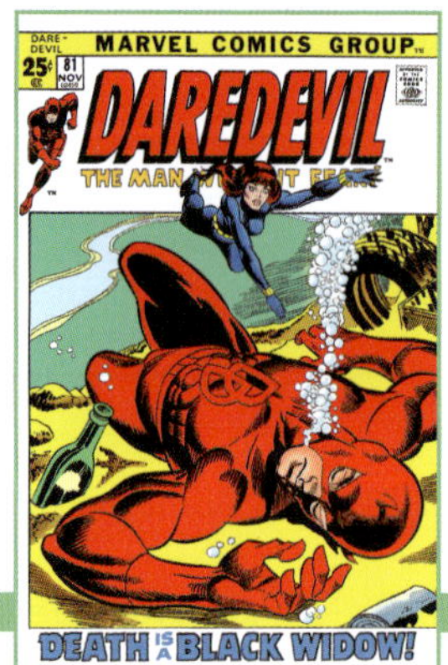

***Daredevil* 81**
(1971)
GERRY CONWAY
GENE COLAN
***Black Widow** taucht in Daredevils Leben auf – es ist der Beginn einer sehr stürmischen Beziehung.*

DAREDEVIL
IN DEN ARMEN DES TEUFELS

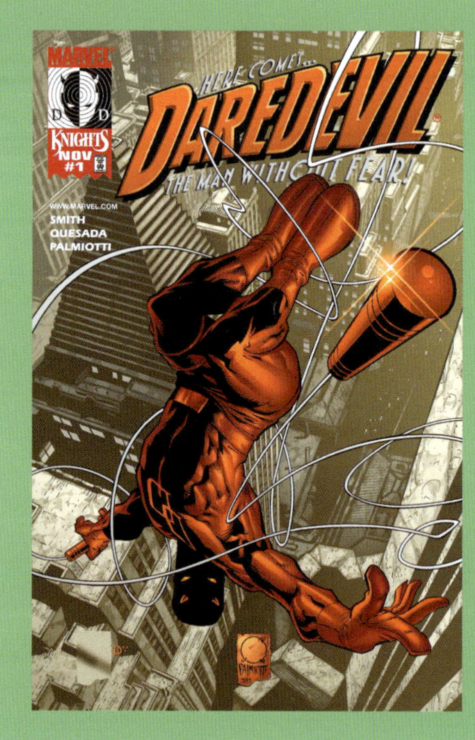

***Daredevil: Father* 1**
(2004)
JOE QUESADA
***Quesada** kehrt als Autor und Zeichner nach Hell's Kitchen zurück und erzählt von einer Mordserie, die während einer Hitzewelle geschieht.*

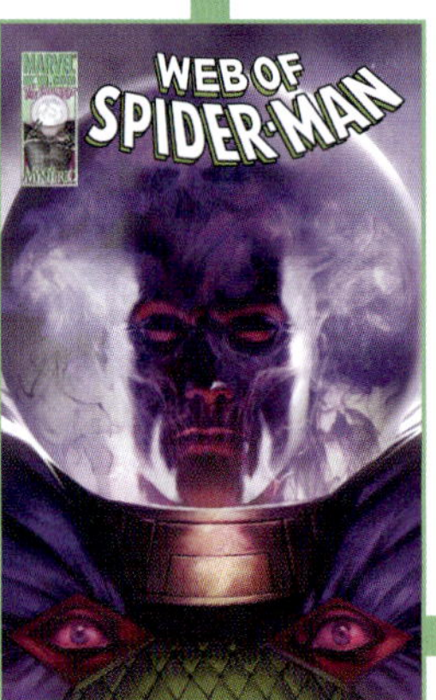

***Web of Spider-Man* 4**
(2010)
FRED VAN LENTE
BARRY KITSON
Wer mehr über die Vergangenheit von Mysterio wissen möchte, sollte sich diese großartige Geschichte ansehen.

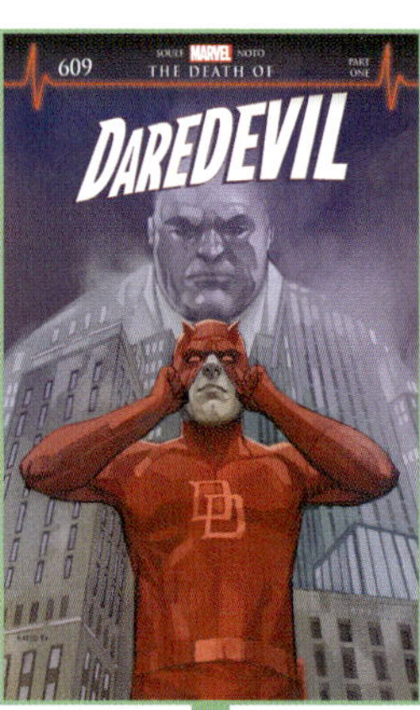

***Daredevil* 609**
(2018)
CHARLES SOULE
PHIL NOTO
Hier beginnt die Death of Daredevil-*Storyline, die Matt Murdocks Leben für immer verändern wird.*

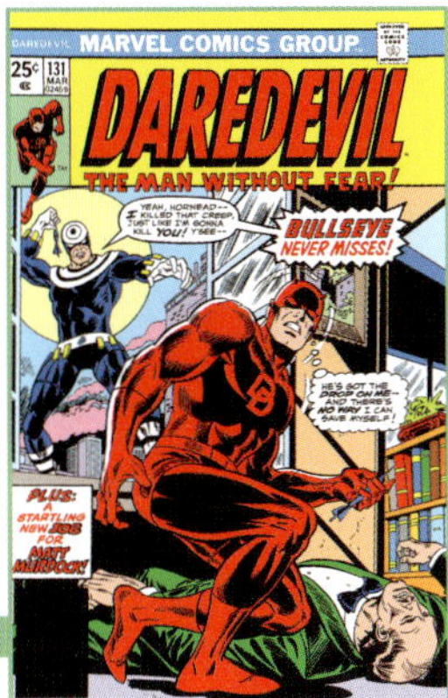

***Daredevil* 131 (1976)**
MARV WOLFMAN
BOB BROWN
***Bullseye** hat seinen ersten Auftritt, während Matt und **Foggy** ein neues Kapitel als Anwälte für „den kleinen Mann" beginnen.*

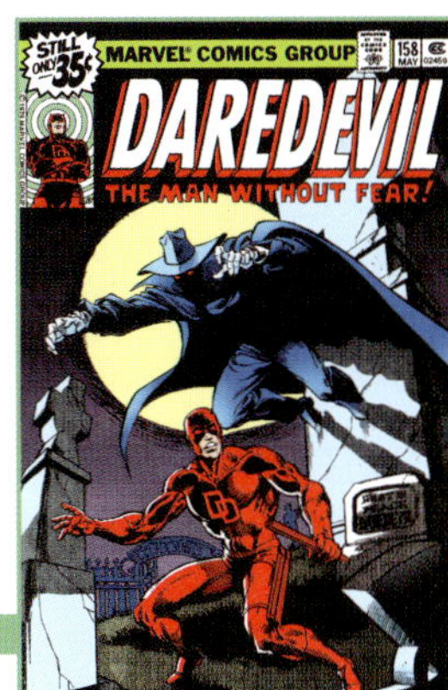

***Daredevil* 158 (1979)**
ROGER McKENZIE
FRANK MILLER
In diesem Heft begann Frank Miller seine Daredevil*-Arbeit. Schon bald würde er die Figur revolutionieren und in einen Kulthelden verwandeln.*

Guardian Devil war für Marvel und das Marvel Knights-Label ein Neuanfang, zugleich bezog man sich aber auch auf die Vergangenheit, denn in mancherlei Hinsicht war es eine Fortsetzung von **Frank Millers** *Born Again*. Hier treffen wir **Murdocks** Freundin **Karen Page** wieder, die ihr Drogenproblem in den Griff bekommen hat und ein neues Leben beginnen möchte – bevor sie in **Mysterios** verrückten Plan gezogen wird, **Daredevil** in den Wahnsinn zu treiben. Die Geschichte nahm vergangene Ereignisse auf, bot aber auch einen Ausblick in die Zukunft, machte Mysterio zum wichtigen Schurken und gewährte **Kingpin** und **Mephisto** starke Gastauftritte.

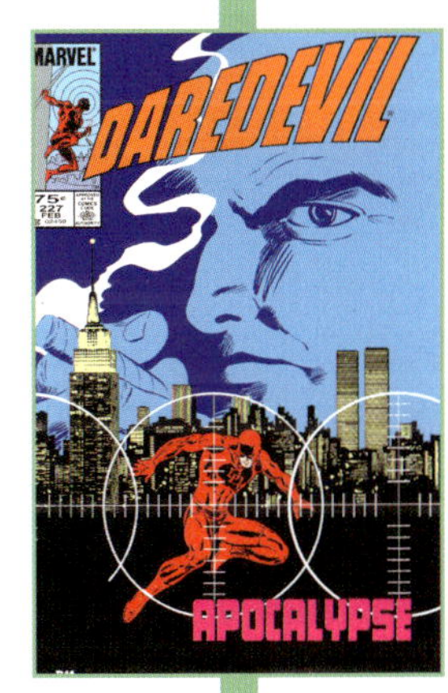

***Daredevil* 227 (1986)**
FRANK MILLER
DAVID MAZZUCCHELLI
Miller kehrte mit der klassischen Born Again*-Story nach Hell's Kitchen zurück.*

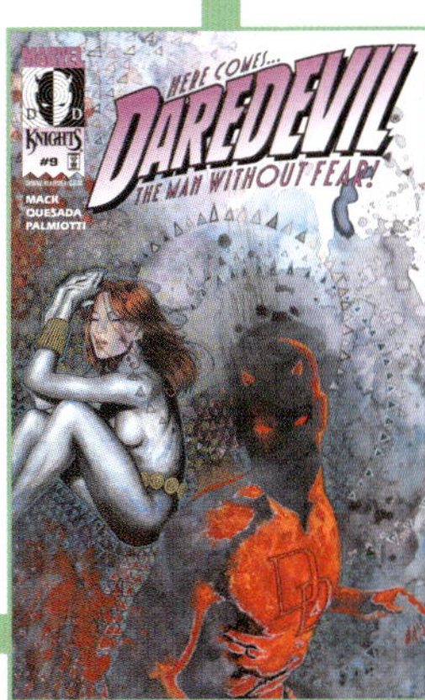

***Daredevil* 9 (1999)**
DAVID MACK
JOE QUESADA
*Matt Murdock will sein Leben wieder in den Griff kriegen, während Kingpin **Echo** ins Spiel bringt, im erneuten Versuch, den Mann ohne Furcht zu vernichten.*

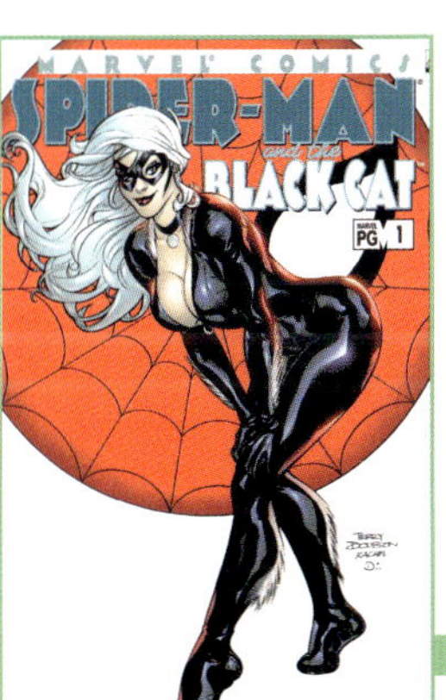

***Spider-Man/Black Cat: The Evil That Men Do* 1 (2002)**
KEVIN SMITH
TERRY DODSON
***Kevin Smith** kehrt zu Marvel zurück und vereint **Spidey** erneut mit **Black Cat**. Natürlich baut er auch Mysterio in die Geschichte ein.*

Der Beschützer von Hell's Kitchen

Marvel hat viele Helden erfunden, die die Welt oder das Universum, sogar das Multiverse beschützen. **Matt Murdock** gehört eher zu denen, die sich auf ein bestimmtes Gebiet beschränken. **Spidey** kümmert sich um ganz New York, doch **Daredevil** ist zufrieden damit, dass eine winzige Ecke der Stadt sauber bleibt: Hell's Kitchen. Sicher, ab und zu war er auch woanders aktiv, eine Weile sogar in San Francisco, aber wenn es hart auf hart kommt, ruft Hell's Kitchen Matt nach Hause.

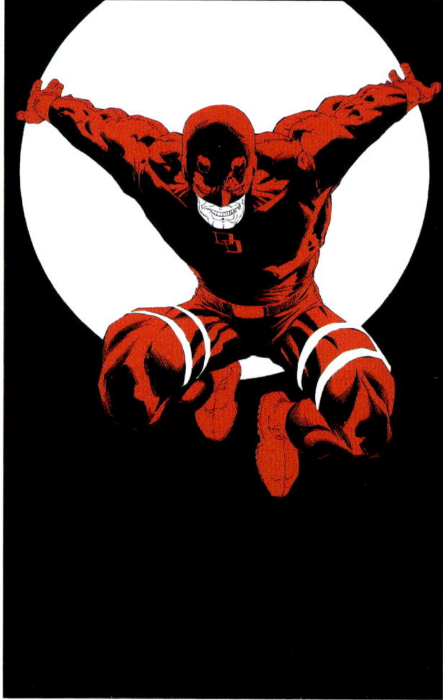

Joe Quesada kehrte für *Daredevil: Father* als Autor und Zeichner zurück.

Nach den Ereignissen von *Guardian Devil* benutzte Matt das Versicherungsgeld von **Karen**, um das alte Brownstone-Reihenhaus wieder aufzubauen, das im Verlauf von **Frank Millers** *Born Again* explodiert war. **David Mack** führte die Reihe als Autor fort und **Joe Quesada** lieferte dafür einige seiner besten Zeichnungen ab. **Kingpin** fädelte in der Geschichte eine Verschwörung ein, die Murdocks Leben zerstören sollte. Er manipulierte **Maya Lopez**, besser bekannt als **Echo**, die daraufhin den dringenden Wunsch verspürte, Daredevil umzubringen. Denn Kingpin ließ sie glauben, dass Daredevil ihren Vater getötet hatte. Echo hatte die Fähigkeit, jede Bewegung, die sie sah, nachahmen zu können, und sie erwies sich als ebenbürtige Gegnerin für Daredevil. Doch als sie erfuhr, dass **Fisk** sie angelogen hatte, knöpfte sie sich ihren ehemaligen Gönner vor.

Quesada sollte 2004 zu Daredevil zurückkehren, diesmal als Autor und Zeichner der Miniserie *Daredevil: Father*. Hier hat Daredevil die Straßen von Hell's Kitchen gründlich aufgeräumt, doch dann wird die Stadt von einer Hitzewelle gebeutelt und ein neuer Serienmörder rückt näher und näher heran. Die Geschichte beschäftigte sich mit den Vaterproblemen, die Matt Murdock, den Killer und auch dessen Partner umtrieben. Die Story führte zurück in die Anfangstage von Daredevils Karriere und zeigte, dass Undank der Welt Lohn ist.

▶ Die Story, die **Charles Soule** für Daredevil schrieb, dauerte fast fünf Jahre und endete mit der bewegenden *Death of Daredevil*-Geschichte, die von **Phil Noto** gezeichnet wurde. Hier schloss sich der Kreis, denn Matt Murdock rettete einen Fußgänger vor einem Laster, wurde dabei aber selbst schwer verletzt. Diesmal erhielt er zwar keine seltsamen Kräfte, doch der Vorfall hatte dennoch massive Folgen.

Zweitklassige Helden?

Die Hauptmotivation für **Mysterios** Plan, **Daredevil** zur Strecke zu bringen, ist sein Wunsch, nicht als zweitklassiger Schurke in Erinnerung zu bleiben. Tragischerweise erkennt er am Schluss, dass **Matt Murdock** ihn nicht einmal als zweitklassig einstuft – und nimmt sich das Leben.

Mysterio tauchte erstmals 1964 in *Amazing Spider-Man* 13 auf, in dem er **Spidey** Verbrechen anlasten wollte. Der Plan ging schief und er landete im Knast, noch dazu finanziell ruiniert. Das führte dazu, dass er den Netzschwinger für das Ende seiner Karriere verantwortlich machte. Doch nicht einmal mit Unterstützung der **Sinister Six** konnte er sich erfolgreich rächen.

Beck stand in *Friendly Neighborhood Spider-Man* 11 (2006) wieder von den Toten auf – obwohl ihm der halbe Kopf fehlte –, um das kosmische Gleichgewicht wiederherzustellen. In *Web of Spider-Man* 4 erfuhren wir mehr über **Quentin Becks** frühe Karriere, als er ein Special-Effects-Genie unter Drogen setzte, um dessen größten Geheimnisse zu erfahren.

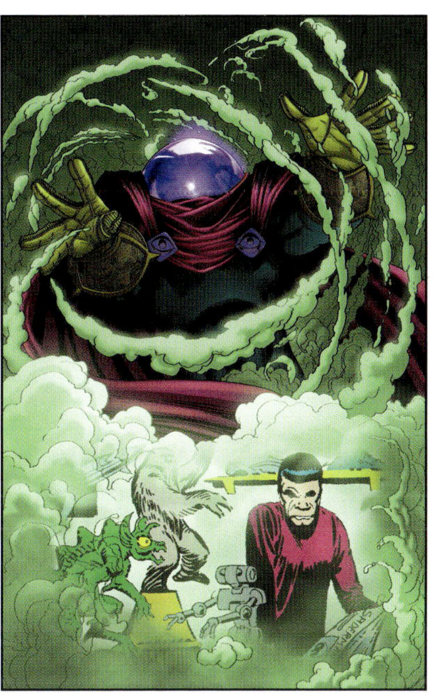

Web of Spider-Man 4 war ein Rückblick in die frühen Tage von Quentin Beck. Zeichnung von **Barry Kitson**.

Ein noch kleinerer Verbrecher ist **Turk Barrett**, der erstmals 1970 in *Daredevil* 69 in Erscheinung trat, doch erst ein Jahrzehnt später, im Verlauf von **Frank Millers** Strecke, kam er voll zur Geltung.

Turks Verbrecherkarriere war so spektakulär erfolglos, dass er sich manchmal als Blinder ausgab, um als Bettler etwas Geld auf der Straße zu verdienen, doch selbst er war nicht sicher vor Daredevil. Zu seinen verrücktesten Plänen gehörte der Diebstahl eines Santa-Kostüms, mit dem er Spenden ergaunern wollte.

Nachdem er das Kostüm von **Stilt-Man** geklaut hatte, wollte er einen Job bei **Kingpin** finden, doch der lehnte ab, weil er „keine Idioten beschäftigt". Eine Zeit lang schien Turk das Glück hold zu sein, als er den Stein des Geistes in die Finger bekam und damit ein Verbrecherimperium aufbauen wollte. Er übergab den Stein schließlich an **Dr. Strange** – und ging davon aus, dass ihm der Meister der Magie nun etwas schuldete.

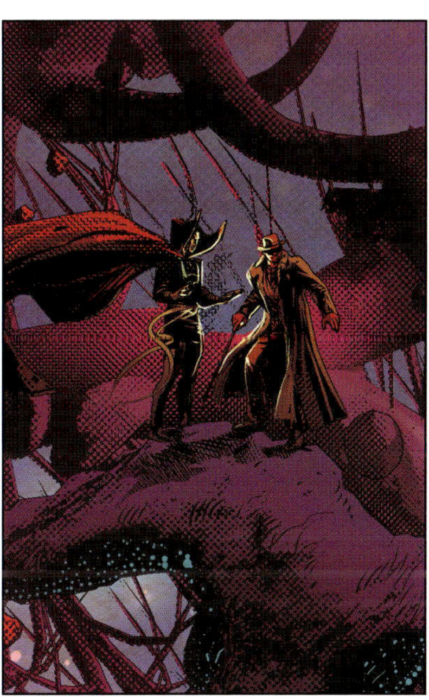

Turk Barrett war eine Zeit lang im Besitz des Steins des Geistes. Zeichnung von **Mike Deodato Jr**.

WEITERE MUST-HAVE-TITEL

BEREITS ERHÄLTLICH

CIVIL WAR
AVENGERS: HELDENFALL
SPIDER-MAN: SPIDER-VERSE
WOLVERINE: OLD MAN LOGAN
DEADPOOL KILLT DAS MARVEL-UNIVERSUM
THANOS: DIE GEBURT EINES MONSTERS
DAREDEVIL: DER MANN OHNE FURCHT
MILES MORALES: ULTIMATE SPIDER-MAN
MS. MARVEL: META-MORPHOSE
DER TOD VON WOLVERINE
INFINITY GAUNTLET: DIE EWIGE FEHDE
PLANET HULK
X-MEN: DIE DARK PHOENIX SAGA
VENOM: DARK ORIGIN
IRON MAN: EXTREMIS
FANTASTIC FOUR – 4
PUNISHER: FRANK IST ZURÜCK!
MARVEL KNIGHTS SPIDER-MAN
BLACK PANTHER: WER IST BLACK PANTHER?
X-MEN: EIN NEUER ANFANG
FANTASTIC FOUR: ALLES GELÖST?!
SPIDER-MAN: HEIMKEHR
CAPTAIN AMERICA: WINTER SOLDIER
ASTONISHING X-MEN: BEGABT
SPIDER-MAN: KRAVENS LETZTE JAGD
HOUSE OF M
DEADPOOL: WEIBER, WUMMEN UND WADE WILSON
AVENGERS: AUSBRUCH
ULTIMATE SPIDER-MAN: LEKTIONEN FÜRS LEBEN
DER TOD VON CAPTAIN AMERICA
ANNIHILATION
MARVELS
DAREDEVIL: AUFERSTEHUNG
GUARDIANS OF THE GALAXY: SPACE-AVENGERS
AVENGERS PRIME
WOLVERINE: STAATSFEIND
THE SIEGE – DIE BELAGERUNG
SPIDER-MAN/BLACK CAT

JETZT ERHÄLTLICH

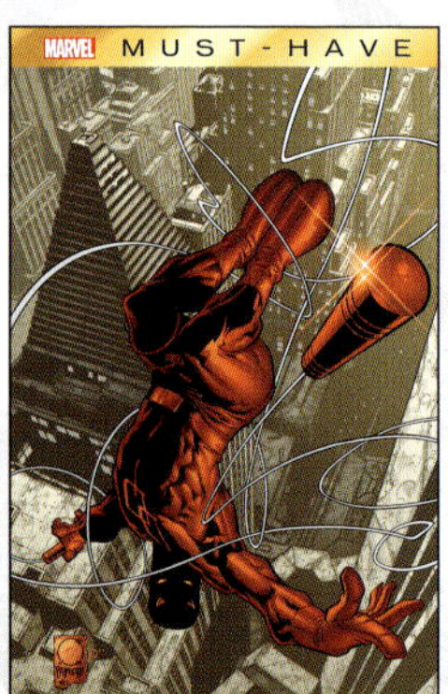

DAREDEVIL: IN DEN ARMEN DES TEUFELS

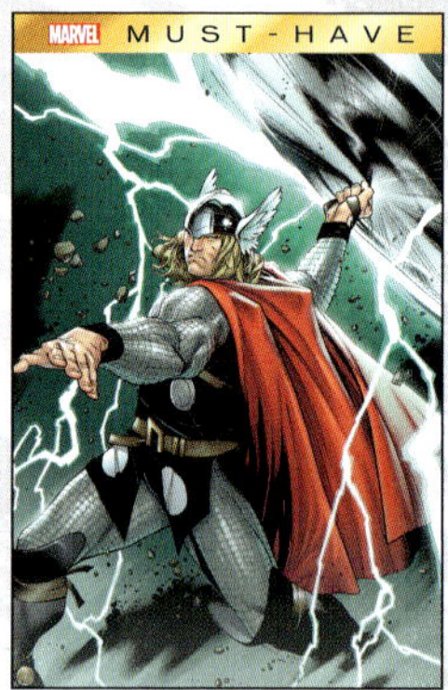

THOR: DIE RÜCKKEHR DES DONNERS

DEMNÄCHST

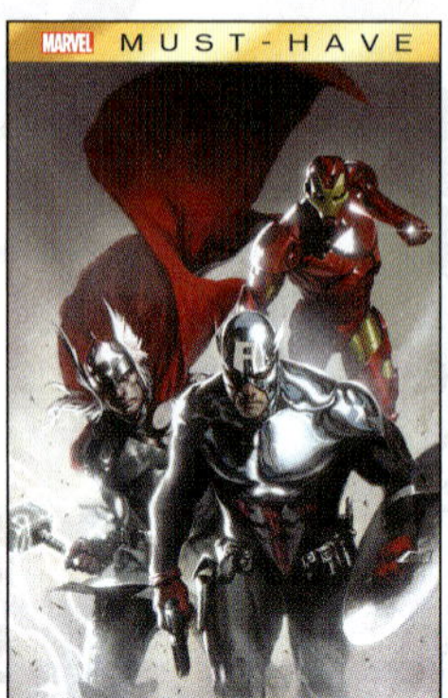

SECRET INVASION

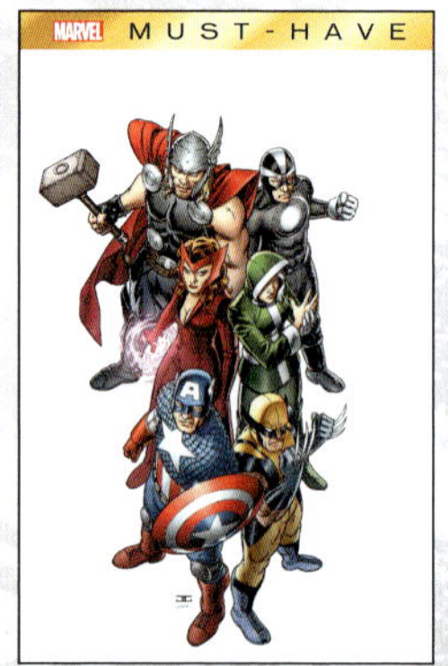

UNCANNY AVENGERS: DER ROTE SCHATTEN